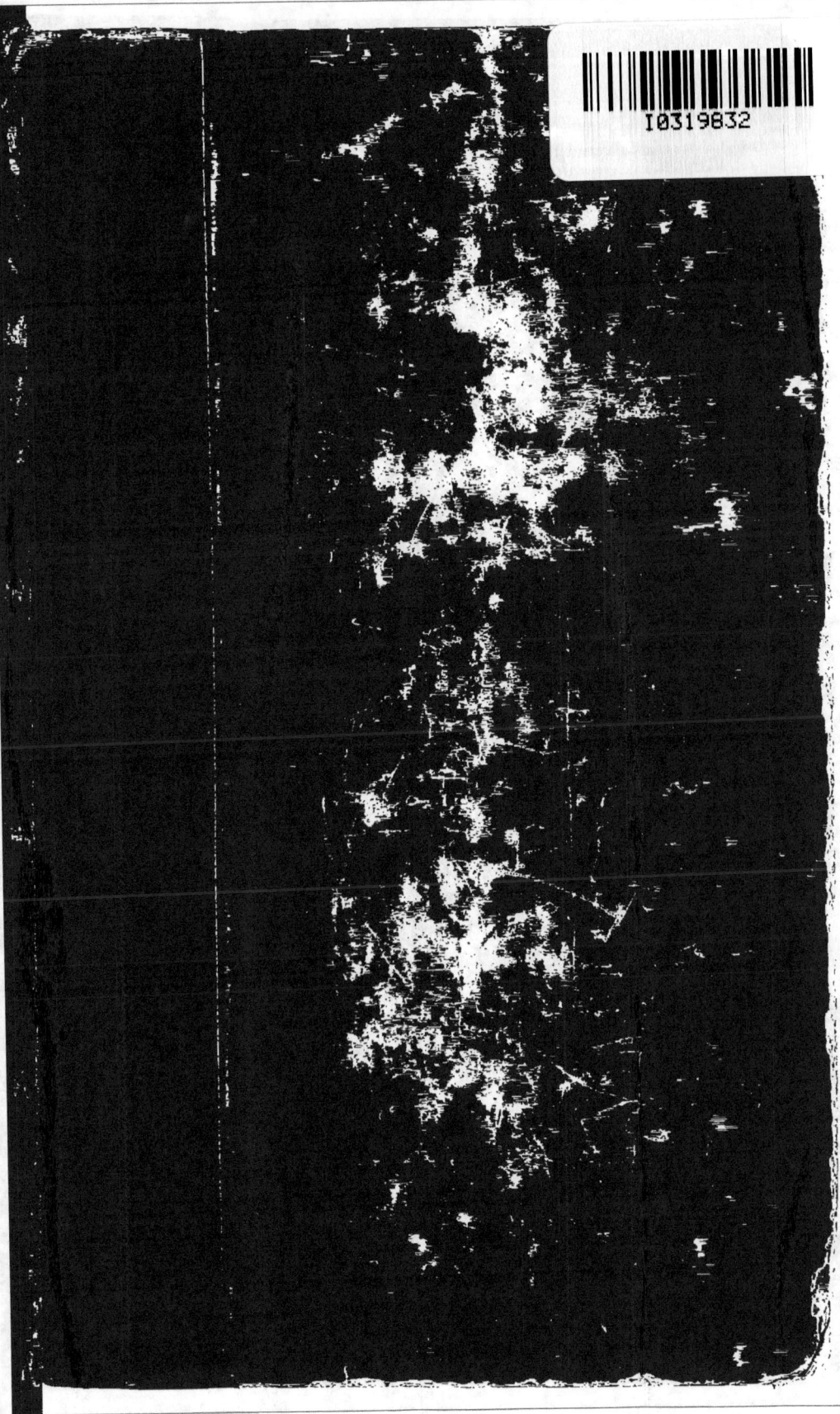

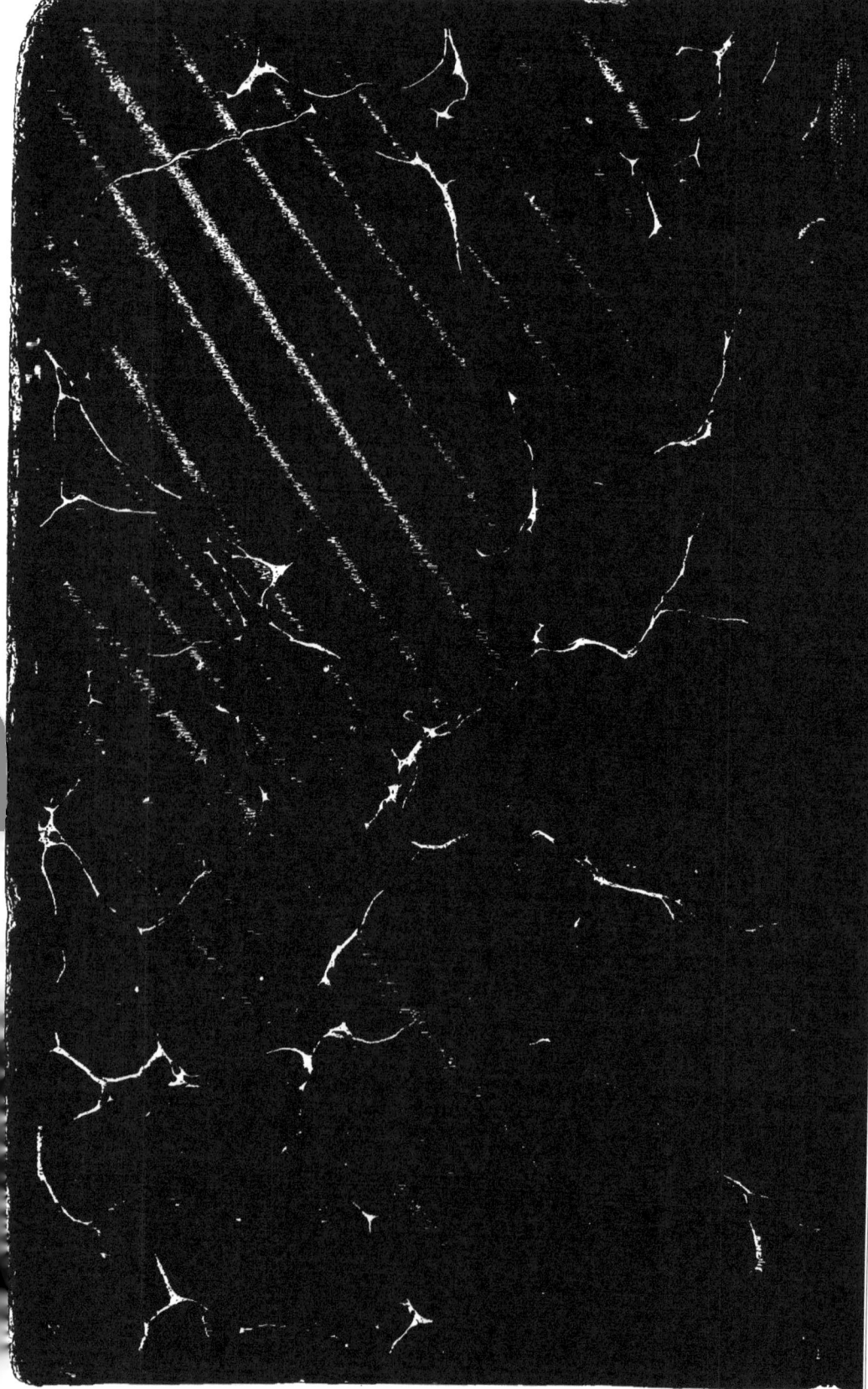

HISTOIRE
DE LA
RESTAURATION
VI

Paris. — Imp. P.-A. BOURDIER, CAPIOMONT fils et Cie, rue des Poitevins, 6.

HISTOIRE

DE LA

RESTAURATION

PAR

M. ALFRED NETTEMENT

TOME SIXIÈME

RÈGNE DE LOUIS XVIII.

MINISTÈRE DE M. DE VILLÈLE. — PREMIÈRE PHASE : DÉCEMBRE 1821 — SEPTEMBRE 1824.

LIBRAIRIE JACQUES LECOFFRE
LECOFFRE FILS ET CIE, SUCCESSEURS

PARIS	LYON
90, RUE BONAPARTE, 90	ANCIENNE MAISON PERISSE

1868

HISTOIRE

DE LA

RESTAURATION

LIVRE ONZIÈME

MINISTÈRE DE M. DE VILLÈLE

I

FORMATION DU NOUVEAU MINISTÈRE

Le 12 décembre 1821, le comte d'Artois manda chez lui, à midi, MM. de Villèle et Corbière, et leur annonça, de la part de Louis XVIII, que le duc de Richelieu et tous ses collègues ayant donné leur démission, l'intention du Roi était de former un nouveau ministère, dans lequel il appelait les deux chefs parlementaires de la droite, qu'il recevrait à trois heures de l'après-midi. Pour que cette audience pût être utilement employée, le Roi avait voulu que les deux députés sussent d'avance de quelle manière il entendait composer la nouvelle administration ; ils auraient ainsi le temps de la réflexion, et le loisir de peser leurs objections, s'ils en trouvaient à faire. L'intention du Roi était donc de mettre M. de Blacas aux relations extérieures avec la présidence du conseil, M. de Corbière à la justice, M. de Villèle à l'intérieur, M. de Chabrol ou M. de la Bouillerie aux finances, M. de Clermont-Tonnerre à la marine, M. de Bellune à la guerre, et de conserver M. de Lauriston au ministère de sa maison.

Les deux chefs de la droite présentèrent immédiatement leurs objections contre le choix de ce personnel ministériel, et Monsieur en reconnut la valeur. M. de Blacas était absent de France, et il ne pouvait être rendu que dans six semaines à son poste ; or les circonstances pressaient, elles ne l'attendraient pas ; depuis six ans, ses fonctions diplomatiques le retenaient hors du pays, par conséquent il n'avait pu suivre le mouvement des idées et des intérêts à l'intérieur ; il avait été le favori du roi, il ne l'était plus, il ne pourrait le redevenir ; enfin, son nom soulevait dans l'opinion publique plus de prévention que de faveur. Le nouveau ministère ne pouvait donc, sans imprudence, l'accepter pour son chef dans un moment aussi critique. Quant à M. de Chabrol ou M. de la Bouillerie, comment placer aux finances des hommes incapables d'aborder la tribune, sous un gouvernement de libre discussion, surtout quand, sur les six mois de session, quatre étaient absorbés par les débats du budget? Les deux chefs de droite, qui connaissaient les liens étroits du comte d'Artois avec le vicomte Mathieu de Montmorency, et le crédit de ce noble personnage à la chambre des pairs, proposèrent de substituer son nom à celui du comte de Blacas, pour le ministère des affaires étrangères, mais en supprimant la présidence du conseil ; le garde des sceaux, le premier dans la hiérarchie, présiderait en l'absence du Roi. M. de Villèle entrerait, s'il le fallait, aux finances, où l'appelaient ses connaissances spéciales et la confiance qu'il inspirait à la chambre dans cet ordre de questions. M. de Corbière prendrait le portefeuille de l'intérieur ; le reste comme au projet du Roi. Il fallait encore trouver un garde des sceaux ; on parcourut la liste des magistrats qui pouvaient avoir des titres à ces hautes fonctions, et le nom de M. de Peyronnet, que son réquisitoire devant la cour des Pairs dans le procès de la conspiration militaire du 19 août avait mis en relief, fut prononcé. Le comte d'Artois donna son approbation à tous ces projets d'arrangements ministériels.

A trois heures, MM. de Villèle et de Corbière étaient chez le Roi, qui les écouta avec beaucoup de bienveillance et les retint jusqu'à quatre heures. Il ne leur cacha pas sa ferme résolution de ne pas admettre dans le ministère ceux qui avaient pris part au vote du paragraphe de l'adresse qu'il avait trouvé offensant pour la dignité du trône, et leur annonça qu'avant de prendre une résolution définitive, il voulait tenter une dernière démarche pour retenir MM. de Richelieu, de Serre et Roy, qui, s'ils y consentaient, feraient partie de la nouvelle administration. Il ajourna donc les deux députés, pour sa réponse définitive, à une seconde audience, qui aurait lieu le lendemain.

Dans l'intervalle des deux audiences, M. de Villèle reçut la visite du vicomte Sosthènes de la Rochefoucauld, qui insista vivement pour que les deux chefs de la droite n'entravassent par aucune opposition les bonnes intentions du Roi. Comme M. de Villèle lui faisait part des détails qu'il tenait du duc de Richelieu sur la santé affaiblie de Louis XVIII et l'assoupissement où ce prince tombait dès qu'on voulait l'entretenir d'affaires, le vicomte de la Rochefoucauld lui assura que le Roi se portait à merveille; cette prétendue somnolence dont le duc de Richelieu avait parlé était simulée; c'était une arme défensive, une ruse politique qu'employait le Roi pour se séparer, avec moins d'ennuis et plus vite, des ministres sortants; les nouveaux ministres le trouveraient tout autre. Le jeune interlocuteur de M. de Villèle ajouta que ces ministres se convaincraient bientôt que le Roi était très-bien disposé pour les idées royalistes. Enfin, après un long éloignement, les deux augustes frères s'étaient cordialement rapprochés; de sorte que le ministère de droite aurait l'immense avantage d'être soutenu, à la fois, par le roi régnant et l'héritier présomptif; seulement il fallait se hâter de tendre la voile au vent favorable, car on ne pouvait espérer du Roi cette initiative vigoureuse et cette persistance de volonté que l'on aurait souhaité de trouver en lui.

Comme M. de Villèle laissait percer quelque surprise en voyant son jeune interlocuteur si bien informé, le vicomte de la Rochefoucauld, pour donner au nouveau ministre toute confiance dans l'exactitude de ces renseignements, crut devoir lui confier de quelle bouche il les tenait. C'était de celle de madame la comtesse du Cayla, dont le Roi avait fort goûté la conversation dans ces derniers temps, et qui, depuis le départ de M. Decazes, lui avait succédé dans la faveur et dans la confiance royale. Or le vicomte de la Rochefoucauld avait, ainsi que plusieurs personnes de sa famille, des liens d'une étroite et ancienne amitié avec cette dame, qui avait l'oreille de Louis XVIII. Pour donner une preuve à l'appui de l'exactitude de ses paroles, M. de la Rochefoucauld ajouta qu'avant la nuit M. de Villèle recevrait un billet de la main du Roi, qui l'appellerait, ainsi que M. de Corbière, au château.

Dans cette conversation intime, la situation, qui se manifestait par l'avénement d'un ministère de droite, achève de trouver son explication. Pendant que les violences impolitiques de la gauche, agressive et menaçante à la tribune et dans la presse, conspiratrice et factieuse dans le monde extra-légal, avaient obligé les intérêts et les esprits modérés, effrayés de l'élection de Grégoire, du meurtre du duc de Berry, des révolutions de Naples, de Piémont et d'Espagne, des conjurations militaires, à se rapprocher de la droite, une influence parallèle avait agi sur le Roi et l'avait rapproché de son frère, de la famille royale et des royalistes. Il y avait plus de connexité qu'on ne l'a dit entre ces mouvements. Louis XVIII était avant tout l'homme des choses possibles. Même dans les questions de faveur qui, par leur nature, sont du domaine de l'arbitraire, il évitait de se heurter contre des obstacles qu'il jugeait invincibles. Il avait par-dessus tout besoin d'un repos occupé et intéressé par un commerce d'esprit, et il avait déjà prouvé, à son second retour, en 1815, qu'avec une situation qui changeait, il pouvait aussi changer de favori. C'est ce qui arrivait encore une fois. On a beaucoup insisté, dans les Mémoires secrets du temps, sur la part qu'eut madame du Cayla au changement qui se fit dans la situation des affaires à la fin de 1821; il est juste d'ajouter que le changement qui s'était fait, dès 1820, dans la situation générale, et qui se dessina d'une manière de plus en plus marquée dans cette année et l'année suivante, eut une part beaucoup plus considérable encore à la fortune de madame du Cayla. Les événements qui précipitaient M. Decazes sur la pente du pouvoir la poussaient chaque jour plus avant dans la faveur du Roi. Elle devint nécessaire au château du moment où le duc Decazes devint impossible au pouvoir; et, comme elle appartenait par ses opinions à la droite, celle-ci, en arrivant aux affaires par la marche générale des événements, allait se trouver armée du même moyen d'influence que les doctrinaires et le centre gauche avaient eu auprès du Roi dans la personne de M. Decazes.

L'événement confirma les paroles de M. de la Rochefoucauld. M. de Villèle, qui dînait, le 13 décembre, chez M. de Castelbajac, reçut, à table même, un billet du Roi, qui l'appelait au château avec M. de Corbière pour huit heures du soir. Le duc de Richelieu et ses deux collègues ayant refusé d'une manière absolue de faire partie du ministère de la droite, Louis XVIII était prêt à entendre les idées des deux députés sur la formation d'un cabinet renouvelé dans son entier. Ils soumirent au Roi les objections qu'ils avaient présentées à Monsieur, et Louis XVIII ne leur cacha point qu'il tenait peu à la liste ; c'étaient les ministres sortants qui la lui avaient proposée. Seulement quand, après avoir exposé leurs objections contre l'entrée de M. de Chabrol ou de M. de la Bouillerie aux finances, ils ajoutèrent que ce ministère avait tant d'importance aux yeux de la chambre, par suite de l'influence qu'on y exerçait sur les intérêts publics, qu'ils croyaient que l'un des deux devait l'occuper, le Roi fit observer que le ministère des finances était le dernier en rang au conseil ; il aurait donc cru faire tort aux deux chefs de la droite en le leur offrant. Jaloux de ses prérogatives et respectueux observateur des lois de la hiérarchie, Louis XVIII les suivait pour les autres comme il voulait qu'on les suivît pour lui-même. M. de Villèle, croyant avoir remarqué que l'objection du Roi avait produit de l'impression sur M. de Corbière, s'offrit sur-le-champ pour le ministère des finances, en disant que le poste le plus honorable était celui où l'on pouvait être le plus utile ; il ajouta que, s'il entrait aux finances, il était nécessaire que son ami, M. de Corbière, fût à l'intérieur, parce que c'était le ministère où l'on avait le plus de rapports avec les membres des deux chambres. Le Roi sourit, quand M. de Villèle lui proposa le vicomte Mathieu de Montmorency pour le ministère des affaires étrangères, en ajoutant comme condition qu'il n'y aurait pas de président du conseil, attendu que personne, dans le nouveau cabinet, n'exerçait une prépondérance assez marquée pour se trouver naturellement appelé à cette haute situation. Sollicité de s'expliquer, le Roi demanda aux nouveaux ministres s'ils ignoraient que le personnage honorable qu'ils voulaient se donner pour collègue était le point de mire d'une coterie, dont l'influence sur lui pourrait créer de grands embarras. Ils répondirent que la déférence du vicomte Mathieu de Montmorency pour le Roi, et son désir de ne pas entraver la marche d'un ministère dont il ferait partie, leur paraissaient une garantie suffisante de sa conduite politique. Le Roi les invita à se donner le temps de la réflexion, et les ajourna, pour prendre un parti définitif, au lendemain à la même heure.

Avant de quitter le Roi, MM. de Villèle et de Corbière lui avaient exprimé, dans le cours de l'entretien, la disposition où ils seraient de conserver le duc de Richelieu et M. Roy dans leurs situations, si ces deux ministres consentaient à y rester. La présence du duc de Richelieu, ajoutèrent-ils, n'avait eu des inconvénients qu'à cause de son entourage. Son nom, sa haute position en Europe, sa juste réputation de loyauté, pouvaient le rendre utile. Quant à M. Roy, que M. de Corbière définissait avec sa causticité spirituelle, « un dogue couché sur sa caisse, » il était étranger à la politique, et sa présence rassurait les intérêts. En outre, on éviterait ainsi l'ébranlement qu'imprimait toujours à la chose publique un changement complet de cabinet. Cette proposition parut déplaire au Roi, qui le fit sentir spirituellement à ceux qui en prenaient l'initiative : « Ils m'ont refusé de rester, leur dit-il; vous êtes libres, si cela vous convient, de tenter une démarche après la mienne. » Embarrassés comme ils étaient sur le choix d'un garde des sceaux, — et l'idée qu'ils avaient eue d'appeler à ce poste éminent M. de Peyronnet, qu'un procès politique venait tout récemment de mettre en lumière, témoigne de cet embarras, — ils tentèrent, au sortir du cabinet du Roi, une démarche auprès de M. de Serre, que le hasard leur fit rencontrer. Celui-ci traversait en ce moment le salon qui précédait le cabinet du Roi, à la signature duquel il venait présenter quelques ordonnances; il alla droit à eux, et leur parla de la retraite du ministère dont il faisait partie, et de leur nomination. Alors M. de Villèle se hasarda à lui exprimer le regret de ce qu'il n'avait pas voulu, ainsi que le Roi le leur avait assuré, rester dans le nouveau ministère. M. de

Serre lui répondit très-franchement qu'il se garderait bien de le faire, attendu que le nouveau cabinet n'en avait pas pour trois mois [1]. C'était l'opinion de tous les ministres sortants et de leurs amis, et l'on a vu qu'une des raisons qui avaient déterminé M. Royer-Collard à concourir au renversement du ministère Richelieu, c'était la conviction qu'un ministère de droite ne pouvait rester debout à la tribune plus de quelques semaines [2].

MM. de Villèle et de Corbière se convainquirent bientôt que le Roi était bien informé, en leur disant que tous les membres de l'ancien cabinet s'étaient engagés d'honneur à ne pas faire partie du nouveau. Ils échouèrent dans leurs démarches, et lorsque le lendemain, 14 décembre, ils se réunirent aux Tuileries, ce fut pour proposer au Roi la liste arrêtée à l'origine avec MONSIEUR : MM. de Villèle aux finances, Corbière à l'intérieur, le duc de Bellune à la guerre, de Clermont-Tonnerre à la marine, Mathieu de Montmorency aux affaires étrangères, M. de Lauriston, seul ministre restant, à la maison du Roi, et M. de Peyronnet au ministère de la justice. Le Roi accepta la liste, et MM. de Villèle et de Corbière se rendirent immédiatement chez M. de Peyronnet, qu'ils trouvèrent prêt à se mettre au lit ; ils le ramenèrent au château, pour qu'il

---

1. M. de Villèle, à la correspondance et au carnet duquel nous avons emprunté ces détails intimes sur la formation du nouveau ministère, ajoute sur son carnet : « M. de Serre, par son caractère et son talent, méritait les instances particulières que nous venions de faire auprès de lui. MM. Roy, Siméon et Portal venaient de se faire créer pairs ; seul entre les ministres députés, M. de Serre ne fit rien pour obtenir cette faveur. » (*Documents inédits.*)

2. M. de Villèle lui-même ne paraît pas compter sur la longévité du ministère. Il écrit à Mme de Villèle, à la date du 20 décembre 1821 : « Laissez votre logement à Toulouse, comme si nous devions y retourner dans six mois, et ne prenez pas pour cela des soins inutiles. Je ne veux pas faire de ceci la vie éternelle... Si la situation s'améliore, je rentrerai avec enchantement dans la vie privée. En attendant, il me faut votre secours et celui de ma famille, pour m'aider à supporter ma situation publique. » (*Documents inédits.*)

prêtât serment entre les mains du Roi. Le lendemain, 15 décembre, l'ordonnance contenant la nomination du nouveau ministère parut au *Moniteur*, contresignée par M. de Lauriston. Puis, les jours suivants, parurent les ordonnances qui soldent les comptes politiques avec les ministres qui s'en vont; une ordonnance contresignée par M. de Peyronnet contint la nomination de MM. de Serre, Siméon; la Tour-Maubourg, Portal, comme ministres d'État. Puis suivaient une ordonnance contresignée par le duc de Richelieu, nommant le général de la Tour-Maubourg gouverneur des Invalides; deux autres ordonnances, également contresignées par le duc de Richelieu, et nommant MM. Roy, Portal et Siméon pairs de France[1].

C'était, disons-le en passant, une étrange imprudence que d'envoyer ainsi les ministres disgraciés dans la haute chambre, où ils allaient trouver un noyau d'opposition préparé contre les idées et les hommes de la droite par M. le prince de Talleyrand, qui avait eu une si grande part à l'établissement de la pairie, et sur les bancs de laquelle l'élément de gauche avait été singulièrement fortifié par M. Decazes après l'ordonnance du 5 septembre.

Le ministère de droite faisait ainsi son avénement à la fin de l'année 1821, dans des circonstances qu'il importe d'apprécier. Sans doute il arrivait porté par un mouvement d'opinion qui n'avait pas cessé de grandir, depuis que les intérêts alarmés et les esprits modérés, effrayés de la gravité de la situation, s'étaient éloignés du ministère Decazes. Le coup de tonnerre de la mort de M. le duc de Berry avait imprimé une vive impulsion à ce mouvement, et la naissance du duc de Bordeaux, en promettant à la branche aînée de la maison de Bourbon un avenir, l'avait favorisé. Le ministère

1. Ces ordonnances étaient datées du 24 octobre 1821.

profitait donc de ce grand souffle d'espérance qui enflait la voile de la monarchie. Mais il avait de graves difficultés et de nombreux obstacles à vaincre. Il allait se trouver en face des factions révolutionnaires qui avaient, dans une certaine mesure, favorisé son avènement, parce qu'elles comptaient sur sa présence pour surexciter les passions de leur parti et le précipiter dans des entreprises violentes. Les conspirateurs, qui avaient noué leur trame dans l'ombre, voyaient dans son arrivée comme une provocation attendue et comme un signal. En outre, il avait à percer, au delà des Pyrénées, à l'horizon, un nuage obscur et menaçant qui grossissait à vue d'œil. Enfin, il entrait aux affaires sans avoir pu maintenir cette alliance de la droite avec le centre droit qui avait été le nerf du second ministère Richelieu. Il était presque d'une seule nuance, ce qui rétrécissait sa base dans les deux chambres, mais surtout à la chambre des pairs, et dans le pays comme dans les deux chambres. Par suite, il manquait de ce contrôle intérieur et de ce frein si nécessaire à la droite pour résister à ses propres entraînements, car il n'avait pas à faire valoir cette nécessité des transactions qui est à peu près la seule sagesse des partis. Ajoutez qu'il avait d'autant plus à craindre les passions de son propre parti, que ces passions avaient été surexcitées par plus de quatre années d'une ardente opposition, et que, dans les derniers temps, la direction politique paraissait au moment d'échapper aux deux chefs parlementaires de la droite, qui n'avaient pas voulu s'associer à la guerre à outrance faite au second ministère Richelieu. Il y avait donc, dans la droite, des habitudes de guerre intestine qui pouvaient s'enraciner. On devait d'autant plus le craindre, que ceux qui avaient renversé le ministère Richelieu n'étaient pas ceux que le Roi avait appelés dans le nouveau cabinet; il les en avait, au contraire, exclus. On pouvait appréhender qu'ils ne gardassent à la fois des prétentions et des rancunes, et plusieurs d'entre eux, comme MM. de la Bourdonnaye et de Lalot, étaient des orateurs puissants sur la droite, tandis que le nouveau cabinet ne comptait parmi ses membres que deux orateurs, MM. de Villèle et de Corbière. Le nouveau cabinet avait donc à craindre à la fois l'abstention malveillante des chefs du centre droit, qui avaient refusé d'entrer dans la combinaison ministérielle, le mécontentement et les rancunes de plusieurs membres influents de la droite, que le Roi n'avait pas voulu y admettre, outre l'opposition violente et prévue du centre gauche et de la gauche. C'étaient beaucoup d'ennemis. Il importe de ne pas oublier que l'exemple de ces coalitions, qui rapprochent les extrêmes pour abattre un ministère que les partis, par des motifs divers, aspirent à renverser, avait été donné. Sans doute ces obstacles ne devaient pas se présenter tous à la fois dès le début de l'administration; mais ils existaient, et il fallait prévoir leur action, d'abord latente, qui précéderait leur action à ciel découvert.

Tout ministère qui arrive a naturellement un certain nombre de changements à faire dans l'administration; il faut qu'il éloigne des positions importantes les adversaires de sa politique et qu'il y établisse ses amis. Il y eut d'abord des mutations dans la diplomatie. M. Decazes, à l'occasion de l'avénement du ministère de droite, avait envoyé sa démission de l'ambassade de Londres; on y plaça M. de Chateaubriand, qui avait refusé la présidence de l'instruction publique comme au-dessous de ses prétentions légitimes. Il y eut un litige dans le conseil, au sujet de l'ambassade de Naples, que le duc de Narbonne Pelet, avait quittée. Le vicomte Mathieu de Montmorency voulait donner ce poste au duc de Montmorency-Laval, son parent; MM. de Villèle et de Corbière insistèrent pour qu'on en disposât en faveur de M. de Serre. Madame de Serre était venue leur demander pour son mari l'ambassade de Naples, en ajoutant que les médecins lui avaient prescrit les climats chauds, à cause de la maladie de larynx dont il était atteint, et que ses dernières luttes de tribune avaient aggravée. MM. de Villèle et de Corbière, qui avaient la plus haute estime pour le caractère et le talent de M. de Serre, qu'ils avaient appris à connaître dans leur ministère sans portefeuille, appuyèrent vivement ce choix dans le conseil. Ils rappelèrent le ferme et noble caractère qu'il avait déployé dans des circonstances critiques, quand, après l'assassinat du duc de Berry, il avait rompu tous ses liens avec la gauche ; en la combattant avec une ardeur empreinte quelquefois de violence, il avait puissamment contribué au changement de la loi d'élection, qui était au moment de rejeter le pays en révolution [1]. Comme M. Mathieu de Montmorency persistait à vouloir envoyer son parent à Naples, et qu'on ne put se mettre d'accord dans le conseil, on résolut d'en référer au Roi. Le Roi, touché des considérations développées par MM. de Villèle et de Corbière, décida le litige en faveur de M. de Serre. Le duc de Laval-Montmorency fut nommé ambassadeur en Espagne; le duc de Doudeauville, le duc de Narbonne Pelet, le vicomte de Bonald, furent nommés ministres d'État et membres du conseil privé. Le conseil d'État réorganisé conserva presque tous ses membres, mais on y introduisait MM. de Kergariou et de Bertier, anciens préfets, qu'on attacha au comité de l'intérieur. Il y eut un mouvement dans les préfectures, et trois anciens préfets appartenant à la droite et destitués par M. Decazes, MM. de Curzay, de Floirac et de Saint-Luc, furent rétablis dans leurs fonctions. Le général Coutard, sur le dévouement et l'énergie duquel le gouverne-

---

1. Ces détails sont textuellement empruntés au carnet de M. de Villèle, et ils trouvent leur confirmation dans les lettres de M. Mathieu de Montmorency, qui compte parmi ses griefs contre M. de Villèle l'obstacle que met celui-ci à l'envoi de M. de Montmorency-Laval à Naples.

ment du Roi comptait d'une manière absolue, fut appelé au commandement de la première division militaire, en remplacement du général de France; c'était une mesure de prévision contre les conspirations militaires qu'on pouvait appréhender. Le général Donnadieu fut rétabli sur le tableau de disponibilité dont il avait été rayé. M. Anglès donna sa démission de préfet de police, et M. de Lavau, conseiller à la cour royale de Paris, le remplaça. MM. de Bouthilliers et de Rancogne entrèrent comme administrateurs aux postes réorganisées, que M. de Mesy quitta et où M. Roger garda les fonctions de secrétaire général.

Ces changements n'avaient rien d'excessif, et ils étaient loin de satisfaire toutes les ambitions que la chute du ministère Richelieu avait mises en jeu. Le comte de la Bourdonnaye avait fait porter des paroles au nouveau ministère par M. de Chateaubriand, qu'il avait choisi pour intermédiaire[1]. Il posait ses conditions, et, suivant qu'elles seraient acceptées ou refusées, il traiterait le ministère en ami ou en ennemi. Qu'on le nommât ministre aux Pays-Bas, puisqu'on ne voulait pas lui donner l'ambassade de Vienne; que l'on constituât la pairie sur la tête de son fils, il n'attaquerait pas le ministère et il le soutiendrait, au besoin; sinon il planterait son drapeau dans la discussion de la loi sur la presse.

---

1. Voici la lettre de M. de Chateaubriand, dont l'original existe dans les documents inédits que possède la famille de M. de Villèle : « La Bourdonnaye est venu chez moi ce soir. Il veut définitivement savoir si l'on est ami ou ennemi. Il persiste à demander : 1º la pairie sur la tête de son fils (il y a des exemples de cela à la Chambre des pairs); 2º il abandonne l'idée de l'ambassade de Vienne, et se contente d'être ministre aux Pays-Bas. A ces conditions, il promet d'être loyalement en paix avec le ministère, et de le servir si besoin est. Mais il veut une explication immédiate, car il veut prendre parti dans la discussion de la loi sur les journaux. Si l'on est ennemi, il parlera contre la loi des journaux qu'il n'aime pas. Si l'on est ami, il gardera le silence et attendra patiemment l'avenir.

« Je vous rends ses propres paroles, mon avis est que vous ne sauriez trop faire pour l'amener à vous. » CHATEAUBRIAND. (*Documents inédits*.)

Il ne faut pas trop s'étonner de pareilles propositions ; c'est une chimère que de compter sur le désintéressement absolu des hommes mêlés aux affaires publiques ; on le louerait moins s'il n'était pas aussi rare. Il est de l'essence du gouvernement parlementaire de surexciter les intérêts et les ambitions, et dans les luttes des assemblées il y a presque toujours derrière le but ostensible qu'on poursuit un but secret qu'on veut atteindre. Heureux les pays où les assises de l'édifice politique sont assez solides pour servir de champ de bataille, sans être ébranlées, aux luttes des ambitions et des intérêts personnels, qui profitent alors par leur concurrence même à l'intérêt général ! Telle n'était point malheureusement pour le gouvernement royal et le pays la situation de la société française à l'époque dont j'écris l'histoire. Le comte de la Bourdonnaye présumait trop de la force des institutions, sur le ressort desquelles il appuyait jusqu'à les briser, et il jouait un jeu dangereux pour son parti, pour son pays et pour le gouvernement qu'il aimait.

M. de Villèle a pris soin lui-même de consigner dans ses notes politiques le sens de la réponse qu'il fit à M. de Chateaubriand. Il refusa de céder à une menace, convaincu qu'il était qu'en donnant une prime à ceux qui prétendaient lui forcer la main et lui offraient la paix ou la guerre selon l'accueil favorable ou contraire fait à leurs exigences, le gouvernement encouragerait les ambitions et provoquerait les hostilités. Les hommes qui se seraient ainsi imposés n'accorderaient qu'une trêve au ministère ; ils auraient bientôt de nouveau recours au moyen d'intimidation qui leur avait une fois réussi ; c'est ainsi qu'on aurait devant soi des exigences toujours obéies sans être jamais assouvies, des prétentions sans cesse renaissantes qui ne deviendraient jamais des dévouements. Le ministère crut donc devoir adopter la marche opposée. Il résolut de faire pour ceux qui adopteraient sa politique tout ce qu'il était possible de faire, en tenant compte de leur mérite, sans nuire au service public. Il lui sembla sage « de conserver au Roi et au pays les serviteurs de toutes nuances qui pouvaient leur être utiles, sans prononcer aucune exclusion et sans permettre aucune réaction intéressée [1]. » C'était certainement la marche la plus raisonnable et la plus digne; mais il fallait avoir la force de la maintenir en face des ambitions émues, et le ministère devait penser que les vanités blessées et les intérêts déçus chercheraient dans les lois qui seraient proposées aux chambres des terrains d'opposition.

A peine nommé, il avait eu à délibérer sur la manière dont il se présenterait devant les chambres. Dès la première réunion des ministres, il fut décidé qu'on retirerait le projet de loi de censure, et qu'on déposerait une nouvelle loi sur la presse. Il était impossible d'agir autrement. Le second ministère Richelieu avait succombé précisément sur la question de la censure qu'il demandait pour six ans, et il avait succombé devant une majorité formée par la coalition de la droite avec le centre gauche et la gauche. La droite était donc engagée d'honneur dans cette question; le ministère sorti de ses rangs ne pouvait lui demander le sacrifice de sa dignité, et devait prouver par son premier acte qu'il était l'héritier et non le continuateur du ministère Richelieu [2].

---

1. Je cite textuellement les motifs exposés par M. de Villèle pour justifier la conduite du ministère.

2. M. de Villèle expose tout au long, dans ses notes politiques, les motifs qui déterminèrent le ministère à prendre cette résolution. « Pour maintenir la proposition de censure, dit-il, il aurait fallu que le ministère l'obtînt de la majorité qui venait de la refuser à l'ancienne administration, et qu'ainsi il obligeât cette majorité à se déjuger et à se déshonorer en se démentant sans pudeur à quelques jours de distance. Cette majorité royaliste était cependant sa seule force. La Chambre des pairs, par sa composition, ses idées, ses prétentions, ses engagements, était contraire au nouveau cabinet. La bienveillance du Roi était bien nouvelle et mal assurée. On pouvait craindre le retour de M. Decazes, que le vote de la loi de la censure aurait favorisé. Les amis les plus particuliers, les plus intimes du nouveau cabinet, ceux qui étaient le plus au

Dès le 15 décembre 1821, le nouveau ministère se présenta à la chambre. La séance fut un moment suspendue par la curiosité, puis elle reprit ; on vérifiait les titres d'un député nouvellement élu, et M. Manuel était à la tribune. Quand l'ordre du jour fut épuisé, le nouveau garde des sceaux, M. de Peyronnet, demanda la parole pour une communication du gouvernement. Il annonça le retrait de la loi de censure, et prévint la chambre que le Roi avait donné l'ordre de préparer une nouvelle loi pour la police des journaux. La chambre accueillit avec une satisfaction non équivoque cet acte de joyeux avénement.

II

CONSPIRATIONS DE BÉFORT, DE SAUMUR, DE LA ROCHELLE

L'avénement du ministère de droite fut le signal de l'explosion des complots, à la fois militaires et civils, que la gauche extrême préparait depuis longtemps dans l'ombre, et dont le succès, probable selon elle, quand le pouvoir serait dans les mains d'un cabinet exclusivement royaliste, lui avait fait voir sans déplaisir la chute du ministère Richelieu et l'avait même décidée à y concourir. Le comité supérieur de la charbonnerie, dans lequel, on s'en souvient, siégeaient plusieurs députés, le général La Fayette, MM. d'Argenson, Kœchlin, Beauséjour, Manuel, de Corcelles père, Dupont (de l'Eure), et, comme j'ai eu l'occasion de le rappeler, M. de Schonen, un magistrat assis sur les fleurs de lis, et des avocats habitués à invoquer les lois,

courant des dangers de la licence de la presse, venaient lui dire qu'il n'y avait qu'eux dans la droite qui fussent disposés à lui accorder la censure, et qu'encore ils ne la lui accorderaient que jusqu'à la fin de la session, attendu qu'une fois la Chambre partie, le Roi pourrait rappeler M. Decazes. » (*Notes politiques de M. de Villèle. — Documents inédits.*)

MM. Barthe, Mauguin, Mérilhou, était vivement sollicité de donner l'ordre attendu. Il faut se reporter ici aux détails déjà exposés sur l'étendue et la puissance de cette organisation, qui enveloppait la France d'un réseau, dont les mailles plus ou moins fortes existaient partout[1]. C'étaient des jeunes gens, on l'a vu, qui avaient importé la charbonnerie d'Italie en France. Ces jeunes gens, tout en comprenant la nécessité d'appeler des hommes considérables et connus dans la Vente suprême, afin d'inspirer quelque confiance au pays quand ils frapperaient le grand coup, avaient conservé l'initiative, l'action et le mouvement. On pourrait comparer la Vente suprême à un char attelé : la partie parlementaire représentait le char; les jeunes hommes ardents qui s'étaient donné des chefs parce qu'ils ne pouvaient l'être, je veux parler de MM. Bazard, Joubert, Buchez, Dugied, Guinard, Rouen, Sautelet, Flottard, de Corcelles fils, les deux Scheffer (Arnold et Ary), et leurs amis, étaient les chevaux.

Ils avaient réussi, pendant le cours de l'année 1821, à propager la charbonnerie dans l'armée[2]; le corps des sous-officiers leur avait offert des recrues toutes préparées à recevoir l'initiation par une éducation supérieure à celle du soldat, leur contact naturel avec la jeunesse civile dans les garnisons des grandes villes, l'ardeur de leur âge et l'impatience d'avancement, ce tourment des âmes militaires qui trouve un leurre dans les révolutions, et que surexcitait encore, à cette époque, l'exemple de la révolution sortie du camp de l'île de

---

1. Voir tome V, p. 634 et suiv.
2. Un ancien membre des sociétés secrètes qui, sous le Gouvernement de Juillet, s'était fait affilier aux conspirateurs pour les dénoncer, assure que si l'organisation était identique dans l'armée, les noms étaient différents. « La Haute Vente, dit-il, fut appelée *légion*, les ventes centrales, *cohortes*, les ventes particulières de premier ordre, *centuries*, les ventes particulières de second ordre, *manipules*. » (*Histoire des sociétés secrètes*, par Lucien de la Hodde, p. 22.)

Léon et devenue maîtresse de l'Espagne. Il faudrait bien peu connaître le cœur humain pour ne pas comprendre l'effet que devait produire, sur ces jeunes et ardentes imaginations, une société secrète qui leur donnait tout à coup une importance personnelle considérable, et substituait à l'obéissance passive de leur état et aux perspectives modestes d'un lent avancement, une initiative et une influence mystérieuses qui les mettaient au dessus de leurs chefs réguliers, et les chances prochaines d'un brillant avenir. L'argent même ne leur manquait pas, et, s'il n'est pas un motif déterminant pour des cœurs un peu hauts, c'est toujours une tentation pour les jeunes gens.

En étudiant les procès militaires de cette époque, je retrouve la trace de ces diverses influences. C'est ainsi que le sergent Bories, que nous verrons bientôt figurer dans un de ces complots, fut affilié à la charbonnerie par un ancien élève de l'école de médecine, son camarade de collège, et affilia à la même société plusieurs autres sous-officiers du 45ᵉ de ligne, son régiment, pendant que ce régiment, commandé par le marquis de Toustain, était caserné à Paris. Il n'y avait pas jusqu'à la mise en scène du serment sur le poignard qui, par sa couleur dramatique, ne devînt une séduction pour cette jeunesse militaire : à cet âge on aime tout ce qui parle à l'imagination et tout ce qui grandit l'importance du rôle auquel on est appelé [1].

---

[1]. J'ai étudié avec fruit, sous ce rapport, le procès des sergents de la Rochelle. Je me trouve d'autant plus autorisé à puiser des détails dans le compte rendu de ce procès, que M. Fouquier, qui l'a écrit pour les *Causes célèbres*, est un admirateur enthousiaste des sergents de la Rochelle, et un ennemi déclaré de la Restauration, et que, comme j'ai eu soin de le vérifier, il a puisé pour les faits, pour l'interrogatoire des accusés, aux sources authentiques. Or je vois, dans ce compte rendu, qu'au commencement de 1821, Bories, qui faisait partie du 45ᵉ, commandé par le marquis de Toustain, était en garnison à Paris ; que les affinités secrètes qui existaient entre les étudiants des écoles de droit et de médecine et les soldats ne tardèrent pas à les rapprocher ; que Bories avait d'abord été initié à la Franc-Maçonnerie, puis à une

Dans la dernière quinzaine du mois de décembre 1821, le comité directeur de la charbonnerie, mis en demeure par les plus ardents de ses membres, crut le moment arrivé de frapper un grand coup à l'occasion de l'avénement du ministère de droite. Dans l'Ouest, les *Chevaliers de la liberté*, qui avaient conservé leur organisation, promettaient leur concours et affirmaient qu'à un signal donné ils seraient maîtres de Saumur. A Toulon et à Marseille on travaillait les populations, et un ancien officier de la garde impériale, le capitaine Vallée, cherchait à recruter des ennemis aux Bourbons. Dans l'Est, à Béfort, à Neuf-Brisach, à Huningue, à Colmar, des officiers en retraite pratiquaient les régiments. MM. Kœchlin, Voyer-d'Argenson et Buchez répondaient de Mulhouse. Un avocat, M. Petit-Jean, annonçait que le Haut-Rhin et le Bas-Rhin appuieraient le mouvement. La conspiration avait des

Vente Centrale du carbonarisme, cachée derrière la Loge maçonnique, vente qui était présidée par un avocat stagiaire, nommé Baradère ; qu'il fonda lui-même dans son régiment une vente militaire, dont les premiers membres furent trois sergents-majors, Pommier, Labouré et Castille : — « Au milieu de décembre 1821, ajoute le narrateur, la plupart des sous-officiers du 45e appartenaient à la grande société secrète. Il n'était pas besoin d'y initier les soldats, qui, à l'occasion, marcheraient à la voix sympathique de leurs chefs immédiats. »
Cette indication est précieuse, parce qu'elle explique à la fois comment le secret put être gardé, et comment la confiance présomptueuse que les sous-officiers avaient mise dans leur influence sur les soldats fut souvent trompée par ceux-ci qui se montrèrent, au moment de l'explosion de ces mines militaires, moins entraînés que surpris. Je vois plus loin que l'entente s'établit entre d'anciens officiers venus de l'empire qui regrettaient le passé, et les jeunes sous-officiers qui espéraient s'emparer de l'avenir; que « Bories était enivré par les perspectives qui s'ouvraient devant lui depuis que le président de la Vente Centrale l'avait présenté au président du comité directeur, au chef illustre du carbonarisme français, au général La Fayette. » Je vois encore que « lorsqu'on se sépara, après un déjeuner qui eut lieu derrière Saint-Étienne-du-Mont, à l'enseigne du *Roi-Clovis*, les délégués de la Vente Centrale remirent à Bories une somme d'argent destinée à être distribuée parmi « les initiés du 45e. » M. Fouquier ajoute plus bas que le colonel de Toustain avait conçu quelques soupçons à l'occasion de dépenses faites par ses sous-officiers au delà de leurs ressources connues. » Voir, dans les *Causes célèbres*, les *Quatre Sergents de la Rochelle*, par M. Fouquier.

ramifications jusque dans la garnison de Strasbourg. On comptait pouvoir mettre vingt-cinq mille hommes en ligne à Paris. C'était, au fond, la conspiration du 19 août 1821, renouée sur une plus vaste échelle, et cette fois on revenait à la première pensée, qui avait été de prendre l'initiative par des mouvements simultanés dans les départements, auxquels répondrait un mouvement à Paris.

Dès le 23 décembre, il y eut un commencement d'explosion à Saumur. L'une des grandes difficultés de la tâche de la Haute Vente était de prévenir, au milieu de tant de cratères enflammés, les éruptions isolées. Celle de Saumur n'eut rien de grave en apparence. On apprit à Paris, le 24 décembre 1821, que le 23 on avait découvert, dans la ville de Saumur, un complot contre le gouvernement; huit sous-officiers avaient été arrêtés, et la conspiration s'était trouvée ainsi comprimée. Bien que la nouvelle de l'échec des conspirateurs fût arrivée en même temps que celle de leur tentative, il y eut une baisse énorme sur les fonds publics : on pressentait que ce jet de lave n'était pas le dernier mot du volcan. Quelques personnes, habituées aux opérations de Bourse, vinrent réclamer des fonds du trésor, pour soutenir la rente menacée par ce qu'on appelait un coup de main dirigé contre le ministère de droite. M. de Villèle répondit qu'il était contraire à son devoir de céder à ces obsessions, et qu'il ne le ferait jamais. Cette ferme déclaration suffit pour arrêter la baisse et la dépréciation des fonds publics, qui commencèrent à remonter dès le lendemain [1].

Les chefs de la conspiration générale regardèrent l'affaire de Saumur comme l'explosion d'un fusil qui était parti avant l'heure. Ce n'était pas, à leurs yeux, une preuve qu'il fallût renoncer à tenter l'entreprise; tout au contraire, il fallait se

---

1. *Journal de M. de Villèle.*

hâter de commencer. Alors on résolut, par suite de circonstances qui doivent être indiquées, de lever le drapeau à Béfort.

Pendant la dernière quinzaine de 1821, il y eut un mouvement continuel sur la route de l'Est à Paris. M. Jacques Kœchlin, membre de la Haute Vente et le plus grand manufacturier de Mulhouse, avait fait avertir ses collègues que tout était prêt pour une insurrection. MM. Joubert, Bazard et Buchez, qui venaient de parcourir l'Alsace et de se mettre en rapport avec les ventes particulières, certifiaient l'exactitude de cette communication. A Béfort, les carbonari, qui comptaient de nombreux affiliés dans la population civile, s'étaient assurés d'une grande partie des sous-officiers et de plusieurs officiers. Une fois le drapeau tricolore arboré à Béfort, on était sûr qu'il le serait à Neubrisach, et un jeune lieutenant, en garnison dans cette ville, Armand Carrel, — c'était lui qui devait plus tard se faire une grande réputation comme journaliste, — répondait du concours de la plupart de ses camarades. Les ventes de Strasbourg, de Colmar, de Nancy et d'Épinal étaient prêtes, elles se lèveraient dès que le mouvement éclaterait à Béfort. A Saumur, à Nantes et à Angers on prendrait les armes. Avec l'organisation de la charbonnerie, qui enveloppait la France entière, on verrait ce soulèvement gagner de proche en proche, comme une traînée de poudre.

Ce fut M. Bazard qui apporta ces nouvelles à Paris. La Haute Vente, qui, depuis l'extension donnée à son organisation, s'était concentrée dans un conseil intime, où se prenaient les grandes résolutions, se trouvait mise en demeure. On lui reprochait déjà, dans les ventes particulières, sa lenteur et son peu de disposition à agir, et l'échec qu'avait éprouvé, au mois de novembre précédent, une conspiration préparée à Saumur avait laissé de l'amertume dans les esprits. La Vente suprême n'hésita donc pas à promettre le signal et le concours réclamé. Elle décida que la prise d'armes aurait lieu simultanément à Béfort et à Neubrisach dans la nuit du 29 au 30 décembre, et que les deux garnisons, après avoir arboré le drapeau tricolore, se rencontreraient à Colmar, où l'on proclamerait un gouvernement provisoire, composé de MM. Kœchlin, d'Argenson et du général La Fayette. Grands propriétaires dans le département du Haut-Rhin, les deux premiers se trouvaient naturellement sur le théâtre de l'action. Le général La Fayette attendrait au château de la Grange un avis donné par le marquis d'Argenson; aussitôt cet avis reçu, il partirait et se trouverait à Béfort le jour même où la prise d'armes aurait lieu.

Il y avait, dans cette combinaison même, une pierre d'achoppement contre laquelle devaient se briser les chances de l'entreprise. Puisqu'on était d'accord sur le lieu et l'heure de la prise d'armes, il fallait que tous les acteurs fussent présents à point nommé sur le théâtre. Faire dépendre tout de la présence du général La Fayette, et faire dépendre cette présence d'un avis qui pouvait ne pas être donné ou être intercepté, c'était mettre contre soi l'imprévu, lorsqu'on avait déjà à prévoir tant de difficultés. Sans doute le général La Fayette, ne résidant pas dans le département du Haut-Rhin, courrait plus de risques que MM. Kœchlin et d'Argenson, en s'y rendant à l'avance. Mais où a-t-on vu que l'on puisse conspirer contre un gouvernement établi sans courir des risques, et l'attaquer les armes à la main sans exposer sa propre sûreté ? Ces jeunes gens qui allaient tirer l'épée ne couraient-ils pas aussi des risques ? Pour réussir, ces parties hardies veulent être hardiment jouées, et la prudence politique, en de pareilles occurrences, consiste à oublier toute prudence personnelle. Le général La Fayette, qui attendait l'avis promis par le marquis d'Argenson, ne le reçut pas, et celui-ci, sur qui tout roulait, ne put être retrouvé au moment de l'action.

On était à la veille du jour marqué ; l'espèce d'éclipse du marquis d'Argenson et l'absence du général La Fayette découragèrent les hommes les plus résolus, qui se demandaient s'il était possible d'agir sans avoir à présenter à leurs auxiliaires le personnel d'un gouvernement provisoire.

Averti par M. Kœchlin de ce contre-temps, M. Joubert courut à Lure, où devaient se trouver les conjurés les plus hardis venus de Paris, et laissa M. Kœchlin se rendre en toute hâte à Massivaux, d'où il espérait ramener M. d'Argenson. Mais il fallut donner un contre-ordre de quelques jours. Or un contre-ordre, dans ces sortes d'entreprises, est un désordre qui désorganise l'attaque, inquiète les esprits des conspirateurs, ébranle leur volonté en diminuant leurs espérances. En outre, il est rare que, dans ces derniers moments, des hommes violents, exaltés par l'approche de la lutte suprême, ne se laissent pas entraîner à des manifestations imprudentes, qui mettent le gouvernement sur ses gardes.

Ce fut ce qui arriva. Ary Scheffer, que M. Joubert avait trouvé à Lure avec plusieurs autres jeunes hommes qui arrivaient de Paris, se chargea de se rendre en toute hâte au château de la Grange et d'en ramener le général La Fayette. Celui-ci, qui était homme de courage personnel, n'hésita pas à le suivre, et partit avec son fils. Ary Scheffer poussa jusqu'à Paris, où il alla avertir du départ du général La Fayette MM. Dupont (de l'Eure) et Manuel. Le second des deux promit de se rendre à Béfort, et partit en effet. Il avait à cœur de se laver du soupçon que l'ardente jeunesse qui remplissait les ventes faisait peser sur lui, en attribuant à ses conseils les tergiversations et ce qu'elle appelait la pusillanimité de la Vente suprême. Ary Scheffer, qui ne le précédait que de quelques heures, emmenait avec lui le colonel Fabvier, qui, sur les instances du général La Fayette, acceptait le commandement de l'insurrection militaire, et, après avoir nié la conspiration de Lyon, allait prendre part à la conspiration de Béfort, ce qui ne laissa pas d'infirmer l'autorité de son témoignage dans la première affaire.

Mais, pendant que ces divers personnages cheminaient en toute hâte sur les routes de la Grange et de Paris à Béfort, le contre-ordre donné produisait dans cette dernière ville l'effet qu'on avait pu prévoir. Il y eut parmi les conspirateurs du second rang, qui mettaient leur vie pour enjeu, une exaspération facile à comprendre contre les hauts conspirateurs de Paris, toujours disposés, disait-on, à se tenir éloignés du péril, et dont la couardise allait encore tout faire manquer. En même temps, les affiliés étrangers à la ville de Béfort qui étaient accourus des environs et de Paris même, jeunes gens, officiers à la demi-solde, conspiraient, pour ainsi dire, en plein soleil, remplissaient les cafés de mouvement et de bruit, et mettaient une jactance juvénile et militaire à afficher leur espoir et à escompter leurs succès. Les chefs de la conspiration se trouvaient dans cette étrange situation, qu'ils ne pouvaient imposer silence à ces espérances hautement exprimées, dans la crainte de décourager la conspiration locale.

Le 31 décembre au soir, le colonel Brice, qu'on a déjà vu figurer dans les complots contre le gouvernement royal, arrivait de Paris avec M. Joubert; ils étaient venus dans une voiture du général La Fayette, et ils apportaient son uniforme et son épée. Leurs paroles, l'assurance qu'ils donnèrent de la prochaine arrivée du général, la vue de sa voiture, de son uniforme et de ses armes, relevèrent le courage des conspirateurs de Béfort; mais il fallut courir à Neufbrisach et à Mulhouse, où régnaient la panique et l'abattement. On détermina, non sans peine, le lieutenant Carrel à venir à Béfort afin de s'assurer par ses yeux de l'exactitude des détails donnés aux affiliés de Mulhouse et de Neufbrisach, et il fut convenu que le mouvement éclaterait dans la soirée du 1er janvier, parce qu'on calculait que le général La Fayette serait arrivé avant la nuit. Le colonel en demi-solde Pailhès, qui, jusqu'à l'arrivée du colonel Fabvier, était désigné pour se mettre à la tête du mouvement militaire, avait réuni à un souper, dans une salle de l'hôtel où il était descendu, un grand nombre d'officiers en activité et à demi-solde ; les aigles et les cocardes tricolores étaient préparés, et l'on allait donner le signal de l'action, quand le commandant de la place de Béfort, averti de plusieurs côtés à la fois du coup de main organisé, donna des ordres pour mettre la main sur les conspirateurs, dont quelques-uns furent arrêtés. Le colonel Pailhès était encore à table avec ses convives, quand les premières arrestations furent faites.

Cette conspiration si menaçante se termina par une échauffourée sur une des places de la ville et un sauve-qui-peut général, ce qui indique que les combinaisons avaient été moins bien prises que l'assuraient, dans leurs récits, quelques-uns des intéressés. D'après ces récits, le gouvernement serait resté jusqu'au dernier moment dans une sécurité et une ignorance complète ; il en serait sorti, le 1er janvier 1822 seulement, par l'arrivée d'un sergent qui, venant de congé, et n'étant pas dans le complot, crut devoir avertir son capitaine que, d'après les ordres donnés par l'adjudant major Tellier, on avait mis des pierres aux fusils, et l'on était prêt à marcher[1].

1. Toujours est-il qu'une lettre écrite par le sous-préfet de Béfort au comte de Puymaigre, préfet du Haut-Rhin, le 1er janvier 1822, à minuit et demi, relate, de la manière suivante, les événements :
« Le 1er janvier, vers neuf heures du soir, le lieutenant-colonel commandant le 29e en l'absence du colonel, et un capitaine se présentèrent chez le lieutenant du Roi, commandant le département, et l'avertirent qu'il existait un complot dans le régiment. Ce complot devait éclater le lendemain avec le concours de plusieurs personnes étrangères au régiment. On arborerait le drapeau tricolore, on soulèverait la garnison ; ils connaissaient plusieurs des officiers engagés dans la conspiration ; ils ne voulaient pas les laisser échapper. Le lieutenant du Roi ordonna au lieutenant-colonel de faire prendre les armes au 29e

L'affaire était manquée, et lorsque MM. Joubert et Carrel arrivèrent de Neufbrisach, ils trouvèrent la conspiration désorganisée, la plupart des conspirateurs en fuite, et quelques-uns sous la main de l'autorité. L'arrestation qui fit le plus de bruit fut celle du colonel Pailhès et de son aide de camp. Cette arrestation eut lieu par les mains d'un agent de police, qui, se souvenant de son premier métier (il avait été maréchal des logis de hussards), sauta la rivière, à la suite du colonel, l'atteignit sur la rive opposée, le désarma de son poignard et l'amena prisonnier, en refusant une bourse de cent louis qui lui était offerte. Il fallut immédiatement songer à courir au-

et de diriger des patrouilles sur les endroits menacés, et, s'armant de son épée, il se rendit de sa personne, avec une patrouille, au faubourg de France, où, d'après les rapports, s'était réfugié l'adjudant sous-officier désigné comme le chef du complot. Arrivé à la porte de France, et, avant de l'avoir dépassée, il rencontra et reconnut quatre individus que leurs antécédents signalaient comme suspects, et qui allaient pénétrer dans le faubourg. »

La lettre du sous-préfet de Béfort que M. le comte de Puymaigre, fils de l'honorable M. de Puymaigre, préfet à cette époque, a bien voulu me communiquer, et à laquelle j'emprunte ces détails écrits le jour même de l'événement, nomme ces individus : c'étaient les sieurs Pigalier, Desbordes, Lacombe et Brice.

« Le lieutenant du Roi ordonna à l'officier de garde de les arrêter et de les tenir enfermés dans le poste. Puis, continuant lui-même sa route, il trouva, près de la place située au coin de la rue du Faubourg et du pont, un groupe nombreux de bourgeois, au milieu desquels se tenait un homme de haute stature, coiffé d'un shako. Le lieutenant du Roi ordonna aux bourgeois de se disperser, et, tandis qu'ils obéissaient, bien qu'avec lenteur, il alla droit à l'individu coiffé d'un shako, et le somma de dire son nom. Celui-ci, au lieu de répondre, se dirigea sur la route de Giromagny. Le commandant, suivi de sa patrouille, se mit à sa poursuite ; mais alors l'individu, se retournant, marcha droit au commandant, le pistolet au poing, et s'écriant d'une voix haute : « Soldats, vous n'arrêterez pas votre officier! » Il fit feu presque à bout portant sur le commandant. La balle frappa sur la croix de saint Louis, qui amortit le coup, et le commandant continua à marcher sur l'officier ; mais les bourgeois revinrent et s'opposèrent au passage de la patrouille, qui fut obligée de rétrograder. Le lieutenant du Roi, qui était tombé, se releva après un évanouissement d'un moment. Il gagna la ville, appuyé sur le bras d'un officier dont il avait été reconnu. Il ne retrouva pas à la porte de France l'officier auquel étaient confiés les quatre hommes arrêtés ; engagé dans la conspiration, il s'était enfui avec ses complices. Trois autres officiers ne répondirent pas à l'appel. » (*Mémoires inédits du comte de Puymaigre.*)

devant du général La Fayette pour l'empêcher d'arriver. On espérait le rejoindre à Lure; il changea brusquement de route et se rendit à Gray, chez son ami et collègue, M. Martin (de Gray). Quant à M. Kœchlin, qui avait quitté Mulhouse, on l'avertit en temps utile, et il put rebrousser chemin et retourner chez lui. Il était inutile d'avertir M. d'Argenson, il ne parut nulle part. Restait la voiture de M. de La Fayette, qui avait été saisie et mise sous les scellés par la gendarmerie, de sorte qu'elle pouvait devenir une pièce de conviction contre lui. On réussit à l'enlever nuitamment, et on la fit brûler, pour ôter à la fois à l'autorité un indice accusateur et un argument qui aurait pu contribuer à établir la culpabilité du général.

A Paris, le gouvernement ne crut d'abord qu'à une conspiration militaire. On trouve en effet, à la date du 2 janvier 1822, les lignes suivantes, inscrites sur le carnet de M. de Villèle, et qui donnent une idée exacte de la partie matérielle des événements et de l'idée qu'on s'en fit à Paris.

« Des troubles devaient éclater par suite de trames ourdies dans la garnison de Béfort. Informé à temps, le lieutenant du Roi fit prendre les armes aux troupes et se porta à la caserne où il fit arrêter quatre anciens prévenus de la conspiration du 19 août, soupçonnés d'avoir trempé dans le nouveau complot. Ces détenus furent confiés par lui à l'officier commandant le poste voisin qui prit la fuite avec eux. Trois autres officiers se sauvèrent. Le général, passant sur une des places de la ville, où s'était formé un rassemblement nombreux, reçut un coup de pistolet; la balle fut amortie par sa croix de Saint-Louis; cependant il tomba. Sa troupe indignée fit main-basse sur le rassemblement qui se dispersa. »

Telles furent les premières informations et la première impression du gouvernement. Il admit seulement que M. d'Argenson pouvait ne pas être étranger au complot de Béfort [1];

---

1. On lit dans le carnet de M. de Villèle, à la date de la fin de janvier : « M. d'Argenson fut soupçonné d'avoir trempé dans l'affaire de Béfort. »

mais plus tard, lorsqu'il vit de nouvelles explosions se succéder, il commença à soupçonner qu'il y avait une vaste association dont les mouvements partiels étaient les symptômes, et alors s'ouvrit cette instruction générale, qui devait se réfléchir plus tard dans le réquisitoire demeuré célèbre de M. de Marchangy. A Marseille, le capitaine Vallée ayant offert, dans les premiers jours de janvier, à quelques anciens militaires, auxquels il avait donné à déjeuner, de les faire entrer dans une société secrète, un de ses invités le prit pour un agent provocateur et le dénonça; le capitaine Vallée fut arrêté avant d'avoir pu faire disparaître un programme du plan et du but de la charbonnerie; ce fut un des premiers faits qui donnèrent l'éveil au gouvernement. M. de Corcelles fils et Arnold Scheffer qui, après l'échauffourée de Béfort, s'étaient rendus par les ordres de la Vente suprême à Marseille, afin de concerter un soulèvement avec le colonel Caron, président d'une vente dans cette ville, furent obligés de repartir en toute hâte en emmenant avec eux le colonel Caron, contre lequel un mandat d'amener avait été lancé. A la fin de janvier 1822, trois instructions judiciaires étaient commencées : à Colmar, contre 44 accusés, dans le Var contre 10, à Tours contre 11. Ces trois procès répondaient aux tentatives de Béfort, des départements du Midi, et de Saumur.

Malgré ces échecs successifs, la partie était tellement liée que de nouvelles tentatives éclatèrent. Nous allons avoir à parler du coup de main organisé, en février 1822, à Thouars, par le général Berton, qui dirigea une nouvelle attaque contre Saumur; de la conspiration dite de la Rochelle, qui date de la même époque et qui a conservé dans les annales judiciaires le nom des quatre sergents condamnés à mort à la suite de cette affaire; du complot dont on soupçonna l'existence à Strasbourg, et qui motiva, au mois d'avril 1822, plusieurs arrestations dans la garnison de cette ville; enfin de la tentative du colonel Caron, qui date du mois de juillet de la même année, et qui eut lieu dans le département du Bas-Rhin. Lors de l'événement, on nia la connexité de ces entreprises, et ce fut naturellement un des moyens employés par les défenseurs. Mais cette connexité a été avouée, proclamée même, depuis que la question, dégagée de tout intérêt judiciaire, est arrivée devant le tribunal de la postérité. Il est d'ailleurs tellement évident que toutes ces entreprises, dictées par le même esprit, allant au même but, et où l'on voit reparaître les mêmes acteurs, venaient de la même source ; et la charbonnerie, embrassant à cette époque la France entière, comme l'ont déclaré, dans des écrits publiés depuis, les fondateurs et les promoteurs de cette société secrète, il est tellement contraire au bon sens de croire, en présence d'une conjuration générale, à des hostilités isolées et séparées, que personne ne s'étonnera de trouver réunies dans le cadre d'un tableau unique les diverses scènes du même drame.

On a vu que, le 25 décembre 1821, un coup de main avait été tenté à Saumur par les affiliés des sociétés secrètes, et qu'il avait échoué. Le général Berton, désigné par la Vente suprême, résolut de diriger une nouvelle entreprise dont cette ville deviendrait le point objectif. Le 18 février 1822, il se rendit à Saumur, où il se rencontra avec Delon, son aide de camp, qui l'assura, non-seulement que les sociétés secrètes de cette ville étaient prêtes, que la majorité de l'école de cavalerie était favorable, et qu'on avait de nombreuses intelligences dans la garde nationale, mais que les ventes d'Angers, de Nantes et de Rennes promettaient leur concours. C'était d'abord à Saumur qu'on avait résolu de lever le drapeau. Les *Chevaliers de la liberté,* — c'était une société secrète plus ancienne dans le département que la charbonnerie, et qui agissait de concert avec elle sans se fondre dans les ventes, — devaient, à la faveur du marché hebdomadaire, affluer de tous côtés dans la ville, et proclamer, après un coup de main heureux, un gouvernement provisoire. Au dernier moment, le plan fut modifié. On crut plus avantageux et plus habile de commencer le mouvement à Thouars, où il n'y avait pas d'autorité militaire et dont toute la garnison se composait de cinq gendarmes; maîtres de Thouars, on rayonnerait sur Saumur, qui n'était qu'à sept lieues.

Personne n'ignore à quels mécomptes on est exposé dans les conspirations politiques quand on passe de la conception à l'action; le nombre des audacieux qui jouent, dès le début, leurs têtes, dans ces redoutables parties, est toujours singulièrement petit. Berton s'empara sans coup férir de Thouars, où il comptait parmi ses complices l'adjoint du maire et le commandant de la garde nationale. Entouré d'une espèce d'état major composé de quinze hommes à cheval, et arborant le drapeau et la cocarde tricolore, il prit le titre de « commandant de l'armée nationale de l'Ouest, » donna pour cri de ralliement à sa troupe celui de *vive la liberté* auquel quelques-uns mêlèrent le cri de *vive Napoléon II;* puis il perdit le reste de la journée à faire des nominations et des proclamations dans lesquelles il annonçait qu'en ce moment même la France s'insurgeait et proclamait la république. Il indiquait verbalement les noms des membres de la chambre des députés qui devaient composer le gouvernement provisoire : ce ne fut que le lendemain qu'il se dirigea sur Saumur. Sa troupe était peu nombreuse; quinze hommes à cheval, et environ cent vingt hommes de pied; elle ne se grossit que de rares recrues sur le chemin. A trois heures de l'après-midi, il arrivait à Montreuil, et ce fut un gendarme de cette petite ville qui alla donner l'alarme à Saumur dont les autorités ne se doutaient pas de ce qui se passait. Elles prirent à la hâte quelques dispositions de défense. Berton, en arrivant à Saumur à la nuit close, trouva de l'autre côté du pont Fouchard qu'il passa, un détachement de l'école qui se replia à sa vue, et un certain nombre de gardes nationaux sous le commandement du maire de la ville, M. de Montpassant, royaliste résolu, qui se montra décidé à lui disputer le passage les armes à la main. Le général Berton espérait-il que sa présence suffirait pour provoquer un mouvement dans la ville, et attendait-il ce mouvement? Ce qu'il y a de certain, c'est qu'il commença à parlementer avec le maire, et que la conférence ayant duré deux heures, sans qu'aucun mouvement éclatât, et la petite troupe qui défendait la ville s'étant au contraire sensiblement accrue, le général Berton crut devoir se borner à demander une trêve de deux heures, pour avoir le temps de s'éloigner avec les siens. Sa première idée avait été de retourner à Thouars; mais, ayant appris que les portes de cette petite ville murée lui seraient fermées, il licencia lui-même sa troupe, et recommença sa vie errante, précaire et poursuivie de refuge en refuge : c'était encore une échauffourée.

Il est difficile, lorsqu'on voit ces tentatives réitérées échouer successivement, toutes avec le même résultat, de ne pas penser qu'il y avait quelque obstacle radical au succès de l'entreprise, obstacle qui se retrouvait partout. Selon toutes les vraisemblances, cet obstacle venait du renouvellement de l'armée; de 1815 à 1822, presque tous les anciens soldats de l'empire avaient disparu de ses rangs. Le noyau des conspirateurs ne se formait donc que d'un état-major, et la partie se nouait entre un certain nombre d'anciens officiers de l'empire, mécontents du nouveau régime et aspirant à faire revivre le passé, et de sous-officiers qui, avides d'avancement, dévoraient des yeux l'avenir. Le colonel Pailhès, qui devait prendre le commandement du mouvement de Béfort, appartenait à la première catégorie, comme le colonel Fabvier désigné pour diriger l'insurrection s'il était arrivé à temps. Le général Berton était un officier brillant, mais il s'était montré de tout temps partisan enthousiaste de l'empire, et il avait publié en 1818 un *Précis historique et critique de la campagne de* 1815, dans lequel il s'efforçait d'exonérer Napoléon de toutes les fautes commises pendant la bataille de Waterloo et de les faire peser sur ses lieutenants, thème ancien, on le voit, et brillamment brodé depuis. Il était à la même époque un des rédacteurs de la *Minerve*, et tout ce qui sortait de sa plume portait l'empreinte d'un libéralisme violent et d'une opposition exaltée; son impétuosité naturelle le jetait dans les aventures. Il avait été rayé des contrôles de l'armée pour la part qu'il avait eue dans la société des *Amis de la presse;* il avait écrit des *Considérations sur la police*, précédées d'une lettre injurieuse adressée à M. Mounier, alors directeur général de cette administration. Partout, toujours, le gouvernement royal l'avait rencontré dans une opposition à outrance; vers les derniers mois de 1820, un mandat d'amener avait été lancé contre lui, et il n'avait échappé à une arrestation que par la fuite. Caron était un homme du même caractère et de la même trempe. La chute de l'empire avait arrêté son avancement et il l'avait vue avec un profond regret, comme il avait salué avec enthousiasme le retour de l'île d'Elbe. Il était impliqué dans la conspiration du 19 août 1820, et il n'échappa à une condamnation que parce qu'il n'avait contre lui que le témoignage du lieutenant-colonel Delestang, qui l'accusait d'avoir cherché à l'embaucher dans le complot.

Nous allons retrouver l'autre élément des conspirations de cette époque dans l'affaire de la Rochelle. On a vu comment le sergent Bories fut affilié à la charbonnerie pendant que le 45ᵉ de ligne, auquel il appartenait, était en garnison à Paris, et comment il avait formé une vente militaire dans ce régiment en affiliant à la société plusieurs sous-officiers ses camarades, au nombre desquels il faut nommer Pommier, Goubin et

Raoulx. La Vente suprême comptait sur le concours du 45ᵉ pour aider à Paris le mouvement projeté ; mais le général comte de France, commandant la première division, ayant reçu des rapports défavorables au 45ᵉ, le fit sortir de Paris, le 22 janvier 1822, et le dirigea sur la Rochelle. Bories emportait des cartes découpées et des signes de reconnaissance au moyen desquels il pouvait correspondre, par toute la France, avec les ventes des différents ordres, et même avec les associations secrètes qui ne faisaient point partie de la charbonnerie proprement dite ; il avait été en outre présenté au généra La Fayette, chef du carbonarisme français[1]. Le 22 janvier 1822, le 45ᵉ quitta Paris pour se rendre à la Rochelle, après avoir fait étape à Étampes, Angerville, Artenay, Orléans, Blois, Tours et dans un grand nombre de villes. Sur la route, Bories ne cessa point de faire une propagande active ; à Angerville, il fit des efforts pour affilier à la vente le jeune sergent-major Choulet. Il lui répétait que « les militaires n'avaient pas d'avancement, qu'il était impossible de rester sous un joug pareil. » Choulet repoussa ses instances, en lui disant qu'il était militaire et qu'il voulait rester militaire sans s'occuper de politique. Il ajouta ces mots caractéristiques : « J'avoue que les journaux m'allument le sang ; faites comme moi, ne les lisez pas. »

A Orléans, il y eut une rixe entre quelques soldats du régiment et les Suisses en garnison dans cette ville[2] ; ces rixes étaient fréquentes depuis que, par les journaux et par les brochures, on avait échauffé les esprits contre les Suisses, auxquels l'opinion révolutionnaire ne pouvait pardonner leur fidélité passée aux Bourbons, dans la sanglante journée du 10 août, indice et gage de leur fidélité dans l'avenir. Le lendemain

---

1. *Causes célèbres : Les Sergents de la Rochelle*, p. 6.
2. Acte d'accusation. — Voir le *Moniteur* du 18 août 1822.

il y eut une seconde rixe dans laquelle Bories reçut deux coupures de baïonnette au front, et fut arrêté et conduit au poste des Suisses [1]. Il avait réuni quelques minutes auparavant les principaux affiliés de la vente militaire, au nombre de dix-huit, à l'*Auberge de la Fleur-de-Lys*, et leur avait annoncé que « le moment approchait où ils seraient appelés à agir, » et qu'ils recevraient bientôt l'ordre de marcher sur Saumur pour concourir à renverser le gouvernement. D'après les instructions qu'il emportait, Bories croyait, en effet, que le 45ᵉ n'arriverait pas à sa destination, et que, sur la route, il serait appelé à prêter main-forte à un mouvement général et décisif qui aurait lieu dans les provinces de l'Ouest. Le chef de la vente militaire du 45ᵉ fut envoyé par son colonel à la garde du camp, ce qui le mettait sous la main et sous le regard de l'autorité, au moment où il attendait le signal de l'action et où il aurait eu besoin de toute la liberté de ses mouvements.

Quand le premier bataillon, qui avait quitté Orléans, fit étape à Blois, Bories, ne pouvant agir lui-même, donna ses instructions à l'un des affiliés, Lefèvre, ancien sous-officier de l'empire, redevenu simple soldat du 45ᵉ, et lui prescrivit de se rendre à sa place au rendez-vous où l'on devait trouver un émissaire de la Haute Vente de Paris. Tout se passa selon les rites mystérieux de la charbonnerie, destinés à la fois à préserver le secret et à frapper les imaginations. Lefèvre, s'échappant après l'appel du soir, à Saint-Maure, sur la route de Chinon, trouva, à l'endroit indiqué,

---

[1]. « Bories, en état complet d'ivresse, rencontre le sergent Koffman, de mon régiment, et lui dit : « Tu n'es qu'une canaille comme les autres. » Koffman cherchait à le calmer. Ils arrivèrent près du pont où se trouve un corps de garde occupé habituellement par un sergent et huit hommes. Le poste était commandé, ce jour-là, par le sergent Vetrens, chevalier de la Légion d'honneur et porteur de trois chevrons. Bories le poussa deux ou trois fois. Alors le sergent le fit arrêter. » (Déposition du lieutenant-colonel de Maillardoz. Audience du 1ᵉʳ septembre 1822.)

un homme en blouse qui tenait en main deux chevaux de selle ; il lui montra la moitié d'un foulard ; l'homme exhiba aussitôt l'autre moitié, et tous deux chevauchèrent silencieusement pendant deux heures. Le guide s'arrêta devant une grille conduisant à une maison isolée, et mit pied à terre ; puis, après avoir échangé un mot de passe avec un homme qui vint ouvrir, il introduisit Lefèvre dans un petit salon, où celui-ci se trouva avec un jeune homme à la figure énergique, à l'aspect militaire, malgré son costume civil. C'était, il ne le sut que plus tard, le lieutenant d'artillerie Delon, déjà compromis dans la première conspiration de Saumur[1]. Il apprit de lui que des circonstances imprévues retardaient le mouvement de Saumur ; il fallait toujours se tenir prêt, mais en évitant toute imprudence de nature à provoquer les soupçons.

Le régiment que Lefèvre avait rejoint sans encombre s'était remis en marche. A Saint-Maixent, trois des affiliés, effrayés des communications qu'ils avaient reçues à Orléans, firent dire à Bories par un d'entre eux, Labouré, qu'à partir de ce moment ils ne voulaient plus faire partie de la société secrète. La réponse de Bories, rapportée plus tard par Labouré, mérite d'être notée : « Rentrez, lui dit-il, dans la classe dont vous êtes sortis ; vous êtes indignes du nom de Français ! » A Poitiers, Bories, au lieu d'être enfermé, comme aux autres étapes, dans la prison du corps de garde, reçut un billet de logement chez un ancien officier. C'était un piège qu'on lui tendait ; les soupçons étaient fortement éveillés sur le 45e et en particulier sur Bories, et l'on voulait savoir à quoi s'en tenir. L'hôte de Bories affecta les opinions les plus contraires au gouvernement ; le sergent eut l'imprudence de parler de ses espérances, de ses moyens d'action, des dispositions du ré-

---

1. Récit fait par Lefèvre après la révolution de 1830.

giment, de l'attente où il était d'une occasion prochaine, et il montra une bourse pleine d'or. La jactance militaire, le désir naturel à la jeunesse de faire parade du rôle qu'elle joue et de l'importance qu'on lui accorde, l'emportèrent sur la réserve du conspirateur. A Niort, les autres sous-officiers affiliés de la vente acceptèrent un dîner que les habitants de l'opinion la plus hostile aux Bourbons leur offrirent au café Bellegarde, qui était le centre connu de réunion des ennemis du gouvernement, et qui, par là même, devait être très-surveillé. Dans ce repas, où les verres se remplirent et se vidèrent souvent, les têtes finirent par s'échauffer, et l'on porta les toasts les plus compromettants. La sobriété est la première des qualités des conspirateurs, et longue serait la liste des conspirations trahies et perdues par les banquets; mais cette jeunesse militaire aimait l'expansion, les spectacles, le bruit, elle se plaisait à se sentir conspirer.

Le 14 février 1822, quand le 45ᵉ arriva à la Rochelle, Bories fut conduit, par ordre supérieur, à la maison d'arrêt de la ville; c'était un symptôme évident de la gravité que l'on attachait à son affaire : on ne se contentait pas de simples arrêts. A partir de ce moment, les trois sous-officiers qui, dès Saint-Maixent, avaient déclaré qu'ils ne voulaient plus faire partie de la vente, cessèrent de paraître dans la réunion. Bories, de plus en plus inquiet, déclara à Pommier, Goubin, Raoulx et Lefèvre, qui venaient le voir dans sa prison, qu'à tout prix il fallait qu'il eût une heure de liberté. Elle lui était nécessaire, disait-il, pour faire disparaître une malle qui pouvait les perdre tous, et compromettre un brave officier du régiment. Ils comprirent que la malle devait contenir des poignards, des cartes de reconnaissance, peut-être des papiers; ils supposèrent que l'officier devait être le capitaine Massias, ancien officier de l'empire, qu'ils regardaient tous comme le chef désigné du complot, quoiqu'il n'eût jamais paru dans les réunions de la vente. Par leur entremise et celle de la veuve du dernier geôlier, qu'ils gagnèrent, Bories obtint cette heure de liberté qui lui était nécessaire ; le geôlier intérimaire consentit à le laisser sortir pendant le temps demandé, à condition de ne pas le perdre de vue. Pommier, qui avait succédé de fait à la présidence de la vente, s'était déjà emparé du premier rôle ; il s'était mis en rapport avec la vente centrale des carbonari civils, et il avait noué des intelligences dans deux bataillons d'infanterie coloniale cantonnés à l'île de Rhé, lorsque deux nouvelles, arrivées presque simultanément, vinrent, comme deux coups de foudre, frapper les conspirateurs. Ils apprirent, le 21 février 1822, que le lieutenant général Despinois avait donné l'ordre de transférer Bories à Nantes, où il voulait l'interroger lui-même ; et, presque en même temps, ils surent que le général Berton avait échoué, le 18 février, dans le nouveau coup de main tenté sur Saumur. Pendant quelque temps, ils demeurèrent comme étourdis de cette double nouvelle, puis ils reprirent courage en apprenant qu'un envoyé de la Haute Vente de Paris ne tarderait pas à leur apporter des instructions. Il arriva, en effet, et Pommier put le voir à Marans. La Haute Vente faisait avertir la vente militaire qu'elle lui demanderait un effort prochain, dont le succès serait une éclatante revanche des derniers échecs. Un général se présenterait bientôt pour prendre le commandement de l'insurrection de la Charente-Inférieure; on n'attendait qu'un signal, et le lendemain la France entière serait en armes et debout. C'est avec des promesses de ce genre qu'on entraînait ces jeunes gens téméraires et ambitieux à une entreprise coupable, où ils devaient laisser leur vie, tandis que les organisateurs suprêmes se tenaient sur l'arrière-plan.

Il y eut quelque hésitation parmi les affiliés. Les événements si récents de Saumur les effrayaient comme un triste présage. Quelques-uns des fugitifs de Thouars commençaient à arriver à la Rochelle, parce que le littoral voisin offrait des facilités pour un embarquement furtif. Parmi eux parut le lieutenant Delon, que la cour d'assises de Tours venait de condamner à mort par contumace. Triste, sans être découragé, il accusait Berton de l'insuccès. Pommier le vit avant son embarquement sur un navire de commerce en partance pour l'Espagne. Le général Berton avait refusé de sortir de France avec lui; il voulait ou prendre sa revanche de son dernier échec à Saumur, ou mourir. Le 14 mars, il arriva dans les environs de la Rochelle, et Pommier, en voulant sortir après l'appel du soir, déguisé en paysan, pour avoir une entrevue avec lui, fut reconnu et arrêté par un adjudant. Goubin avait été, de son côté, mis à la salle de police.

Ces arrestations successives et multipliées produisirent sur les affiliés une sorte de panique. Nul doute que l'autorité ne fût sur les traces de la conspiration. Quand on apprit que Pommier avait demandé une audience au colonel, on supposa qu'il voulait parler, et l'un des affiliés, Goupillon, qui, depuis quelque temps déjà, était assiégé par des craintes contradictoires, qui lui faisaient apparaître à la fois l'échafaud dressé devant lui et la pointe des poignards des carbonari appuyée sur sa poitrine, voulut le prévenir et parla le premier.

Conduit chez le colonel de Toustain, le 19 mars 1822, par le sergent-major Choulet[1], auquel il avait fait ses premier aveux, il fit sur le complot les déclarations les plus explicites, et donna même les noms de ceux qui faisaient partie de la vente militaire à laquelle il appartenait. Le soir même, vers neuf heures, après le contre-appel et les hommes couchés, l'adjudant-major de Gognet et plusieurs autres officiers désignés par le colonel entrèrent silencieusement dans les chambrées,

---

1. C'était celui auquel Bories avait fait des ouvertures à l'étape d'Angerville.

le pistolet au poing. Les affiliés désignés par Goupillon furent arrêtés : c'étaient Lefèvre, Castille, Danotseq, Bricheron, Asnès, Gauthier, Demait, Hue, Raoulx et Goubin ; Bories et Pommier étaient déjà sous les verrous. On déshabilla les prévenus et l'on fouilla dans leurs paillasses ; ces recherches produisirent la découverte de poignards emmanchés et de lames de poignards, de poudre, de balles et de cartes de reconnaissance. Dans ce premier moment de stupeur les dépositions abondèrent, et les aveux, qu'on devait rétracter plus tard, ne manquèrent pas ; Pommier, Goubin, Raoulx et Lefèvre lui-même parlèrent. Bories seul demeura impénétrable, et le capitaine Massias opposa un silence et une réserve invincibles aux questions. Mais les dépositions unanimes de ceux qui avaient été engagés dans le carbonarisme et les aveux de presque tous les accusés qui, s'ils furent rétractés à l'audience, ont été renouvelés par leurs complices survivants sous le gouvernement de 1830 et dans un temps où les conspirations contre la Restauration comptaient comme des campagnes au service de la liberté, établissent d'une manière incontestable les faits dont on vient de lire le récit.

Pendant deux mois, depuis le 22 janvier 1822 jusqu'au 19 mars de la même année, il y avait eu une conspiration en permanence dans le 45ᵉ ; les affiliés du carbonarisme militaire de ce régiment avaient été, par leurs chefs, en relation continuelle avec la Haute Vente du carbonarisme civil de Paris et les ventes des villes où ils tenaient garnison ; le but de cette conspiration était le renversement du gouvernement. A plusieurs reprises, on avait été au moment d'agir, et ce n'était que sur des contre-ordres venus de Paris que l'action avait été différée. Au moment même où l'arrestation avait été effectuée, toute la contrée était en fermentation, et la Haute Vente avait annoncé l'arrivée d'un général qui devait prendre, dans la Charente-Inférieure, la direction d'une insurrection à laquelle se rattachait une prise d'armes dans toute la France. Quant aux mobiles employés pour agir sur l'esprit des sous-officiers, on trouve, à côté de ces vagues aspirations à la liberté qui agissent toujours sur les jeunes têtes, des influences moins désintéressées, que j'ai déjà indiquées en partie : l'envie de jouer un rôle ; l'importance personnelle que donnait l'affiliation à ceux qui entraient dans la charbonnerie ; les droits de l'égalité qu'elle substituait aux devoirs, toujours pesants, de la hiérarchie ; les rapports avec des personnages importants ; l'espoir de sortir du rang et de parvenir haut et vite ; la satisfaction orgueilleuse de disposer des destinées de la France ; les agitations et les émotions de cette vie de conspiration, rendues plus vives par la monotonie de la vie militaire en temps de paix et les lois inflexibles de la discipline ; enfin, pour plusieurs, les banquets et les distributions d'argent. On se rappelle le mot remarquable de Bories aux trois sous-officiers qui, sur la route de Paris à la Rochelle, déclarent ne plus vouloir faire partie de la vente : « Rentrez dans la classe dont vous êtes sortis. » Cette parole, uniformément rappelée, lors des premiers interrogatoires, par deux des sous-officiers auxquels elle avait été adressée, Cochet et Labouré, jette un grand jour sur la cause du succès de la charbonnerie dans les régiments ; il y avait des sous-officiers qui voulaient sortir de la classe où ils étaient nés, sortir par des moyens irréguliers, sans attendre l'avancement régulier que la loi, adoptée sous le ministère du maréchal Gouvion Saint-Cyr, avait assuré à ceux qui voulaient tenir leur fortune militaire des services rendus au pays [1].

1. J'ai puisé tous les renseignements dont je me suis servi pour tracer ce tableau des conspirations de 1822, dans l'interrogatoire des prévenus, les dépositions des témoins, les brochures du temps, les *Causes célèbres*, les biographies de Caron, Bories, Berton, insérées dans *la Biographie universelle* de Michaud et écrites à une époque où l'on pouvait tout dire, en 1835 : les deux premières, par un écrivain peu favorable à la Restauration, M. Parisot ; la

Que de jeunes sous-officiers, des officiers même, se soient laissé entraîner dans ces entreprises violentes et téméraires qui livraient le pays aux jeux sanglants du hasard et de la force, en interrompant ses progrès réguliers, ceux qui connaissent le cœur humain n'en seront pas surpris. Ils se rendront compte, en effet, du mirage qu'exerçait le passé sur les anciens officiers de l'empire, et du mirage qu'exerçait l'avenir sur la jeunesse civile et militaire dans une époque où toutes les imaginations étaient en feu et où l'idéal politique dont les intelligences étaient comme possédées faisait paraître le réel étroit et insuffisant. Ils comprendront que des jeunes gens, dont il ne faut pas surfaire la valeur morale et intellectuelle, aient cédé à la tentation qui se présentait à eux au nom prestigieux de la liberté et sous la forme de la fortune, de l'influence personnelle et de la gloire. Ce que l'on comprend moins, c'est que des hommes dans la maturité de l'âge, comme le général La Fayette, MM. d'Argenson, Kœchlin, Manuel, de Schonen, Merilhou, Barthe, initiés aux affaires de leur pays, et qui auraient dû profiter de l'expérience des révolutions, n'aient pas reculé devant l'idée d'ébranler toutes les bases sur lesquelles reposent les sociétés humaines, le respect des lois, la discipline, la hiérarchie, la fidélité au serment, au drapeau, en répandant partout cet esprit d'insubordination, d'indiscipline, de conspiration, de violence, cette habitude d'appel à la force, qui rendent la liberté politique impossible. La conduite de ces hommes paraîtra d'autant moins excusable, qu'appelés à paraître sur le premier plan

---

dernière par M. Michaud jeune, moins défavorable aux Bourbons. Parmi les écrits et brochures devenus très-rares, et que j'ai consultés, je citerai : le récit de Lefèvre, ami des quatre sergents de la Rochelle, et demeuré fidèle à leur mémoire; l'*Histoire de la conspiration de Saumur*, par le colonel Gauchais, ami et coopérateur de Berton ; le *Procès de la prétendue conspiration de Strasbourg*, publiée en 1822, à Strasbourg, et qui contient les dépositions des témoins, les interrogatoires des accusés et les plaidoyers des avocats.

en cas de succès, ils se tenaient sur l'arrière-plan quand il s'agissait du péril.

Après ces affaires, il suffira de mentionner celle de Strasbourg, qui, dénoncée au gouvernement par un officier, le lieutenant Charvais, provoqua l'arrestation de plusieurs officiers d'artillerie, au nombre desquels était le lieutenant Peugnet, frère de celui qui avait fait feu, à Béfort, sur le lieutenant du Roi. L'indignité du témoin principal prédisposa le conseil de guerre de Strasbourg à traiter favorablement les prévenus. En outre, le sang qui avait déjà coulé à l'occasion de la charbonnerie depuis quelques mois paraissait suffisant aux juges; de sorte qu'ils prononcèrent un arrêt statuant que, si les prévenus avaient fait partie d'une société secrète, cette société n'avait pas pour objet le renversement du gouvernement. C'était le général Pamphile de Lacroix qui commandait à Strasbourg à cette époque, et on lui reprocha souvent d'avoir imaginé la conspiration pour hâter son avancement. Telle n'est point l'impression que nous a laissée la lecture des pièces du procès, quoiqu'elles aient été rassemblées et publiées par des adversaires du gouvernement royal [1]. Il y eut des aveux faits devant le général Coutard, commandant la première division militaire [2], puis retirés à l'audience, où les prévenus assurèrent qu'ils avaient cédé, en les faisant, à la pression morale exercée sur eux. Nous avons interrogé les

---

1. *Procès de la prétendue conspiration de Strasbourg*, publié en 1822, à Strasbourg, chez Jean-Henri Heitz, imprimeur-libraire, rue de l'Outre, n° 3.

2. Le général Coutard écrivait au ministre de la guerre, en parlant des deux accusés : « Pour obtenir de Trollé et de Valterre les révélations qu'ils ont faites, M. le lieutenant général a dû se servir de tous les moyens en son pouvoir. Il s'est donc engagé, vis-à-vis d'eux, à demander à S. E. Mgr le ministre de la guerre, que s'ils faisaient des révélations franches et loyales, qui menassent à des découvertes importantes, ils fussent envoyés, sans être jugés, aux colonies. » Cette lettre signée, pour copie conforme : *Le directeur général du personnel, comte de Coëtlosquet*, est reproduite dans la brochure précitée, p. 41.

souvenirs des hommes de ce temps les mieux en mesure de connaître les faits, et il en est résulté pour nous la conviction que la charbonnerie avait fait des recrues dans la garnison de Strasbourg, que des réunions clandestines avaient lieu, sans qu'il y eût un jour marqué pour le mouvement. Le retrait des aveux s'explique par l'intérêt qu'avait la charbonnerie à nier le fait d'une organisation générale de conspirateurs. Les mêmes dénégations se retrouvèrent dans le procès de la Rochelle.

On a vu poindre dans l'affaire de Strasbourg un des graves inconvénients de la position faite au gouvernement par la charbonnerie. Quand il eut la conscience des trames ourdies contre lui dans l'ombre, il essaya de pénétrer dans cette ombre où s'aiguisaient les poignards. Il opposa l'intérêt à l'intérêt, l'ambition à l'ambition ; il donna des primes à la dénonciation, comme la charbonnerie en donnait à la révolte, et contremina le terrain sous les pieds de ceux qui le minaient. Alors commença la triste guerre des délateurs contre les conspirateurs : ruse contre ruse, embuscade contre embuscade, piége contre piége. C'est le propre des sociétés secrètes, ces ennemis à la fois invisibles et présents, de pousser les gouvernements à ces extrémités, où leur dignité est toujours compromise et où la majesté de la loi s'amoindrit. Nous rencontrerons les mêmes causes produisant les mêmes effets, mais d'une manière plus fâcheuse, dans la seconde conspiration du général Berton à Saumur, et surtout dans l'affaire du lieutenant-colonel Caron à Colmar, qui prennent date un peu plus tard, en juin et juillet 1822, et que nous raconterons en leur lieu.

III

PREMIERS DÉBATS PARLEMENTAIRES. — LOI GÉNÉRALE SUR LA PRESSE ET LOI DE POLICE DES JOURNAUX

Pendant que le nouveau ministère de droite combattait une conspiration permanente qui ouvrait, sur plusieurs points de la France, de nouveaux cratères, il avait d'autres luttes à livrer à la clarté du soleil. Ce qui caractérise cette époque, et ce qui donna tant d'animation aux luttes parlementaires de la session de 1821-1822, c'est que, parmi les orateurs qui attaquaient le gouvernement à la tribune, plusieurs trempaient dans les conspirations, et que des membres de la Haute Vente siégeaient sur les bancs de la chambre des députés. Il y avait donc comme des escaliers secrets qui communiquaient des caves du carbonarisme à la tribune, et telle parole enflammée, tel défi menaçant, était un encouragement, un signal au bras déjà levé du général Berton, des sergents de la Rochelle et du colonel Caron. La droite avait, sinon la claire notion, au moins une intuition plus ou moins confuse, un soupçon motivé, de cet état de choses. Ses passions s'échauffaient encore à la chaleur de cette atmosphère ardente, et elle était plus disposée à frapper des ennemis qu'à discuter avec des contradicteurs suspects.

La session était commencée, on s'en souvient, lors de l'avénement du nouveau ministère, et le premier acte de celui-ci avait été le retrait de la proposition de censure. En retirant cette proposition, le gouvernement avait annoncé la présentation d'une nouvelle loi sur la police des journaux. Il y avait, en outre, il importe de ne pas l'oublier, sous peine de tomber dans l'inextricable confusion que n'ont pas évitée la plupart des historiens de cette époque, une loi plus générale, présentée par M. de Serre sur la presse, avant la chute du précédent ministère. Cette loi, qui n'avait pas été retirée par le ministère nouveau, avait reçu de nombreuses modifications dans la commission centrale à laquelle elle avait été envoyée, et qui se composait de MM. de la Rigaudie, de Chifflet, Bonnet, de Meynard, de Peyronnet, Pardessus, de Pommerol, Préveraud de la Boutresse et Florian de Kergorlay. Quelle était la pensée du ministère sur cette première loi? La maintiendrait-il simultanément avec la loi sur la police des journaux? On l'ignorait, comme le prouve l'interpellation faite par le général Sébastiani au ministère, dans la séance du 19 janvier 1822[1].

Rien de plus difficile, dans tous les temps, que la rédaction d'une loi destinée à réglementer l'exercice d'une puissance qui, par sa nature même, échappe à toutes les digues imaginées pour la contenir : la pensée. Mais des circonstances particulières rendaient cette œuvre plus laborieuse encore en 1822. Pour les partis animés les uns contre les autres de haines furieuses, héritage des dernières années du dix-huitième siècle, et que les premières années du dix-neuvième avaient encore exaspérées, les journaux devenaient des instruments de guerre civile : pour les hommes systématiquement acharnés à la destruction du gouvernement, ils devenaient des engins de renversement. Cependant la liberté de la presse, contenue par des lois fortes, sans cesser d'être dangereuse, était nécessaire : nécessaire à la fois parce qu'elle était une conséquence légale et logique de la forme de gouvernement instituée par la Charte de 1814 ; nécessaire parce qu'avec la tribune elle remplaçait seule cette foule d'institu-

---

1. Voici les paroles du général Sébastiani : « Deux lois presque opposées sont présentées, l'une par le ministère, l'autre par la commission. Les ministres prêtent-ils leur appui à la loi présentée par le ministère ou à celle présentée par la commission? »

tions domestiques et de magistratures que l'ancienne société française portait dans son sein, et qui, selon l'observation que devait faire M. Royer-Collard à l'occasion de cette loi, formaient un faisceau puissant de droits privés et comme une république dans la monarchie[1].

Mais, quand on cherchait les moyens d'organiser la liberté de la presse de manière que cette vague trop forte ne renversât pas un édifice trop faible pour résister, on se trouvait en présence de difficultés de tout genre. A qui d'abord déférer la juridiction sur les délits de presse? M. de Serre venait d'essayer le jury, et dans son projet de loi de 1821 il maintenait cette juridiction. Cet essai n'avait pas été heureux, parce que les passions qui agitaient la nation et la divisaient en partis contraires se retrouvaient naturellement dans le jury qui sortait de la nation. C'est ce qui fit préférer au nouveau ministère la juridiction de la magistrature pour les procès de presse. Il lui sembla qu'elle était dans une position plus haute et plus impartiale que le jury, et que l'atmosphère plus calme et plus sereine qu'on respirait dans le sanctuaire de la justice, l'étude du droit et celle du cœur humain, avaient préparé les magistrats à cette fonction. Il ne fut pas frappé du grave inconvénient qu'il y avait à introduire le pouvoir judiciaire dans la politique, surtout à une époque où la magistrature, déclarée inamovible après les Cent-Jours, ne donnait au gouvernement de la Restauration aucune des garanties d'origine et de composition qui aurait pu le rassurer.

La vérité est qu'il y avait des inconvénients à tout, et que les obstacles sortaient du fond de la situation même : le jury était animé des passions qui régnaient dans la société et subissait l'ascendant de la presse qu'il était appelé à juger; la pairie

---

1. Voir ce discours dans le tome II de la *Vie de M. Royer-Collard*, par M. de Barante, p. 130.

instituée par le prince de Talleyrand et considérablement augmentée par M. Decazes, était, comme elle devait se montrer bientôt, peu favorable à un ministère sorti exclusivement de la droite. Le ministère n'accueillit pas la pensée d'un haut jury particulier mise en avant en 1818, et qui aurait présenté la meilleure des solutions, et l'on décida que la magistrature jugerait les délits de la presse, sans s'apercevoir qu'on lui déférait en même temps la politique du gouvernement, ce qui pouvait éveiller en elle, dans une certaine mesure, l'esprit d'opposition et l'ambition des anciens parlements.

Si le ministère avait cru impossible, dans les circonstances où l'on se trouvait, après les engagements pris par la droite sous le ministère Decazes, et plus récemment dans les dernières semaines du second ministère Richelieu, de ne pas recourir à l'établissement de la censure, il lui parut imprudent de dessaisir à toujours le gouvernement de cette arme défensive. La liberté de la presse était l'état normal de la France selon la Charte; mais il pouvait se rencontrer des situations difficiles qui demanderaient la suspension temporaire de cette liberté. En échange de sa renonciation à la loi de censure, le gouvernement revendiqua la faculté de l'établir, s'il y avait lieu, dans l'intervalle des sessions, en vertu d'une ordonnance contresignée par trois ministres. Les effets de cette ordonnance cessaient de droit un mois après l'ouverture de la session, si cette disposition n'avait pas été convertie en loi; ce fut ce qu'on appela la censure facultative. Le gouvernement mettait à cette faculté une restriction importante, commandée à ses yeux et aux yeux de la droite par l'abus que M. Decazes avait fait de la censure dans les élections qui suivirent l'ordonnance du 5 septembre, et par l'énergie des protestations de la droite à cette époque : en cas d'élections générales, la liberté de la presse reparaîtrait de droit, pour qu'il pût y avoir un combat loyal entre les opinions et les candidatures contraires.

Telles étaient les considérations qui avaient dicté les principales dispositions de la loi sur la police des journaux que M. de Peyronnet, en sa qualité de garde des sceaux, vint apporter à la chambre des députés dans la séance du 2 janvier 1822. Il importe de ne pas omettre une dernière et importante disposition qui, avec la substitution de la magistrature au jury, et celle de la censure facultative établie par ordonnance entre deux sessions, à la censure effective et immédiate que réclamait le ministère Richelieu, constituait le caractère du nouveau projet de loi de police des journaux. Le ministère prévoyait le cas où l'esprit, la tendance d'un écrit périodique ou journal serait de nature à porter atteinte à la paix publique, au respect dû à la religion de l'État et aux autres religions légalement reconnues en France, à l'autorité du Roi et à la stabilité des institutions constitutionnelles, et il investissait les cours royales dans les ressorts desquelles lesdits écrits périodiques seraient publiés, de les juger en audience solennelle, et, après avoir entendu le procureur général et les parties, de suspendre ou même de supprimer l'écrit périodique s'il y avait lieu. La cour devait, en outre, avoir la faculté d'interdire la publicité des débats si elle la jugeait dangereuse pour l'ordre et les mœurs.

La gravité de l'introduction de cet article dans la loi pénale de la presse tenait à ce que l'habitude du dénigrement constatée par une suite d'articles dont chacun pouvait, pris séparément, ne pas constituer un délit, devenait punissable. Ce n'était plus un fait que les tribunaux avaient à apprécier, c'était une disposition d'esprit qui se manifestait par une suite de faits, dont l'ensemble, en révélant une malveillance habituelle et systématique, constituait un délit.

La lecture de ce projet de loi et de l'exposé des motifs fut accueilli par le côté gauche avec des cris de colère et des interruptions injurieuses. Une voix, celle de M. Ganilh, cria même : « A Constantinople ! »

Les diverses dispositions du projet de loi sur la police des journaux révèlent le sentiment profond qu'avait le ministère des périls de la société. Il édictait une loi sur la presse, il ne faut pas l'oublier, en présence d'une conspiration permanente, de haines systématiques qui ébranlaient avec la plume et la parole l'édifice que les carbonari essayaient, au même moment, de renverser avec le poignard et l'épée, et il entreprenait d'appliquer le programme que Chateaubriand avait autrefois développé dans *la Monarchie selon la Charte :* « La liberté de la presse contenue dans ses limites par une loi formidable, *immanis lex.* »

Certes, ce n'était point l'idéal de la liberté, tel que de généreux esprits l'avaient conçu ; mais était-ce le gouvernement royal qu'il fallait en accuser, ou la situation que lui faisaient, en 1822, des passions ennemies ? Tout en cherchant à se défendre et à défendre la société contre les dangers de toute espèce dont il la sentait entourée, il ne se déclarait pas arbitre dans sa propre cause, il choisissait entre lui et la presse un arbitre dont personne ne pouvait nier les lumières et la position de haute impartialité, la magistrature inamovible. C'était cet arbitre qu'il armait de pouvoirs redoutables contre les personnes qui déclaraient une guerre systématique à la monarchie et à la société. En demandant la faculté de prendre la censure dans des circonstances extraordinaires, il limitait du moins d'une manière précise le temps où il pouvait la conserver, et mettait d'avance la liberté électorale à l'abri de cette influence en déclarant que la liberté de la presse reparaîtrait de plein droit le jour où des élections générales s'ouvriraient. Une seule disposition du projet s'éloignait de l'esprit qui avait tempéré les autres dispositions, quelque sévères qu'elles fussent ; c'était celle qui subordonnait la publication d'un journal à l'autorisation du gouvernement. Elle motiva le reproche qu'on fit au pouvoir de se ménager les moyens de détruire, dans un temps donné, la presse périodique par la suppression des organes existants, combinée avec le refus d'autoriser la publication de nouveaux organes.

Comment, en présence du projet de loi de la police des journaux, le ministère ne retira-t-il pas la loi réglant la répression des délits de presse et réglementant les poursuites, que le ministère précédent avait présentée, et qui sur plusieurs points faisait double emploi avec celle que je viens d'analyser ? Il ne faut pas chercher la solution de ce problème dans la réponse embarrassée et équivoque adressée par M. de Peyronnet au général Sébastiani, qui l'avait interpellé à ce sujet [1], au moment de prendre la parole sur la première loi présentée par le ministère Richelieu en 1821, loi qui arrivait à la discussion gravement modifiée par la commission, dont le rapporteur était M. de Chifflet. Selon toute probabilité, le ministère de droite laissa subsister les deux lois concurremment, parce que la première, présentée par le ministère précédent, embrassait d'une manière plus générale, dans ses deux titres, la répression et la poursuite, toutes les questions que soulevait l'existence de la presse non périodique ou périodique [2]. Il n'était pas fâché en outre de rappeler que ses prédécesseurs

---

1. Évidemment le garde des sceaux ne voulut pas livrer la pensée du ministère : « Le moment viendra sans doute, dit-il, où les ministres auront à expliquer leur opinion personnelle sur les diverses modifications que le projet de loi qui nous est présenté a subies dans la commission qui s'en est occupée. La question que nous adresse M. le comte de Sébastiani est précipitée. Il serait peut-être contraire aux usages de cette chambre que nous y répondissions, et il est tout à fait contraire à ce qu'exige notre position, que nous y répondions maintenant. » (Séance du 19 janvier 1822. *Moniteur*.)

2. M. de Peyronnet en fit l'observation en présentant la loi sur la police des journaux : « Un projet plus général et plus étendu dont le but essentiellement différent du but du nouveau projet, dit-il, est de réprimer indistinctement tous les délits commis par la voie de la presse, est soumis, dans ce moment, à l'examen d'une de vos commissions. » (*Moniteur* du 2 janvier 1822.)

avaient été frappés comme lui des périls que la presse faisait courir à la société, et de profiter des armes qu'ils avaient demandées contre les délits de la presse. Enfin il n'était pas insensible à la pensée de voir voter la loi sur la presse, présentée par M. de Serre et modifiée par une commission, dont le chef de l'extrême droite, M. de la Bourdonnaye, faisait partie. Le ministère laissa donc le rapporteur de la commission, M. de Chifflet, déposer son rapport le 14 janvier 1822, et la discussion s'engagea le 19 du même mois [1]. Cette loi, présentée en 1821, pour ne rappeler que ses principales dispositions, punissait non-seulement les attaques contre la morale publique et religieuse, mais celles contre la religion de l'État aussi bien que contre les autres religions légalement reconnues; la commission proposait de doubler l'amende quand il s'agissait d'attaques contre la religion de l'État. La loi de 1821 atteignait les attaques contre la dignité royale, les droits et l'autorité du Roi, sans ajouter, comme la loi de 1819, l'épithète de constitutionnelle, qui avait paru à M. de Serre peu rationnelle et peu respectueuse, en ce qu'elle livrait la dignité royale à la licence de la polémique pendant toute l'époque antérieure à la Restauration, et même pendant l'époque postérieure à la première Restauration, mais antérieure à la promulgation de la Charte. La même loi érigeait en délit l'excitation à la haine et au mépris du gouvernement du Roi; la commission proposait d'ajouter un paragraphe pour dire que cet article ne gênerait en rien le droit de contrôle, de critique et de blâme sur les actes du ministère. Le même

1. M. de Peyronnet faisait seulement en ces termes quelques réserves pour préparer la Chambre aux modifications que ce projet avait subies dans la commission : « Conçu selon d'autres vues et d'autres systèmes, le projet vous paraîtra peut-être aujourd'hui susceptible de quelques modifications. Nous ne saurions donc différer de vous faire connaître les changements fondamentaux que le système du gouvernement a éprouvés en cette partie, puisque c'est par eux que vous jugerez en quoi ladite loi de répression peut être modifiée. »

projet édictait l'amende et l'emprisonnement contre la mauvaise foi dans le compte rendu des séances des chambres et des audiences de tribunaux; la commission proposait d'ajouter, comme aggravation de peine, l'interdiction temporaire ou permanente, signifiée aux journaux condamnés pour ce chef, de rendre compte des audiences et des séances. La loi attribuait aux chambres, comme l'avait proposé deux ans auparavant M. de la Bourdonnaye, la faculté de juger sommairement et sans appel les offenses dirigées contre elles. Elle portait des peines sévères contre quiconque tenterait de troubler la paix publique, en excitant le mépris et la haine contre une ou plusieurs classes de personnes. La modification la plus grave que la commission avait introduite dans la loi de M. de Serre était la substitution de la juridiction de la magistrature à celle du jury, dans les procès suscités par les délits de presse, et elle avait ainsi mis en harmonie la loi de répression avec la loi du nouveau ministère sur la police des journaux.

Il est difficile de se faire une idée de la violence des débats qui se prolongèrent pendant dix-sept jours, et pendant lesquels on entendit successivement MM. de Corcelles, Duplessis Grenedan, Étienne, Sébastiani, M. de Peyronnet, Manuel, Bouville, Mechin, Foy, Courvoisier, Pardessus, Humann, Donnadieu, Bignon, M. de Chifflet, rapporteur, enfin MM. Royer-Collard, de Serre, la Bourdonnaye et Corbière. Commençons par chercher la plus haute et la plus éloquente protestation de l'opposition dans le discours de M. Royer-Collard.

Si l'on admet les prémisses du discours de l'illustre orateur, il n'y a pas un mot à répondre à ces considérations philosophiques, développées dans un si beau langage qu'on ne saurait aujourd'hui encore les lire sans intérêt. Seulement, quand on a étudié de près les faits, qu'on a respiré dans cette discussion même la vapeur brûlante des passions dont l'atmosphère était embrasée, qu'on a acquis une claire notion des mobiles qui faisaient agir les partis, on s'aperçoit que M. Royer-Collard vous a introduits dans un palais d'idées, construit par sa puissante imagination, et qui est en dehors de la réalité.

Selon lui, la presse était, en 1822, vouée à la défense de la société.

« Elle dénonce les écarts des pouvoirs établis, et leurs crimes, disait-il, et elle est capable de faire triompher contre eux la vérité et la justice. Elle est la plus noble des résistances, parce que toute sa force est dans la conscience morale des hommes. La publicité forme seule le système entier des libertés publiques. La division de la souveraineté entre les trois pouvoirs ne fait que substituer à un despotisme simple, un despotisme composé, si la liberté de la presse n'existe pas. C'est celle-ci qui veille sur les pouvoirs, les éclaire, les réprouve, leur résiste.

Elle est nécessaire à un autre point de vue. La démocratie est ruinée dans les trois pouvoirs ; rejetée de l'aristocratie, elle n'a pas d'autre patrimoine légal que la contradiction et l'opposition. On lui a ôté le gouvernement représentatif par la loi d'élections ; si on lui ôte la liberté de la presse, elle n'a plus rien ; or le projet de loi opprime la liberté de la presse, les amendements de la commission la détruisent entièrement. Convaincu que cette liberté est aujourd'hui enracinée dans toutes les nécessités politiques et sociales de la France, et que ces nécessités sont inébranlables dans l'intérêt de la monarchie, dans celui de la paix publique, les yeux fixés sur l'avenir, je vote le rejet du projet de loi. »

Telle fut, en substance, le discours de M. Royer-Collard, qui, prononcé avec la solennité ordinaire à l'orateur, modéré et plein de convenance dans la forme, quoique agressif dans le fond, produisit une vive impression. C'était le sophisme doctrinal de l'utopie. M. Royer-Collard supposait que la presse était ce qu'elle aurait dû être, une résistance sociale aux abus du pouvoir, et il demandait pour elle l'action complétement indépendante qu'une presse vraiment dévouée aux intérêts sociaux aurait dû avoir. Dédaigneux des faits, cet habitant de la sphère sereine des idées définissait la presse comme une défensive sociale, en 1822, quand elle était la grande et ardente offensive des partis. Il affirmait imperturbablement qu'elle puisait toute sa force dans la conscience morale des hommes, quand elle la puisait dans les passions, dans les souvenirs haineux, dans les espérances ennemies; qu'elle était capable de faire triompher la vérité et la justice, quand le plus souvent elle travaillait à obscurcir la première et à combattre la seconde; qu'elle éclairait le pouvoir, quand la plupart de ses organes ne songeaient qu'à le renverser. Enfin, il représentait la démocratie comme ruinée dans les pouvoirs et menacée de perdre toutes les conquêtes qu'elle avait faites en 1789, si la loi présentée sur la presse était votée, quand elle remplissait l'administration, qu'elle avait de nombreux représentants dans la chambre des pairs, qu'elle était au fond maîtresse des colléges électoraux, d'où sortait la chambre des députés, où des circonstances particulières avaient donné une majorité exceptionnelle à la droite, quand elle dominait dans l'armée par la loi de recrutement et d'avancement du maréchal Gouvion Saint-Cyr. L'avenir, sur lequel M. Royer-Collard déclarait avoir les yeux fixés en votant le rejet de la loi, devait prouver si cette loi, amendée par la commission, rendait la liberté de la presse impossible, comme il devait établir si la loi électorale excluait la démocratie du palais Bourbon, et si c'était elle ou la royauté qui était menacée.

Une seule partie du discours de M. Royer-Collard a résisté à l'épreuve du temps et à l'expérience; c'est celle où il faisait un tableau saisissant de l'éparpillement auquel la centralisation excessive avait réduit la France; seulement l'illustre orateur, pour être conséquent avec lui-même, aurait dû demander, contre la centralisation absolue, non pas la liberté absolue de la presse, mais des libertés locales fortement organisées [1].

---

1. Voici ce passage remarquable qui, à l'heure où j'écris, n'a rien perdu de son à-propos : « Nous avons vu la vieille société périr, et avec elle cette foule

A l'ombre de cette opposition doctrinale de M. Royer-Collard, la gauche embusqua ses colères, et elle s'autorisa de cette censure implacable de la loi pour l'accabler de ses injures et de ses invectives. Selon M. Humann, « depuis 1819, la guerre était déclarée à la Charte. La liberté de la presse sous le joug laissait les écrivains sous le glaive. » D'autres invoquaient le régime de Constantinople comme préférable à celui qui allait être infligé à la France. Il y en avait qui affectaient de regretter la censure. M. Manuel distillait, dans une suite de discours, tout le fiel de sa haine contre les Bourbons. M. Étienne déclarait la Charte abolie. M. de Kératry accusait la loi d'être inquisitoriale. A propos de l'article qui édictait des peines contre les écrivains qui attaqueraient l'autorité du Roi, sans ajouter à ce mot d'autorité l'épithète de *constitutionnelle*, M. Bignon s'écriait que « l'on allait substituer à la légitimité nationale des Bourbons la légitimité divine des Stuarts. » Puis, quand ces paroles de mauvaise augure avaient été prononcées, la gauche avait l'air de s'indigner de ce qu'on osait supposer qu'il y eût dans ses rangs des ennemis du gouvernement royal.

MM. de Corbière, de Villèle et de Peyronnet défendirent la loi générale de la presse au nom du ministère. M. de Serre lutta surtout pour deux dispositions qui venaient du projet de 1821 [1] : M. de la Bourdonnaye expliqua, au nom de l'extrême droite, pourquoi il y donnait son adhésion.

d'institutions domestiques et de magistratures indépendantes qu'elle portait dans son sein. Ces institutions, ces magistratures, ne partageaient pas, il est vrai, la souveraineté ; mais elles lui opposaient partout des limites que l'honneur défendait avec opiniâtreté. Pas une n'a survécu, et nulle autre ne s'est élevée à la place. La Révolution n'a laissé que des individus. La dictature qui l'a terminée a consommé sous ce rapport son ouvrage ; elle a dissous pour ainsi dire l'action physique de la commune ; elle a dissipé jusqu'à l'ombre des magistratures dépositaires des droits attachés à leur défense. » — *Vie de Royer-Collard*, par M. de Barante, t. II, p. 131.

1. La disposition qui frappait d'une peine les attaques contre l'autorité du

M. de Corbière déclara que le gouvernement n'acceptait pas l'amendement de la commission qui doublait l'amende pour les attaques dirigées contre le catholicisme, la même protection devant couvrir tous les cultes reconnus par l'État. « Nous avons cru, dit-il, que la protection devait être égale, pour que la liberté le fût, et que cette protection devait être marquée par les mêmes peines. » Il accepta et il motiva l'amendement de la commission qui transférait du jury aux cours royales la mission de prononcer sur les délits de presse, en faisant observer qu'il y avait quelque chose d'étrange à révoquer en doute l'indépendance de magistrats inamovibles, et la compétence d'hommes dont le jugement était exercé par une longue pratique des affaires et l'étude spéciale du juste et de l'injuste. Au reste, il y avait des partis pris de critique et d'opposition, contre lesquels on ne pouvait rien. Déférait-on le jugement au jury, certains esprits déclaraient que le jury, tel qu'il était institué, ne présentait pas des garanties suffisantes d'indépendance. Le déférait-on, au contraire, à des magistrats inamovibles, on alléguait qu'il serait facile au gouvernement de les influencer. Quoi qu'on fît, il y aurait toujours des objections. Les ministres expliquaient le retranchement de l'épithète de constitutionnelle qui, avant la nouvelle loi, caractérisait l'autorité du Roi quand il s'agissait de la poursuite des délits de presse commis contre cette autorité, en disant que l'auteur de la loi, M. de Serre, avait voulu seulement rappeler un fait, c'est que l'autorité du Roi était antérieure à celle de la Charte, puisque celle-ci émanait du Roi, sans qu'on pût en aucune façon en induire que l'autorité du Roi fût supérieure à la Charte.

« La Charte, continuait M. de Corbière, est un bienfait qui appar-

Roi, en supprimant l'épithète de *constitutionnelle* ; la disposition qui frappait d'une peine les attaques contre la religion de l'État et les cultes reconnus par l'État.

tient à ceux qui l'ont reçu. Par conséquent le Roi ne peut pas avoir un pouvoir supérieur à la Charte, car alors il pourrait la révoquer, et il aurait donné sans assurer le don. »

M. de Peyronnet, pour justifier cette distinction, rappelait, aux applaudissements de la droite, la lettre pleine de fierté et de dignité que Louis XVIII avait écrite au premier consul Bonaparte pour refuser de lui sacrifier ses droits, et le soin qu'il avait pris de dater la Charte de la dix-huitième année de son règne :

« S'il s'agissait seulement des temps postérieurs à la charte, s'écriait M. de Peyronnet, l'épithète de *constitutionnelle* n'aurait aucun danger; mais cette période de temps n'est pas la seule, et bien qu'avant 1814 le pouvoir de fait ne résidât pas dans les mains du Roi, le pouvoir de droit était absolu et complet dans sa personne. Si le Roi n'avait fait dater son règne que du jour où il rentra en France, cet acte aurait été funeste au pays, parce qu'il aurait consacré le pouvoir de fait et légitimé l'usurpation ; fâcheux pour lui-même, car il n'aurait pas seulement humilié et dégradé son pouvoir, il aurait encore flétri sa gloire, ne comprenez-vous pas que je veux parler de cette lettre, de cette admirable lettre, dans laquelle votre Roi banni, votre Roi malheureux et abandonné, refusa de livrer sa couronne à l'usurpateur étranger[1]. Les peuples, aux destinées desquels vous présidez en partie, ont besoin de respecter le droit du Roi, tel qu'il l'a exercé avant la Charte. »

M. de Villèle, en adoptant l'argument de MM. de Corbière et de Peyronnet, ne craignit pas de convenir qu'il n'avait pas vu d'abord sans appréhension l'épithète de constitutionnelle rayée de la loi, non qu'il fût insensible aux considérations qu'avaient fait valoir ses collègues, mais parce qu'il prévoyait le parti que les passions politiques tireraient de ce retranchement, en l'attribuant à des causes complétement étrangères

---

1. Sans étendre son règne, ce qui est une question de fait, aux années pendant lesquelles un autre avait régné, Louis XVIII aurait pu faire dater son avénement de la mort de Louis XVII. Par là il constatait son droit sans aller contre la réalité des choses.

au véritable motif. Il est exact de dire que cette suppression, malgré les raisons plausibles par lesquelles on pouvait la justifier, et que rappela M. de Serre, l'auteur de l'article, entraînait plus d'inconvénients qu'elle n'offrait d'avantages. L'autorité royale avait été, jusqu'en 1822, suffisamment protégée par la loi, et la discussion de l'article fit plus de mal que son adoption ne pouvait faire de bien.

Quand on arriva à l'article sur les excitations à la haine et au mépris du gouvernement du Roi, M. de Corbière déclara, au milieu de l'assentiment général, que le ministère acceptait l'amendement de la commission, rédigé en ces termes : « Cet article ne peut porter atteinte au droit de discussion et de censure des actes du ministère. »

Une longue et vive discussion s'engagea sur l'article qui atteignait les écrivains coupables d'avoir excité à la haine et au mépris d'une ou de plusieurs classes de personnes. M. Royer-Collard reprit la parole, et il revendiqua le droit qui avait toujours existé, selon lui, pour les écrivains, dans la société française, celui d'attaquer les vices généraux répandus dans certaines sphères sociales, sans désigner aucun individu :

« La loi est inutile quant à la protection, s'écria-t-il ; les classes n'ont pas besoin d'être défendues en tant que classes, puisqu'elles n'existent pas ; ce sont des êtres de raison, de pures opérations de nos esprits qui ne tombent pas sous l'action de la loi, et il est aussi impossible de les protéger qu'il le serait de les punir. De leur côté, les individus, les particuliers, n'ont pas besoin d'être défendus contre des accusations générales, par cela seul que des accusations générales ne sont pas des accusations particulières, individuelles. Personne n'entend, n'a jamais entendu que les vices généraux d'une profession, par exemple, fussent les vices personnels de ceux qui l'exercent. Les réputations privées ne sont ni engagées ni compromises dans les réputations collectives. Est-ce que Bourdaloue a quelque chose à démêler avec les *Provinciales?* En second lieu, la loi est immorale dans son principe. Elle est immorale, car ce qu'elle protège en réalité, ce sont d'une part les vices répandus dans la société, et d'une autre part les mauvaises doctrines. Or non-seulement il ne faut pas que les vices soient protégés, mais il faut qu'ils soient poursuivis, il est nécessaire qu'ils soient haïs et méprisés, parce que la société a besoin de morale, et de même il est nécessaire que les mauvaises doctrines soient décriées et par leurs conséquences et par les mauvais desseins qu'elles pourraient favoriser : c'est à la fois la vengeance de la vérité et de la société. »

Avant que dix ans fussent écoulés, les faits devaient répondre à ces théories ingénieuses sur l'innocuité des attaques dirigées par la presse contre les classes entières, et sur le profit que devait en tirer la morale publique. Ce fut, en effet, avant ce laps de temps qu'on vit le clergé catholique obligé, pour échapper à l'insulte et aux violences, de quitter le costume ecclésiastique dans le pays qu'on appelait autrefois le royaume très-chrétien, et des hommes furieux gravir les pentes escarpées du mont Valérien pour aller jusqu'au Calvaire, décharger contre le père Rauzan leurs fusils bourrés avec les articles de journaux qui avaient calomnié les missionnaires. Quelque chose de plus : avant que le siècle fût entré dans sa seconde moitié, ces attaques contre les classes qui n'offraient, disait-on, aucun danger, pour les individus, et qui, selon M. Royer-Collard, représentaient « la vengeance de la vérité et de la société, » devaient, en arrivant à leur plus haute puissance, se résumer dans un appel aux armes jeté aux prolétaires contre les propriétaires, et aboutir à une guerre sociale qui menaça de faire rétrograder la civilisation épouvantée jusqu'à la barbarie [1].

C'est ainsi que cet esprit honnête, mais presque toujours perdu sur les cimes de la théorie, et ne descendant que par exception à la pratique, mêlait dans ses attaques contre la nouvelle loi de nombreuses erreurs à quelques vérités, confondait les temps et les régimes, les époques où la presse pé-

---

1. Dans les journées de juin 1848.

riodique n'existait pas encore avec celle où elle était une puissance, et prêtait aux passions de la multitude cette faculté transcendante d'analyse et d'abstraction qui était le cachet de sa propre intelligence, essentiellement philosophique. Comme si les masses ne personnifiaient pas toujours leurs répulsions et leurs haines! Comme si, lorsque la guerre civile était dans les idées et dans les passions, elle n'aspirait pas à se traduire dans les faits!

On était arrivé au 6 février. La majorité était lasse, irritée de cette longue discussion dans laquelle les violences de la gauche étaient allées au delà même de ce qu'on pouvait attendre. M. Manuel, en particulier, avait dépassé toutes les bornes. Il n'avait pas craint de dire en prenant la parole sur l'article qui, en protégeant l'autorité du Roi contre les attaques et les outrages, effaçait l'épithète de *constitutionnelle:* « Je n'ai pas à contester les droits de la famille royale. Que ces droits existent depuis plus ou moins longtemps, une chose certaine, c'est qu'en 1814 ces droits n'étaient pas reconnus en France; c'est qu'à cette époque il existait quelque répugnance contre une famille nouvelle. » Ces paroles pleines de provocations, adressées à une chambre ardemment royaliste, devaient exciter, elles excitèrent une scène violente dans la chambre. Interrompu avec indignation, rappelé à l'ordre, M. Manuel vit cette phrase injurieuse biffée, le lendemain, du procès-verbal, sur la proposition de M. Humbert de Sesmaisons, comme offensante pour la chambre et pour la France. Que lui importait! Ce n'était pas pour le dedans qu'il parlait, c'était pour le dehors. Sa parole n'avait rien de parlementaire, c'était l'étincelle électrique destinée à mettre le feu aux mines des conspirations qui devaient faire sauter la monarchie. Le résultat naturel de ces provocations et de ces violences avait été de faire voter sans amendement toutes les dispositions des deux titres de la loi, la répression et la poursuite, qui armaient le gouvernement et la société contre les excès de la presse.

Le débat touchait à sa fin, lorsqu'un amendement fut présenté par un membre du centre droit, M. Bonnet : il demandait qu'on rapportât l'article de la loi de 1819, destiné à exclure les fonctionnaires au moins pour leur vie publique, du bénéfice de la loi qui interdisait au diffamateur la preuve des faits. On se souvient de l'anxiété qu'avait jetée parmi les fonctionnaires cet article de loi émanant de la confiance un peu audacieuse dans le bon sens public et la loyauté de l'opposition dont M. de Serre était alors animé [1]. Dans un temps de discordes, de violences, de haines politiques, de factions et de conspirations, les hommes de parti pouvaient, en effet, s'en servir comme d'une arme pour intimider les fonctionnaires dans l'exercice déjà difficile de leurs fonctions et paralyser la défense sociale. Le garde des sceaux demanda que la discussion fût remise au lendemain pour prendre les ordres du Roi, et, dans la séance suivante, il déclara que le gouvernement acceptait l'amendement en y mettant cette restriction que la preuve testimoniale serait seule interdite et que la preuve écrite dont il était plus difficile d'abuser serait admise. Le nouvel article ainsi amendé fut voté malgré un discours d'une extrême violence prononcé par M. Benjamin Constant au milieu des murmures et des interruptions passionnées de la majorité [2]. D'un côté le

---

1. Voir la discussion de cet article au t. V, p. 91 et suiv.

2. « Songez-y bien, s'écria-t-il, ceci est le dernier pas qu'il vous reste à faire. Déjà vous avez faussé le système électoral. Par la loi actuelle, vous détruisez la liberté de la presse, vous établissez qu'il y a dans le Roi une autre autorité que son autorité constitutionnelle, et vous vous lancez ainsi sur un océan que vous ne pourrez traverser sans de terribles naufrages. Vous avez anéanti le jury. Vous anéantissez maintenant la preuve contre les fonctionnaires. La Charte est violée, le ministère oublie ses serments et compromet le trône... Après avoir combattu de toutes mes forces les mauvaises dispositions de cette loi, croyant dans ma conviction intime que vous n'avez pas le droit de la faire,

ministère avait à cœur de satisfaire le centre droit où siégeaient un grand nombre de fonctionnaires qui attachaient beaucoup de prix à cet amendement; de l'autre il éprouvait le besoin, dans la crise politique que traversait le gouvernement, d'affermir le courage des agents de la puissance publique.

Avant que le vote intervînt, plusieurs orateurs de la gauche, oubliant les emportements de leur langage : M. Manuel qui avait répété par trois fois à la tribune « que la France avait revu les Bourbons avec répugnance, » M. Benjamin Constant « que la Charte était abolie, » M. de La Fayette, qu'il ne restait plus « qu'à faire un appel au patriotisme du peuple français, » parole dont les levées de boucliers de Béfort, de Saumur et la conspiration de la Rochelle allaient bientôt donner l'explication, interpellèrent l'extrême droite et lui reprochèrent d'être infidèle aux idées qu'elle avait autrefois professées sur la presse. Alors M. de la Bourdonnaye se leva, et, montant à la tribune, il répondit à l'interpellation par cette foudroyante réplique :

« Inculpés dans notre honneur et dans nos opinions, il doit nous être permis de nous justifier. Il n'est pas vrai que nous ayons déserté nos doctrines. Nous voulons la liberté de la presse, mais nous voulons une loi assez forte pour en réprimer les abus. La loi en discussion, sans être parfaite, nous paraît atteindre le but, et nous la défendons. Peut-être pourtant en aurions-nous critiqué quelques dispositions, si nous avions pu le faire sans nous confondre avec les ennemis du gouvernement..... J'en appelle à l'opinion de toute la France. La discussion que nous entendons depuis huit jours est-elle dans l'intérêt véritable de la France? Non, messieurs, c'est l'insurrection que vous appelez. Comment un sujet fidèle, un député loyal, peuvent-ils consentir à se confondre avec ceux qui se permettent les provocations que nous avons entendues?

« Nous aimons mieux supporter des lois qui ne soient pas aussi bonnes que nous le désirerions que d'attaquer la paix de notre pays. Une loi,

et qu'en la faisant, vous perdez votre caractère constitutionnel, je ne puis y prendre aucune part, même en votant contre elle. »

quelque mauvaise qu'elle puisse être, se répare ; mais quand le trouble a été porté dans les esprits, quand les empires ont été détruits, ce sont des générations tout entières qui périssent et que rien ne fait reparaître. Si dans cette circonstance nous n'avons pas uni notre voix à la vôtre, c'est à vous-mêmes qu'il faut vous en prendre. Ce n'est pas notre conscience qui a failli, c'est vous qui nous avez coupé la parole. »

Le mouvement d'adhésion unanime par lequel le côté droit accueillit la déclaration de M. de la Bourdonnaye acheva d'éclairer d'une vive lumière la disposition de la majorité. Ces appels à la révolte qui avaient retenti à la tribune, ces déclarations de répugnance contre les Bourbons, l'avaient exaspérée. Toute affaire cessante, elle voulait pourvoir au salut de la société et de la monarchie.

Le 7 février 1822, quand arriva le vote d'ensemble, quarante membres de l'extrême gauche, suivant le mot d'ordre donné par M. Benjamin Constant du haut de la tribune, s'abstinrent. Deux cent trente-quatre voix se prononcèrent pour l'adoption de la loi contre quatre-vingt-treize. En ajoutant à ce dernier chiffre celui des quarante abstenants, on trouve que la majorité, composée de toutes les nuances de la droite et du centre droit, avait été de cent voix.

La discussion de la loi sur la police des journaux qui commença immédiatement après le vote de la loi de répression des délits de presse, amena des scènes de violence plus vives encore. On pouvait, on devait s'y attendre, et c'était un inconvénient pour le gouvernement de retenir pendant si longtemps sur ces questions brûlantes les esprits déjà si échauffés. J'ai exposé les motifs qui lui firent accepter cet inconvénient qu'on aurait pu éviter en fondant les deux lois en une, ce qui aurait eu en outre l'avantage de prévenir des répétitions inutiles.

M. de Martignac, nommé rapporteur du projet de loi sur la police des journaux, venait d'entrer dans la chambre par suite d'une élection isolée de la Gironde. C'était une de ces sirènes de l'éloquence que le Midi envoie à nos assemblées avec du miel sur les lèvres. Une grande réputation acquise dans le barreau l'avait précédé à la tribune, et sa renommée royaliste, qui avait commencé à Bordeaux dans les journées difficiles où Madame la duchesse d'Angoulême avait montré un si grand cœur, le rendait agréable à la majorité. Il soutint au sujet de la presse des idées diamétralement opposées à celles de Royer-Collard. Dans un gouvernement où le principe de libre discussion est consacré par des élections publiques, par le vote des lois et du budget, et par l'existence de la tribune, les journaux, disait-il, peuvent être considérés comme des auxiliaires utiles, mais non comme des organes nécessaires. Cependant l'habitude en a fait un besoin qui doit être satisfait. Mais il ne faut pas oublier que, considérées dans la pratique, les entreprises de journaux sont des spéculations d'industrie ayant pour but le bénéfice, et à ce point de vue, en opposition avec l'intérêt général.

Voici comment M. de Martignac justifiait sa proposition :

« L'intérêt des journaux est dans l'agitation, dans la succession des événements, dans un état permanent d'inquiétude et d'attente. La curiosité ne peut vivre que d'événements et d'incertitude, et les journaux n'ont d'éléments de succès et de principes d'existence que dans la curiosité.

La monotonie de l'ordre et de la paix est mortelle pour eux... Leur intérêt est donc contraire au vôtre. Il est bien permis de douter que ceux que l'agitation enrichit consacrent tout ce que le ciel leur a donné de talent et de force à ramener le calme dans les esprits..... Je ne prétends pas contester les avantages que l'on peut trouver en France dans la publication des journaux politiques. Dans un pays où tous les citoyens prennent part d'une façon directe ou indirecte aux affaires publiques, il est convenable et juste que les actes du gouvernement, les événements graves et toutes les vérités utiles soient placés sous les yeux de tous... Les journaux, sans pouvoir être considérés comme des organes nécessaires, sont des auxiliaires utiles qui sont devenus par la force de l'habitude, une sorte de besoin qui doit être satisfait... Il est aussi, je m'empresse de le reconnaître, des écrivains aussi honnêtes qu'habiles, dont la conscience guide la plume. Mais combien d'autres poursuivent dans une direction contraire des succès coupables et d'odieux bénéfices ! Il est si facile et si séduisant de parler aux passions ! On est si sûr d'être lu, avidement recherché quand on les flatte et quand on les excite ! On a tant d'avantage sur cette froide et triste raison qui glace tout ce qu'elle touche, sur ces voix importunes et fâcheuses qui rappellent qu'il existe des devoirs et indiquent des limites !

Vous devez donc prendre de sages précautions contre les dangers que tout signale. Vous les devez à la France, à l'Europe entière. La presse française, vous le savez, est devenue européenne. Ai-je besoin d'attirer vos regards sur l'état menaçant où se trouve une partie de l'Europe ? »

A ces vues moins transcendantes mais plus pratiques que celles de M. Royer-Collard, et qui se rapprochaient de celles de M. de Villèle, M. de Martignac ajoutait, pour motiver la censure facultative, que l'oppposition n'avait pas seulement un caractère sévère, c'était son droit, mais hostile à l'existence du gouvernement ; il en concluait qu'il fallait attendre la fin de cette hostilité pour renoncer d'une manière absolue « à une arme de défensive sociale contre la licence meurtrière des journaux. »

Alors on entendit les voix indignées de MM. de Girardin, Benjamin Constant, Demarçay, demander le sens de ces paroles qui leur paraissaient une grave insulte contre tout un côté de la chambre, et M. de Martignac fut obligé de déclarer qu'elles ne pouvaient être appliquées à aucune personne faisant partie de l'assemblée. MM. le général La Fayette, d'Argenson, Manuel, montraient moins de curiosité, il est vrai ; mais la gauche demandait tout d'une voix qu'avant toute discussion la phrase de M. de Martignac fût biffée du rapport comme portant atteinte à l'honneur de la chambre. M. Ravez maintint avec fermeté le règlement et le droit du rapporteur, qui d'ailleurs avait expliqué ses paroles de manière à donner satisfaction à des réclamations que les violences de la gauche dans le dernier débat rendaient plus qu'étranges. La discussion de la loi sur la police des journaux s'ouvrit au milieu de l'émotion excitée par cette scène. Elle fut plus passionnée encore, je l'ai déjà dit, que celle de la loi de répression qui venait de finir.

Le droit conféré au gouvernement d'accorder et de refuser l'autorisation de paraître aux nouveaux journaux, la substitution de la juridiction de la magistrature à celle du jury, l'introduction d'un nouveau délit dans la loi pénale, le délit de tendance, enfin la censure facultative, furent l'objet des attaques les plus ardentes.

M. Royer-Collard prit deux fois la parole dans le cours de la discussion : d'abord sur le premier paragraphe de la loi, celui qui investissait le gouvernement du droit de donner ou de refuser aux nouveaux journaux l'autorisation de paraître ; ensuite sur le paragraphe relatif au délit de tendance. L'éminent orateur insista avec beaucoup de force et d'habileté sur l'article qui conférait au gouvernement le droit de donner et de refuser l'autorisation, en le rapprochant de celui qui attribuait à la cour royale la faculté de supprimer les journaux.

« Le ministère, s'écria-t-il, autorise un journal, la cour royale peut le supprimer ; la cour royale supprime un journal, le ministère peut le ressusciter ; pour qu'il meure, il faut que l'arrêt de la cour soit sanctionné par le ministère, et pour qu'il ne meure pas, il faut que l'autorisation du ministère soit respectée par la cour. Toute la loi est dans cette combinaison de la cour royale et du ministère ; ceux qui lui font un tort, une inconséquence, une contradiction de ce qu'elle dégrade les arrêts de la cour, en les soumettant au ministère, ne la comprennent pas ; c'est son artifice, son habileté. Le ministère ne peut pas maintenir un journal sans la cour ; la cour ne peut pas supprimer un journal sans le ministère. Les journaux restent soumis à l'arbitraire, mais l'arbitraire étant divisé, ils ont deux maîtres. Voilà la loi. »

L'argumentation de M. Royer-Collard était, comme à l'ordinaire, subtile et excessive, au moins quant à la suppression des journaux par arrêt judiciaire. C'était évoquer des fantômes que de supposer une conspiration nouée entre la justice du pays et le gouvernement du pays pour détruire la presse, et l'événement prouva que là n'était pas le péril. Quant aux procès de tendance, on ne saurait dire logiquement qu'une peine prononcée par une cour de justice indépendante, en vertu d'une loi, pour un délit prévu, ce délit ne fût-il qu'une simple habitude de dénigrement contre la religion, la royauté ou les lois constitutionnelles, et cette peine fût-elle la suppression du journal déclaré coupable, soit un acte d'arbitraire. L'arbitraire, en politique, c'est un acte de pure volonté accompli par un pouvoir qui prononce dans sa propre cause, sans débat contradictoire devant une autorité compétente, dont la situation donne des garanties d'impartialité.

Il semblait plus juste, en principe, de dire que la faculté attribuée au gouvernement de donner ou de refuser l'autorisation de publier un journal avait quelque chose d'arbitraire, car le gouvernement, juge dans sa propre cause, pouvait accorder ou refuser le droit de contrôle sur ses actes à tel ou tel homme, à telle ou telle opinion. Cependant M. de Villèle fit observer, non sans raison, que, dans la pratique, la faculté attribuée au gouvernement était beaucoup moins absolue que ne le supposait l'argumentation de M. Royer-Collard. La loi accordait, en effet, l'autorisation sans condition, à tous les journaux existants, et à Paris seulement il y en avait trente. Il ajouta que la nécessité de l'autorisation pour l'avenir avait pour objet de rendre exécutables les mesures de suspension et de suppression proposées dans l'article du projet de loi. A quoi bon supprimer un journal s'il pouvait, le lendemain, paraître sous un autre titre? La suspension et la suppression d'un journal lui paraissaient des mesures répressives nécessaires, parce que les établissements de journaux présentaient de si grands bénéfices, qu'on ne parviendrait jamais, par des amendes, à arrêter un journal dans l'abus qu'il faisait de la liberté. Il serait amplement dédommagé par les bénéfices qu'il tirerait de cet abus dans sa concurrence avec les autres journaux[1]. Quant au jury, que M. de Serre défendit par un discours qu'il fit lire à la tribune, où sa santé ne lui permit pas de monter, voici quelle était l'opinion de M. de Villèle :

« Je suis persuadé qu'en principe et par la conséquence de nos institutions, nous serons amenés plus tard à la juridiction du jury. Elle n'est pas possible maintenant. D'abord on nous dirait (et on nous l'a déjà dit souvent) que c'est le gouvernement qui nomme le jury. Nous ne pensons pas qu'en ce moment on trouve plus d'indépendance et de gages d'impartialité dans les jurés que dans les deux chambres réunies des cours royales. »

L'argument ne manquait pas de justesse. Si l'on avait laissé subsister la juridiction du jury, l'opposition aurait dit que le gouvernement triait les noms des jurés et marchait de concert avec lui à l'anéantissement de la presse. Restait le haut jury, composé d'hommes choisis par les éligibles. M. de Villèle demandait comment la liste serait formée? Si c'était par l'administration, les mêmes objections reviendraient; si c'était par le sort, comme on le proposait, il était difficile de dire que les garanties du hasard, proposées par M. de Saint-Aulaire, valussent celle qu'offrait la magistrature.

Ce qu'il eût été exact de dire, et ce que le ministère ne prévit pas, c'est que ce droit de suppression attribué aux cours judiciaires et ce droit d'autorisation du gouvernement constituaient un partage qui pouvait devenir un antagonisme.

---

1. M. de Villèle se rappelait vraisemblablement la réponse que lui avait faite M. de Martainville, un jour qu'il lui reprochait sa violence : « Il faut croire que j'ai raison, car plus mes articles sont violents, plus le *Drapeau blanc* gagne d'abonnés. »

C'était là le point le plus délicat et le plus dangereux de la loi, et ce n'était pas pour la presse qu'il était le plus dangereux [1].

M. Royer-Collard ne combattit pas moins vivement la disposition qui atteignait la tendance systématique au dénigrement. Il se plaignit qu'on créât ainsi un nouveau genre de suspects frappés par la justice, à titre de dangereux, sans cependant avoir cessé d'être innocents, et que « le vice radical de la loi était de consacrer l'arbitraire, non plus comme temporaire, mais comme perpétuel, et de le faire scandaleusement entrer dans notre droit public. » Mais ce dénigrement systématique, qui décelait une partialité malveillante et injuste, ce travail de la sape qui ébranlait la monarchie sur ses bases, n'était pas innocent ; ces piqûres de chaque jour qui finissaient par produire une plaie pouvaient être mises par la loi au nombre des délits, et la magistrature à laquelle on le dénonçait décidait seule s'il existait ou s'il n'existait pas : c'était donc une autorité indépendante qui était appelée à constater l'existence du délit et à le punir s'il y avait lieu. La loi avait ses inconvénients, ses difficultés comme toutes les lois répressives des écarts de la pensée ; il y avait là des questions d'appréciation délicates, mais toutes les lois contre les délits de presse, l'outrage, l'injure, la mauvaise foi, soulèvent des questions d'appréciation. Ce qui était vrai, c'est que le gouvernement avait eu la conscience du mal plutôt qu'il n'avait trouvé le remède. Il était donc inexact d'affirmer,

---

[1]. Maintenant que l'expérience a mieux fait connaître les questions de presse et de journaux, on ne dirait plus, comme le disaient MM. Royer-Collard et de Villèle, en 1822, que la peine de la suppression fût peu de chose pour un journal, s'il obtenait l'autorisation de reparaître ou s'il pouvait paraître sans autorisation. Pour reparaître sous un autre titre, il faut qu'un journal réunisse un nouveau capital, forme un nouveau cautionnement, présente un nouveau gérant, opérations qui demandent un temps assez long, pendant lequel les abonnés et les lecteurs contractent de nouvelles habitudes.

comme ne cessèrent de le faire MM. Manuel, Chauvelin, Benjamin Constant, le général Foy et tous les orateurs de la gauche, que la charte était violée, la liberté de la presse anéantie, qu'il y avait quelque chose d'inconstitutionnel à voter sur une pareille loi, et qu'il ne restait plus qu'une ressource, c'était de dénoncer au peuple la destruction du gouvernement représentatif. On pouvait adopter ou rejeter la loi, selon qu'on la trouvait motivée ou non motivée par la situation; il était certes permis de regretter la loi de 1819, beaucoup plus libérale; mais, si l'on allait au delà, l'on tombait dans l'exagération, et l'on encourait le reproche de ne pas chercher à la tribune le triomphe de la liberté de la presse, mais des excitations aux passions enflammées et des provocations à une révolution.

Tous ceux qui ont étudié cette époque dans un esprit impartial ont été frappés de ce caractère de la discussion, et quelques-uns ont exprimé avec une honnête sincérité la conviction que la loi eût été meilleure, si elle avait été l'objet de critiques plus raisonnées et d'attaques moins passionnées[1]. Les personnes qui ont fait partie des assemblées délibérantes savent d'expérience que lorsque la lutte des idées devient une sorte de guerre civile, chacun, sacrifiant les nuances qui existent entre son avis et celui de ses coreligionnaires politiques, se rallie au drapeau. C'était ce qui arrivait dans cette circonstance. Certes, les passions de la droite étaient vivement surexcitées, et, dans les discours qui furent prononcés par plusieurs membres de ce côté dans les débats de la loi sur la police des journaux comme dans ceux de la loi générale de la presse, il y eut de grandes violences de langage et de re-

---

[1]. M. Duvergier de Hauranne dit à ce sujet : « La majorité en faveur de la loi eût été certainement moins forte si, par la violence de leurs discours, quelques membres de la gauche n'eussent rejeté dans les rangs ministériels plusieurs députés du centre qui tendaient à s'en éloigner. » *Histoire du gouvernement parlementaire*, t. VI, p. 542.

grettables exagérations d'idées. Mais comment en aurait-il été autrement quand, au milieu des discussions des lois sur la presse, la nouvelle de la conspiration de Béfort ou de celle de Saumur, tramée par le général Berton, dont les rapports avec tous les coryphées du libéralisme de la presse et de la tribune étaient connus, éclatait comme un coup de tonnerre? Berton, un des écrivains de la *Minerve* et l'un des membres de l'association pour la protection de la presse libérale! Comment tous les esprits n'auraient-ils pas été frappés de la corrélation qui existait entre ces prises d'armes et les appels à la révolution qui descendaient de la tribune, où MM. Benjamin Constant, Chauvelin, le général La Fayette, le général Foy lui-même, mais M. Manuel surtout, Manuel qui avait la main dans tous les complots, déclaraient au peuple français qu'il lui restait à sauvegarder ses droits, que ses représentants ne pouvaient pas défendre [1].

Il semblait parfois que le voile diaphane, qui ne cachait qu'à demi cette corrélation, allait se déchirer. Ce fut ainsi que le garde des sceaux, M. de Peyronnet, arrêté par cette injurieuse apostrophe partie de la gauche : « *Vous êtes un calomniateur!* » au moment où il disait : « Les complots et leurs auteurs seront déconcertés et punis. Je sais des projets, je connais des démarches..., » reprit, après avoir rejeté l'injure à l'interrupteur anonyme, qu'il ne comprenait pas l'assurance avec laquelle un précédent orateur avait osé dire que les paroles du chef de la justice n'effrayaient personne :

« D'où lui vient cette certitude? s'écriait-il. N'était-ce pas des

---

1. Cette corrélation peut être démontrée par des rapprochements de dates. Les débats sur la loi générale de la presse se déroulèrent pendant les mois de janvier et de février 1822. Dès le mois de janvier 1822, les tentatives des sociétés révolutionnaires s'étaient produites dans l'Ouest, dans le Midi, dans l'Est, à Béfort, à Marseille, à Saumur. Trois instructions étaient commencées : à Colmar, dans le Var et à Tours.

factieux qu'il s'agissait? Or l'orateur n'est pas si exactement informé de leurs desseins, de leurs espérances, de leurs sentiments, qu'il puisse répondre des impressions que leur font éprouver les discours prononcés à cette tribune. »

L'orateur auquel s'adressait cet avertissement sévère était le marquis de Chauvelin. Il se sentit atteint, et, demandant la parole, il mit le garde des sceaux en demeure d'agir conformément à son discours, ou de retirer ce qu'il avait dit.

« Comme député, s'écria-t-il, j'ai le droit de blâmer ici des assertions étranges, ténébreuses, inconvenantes. Où en serions-nous si, au moment où l'on discute des lois qui remuent toute la France, et qui peuvent la perdre ; si, au moment où le pouvoir est totalement rabaissé par l'incapacité des ministres, un d'entre eux, pour échapper à la discussion, avait le droit de venir envelopper ceux qu'il combat et d'autres qui ne sont pas dans cette chambre, dans des accusations inexpliquées et inexplicables? Si c'est dans la Chambre que le garde des sceaux connaît des coupables, il doit les nommer et les accuser devant nous ; si c'est au dehors, qu'il ne vienne pas à cette tribune composer les modèles des actes d'accusation qu'il destine à ses procureurs généraux ! »

Ces défis, déjà audacieux dans la bouche de M. de Chauvelin, et qui révoltaient la droite, assez instruite de ce qui se passait pour savoir que la conspiration était à la fois dans la chambre et hors de la chambre, prenaient les proportions du cynisme quand ils se retrouvaient dans la bouche de M. Manuel, dont la complicité, sans pouvoir être établie par des preuves légales, ressortait cependant moralement par tous les indices. Cela n'empêchait point ce conspirateur émérite de réclamer une enquête parlementaire qui rendît tout son éclat à son innocence calomniée. On comprend de quelles acclamations la droite indignée saluait les paroles de M. de Bonald, qui, entrant dans le vif de la question, donna satisfaction à la conscience publique indignée ; paroles où il y avait un sentiment si vrai de l'état de la France, du gouvernement, des partis, que l'orateur semble avoir percé d'un regard les ombres aujourd'hui tombées, qui alors obscurcissaient l'atmosphère politique.

« Après avoir voté cette loi, s'écria M. de Bonald, nous serons quittes envers la France et envers l'Europe. Nous ne demandons pas au gouvernement et aux tribunaux la sûreté que Dieu même ne nous donne pas. Au nom des gens de bien, nous leur demandons la sécurité. Qu'ils répriment enfin en punissant ou en prévenant ces déclarations factieuses, ces perfides calomnies dont les tentatives criminelles qui se renouvellent sous nos yeux ne sont que l'écho : lâches et cruelles intrigues, où des chefs sans courage lancent de malheureux subalternes dans l'arène périlleuse des conspirations dont ils espèrent recueillir tout le fruit. Peut-être du sein de l'opulence et des plaisirs ils assistent derrière le rideau à ces jeux sanglants, comme les Romains à leurs combats de gladiateurs, et sans pitié, sans remords, ils applaudissent au désespoir de ces morts volontaires, comme les Romains applaudissaient à la fermeté des malheureuses victimes qui tombaient et mouraient avec grâce. »

Ces paroles, prises en elles-mêmes, étaient d'un tour un peu trop oratoire ; mais elles s'appliquaient si naturellement à la situation, qu'elles produisirent une impression profonde. Le grand philosophe, avec cette intuition qui n'appartient qu'aux esprits supérieurs, avait lu dans les faits et dans les âmes. Il semble qu'on entende retentir un écho prophétique de cette parole si souvent reprochée depuis à Manuel, à l'occasion des jeunes et malheureux sergents de la Rochelle : « Ils mourront bien ! »

La discussion avait été trop longue et trop vive pour que, dans Paris, au milieu de tant de passions incandescentes et d'éléments préparés pour les conspirations, il n'éclatât pas quelque trouble. Il y en eut dans les écoles de droit et de médecine ; il y en eut dans les églises. Dans ce moment même il y avait des missions à Paris, et la singulière prétention de ceux qui se disaient libéraux par excellence était d'empêcher, eux qui n'entraient jamais dans les sanctuaires chrétiens, ceux qui s'y rendaient pour entendre la parole évangélique du père

Rauzan et de ses coopérateurs, de prêter l'oreille à leurs prédications. D'après cette nouvelle prétention, le devoir de l'archevêque de Paris eût été de consulter les libres penseurs sur le choix des sermonnaires. Le gouvernement n'admit pas cette exigence, et maintint fermement les droits de l'autorité ecclésiastique et ceux de la liberté religieuse [1]. Alors les opposants se portèrent à l'église des Petits-Pères, où devaient avoir lieu les exercices de la mission; une multitude menaçante l'envahit, poursuivit l'archevêque de clameurs injurieuses, et chassa les missionnaires de l'édifice sacré [2]. Le lendemain, 28 février, il y eut un déploiement de forces militaires assez considérable pour réprimer le désordre qu'on voulait faire renaître, et le général Demarçay et M. de Corcelles, ayant voulu enfreindre une consigne pour se rendre dans ce quartier où les appelaient des devoirs de société, furent arrêtés et détenus plusieurs heures dans un corps-de-garde. Le 1er mars, leurs plaintes retentirent à la chambre des députés.

---

1. Il est si difficile aux esprits élevés par l'école libérale de comprendre les droits de la liberté religieuse, quand les catholiques les réclament, que M. Duvergier de Hauranne, à l'impartialité duquel j'ai souvent eu l'occasion de rendre hommage, s'exprime ainsi à cette occasion : « Des rassemblements tumultueux avaient lieu chaque soir autour de l'église des Petits-Pères, à l'occasion des missionnaires et des exercices pieux auxquels ils avaient convié les fidèles. Dans ces exercices on chantait des cantiques sur des airs populaires qui, presque toujours, rappelaient des paroles peu édifiantes, et il était difficile de comprendre quel bien de pareils spectacles pouvaient faire à la religion. » (T. VI, p. 580.) Il semble que les libéraux, qui ne consultaient pas l'autorité ecclésiastique sur l'usage qu'ils faisaient de la liberté de la tribune et de la presse, auraient dû comprendre que cette autorité n'avait pas à les consulter sur l'usage qu'elle faisait de la liberté religieuse appliquée aux exercices des missions.

2. Quelques historiens ont voulu faire des missions une manœuvre politique imaginée par la Restauration. Les faits donnent un démenti à cette allégation. L'idée première des missions à l'intérieur appartient au cardinal Fesch et remonte à 1806. M. Courbon, son grand vicaire, proposa la direction des missions intérieures à l'abbé Rauzan. Voir sa lettre que j'ai citée *in extenso* dans les *Souvenirs de la Restauration*, p. 226. Ainsi l'idée de l'œuvre, le choix de l'homme, rien n'appartient à la Restauration.

C'était le renouvellement des scènes de la session de 1820, pendant laquelle les députés avaient délibéré sous le coup des agitations de la place publique et des émeutes. Le ministre de l'intérieur, tout en exprimant le regret que les choses se fussent ainsi passées, fit remarquer que les deux députés ne pouvaient s'en prendre qu'à eux-mêmes, puisqu'ils avaient été arrêtés au moment où ils tentaient d'enfreindre une consigne militaire, justifiée par les troubles de la veille qu'on essayait de renouveler. MM. de Corcelles et Demarçay se rejetèrent dans les récriminations accoutumées : c'étaient des agents provocateurs qui excitaient les troubles; les deux députés déclaraient les avoir reconnus; ils ajoutaient qu'on avait voulu les assassiner.

On allait passer à l'ordre du jour sur ces lieux communs de l'esprit de parti, quand M. de la Bourdonnaye demanda la parole. La gauche, qui le voyait quelquefois opposé au ministère, crut qu'il allait parler dans le sens des deux députés et applaudit; mais le caractère naturellement irascible de M. de la Bourdonnaye était exaspéré par l'audace des réclamations de la gauche, rapprochées des actes factieux qui se produisaient de toutes parts. Il commença par déclarer que ce n'était pas ceux que les mouvements menaçaient qui pouvaient être accusés de les avoir provoqués; puis il continua ainsi, sans s'arrêter devant les murmures incessants de la gauche et ses interruptions injurieuses :

« C'est avec douleur, je suis obligé de le dire, que nous voyons tous les jours s'élever de toutes les parties de la France des cris séditieux, et malheureusement ces cris séditieux sont l'écho de cette tribune. C'est Napoléon II que l'on proclame sur un point; sur un autre c'est la République. Eh bien, dans ces circonstances, je serai le premier à demander d'investir le gouvernement de toute espèce de pouvoir. Oui, messieurs, s'il le faut, nous lui donnerons la liberté de la presse et la liberté individuelle. »

Ainsi la passion de la gauche, en allant par toutes les

routes à la révolution, poussait la passion de l'extrême droite à la dictature. M. Manuel, de tous les députés de l'opposition le moins bien posé pour intervenir dans ce débat, prit hardiment l'offensive. Il appela les dernières révoltes « des mécontentements provoqués par les violations de la Charte et des libertés publiques, » et pendant qu'on lui criait des bancs de la droite : « *Allez à Saumur!* » il demanda « s'il était si important qu'au milieu de Paris on souffrît les prédications des missionnaires. » La majorité indignée protestait contre ce nouvel appel à la révolte, et le président rappela à l'ordre l'orateur pour avoir accusé la droite d'avoir jeté aux soldats de la vieille armée le nom de *Brigands de la Loire* [1].

Ce fut un soulagement pour tous les hommes de sens quand M. de Villèle, qui représentait la raison de la droite et la sagesse du gouvernement, vint clore ce violent débat par des paroles à la fois fermes et modérées. Il maintint que des députés qui violaient une consigne militaire pouvaient être légitimement arrêtés dans le flagrant délit de cet acte comme de simples citoyens; mais il repoussa les pouvoirs extraordinaires offerts par M. de la Bourdonnaye :

« Vous connaissez les événements, dit-il [2], vous avez entendu les faits. Les événements sont des attroupements dans la capitale, des attroupements qui ont pour but de compromettre une liberté consacrée et spécialement protégée par la Charte. Le devoir du gouvernement était de prendre des mesures pour empêcher que ces attroupements ne s'accroissent et pour protéger la tranquillité publique et la sécurité des citoyens. Deux citoyens se présentent et veulent violer la consigne donnée... J'appuie cette assertion sur les faits allégués par les préopinants eux-mêmes. L'un a voulu passer là où le passage était interdit,

---

1. Il fut constaté, par la réponse même de M. Manuel, que jamais de telles paroles n'avaient été prononcées dans une chambre française : « Si le mot n'a pas été dit dans la chambre, répliqua Manuel, il a été souvent dit au dehors, et dans la chambre même des expressions équivalentes ont été souvent employées. »

2. Séance du 1er mars 1822.

l'autre stationner là où il était défendu de stationner. Y a-t-il un caractère quelconque qui puisse être invoqué pour ne pas se soumettre à la loi commune? Je ne le pense pas. Je ne crois pas que l'inviolabilité rendue aux députés par la Charte s'étende à ce point qu'ils ne puissent pas être arrêtés provisoirement comme les autres citoyens dans les circonstances qu'on vous a exposées..... Remarquez qu'il y a eu provocation de leur part. L'un s'est permis des menaces, l'autre a levé sa canne. Ainsi, d'après leurs paroles mêmes, ce qu'ils ont fait a pu donner lieu à leur arrestation.

« J'ai cru devoir donner ces explications, parce que dans les circonstances où nous nous trouvons, il est évident que ce serait tout à fait paralyser l'action de la force publique que d'admettre les principes qui ont été invoqués. Vous ne les admettrez donc pas, et je pense que le concours que vous portez au gouvernement n'ira pas jusqu'à nécessiter le sacrifice dont on vous a parlé. Non, messieurs, nous ne donnerons pas cette satisfaction aux ennemis du gouvernement du Roi de croire qu'il soit besoin d'un sacrifice des libertés publiques pour le préserver des atteintes, des complots qu'on a ourdies contre lui. (*Très-vive sensation.*) Non, il n'en aura pas besoin, et le concours que vous accorderez tous au gouvernement dans les choses raisonnables et légales est le seul qu'il vous demandera. (*Mouvement général d'adhésion.*) Il suffira, soyez-en sûrs, avec le dévouement des serviteurs du Roi, pour garantir le pays de tout danger. (*Voix générales :* Oui! oui!) Le danger ne ferait que s'accroître à nos yeux si nous venions vous demander des sacrifices qui sont inutiles. »

De longs et vifs applaudissements saluèrent ces paroles de M. de Villèle. Elles infligeaient un éclatant démenti aux accusations continuelles des orateurs de la gauche, qui reprochaient au ministère d'aspirer à l'anéantissement des libertés publiques. Elles témoignaient que, confiant dans l'appui de la majorité, il se faisait fort de résister aux rébellions et aux complots sans sortir du terrain légal. Elles le montraient capable de vaincre ses adversaires et même de résister à l'entraînement de quelques-uns de ses amis.

M. de Corbière obtint, peu de jours après, un succès du même genre, en répondant avec la même fermeté mêlée de modération à un discours d'une violence factieuse prononcé par M. Benjamin Constant, qui avait accusé la police d'avoir tenu

« une conduite révoltante et sanguinaire dans la répression des derniers troubles. La jeunesse libérale avait été provoquée, selon lui, par le cri de *Vive le Roi absolu!* poussé par la jeunesse royaliste. » C'était la vieille tactique des factieux qui se défendent en accusant. On comprend que, dans une ville où le carbonarisme comptait vingt-cinq mille affiliés et préparait un mouvement, il n'était pas difficile de savoir de quel côté on avait pris l'initiative des troubles de la rue. M. de Corbière rétablit les faits, justifia la gendarmerie et la police qui avaient agi dans la mesure de la nécessité et dans les limites de leurs droits. On avait sifflé un professeur de l'École de droit, M. de Portez, parce que quatre jeunes gens compromis dans les troubles de l'église des Petits-Pères, où l'on avait jeté des pétards et des boules fulminantes, avaient été exclus de l'Académie de Paris. Des bandes d'étudiants avaient traversé Paris en criant *Vive la Charte! Vive la liberté! À bas les missionnaires!* Il avait fallu dissiper ces bandes par la force :

« Comment ne comprenait-on pas, s'écria M. de Corbière, que la liberté dont on parlait sans cesse ne pouvait être assurée que là où les désordres étaient réprimés, et que les plus grands ennemis de la liberté étaient ceux qui la cherchaient dans les désordres? »

Paroles d'une éternelle vérité, souvent répétées depuis, confirmées par l'expérience, et néanmoins toujours mises en oubli par la passion politique.

Après ces violents débats, l'ensemble de la loi sur la police des journaux fut voté par 219 voix contre 137 le 15 février. C'était une majorité de 82 voix en faveur du ministère.

Il restait une épreuve à subir, celle de la discussion de la chambre des pairs. Moins tumultueuse, elle fut presque aussi vive et plus suivie qu'à la chambre des députés.

Il se manifesta tout d'abord un symptôme menaçant pour l'existence du ministère de droite, et l'on vit ce que le gouvernement avait perdu en échouant dans la tentative faite pour garder quelques éléments importants du centre droit dans le cabinet.

Une partie des membres qui marchaient avec le duc de Richelieu fit un pas vers la nuance qui marchait avec M. Decazes. La majorité qui avait soutenu le ministère Richelieu-Decazes tendait à se reformer dans l'opposition. Il ne s'agissait point, comme dans la chambre des députés, d'un échec à la dynastie ; c'étaient des rivalités de pouvoir, d'influence administrative, d'intérêt, de vanité. Le ministère de droite eut contre lui d'abord les hommes qui représentaient les idées de gauche comme le duc de Broglie ; ceux qui venaient de l'Empire et de la Révolution et qui abritaient leur vieil antagonisme contre les royalistes sous le drapeau d'un faux libéralisme, qui était leur moyen d'opposition ; ceux qui ne pouvaient pardonner aux hommes de droite de leur avoir enlevé le pouvoir, comme MM. Pasquier et de Barante, qui entraînèrent dans leur campagne parlementaire le duc de Richelieu lui-même, offensé de la manière dont il avait été éconduit du ministère ; enfin ceux qui, comme M. de Talleyrand, faisaient de l'opposition contre tous les ministères où il n'y avait pas de place pour eux.

C'était une coalition puissante par le nombre, par la notabilité administrative ou politique de ceux qui y prirent part, par la diversité même des motifs qui les groupaient sous le même drapeau. On entendit M. de Talleyrand, faisant un retour aux opinions de sa jeunesse dans l'Assemblée constituante, essayer une réhabilitation du Sénat conservateur, condamné, selon lui, sans avoir été jugé, et attaquer la nouvelle loi parce qu'elle ôtait au jury la connaissance des délits de presse, parce qu'elle détruisait la responsabilité des fonctionnaires devant l'opinion, enfin parce qu'elle rayait l'épithète de *constitutionnelle* qui, dans la loi précédente, caractérisait l'autorité du Roi avant de la protéger contre les attaques. Le comte Molé, qui jusque-là s'était montré beaucoup plus soucieux des nécessités du pouvoir que de la liberté des journaux, s'engagea plus vivement encore sur le même terrain. Il déclara que la politique du gouvernement tendait à faire des institutions représentatives un vain simulacre. La liberté de la presse était essentielle à la liberté individuelle, à la liberté de conscience, au libre vote de l'impôt ; elle seule pouvait empêcher l'établissement d'un régime où il y aurait plus d'abus, plus de priviléges et moins de liberté que dans l'ancien régime, je cite les paroles de l'orateur ; elle seule pouvait maintenir les résultats de la Révolution. M. de Lally-Tollendal insista dans le même sens, et le vicomte Mathieu de Montmorency, ministre des affaires étrangères, lui rappela, non sans une pointe de spirituelle ironie, que, pendant de longues années, le noble pair avait terminé par un vote favorable à la censure préalable des discours où il professait un ardent amour pour la liberté de la presse. Enfin M. Pasquier, qui faisait partie du ministère Richelieu, au nom duquel la nouvelle loi sur la presse avait été présentée, vint déclarer que la discussion l'avait éclairé sur l'inconvénient du retranchement de l'épithète de *constitutionnelle*, et qu'il se ralliait à l'amendement de M. de Bastard, consistant à demander le rétablissement de ce mot, avec l'addition suivante « *des droits que le Roi tient de sa naissance et de ceux en vertu desquels il a donné la Charte.* »

Au fond, il n'y avait aucun inconvénient dans la substitution d'une formule à l'autre. Mais les différentes nuances de l'opposition qui se formait à la chambre des pairs demandaient cette substitution comme un vote de défiance contre le ministère de droite, et c'était à ce titre que celui-ci la repoussait. La pensée que personne n'exprimait, mais que tout le monde comprenait, c'est que les opposants croyaient d'autant plus opportun de rappeler le mot de constitutionnalité que le ministère leur paraissait moins constitutionnel. C'était l'opinion qu'ils tenaient à indiquer publiquement.

Le mieux eût été d'effacer le mot avant la discussion de la loi, et c'eût été, on l'a vu, l'avis de M. de Villèle, l'esprit le plus politique du cabinet. Une fois le débat engagé, il fallut aller jusqu'au bout, et malgré les efforts de M. de Corbière, qui prit plusieurs fois la parole, la réunion des différentes oppositions l'emporta dans un vote au scrutin qui donna 112 voix favorables à l'amendement de M. de Bastard, et seulement 101 contraires. Le ministère était averti. Il pouvait se trouver en minorité, à la chambre des pairs, dans les questions délicates [1].

On ne comprendrait pas cette attitude prise par la chambre des pairs, si on voulait en chercher l'explication dans un revirement d'idées, qui aurait rapproché les opinions de MM. Pasquier, Molé et de Talleyrand, de celles du duc de Broglie, dans la question de la presse en général et de celle des journaux en particulier. La véritable raison, je l'ai indiquée : il y avait une sorte d'incompatibilité d'origine entre la chambre des pairs à la formation de laquelle le prince de Talleyrand et après lui M. Decazes avaient eu la principale part, et un ministère formé exclusivement des membres de la droite, et cette incompatibilité venait s'accentuer dès la présentation de la première loi. En outre, dans un temps et dans un pays où la fortune privée de tant de personnes dépend de la fortune publique, les familles administratives, issues de la révolution et de l'empire, et très-nombreuses à la chambre des pairs, regar-

---

1. C'est la réflexion que M. de Villèle consigne sur son carnet à la date du 11 mars : « 11 voix de majorité à la chambre des pairs contre nous, écrit-il, pour rétablir le mot *constitutionnelle* dans une des lois de la presse, font présager ce que nous devons attendre de cette chambre dans les questions délicates, et sur quelles opinions elle cherchera à s'appuyer au dehors. MM. de Talleyrand et de Barante, courbés sous les faveurs du Roi, se sont montrés à découvert parmi les provocateurs à cet acte d'hostilité ! » (*Documents inédits*.)

daient l'avénement d'un cabinet appartenant en entier à la droite comme une menace pour leurs avantages acquis et un obstacle à leurs espérances. Elles appréhendaient que les familles appartenant à l'ancienne cour ou venues de l'émigration n'eussent la grosse part dans la distribution des faveurs et des emplois, et elles s'abritaient sous des institutions d'où elles pouvaient menacer le pouvoir, comme, au temps des guerres de religion, les protestants se rapprochaient de leurs places de sûreté quand ils se brouillaient avec la cour.

La chambre des pairs qui, par sa nature même, avait quelque chose de mesuré dans son opposition, se contenta d'avoir averti le ministère, en rétablissant le mot *constitutionnel*, qu'il pouvait tomber en minorité devant elle. Pour le reste des articles, elle lui donna une majorité d'environ quarante voix, cent vingt contre quatre-vingts. Mais l'opposition dans les paroles alla beaucoup plus loin que l'opposition dans les votes. Tous les membres du dernier ministère, anciens ou nouveaux dans la pairie, attaquèrent la loi, et, après avoir demandé la censure pour leur compte, la combattirent même à titre facultatif, ce qui paraissait étrange, comme le disait M. de Villèle, de gens qui, pendant cinq ans, avaient exercé la censure pratique et réelle. M. Pasquier se fit remarquer par son ardeur. Il exhorta la chambre des pairs à conquérir une popularité, qui deviendrait pour elle une force qu'elle ferait servir plus tard à la défense du pouvoir. Le duc de Richelieu, cédant aux instances de ses anciens collègues, prit lui-même la parole, dans la séance du 12 mars, à la grande surprise du ministère qui ne s'attendait pas à cet acte d'hostilité. Il déclara qu'il ne pouvait se décider à accorder à tout jamais la censure facultative, et qu'il se bornerait à la donner pour cinq ans seulement. Moins libéral cependant, sans s'en apercevoir, que le ministère qu'il attaquait, il demanda la suppression de la disposition qui faisait cesser de plein droit la censure dans le cas d'élections générales. M. de Villèle, qui avait vivement protesté contre l'idée suggérée par M. Pasquier à la chambre des pairs, de faire une sorte de campagne libérale à la poursuite de la popularité, et qui avait rappelé que la force de la chambre héréditaire et sa dignité étaient dans son union avec les deux autres pouvoirs, répondit au duc de Richelieu que la faculté de la censure répondait à une éventualité fâcheuse mais possible, et que la disposition qui la faisait cesser en présence d'une dissolution de la chambre était nécessitée par le principe même du gouvernement représentatif, qui voulait que les électeurs sincèrement consultés pussent se prononcer en connaissance de cause entre le ministère et la chambre en cas de dissolution. On ne pouvait accepter plus résolûment le gouvernement représentatif, et c'était répondre d'une manière noble et catégorique aux soupçons de ceux qui accusaient le ministère de droite de ne pas être constitutionnel.

L'une des deux lois sur la presse adoptées par la chambre des pairs à la majorité de cent vingt-quatre voix contre quatre-vingt-treize, celle sur la répression, dut être rapportée à la chambre des députés à cause de l'amendement qui rétablissait le mot de *constitutionnel*. Les journaux redevenus libres se jetèrent dans le débat avec leur ardeur accoutumée, et la preuve que c'était plutôt un sujet de discussion qu'on cherchait qu'un résultat déterminé, c'est que, dans la même opinion, le rétablissement du mot *constitutionnel* par la chambre des pairs fut envisagé comme un avantage et comme un inconvénient. Le *Drapeau blanc*, la *Gazette de France*, la *Quotidienne*, y virent une atteinte aux droits du Roi, antérieurs à la Charte; les *Débats* le considérèrent au contraire comme la reconnaissance des droits que le Roi tenait de sa naissance. M. Manuel, qui ne cherchait que des terrains de lutte, adopta cette explication : il demanda le rejet de l'amendement parce qu'il trouvait ainsi l'occasion d'élever un débat entre la souveraineté royale qui n'avait pas eu, selon lui, le droit d'octroyer la Charte, et la souveraineté populaire qui l'avait imposée au consentement du Roi. Ces perpétuels débats sur les principes sont un des inconvénients inévitables des gouvernements de libre discussion, qui offrent du reste assez d'avantages, par le contrôle qu'ils établissent, pour compenser l'abus que les passions ou les intérêts font de cette faculté illimitée de polémique. Quand M. Manuel, en donnant un libre cours à sa passion révolutionnaire, eut provoqué une explosion des passions de la droite, et qu'en déniant à Louis XVIII ses droits antérieurs à la Charte, négation contraire au bon sens, — car en vertu de quels droits serait-il rentré en France et aurait-il donné la Charte si la tradition nationale ne l'avait désigné comme le roi légitime? — il eut amené M. Bazire à diminuer à la tribune l'autorité morale de la Charte, et quelques membres de l'extrême droite à accepter comme exacte cette assertion que, de 1790 à 1814, il n'y avait eu en France que des rebelles, il se tint pour satisfait : il avait rendu le gouvernement plus difficile, créé de nouveaux obstacles à l'établissement régulier de la liberté politique, en augmentant entre les diverses nuances d'opinions la somme des préventions et des antipathies. On arriva au vote ; le ministère qui avait adopté sagement l'amendement sans se préoccuper de l'intention qui l'avait dicté, la droite tout entière, le centre gauche et la majorité de la gauche, en votèrent l'adoption, et un dernier scrutin sur l'ensemble de la loi donna deux cent quarante-cinq voix favorables, et quatre-vingt-dix-neuf contraires. Cette insistance de M. Manuel à nier en toute occasion les droits traditionnels de la maison de Bourbon, à prêter à la nation la répugnance profonde avec laquelle il avait vu le retour des princes exilés, à provoquer la passion révolutionnaire et à irriter le sentiment royaliste, amassait contre lui des colères qui devaient saisir la première occasion de l'atteindre. Déjà depuis longtemps on ne le regardait plus comme un adversaire du ministère, mais comme un ennemi de la maison de Bourbon et comme un affilié des conspirateurs du dehors embusqué à la tribune.

IV

SUITE DE LA SESSION. — LOI SUR L'EFFECTIF MILITAIRE. — LE CORDON SANITAIRE. — LE BUDGET. — DÉBATS SUR LA POLITIQUE ÉTRANGÈRE.

L'Espagne était en ce moment pour le gouvernement français l'objet d'une double crainte : la fièvre jaune exerçait dans la Péninsule de grands ravages, et la révolution s'y développait de plus en plus. Il fallait mettre nos frontières à l'abri d'une contagion redoutable, et il devenait nécessaire de prévoir l'éventualité des dangers sérieux dont notre pays pouvait être menacé par le voisinage d'une révolution dont les meneurs étaient en relation, on ne pouvait en douter, avec les révolutionnaires français. En outre, les affaires d'Orient, se compliquant chaque jour à cause des rapports de plus en plus tendus de la Russie et de la Porte-Ottomane, faisaient apparaître un autre point noir à l'extrémité opposée de l'horizon. Le gouvernement français n'avait donc pas hésité à se mettre en mesure, et M. de Villèle, dans la séance publique du 11 janvier 1822, avait présenté un projet de loi rectificatif de quelques parties du budget donné par M. Roy. La plus importante modification était nécessitée par une augmentation de quarante-quatre mille hommes d'infanterie : il fallait aussi remplir les vides qu'allaient laisser dans les armes spéciales neuf mille hommes dont le temps de service expirait. Ces levées étaient indispensables pour compléter l'effectif de l'armée sur le pied de paix, tel qu'il avait été fixé par la loi. Les dépenses ordinaires se trouvaient couvertes par une rectification dans l'évaluation des recettes, que le rendement alors connu des impôts durant l'année précédente permettait d'élever de manière à couvrir cet accroissement de dépenses. L'aperçu du règlement du compte de la précédente année laissait, en effet, la libre disponibilité d'un fonds de 20 millions; et la dernière négociation des 12 millions de rente déjà effectuée offrait une somme égale, à cause de l'augmentation du taux réel auquel on avait emprunté comparativement au taux hypothétique sur lequel on avait calculé l'emprunt.

Le ministère présenta une loi sanitaire à l'occasion de la fièvre jaune, et annonça l'établissement d'un cordon de troupes destinées à empêcher la communication avec les pays infectés. La gauche s'éleva avec beaucoup de violence contre le cordon sanitaire dans lequel elle voyait le noyau d'une armée d'observation. Le ministère maintint son projet, qui fut voté malgré les réclamations de la gauche.

La discussion du budget fut pour M. de Villèle l'occasion d'exposés lumineux, qui révélèrent à la France le grand administrateur dont le ministère allait devenir une des dates de l'histoire de nos finances. Il répondit avec une constante supériorité à des contradicteurs de premier ordre, tels que MM. Louis, Casimir Périer, Laffitte et Ganilh, et la netteté de sa parole, l'ampleur de ses vues, qui embrassaient l'ensemble sans négliger aucun détail, lui assurèrent un ascendant qui a laissé dans l'esprit des hommes de cette époque une impression qui ne s'est pas effacée [1]. Il n'avait point préparé, il n'avait fait que rectifier le budget de 1822, présenté par M. Roy, et qui se soldait par 889 millions de dépenses et

---

1. Voir l'appréciation de M. le marquis d'Audiffret sur l'*Administration de M. de Villèle* à la fin de l'écrit de M. de Neuville.

890 millions de recettes. Nous attendrons donc le budget de l'année de 1823 pour commencer à caractériser son administration financière. Citons cependant les paroles qu'il prononça vers la fin de la discussion de la loi de finances de 1822, et dans lesquelles on sent vibrer le cœur d'un honnête homme et d'un bon Français :

« Vous devez être persuadés, messieurs, que je travaillerai, tant que je le pourrai, à diminuer les frais de rentrée des impôts. Vous vous rappelez que mon prédécesseur les a lui-même diminués de 1 million 400,000 fr. Je viens d'y ajouter une nouvelle économie. Je ne crois pas que, pour l'instant, il soit possible de faire plus ; notre honneur personnel, et c'est pour cela que nous sommes ministres, ne nous impose-t-il pas le devoir d'obtenir, dans l'intérêt de notre pays, tout ce qui peut se concilier, d'un côté, avec la régularité du service, et de l'autre avec l'intérêt des personnes qui traitent avec nous, car, en définitif, on ne doit pas regarder seulement l'intérêt de ceux pour qui l'on traite. (*Vive adhésion.*)

« Le trésor est rentré vers le mois de mars dans la jouissance de la presque totalité des impôts directs de 1821. Les frais de poursuite en 1821 ne se sont élevés qu'à 4 pour 100 [1]. »

Dans l'état des esprits, il était impossible que la discussion du budget ne devînt pas l'occasion de nouvelles luttes politiques. La session se poursuivait, en effet, au milieu de l'explosion des conspirations. Les progrès menaçants de la révolution espagnole, en surexcitant en France les passions hostiles à la dynastie, donnaient plus d'intensité encore à ce mouvement. Ce serait une tâche ingrate et stérile que de relever une à une les séances où MM. Benjamin Constant, Foy, Manuel, et les esprits les plus violents de la gauche accusèrent la droite et le ministère qui en était sorti, de travailler à la destruction de la Charte, de conspirer contre les libertés publiques, de dilapider les finances, d'humilier la France devant l'étranger, et où les orateurs les plus ardents de la droite

---

1. Séance du 4 avril 1822.

accusèrent la gauche de travailler à la destruction de la dynastie. En vain quelques voix sages, comme celle de M. Ternaux, rappelaient-elles que pas un royaliste sensé ne croirait possible le maintien du gouvernement après le renversement de la Charte, de même que pas un libéral éclairé ne pouvait s'arrêter sans frémir à l'idée des maux qu'entraînerait la chute de la maison régnante. Cet appel au bon sens et à la concorde, cette invitation à sacrifier les animosités personnelles à l'intérêt de la France, qui voulait à la fois conserver la dynastie et obtenir les libertés promises par la Charte, était peu entendu. Il y avait, dans les diverses opinions qui se disputaient l'influence dans la chambre, trop de gens déterminés à se haïr. Les uns, sans toujours s'en bien rendre compte, étaient, comme le général Foy et M. de Lalot, séduits par les grands rôles de tribune qui étaient à ce prix, car il fallait répondre aux passions du dehors par les passions du dedans, pour arriver aux succès d'éloquence. Les autres éprouvaient ces haines réciproques, funestes legs de nos longues discordes; ils ne s'apercevaient pas que dans leurs chocs furieux ils écrasaient la liberté politique. Quelques-uns, comme M. Manuel et ceux de ses collègues qui trempaient dans les complots, cherchaient à jeter chaque jour la flamme dans cette atmosphère déjà embrasée, afin d'en faire sortir la foudre qui renverserait la maison de Bourbon, à laquelle ils avaient déclaré une guerre à mort. Les hommes les plus ardents de la majorité, indignés des violences de langage des orateurs de l'opposition, qui semblaient prendre à tâche de blesser tous leurs sentiments, d'insulter tout ce qu'ils respectaient, finissaient par se sentir pris d'une espèce de transport furieux, et enveloppaient dans le même anathème tout le parti représenté à la tribune par de tels orateurs [1].

1. Pour avoir une idée de la violence des discours de la gauche, il faut lire l'opinion de M. Benjamin Constant dans la discussion générale du budget. Il dé-

Une seule de ces discussions politiques du budget eut un intérêt durable, parce qu'elle amena M. Lainé à la tribune, et que ce grand orateur se trouva autorisé par les points qu'avaient touchés les divers orateurs de la gauche, à jeter un coup d'œil rétrospectif sur l'ensemble de la politique étrangère de la Restauration pendant le ministère des centres. Le

clare que « les finances de la France sont la conquête d'un parti qui les exploite à son gré, dans une obscurité que ne dissipe pas une discussion toujours illusoire ; » que « les nouveaux ministres sont les hommes d'affaires du parti dominant ; » que « la police est uniquement occupée à provoquer les crimes qu'elle est destinée à prévenir ; » qu'il y a « *un clergé ambulant* qui ne peut faire un pas sans la protection de la gendarmerie, et dont les exercices amènent des profanations dans les églises et des dragonnades dans les rues ; » que « l'on ne peut parler dans l'enceinte de la Chambre de politique étrangère, sans que les ministres tremblent sur leurs bancs ; » qu'on dirait enfin que « les discours prononcés à la tribune française doivent être censurés par les gouvernements étrangers et que les ministres soient les fondés de pouvoirs de la Sainte-Alliance pour rappeler les orateurs à la question. » M. Benjamin Constant comparait, en terminant, le ministère de droite *à un de ces fléaux que la providence envoie aux peuples dans sa colère*. M. de Girardin appelait les missionnaires des *contrebandiers du culte*. M. Bignon déclarait que « le ministère précédent avait été russe, et qu'on était généralement convaincu que celui-ci serait anglais. » Le général Foy reprenait qu'une seule chose était sûre, c'est qu'il ne serait pas français. Le général Gérard, nouvellement entré dans la Chambre, dépeignait l'armée « comme livrée à l'arbitraire, privée des officiers en qui elle avait confiance, forcée de devenir un instrument d'oppression contre le peuple. » Tout cela se disait quelques jours après les complots de Béfort, de Saumur et de la Rochelle, et pendant que Paris était encore en proie à des troubles périodiques. M. Laffitte accusa le gouvernement d'avoir proposé un dégrèvement de la contribution foncière, pour diminuer le nombre des petits électeurs, et il déclara qu'il était impossible d'attribuer à un autre motif cette mesure, quand le gouvernement semblait avoir pour but unique de détruire ce que la raison publique avait établi, et de relever ce qu'elle avait condamné. Enfin, le général Lafond, ancien officier des armées impériales, ayant répondu au général Sébastiani qui avait dit que le découragement était dans l'armée, « que l'armée était, au contraire, excellente, mais que malheureusement la justice, la générosité, la confiance, ne pouvaient suffire à des esprits orgueilleux, qui ne voulaient reconnaître aucun droit à la clémence royale, » presque toute la gauche, surtout les généraux, qui siégeaient sur ses bancs, entre autres les généraux Gérard, Sébastiani, Demarçay, lui adressèrent les interpellations les plus injurieuses. Les journaux affirmèrent le lendemain que le général Semelé lui avait dit : « Vous êtes un être vil, c'est moi qui vous le dis ; » ce qui amena une rencontre au pistolet. (Voir le *Moniteur* du mois d'avril 1822.)

ministère de droite était trop récemment entré au pouvoir pour qu'on eût à lui reprocher des actes politiques au dehors; on ne pouvait raisonner contre lui que par hypothèses, et le vicomte Mathieu de Montmorency, ministre des affaires étrangères, avait répondu par des généralités apologétiques aux généralités critiques de la gauche. Mais il n'en était pas de même de M. Lainé, l'ancien collègue du duc de Richelieu. La gauche avait dit, par la voix de MM. Benjamin Constant, Foy et Manuel, que le gouvernement royal avait laissé abattre la constitution à Naples et à Turin, qu'il entretenait à la porte de l'Espagne un Coblentz nouveau, « en oubliant quelle place l'ancien Coblentz tenait dans l'histoire de l'infortuné Louis XVI, » qu'il avait encouru la haine et le mépris de l'Italie parce qu'il s'était montré l'auxiliaire honteux et craintif de la Sainte-Alliance. En un mot, parcourant tous les théâtres de la politique, la Grèce, l'Amérique, Saint-Domingue, la gauche avait demandé ce que, dans les dernières années, le gouvernement avait fait dans l'intérêt de la France et pour sa dignité. M. Lainé réclama la parole dans la séance du 19 mars, et prononça un des plus beaux discours qui aient honoré la tribune française :

« Ce que le ministère a fait depuis cinq ans, s'écria-t-il, je vais vous le dire. Il a essayé, et quelquefois il y a réussi, de réparer de grands malheurs, dus principalement à l'événement dont le jour de demain ramènera le terrible anniversaire. (*Sensation générale.*) Le ministère trouva la France occupée par les armées alliées. Les baïonnettes étrangères entouraient la capitale, l'artillerie était braquée sur le palais de nos rois. Les puissances étrangères manifestaient des prétentions plus qu'hostiles. Ce qui s'est passé depuis dans une assemblée où l'on a la liberté de la parole vous a montré que le projet de réduire la France n'était pas une chimère. Sans doute la France ne l'aurait pas souffert, et ce n'est pas au ministère que j'attribue l'honneur d'avoir empêché l'exécution de ce dessein. Mais il a contribué à éloigner les malheurs qui nous menaçaient. Déjà la carte de la nouvelle France était dressée, il m'a été donné de la voir; elle est en possession d'un homme qui, par son crédit, ses vives sollicitations, ses efforts, sa loyauté n'a pas été inutile à l'abandon de ce funeste dessein[1]. (*Vive sensation.*) La délivrance du territoire fut le second acte de ce ministère, qu'on disait n'avoir rien fait pour la France. Au milieu des agitations de l'Europe, la France a marché à la prospérité. Son industrie s'est accrue, son commerce s'est étendu; elle a évité la guerre, et, depuis cinq ans, le ministère a contribué à toutes ces choses. »

L'orateur exposa ensuite la double impossibilité où s'était trouvé le ministère aux congrès de Laybach et de Troppau, de s'entendre avec les cabinets dont la politique était moins libérale que celle de la France, et de s'accorder avec des insurrections militaires qui auraient conduit le gouvernement royal à cette conséquence étrange de déclarer la guerre à l'Europe pour favoriser l'avénement de deux révolutions contre deux royautés amies. Il n'avait donc eu qu'une ligne à suivre, celle d'une neutralité honorable, qui s'était employée à diminuer pour les peuples les résultats fâcheux de mouvements imprudents. M. Lainé poursuivit en ces termes :

« C'est après de telles circonstances qu'on se permet de dire que tel ministère a été russe, tel autre anglais, qu'aucun ne sera français. De quelque part que de telles qualifications soient venues, je dis qu'elles sont injustes, et qu'une bouche française ne devrait jamais les proférer. Il n'y a pas eu en France de ministère russe, il n'y a pas de ministère anglais. Ni la proximité des craintes, ni la séduction des espérances, ni la puissance des souvenirs, rien ne change un cœur né français. Quand un Français est honoré d'un auguste choix, son caractère s'élève par cela seul qu'il est ministre; en s'approchant du Roi de France, il puise dans son âme royale des sentiments encore plus élevés, et sa vie se consacre sans peine à sa patrie tout entière. »

A ces paroles, une vive adhésion se manifesta sur la plus grande partie des bancs de la chambre. Louis XVIII, tout le

---

1. Le duc de Richelieu. Ce passage du discours de M. Lainé était une réponse à l'affirmation tranchante de M. Benjamin Constant, qui avait déclaré qu'il était impossible que les puissances étrangères eussent songé à réduire la France. La déclaration de M. Lainé : « Il m'a été donné de voir la carte, » fit l'effet d'une révélation.

monde le savait, ne séparait pas sa propre dignité de celle de la nation française, et il eût cru descendre, si la France avait été diminuée dans l'estime des nations.

Sans laisser s'alanguir l'émotion de l'assemblée, M. Lainé continua ainsi :

« Quelles que soient vos violences, malgré l'insulte des déclamations, malgré le danger des discours qui tendent à déprimer votre gouvernement et votre pays, je ne dirai pas que vous n'êtes pas Français..... Mais, à votre tour, reconnaissez que pour être assis sur ces bancs (*les bancs du ministère*), on ne perd rien du noble caractère dont vous voulez vous parer exclusivement et dont nous nous honorons tous... »

L'orateur termina son discours par ces paroles presque prophétiques, où ce grand serviteur de la royauté, ce grand ami de la liberté politique, semblait prendre à la fois le deuil des deux plus chères affections de sa vie, menacées par les passions de son temps :

« On parle sans cesse de la double responsabilité des ministres. Il y a aussi pour les assemblées et pour leurs membres une responsabilité inévitable. Ce n'est pas par des menaces, des accusations, des supplices qu'elle s'exerce; c'est une responsabilité morale. Vous comparaîtrez devant un juge sévère, devant l'histoire. Elle appréciera la conduite des hommes qui, tourmentant incessamment l'opinion, trompant la crédulité publique, se plaisent à avilir les gouvernements, tandis que dans l'intérêt du pays ils devraient les honorer et les seconder. Un honorable membre, nous parlant tout à l'heure de la tribune d'Athènes, se félicitait de ce que, mieux placée, la nôtre permet de tourner à la fois les regards vers la mer et vers la terre. En suivant sa métaphore, on est tenté d'élever notre tribune assez haut pour contempler les ruines d'Athènes et celles de toute la Grèce. Le juge impartial dont je parlais tout à l'heure, l'histoire, ne dit-il pas que c'est aux excès des disputes, à la haine des sophistes, à l'injustice et même à l'ambition de la parole, qu'il faut imputer les malheurs auxquels ces régions sont en proie, et que l'on déplorait dans cette séance même. Cherchons du moins une leçon dans ces ruines et apprenons par là à mêler la prudence et la justice à la liberté des débats. »

A ces nobles accents, le centre droit et la droite éclatèrent en acclamations, et les applaudissements suivirent jusqu'à sa place l'orateur descendant de la tribune. Ce n'était pas seulement de la grande éloquence, c'était de la bonne politique. La fondation du gouvernement représentatif en France, comme M. Lainé l'avait pressenti, était à ce prix. La haine, qui est stérile comme les Furies antiques, n'enfante rien, et M. de Bonald, dans le cours de cette discussion, l'avait rappelé avec beaucoup de sens en répondant à M. Bignon, qui réclamait une politique plus haute : ces désordres et ces discordes intérieures, que la gauche fomentait, énervaient la France. La première condition de force pour un gouvernement, au dehors, c'est d'être incontesté, respecté et obéi au dedans. M. Manuel demanda la parole pour tâcher de détruire le bon effet produit par les paroles de M. Lainé et de raviver les passions auxquelles l'éloquent orateur du centre avait imposé silence pour un moment; mais la chambre, sous le coup de l'impression que lui avait laissée le discours de M. Lainé, ne voulut plus rien entendre, et ferma la discussion.

Le ministère n'avait pas pris une très-grande part aux débats sur la politique étrangère qui avaient eu lieu à l'occasion du budget; nous avons dit pourquoi. Seulement M. de Villèle n'avait laissé échapper aucune occasion de marquer la ligne strictement constitutionnelle que le ministère voulait suivre. On n'a point oublié la fin de non-recevoir qu'il avait opposée à M. de la Bourdonnaye, offrant de confier des pouvoirs extraordinaires au gouvernement, en raison de l'incandescence des passions politiques, qui se révélait non-seulement par des violences de tribune, mais par des conspirations dont les foyers s'allumaient de tout côté. Lorsque M. Laffitte accusa le ministère de ne proposer le dégrèvement de la contribution foncière que pour diminuer le nombre des petits électeurs, M. de Villèle établit d'une manière catégorique que la situation des finances était bonne, et que le dégrèvement de la contribution foncière était la conséquence naturelle d'un vote de l'année précédente. Lorsque les généraux Foy et Sébastiani vinrent affirmer à la tribune l'existence de cinq ordonnances dûment contresignées en 1820, qui élevaient à la dignité de pairs cinq députés assis encore en ce moment sur les bancs de la chambre élective [1], dont ils infirmaient les délibérations par leur présence, M. de Villèle répondit que, si ces ordonnances existaient, elles étaient frappées d'une nullité radicale. Puis, comme le général Sébastiani insistait, en s'étonnant qu'un ministre se crût autorisé à donner un démenti à la parole du Roi, M. de Villèle répliqua que la parole du Roi était hors du débat, et que la discussion ne pouvait porter, dans la chambre, que sur le contre-seing du ministre, exclusivement responsable de cet acte, s'il avait eu lieu, comme on le prétendait.

Il y eut, dans le cours de la discussion du budget, deux débats financiers intéressants, dans lesquels le ministre des finances garda la même attitude, et sur lesquels il convient d'entrer dans quelques détails.

Le premier était un véritable incident. Un vol considérable avait eu lieu au trésor sous le cabinet précédent, c'est-à-dire pendant que M. Roy était ministre des finances. Le sous-caissier central Mathéo s'était enfui en laissant un déficit de 1,800,000 francs; son vol, qui remontait pour une part jusqu'en 1814, se décomposait ainsi : une portion de ce vol était antérieure à la nomination de M. Piscatory au poste de caissier général en chef; la seconde portion était postérieure à cette nomination. Mathéo avait commencé à voler les deniers publics en dissimulant les envois d'argent qui lui arrivaient; puis, quand, après une longue impunité, il s'était senti perdu, il

---

1. Les députés qu'on indiquait comme ayant été l'objet de cette promotion étaient MM. Beugnot, de Montcalm, de Mézy, de la Briffe et le prince de Broglie.

s'était enfui en prenant une somme considérable dans sa caisse. Malgré de nombreuses vérifications, le vol n'avait pas été découvert et s'était perpétué sous plusieurs ministères, parce que le trésor a toujours plusieurs millions de fonds en route, et que Mathéo, chargé de les recevoir, voyait continuellement couler devant sa caisse une sorte de courant d'argent où il puisait en dissimulant l'arrivée des fonds; il avait par là un moyen facile d'opérer les substitutions qui cachaient ses fraudes. M. Roy, après avoir examiné avec sa sollicitude ordinaire cette fâcheuse affaire, reconnut qu'il n'y avait lieu d'adresser aucun reproche à M. Piscatory, caissier général, et de l'avis conforme de la commission consultative des finances, qui, après une enquête minutieuse, déclara à l'unanimité que « toutes les dispositions du règlement, en ce qui concernait la surveillance du caissier général, ayant été observées, ce comptable n'avait aucune responsabilité à encourir, » il exonéra celui-ci de toute poursuite de la part du Trésor, considéra la perte éprouvée comme un sinistre, et tandis que des poursuites judiciaires étaient exercées contre Mathéo, il inscrivit une somme de 1,800,000 francs au budget des dépenses de 1822 pour couvrir le trésor du déficit laissé dans les caisses de l'État [1].

La gauche fit beaucoup de bruit au sujet du vol Mathéo. Elle parla du défaut de surveillance du gouvernement, de la dilapidation des fonds du trésor, de l'indulgence étrange du ministère pour les comptables, et du coupable oubli où il laissait les intérêts des contribuables. Elle conclut en proposant de rejeter l'allocation de 1,800,000 francs demandée, sauf au ministère à venir présenter, l'année suivante, une proposition qui serait débattue. Cette question prêtait aux déclamations contre l'incurie du gouvernement, et elle devait

1. J'emprunte ces détails au rapport de M. Lainé.

produire de l'effet sur les imaginations populaires toujours disposées à croire que les finances publiques sont la proie des voleurs. MM. de Chauvelin, Labbey de Pompière, Casimir Périer, prirent successivement la parole, et le débat se prolongea avec beaucoup de vivacité pendant quatre séances. M. Casimir Périer demanda, avec son impétuosité ordinaire, ce que les députés venaient faire à la chambre, s'ils ne flétrissaient pas une pareille affaire par un vote, et ce que devenait la responsabilité ministérielle; puis il ajouta qu'il fallait un coupable, et que ce coupable était ou le caissier général, M. Piscatory, ou le règlement; si c'était M. Piscatory, il ne pouvait être absous par l'ordonnance ministérielle; si c'était le règlement, il fallait accuser le ministère.

M. de Villèle prit la parole dans la séance du 3 mars 1822, et exposa ainsi cette affaire malheureuse, mais dont on ne pouvait faire peser la responsabilité que sur le comptable, coupable auteur du vol dont le trésor avait été la victime :

« Le déficit a commencé sous le ministère de M. Corvetto ; il n'a été découvert ni sous le premier ministère de M. Roy, ni sous celui de M. Louis, ni pendant la première partie du second ministère de M. Roy. Quatre changements de ministères, quatre vérifications de caisses, quatre surveillances diverses exercées sans qu'on ait découvert le déficit! Preuve évidente que ce n'est ni la négligence ni l'inexécution du règlement qui ont rendu la soustraction possible. Il n'est pas possible que la chambre soit juge dans cette question, car il est impossible qu'elle connaisse l'affaire dans tous ses détails... Le déficit n'a été reconnu que parce qu'il devenait trop considérable pour être facilement dissimulé, et parce qu'un fait accidentel a servi l'administration. La Banque de France établit un compte courant pour les sommes qu'elle fait payer pour le trésor, et elle a, en nantissement des payements qu'elle opère, une certaine quantité de rentes auxquelles elle pourrait toucher dans le cas où ce compte courant ne serait pas suffisant pour acquitter les sommes qu'elle aurait à payer pour le trésor. Depuis quelque temps, la Banque menaçait de faire la vente du nantissement qu'elle avait dans les mains, et cependant les états de situation dressés au trésor portaient à l'avoir de celui-ci des sommes plus considérables que celles payées par la Banque. Ce fut ce qui donna l'éveil.

« Voici maintenant la question sur laquelle le ministère a eu à se prononcer : un déficit a été découvert dans la caisse du caissier général du trésor ; il se trouve dans les fonds qui ne sont pas encore entrés dans cette caisse, et de façon que vingt fois l'état de la caisse a été vérifié sans que le déficit ait été découvert. Est-il possible de prétendre que lorsque le caissier central a un traitement et un cautionnement extrêmement faibles, on ait voulu rendre ce caissier responsable de ce qui se passait en dehors du matériel de la caisse ? Le ministre, appelé à décider dans la question, a cru ne pouvoir pas la juger contre M. Piscatory. Est-ce que par le vote que vous allez prononcer, vous vous rendrez juges du jugement du ministre ? Son ordonnance est juste ou injuste, légale ou illégale. La trouvez-vous injuste et illégale ? C'est par la voie de la mise en accusation que vous pouvez seulement procéder, mais alors c'est à l'autre chambre qu'il appartiendrait de juger.....

« L'affaire qui nous occupe est très-grave et très-malheureuse ; mais vainement vous y chercherez d'autre coupable que celui qui est livré à la vindicte des lois.

« On a dit : « Qu'avons-nous à faire ici si l'on repousse la respon-« sabilité ? Où sont les garanties de nos fonctions ? » Ces garanties sont grandes, puisque lorsqu'un pareil événement se présente, on est obligé de vous en avertir aussitôt, de vous le faire connaître dans ses détails ; puisque les ministres sont obligés de se soumettre à entendre tout ce que vous avez à faire de réclamations et de censures. Cette responsabilité est grande, elle vous est une garantie que toutes les mesures seront prises, qu'elles le sont déjà pour qu'un pareil événement ne se renouvelle pas. Il est impossible qu'il se présente une situation plus désagréable pour le ministre des finances que celle qui se présente aujourd'hui. Je me sens heureux de ne pas en être personnellement responsable, parce qu'il m'a été permis de m'en expliquer avec plus de désintéressement, et que, sous ce rapport, j'ai dû mériter plus particulièrement votre attention. (*Mouvements d'assentiment.*) Mais je dois à la vérité de dire que je ne crois pas qu'il y ait d'homme chargé des fonctions dont M. Roy a été chargé, qui ait pu y mettre plus de soin qu'il n'en a mis lui-même dans l'exercice de ses fonctions. (*Mouvement général d'adhésion.*) Vous ne pouvez pas supposer qu'il se soit laissé aller à trop de facilité, car, comme moi, vous connaissez son caractère. (*Rires approbatifs sur tous les bancs de l'assemblée.*) »

Cette éloquence de bon sens l'emporta, bien que la discussion se prolongeât encore; la clarté avec laquelle M. de Villèle avait exposé l'affaire, sa judicieuse et équitable appréciation de la conduite de chacun, ce sentiment élevé de la responsabilité morale de l'administration, l'accent d'honnêteté du ministre, cette haute et impartiale manière de rendre justice à son prédécesseur, avaient fait sur les esprits une impression qui détermina le vote. Tous les amendements présentés pour demander une enquête, pour ne voter les 1,800,000 francs qu'en réservant la responsabilité du ministre qui avait signé l'ordonnance de décharge du caissier général, furent successivement repoussés par la question préalable, et la somme demandée pour couvrir le déficit fut votée à une forte majorité.

La seconde question financière qui excita un vif débat est une de celles qui a le plus préoccupé les financiers; ce fut la question de la spécialité des crédits. Dans la discussion du budget du ministère de l'intérieur, elle avait été soulevée, à l'occasion d'une diminution d'une somme de 216,000 francs sur le chapitre du traitement des préfets, sans être résolue. Il s'agissait de savoir si, lorsque la chambre votait une allocation, cette somme devait être exclusivement appliquée à la dépense indiquée par la chambre, sans que l'administration eût aucune latitude. Deux députés, MM. Guitard et Devaux, proposèrent, à la fin de la discussion du budget, d'ériger la spécialité des crédits en aphorisme, le premier par une disposition additionnelle qui l'étendait aux articles; le second, par une disposition additionnelle où la spécialité était seulement réclamée par chapitre. M. Royer-Collard établit, avec cette clarté et cette didactique puissante qu'il portait dans toutes les questions, le droit de la chambre. La spécialité, considérée d'une manière générale, lui paraissait moins une affaire de principe qu'une affaire de probité :

« Aucun impôt, disait-il, ne peut être établi ni perçu sans le consentement préalable des chambres. La raison de l'impôt, c'est la dépense ; la raison de la dépense, c'est les services. Ainsi les services sont la dernière et véritable raison de l'impôt. Ce qui se passe entre le gouvernement et la chambre dans la proposition de la loi annuelle des finances en est la preuve. Sont-ce les chiffres abstraits de la dépense que le gouvernement présente pour obtenir l'impôt ? Non ; le consentement serait impossible faute de motifs, mais le gouvernement allègue les différents services dont il est chargé ; il les énumère, les expose, les détaille. Il dit de ceux-ci qu'ils sont indispensables, de ceux-là, qu'ils sont très-utiles ; il vante l'ordre, l'intelligence, l'économie qui règne dans tous. La chambre écoute, et, selon qu'elle est convaincue ou qu'elle ne l'est pas, elle accorde ou refuse l'argent qui lui est demandé. Ce n'est point une théorie ; c'est ce que vous voyez, ce que vous entendez chaque année. Dans le fait (et ce fait-là se met aux voix, il s'écrit), le consentement de la chambre se décompose en autant de consentements particuliers qu'il y a de dépenses distinctes ; il y a autant de dépenses distinctes qu'il y a de services différents allégués par le gouvernement. L'allégation d'un service emporte assurément la supposition que ce service sera fait, celui-là et pas un autre ; ainsi les services tels qu'ils sont exposés sont les raisons, les causes et les conditions des votes successifs de la chambre, et la réciprocité de ces deux choses, les services et l'argent, l'argent et les services, forme un véritable contrat qui oblige le gouvernement envers la chambre et la nation. S'il en était autrement, le consentement de la chambre lui aurait été surpris, il y aurait dol. Le pouvoir absolu est bien immoral, mais beaucoup moins qu'un gouvernement constitutionnel qui compterait le dol au nombre de ses prérogatives. »

Il était impossible de dire rien de plus fort, et depuis rien n'a été dit de plus concluant en faveur de la spécialité des crédits. Cependant, comme tous les principes, celui-ci demande à ne pas être poussé à l'extrême. Un budget où il n'y aurait aucune spécialité des crédits ne serait qu'un leurre, et, comme l'avait dit l'auteur du premier amendement, « le pouvoir absolu ordonnerait des dépenses, prescrirait des recettes, et payerait selon son bon plaisir. » Mais, d'un autre côté, un budget où la spécialité irait jusqu'à la minutie, où chaque article serait précisé et limité d'une telle manière que le vote financier irait nominativement chercher chaque individu dans la case qu'il occupe sur l'échiquier administratif serait une gêne intolérable pour l'administration. M. Royer-Collard, moins absolu cette fois dans ses idées qu'il ne l'était d'ordinaire, sembla le pressentir, car il eut soin d'ajouter que la chambre, quoique le droit et le pouvoir ne lui manquassent jamais, ne devait pas entraîner le gouvernement au delà de certaines limites, et qu'il y avait lieu, ici comme partout, à une certaine prudence. « La chambre, ajouta-t-il, devait se tenir également en garde contre une crédulité prodigue, contre une incrédulité ignorante et tracassière. Elle ne devait pas se montrer avare de restrictions et d'exceptions, partout où la nature des choses l'indique, pourvu qu'elles ne lui soient point imposées. Mais, cette part faite et largement faite, il faut qu'il lui reste des raisons substantielles de voter l'impôt, et ces raisons, c'est la spécialité des services. »

Après avoir brillamment parcouru son sujet, l'orateur finit d'une manière imprévue; il déclara qu'à cause de la difficulté de la matière et de la lassitude des esprits, il ne croyait pas que la question pût être résolue en ce moment, mais il la renvoya aux sérieuses méditations du ministère, et déclara que c'était à lui de guider la chambre dans le classement des services, et dans la séparation des dépenses fixes et des dépenses variables, en lui aplanissant généreusement les voies.

M. de Villèle saisit habilement l'ouverture que lui présentaient les derniers mots de M. Royer-Collard. Il fit remarquer que l'orateur qui avait pris la parole pour appuyer les deux amendements les avait tous deux abandonnés à la fin de son discours, en se réduisant à une conclusion beaucoup plus raisonnable, l'émission d'un vœu qui amènerait le gouvernement à préparer lui-même une distinction dans l'évaluation des dépenses, de manière à autoriser le transport des fonds alloués par la chambre d'un service à l'autre. Le ministre s'en référait simplement à ces paroles de M. Royer-

Collard pour demander le rejet de la proposition soumise actuellement à la chambre. Le ministère était d'accord sur un point avec l'orateur précédent, le droit de la chambre, et il déclarait qu'on ne pouvait le nier d'une manière absolue sans faire preuve d'une grande ignorance : « qui a le droit de refuser l'impôt, ajoutait-il, a nécessairement tous les droits qu'on voudrait vainement contester à cette tribune. » Mais était-ce une raison pour user du droit jusqu'à l'abus? Lorsqu'une chambre a le droit de refuser une chose aussi nécessaire à la marche du gouvernement que l'impôt, elle a une garantie morale suffisante, et elle n'a pas besoin d'en chercher une dans une disposition qui ne servirait qu'à entraver la marche de l'administration.

Telle était la théorie de M. de Villèle ; il ne niait pas en principe à la chambre le droit souverain en matière d'impôts. Elle pouvait faire tout ce qu'elle voulait, mais elle ne devait pas vouloir tout ce qu'elle pouvait, la spécialité des crédits étant une vérité générale qui souffrait quelques exceptions dans l'application et dans la pratique, parce qu'il fallait que l'administration eût une latitude raisonnable. La spécialité obligatoire par article soulevait les plus graves difficultés. Les articles, en effet, ne pouvaient contenir que l'évaluation de la dépense à laquelle s'élèverait le service dont la nécessité était démontrée. Comment le fonctionnaire chargé de faire marcher chaque partie du service pouvait-il être assez assuré de l'exactitude de ses évaluations, article par article, pour ne pas avoir recours à une ordonnance royale en cas d'insuffisance, seul moyen de ne pas laisser le service en souffrance? Proposerait-on, pour éviter cet inconvénient, de porter les évaluations plus haut, il en sortirait un résultat contraire à ce vœu d'économie si souvent et si justement exprimé dans les chambres. Rien de plus contraire, en effet, aux principes d'une sage économie que cette espèce de morcellement de chaque service ainsi fixé par petites portions. Chaque portion du service que la chambre aurait trop largement dotée viendrait augmenter le chiffre total du service, et ce chiffre total serait certainement dépensé, car, en dépit des efforts du chef d'administration, les fonctionnaires chargés des services partiels trouveraient toujours des motifs plausibles pour absorber le crédit. Dans le cas d'insuffisance, au contraire, le service ne pourrait être complétement fait, ou la chambre serait obligée d'employer une partie de la session à transformer en lois les ordonnances de crédits supplémentaires.

M. de Villèle, toujours sans nier les droits et les pouvoirs de la chambre, mais en se contentant d'en appeler à son vote intelligent, tirait du discours même de M. Royer-Collard un argument contre l'abus du droit et du pouvoir parlementaire, dans la question de spécialisation des crédits. M. Royer-Collard avait en effet admis l'hypothèse que la chambre pouvait supprimer les traitements des préfets, et en théoricien qu'il était il avait dit que la prérogative du Roi n'en souffrirait pas, puisqu'il aurait toujours le droit de nommer les administrateurs, et que seulement les fonctions de ces administrateurs seraient gratuites. M. de Villèle répondait, avec son esprit pratique, qu'en supprimant les voies et moyens on supprimerait le service, et que rien n'était plus propre que cette hypothèse à éclairer la chambre, puisqu'il en résultait que, par la suppression du crédit spécial destiné aux traitements des préfets, elle rapporterait en même temps une loi existante, celle qui avait créé ces administrateurs. Le ministre terminait en faisant observer qu'en tout cas des dispositions semblables à celles qui venaient d'être discutées ne pouvaient être insérées dans la loi du budget, car, la loi du budget étant nécessaire, on forcerait ainsi le vote de la chambre des pairs, et l'on empiéterait sur ses pouvoirs.

Après ce discours, les amendements furent rejetés, mais il

resta dans l'esprit de ceux qui suivirent cette discussion l'opinion que les droits et les pouvoirs de la chambre pour fixer cette question étaient incontestables et incontestés, que la spécialité, non pas la spécialité par article, mais la spécialité renfermée dans des limites raisonnables, et de manière à ne pas entraver l'administration, pouvait être mise à l'étude dans la loi des comptes, et que là pouvait se faire la transaction entre le pouvoir et le besoin qu'avait le gouvernement d'administrer, et le droit et le pouvoir qu'avait la chambre des députés de voter l'impôt.

Après cette discussion, le budget fut adopté par 272 voix contre 52.

Je n'ai que peu de choses à dire sur la fin de la session de la chambre des pairs. Depuis le vote de la loi sur la presse, la chambre haute n'avait point fait d'opposition ouverte au cabinet; il lui avait suffi de montrer que, le cas échéant, elle pourrait lui créer de sérieux embarras. Après de longs débats, elle résolut une question déjà agitée en 1820, mais sans qu'une solution fût intervenue, et contre l'avis de MM. Siméon et Roy, elle adopta, pour assurer l'inviolabilité de ses membres, une rédaction proposée par M. Lanjuinais, et portant que, « d'après les articles 34 et 51 de la Charte et la nature des fonctions de pair, aucune contrainte par corps ne pouvait être exercée contre la personne d'un pair pour dettes purement civiles. » Peu de jours avant la clôture de la session, le duc de Broglie avait eu l'honneur d'attacher son nom à une proposition tendant à assurer d'une manière plus efficace l'interdiction de la traite des noirs; c'était un acheminement vers l'abolition de l'esclavage. Seulement, comme le duc de Broglie avait donné à sa proposition la forme agressive d'un blâme sur le défaut de sollicitude du gouvernement, il dut, après une protestation énergique de M. de Villèle et du prince de Polignac, modifier, sur la demande expresse du vicomte de Montmorency, les termes de sa proposition, qui fut votée sous la forme d'une résolution de la chambre des pairs.

La session fut déclarée close le 1er mai 1822. Elle avait été passionnée et violente. Mais cette violence avait plutôt nui à l'opposition qu'au gouvernement. Le ministère de droite, qui, d'après le pronostic de M. Royer-Collard, devait se trouver incapable de soutenir l'épreuve de la tribune, l'avait soutenue. Il avait obtenu, en échange de la proposition de censure qu'il avait abandonnée, une loi sur la presse en général et une loi sur les journaux en particulier, dont l'expérience devait révéler les côtés vulnérables et les inconvénients : M. Siméon avait prévu le principal dans la discussion à la chambre des pairs, en annonçant qu'on verrait peut-être un antagonisme s'élever entre la magistrature introduite dans la politique et le gouvernement. Mais on jugeait généralement la nouvelle loi plus efficace que la loi précédente, et, dans tous les cas, elle armait le gouvernement de la censure facultative, ce qui le dispensait de recourir aux chambres le jour où la licence de la presse créerait des périls sérieux à la chose publique. Dans les discussions publiques, MM. de Villèle et de Corbière, démentant les prévisions qui avaient accueilli l'avénement du ministère de droite, avaient montré un esprit modéré, sage, et vraiment constitutionnel, joint à une remarquable habileté de parole, et M. de Peyronnet avait obtenu un succès de tribune. Dans es questions financières, M. de Villèle était resté supérieur à tous ses antagonistes par la rectitude de ses vues, la clarté de ses expositions et cette passion du bien dont il était animé quand il s'agissait de quelque réforme administrative utile à l'État ; passion qui communiquait à ses discours une chaleur et une flamme qu'on est étonné de trouver dans ces matières.

Un des hommes les plus compétents en finance [1] a dit de

---

1. *Souvenirs sur l'administration financière de M. le comte de Villèle*, par

lui en caractérisant son talent à cette époque de sa vie : « M. de Villèle n'eut aucun apprentissage à faire à son entrée au ministère, car son éducation était complète sur toutes les matières d'économie politique et de finances. Il entendait au premier mot les propositions qui lui étaient présentées sur les différents services ; il pouvait à la fois améliorer et féconder toutes les pensées utiles. Il sut apprécier dès son début par un coup d'œil pénétrant le mérite réel et l'aptitude relative de chacun de ses collaborateurs. Il reconnut à son entrée et confirma tout d'abord, sans les remettre à l'étude, les simplifications précédemment apportées à l'organisation administrative, et il aperçut presque en même temps les perfectionnements dont elle était encore susceptible. » Le même financier écrit quelques lignes plus haut : « Personne, à cette époque, n'avait aussi bien compris ni mieux fait comprendre que M. de Villèle le budget de l'État, la situation générale des finances et le mécanisme de l'administration. Sa loyale assistance secourait avec empressement, dans toutes les discussions financières, les ministres ses prédécesseurs, contre les doutes de la méfiance et contre les attaques de la mauvaise foi. »

On a pu voir, en lisant le récit de la discussion sur l'affaire du sous-caissier Mathéo, combien cette dernière louange était méritée ; les autres éloges donnés à la clairvoyance naturelle et à la capacité administrative et financière du nouveau ministre n'étaient pas moins justes.

M. de Villèle allait profiter de l'intervalle des deux sessions pour jeter un coup d'œil de détail sur les divers ressorts de son ministère [1]. Mais cet intervalle devait être court. Dans un conseil du 15 mars, il avait soumis au Roi et proposé à ses

---

M. le marquis d'Audiffret, p. 289 de l'écrit de M. de Neuville sur M. de Villèle.

1. « Je commence à profiter du départ des députés pour réunir les chefs des comptabilités des divers ministères, pour discuter contradictoirement avec

collègues l'idée qu'il avait depuis longtemps de faire deux sessions dans cette année pour échapper à la nécessité de demander des douzièmes provisoires, nécessité qui mettait le gouvernement dans une dépendance plus étroite à l'égard de la chambre, et qui donnait matière à des discussions dont la vivacité agitait stérilement le pays. Le Roi et son conseil adoptèrent cet avis, et, dès le lendemain, on commença à pressentir les députés de droite sur cette double session qu'on voulait faire dans l'année, ce qui ne laissait pas de mécontenter les membres de la chambre obligés de prolonger leur séjour à Paris, ou d'y revenir, en sacrifiant ainsi leurs affaires privées aux affaires publiques. Les ministres crurent s'apercevoir que les meneurs du groupe de l'extrême droite, peu favorables au cabinet, exploitaient contre lui cette mauvaise humeur des députés [1].

La résolution prise d'avoir deux sessions dans l'année nécessitait la convocation immédiate des colléges électoraux de

d'Audiffret, chef de comptabilité générale, les moyens de fournir aux dépenses et à l'emploi des deniers publics, la garantie la plus complète d'exactitude, de vérité et de sûreté. » Carnet de M. de Villèle.

1. Il est impossible quand on lit les correspondances du temps, surtout celles de M. de Chateaubriand avec M. de Villèle, de ne pas demeurer convaincu que c'étaient plutôt des intérêts particuliers que des idées qui s'agitaient contre le ministère.

Voici un premier billet de M. de Chateaubriand, 2 avril 1822, huit heures du matin :

« Je pars à l'instant. N'oubliez pas Bertin, Castelbajac, Vitrolles, Donnadieu, Canuel. Il est d'autant plus nécessaire d'en finir avec eux, que la guerre d'Orient, si elle a lieu, va enfler les révolutionnaires et agir sur les élections. Pensez aussi à moi et à mon congrès. »

Un second billet daté de Londres, — M. de Chateaubriand était parti pour se rendre à son poste, — était ainsi conçu :

« Londres, 30 avril. — Croyez moi, placez nos cinq ou six royalistes, Devaux, Castelbajac, Donnadieu, Canuel, Laborie, Agier, de Lalot. Faites rendre le ministère d'État à Vitrolles, arrangez la Bourdonnaye, si vous pouvez, et l'avenir est à vous. Évitez la division aux élections et à la session prochaine, et tout est gagné..... Je n'ai rien demandé ; mais je pense que, pour le service du Roi, il ne faudrait pas que je fusse le seul ambassadeur sans cordon. Mes deux prédécesseurs avaient le cordon bleu. » (*Documents inédits.*)

la première série pour la réélection du cinquième sortant. Ils se réunirent les 9 et 16 mai 1822. Sur quelques points, la réunion des colléges électoraux fut l'occasion de manifestations dans le sens de la gauche. A Paris, un attroupement formé à la porte du grand collége voulut obliger les électeurs à crier : *Vive la Charte!* A Lyon, il y eut des troubles assez sérieux pour que la cour royale évoquât cette affaire. Le résultat des élections fut en général favorable au ministère. Cependant l'opposition de gauche obtint quelques avantages partiels. Sur cinquante-trois députés que les colléges d'arrondissement avaient à élire, il y eut trente royalistes d'élus et vingt-trois candidats de l'opposition. Sur trente-trois députés élus par les colléges des départements, vingt-quatre appartenaient à l'opinion de droite et neuf à l'opposition. C'était donc en tout cinquante-quatre députés de droite qui entraient à la chambre contre trente-deux députés de l'opposition, ce qui donnait au gouvernement, dans cette élection partielle, une majorité de vingt-deux membres. On remarqua cependant que tous les candidats de gauche avaient été élus à Paris même, dans le grand collége où MM. Ollivier, Lebrun, Bonnet et Breton avaient échoué. Cela donna à penser que le gouvernement, loin de gagner dans cette grande ville, avait perdu. Outre l'influence de la tribune et celle de la presse sur l'opinion, il ne faut pas oublier que le même mouvement qui s'était opéré à la chambre haute, où les membres du précédent cabinet, tous récemment nommés pairs, avaient pris une part active aux luttes de l'opposition, s'était manifesté dans les élections de Paris. Non-seulement M. Louis[1], mais M. Roy, que le ministère de droite aurait désiré garder dans ses rangs, usa de son influence en faveur des candidats de l'opposition gauche, qui étaient

---

1. M. Louis, dont l'action avait été très-vive, fut rayé de la liste des ministres d'État, ce qui amena de vives récriminations.

MM. le général Gérard, Laffitte, Casimir Périer, Gévaudan, Benjamin Delessert, Salleron, dans le collége d'arrondissement, et, pour le collége de département, MM. Ternaux, Got, de Laborde et Tripier. La droite ne parvint à faire passer que MM. Lapanouze et Leroy. Cet indice fit appréhender au ministère la réélection de M. de Serre. On pensa qu'il pourrait réunir autour de lui un groupe de députés dans la chambre élective, et donner la main à l'opposition, qui était presque en majorité, qui l'avait été sur une question, à la chambre des pairs, où ses anciens collègues s'étaient montrés hostiles au gouvernement. On crut remarquer, sur la fin de la session, qu'il manœuvrait dans ce sens, et l'on ne voulut pas favoriser la formation d'un tiers parti centre droit dans la chambre élective. M. de Serre ne fut donc pas nommé président du collége du Haut-Rhin, et il échoua aux élections. Il partit pour son ambassade de Naples, toujours sous le poids de la maladie, résultat de ses fatigues et de ses émotions de tribune, et qui s'attaquait, chez lui, aux sources de la vie, et, en outre, sous le coup de ce profond et incurable ennui que laisse, dans l'âme des hommes qui ont bu à la coupe de la vie politique, la privation de ces émotions à la fois enivrantes et redoutables qui charment et qui usent.

Un homme qui avait vécu de la même vie, le chef du cabinet dont M. de Serre avait été membre, le précéda dans la tombe. Le 17 mai 1822, la France perdit le loyal duc de Richelieu, dont le nom sera toujours prononcé avec respect par ceux qui comptent pour quelque chose les grands services rendus au pays. Sans doute, comme politique, le duc de Richelieu put ne pas avoir, sur la situation intérieure de la France, toutes les lumières désirables; mais on ne saurait oublier que, dans le congrès de Vienne, il contribua puissamment par son influence sur l'empereur Alexandre à faire rejeter cette carte insolente et spoliatrice qui démembrait une de nos frontières dans toute sa longueur, et que les cabinets de Berlin et de Vienne prétendaient nous imposer [1]. On doit en outre se souvenir que ce fut encore lui qui, par la confiance qu'il inspirait aux cabinets européens, accéléra le retrait partiel de l'armée d'occupation, puis l'évacuation de notre territoire. La génération à laquelle appartenait le duc de Richelieu, tout entière aux passions exclusives qui échauffaient alors les esprits, ne paya pas entièrement à cet homme de bien la dette de reconnaissance qu'elle avait contractée envers lui ; c'est à l'histoire qu'il appartient de réparer ce tort, en redisant à la postérité les services rendus par lui à la France [2].

L'entr'acte des deux sessions amena pour le ministère de nouvelles sollicitudes et de nouveaux soucis politiques. C'était l'échéance à laquelle on avait renvoyé les décisions à prendre sur les changements à faire dans le personnel administratif, et le ministère, on l'a vu, était assiégé de demandes et de sollicitations, qui prenaient parfois le caractère d'exigences. M. de Villèle avait une répugnance naturelle à faire des changements considérables dans l'administration. Il n'aurait pu satisfaire complétement les exigences de la droite, sur ce point, qu'en mécontentant le centre droit, dont il croyait le concours nécessaire, et il voulait éviter les déplacements qui n'eussent pas été suffisamment justifiés et les nominations qui auraient eu le cachet d'une réaction [3]. Il était cependant impossible au ministère, s'il ne voulait pas augmenter le noyau d'opposition de l'extrême droite, de ne pas faire quelques concessions aux instances de ses amis, et il est d'ailleurs de l'essence du gouvernement représentatif, on le

---

1. Voir cette carte dans *les Traités de 1815 et les Frontières naturelles de la France*, par M. Lavallée.
2. Je trouve dans le carnet de M. de Villèle ce simple *memento*, qui est un point de repère dans l'histoire des idées : « 4 mai 1822, M. de Ravignan entre au séminaire. »
3. Carnet de M. de Villèle.

sait, dans les républiques comme les États-Unis, et dans les monarchies constitutionnelles comme l'Angleterre, que les partis qui conquièrent la majorité aient part aux emplois administratifs et politiques. C'est ainsi que, dès la fin de la session, M. Guillhermys avait été nommé président de chambre à la cour des comptes, et M. Josse de Beauvoir conseiller maître. En outre, M. de Béthisy, père du député de ce nom, fut nommé gouverneur des Tuileries, et M. de Castelbajac directeur des haras. En même temps, pour satisfaire les esprits religieux, qui se plaignaient de ce que l'université ne donnait pas assez de garanties, le Roi ordonna qu'elle fût réorganisée sous un grand maître, et appela à ces hautes fonctions M. Frayssinous, son premier aumônier, dont les conférences à Saint-Sulpice avaient laissé un si vif souvenir dans la mémoire de la génération. M. Cuvier conservait la direction de l'enseignement protestant.

Pendant que le gouvernement, satisfait des résultats de la dernière session, se préparait à ouvrir, le 4 juin, une seconde session qui devait mettre fin aux douzièmes provisoires, les sociétés secrètes qui avaient échoué à Saumur, à Béfort, à la Rochelle, à Marseille, se préparaient à frapper de nouveaux coups. Les procès, qui allaient commencer sur divers points à l'occasion de ces complots, paraissaient aux chefs de ce mouvement violent et passionné un nouveau moyen d'attiser les haines. On cita longtemps ce mot, attribué à Manuel, l'un des membres de la Haute Vente, et qu'il avait prononcé à propos des sergents de la Rochelle : « Ils mourront bien ! » M. de Bonald ne s'était donc pas trompé en comparant les jeunes gens entraînés dans ces folles et coupables entreprises à des gladiateurs qui meurent avec grâce, tandis que ceux qui les ont poussés dans l'arène regardent d'un œil sec les sanglantes tragédies dont ils devaient recueillir les fruits. Cette fois, un assez grand nombre de ces conspirateurs, trop compromis, s'apprêtaient à transférer leur champ de bataille en Espagne ; ils prévoyaient, dès lors, que le gouvernement de Louis XVIII serait fatalement conduit à une rupture avec les révolutionnaires de Madrid, et ils comptaient au besoin rendre cette rupture inévitable. Ainsi ceux qui avaient tant attaqué l'émigration se préparaient à émigrer à leur tour ; ceux qui avaient déclaré impie la guerre faite aux soldats français dans les rangs d'une armée étrangère allaient entreprendre, par des motifs différents, une guerre analogue à celle qu'ils avaient amèrement blâmée. L'histoire est pleine de ces contradictions. Vers la fin du mois d'avril on comptait des réfugiés français dans les bandes révolutionnaires qui se montraient en Catalogne sur la frontière franco-espagnole [1], et l'on arrêta, vers la fin du mois de mai, un banni politique [2] qui, venu de l'autre côté de la frontière, avait préparé les moyens de s'emparer de Saint-Jean-Pied-de-Port.

On peut dire qu'à la fin de la session l'immense majorité des intérêts et des esprits en France était suspendue entre deux craintes : la crainte de cette portion violente et anarchique de la gauche qui, dédaigneuse des garanties constitutionnelles, ne songeait qu'à renverser le gouvernement royal les armes à la main ; la crainte de quelques esprits excessifs et chimériques de la droite qui, sans songer à exercer aucune action matérielle, se donnaient le plaisir de développer le programme rétroactif de leurs utopies rétrogrades. Le tort des hommes sensés du centre gauche était de ne pas renier hautement leurs dangereux auxiliaires. Le tort des hommes sensés de la droite était de ne pas rompre assez ouvertement en visière avec les visionnaires du passé qui, comme le comte de Montlosier, insultaient la classe moyenne et proposaient de

---

1. Carnet de M. de Villèle.
2. Il se nommait Adolphe Maillard. (Carnet de M. de Villèle.)

revenir au régime établi en France avant Louis XIV, en plaçant le gouvernement représentatif sous le patronage d'une noblesse héréditaire, « à l'exclusion des classes mercenaires; » c'était ainsi que ce demeurant du passé désignait les banquiers, les manufacturiers, les médecins et les hommes de loi, en proposant d'envoyer M. Royer-Collard réfléchir dans un château fort sur le discours où il avait eu l'audace de louer cette démocratie. M. Fiévée seul fit remarquer, dans le *Journal des Débats*, qu'un pareil mot était plus funeste à la Restauration que tous les discours de l'opposition, toutes les attaques et toutes les haines. M. de Montlosier avait déjà fourni à M. Augustin Thierry et à M. Guizot, par son fétichisme féodal, l'occasion de jeter comme un aliment aux ardeurs des passions hostiles, la fameuse théorie de la séparation de la France moderne en France et en Gaule, et c'était encore lui qui devait plus tard porter un dernier et funeste coup au gouvernement qu'il aimait en donnant, par sa célèbre dénonciation contre la congrégation, un corps à tous les fantômes évoqués par la haine devant la prévention et la peur contre le clergé et la religion. Il y a des hommes de malheur chez qui la droiture des intentions et l'honnêteté de la vie ne sont qu'un moyen de plus de nuire; elles les arment, en effet, d'une force morale qui donne une portée plus grande aux égarements de leur jugement. Par une étrange rencontre, M. de Montlosier ameutait à la fois contre la Restauration les passions qu'il avait rapportées de l'ancien régime gallican contre les ordres religieux [1], et qui trouvaient un écho dans le rationalisme contemporain, et il suscitait contre elle les haines de la démocratie en évoquant des ténèbres du passé le spectre importun d'une féodalité désormais impossible.

---

1. Il est à remarquer qu'un grand nombre de cahiers de la noblesse étaient peu favorables au clergé. Voir *les Cahiers de 89*.

Tant que le carbonarisme persisterait à tenter contre la Restauration ses entreprises à main armée, et que la droite et une grande partie du centre droit resteraient unis, on pourrait espérer que la majeure partie de cette masse flottante qui, par son adhésion ou son opposition, soutient ou laisse tomber les gouvernements, se préoccuperait plus des faits réels que d'une vaine fantasmagorie. Mais, si les désordres de la rue et les attaques à force ouverte cessaient du côté de la gauche, et si le progrès des événements et les rivalités d'ambition inhérentes au gouvernement représentatif séparaient la droite du centre droit et divisaient les différentes nuances de la droite elle-même, il était à craindre que l'imagination publique, si facile à émouvoir en France, ne finît par être affolée de la peur des fantômes et ne prît les chimères de quelques esprits rétrogrades pour une conspiration réelle contre les institutions modernes.

V

OUVERTURE DE LA SECONDE SESSION DE 1822. — DISCOURS DU ROI. — DÉBAT SUR LES ÉLECTIONS. — LOIS DE FINANCES. — LIQUIDATION DE L'ARRIÉRÉ. — PROGRÈS DE LA CRISE EN ESPAGNE. — ÉVÉNEMENTS DE MADRID. — LOIS DE DOUANES.

L'ouverture de la session avait été fixée au 4 juin 1822. La veille du jour où les chambres se réunissaient à Notre-Dame pour entendre la messe du Saint-Esprit était en même temps l'anniversaire de la mort du jeune Lallemand, tué, on s'en souvient, pendant les troubles qui marquèrent la discussion de la loi électorale en 1820 : les meneurs de l'opposition avaient préparé une manifestation à l'occasion de cet anniversaire. Un grand nombre de jeunes gens en deuil se rendirent à Saint-Eustache et voulurent faire célébrer un service ; M. Benjamin

Constant, quoique protestant, et le général Thiars présidaient à la manifestation. Quand cette réunion, qui avait pris les proportions d'un attroupement, se présenta à Saint-Eustache, elle trouva l'église fermée par l'ordre de l'autorité avertie dès le matin. On tenta, mais en vain, de faire ouvrir les portes ; alors le rassemblement afflua vers Saint-Sulpice. La place située devant cette église était occupée par la force armée. Il y eut une collision entre la troupe et le rassemblement qui refusait de se dissiper, et quelques personnes furent blessées.

Le 4 juin, le Roi ouvrit la session dans la salle des États au Louvre ; ses infirmités toujours croissantes ne lui permettaient plus de venir au Palais-Bourbon. Dans le discours d'ouverture, il motivait la seconde session tenue dans l'année par la nécessité de mettre un terme au provisoire financier. Il insistait sur ses bons rapports avec les cabinets étrangers, et s'en autorisait pour exprimer l'espoir qu'on parviendrait à mettre un terme aux calamités qui désolaient l'Orient, où la lutte continuait toujours entre la Grèce soulevée et la Turquie, sans qu'il fût besoin de recourir à la guerre. Quant aux tentatives de désordres qui avaient éclaté sur plusieurs points du royaume, il en parlait pour constater qu'elles avaient servi à faire éclater le zèle de la magistrature et la fidélité des troupes, et se montrait résolu à défendre contre les perturbateurs les institutions qu'il avait assurées à la France et dont on ne parviendrait pas à la priver. Les incendies qui venaient de désoler les départements les plus voisins de Paris et qu'il était impossible de ne pas attribuer à la malveillance, puisque des incendiaires avaient été arrêtés, étaient rappelés et la punition des coupables promise [1]. Le Roi annonçait que l'état de la dette arrié-

---

[1]. Dans le département de l'Oise seul, quinze individus avaient été arrêtés, et les sinistres s'étaient tellement multipliés, qu'on avait cru devoir y envoyer des troupes pour concourir avec la gendarmerie et les habitants à la répression des crimes.

rée était enfin fixé et qu'il serait mis sous les yeux de la chambre. Enfin venait, relativement à l'Espagne toujours décimée par la fièvre jaune, cette phrase qui provoqua de nombreux commentaires, et, plus tard, des récriminations, quand le progrès des événements amena une rupture entre les deux pays :

« J'ai maintenu les précautions qui ont éloigné la contagion de nos frontières, et je les maintiendrai aussi longtemps que la sûreté du pays l'exigera. La malveillance seule a pu trouver dans les mesures que j'ai prises un prétexte pour dénaturer mes intentions. »

La seconde session, comme le discours de la couronne l'indiquait, devait avoir un caractère essentiellement financier, mais, dans l'état des esprits, il était impossible que de vifs débats politiques ne vinssent pas s'y mêler. La lutte s'engagea immédiatement et avec une grande violence sur les élections qui venaient d'avoir lieu. C'était la première fois que les élections du cinquième se faisaient sous un ministère où l'élément de droite dominait presque exclusivement, et M. de Villèle avait adressé aux employés de son département ministériel une circulaire dans laquelle il les avertissait qu'il comptait sur leur loyal concours, et que ceux d'entre eux qui ne voteraient pas dans le sens du gouvernement ne conserveraient pas sa confiance. Récemment placé à la tête d'une administration dont les nombreux employés avaient été nommés par ses prédécesseurs, et qu'il n'avait modifiée qu'insensiblement, il avait cru nécessaire de marquer avec précision ce qu'il attendait de ses collaborateurs pour ne pas les abandonner aux influences de l'opposition qui ne manquerait pas de tenter de les entraîner ; or dans cette opposition figuraient les deux derniers ministres des finances, MM. Roy et Louis. Sa circulaire, falsifiée par les journaux de l'opposition qui y avaient introduit une menace directe, comme il le déclara à la tribune, sans être démenti par personne, devint le point de mire des attaques de la gauche. Le marquis de Chauvelin prit l'initiative avec sa vivacité ordinaire, la signala comme un acte inconstitutionnel et qui conduisait à la ruine du gouvernement représentatif ; en outre, il rappela l'énergique protestation de M. de Villèle dans la chambre de 1817 contre la conduite du préfet de Pas-de-Calais ; qui, faisant intervenir le nom de Louis XVIII, avait déclaré à ses administrés que ceux qui voteraient pour les candidats de la droite offenseraient et affligeraient le Roi. Ces arguments *ad hominem* sont au nombre de ceux qui produisent le plus d'effet dans les assemblées. Le général Foy, montant à la tribune, le volume du *Moniteur* à la main, développa celui-ci avec beaucoup de verve, et tira tout le parti possible du discours de M. de Villèle, en cherchant à le mettre en contradiction avec lui-même.

M. de Villèle accepta le débat avec sa résolution ordinaire. Il répondit que non-seulement la circulaire qu'il avait adressée aux employés du ministère des finances était constitutionnelle, mais qu'il était dans le devoir comme dans le droit d'un ministre d'avertir les fonctionnaires, ses subordonnés, de la ligne qu'ils avaient à suivre dans les élections. La circulaire originale ne contenait point de menaces, mais les journaux qui l'avaient publiée en avaient inséré dans le texte. Cette déclaration deux fois renouvelée produisit un mouvement marqué à gauche, et le ministre continua en ces termes :

« Je ne suis pas habitué à éluder la difficulté, je l'aborde franchement. On me dira : « Vous avez déclaré que l'on n'aurait pas votre con-
« fiance si l'on ne votait pas dans le sens du gouvernement, et, dès lors,
« c'est comme si vous disiez ce que les journaux vous ont fait dire, savoir
« qu'on ne conserverait pas ses places. » Eh bien ! poussons les conséquences jusqu'à ce point. Je le demande à tout homme de bonne foi : votre gouvernement représentatif est-il concevable dans le sens qu'un ministre responsable puisse admettre parmi ses employés ceux qui usent de leur influence, même de l'influence résultant de leur place,

pour renverser les ministres dont ils tiennent leurs emplois? (*Vive adhésion à droite.* Voix à gauche : *Pourquoi donc?*) Pourquoi donc? Parce que ce serait absurde et injuste, car si je crois le ministère dans un système ennemi de mon pays et que je veuille travailler à le renverser, il est de mon honneur et de ma délicatesse de ne pas conserver une place qui exige sa confiance, quand lui-même il n'a pas la mienne. Ce que j'ai écrit aux employés du ministère des finances, je l'ai écrit en présence de la publicité, avec la certitude que cet acte était parfaitement conforme au système de nos institutions. C'est une des conséquences du gouvernement que nous avons : il donne beaucoup de latitude pour l'attaque des ministres; il doit donner aussi les moyens de garantie au gouvernement pour se soutenir et se défendre. »

La vive adhésion de la droite et du centre droit salua cette déclaration de principes de M. de Villèle, et, au point de vue du droit constitutionnel, elle était inattaquable. Dans les deux pays qui sont le berceau du gouvernement représentatif, l'Angleterre et les États-Unis, personne n'a jamais révoqué en doute le droit qu'a le ministère de n'avoir pour collaborateurs que des hommes en parfaite communauté de vue avec lui, et l'on sait qu'aux États-Unis, chaque fois qu'il y a un nouveau président, l'administration est entièrement renouvelée dans le sens du parti vainqueur. En Angleterre, le premier signe d'opposition que donne un fonctionnaire, c'est sa démission. M. de Villèle, arrivant à l'argument *ad hominem* qu'on avait soulevé contre lui, fit remarquer qu'entre sa conduite et celle qu'il avait hautement blâmée en 1817 il n'y avait aucune analogie. Quand on avait voulu prononcer des exclusions au nom du Roi, il avait rappelé aux ministres d'alors que le nom du Roi était sacré et qu'on ne devait pas en abuser. Avait-il fait quelque chose de pareil dans sa circulaire? Il en attendait la preuve.

Une nouvelle adhésion sur les mêmes bancs de la chambre accueillit les paroles du ministre. Il est de fait qu'il n'y avait aucune parité à établir entre les deux cas. Il avait été inconstitutionnel de la part d'un ministre responsable de faire intervenir dans les élections le nom du Roi irresponsable et inviolable ; il ne l'était pas de la part d'un autre ministre d'avertir des fonctionnaires placés sous sa direction, révocables à son gré, qu'il ne leur conserverait pas sa confiance s'ils lui donnaient eux-mêmes une preuve de défiance en votant dans un sens contraire à sa ligne politique. Mais il y avait dans la situation particulière de la France, dans son organisation administrative et dans la manière dont le corps électoral était constitué, une grande objection, que le général Foy fit ressortir avec beaucoup de force. On trouvait, comme à l'ordinaire, dans son discours un grand nombre de déclamations, d'attaques violentes contre les lois existantes, et de reproches amers et injustes, qui excitèrent non sans raison les murmures ; mais nous laissons de côté ces scories parlementaires pour arriver à l'argument. Cet argument le voici : « Dans un pays couvert de fonctionnaires publics, et où il n'y a ni loi municipale ni code rural, où l'administration et la police saisissent tous les citoyens, il est évident que dans un tel pays, où il n'y a que 90,000 électeurs, du moment où le ministre pourra dire à 20,000 électeurs fonctionnaires : « Vous tra« hirez votre conscience, ou vous perdrez le fruit de vos tra« vaux, » il n'y aura aucune liberté dans les élections. »

Comme l'événement le prouva, le général Foy exagérait la portée de son argument[1] ; mais cet argument, qui n'entamait pas celui de M. de Villèle, n'en était pas moins fort, et il restait debout devant l'argument du ministre. Le mal n'était point que le ministère demandât aux fonctionnaires placés sous ses ordres un concours qui était dans la nature des choses ;

---

1. Le général Foy prétendit dans ce discours que le dégrèvement de la contribution foncière avait eu pour objet de réduire de dix mille le nombre des électeurs. Il appela la loi qui avait institué les grands colléges *une loi violatrice de la Charte*, et flétrit les électeurs de ces grands colléges du nom d'*électeurs inconstitutionnels*.

le mal était qu'il y eût tant de fonctionnaires et si peu d'électeurs, que la centralisation administrative fût poussée à l'excès, et qu'il n'y eût aucune organisation municipale fortement conçue qui, en créant la vie locale, donnât des assises au gouvernement représentatif. C'était le véritable écueil contre lequel l'on devait se briser.

Après une discussion très-vive sur l'élection de M. Leroy, député de la droite à Paris, et sur celle de M. Caumartin, député de l'opposition dans la Côte-d'Or, les élections furent validées, sauf celle des Hautes-Alpes cassée presque à l'unanimité comme irrégulière. Puis une ordonnance du Roi, transmise à la chambre, annonça qu'entre M. de la Bourdonnaye qui avait obtenu 220 voix et M. Ravez qui en avait obtenu 203 le Roi choisissait le dernier pour présider la chambre des députés. Le ministère scellait ainsi l'alliance du centre droit, groupé autour de M. Lainé, avec la droite réunie autour de MM. de Villèle et de Corbière et la nuance qui avait des relations plus étroites avec la cour; mais il mécontentait l'extrême droite dirigée par MM. de la Bourdonnaye et de Lalot, à laquelle M. de Chateaubriand eût été d'avis de donner satisfaction en plaçant M. de la Bourdonnaye sur le fauteuil de la présidence.

Le budget de 1823 évaluait les dépenses à 900,475,503 fr., et le total des recettes à 909,130,783 fr. Il en ressortait un excédant de recettes de 8,655,280 fr. Dans son exposé, M. de Villèle disait que le gouvernement aurait fait un pas de plus dans la diminution des impôts qui pesaient le plus lourdement sur les contribuables, s'il ne s'était pas trouvé en face de la nécessité d'accepter la surcharge des 16,000,000 d'arrérages d'intérêts imposés par la régularisation de l'arriéré. Il rappelait que, dès 1819, le gouvernement avait opéré une réduction de 15,000,000 sur l'impôt foncier et de 5,000,000 sur l'impôt des portes et fenêtres; qu'en 1821, une réduction de 20,000,000 avait été opérée sur l'impôt foncier et les retenues de traitement; et qu'en 1822 une réduction d'une pareille somme de 20,000,000 avait encore allégé le fardeau des contribuables. On ne pouvait donc douter de la sollicitude du Roi à soulager ses sujets par des économies bien entendues. De 1819 à 1821, le produit des contributions indirectes avait augmenté de 30,000,000, et les réductions opérées dans le même laps de temps sur les contributions directes et les retenues de traitements s'étant élevées à 60,000,000, il en résultait qu'on prélevait 30,000,000 de moins sur les contribuables. Un accroissement de 50,000,000 dans l'évaluation du capital des dettes antérieures à la Restauration, et de 16,000,000 dans la liquidation des intérêts arriérés, suspendait pour un temps la marche parallèle de la diminution des dépenses stériles, de l'augmentation de la dotation des services utiles, et de la suppression successive de quelque portion d'impôts mal répartis ou onéreux. Mais ce n'était là qu'un temps d'arrêt momentané après lequel les progrès de la situation financière suivraient leur cours.

Il importe d'expliquer la nature et l'origine de cet arriéré dont M. de Villèle apportait le chiffre définitif à la chambre et dont il était obligé de lui demander la régularisation. Quand les Bourbons étaient revenus en France, ils s'étaient trouvés, on s'en souvient, en face d'une situation financière très-difficile que leur léguait le gouvernement impérial. Les exigences des étrangers, les frais d'occupation, la contribution de guerre, ces charges militaires auxquelles il fallut d'abord pourvoir parce que la délivrance du territoire était à ce prix, ne représentaient qu'une partie du fardeau. L'État avait des créanciers intérieurs aux réclamations desquels on avait à répondre. La Restauration, dérogeant aux fâcheux exemples donnés par les gouvernements précédents, avait inscrit parmi les articles de la Charte la bonne foi de l'État et la probité publique en y insérant l'article suivant :

« La dette publique est garantie ; toute espèce d'engagement pris par l'État avec ses créanciers est inviolable. »

Conformément à cet article de la Charte, l'article 23 de la loi des finances de 1814 ordonna que « les créances pour dépenses antérieures au 1ᵉʳ avril 1814 seraient liquidées et ordonnancées par les ministres dans la forme ordinaire. » Or, une loi de déchéance ayant été portée en 1801 contre les créanciers de l'État, il s'agissait d'évaluer le montant des créances postérieures à cette époque et prenant date entre 1801 et 1814. Le ministre des finances de la Restauration en 1814 évalua ces créances exigibles à 643,940,000 fr. C'était là, à proprement parler, le chiffre de l'arriéré du premier empire à l'intérieur. Mais, le fatal et ruineux épisode des Cent-Jours étant intervenu, la loi du 28 avril 1816 dut ajouter à cet ancien arriéré celui qui résultait des dépenses que les événements récents avaient mis le trésor hors d'état de payer avec les ressources ordinaires. Le total de l'arriéré se trouva ainsi porté à 999,720,000 fr., un peu moins d'un milliard.

Comme il était impossible de songer à acquitter cette énorme dette tant qu'on serait sous le poids des frais d'occupation et qu'on n'aurait pas payé à l'étranger le tribut qu'il exigeait, voici les mesures qui furent successivement prises. La loi des finances du 28 avril 1816, qui fut votée par la chambre introuvable, décida que (sauf les créances pour lesquelles il avait été délivré des obligations royales créées en vertu de la loi de 1814), l'arriéré serait liquidé conformément aux lois existantes et dans les formes déterminées par les ordonnances du Roi. Ces créances porteraient un intérêt de 5 0/0 à partir de la publication de la loi, quelle que fût l'époque de la liquidation. Il devait être délivré aux créanciers liquidés des reconnaissances du montant de leurs créances, avec la faculté de convertir ces reconnaissances en inscriptions de leur montant au grand livre de la dette publique, ou de les garder pour être acquittées suivant le mode qui serait adopté dans la session de 1820.

On se souvient que le gouvernement trouva que ces conditions faites aux créanciers de l'État par la chambre introuvable étaient trop dures, à cause de l'écart qui existait entre la valeur nominale de 100 fr., taux auquel devait se faire la conversion de la reconnaissance en inscriptions, et le cours réel de la rente. La loi du 25 mars 1817, modifiant ces dispositions, ordonna donc que « les reconnaissances de liquidation seraient remboursées intégralement à partir de l'année 1821 et par cinquième; que ce remboursement se ferait en numéraire, et, à défaut, en inscriptions de rentes au cours moyen des six mois qui précéderaient l'année de ce remboursement. Cependant cette loi établissait une distinction. Rappelant, en effet, les dispositions d'une loi impériale qui avait ordonné d'inscrire purement et simplement au grand livre les créances de 1809 et années antérieures, la loi du 25 mars 1817 prescrivit que ces créances continueraient à être payées suivant le mode établi en 1809, sauf l'augmentation de crédit en rente qui serait ultérieurement jugée nécessaire : la raison de cette distinction est facile à comprendre.

La Restauration acceptait le règlement des créances de l'empire de 1801 à la fin de 1809 tel qu'il l'avait établi lui-même. Elle réglait les créances de 1809 à 1814 d'après le principe inscrit dans la Charte. Il y avait donc deux arriérés, l'un de 1801 à 1809, qu'on appela *arriéré de la première série;* l'autre de la fin de 1809 à 1814, qu'on appela *arriéré de la seconde série.* Les créanciers de l'arriéré furent tenus de produire leurs titres dans le délai de six mois après la publication de la loi, passé lequel délai ils ne seraient plus admis.

Tous les états ayant été remis, par les divers ministres, des créances produites à leurs départements respectifs, la loi du 15 mars 1818 fixa le montant des créances de l'arriéré de la première série, restant à ordonnancer le 1er octobre 1817, sauf les réductions que pourraient amener les liquidations, à une somme de 61,780,825 fr. Antérieurement, et du 1er avril 1814 au 1er octobre 1817, il avait été ordonnancé au profit de cette série une somme de 65,162,906 fr.; total général : 126,943,731 fr.

Il restait, à la date du 1er octobre 1817, à ordonnancer, au profit de l'arriéré de la seconde série, 297,630,144 fr. Il avait été ordonnancé avant cette époque et depuis 1814 la somme de 303,028,153 fr.; total général : 600,658,297 fr.

Sur le total de l'arriéré de la première série jusqu'au 1er octobre 1817, il avait été payé 63,721,650 fr.; il restait à payer, sauf liquidation, la somme de 63,222,081. La loi du 15 mai 1818 ouvrait au ministre, pour satisfaire à ce payement, un crédit provisoire de 2 millions de rentes, au capital de 40 millions, crédit évidemment insuffisant. Le gouvernement, pour fixer la chambre sur la situation réelle et actuelle des finances, lui présenta un compte arrêté au 1er juin 1822, et dont il résultait que le payement fait et à faire sur la première série s'élevait, non pas, il est vrai, à 63,222,081 fr., somme prévue en 1817, mais à 48,223,203 francs, qui représenterait en rentes une somme de 2,411,165 fr. Il demandait donc un crédit facultatif de 400,000 livres de rentes, représentant la différence entre les deux millions de rentes provisoirement votées en 1817 et les deux millions quatre cent mille livres de rentes reconnues nécessaires. M. de Villèle faisait remarquer qu'on restait ainsi au-dessous de l'évaluation du ministre des finances de 1817, qui avait réclamé 2 millions 500 mille livres de rentes, et qu'en outre, sur le crédit, on avait payé 8,038,840 fr. pour une créance algérienne dont la loi du 14 juillet autorisait l'admission sans en faire le fonds.

Quant à l'arriéré de la seconde série, la loi du 15 mai 1818 fixait le restant des créances à ordonnancer, à partir du 1er octobre 1817, à la somme de 297,630,144 fr. L'émission des reconnaissances s'élevait déjà à 78,853,440 fr. En outre, des ordonnances d'une date antérieure au 1er octobre 1817 attendaient au trésor leur conversion en reconnaissances pour une somme de 34,432,511 fr. Ainsi l'arriéré de la seconde série payable en reconnaissances de liquidation, d'après la fixation de la loi du 15 mai 1818, et sauf l'effet des liquidations, sur les parties à ordonnancer au 1er octobre 1817, était de 410,946,095 fr.

Le ministre des finances, se fondant sur ces chiffres, et arbitrant à environ 50 millions la réduction que ferait éprouver la liquidation à la somme de 297 millions qui restait à ordonnancer sur ces créances, demandait à la chambre, dans les projets de lois portant règlement des budgets antérieurs à 1819 et du budget de 1819 même, un fonds annuel de 18 millions pour le service des intérêts des reconnaissances de liquidation. Il indiquait en outre le chiffre de 360 millions comme représentant le capital probable à émettre pour le remboursement. Il faisait observer que la chambre, ne voulant pas voter à l'avance des fonds qui ne pourraient être employés que plus tard, n'avait accordé pour les intérêts que 15 millions annuels représentant un capital de 300 millions. Pour parfaire la différence entre l'évaluation de la chambre et les sommes reconnues absolument nécessaires, le ministre demandait à la chambre d'ajouter 50 millions au capital de 300 millions, — 350 millions au lieu de 360, — attendu qu'il y avait encore 16 millions de créances survenues au comité de révision, et qu'on pouvait espérer une réduction sur ce chapitre. Il demandait un crédit de 15,995,358 fr. pour l'arriéré des intérêts résultant de la différence entre le chiffre des quinze millions portés dans tous les budgets depuis le 5 mai 1816 jusqu'au 22 septembre 1822, et les dix-sept millions cinq cent mille francs répondant au capital de 350 millions. Vingt millions du premier cinquième ayant été remboursés, le gouvernement demandait pour les 330 millions restants l'autorisation d'émettre 13,106,006 fr. de rentes.

L'arriéré, on le voit par les détails qui précèdent, n'était pas un fait nouveau dans la situation financière : c'était, au contraire, un fait ancien, dont le règlement définitif avait été renvoyé à l'époque où l'on se trouvait. Le moment était venu de remplacer des évaluations approximatives et provisoires par une solution équitable et définitive dont on possédait tous les éléments. C'était pour cela que M. de Villèle venait demander les fonds nécessaires à la fixation et à la liquidation complète de l'arriéré.

Il y avait peu d'objections à faire contre un budget présenté dans ces conditions et aussi fortement motivé. Mais l'esprit de parti, à défaut de motifs, devait chercher des prétextes. La passion trouvait partout des aliments. Le retentissement des procès politiques, dont l'écho arrivait jusque dans la chambre, en y portant les noms de plusieurs députés mêlés aux conspirations, exaspérait les membres les plus ardents de l'assemblée et en effrayait d'autres. En même temps, les nouvelles qui arrivaient d'Espagne laissaient apercevoir l'approche du moment où, non-seulement le pouvoir du roi Ferdinand VII, déjà fortement ébranlé, serait complétement détruit, mais où sa vie même et celle des princes de sa famille seraient en péril. Ce souverain n'avait ni le courage et l'énergie de Charles Ier ni la sublime résignation de Louis XVI, et cependant l'on commençait à craindre que la destinée tragique de ces royales victimes ne lui fût réservée, et quelques voix s'élevèrent à la tribune française pour l'en menacer. Sa conduite, dans la position critique où il était placé, était un mélange de ruse et de faiblesse, de velléités de résistance et de pusillanimité. Il chicanait la révolution, mais il était incapable de lui résister en face, et toutes les fois qu'elle lui prouvait qu'elle était la plus forte, il courbait la tête devant elle et s'humiliait. C'était, en un mot, un de ces tristes caractères qui n'ajoutent point l'intérêt particulier qui s'attache à la personne à l'intérêt général de la cause qu'ils représentent. Cependant, comme les sentiments du Roi étaient connus, et qu'une grande partie de l'Espagne était contraire à la révolution, des guérillas royalistes s'étaient depuis quelque temps formées dans les provinces que la configuration de leur sol semble prédestiner à la guerre civile. Le baron d'Érolles et Bessière parcouraient la Catalogne. Le principal corps qui opérait dans la Biscaye et dans la Navarre avait pris le nom d'*Armée de la foi*, et, le 21 juin, il s'était emparé, après un combat heureux, de la Seu d'Urgel. Ce fut, selon toutes les vraisemblances, ce succès qui donna l'idée de tenter un mouvement militaire à Madrid contre la révolution.

Le 29 juin 1822, la garde royale prit les armes à Madrid, aux cris de *Viva el Rey netto!* (Vive le roi absolu!). Elle demandait que le roi se mît à sa tête, et elle ajoutait à son premier cri celui de *vive Morillo!* C'était un mouvement contre les cortès, qui pendant la prolongation de la chambre avaient laissé une commission permanente à Madrid, et les princesses portugaises, et don Carlos qui agissait sous leur influence, en étaient, selon les correspondances du temps, les instigateurs. Ferdinand lui-même avait promis de paraître à son balcon et de se mettre à la tête des soldats dévoués à sa cause, pour marcher sur Madrid[1]. Au moment de l'exécution, il eut une de ces défaillances de volonté qui lui étaient habi-

1. « Il paraît constant, écrit M. de Villèle sur son carnet, que le mouvement opéré par la garde royale avait été provoqué par les princesses portugaises et don Carlos qui subissait leur influence, avec l'approbation du Roi lui-même qui avait promis de se placer sur son balcon et de venir se mettre à la tête des troupes pour marcher sur Madrid. »

tuelles, et le coup fut manqué. Cependant la garde, qui ne pouvait reculer après cet éclat, maintint sa manifestation et se retrancha dans ses casernes. Les choses demeurèrent dans cet état jusqu'au 7 juillet; la capitale, inquiète et troublée, était dans l'attente de nouveaux événements. Une grande partie de la garde qui était hors de Madrid y étant rentrée, tout se disposa pour une affaire générale, car les miliciens tenaient pour les cortès. Bientôt on vit la garde descendre en armes vers la Puerta del Sol, où les miliciens, fortement retranchés, la reçurent avec de la mitraille. Culbutée, écharpée, la garde ne tarda pas à se retirer en désordre et à refluer vers le Palais. Les miliciens l'y suivirent et assiégèrent l'Escurial. Les troupes qui s'y étaient réfugiées demandèrent, à ce qu'on assure, à capituler ; mais, au milieu du désordre et de la confusion d'un tel combat, il était difficile de s'entendre et il est douteux qu'on se soit entendu. Le fait est que, lorsque les miliciens se présentèrent, ils furent reçus par une décharge. Alors, devenus furieux, ils ne firent plus de quartier. Il y eut un grand carnage. Les généraux Morillo, Ballasteros et Riego prirent le commandement des vainqueurs. Le roi, appelé sur son balcon par des cris menaçants, dut venir se montrer pendant le défilé des miliciens, et consacrer par sa présence les acclamations qui saluaient une victoire au fond remportée contre lui. Le lendemain, il assista à une messe d'actions de grâces. Il dut congédier son ministère, destituer plusieurs capitaines généraux des provinces, et les remplacer par les hommes les plus exaltés de l'opinion victorieuse. Aucune humiliation ne manqua à la déchéance morale qu'on lui faisait subir, comme un prélude de sa déchéance politique. Les révolutionnaires abusèrent de sa fausse position et de son caractère pour avilir en sa personne la royauté, malheureuse d'avoir un si faible représentant. Il fallut qu'il ordonnât qu'un conseil de guerre suprême fît bonne et prompte justice des militaires de la garde royale. Un ordre du jour publié en son nom félicita les vainqueurs de leur brillante conduite; enfin, il fut condamné à recevoir Riégo en audience particulière et à admettre au baise-main les miliciens, dont il était au fond le prisonnier. La révolution, victorieuse et maîtresse, se servait avec une suprême dérision des étiquettes de la monarchie pour insulter le monarque tombé à sa discrétion. La position de Ferdinand parut si critique, que les membres du corps diplomatique, réunis à Madrid, firent une démarche collective pour sauvegarder sa sûreté personnelle. A Paris, les ministres se réunissaient tous les jours en conseil, pour aviser à une situation dont la gravité s'accroissait de moment en moment.

On comprend combien ce nuage qui grossissait de l'autre côté des Pyrénées et ces drames qui se nouaient à l'intérieur devaient ajouter à la vivacité des questions financières qui s'ouvraient dans une atmosphère chargée d'électricité. La politique venait sans cesse y mêler ses passions. Il n'y eut pas jusqu'à la question de l'arriéré, si claire pourtant, qui n'excitât les plus vifs débats. M. Laffitte annonçait à propos du budget, qui se soldait par un excédant de ressources, le déficit et la ruine de nos finances venant après celle de nos libertés. M. de Villèle répondait que le ministère dont il était membre était le seul qui eût gouverné sans lois d'exception, et que les produits des impôts indirects, pour les cinq premiers mois de 1822, surpassaient de 12 millions les évaluations budgétaires, ce qui était loin d'annoncer un déficit.

J'ai dit que la gauche s'éleva avec une grande violence contre la liquidation de l'arriéré, cette mesure nécessaire grâce à laquelle la France savait à quoi s'en tenir sur l'état de ses finances; le marquis de Chauvelin se signala dans cette occasion ; voici quelques phrases de son discours :

« Les ministres ont souhaité avoir une session très-courte, et dans cette session très-courte, ils vous font discuter une question immense, car on pourra accuser le gouvernement d'avoir jeté les millions à la tête des vendeurs et acheteurs, des liquidateurs, des agioteurs qui n'y avaient aucun droit. »

M. de Villèle releva avec plus de vivacité qu'à l'ordinaire l'injustice flagrante de l'opposition qui méconnaissait à la fois l'origine de l'arriéré, sa nature, l'acte de loyauté financière que faisait le gouvernement royal en le payant, et les précautions dont les différents ministres des finances qui s'étaient succédé depuis 1814 avaient entouré cette opération si honorable pour la France, et, en même temps, si utile à ses finances, car elle fondait son crédit en la montrant scrupuleusement fidèle à ses engagements :

« Il faut par trop compter, s'écria-t-il, sur la crédulité de la France pour se permettre les observations et les assertions que vous venez d'entendre. C'est lorsque les liquidations de l'arriéré de l'ancien gouvernement sont terminées par le gouvernement du Roi, qu'on vient déclamer contre le mode de ces liquidations et les charges qu'elles imposent au peuple ! Pourquoi donc n'avons-nous pas entendu la voix des orateurs auxquels je réponds à l'époque où l'arriéré a été dénoncé et la liquidation ordonnée ? Que signifie cette conduite ? Vous vous plaignez lorsque les liquidations sont presque terminées et vous n'avez rien dit quand elles ont été commencées ? (*Nombreux bravos à droite.*) Vous n'avez rien dit chaque année, quand les faits vous ont été soumis ; vous vous étonnez pourtant quand on vous dit que l'arriéré s'élèvera à une somme de 360 millions ? Est-ce donc une nouvelle pour vous ? Ne vous a-t-on pas annoncé chaque année des sommes qui n'étaient guère moindres que celle-là ?... Quant au mode de liquidation, non-seulement les lois ont été exécutées, mais des précautions ont été ajoutées par le gouvernement du Roi aux précautions indiquées par la loi, le Roi a créé un comité de révision ; aucune créance n'a pu être ordonnancée ni payée qu'après avoir passé devant ce comité de révision. Cette cour d'appel ne vous suffit-elle pas ? En voulez-vous une autre ? Vous la trouverez dans les chambres auxquelles sont soumis les actes ministériels. Que quelqu'un se lève et dise : « Les liquidations « ont été mal faites, vous avez payé des individus qui n'étaient pas « créanciers de l'État, » l'affaire vous sera aussitôt déférée. »

Devant cette mise en demeure si catégorique, la gauche

demeura silencieuse. Alors M. de Villèle reprit avec un accent d'autorité :

« Je ne présenterai plus qu'une seule observation. Il est et il doit paraître assez extraordinaire que ce soit au gouvernement du Roi que l'on adresse des inculpations relativement aux charges qui sont imposées au peuple par les dettes du gouvernement antérieur. (*Nombreux bravos à droite.*) Un événement assez remarquable et qui ne laisse pas de donner une preuve de la force de la légitimité et des institutions qui garantissent les libertés publiques, est sans doute le spectacle que nous donnons sous ce rapport. Sept années ont été employées par le gouvernement du Roi à imposer des sacrifices à ses peuples, pour mettre le produit des impôts dans la poche de ceux qui avaient servi le gouvernement qui s'était emparé du trône. »

A ces paroles, les bravos éclatèrent à droite avec une nouvelle vivacité. Il n'y a rien là qui puisse surprendre. Le chef de la droite de la chambre introuvable, disposée à se plaindre, on s'en souvient, de ce que l'on traitait avec trop de faveur les créanciers de l'usurpation des Cent-Jours, reparaissait un moment dans M. de Villèle, indigné de l'injustice de la gauche. En revanche, celle-ci, qui se sentait atteinte, éclata en murmures. On entendit au milieu de ces murmures les voix de MM. Laffitte et La Fayette qui s'écrièrent à plusieurs reprises : « Vous nous insultez ! » et celle du général Foy qui ajoutait : « Les dettes qu'on a payées sont celles de la France. » M. de Villèle, chez qui ces échappées de passion politique étaient rares et courtes, ramena aussitôt la discussion sur le terrain de la logique où il était invincible, et il termina ainsi son discours après lequel il ne restait plus qu'à voter la loi :

« Je n'insulte personne, j'établis des faits. J'ai dit et je répète que le gouvernement du Roi a imposé de lourds sacrifices à ses peuples (il s'agit de 800 millions) pour payer les dettes de l'ancien gouvernement. »

Il y eut encore une discussion financière d'une haute importance sur les lois de douanes, qui modifiaient les tarifs protecteurs. A cette occasion, les théories de la liberté illimitée du commerce, dussent nos colonies y être sacrifiées, vinrent s'exprimer dans les discours de quelques membres et particulièrement de MM. Straforello, Basterrèche, Ganilh et Laborde, et d'une manière moins tranchée, dans l'opinion du général Foy sur la loi des sucres coloniaux. La discussion, qui embrassa un grand nombre d'objets, se fixa particulièrement sur les sucres, les bestiaux, les laines, les fontes et les fers. Les augmentations des tarifs proposées par le gouvernement furent votées, malgré une vive opposition des représentants de l'industrie vinicole et des ports de mer : c'était la lutte des intérêts contradictoires qui s'est si souvent renouvelée depuis, la lutte des produits qui espèrent trouver un écoulement avantageux sur les marchés étrangers, soutenus par les ports de mer qui s'enrichissent par le mouvement général du commerce, contre les produits qui craignent la concurrence de la production étrangère sur le marché national.

Au milieu de cette vive discussion, on remarqua l'opinion mesurée de M. de Villèle qui, sans exclure d'une manière absolue le principe de la liberté du commerce pour l'avenir, se plaça, pour raisonner, dans les circonstances où se trouvait la France au mois de juillet 1822. Ce fut à l'occasion du débat sur le sucre colonial qu'il prononça ce discours qui a son importance pour l'histoire des doctrines économiques en France. Nos colonies de la Guadeloupe et de la Martinique se plaignaient d'être dans un état de souffrance qui ne pouvait se prolonger sans amener leur ruine. Le gouvernement proposait aux chambres de protéger les sucreries coloniales en élevant les droits sur les sucres étrangers provenant de l'Inde, à la somme de 49 fr. 50 centimes sur les cinquante kilogrammes de sucre brut ; ce droit équivalait à une prohibition. Comme la production ou au moins l'importation du sucre colonial en France, qui n'était que de 22 millions de kilogrammes en 1816, s'était élevée, en 1817, grâce à la sécurité des mers rétablie par la Restauration, à 37 millions, et, en 1820, à 44 millions [1]; et comme d'un autre côté la consommation annuelle du sucre en France était évaluée à 50 millions [2], il était évident que si l'on assurait le marché national à nos colonies, elles pourraient subsister. En face du système ministériel venait le système de ceux qui, comme le général Foy, au lieu de l'aggravation des tarifs sur les sucres étrangers, proposaient d'adopter la suppression du droit de 24 francs perçu sur les 50 kilogrammes de sucre colonial, sauf à concéder la liberté de commerce aux colonies; le système de ceux qui, comme M. Lainé, demandaient le *statu quo* dans les droits de protection, et de ceux qui, comme M. Vaublanc, voulaient à la fois l'augmentation des droits d'entrée sur les sucres étrangers et la diminution des droits sur les sucres coloniaux. Voici quelles furent les principales parties de la réponse de M. de Villèle :

« Il y aurait injustice à cumuler les deux protections en faveur des colonies. Il y a dans mon opinion imprudence de la part de ceux des amis des colonies qui les réclament. Lorsqu'il existe des doutes parmi les écrivains et dans les places de commerce qui devraient être les plus éclairées sur cette matière, quand nous entendons continuellement dire à cette tribune qu'il est de l'intérêt de la France de répudier ses colonies pour prendre part au commerce général, comment peut-on penser à accumuler deux sortes de protections dont l'une ne tend à rien moins qu'à nécessiter de nouveaux impôts en France ? On établit, on prétend établir que la possession de nos colonies est onéreuse à la France, on prétend que la liberté absolue du commerce, la destruction de tout monopole seraient avantageuses au pays. Aucune opinion n'est plus évidemment contraire à la réalité des faits. Supposons le système de prohibition aboli, Odessa nous inonde de ses blés, car il les produit à bien meilleur marché que vous ne pouvez produire les vôtres. L'An-

---

1. Discours de M. Lainé. — Voir au *Moniteur* du 28 juin 1822.
2. Discours de M. de Saint-Cricq, directeur général des douanes.

gleterre vous inonde de ses fers, de ses tissus, de ses quincailleries, de presque tous les objets d'un usage habituel et de commodité où elle a la même supériorité sur nous que nous avons sur elle dans les objets de luxe et dans les productions de notre sol que le sien lui refuse. Le Bengale et le Brésil vous envoient leur sucre à un prix bien inférieur à celui de nos colonies. Les Américains vous envoient leur tabac. Vous perdez ainsi votre agriculture, votre industrie, vos colonies. Je dis plus : vous perdez ainsi votre commerce, car si vous tarissez la source de vos produits, il n'existe plus de moyens d'échange. Qu'on ne nous impute pas le système de protection ; ce n'est pas la France qui est entrée la première dans ce système, et, si j'avais à dire ici toute ma pensée, je dirais qu'elle y est peut-être entrée beaucoup trop tard pour ses intérêts, beaucoup trop tôt pour les intérêts de ses voisins. Aussi remarquez combien, à chaque pas qu'elle a fait dans ce sens, se sont récriés ceux qui profitaient de notre lenteur et de notre ignorance. La France est un si bon marché pour toutes les consommations, qu'il n'est pas étonnant que chacun ait le désir d'y pouvoir produire ses marchandises. D'autre part, elle possède des produits qui ne peuvent pas être remplacés sur les autres marchés, produits de son sol, de son perfectionnement dans tous les objets de luxe, de ce goût exquis qui leur assure une si grande supériorité dans toutes les parties du monde. La France, circonscrite dans la consommation de ses propres produits, serait privée de très-peu de jouissances ; ce serait le contraire pour les autres pays, qui seraient privés de beaucoup de jouissances, s'ils usaient de réciprocité. »

Après avoir ainsi établi les raisons qu'avait la France de protéger ses producteurs nationaux, M. de Villèle ne refusait pas d'étudier et d'apprécier la tendance que montraient certains peuples à s'éloigner du système protecteur, et il continuait en ces termes :

« Si quelques pays annoncent une disposition à sortir du système de prohibition où nous sommes entrés beaucoup plus tard que les autres, ne doit-on pas l'attribuer à la supériorité que ce système a procuré à leur industrie sous une foule de rapports ? Si, maintenant sûrs de cette supériorité acquise, ils se trouvent, relativement à leurs produits, dans un état de plénitude, qui leur fait sentir le besoin de sortir du système des prohibitions, il faut, au moins, avant de suivre leur exemple, que votre industrie en soit au point de pouvoir lutter avec la leur. En êtes-vous là ? Je ne le pense pas. »

Il fallait encore répondre à ceux qui proposaient d'abandonner les colonies de la Guadeloupe et de la Martinique et de nouer un commerce libre avec le Bengale, le Brésil, l'Amérique espagnole qui brisait en ce moment ses liens avec l'Espagne, commerce dans lequel on trouverait de précieux avantages. Le ministre le faisait en ces termes :

« Vous tirez de vos colonies pour 50 millions de francs de produits, et vous leur en fournissez 30 millions, cette différence de 20 millions vous revient, parce que les colons sont Français. Ils font élever leurs enfants en France, ils y reviennent quand ils sont enrichis. Rien de pareil avec les étrangers. Ils n'ont pas l'habitude de nos produits; vous trouverez en outre la concurrence sur les marchés étrangers. Et puis, si vous abandonniez vos colonies, elles seraient incapables de rester indépendantes. Elles se donneraient à quelqu'un; vous ne les auriez plus, et une autre puissance les aurait. D'où viennent leurs souffrances auxquelles il faut porter remède? De ce qu'elles ne peuvent pas lutter avec les sucres étrangers qui avilissent le marché. Nous portons à ce mal un remède considérable, puisqu'il ne tend à rien moins qu'à ajouter une différence de 20 fr. à la différence qui existe en ce moment entre les sucres coloniaux et les sucres étrangers. Je dis que c'est là le droit de nos colonies, que c'est là qu'est la justice; aller plus loin, c'est sortir de la justice. Supprimer un droit d'entrée sur nos sucres, c'est supprimer un droit de consommation. Or êtes-vous en position de pouvoir y renoncer sous le rapport des finances? Si vous le pouvez, devez-vous donner la préférence à une consommation sur le luxe, à toutes les consommations de première nécessité qui sont imposées chez vous? Voilà la véritable question dans laquelle les colonies n'ont pas le droit d'intervenir et que vous avez seuls le droit de décider. Si la protection n'est pas suffisante, augmentez-la, arrivez comme en Angleterre à prohiber les sucres étrangers. Je n'ai rien à dire sur ce point, sinon que je ne vous conseillerai jamais de vous avancer dans une voie aussi absolue. Le pas que vous faites aujourd'hui me paraît assez grand pour satisfaire les intérêts dont il est question. D'autre part, n'oubliez pas avec quelle prudence on doit introduire des changements dans les lois de douane. S'il s'agissait de diminuer les droits que vous prélevez sur la consommation, ce ne serait pas au sucre que vous donneriez la préférence. Le sucre paye, par kilogramme, dix sols; le sel, six sols. Si l'on pouvait diminuer un droit, y aurait-il à hésiter entre une denrée de première nécessité et une denrée de luxe. L'impôt sur le sucre produit 28 millions, l'impôt sur le sel 60, ce qui donne la mesure de l'importance de l'un et de l'autre. Adopter l'amendement que je combats serait grever les contribuables français, auxquels il faudrait demander par ailleurs les 5 millions de produits que vous enlèveriez au trésor. »

L'amendement fut rejeté. Les doctrines économiques de cette époque étaient toutes à la protection, sans distinction d'opinions politiques comme nous avons eu déjà occasion de le dire, et M. Benjamin Constant lui-même qui, pendant la session précédente, avait combattu, au nom de l'intérêt des consommateurs, le principe de la protection dans la loi des blés, voulut faire porter à soixante francs par tête le droit d'entrée sur les bœufs étrangers. Cette contradiction s'explique par sa position particulière : il était député du département de la Sarthe, dont l'une des industries les plus lucratives est l'élève des bestiaux [1].

[1]. Le ministère avait proposé d'abord d'élever à 30 fr. par tête de bétail le droit sur les bestiaux étrangers. Sur les renseignements et les observations qui se produisirent dans la commission, il éleva ce droit à 50 fr. Quelques orateurs accusèrent le gouvernement d'avoir pris une mesure hostile contre les nations voisines, M. de Villèle répondit : « Vivant sous le gouvernement représentatif, tout ce que nous pouvions faire, c'était de vous apporter les documents nécessaires pour éclairer votre décision, afin qu'elle approchât le plus possible des règles de la justice. Une des raisons qui nous ont convaincus que la protection proposée d'abord par nous n'était pas suffisante, c'est que dans la seule année 1821 l'importation des bestiaux étrangers a doublé, et que le prix de ces bestiaux, comparé au prix des vôtres, fait ressortir le droit de 50 fr. comme nécessaire. Le produit pour lequel nous vous demandons cette protection spéciale est celui que vous avez le plus d'intérêt à protéger. Il ressortira de la multiplication de vos bestiaux des avantages incontestables. Ils féconderont la terre, suppléeront à l'insuffisance de ses produits, en consommeront l'excédant, amélioreront la nourriture nationale et produiront de l'argent avec lequel on achètera ce vin qu'on veut faire boire à l'étranger. Les uns demandent que le droit descende à 30 fr., d'autres qu'il s'élève à 60, 70, et même 100 fr. Nous maintenons le chiffre de 50 fr., attendu qu'il ne faut pas aller au delà de ce qui suffit. »

M. de Laborde et M. Benjamin Constant firent observer dans la suite du débat que l'Angleterre, dont on avait vanté la prospérité, n'admettait pas l'introduction des bestiaux étrangers. (*Moniteur* du 5 juillet 1822.)

VI

SUITE DE LA SECONDE SESSION. — DÉBATS POLITIQUES A L'OCCASION DU BUDGET. — QUESTION ESPAGNOLE. — CONTRE-COUP DES PROCÈS POLITIQUES A LA TRIBUNE. — BERTON ET CARON. — VIOLENTES RÉCRIMINATIONS DU GÉNÉRAL FOY. — RÉQUISITOIRE DE M. MANGIN.

Les discussions exclusivement remplies par les intérêts matériels étaient les plus rares, le souffle de la passion politique se levait à chaque instant. La discussion du budget du ministère des affaires étrangères suscita, comme à l'ordinaire, un vif débat sur la politique extérieure du gouvernement. MM. Bignon, le général Foy, Benjamin Constant, Manuel, accusèrent cette politique, comme ils l'avaient fait dans la précédente session, d'être inintelligente et sans force, et d'avoir mis la France à la queue des autres nations sur tous les grands théâtres des affaires, l'Orient, la Grèce, les Amériques espagnoles. Ce sont là des thèmes d'opposition sur lesquels il est facile de broder des discours éloquents, où l'on expose tout ce qu'il y aurait à faire sans s'occuper des moyens qui manquent et des obstacles qui arrêtent.

L'Espagne fut naturellement le champ de bataille privilégié de la gauche. Au moment où le débat revint sur le budget des affaires étrangères [1], les événements de Madrid que j'ai racontés venaient d'avoir lieu, et Ferdinand, après avoir encouragé l'insurrection de sa garde, avait été contraint de la flétrir et de faire poursuivre les chefs du mouvement. Les journaux de la droite, la *Quotidienne* et le *Drapeau blanc* surtout, avaient pris ostensiblement parti pour les insurgés et avaient célébré prématurément leur triomphe, comme le triomphe du

---

1. En juillet 1822.

bon droit et de la cause royale. Ils s'étaient même indignés lorsque quelques jours plus tard, après la défaite de la garde espagnole, le *Moniteur* avait donné un récit succinct et impartial de la lutte en désignant les soldats révoltés sous le nom de rebelles et de factieux. On ne saurait croire combien ces partis pris des deux côtés, en faveur de deux opinions excessives dans leurs moyens et dans leur but, contribuèrent à augmenter les ombrages en France et à rendre infranchissable la distance qui séparait les deux camps politiques. Les royalistes, qui voyaient les hommes de gauche sympathiser ouvertement avec les révolutionnaires espagnols dont la conduite menaçait le trône, étaient profondément convaincus que les libéraux français avaient des vues analogues contre le trône de Louis XVIII, ce qui était vrai pour plusieurs, mais ce qui n'était pas vrai pour tous. Les hommes de gauche à leur tour, en voyant les royalistes français approuver, sans réserve, une insurrection faite aux cris de *Vive le Roi absolu !* célébrer d'avance son triomphe hypothétique, et déplorer ensuite sa défaite réelle, en concluaient qu'il ne manquait aux royalistes français que la force nécessaire pour renverser la charte et déférer le pouvoir absolu à Louis XVIII, ce qui n'était vrai que d'une infime minorité parmi eux. De là d'insurmontables préventions et d'invincibles antipathies. De cet applaudissement donné à l'insurrection de la garde à Madrid, on en vint bientôt à conclure dans la gauche qu'il y avait eu des encouragements et même un concours de ce côté-ci des Pyrénées. Cette supposition, qui donna une grande animation au discours du général Foy, n'était pas complétement dénuée de fondement, comme on le verra bientôt ; seulement la gauche exagérait singulièrement les choses en attribuant au gouvernement tout entier ce qui n'était que le fait d'un ministre désavoué par ses collègues et arrêté court dans cette voie dès qu'on sut qu'il s'y était laissé entraîner. Le général Foy, aux yeux de qui les révolutionnaires espagnols, bien qu'ils se montrassent si peu sages et si peu capables de modération et de tempérament, « étaient une nation célèbre demandant aux nations de la laisser accomplir à elle seule l'œuvre de sa régénération politique, » — régénération que l'Espagne poursuit encore après trente-six ans de douloureuses et sanglantes expériences, — reprochait donc encore une fois au gouvernement de la Restauration de ne pas s'être placé à la tête des peuples constitutionnels. Comme si les révolutionnaires de Naples et de Piémont en 1821, les révolutionnaires espagnols de 1822, avaient rien de commun avec les peuples constitutionnels ! L'orateur, après ces reproches, continuait en ces termes :

« Assez souvent l'opposition a tonné dans cette enceinte contre l'asservissement de la France à l'influence étrangère; mais une accusation plus grave pèse en ce moment sur les conseillers de la couronne. Leurs prédécesseurs nous traînaient à la guerre de la Sainte-Alliance, ceux-ci viennent de s'en constituer l'avant-garde. (*Vifs applaudissements à gauche. Murmures à droite.*) Les murmures de ce côté prouvent que j'ai été compris. Oui, c'est sur l'Espagne que je veux porter votre attention. Ne croyez pas cependant que je vous entretienne de la journée du 7 juillet. Je ne rappellerai pas non plus la criminelle jactance de nos journaux ministériels. Je ne réveillerai pas la rumeur publique sur les convois de fonds et les caisses de fusils envoyés vers les Pyrénées, ni sur les bailleurs de ces fonds et les fournisseurs de ces fusils. (*Murmures à droite.*) Je n'essaycrai pas de lever le voile qui couvre des intrigues perverses. Il y a dans les récits officiels et dans les résultats patents beaucoup plus qu'il ne faut pour rendre le ministère français responsable du sang qui a coulé dans le nord de l'Espagne et à Madrid. (*Bravos prolongés à gauche. Murmures violents à droite.*) Oui, messieurs, je n'hésite pas à le dire, nos ministres répondront de ce sang versé ! Ils en répondront, parce que, sous le prétexte ridicule et mensonger d'un cordon sanitaire, ils ont assemblé une véritable armée, une armée destinée à amener le renversement de l'ordre constitutionnel en Espagne. »

L'orateur affirma ensuite que la garde royale, en se révol-

tant à Madrid, comptait sur l'appui du gouvernement français.
Il ajouta que la nation espagnole voulait la liberté aussi résolûment qu'elle avait voulu l'indépendance sous Napoléon, attribua l'agitation qui régnait en Espagne aux mêmes sentiments qui soulevaient la France quand le duc de Brunswick lança son manifeste en août 1792, et que les Prussiens envahirent la Champagne, et termina en disant que la France n'avait plus qu'un rôle, c'était de s'interposer, comme médiatrice, entre la vieille Europe et l'Europe rajeunie.

C'était au vicomte Mathieu de Montmorency qu'il appartenait, comme ministre des affaires étrangères, de répondre à ce discours, qui avait produit une vive impression sur la chambre. Cœur généreux, esprit élevé, mais plus théorique que pratique, M. de Montmorency n'avait ni le sang-froid, ni la rapidité de conception, ni la froide raison, ni l'expérience des grandes affaires qu'il eût fallu opposer à la vive et brillante imagination du général Foy. Il indiqua, ce qui était vrai mais sans l'établir d'une manière assez forte, que si la Grèce n'avait pas trouvé la protection qu'elle avait pu espérer chez les puissances chrétiennes, il fallait s'en prendre aux craintes qu'avaient excitées les menées des révolutionnaires sur un grand nombre de points, et à la confusion qui s'était mal à propos établie entre des hommes qui luttaient pour leur nationalité opprimée, et des hommes qui renversaient leurs gouvernements nationaux. Quant à l'Espagne, il affirma que le cordon sanitaire avait eu pour objet la préservation de la France menacée de la fièvre jaune, et là il était sur un bon terrain, car il était impossible de révoquer en doute l'existence de la fièvre jaune et le nombre considérable des victimes qu'elle avait faites dans la Péninsule. Il traita de pures calomnies ce qui avait été dit « d'argent répandu, de mouvement soudoyé, de séductions machiavéliques, » et il était exact en effet que le ministère, dans son ensemble, n'avait rien ordonné, rien favorisé, rien permis, rien fait de pareil. Mais le vicomte Mathieu de Montmorency avait personnellement, non pas encouru les reproches adressés par le général Foy au gouvernement tout entier, mais favorisé un envoi d'armes et d'argent aux royalistes espagnols qu'il regardait comme des coreligionnaires politiques, et cela le rendait moins apte que tout autre membre du cabinet à porter la parole dans cette occasion. Il termina en disant que le ministère, fidèle à ses engagements envers l'Espagne, faisait des vœux sincères pour le bonheur de la nation espagnole, mais que si de nouvelles circonstances amenaient de nouveaux devoirs, le ministère saurait les remplir.

C'était laisser la porte ouverte aux éventualités de l'avenir, précaution nécessaire, mais qui aurait pu être plus habilement indiquée et plus fortement motivée. Sur cette question des rapports avec l'Espagne, la situation du ministère était difficile et délicate, et il mettait autant de soin à éviter la discussion que la gauche en mettait à la provoquer. Le cabinet français prévoyait dès lors, par la marche des événements, qu'il serait difficile d'éviter une rupture avec la révolution espagnole, mais il désirait ne pas prendre l'initiative de cette rupture; d'un autre côté, il ne lui convenait pas de montrer contre les partis royalistes qui s'étaient levés en Espagne une hostilité qui aurait excité un vif mécontentement, en France, dans la droite. Son attitude était celle d'une neutralité vigilante et d'une expectative attentive et sur ses gardes. Sa politique avait donc quelque chose d'incertain et d'éventuel, parce qu'elle dépendait de ce qu'il y a de plus incertain et de plus éventuel au monde, l'avenir. La gauche, qui avait l'avantage de l'opposition, qui peut toujours interroger, en face du gouvernement qui ne peut pas toujours répondre, en usait à outrance. Elle renouvelait à tout propos ses attaques. C'était M. Benjamin Constant qui, à l'occasion du service sanitaire, accusait encore une fois le ministère d'avoir provoqué les insurrections royalistes dans les provinces espagnoles. Puis le général Demarçay, dans une discussion sur le budget de la guerre, après avoir proposé de réduire de 150,000 hommes l'effectif de l'armée, qui n'était alors que de 240,000, s'écriait que « jamais l'armée française ne consentirait à imposer des fers au peuple espagnol combattant pour la liberté. » MM. Duvergier de Hauranne et Casimir Périer, sans tomber dans ces déclamations, s'étonnaient que le ministère gardât le silence sur la politique qu'il comptait adopter vis-à-vis des colonies espagnoles, problème important et difficile, dont le ministère cherchait et devait chercher encore longtemps la solution, et dont M. de Villèle était aussi vivement préoccupé que les orateurs de l'opposition.

Les procès criminels auxquels avaient donné lieu le second complot de Saumur, la conspiration de la Rochelle et les affaires de Colmar apportèrent naturellement de nouveaux aliments à ces luttes. Ce fut à l'occasion de la discussion sur le ministère de la justice que la chambre fut introduite sur ce terrain brûlant. Il serait impossible de l'y suivre et de comprendre les débats qui s'élevèrent si l'on ne connaissait pas les faits qui en furent l'occasion.

J'ai donc à raconter ici comment le général Berton et le lieutenant-colonel Caron furent arrêtés pendant le cours de la seconde session. Il s'était élevé, on le sait, entre le carbonarisme et le gouvernement une guerre d'embuscades et d'embûches dont l'armée était le champ de bataille, duel sans merci, et qui ne tendait à rien moins qu'à affaiblir le sentiment de la loyauté militaire et de l'honneur dans le corps où ces vertus sont le plus essentielles. C'étaient les carbonari qui avaient pris l'initiative de cette lutte funeste, en tentant la foi des sous-officiers et des officiers par la promesse d'un avancement rapide, et même par des distributions d'argent [1]. Certes ceux qui conspiraient contre le drapeau auquel les engageait leur serment militaire et complotaient le renversement du gouvernement pour lequel leur devoir eût été de verser leur sang, avaient laissé altérer en eux le sens moral et la notion de l'honneur. La trahison sous l'uniforme est la pire des trahisons. L'inquiétude du gouvernement, averti par plusieurs indices que le carbonarisme ouvrait sous ses pieds des mines, le portait, comme on l'a dit, à contre-miner le terrain. Partout ce furent des hommes à qui les conspirateurs avaient fait des offres et des ouvertures qui les livrèrent. Ainsi le maréchal des logis Wolfed avait été affilié à la charbonnerie pendant son séjour à Paris et accrédité par M. de La Fayette auprès de ceux des membres de la vente centrale de Saumur qui, demeurés libres, renouaient leur complot. Sans doute il y avait là des têtes exaltées et enivrées des idées nouvelles ; mais ces jeunes gens, fort peu capables de juger la situation politique de la France, cédaient pour la plupart à la tentation de jouer un rôle et d'obtenir un rapide avancement. Il fallait avoir l'infatuation du général La Fayette pour s'étonner que ceux que les carbonari avaient déterminés, par les perspectives brillantes déroulées devant leurs regards, à trahir leur serment militaire et à s'unir aux ennemis du gouvernement, pussent trahir les carbonari quand ils trouvaient ce parti tout à la fois plus avantageux et plus sûr. C'est ce que fit le maréchal des logis Wolfed. Il savait que le gouvernement désirait ardemment mettre la main sur le général Berton, parce qu'en l'absence du principal chef du complot il était difficile de compléter l'instruction. Il promit de le livrer. Pour arriver à ce but, il s'engagea, quand les membres de la vente centrale l'auraient mis en relation avec le général, à conduire à celui-ci deux escadrons de son régiment. Deux amis particuliers du

1. On a vu que les sergents du procès de la Rochelle avaient reçu de l'argent.

général, le chirurgien Grandménil et le négociant en vins Baudellet, ménagèrent entre le maréchal des logis Wolfed et le général deux entrevues auxquelles ils assistèrent. A la seconde, Wolfed, qui avait amené quatre sous-officiers avec lui, soi-disant pour convenir du mouvement, se leva tout à coup à un signal donné ainsi que ses camarades, et ils mirent en joue leurs trois interlocuteurs, qui bientôt garrottés, furent conduits prisonniers à Saumur sous l'escorte d'un détachement de carabiniers, dont la présence avait été requise. Pour cette action, qui n'avait rien de militaire, Wolfed obtint le grade de sous-lieutenant. C'était une chose fâcheuse; mais Berton n'aurait-il donné que cet avancement à Wolfed et à ses camarades, si ceux-ci lui avaient livré leur régiment? Ceux qui sèment la trahison n'ont guère le droit de se plaindre des fruits empoisonnés que porte contre eux cet arbre funeste, et la conscience publique, en refusant aux artisans de ces fraudes, dans quelque camp qu'ils soient placés, son estime, doit faire leur part de blâme aux hommes qui ont provoqué cette lutte d'embûches et de guet-apens.

Un second fait du même genre n'avait pas tardé à suivre le premier ; je veux parler de l'arrestation du lieutenant-colonel Caron.

Nul doute que le colonel Caron conspirât. Ses antécédents suffiraient à le prouver : il avait échappé, je l'ai dit, à une condamnation dans le procès de la conspiration militaire du 19 août 1820, parce qu'il n'y avait eu contre lui que le témoignage du lieutenant-colonel Delestang, qu'il avait cherché à entraîner dans le complot. Cette première leçon fut perdue pour lui, et il se mêla à toutes les machinations qui eurent lieu dans le Haut-Rhin. Les échecs du carbonarisme à Saumur, à Nantes, à la Rochelle, à Toulon, ne le découragèrent pas. Un haut fonctionnaire de la Restauration a dit de lui, dans une note manuscrite que nous avons sous les yeux : « On pourrait appliquer au lieutenant-colonel Caron le mot inspiré par le général Mallet : « La nature lui aurait dit : *Conspire puisque « c'est ta vocation.* » Il ne lui manquait que ce tact qui sait pressentir les complices avant de les associer à son œuvre ; il avait l'audace, l'activité, la persévérance et la résolution d'un véritable conspirateur [1]. »

Retiré à Colmar après l'échec des dernières tentatives, Caron essayait, de concert avec Roger, ancien militaire, et alors directeur du manége dans cette ville, de rallier à la nouvelle entreprise qu'il méditait les sous-officiers des 1er et 16e chasseurs à cheval et du 46e régiment d'infanterie, en garnison à Neufbrisach et à Colmar. Il leur parlait tantôt d'opérer un mouvement en Alsace, tantôt de faire une tentative pour délivrer les prévenus de Béfort, qu'on allait juger à Colmar. Les autorités avaient été prévenues de ces menées. C'est ici que l'action de la police militaire, qui n'avait pas excité Caron à conspirer, mais qui cherchait à le prendre en flagrant délit de conspiration pour mettre un terme à de sourdes menées, et parce que c'était le seul moyen de l'atteindre, commence à trouver sa place. Quatre sous-officiers, Delzaire, Thiers, Magnien, Gérard, furent autorisés par leurs chefs à ne pas repousser les ouvertures qui leur seraient faites et à ne rien négliger pour amener le flagrant délit. Plusieurs conciliabules eurent lieu à Neufbrisach, à Colmar et dans les bois [2]. Enfin Caron demanda à ses prétendus complices de lui amener, le 2 juillet 1822, de Colmar à Neufbrisach, deux escadrons de chasseurs, que Thiers et Gérard assuraient avoir gagnés, et à la tête desquels Caron lèverait le drapeau.

1. *Mémoires inédits* du comte de Puymaigre, préfet du Haut-Rhin en 1822.
2. Le *Journal du département du Haut-Rhin*, rédigé dans un sens politique favorable au pouvoir, disait à ce sujet, après l'événement : « Pour se débarrasser une bonne fois de ces insinuations, on jugea à propos de ne pas déjouer ces tentatives auxquelles les soldats ne se sont prêtés que pour arrêter l'entreprise quand il en serait temps. »

Le 2 juillet, en effet, un escadron des chasseurs de l'Allier, conduit par le maréchal des logis Thiers, sortit de Colmar à cinq heures du soir ; il y avait deux officiers dans ses rangs, portant l'uniforme de simples chasseurs. A la même heure, un escadron des chasseurs de la Charente au milieu desquels marchaient aussi, sous l'uniforme de simples chasseurs, un capitaine et quatre officiers, sortaient de Neufbrisach, sous la conduite du maréchal des logis Gérard. Ils se rendaient au rendez-vous qu'avait donné Caron aux deux maréchaux de logis qu'il croyait avoir embauchés au service de la conspiration, en leur disant qu'il agissait d'après les ordres du comité directeur siégeant à Paris. En montant à cheval, les escadrons, avertis qu'ils allaient agir pour le service du Roi, reçurent l'ordre d'obéir scrupuleusement à leurs sous-officiers. A la hauteur de Halstatt, Caron se fit apporter son casque, son sabre et son uniforme, et, revêtu des insignes de son grade, il prit immédiatement le commandement de l'escadron. « Il traversa Hastatt et Reussach au cri de *Vive l'empereur !* Les paysans effrayés prenaient la fuite à son approche[1]. » Au sortir de Rouffach, Caron se dirigea sur Meyenheim, et y trouva en bataille l'escadron de chasseurs de la Charente venu de Neufbrisach, et que Roger y avait amené. « Soldats, leur dit-il, vous avez juré à vos sous-officiers de les suivre partout ; les soldats français ne manquent jamais à leur serment. Suivez-moi, je viens vous commander au nom de l'empereur[2]. » Suivant la relation officielle à laquelle ces détails sont em-

---

1. Ce fait fut nié plus tard, on le verra, devant le Conseil de guerre qui jugea Caron, par M. de Chabannes, colonel du régiment auquel appartenaient les escadrons employés à cette capture. Mais il se trouve mentionné dans la relation publiée dans le *Moniteur*, le 6 juillet, par le gouvernement. La phrase que je lui consacre dans ce récit est textuellement empruntée à la relation officielle. Je donnerai plus loin la protestation du colonel.

2. Nous empruntons tous ces détails, et ceux qui suivent, à la relation officielle insérée dans le *Moniteur* du 6 juillet 1822.

pruntés, Caron parlait avec mépris, chemin faisant, de Berton, qui n'avait pas pu enlever cinquante hommes, tandis que lui était à la tête de deux escadrons et avait son infanterie qui l'attendait à Colmar. Arrivé à la hauteur d'Ensisheim, il annonça l'intention de forcer l'entrée de cette ville; mais Thiers et Gérard s'y opposèrent, en rappelant qu'il avait annoncé qu'entre Colmar et Mulhausen les affiliés se réuniraient à lui. Ce refus inspira des soupçons à Caron; il trouva moyen, sur la route, de reprendre ses habits bourgeois, et essaya, avec Roger, de s'évader sur un char-à-banc. Ce fut alors qu'on les arrêta; il était huit heures du soir et l'on arrivait au village de Batenheim. Caron parut anéanti quand il vit le capitaine qui, sous le nom de Georges et les habits d'un simple chasseur, servait d'ordonnance à Gérard, prendre le commandement des deux escadrons. Les chasseurs rentrèrent à Colmar avec leurs prisonniers garrottés.

Toute cette affaire avait été menée en dehors des pouvoirs civils comme une embuscade tendue à un conspirateur avéré et à un ennemi mortel du gouvernement, qu'on prenait au piège qu'il avait cru tendre. Seulement, dans sa passion d'obliger ses adversaires à sortir de l'ombre où ils machinaient sa ruine, le gouvernement n'avait pas considéré le grave inconvénient moral qu'il y avait à employer des moyens analogues à ceux dont les conspirateurs se servaient contre lui, et surtout à compromettre l'uniforme dans cette guerre de police d'où l'honneur militaire ne sort pas sans blessure, surtout quand on donne à des services clandestins les récompenses dues aux services de champs de bataille [1]. Telle est la mesure exacte de la vérité sur cette affaire.

---

[1]. Je trouve les lignes suivantes sur l'affaire de Caron, dans les mémoires inédits du comte de Puymaigre, alors préfet du Haut-Rhin, auquel on attribua, bien à tort, une part dans l'embuscade tendue à Caron : « Quant à la catastrophe et aux circonstances qui l'ont amenée, ni moi, ni aucune autorité dans

Il résulte de ce récit que le lieutenant-colonel Caron, comme le général Berton, avait pris l'initiative en tentant la fidélité des troupes et en cherchant à entraîner les sous-officiers dans une insurrection, et que le gouvernement, lui tendant un piége où il avait espéré un concours, le fit saisir dans le flagrant délit de cette action, dont il lui avait fourni les éléments en prescrivant à la troupe de feindre une complicité qui n'existait pas. Le capitaine qui avait dirigé l'entreprise fut nommé chef d'escadron; les trois sous-officiers eurent le grade de sous-lieutenant; en outre la troupe reçut une gratification en argent et obtint des éloges publics dans le *Moniteur*.

La nouvelle de l'arrestation de Berton et de celle de Caron arriva à Paris au milieu de la seconde session [1], et les circonstances dont elles avaient été accompagnées produisirent une impression très-vive. M. Benjamin Constant en profita pour porter la question à la tribune, en proposant un amendement tendant à faire diminuer d'un quart les traitements des procureurs généraux, non pas, disait-il, en vue de la faible économie que poduirait cette mesure, mais pour marquer d'un blâme parlementaire la conduite qu'ils avaient récemment tenue. Tout aussitôt il demanda comment le ministère tolérait que deux prévenus non militaires, Caron et Roger, fussent

---

le département n'en avons conçu le projet, et encore moins pris l'initiative. Je sais seulement que tout a été prescrit sur des ordres formels et absolus, signifiés directement à l'autorité militaire et émanés de Paris. » M. de Puymaigre ajoute dans un autre passage : « Caron ayant proposé à ses prétendus complices de mettre à sa disposition un certain nombre de soldats déterminés pour lever l'étendard de la révolte, il en fut rendu compte au ministère suivant l'ordre hiérarchique des pouvoirs militaires, et le ministère transmit par la même voie à ces mêmes pouvoirs l'ordre formel de mettre à la disposition de Caron les hommes qu'il demandait. Instruit de cette circonstance par des communications verbales, j'écrivis pour prendre les ordres du ministère de l'intérieur, et je ne reçus pas de réponse. » (*Documents inédits*.)

1. La nouvelle de l'arrestation de Berton arriva à Paris le 25 juin 1822 ; celle de Caron, le 6 juillet.

distraits de leurs juges naturels, et, contre l'esprit de la Charte et des lois, envoyés par-devant des conseils de guerre.

Le garde des sceaux répondit que, d'après la loi de nivôse, an IV, le crime d'embauchage, quel que fût l'état des accusés, relevait de la juridiction militaire ; or c'était du crime d'embauchage que Caron et Roger étaient prévenus.

Au nom de Caron, une sorte de frisson avait couru dans les tribunes, et l'on prévit une de ces séances orageuses et dramatiques qui passionnaient le public. Le général Foy, prenant aussitôt la parole, jeta cette vive apostrophe au ministère :

« Lorsque j'ai lu ces jours derniers dans les journaux que Caron et Roger étaient traduits comme embaucheurs au conseil de guerre, j'ai cru que le journaliste se trompait, et qu'au contraire on renvoyait par devant le conseil de guerre les soldats qui ont embauché Caron et Roger aux cris de *Vive l'Empereur!* Par la plus incroyable, la plus odieuse provocation qui ait jamais été imaginée, des soldats français, des officiers déguisés, agissant par des ordres supérieurs, ont conduit par la main ces deux hommes à un crime consommé, ils les y ont conduits par une trahison, par un guet-apens. Ce n'est pas tout. Caron et Roger marchaient avec l'escadron qui feignait d'être en révolte. Pourquoi ne les a-t-on pas arrêtés à Halstatt ? Pourquoi les chasseurs ont-ils parcouru plusieurs communes en criant *Vive l'Empereur?* Pourquoi ont-ils ainsi tenté la fidélité d'une population excellente ? Je vous le demande, j'interroge vos consciences. Si des hommes excités s'étaient joints à l'escadron provocateur, qui d'entre vous, appelé à les juger, aurait pu les déclarer coupables sur son âme et conscience ? »

Le général Foy, interrompu presque à chaque mot par les murmures et les interpellations de la droite, qui lui reprochait de se poser comme l'avocat des rebelles et le champion des conspirateurs, et de sortir de la question en discussion pour soulever un incident qu'il n'avait pas le droit de soulever, termina en ajoutant que la Charte avait aboli les tribunaux d'exception, et il ajouta que la chambre ne pouvait pas supporter le rétablissement de cette justice exceptionnelle par le ministère.

« Pourquoi voulez-vous, ajouta-t-il en terminant, arracher ces deux hommes à leurs juges naturels ? C'est que vous savez bien que toute la population, témoin du guet-apens dont ils ont été victimes, les acquitterait à l'unanimité ? »

Cet incident, qui venait s'intercaler dans la discussion du budget de la justice, ne pouvait avoir de suite ni aboutir à un vote. De toute part, la majorité réclamait la clôture, qui fut prononcée ; mais les paroles du général Foy produisirent une profonde impression, et elles eurent un retentissement qui s'est prolongé dans l'histoire [1].

Il y a deux versions sur les circonstances, mais il reste certain qu'il y eut une contre-mine ouverte sous les pas des con-

[1]. Tout en reconnaissant que ces paroles alléguaient un fait que la relation officielle du *Moniteur* du 5 juillet constatait, c'est-à-dire le cri de *Vive l'Empereur !* proféré par la troupe, nous devons consigner ici le démenti donné à l'assertion du *Moniteur* et aux paroles du général Foy par le marquis de Chabannes, colonel du régiment de chasseurs, dont deux escadrons furent employés dans cette expédition. C'est dans le *Moniteur* du 29 septembre 1822 que nous trouvons ce démenti donné à l'occasion du procès de Caron, et dans les débats mêmes de ce procès.
Le marquis de Chabannes, colonel du régiment qui avait fourni cette troupe, appelé à déposer devant le Conseil de guerre, dit au président, après avoir fait sa déposition :
« Monsieur le président, puisque les circonstances me font trouver présent au procès, je vous demande s'il ne serait pas possible, pour confondre un odieux libelle, de démontrer par la déposition de tous les témoins et des accusés eux-mêmes, qu'il est faux que mes escadrons aient parcouru la campagne et traversé les villages aux cris de *Vive l'Empereur !* en provoquant ainsi les habitants à mal faire ? »
Le Président ayant accédé au désir de M. de Chabannes, celui-ci établit que la déposition de tous les témoins et la déclaration des accusés eux-mêmes avaient constaté que les deux escadrons que Caron croyait avoir embauchés comme rebelles n'avaient proféré aucun cri séditieux lorsqu'ils étaient en marche pour le joindre à Halstatt, ni après qu'il se fut mis à leur tête.
M. d'Escorbat, président du Conseil de guerre, dit alors :
« Je déclare, du haut de ce tribunal, à la France et à l'Europe entière, que les troupes du Roi ont été indignement calomniées dans un infâme libelle. »

spirateurs qui avaient ouvert eux-mêmes une mine sous les pieds du gouvernement. Guerre fâcheuse et regrettable de ruses et d'embuscades, où l'initiative appartenait au carbonarisme, les représailles au pouvoir, mais qui, de l'un et l'autre côté, avait, je l'ai dit, le grave inconvénient d'amoindrir, dans l'armée, la dignité des caractères : là en faisant de l'avancement une prime promise à la violation du serment, à la désertion du drapeau ; ici, en assignant des récompenses militaires à des services de police.

J'ai indiqué les motifs qui poussaient le gouvernement dans cette voie. D'un côté, les événements d'Espagne, où l'initiative de la révolution avait été prise par l'armée, le rendaient ombrageux à l'endroit des tentatives faites pour corrompre les troupes[1]. De l'autre, les découvertes qu'avait amenées l'instruction des affaires de la Rochelle et de Saumur lui avaient révélé toute l'étendue des périls que la vaste organisation du carbonarisme lui faisait courir, et il aspirait à mettre la main sur les chefs, dont il voyait partout l'influence se révéler sans pouvoir les saisir dans le flagrant délit de leur action.

Dans le complot de Saumur, M. Mangin, procureur général, saisit quelques fils qui allaient se rattacher aux conspirateurs du parlement, et, quoiqu'il y eût de la confusion dans ces indications, il n'hésita pas à les reproduire dans l'acte d'accusation[2]. Il rapportait que les cris : *Aux armes ! aux armes !* avaient retenti à Thouars ; que la nouvelle du renversement du

---

1. Les conspirateurs se servaient de l'exemple de l'Espagne pour entraîner l'esprit des sous-officiers. Ainsi, en lisant dans le *Moniteur* du 8 août l'acte d'accusation rédigé par M. le procureur général Bellart contre les prévenus de la Rochelle, je vois que Hénon, haranguant dans le cabaret à l'enseigne du *Roi Clovis*, à Paris, près la place du Panthéon, la vente militaire formée par Bories, « promit aux affiliés des honneurs et des grades, *et leur cita l'exemple des armées espagnoles* et la part qu'elles avaient eue aux événements de leur pays. » (*Moniteur* du 18 août 1822.)

2. Voir cet acte d'accusation au *Moniteur* du 28 août 1822, p. 1128 du *Moniteur* de cette année.

gouvernement du Roi avait été publiée ; que Berton avait affirmé que le général Foy, MM. de Kératry, Voyer-d'Argenson, la Fayette, Benjamin Constant en étaient membres. La vue des cocardes tricolores que portaient les insurgés avait accrédité ces bruits. Enfin venait un passage plus positif dans le paragraphe consacré à un accusé contumace, Grandménil :

« Cet accusé fit des voyages à Paris. Il résulte des discours qu'il a tenus, qu'il a été présenté à MM. les députés Laffitte, Benjamin Constant, La Fayette; qu'il s'en est fait reconnaître à l'aide de cartes de carbonari ; qu'il les a vus séparément et réunis. Les débats feront connaître à qui Grandménil a tenu ces discours... Au surplus, il est prouvé que cet accusé a présenté au marquis de La Fayette, au mois de mai dernier, un des agents les plus considérables de la nouvelle conspiration, et que le marquis de La Fayette dit à Grandménil au moment où il prit congé de lui : *Allons, du courage! mon cher Grandménil.* »

Il y avait du vrai et du faux dans les renseignements recueillis par M. Mangin. Berton, comme il arrive presque toujours dans ces sortes d'affaires, avait-il cherché à donner du crédit à son entreprise en jetant à la foule des noms connus, et avait-il pensé qu'en cas de succès les notabilités politiques de l'opposition extrême ne le désavoueraient pas? ou bien ne connaissait-il qu'imparfaitement la composition de la Haute Vente? Ces deux hypothèses sont également admissibles. Le fait est qu'à côté des noms de MM. de la Fayette et d'Argenson, réellement mêlés aux conspirations de cette époque, on avait placé ceux de MM. Foy, Laffitte, Benjamin Constant, qui, tout en poussant très-loin l'hostilité de tribune, ne participaient point aux entreprises armées contre la Restauration. L'acte d'accusation, rédigé par M. Mangin, se faisant l'écho de ces dépositions confuses et mêlées de vérités et d'erreurs, produisit une vive impression dans Paris, une impression plus vive encore au Palais-Bourbon.

On allait assister de nouveau au spectacle auquel on avait

déjà assisté souvent. Ceux qui n'avaient pas trempé dans le complot prendraient l'offensive, et, se plaignant d'être calomniés, chercheraient à révoquer en doute la réalité même des complots auxquels la Restauration était en butte, quand il n'y avait de contestable que la réalité de leur participation à ces complots. M. Benjamin Constant ouvrit le feu. On discutait, au commencement de la séance du 1er août, le budget de la chambre des pairs; l'orateur de la gauche se plaignit de ce que la dotation du sénat servait à donner des pensions inconstitutionnelles. Ce fait était, selon lui, d'autant plus regrettable, que l'indépendance législative et judiciaire de la chambre des pairs paraissait amoindrie dans une époque où le gouvernement accueillait les dénonciations les plus stupides et les propos les plus ridicules, et où les procureurs généraux en composaient des réquisitoires dignes d'exciter le rire et la pitié. Il ajouta qu'il y avait dans l'histoire d'Angleterre deux règnes qui avaient plus d'un point de ressemblance avec les temps présents. Pendant ces deux règnes, continua-t-il, comme aujourd'hui, il se découvrait, chaque matin, de nouvelles conspirations dans lesquelles figuraient toujours les mêmes témoins payés aux frais du gouvernement.

Un député de la droite, M. Réveillère, indigné de la mauvaise foi de M. Benjamin Constant, qui niait la réalité des conspirations dont la Restauration était entourée, et regardant ces violences de tribune répondant aux violences des conspirateurs armés comme une conspiration de plus, lui cria : « Vous demandez des preuves : n'avons-nous pas la tribune? » M. Benjamin Constant, avec une indignation théâtrale, somma M. Réveillère de venir produire la preuve de cette conspiration de la tribune dénoncée par lui, faute de quoi l'interrupteur devait se résoudre à accepter le nom de calomniateur. La gauche applaudit, la droite murmure. M. Réveillère, ne voulant pas rester sous le coup de cette injure, monte à la tribune et rappelant que, pour la seconde fois, les noms de plusieurs membres de la chambre des députés se trouvent compromis dans des conspirations, il déclare qu'il est de leur honneur, de l'honneur de la chambre, de savoir enfin s'il existe quelques relations entre ces membres et les conspirateurs.

L'agitation de la chambre était extrême. Le président voulut clore l'incident, qui ne devait pas interrompre l'ordre du jour; mais M. Laffitte, l'un des députés nommés dans l'acte d'accusation de M. Mangin, demanda la parole pour un fait personnel. Après avoir rappelé l'interpellation faite par M. Réveillère aux députés de la gauche, nommés dans l'acte d'accusation dressé par M. Mangin :

« Il est du devoir et de la dignité de la chambre, s'écria-t-il, d'ordonner une enquête pour savoir enfin si nous sommes sous le fer des calomniateurs ou sous celui des bourreaux. Ce n'est pas de l'opinion d'un misérable folliculaire qu'il s'agit, c'est de celle d'un procureur du Roi, dans un acte d'accusation consigné tout entier dans le *Moniteur* d'aujourd'hui. Les noms de cinq députés y sont cités. Pour ce qui me regarde, c'est un mensonge infâme. (*Vive sensation.*) Mais il ne s'agit pas d'être cru sur parole. Il faut examiner la conduite de cet officier public, qui a dirigé la procédure. Si les dépositions portent un caractère aussi grave, cet officier devait demander à la chambre de nous mettre en accusation. Si, au contraire, ce n'est que quelques vils agents de la police dont nous sommes continuellement entourés, il est du devoir de la chambre d'ordonner une enquête et d'examiner la conduite du procureur du Roi. »

L'allocution de M. Laffitte avait excité les vives adhésions de la gauche, et M. Casimir Périer s'était fait remarquer par l'éclat de son approbation. M. de Peyronnet chercha à ramener le débat sur le terrain de la froide logique. Il fit remarquer que le magistrat si violemment attaqué par M. Laffitte n'avait fait que remplir son devoir. Il y aurait manqué s'il s'était abstenu de recueillir et de produire des faits notoires et dont une ville entière avait été témoin. Ils étaient d'une trop haute gravité pour que le magistrat pût les dissimuler. Les noms des membres de la chambre indirectement rappelés par lui, dans l'acte de l'accusation, ne l'avaient été que parce que ces noms avaient été cités, proclamés, sans leur assentiment sans doute, par des hommes dont la conduite ne pouvait être appréciée à la tribune, du moment où ils étaient devant la justice du pays.

Ce n'était pas l'affaire de la gauche de laisser ainsi tomber le débat devant les paroles raisonnables et modérées du garde des sceaux. Le général Foy se chargea de le passionner de nouveau :

« Où les magistrats cherchent-ils la règle de leur conduite? s'écria-t-il. Dans le langage du ministère, dans le langage de ses partisans, dans le langage de ses journaux, dans l'esprit de faction qui domine aujourd'hui en France. (*Violents murmures à droite. Cris : A l'ordre!*) J'accuse le procureur général de Poitiers de n'avoir pas fait son devoir. Il a cité deux fois mon nom. Une première fois il a dit que Berton avait assuré qu'il y avait un gouvernement provisoire à Paris et que moi j'étais membre de ce gouvernement. Le fait est-il vrai? Je n'en sais rien. Mais là n'est pas le point principal de l'accusation. Il a eu soin de mettre l'accusation principale dans la bouche d'un nommé Grandménil, contumace qui ne reparaîtra plus, sur le compte duquel on mettra tous les mensonges qu'il importe à la faction antinationale, antifrançaise, de mettre en avant, dans la bouche d'un homme qui ne pourra pas être interrogé publiquement, qui ne donnera pas d'explications sur les atroces mensonges qui ne sont pas sortis de sa bouche, je le parie, car ils sont l'ouvrage du ministère. (*Violents murmures à droite. Cris nombreux : A l'ordre!*) Je répète que c'est une machination atroce, perverse, infâme, et, comme j'en ai le droit, je réclame une enquête. »

Pendant que le président rappelait le général Foy exaspéré à l'ordre, pour les graves injures qu'il venait d'adresser au ministère, il se passait dans une tribune publique une scène qui resta inaperçue de la chambre, mais qui faillit amener une péripétie imprévue dans le débat et en même temps dans le procès de Saumur qui en était l'occasion. Durant toute la dernière partie du discours du général Foy, un homme placé dans une tribune publique, entre le fils du général La Fayette et un membre de la gauche la plus avancée, M. de la Pommeraye, député du Calvados, donna les marques de l'agitation la plus violente. Il voulut plusieurs fois se lever et parler, ses deux voisins de tribune eurent beaucoup de peine à le contenir ; ils l'entraînèrent hors de la salle, au milieu du tumulte et du désordre qui suivirent le rappel à l'ordre. Cet homme était le contumace Grandménil. Il était venu là parce que M. Georges La Fayette lui avait promis de lui procurer, par l'intermédiaire de M. de la Pommeraye, un passeport qui lui permettrait de passer à l'étranger et lui avait donné rendez-vous à la chambre. Quand il entendit, à l'occasion du débat inattendu qui s'éleva sur l'acte d'accusation du procureur général de Poitiers, le général Foy le traiter, lui Grandménil, l'ennemi sincère et acharné de la Restauration, d'agent provocateur, et ajouter avec une injurieuse dédain « que le coutumace Grandménil ne se présenterait pas, » il fut au moment de se précipiter dans la salle, en donnant un démenti à l'orateur de la gauche, et en s'écriant : « Me voilà[1] ! » Quel coup de théâtre c'eût été ! quelle péripétie ! Grandménil entre les mains de la justice faisait faire le pas qui conduisait l'instruction jusqu'à la culpabilité du général La Fayette. Les hautaines dénégations de la gauche se trouvaient démenties, la partie de l'acte d'accusation qui avait soulevé ces violentes récriminations justifiée. Si la péripétie n'eut pas lieu, les faits restent cependant ce qu'ils sont. Il pouvait y avoir des erreurs de noms dans l'acte d'accusation, mais la gauche parlementaire n'avait pas été calomniée par le procureur général ; elle recélait des conspi-

---

1. Non-seulement M. de Vaulabelle raconte *in extenso* cet incident dans son *Histoire de la Restauration* ; mais une lettre de M. Georges de La Fayette, datée du 24 mai 1840, certifie l'exactitude de ces détails.

rateurs dans son sein, elle n'avait donc pas le droit de s'indigner.

M. de la Bourdonnaye conclut à l'enquête en s'étonnant cependant que des gens qui se défendaient de conspirer vinssent déclarer que les affaires de la France étaient conduites par une faction antinationale et antifrançaise. Il ajouta que le ministère et par conséquent le Roi étaient à la tête de cette prétendue faction : confusion qui parut choquante surtout dans la bouche de M. la Bourdonnaye qui avait si souvent attaqué le ministère en le distinguant du Roi. Il provoqua ainsi une réplique de M. Tripier qui rétablit avec beaucoup de netteté et de force les principes constitutionnels, et essaya ensuite de prouver que le procureur général avait manqué à son devoir en nommant plusieurs députés de la gauche dans son acte d'accusation, s'il n'avait pas des preuves suffisantes contre eux, et en ne demandant pas à la chambre l'autorisation de les poursuivre, si les preuves recueillies dans l'instruction suffisaient. M. de Martignac répliqua que l'acte d'accusation devait refléchir fidèlement tous les faits qui résultaient de l'instruction, avec le caractère d'évidence, de probabilité ou de possibilité qui ressortait de l'instruction pour chacun.

La discussion passait ainsi aux juristes en échappant aux politiques, lorsqu'on vit le général La Fayette s'acheminer d'un pas lent vers la tribune. Il y eut de l'émotion dans la salle et parmi les nombreux spectateurs qui assistaient à la séance. Plusieurs personnes dans la chambre connaissaient la position prise par le général La Fayette; un plus grand nombre la soupçonnaient. On le savait, dans son hostilité hautaine, et dans son stoïcisme républicain compliqué d'orgueil, incapable de faire une concession de parole au gouvernement dont il avait juré la perte, et trop fier pour s'abriter derrière un mensonge. Qu'allait-il donc dire? C'était un défi qu'il venait jeter à la face du gouvernement, un défi enveloppé dans des habiletés de paroles savamment combinées :

« Quelle que soit mon indifférence habituelle, dit-il, pour les inculpations et les haines de parti, je crois devoir ajouter quelques mots à ce qu'ont dit mes honorables amis. Pendant le cours d'une carrière dévouée tout entière à la liberté, j'ai constamment mérité d'être en butte à la malveillance des adversaires de cette cause, sous quelque forme despotique, aristocratique, anarchique, qu'ils aient voulu la combattre ou la dénaturer. Je ne me plains donc point, quoique j'eusse le droit de trouver un peu leste le mot *prouvé* dont M. le procureur du Roi s'est servi à mon occasion. Mais je m'unis à mes amis pour demander, autant qu'il est en nous, la plus grande publicité au sein de cette chambre, en face de la nation. C'est là que nous pourrions, mes accusateurs et moi, dans quelque rang qu'ils soient placés, nous dire sans compliments ce que nous avons eu mutuellement à nous reprocher depuis trente-trois ans. »

Le général La Fayette, sans avoir rien avoué, rien nié et surtout rien excusé, descendit de la tribune au milieu des bravos unanimes de la gauche. C'était avec cette imperturbable assurance qu'après tous les mécomptes politiques de sa carrière, le général La Fayette parlait de la liberté qu'il avait aimée sans doute, mais sans réussir à l'établir, encore moins à la fonder. Pendant qu'il tenait ce langage plein de grâce et d'aisance dédaigneuse, son fils entraînait vers une voiture publique l'accusé contumace Grandménil qui, peu de moments auparavant, avait été sur le point de lui dérober ce succès d'éloquence, en livrant à la justice le témoin qui lui manquait.

Il fallait que l'incident eût un terme. M. de Villèle, que l'on s'habituait déjà à regarder comme l'interprète autorisé de la politique du gouvernement dans les circonstances graves, demanda la parole contre l'enquête que, par des motifs différents, M. de la Bourdonnaye, Benjamin Constant, Foy, Laffitte, Tripier, La Fayette avaient demandée. Voici son discours, qui emporta le vote :

« Il est d'une grande importance qu'on sache sur la question qui a été agitée ce qui est vrai, ce qui est faux, et je demanderais l'enquête si elle devait nous conduire à ce but. Mais le véritable moyen est de laisser la justice suivre son cours ordinaire, qu'il ne dépend de personne d'arrêter. (*Voix à droite et au centre : C'est cela! c'est cela!*)

« Des députés de cette chambre se sont plaints d'avoir été cités dans le réquisitoire. Ce n'est pas de cela qu'ils devraient se plaindre, mais bien d'avoir été cités par des témoins, par des accusés dans l'affaire. Le devoir du ministère public était de reproduire ces dépositions dans l'acte d'accusation, parce qu'elles servent à faire connaître le but de la prise d'armes. Les députés compromis dans l'acte d'accusation trouvent leur justification dans ce seul fait qu'ils n'ont pas été demandés à la chambre. (M. de Girardin : *Parce que vous n'avez pas osé.*) Dites parce qu'il ne résultait pas de la procédure la nécessité, le devoir pour le ministère de venir vous réclamer. Vous demandez une justification, elle est là, elle ne saurait être ailleurs.

« A ce sujet, je me rappelle ce qui a amené cette discussion. Elle a pris naissance à propos de la chambre des pairs qu'on nous accuse d'avoir doublement à notre disposition, parce que, a-t-on dit, nous pouvons, à notre volonté, faire des pairs, et que, d'autre part, nous leur donnons ce qu'on n'a pas craint d'appeler un salaire. (*Sensation.*) On ne s'apercevait pas que ce ministère conspirateur, ce ministère accusateur, ce ministère résolu à perdre les députés dont il s'agit, avait laissé la décision au cours ordinaire des choses, qu'il avait laissé aux tribunaux à décider sur cette affaire que les tribunaux avaient commencée. Eh bien, vous avez dit vous-mêmes comment nous pourrions nous y prendre pour amener cette affaire devant un autre tribunal, que vous dites être tout à fait à notre dévotion. Cependant ce ministère conspirateur l'a renvoyée, devant qui? devant des jurés. Pour nous accuser, il faut se jeter dans cette contradiction qui va jusqu'à dire : « Vous avez voulu nous perdre, vous l'avez entrepris, vous ne l'avez pas osé, » et en même temps supposer que nous ne sachions pas que, dans cette carrière qui n'est pas la nôtre, les exemples ont prouvé que c'était en osant qu'on réussissait. (*Sensation.*)

« Il résultera de l'accusation ou la preuve que ce qui a été dit par les témoins, par les accusés, est conforme à la vérité, et alors on verra si nous n'osons pas! (*Vive sensation à droite. A gauche :* A la bonne heure!) Ou il en résultera que les propos des témoins, des co-accusés sont dénués de tout fondement, et c'est alors que les députés qui ont été nommés recevront le témoignage de leur innocence. Ce témoignage, la justice peut seule le leur donner; vous ne sauriez le leur donner vous-mêmes; c'est pour cela que je m'oppose à l'enquête. Je demande que les voies ordinaires de la justice soient suivies, parce que ce sont les seules qui puissent mener à la connaissance de la vérité. (*Voix à droite* : Très-bien !)

« Nous vous avons donné l'exemple de ce que je propose au milieu des troubles les plus menaçants ; si vous vous reportez à l'époque où éclata la rébellion de Berton, vous avouerez qu'au milieu des imputations dirigées contre nous, on nous doit de reconnaître que dans les circonstances les plus graves nous avons laissé la justice suivre son cours ordinaire. (*Même mouvement.*) Nous nous sommes soumis aux lois, et aux lois habituelles. Nous n'avons rien demandé d'extraordinaire, lorsque les moyens d'attaques prenaient le plus de gravité et qu'ils étaient eux-mêmes le plus extraordinaires. (*Vive agitation à gauche. Une foule de membres de ce côté se lèvent et interpellent le ministre. On s'écrie à droite* : Silence ! Écoutez !) Voilà, messieurs, la justice qui nous sera rendue, et que vous nous devez vous-mêmes. Si vous ne nous la rendiez pas, nous sommes sûrs qu'elle nous serait rendue plus tard, parce qu'elle repose sur un fondement inébranlable, la vérité, et la légalité de nos actes que nous soumettons à nos concitoyens. »

Une vive adhésion se manifesta sur les bancs de la droite. L'impression produite par ces calmes et fortes paroles sur toutes les opinions avait été profonde, et quand M. de Villèle, interpellé par M. de Girardin qui reprochait au ministère de ne pas avoir osé demander la mise en jugement des députés de la gauche, lui avait jeté cette réponse : « Que les preuves nous viennent, et vous verrez si nous n'osons pas ! » on avait compris à l'énergie de l'accent que ce n'était point là une vaine menace.

Après ce discours, la majorité demanda à grands cris la clôture. Alors survint une scène qui dépassa en violence tout ce qu'on avait eu jusque-là. On criait sur les bancs de l'opposition : « Vous étouffez la discussion quand il y va de nos vies. » M. Périer demanda la parole contre la clôture, et le président la lui refusa, en rappelant qu'on avait déjà parlé contre la clôture, et que, la chambre persistant à la demander, son devoir était de la mettre aux voix. C'est ce qu'il fit, et la clôture fut prononcée.

L'agitation était arrivée à son paroxysme.

M. Casimir Périer, debout et gesticulant, cria au président : « C'est un assassinat politique. Vous deviez nous permettre de nous défendre ! » Et, comme le président répétait à l'interrupteur que, la chambre ayant fermé la discussion, il ne pouvait obtenir la parole, M. Casimir Périer reprit derechef : « Grâce à vous la chambre vient de faire une chose abominable ! » Toute la droite réclamait le rappel à l'ordre de l'interrupteur. Le président n'obtempéra point à ces réclamations ; mais, comme plusieurs voix ne cessaient de répéter à gauche que l'on avait fait de ce côté une proposition d'enquête, le président représenta que c'était là une motion d'ordre qui devait être soumise aux formes tracées par le règlement et qu'il ne pouvait mettre actuellement en délibération. Quelque justes que fussent ces observations, elles ne calmèrent point l'effervescence des esprits. Les réclamations redoublèrent. M. Laffitte s'écria en gesticulant avec force : « C'est un assassinat ! » Le général Foy répéta les mêmes paroles avec une violence toujours croissante, et l'assemblée se sépara dans une agitation inexprimable.

Il n'y avait point là d'assassinat politique ; il y avait une conspiration flagrante et permanente qui comptait parmi ses coopérateurs plusieurs membres de la chambre. Le procureur général, qui cherchait à tâtons son chemin à travers ces ténèbres, s'était trompé dans plusieurs de ses désignations, ou plutôt avait été trompé par les accusés et les témoins. Mais le fait de la conspiration était incontestable et la participation de plusieurs députés au complot, niée avec un injurieux dédain par le général Foy, était réelle et avait failli être mise en lumière en pleine séance par l'intervention du contumace Grandménil. Le gouvernement avait donc la raison comme la modération de son côté, en laissant à la justice le soin de chercher les coupables comme c'était son droit et son devoir.

Le soir, M. de Villèle avait une réception. Tout le corps diplomatique y parut, et le ministre fut complimenté sur son succès qui était quelque chose de plus qu'un succès de tribune [1]. Le Roi lui témoigna, le lendemain, sa satisfaction, quoique le jour même M. de Saint-Aulaire eût déposé dans les formes régulières la proposition « de traduire à la barre de la chambre le procureur général de la cour de Poitiers pour répondre à l'accusation portée contre lui de s'être rendu coupable d'offenses graves envers la chambre des députés et être condamné aux peines portées par la loi du 25 mars 1822. »

Dans cette proposition de M. de Saint-Aulaire, il ne s'agissait plus, on le voit, d'une enquête, et M. Royer-Collard, qui prononça à cette occasion un beau discours écrit dans cette grande langue politique dont il avait le secret, reconnut que lorsque le ministre des finances avait dit qu'une enquête parlementaire ne conduirait à rien, il avait eu raison. Mais il ajouta qu'il avait eu tort en disant : « Laissez faire à la justice. » La justice n'arriverait à rien par les débats de l'audience tant que la vérité ne serait pas connue. Le seul résultat à poursuivre, selon l'opinion de M. Royer-Collard, c'était donc de faire respecter par la magistrature la dignité de la chambre offensée dans plusieurs de ses membres, et notamment dans l'un d'eux, — c'était le général La Fayette, — en parlant duquel M. Mangin avait dit, en dénonçant ses rapports avec plusieurs des conjurés : « Le fait est prouvé. » M. Royer-Collard tirait, selon son habitude, toute une théorie de métaphysique politique de la loi du 25 mars 1822, qui autorisait les chambres à appeler à leur barre ceux qui les auraient offensées, sans user de la poursuite ordinaire, en jugeant et en

---

[1]. On lit au sujet de cette séance dans le carnet de M. de Villèle : « Le fils du ministre assistait ce jour-là à la séance. Il se souvient très-bien de la stupeur dont resta frappée l'opposition et du succès qu'obtint le discours dans le public très-mêlé des tribunes. »

punissant elles-mêmes souverainement les offenses commises contre elles. Selon lui, cette loi n'avait pas seulement pour objet d'affranchir les chambres de la nécessité de recourir aux tribunaux pour la protection de leur honneur et le maintien de leur dignité, en prévenant le cas d'une dissidence fâcheuse entre les chambres se plaignant d'être offensées, et les tribunaux n'apercevant point cette offense et refusant de la poursuivre. L'objet spécial de la loi était de sauvegarder l'inviolabilité morale des chambres contre les tribunaux eux-mêmes :

« Ce n'est point contre les abus de la presse, disait l'orateur, que la loi veut mettre à couvert l'inviolabilité morale des chambres, c'est contre les tribunaux ; en un mot, ce n'est pas la dignité des chambres qu'elle venge, c'est leur indépendance qu'elle établit vis-à-vis du pouvoir judiciaire. Sans doute la loi n'a point ignoré ce qu'il y a d'extraordinaire, de despotique même, dans cette attribution ; mais s'élevant à de plus hautes pensées, ayant en vue les dangers que peut faire courir aux chambres l'autorité judiciaire, elle a cru que la stabilité des institutions était à ce prix ; elle a créé en faveur des corps qui partagent la souveraineté, un privilège redoutable, mais nécessaire. Ce privilège est le complément de l'article 52 de la Charte ; avec cet article et la loi du 25 mars, les chambres sont désormais hors de toute atteinte judiciaire ; elles se maintiennent par elles-mêmes, et, par elles-mêmes, elles protègent leurs membres. Ainsi nous devons avoir sans cesse en regard cette vérité à la fois constitutionnelle et légale, que le pouvoir judiciaire est l'écueil naturel de l'indépendance des chambres.

C'était, on le voit, pousser à l'excès le principe de la loi du 25 mars édictée pour rendre les chambres juges suprêmes de leur dignité, mais non pas pour les rendre juges des actes du pouvoir judiciaire, en créant un antagonisme dangereux entre deux pouvoirs chacun indépendant dans sa sphère. M. Royer-Collard, après avoir dénié au procureur général le droit de faire passer dans l'acte d'accusation ce que la chambre de mise en accusation avait laissé dans l'instruction, en le mettant par là-même, disait-il, en dehors du procès, répondit à cette objection, qu'en mandant le procureur général à sa barre, la chambre n'annulerait, ne modifierait, ni ne suspendrait l'accusation. L'action judiciaire suivrait son cours, et la chambre, loin d'usurper les fonctions légales du procureur général, le punissait d'en être sorti.

Puis venaient des considérations empruntées à la politique. Les lois protectrices de la dignité de la chambre et de ses priviléges existaient surtout en faveur de la minorité qui remplissait, à ses risques et périls, une mission si difficile. S'il était vrai qu'une faction pouvait pénétrer dans la minorité, il était vrai aussi qu'elle pouvait, et bien plus dangereusement encore, s'établir dans la majorité. La majorité avait un moyen simple et naturel de prouver qu'elle était pure de l'esprit de faction, c'était de se montrer juste envers ses adversaires. Cette justice devait s'exercer envers les quatre députés accusés par le procureur général de Poitiers sur le ouï-dire d'un contumace. Sans doute il n'y avait pas de comparaison à établir entre les excès et les malheurs possibles sous un gouvernement légitime et régulier et les excès révolutionnaires. Cependant il ne fallait pas oublier que toutes les proscriptions avaient commencé par des accusations sans preuves possibles et des accusateurs inaccessibles, insaisissables, inviolables. C'est ainsi qu'avaient été frappés, pendant la Révolution, les proscrits du 31 mai et ceux du 18 fructidor. M. Royer-Collard terminait son discours, chef-d'œuvre de modération dans la forme et d'hostilité dans le fond, en s'étonnant de voir le ministère surpris qu'on fît remonter jusqu'à lui la responsabilité « de la diffamation judiciaire, » commise par le procureur général. N'avait-il pas lui-même proclamé la servitude politique des fonctionnaires? C'était une allusion aux principes développés par M. de Villèle dans sa circulaire et à la tribune sur le concours que le gouvernement était en droit d'obtenir des fonctionnaires dans les élections ; confusion évidente et malveillante, car il n'y avait aucun rapport entre les questions électorales et les questions judiciaires.

La discussion se prolongea. MM. Courvoisier, la Bourdonnaye et de Vaublanc répondirent à M. Royer-Collard que M. de Martignac avait précédé à la tribune. MM. Tripier et Manuel intervinrent à leur tour dans le débat : le premier en se tenant sur le terrain de la question légale, le second en cherchant toujours à ramener cette pensée que si les institutions étaient renversées et corrompues par ceux dont le devoir était de les faire respecter, on ne saurait accuser les hommes qui se réfugiaient dans les révolutions, seul asile qu'on leur eût laissé. C'était une étrange chose que ce conspirateur émérite venant se plaindre ainsi à la tribune des attaques dirigées contre les institutions, au renversement desquelles il travaillait dans l'ombre, et bénéficiant ainsi de l'épaisseur de cette ombre qui l'avait dérobé aux recherches pour se faire accusateur, lorsqu'à plus juste titre il eût été accusé.

Le discours de M. Royer-Collard avait produit une vive impression par l'élévation du langage et la hauteur de ses pensées, mais il n'avait pas détruit deux objections de M. de Martignac contre la proposition de M. de Saint-Aulaire. La première sous une forme spirituelle allait au fond des choses :

« La chambre, avait-il dit, n'a pas le droit de statuer sur la proposition qui lui est soumise ; l'article qui l'investit du privilége d'appeler à sa barre ceux qui l'auraient outragée par des écrits ou des paroles, ne saurait, en aucun cas, s'appliquer à des magistrats écrivant dans l'exercice de leurs fonctions. Le principe de la division des pouvoirs s'y oppose d'une manière absolue. Et puis ce n'est pas en enlevant de son parquet un magistrat au moment où il est appelé à remplir les importantes fonctions que la loi lui a conférées, que vous pouvez réparer le tort qui a été fait à quelques personnes. Ne pourrait-on pas même induire de cette discussion que le projet est de faire une diversion utile en faveur des accusés, d'influencer les magistrats et de jeter le trouble dans l'âme des jurés ? Ce soupçon serait odieux, j'en conviens, mais il pourrait s'élever. N'est-il donc aucun autre moyen de rassurer l'opinion? Il en est un, tout simple, tout naturel. Que ceux qui se plaignent montent à cette tribune ; qu'ils y viennent protester à la face de la France, de leur amour pour le Roi et la légitimité, de leur horreur pour la trahison et la révolte. Voilà ce que je ferais, si j'étais dans une position semblable à celle où se trouvent quelques membres de cette chambre, et, confiant dans mon innocence, j'attendrais avec respect la décision des tribunaux. »

La gauche était demeurée sourde à cette mise en demeure. Quelques voix indiscrètes avaient même fait entendre sur ses bancs ce cri : « *Allons donc!* » La droite, empressée de la saisir dans le flagrant délit de son inconséquence, avait répondu par cette interpellation : « *Ah! vous refusez?* » Ce à quoi des voix de gauche, parmi lesquelles on remarqua celle du général Foy, répliquèrent : « *Nous avons prêté serment, faudra-t-il nous mettre à genoux?* »

M. de Martignac avait ajouté à cette mise en demeure, qui plaça la gauche dans une situation difficile, une observation grave : N'était-il pas possible que plusieurs hommes faibles et crédules eussent été entraînés dans l'insurrection par les noms des prétendus membres du gouvernement provisoire? Si le procureur général eût dissimulé ces noms, il aurait donc manqué à ses devoirs, non-seulement envers le gouvernement, mais envers les accusés eux-mêmes.

L'argument était à fond et ruinait tout le système de M. Royer-Collard sur la séparation complète à établir entre l'acte d'accusation et l'instruction. La connaissance de celle-ci était surtout nécessaire aux jurés pour apprécier le caractère et le degré de la culpabilité des prévenus, et par conséquent il était vrai de dire que l'instruction devait se réfléchir dans l'acte d'accusation.

M. de la Bourdonnaye, qui avait à cœur de réparer son dernier échec, fit remarquer en outre combien il était étrange que, dans un pays où l'égalité devant la loi était le premier des droits, on voulût établir, en faveur des députés, un privilége exclusif de toute justice et de toute équité. Il disait vrai. Comment, en effet, ne pas voir que, si l'on adoptait un pareil principe, les magistrats, exposés à se voir mandés à la barre de la chambre, reculeraient toutes les fois qu'ils rencontreraient dans une instruction un nom parlementaire. Encore moins se décideraient-ils à demander, même avec de graves indices, l'autorisation de poursuivre un député, plus exposés que jamais, si la chambre ne souscrivait pas à cette proposition, à se voir traduire à la barre de l'Assemblée comme calomniateurs. M. Royer-Collard n'avait pas aperçu qu'en poussant sa théorie à ses dernières conséquences, on arrivait à créer une espèce d'idole parlementaire, sur les autels de laquelle les droits de la justice elle-même étaient sacrifiés. M. de la Bourdonnaye ajouta une considération qui, pour avoir un caractère personnel, n'en était pas moins juste. Comment ceux qui chaque jour se proclamaient, à la tribune, les protecteurs de toutes les révolutions, se plaignaient-ils de ce que les énergumènes de leur parti se servaient de leurs noms pour colorer leurs entreprises? Pouvait-on s'étonner que, s'exaltant à la lecture de discours imprudents, les factieux invoquassent pour leurs chefs ou adoptassent comme moyens de succès les noms des orateurs qui se faisaient sans cesse les échos de leurs plaintes et les organes de leurs opinions? Le chef de l'extrême droite termina par quelques paroles vagues, fatidiques, dans lesquelles il se posait en protecteur du cabinet, convié à prendre « des mesures générales promptes, énergiques; » il l'avertit que, « bien qu'il eût fait peu encore pour justifier les grandes espérances qui l'avaient accompagné au pouvoir, le salut de la France et celui de l'Europe étaient dans ses mains. »

La chambre, que la lassitude commençait à gagner, vota, à une majorité de 226 voix contre 127, la question préalable.

Le dernier mot n'avait pas été dit cependant. Dans cette

époque de passion politique, la tribune interpellait le prétoire, et le prétoire n'hésitait pas à lui répondre. Le procureur général Mangin n'accepta pas les leçons qui lui avaient été données, encore moins les injures qui lui avaient été jetées dans la discussion parlementaire; sa conscience de magistrat se révolta contre cette impunité morale, réclamée par des hommes parmi lesquels il y en avait auxquels il ne laissait qu'avec regret et malgré lui l'impunité judiciaire. Dans l'audience du 5 septembre 1822, à la fin du réquisitoire qu'il prononça dans le procès du général Berton, il adressa aux censeurs de sa conduite cette terrible réplique :

« Berton et ses complices ne sont-ils pas les agents de conspirateurs plus puissants qui se cachent?

« Berton, en parlant du gouvernement provisoire, a nommé La Fayette, Laffitte, Benjamin Constant, d'Argenson.

« Quels noms a-t-on désignés à Wolfeld quand on voulait le corrompre pour qu'il embauchât le régiment de carabiniers de Monsieur? La Fayette, Benjamin Constant, Foy, Manuel, Laffitte.

« Qui devait prendre le commandement de l'armée, d'après ce que Delon a dit à Mairet? La Fayette et Foy.

« Quels noms sont prononcés dans toutes les conspirations? Les mêmes noms.

« Est-ce seulement à leurs discours que ces hommes doivent de voir leurs noms invoqués dans toutes les conspirations, ou sont-ils réellement les complices volontaires de ces crimes?

« Sans doute des hommes qui, du haut de la tribune, en appellent à l'énergie de la nation, à l'insurrection ; qui, à la face de la France, s'écrient qu'elle n'a reçu qu'avec répugnance la famille de ses rois, ces hommes sont exposés, quelque innocence qu'on suppose à leurs intentions, à voir des malfaiteurs s'armer de leurs noms.

« N'y a-t-il contre ces hommes autre chose que ce que j'ai traité d'imprudence? La ville de Saumur était calme. Benjamin Constant se présente dans ses murs : que vous apprennent le maire et le commissaire de police? Ils vous disent : Benjamin Constant arrive; aussitôt le désordre secoue ses torches, en dix mois, trois conspirations s'ourdissent. Dans trois déclarations successives, Baudrillet, qui s'est rétracté depuis, a avoué qu'il avait été présenté au général La Fayette. Grandménil, qui l'a présenté, l'a dit à Wolfeld. Baudrillet, qui a été présenté, l'a dit par trois fois [1]. Que voulez-vous de plus pour dire que ce fait est *prouvé?* Faut-il l'aveu de M. le marquis de La Fayette?

« Les preuves morales abondent dans la cause; mais les preuves matérielles, les seules sur lesquelles puisse se fonder une action judiciaire, manquent. Ce n'est pas parce que ces hommes sont innocents, c'est parce qu'ils se cachent derrière leurs agents. On dit que nous aurions pu nous dispenser de nommer ces hommes. De quel droit nous dispenserions-nous, dans une affaire de conspiration, de faire connaître aux jurés sur quels appuis comptaient les conspirateurs? Nous devions vous apprendre que plusieurs de ces accusés ont été trompés, précipités dans l'abîme par ces noms d'hommes puissants, parce que cette considération peut vous disposer à quelque indulgence pour les accusés...

« ..... Ils ont dit que nous frappions par derrière, qu'il y avait lâcheté, perfidie. Ils savaient bien que la main judiciaire qui s'est appesantie sur eux ne fut point celle d'un lâche. Les lâches, les perfides, sont tous ceux qui précipitent dans l'abîme des conspirations, des hommes qu'ils trompent, abandonnent et désavouent [2]. »

Ces mâles et fortes paroles étaient prononcées, il importe de ne pas l'oublier, dans les assises de Poitiers, par-devant lesquelles avait été envoyée l'affaire de Berton, et en face des

---

1. La rétractation de Baudrillet était un mensonge officieux, destiné à empêcher M. de La Fayette d'être compromis. « De nouvelles réflexions et les conseils de son co-accusé Delalande, dit M. Duvergier de Hauranne, avaient fait comprendre à Baudrillet qu'il avait commis une grande faute, et il avait résolu de la réparer. Quand donc, dans le cours de son second interrogatoire, le juge d'instruction, afin de mieux constater le fait, lui avait demandé le signalement de M. de La Fayette, Baudrillet avait répondu par un portrait qui ne ressemblait en rien à l'original. C'était, avait-il dit, un homme de quarante à quarante-cinq ans, dont la figure était pleine et qui avait de longs favoris noirs. » Et comme le juge d'instruction lui représentait que M. de La Fayette était tout autre : « Alors, avait-il dit, c'est que l'on m'a trompé, et que je n'ai pas vu M. de La Fayette. » (*Histoire du gouvernement parlementaire*, t. VI. p. 108.

2. Jusque-là le procureur général Mangin restait dans les limites d'une juste défense; mais, sous le coup de la passion politique dont presque tous les hommes de ce temps étaient animés, il eut le tort d'ajouter : « Les lâches et les perfides sont ceux qui dorment, lorsque l'infortuné monarque qu'ils devraient protéger se débat sous le fer des assassins ; ceux qui recèlent les trésors d'un usurpateur, d'un souverain détrôné, et s'en servent pour soudoyer des conspirateurs. » Ici M. Mangin sortait des limites légitimes et entrait sur le terrain de la diffamation et de l'injure.

assises de Paris, où se poursuivait l'affaire dite des sergents de la Rochelle.

Il serait sans intérêt, aujourd'hui que la réalité des deux conspirations et leur véritable but sont avoués et connus, d'entrer dans le détail de ces deux procès; il suffira d'en caractériser la physionomie. La défense de Berton fut emphatique et faible; il se débattit contre l'évidence et essaya de cacher sa véritable entreprise derrière un prétendu projet de ramener le gouvernement royal dans les voies du régime constitutionnel. Suivant lui, « le mouvement de Thouars n'avait pas pour objet le renversement du gouvernement, encore moins pouvait-il être dirigé contre la personne de Sa Majesté, puisqu'il était l'œuvre des Chevaliers de la liberté, dont les statuts portent que l'institution a pour principal objet le maintien de la Charte et la défense du Roi. » L'invraisemblance et la maladresse du système de défense adopté par Berton, qui nia d'un côté qu'il eût été le chef du mouvement, et de l'autre prétendit qu'il n'avait pas celé son nom quand il était venu demeurer chez Caffé, médecin à Saumur, furent fatales à ses complices. En vain le président des assises et plusieurs jurés [1] lui firent remarquer qu'il ôtait toute excuse à ses coaccusés, en prétendant, d'une part, que son nom leur était connu, et, de l'autre, qu'ils n'avaient pas cédé à la haute impulsion d'un général revêtu de son uniforme et leur intimant l'ordre de le suivre. Berton persista, se plaignit d'être jugé par des ennemis, des chevaliers de Saint-Louis, adjura ses juges de ne pas renouveler les temps de Carrier et de Lebon, et ne retrouva son courage et sa dignité que pour mourir. Le 13 sep-

---

1. Ces avertissements, donnés à Berton par plusieurs jurés, répondent, ce semble, à la protestation qu'il fit contre la composition de ce jury formé exclusivement, selon lui, d'émigrés et de chevaliers de Saint-Louis. Il ne semble pas que les hommes qui donnaient cet avertissement au principal accusé fussent animés de passions implacables.

tembre; son arrêt de mort fut prononcé, et cinq de ses coaccusés, Caffé, Henri Fradin, Sénéchault, Jaglen et Saugé furent condamnés à la même peine; trente-deux autres accusés, parmi lesquels était le colonel Alix, furent condamnés à un emprisonnement qui variait de un an à cinq ans. Caffé, qui devait être conduit au supplice avec le général Berton, sur la place publique de Thouars, le 5 octobre, s'ouvrit une artère avec son bistouri et mourut dans sa prison [1]. Saugé et Jaglin furent exécutés à Thouars le 7 octobre. Les femmes de Sénéchault et de Fradin, accourues à Paris, obtinrent la commutation de peine de leurs maris en vingt ans de prison pour le premier, en quinze ans pour le second. Il y eut en outre des condamnations à mort prononcées par la cour, jugeant sans jury contre des contumaces, parmi lesquels était ce Grandménil, qu'on a vu prêt à jeter sa parole indignée au milieu d'un débat violent de la chambre.

C'était beaucoup de sang versé. Les esprits modérés, dans tous les partis, voyaient avec peine se dresser à la fois ces échafauds politiques; mais les esprits modérés sont toujours les moins nombreux. En face des périls que courait la monarchie, le sentiment du plus grand nombre des royalistes inclinait à la sévérité. Il y avait dans l'organisation mystérieuse de la charbonnerie quelque chose qui, frappant les esprits d'une crainte vague et presque superstitieuse, ne prédisposait pas à l'indulgence. Les réquisitoires de MM. Bellart, Mangin, Marchangy, de Broë, en appuyant sur le côté sombre et ténébreux de cette organisation secrète, en montrant ces lames de poignard qui luisaient dans l'ombre, ces serments terribles, cette

---

1. M. de Villèle raconte dans son journal politique que M. Benjamin Constant lui écrivit une lettre pour lui offrir de ne point se présenter aux élections qui allaient s'ouvrir, si l'on voulait faire grâce à Caffé, qui avait été son hôte. Le ministère ne pouvait pas accepter un marché de ce genre; M. Benjamin Constant ne reçut pas de réponse.

vaste organisation dont les ramifications s'étendaient en Italie, en Allemagne, en Suisse, en France, en Grèce même, disaient-ils, avaient ajouté à l'ébranlement des imaginations. Parmi les journaux de droite, il y en avait deux, le *Drapeau blanc* et la *Foudre*, qui exprimèrent hautement des sentiments contraires à la clémence. Ils voulaient que le gouvernement royal se montrât sans miséricorde envers des ennemis sans merci.

Il faut dire que de leur côté les accusés, et plus encore leurs amis, rendaient la clémence difficile. Le gouvernement comme la justice sentaient qu'ils étaient en face d'une vaste conspiration dont les chefs suprêmes demeuraient invisibles, et, chaque fois qu'on croyait avoir mis la main sur un fil conducteur, il se rompait sous la réponse des prévenus et des témoins qui ne craignaient pas de se démentir. C'était un système. Il n'avait pas été difficile de l'apercevoir dans le procès de Berton ; il fut pratiqué encore avec plus d'audace et d'ensemble dans le procès des prévenus de la Rochelle.

Sous le coup de la première émotion, trois des chefs de la vente militaire, Pommier, Goubain et Raoulx, avaient fait des aveux complets en confirmant les dépositions de plusieurs de ceux qu'ils avaient un moment entraînés et celles des témoins. Ils avaient même renouvelé ces aveux dans des écrits autographes et signés de leur main [1]. Bories était

1. Les magistrats instructeurs avaient été MM. Debelleyme et de Cassini. Pommier fit dans l'instruction cet aveu qui ne pouvait laisser aucun doute : « Depuis notre arrivée à la Rochelle, nous nous attendions tous les jours à exécuter le complot. Nous devions établir trois postes dans le voisinage des casernes, composés de sous-officiers et de soldats, sur lesquels nous pouvions compter pour empêcher les officiers du régiment de se rendre aux casernes. Les villages d'alentour devaient suivre la Rochelle ; Berton, attendu dans cette ville, devait y arborer le drapeau tricolore. Bories, ayant été conduit à la tour, rendit ses fonctions à Goubain. » (*Procès des Sergents de la Rochelle*, p. 12.) Les aveux de Raoulx, Goubain, ne furent pas moins explicites. « Hénon, continue M. Fouquier, finit par tout avouer. Le 8 avril, devant le préfet de police, et le 12 avril, devant le juge d'instruction, il reconnut avoir fait partie d'une vente qui se réunissait chez Baradère ; il déclara que Bories était député à

demeuré impénétrable. Le capitaine Massiat, resté prudemment sur l'arrière-plan, s'était contenté d'opposer une dénégation laconique à toutes les questions qui lui avaient été posées, et l'avocat stagiaire Baradère, président de la vente centrale, qui avait été le lien entre la Haute Vente et la vente militaire du 45ᵉ, avait observé la même ligne de conduite. Quand Bories se retrouva à la Conciergerie avec ses coaccusés, il leur remontra, comme l'avait fait Delalande à Baudrillet dans le procès du général Berton, qu'ils avaient commis une grande faute en parlant. Il ne leur restait qu'une chose à faire, c'était de rétracter à l'audience leurs dépositions, en affirmant qu'on les leur avait arrachées par l'intimidation et la violence. Peut-être ne se sauveraient-ils pas ainsi ; mais du moins ils sauveraient la charbonnerie en empêchant le gouvernement de remonter, par la vente centrale présidée par Baradère que les dépositions des trois sergents et celle d'Hénon avaient compromis, jusqu'à la tête de l'institution qui était la Haute Vente. S'ils périssaient, la charbonnerie les vengerait un jour.

L'éclat, et, disons-le, la générosité de cette conduite tentèrent ces jeunes cœurs. Ils s'exaltèrent à l'idée de jouer envers une société puissante le rôle de protecteurs et celui de martyrs d'une idée. Presque tous leurs avocats, — c'étaient MM. Barthe, Mérilhou, Mocquart, Berville, Delangle, Chaix-d'Est-Ange, — appartenaient à la charbonnerie. MM. Mérilhou et Barthe, deux de leurs plus éminents défenseurs, étaient membres de la Vente suprême. Ils avaient donc auprès d'eux des conseillers qui les fortifiaient naturellement, avec un zèle qui n'était pas complètement désintéressé, dans cette résolution [1]. Ce système

---

cette vente comme président d'une vente militaire... Le but de la secte, ajoute-t-il, était de conquérir la liberté à main armée. Il y avait des vues divergentes dans la charbonnerie : les uns voulaient la République, les autres Napoléon II ; mais on s'entendait sur un point, c'est qu'il fallait d'abord attaquer le gouvernement des Bourbons. » (*Procès des Sergents de la Rochelle*, p. 14.)

1. M. Fouquier, le continuateur de l'*Annuaire* de Lesur, très-favorable

les dévouait infailliblement à une condamnation, car si les prévenus pouvaient nier les rapports qu'ils avaient eus eux-mêmes avec les dignitaires de la charbonnerie et retirer leurs témoignages en accusant le général Despinois, M. Delaveau, préfet de police, et même les juges instructeurs de les avoir violentés, ils ne pouvaient détruire les dépositions des nombreux témoins qu'ils avaient tentés d'entraîner ou entraînés un instant dans leur conspiration. N'importe, ils avaient fait leur sacrifice, ils le maintinrent. Le plan habilement combiné, — et avec des hommes qui tenaient la tête du barreau de Paris il ne pouvait qu'être habile,— fut appliqué avec beaucoup d'audace, d'ensemble, d'entrain et de présence d'esprit. C'était une espèce de conspiration juridique qui succédait à une conspiration politique [1]. Le carbonarisme siégeait sur le banc de la défense comme sur le banc des accusés, et la salle même était pleine de carbonari, jeunesse enthousiaste qui venait soutenir de ses sympathies et de ses suffrages la fermeté des prévenus. Aidés par les avocats les plus célèbres du barreau de Paris, soutenus par cet auditoire bienveillant, ils avaient en outre la bonne fortune d'avoir pour président des assises un homme d'un caractère doux, modéré et même un peu faible, M. de Montmerqué, qui ne dissimulait qu'à demi l'intérêt que lui inspirait la jeunesse des accusés, le plus âgé des quatre

---

d'ailleurs, aux Sergents de la Rochelle, en fait la remarque dans le compte rendu de leur procès : « Voilà l'immolation que proposa Bories, dit-il, le généreux mensonge qui fut accepté par tous ses camarades. Ce fut aussi le conseil que leur donnèrent leurs avocats ; et on peut bien faire remarquer l'intérêt que plusieurs d'entre eux avaient à ce que le conseil fût suivi. Me Barthe par exemple et Me Mérilhou faisaient partie de la Haute Vente. »

1. « Cette résolution prise, dit M. Fouquier dans la relation du procès, les prévenus de la Rochelle se partagèrent en deux camps. Le capitaine Massiat et les prévenus civils s'isolèrent des autres ; Bories, dont la prudence était plus grande que celle de ses compagnons, servit d'intermédiaire aux deux groupes. Hénon, le seul prévenu civil qui eût avoué, promit la rétractation la plus formelle.

sergents, Bories, avait vingt-sept ans, et qui donnait à la défense toute la latitude qu'elle pouvait désirer [1].

M. de Marchangy, qui dans l'acte d'accusation s'était contenté d'exposer les faits de l'instruction en les groupant autour de la conspiration générale du carbonarisme dont il avait retracé à grands traits la marche, fut plus vif, plus pressant, plus magistral dans son réquisitoire, qui est resté un des monuments judiciaires de cette époque. Après avoir établi l'existence du carbonarisme comme une vaste société secrète organisée contre les gouvernements, et y avoir rattaché les derniers complots et en particulier celui de la Rochelle, il répondit ainsi aux défenseurs qui appuyaient sur la contradiction existant entre la grandeur de l'entreprise et l'impuissance des prévenus assis sur les bancs de la cour d'assises :

« Préoccupés de l'idée d'une conspiration hardie et d'un bouleversement général, nous cherchons sur ces bancs de puissants instigateurs, des hommes dignes par les séductions de leur opulence ou le bruit de leur renommée d'aspirer aux promotions de la révolte, d'obtenir les courtes faveurs de la révolution, d'exploiter à leur profit nos divisions intestines, et cependant que voyons-nous ici ? Des êtres obscurs, des jeunes gens égarés, des soldats sans nom. Que pouvaient-ils donc par eux-mêmes ? Rien, s'écrient leurs défenseurs. S'il est vrai, messieurs, que les accusés n'aient pu rien tenter d'eux-mêmes, leur propre insuffisance sera la première démonstration qui couvrira toute la discussion de sa lumière : c'est qu'ils faisaient partie d'une association flagrante dont la force était dans le nombre de ses adeptes et dans la mystérieuse influence qui les faisait mouvoir. Fanatiques instruments d'une volonté étrangère, ils ne pouvaient rien isolément; ils pouvaient beaucoup en concourant à une action simultanée, et lorsqu'on voit les criminels projets de la Rochelle coexister avec ceux de Béfort, de Saumur, Nantes, Thouars, Brest, Saint-Malo, Toulon, Strasbourg, on devine

1. Je trouve la note suivante sur le carnet de M. de Villèle : « On instruit l'affaire des conjurés de la Rochelle devant la Cour d'assises de la Seine. L'audace des accusés et de leurs défenseurs passe toute croyance. A l'assurance des uns, à la faiblesse du président et du ministère public, on pourrait croire que ces derniers sont sur la sellette et les premiers sur le tribunal. Malheur au gouvernement ainsi secondé ! »

comment, sans un crédit notoire, sans une haute capacité personnelle, tant de faibles roseaux auraient, en s'unissant par un lien commun, formé le sanglant faisceau des décemvirs.

Plus loin, M. Marchangy flétrit avec l'accent d'une éloquence indignée l'organisation oppressive de la charbonnerie, fondée sur la soumission aveugle aux ordres d'une vente souveraine et invisible :

« Féodalité nouvelle, s'écria-t-il, plus humiliante, plus odieuse mille fois que celle contre laquelle on ne cesse de déclamer, bien qu'elle soit à jamais ensevelie depuis des siècles dans la poussière des vieilles châtellenies. Là, du moins, on ne se servait pas de poignards ; là, le feudataire ne refusait pas de partager les dangers au milieu desquels il menait vaillamment les fidèles. Là, on ne s'engageait point par d'exécrables serments à répandre le sang d'un frère pour des tyrans cachés, pour de lâches rhéteurs dont le premier soin est d'obliger les malheureux qu'ils égarent à ne pas chercher à les connaître, et néanmoins à mourir pour eux. Fut-il jamais un fanatisme aussi insensé, une servitude aussi révoltante ? Dans les associations les plus abjectes, parmi les brigands et les corsaires, les chefs combattent à la tête de leurs compagnons, ils ont également à redouter les poursuites de la justice, ils marchent de front à l'échafaud, ils tombent ensemble dans le gouffre qu'ensemble ils ont creusé. Mais cette égalité n'est pas la règle des seigneurs de la Haute Vente, de ces privilégiés de l'anarchie, qui, du fond de leur comité invisible, prennent leurs sûretés contre les chances auxquelles ils exposent leurs séides : Allez, leur disent-ils, allez tenter pour nous les hasards d'une insurrection dont nous sommes les actionnaires, allez manœuvrer pour nous sous les coups de la tempête que nous avons allumée, tandis que nous attendrons à l'abri que vous ayez frayé un facile accès à notre pouvoir. Nous paraîtrons au signal de vos succès, nous irons vous secourir dans vos triomphes. Si la vigilance des tribunaux déconcerte votre entreprise, nous livrerons aux haines populaires les magistrats liberticides appelés à vous juger ; nous ferons de leur devoir un péril, et de leur impartialité un titre de réprobation ; nous les tiendrons à l'étroit entre la crainte du libelle et celle du poignard. Si vous succombez dans une agression tumultueuse, nous vous érigerons, à grand bruit, des tombeaux ; nous ferons sortir des étincelles de votre cendre agitée. Nous souscrirons aux larmes commandées par vos suprêmes anniversaires. »

C'est ainsi que M. de Marchangy, ne pouvant lever le

masque qui cachait les membres de la Vente suprême, leur lançait au visage, à travers ce masque, un stigmate indélébile qui s'attachait à leur front, en prononçant ces paroles prophétiques auxquelles, bien des années plus tard, une voix plus éloquente que la sienne devait faire écho. En 1834, en effet, M. Berryer signala la réalisation de la prophétie lorsque, M. Barthe, ancien membre de la Vente suprême, étant ministre de la justice, le gouvernement de Juillet présenta une loi sur les associations : « Remontez à une date antérieure à 1830, s'écria le grand orateur du haut de la tribune; quelles sociétés secrètes étaient alors organisées? qui y a siégé? qui s'y est entouré de la jeunesse? qui a endoctriné ce peuple toujours jeune dans sa passion? Et que serait-ce, grand Dieu! s'il se trouvait qu'un des accusés, cherchant dans vos conseils, à la tête de votre justice, au milieu de vous peut-être, au milieu de ses juges, reconnût un homme et lui dît : « Sur « le même poignard, nous avons juré haine, l'un et l'autre, « haine à la royauté [1]! »

Laissons passer les justices de l'histoire, et retournons aux assises du mois de septembre 1822. On touchait à la fin des plaidoiries; les prévenus et les avocats avaient adopté le système de défense le plus inadmissible, un système non-seulement contraire à la vérité, mais contraire à toute vraisemblance;

---

1. Nous avons entendu de nos oreilles, dans le procès des insurgés de Lyon, en avril 1834, un accusé adresser ces paroles à M. Barthe, qui siégeait parmi ses juges, et c'est sans aucun doute à cette terrible interpellation que M. Berryer fit allusion dans cette vive apostrophe.

Il est curieux de suivre la destinée des avocats des carbonari, la plupart carbonari eux-mêmes. M Barthe, membre de la Haute Vente, devint ministre de la justice sous le gouvernement de Juillet et pair de France; il est mort sénateur. M. Mérilhou, autre membre de la Haute Vente, devint aussi ministre de la justice, pair de France. M. Berville a été avocat général. M. Mocquart est mort sénateur. M. Boulay (de la Meurthe) a été vice-président de la République; il est mort sénateur. M. Plougoulm a été avocat général. M. Chaix d'Est-Ange, procureur général, sénateur; M. Delangle, ministre de la justice, sénateur et vice-président du Sénat.

les accusés avaient retiré leurs aveux, des aveux qu'ils avaient signés. D'après leur nouvelle version, ils avaient menti dans leur premier interrogatoire, sous le coup de la violence morale qui leur avait été faite. Hénon, qui articula une accusation de ce genre contre M. Delaveau, préfet de police, mis en présence de ce magistrat par le pouvoir discrétionnaire du président, ne sut plus que balbutier. Selon Bories, l'association n'était qu'une assurance mutuelle instituée entre les sous-officiers, dans le cas où ils seraient malades [1]. Tout était mensonge dans l'instruction, erreur dans l'acte d'accusation. Les avocats affectèrent de tourner en dérision les paroles de l'avocat général sur le comité directeur : « Étrange création de l'esprit de parti, s'écria M. Mérilhou, qui faisait cependant partie de la Haute Vente, fable populaire qui, comme toutes les fables, tire son autorité de son absurdité même! »

Ce n'était point avec de tels moyens de défense qu'on pouvait détruire la concordance des premiers aveux des prévenus avec les dépositions des témoins, et l'évidence qui ressortait du procès. Le réquisitoire de M. de Marchangy, sauf quelques parties déclamatoires et une assertion téméraire relativement aux Grecs dont il confondait le patriotisme et le généreux esprit d'indépendance avec l'esprit de révolte, est demeuré un document historique. Le prince de Metternich dit, après l'avoir lu : « C'est un document à placer sur la table du congrès. » L'avocat général finit par s'emporter sous les traits que lui lançait cette élite du barreau parisien qu'il avait en face de lui, et s'écria, dans une de ses répliques, que « toutes les puissances oratoires ne parviendraient pas à enlever Bories à la vindicte publique. » Cette sortie véhémente ne tomba pas à terre. Bories, qui avait montré dans

---

[1]. « Avant notre départ du Havre, il fut question de fonder une caisse de secours mutuels pour les sous-officiers qui tomberaient malades; c'est effectivement dans ce seul but qu'elle a été formée. »

tous ces débats le plus de fermeté et de présence d'esprit, la ramassa et la garda dans sa mémoire pour s'en servir à la dernière heure.

Cette dernière heure arriva. Toutes les ressources de la plaidoirie avaient été épuisées. On touchait à la scène suprême de cet émouvant procès, lorsque le chef du jury transmit au président des assises une liasse composée des lettres que chacun des membres du jury avait reçues la veille, et qui avaient été envoyées en double aux femmes de ceux qui étaient mariés. Ces lettres contenaient uniformément des menaces de mort contre le juré qui oserait prononcer un verdict de culpabilité. Elles étaient décorées de deux poignards croisés, armes parlantes de la charbonnerie; et on lisait à la fin ces mots : *Le sang veut du sang*.

Ceux qui employaient de pareils moyens étaient de cruels amis; c'est d'eux et de leurs pareils dans la presse que j'ai dit qu'ils rendaient la clémence bien difficile. Au moment où la défense niait la charbonnerie, ils l'affirmaient, et démentant ainsi la parole de M. Chaix-d'Est-Ange [1], qui avait plaisanté sur les poignards, ils en montraient la pointe tournée contre la poitrine des jurés. Ce n'était pas à la clémence qu'ils s'adressaient, c'était à la peur, et ils rendaient ainsi la miséricorde presque impossible au gouvernement en lui ôtant d'avance la force morale par des menaces inconsidérées.

Il faut rendre justice à M. de Marchangy, appelé à prononcer un réquisitoire sur cet incident, il s'exprima avec une parfaite modération. Il dit aux jurés que cet « incident ne devait exercer aucune influence sur leur verdict, alors même que leur générosité naturelle ne leur aurait pas dit de ne point

---

[1]. Cet avocat avait apporté un petit poignard à l'audience, et l'avait montré en plaisantant comme faisant partie de son arsenal de franc-maçon. Le président après une indulgente et presque paternelle réprimande à cet enfant gâté du barreau, l'avait invité à le déposer sur le bureau comme une arme prohibée.

faire entrer leur intérêt personnel dans leur détermination, car rien n'indiquait que ces menaces vinssent des accusés; seulement cette générosité ne devait pas aller jusqu'à leur faire trahir la société, parce qu'ils avaient été offensés. » M. Barthe, visiblement embarrassé, protesta, au nom des accusés, contre une manœuvre blâmable, que les prévenus, comme la défense, condamnaient; dans une phrase enveloppée, il laissa même à entendre, plutôt qu'il ne le dit, qu'elle pouvait venir d'une main ennemie [1]. Cette insinuation ne trouva aucun crédit; la démonstration anonyme était trop dans l'esprit des sociétés secrètes, qui se plaisent dans une espèce de fantasmagorie d'épouvante, pour ne pas être attribuée à des amis maladroits, mais à des amis. Ce n'était pas du reste la première fois que la charbonnerie employait ce moyen : MM. Bellart, Mangin, de Broë, avaient déjà reçu des avis menaçants. Lorsque, dans l'audience du 5 septembre, les réquisitoires, les plaidoiries et les répliques étaient terminés, le président demanda aux accusés s'ils avaient quelque chose à ajouter à leur défense, Bories se leva et dit, d'une voix forte : « M. l'avocat général, en déclarant que toutes les puissances oratoires ne parviendraient pas à m'arracher à la vindicte publique, m'a désigné comme le chef du prétendu complot. Eh bien, j'accepte. Heureux si ma tête, en roulant sur l'échafaud, peut sauver mes camarades! » Ainsi le malheureux jeune homme, que son ambition et les excitations des hauts conspirateurs qui restaient invisibles avaient entraîné à sa perte, prenait possession de son rôle, et avec un orgueil qu'ennoblissaient ses sentiments à l'égard de ses camarades, il acceptait pour piédestal l'échafaud. Le président fit un résumé impartial des débats, en conservant jusqu'au bout

---

[1] « Personne ne le crut, dit M. Duvergier de Hauranne, en rapportant cet incident, et l'audience finit sous une impression défavorable. » (*Histoire du gouvernement parlementaire*, t. VI, p. 106.)

cette modération sympathique pour les accusés, qu'il avait montrée pendant tout le cours du procès[1]. Après quoi le jury entra dans la salle des délibérations; il était six heures et demie. L'attente se prolongea pendant trois heures. Peu à peu ceux qui avaient été attirés dans la salle par un motif de simple curiosité sortirent et furent remplacés par des affiliés du carbonarisme, qui regardaient les prévenus comme des frères et cette affaire comme la leur. Malgré les efforts des avocats pour dérouter l'accusation, persuader aux jurés que, même dans le cas où les accusés auraient été affiliés à une société secrète, ce qu'ils niaient, dans le cas même où des propositions hostiles au gouvernement leur auraient été faites, ce qu'ils niaient encore, il n'était pas établi qu'ils les eussent acceptées, et qu'en tout cas il n'y avait pas eu cette résolution d'agir concertée et arrêtée, qui est le caractère du complot, la vérité avait percé dans trop de témoignages montrant la résolution d'agir suspendue et différée seulement par des contre-ordres, pour que les amis des accusés pussent avoir conservé beaucoup d'espérance[2]. L'attente était donc triste et pleine d'anxiété. A neuf heures et demie, on annonça la rentrée des jurés. Quelques bougies jetaient leur pâle lueur au milieu des ténèbres; les respirations des assistants, pour qui

---

1. « M. de Montmerqué, dit M. Fouquier dans les *Causes célèbres*, peut être considéré comme le type le plus noble et le plus complet du président d'assises, du magistrat qui préside et ne juge pas ; grave et calme, droit, ennemi des questions captieuses et des interrogations subtiles. C'est, avec M. le chancelier Dambray, la plus belle figure de magistrat à cette époque. »

2. « La concordance des aveux, dit M. Fouquier, la similitude éclatante des détails donnés à Paris par Hénon, à la Rochelle par chacun des accusés isolé de tous les autres, disent assez ce que valait leur système de défense. L'accusation portée contre le préfet de police par Hénon est une évidente calomnie. Peut-être des promesses d'adoucissement ont été faites ; mais évidemment M. Delaveau n'a pas inventé tout un long procès-verbal signé par Hénon, n'a pas falsifié toute une série de réponses. Cette attitude indisposa tout d'abord le jury, fournit des armes à l'accusation, et ne fut pas pour peu de choses dans les sévérités du verdict. »

cette affaire, je l'ai dit, avait quelque chose de personnel, étaient entrecoupées; le chef du jury, c'était le baron Trouvé, donna lecture du verdict. Barradère et Massias, protégés par leur silence et celui de leurs complices, étaient déclarés non coupables; Bories avait généreusement brisé le fil qui reliait la vente militaire, par leur intermédiaire, à la Haute Vente de Paris, et les trois sergents, ses coaccusés, s'étaient associés à cet acte de dévouement. Mais Bories, Pommier, Goubin, Raoulx, étaient, ainsi qu'Hénon, celui-ci à la simple majorité de sept voix contre cinq, déclarés coupables d'avoir participé à un complot, arrêté et concerté, de détruire et de changer le gouvernement. Goupillon était déclaré coupable du même crime, mais avec cette modification, qu'il avait, en outre, fait des révélations en temps utile. Sept sous-officiers étaient déclarés coupables du crime de non-révélation; les autres prévenus étaient acquittés. On fit entrer les quatorze condamnés. Le greffier leur lut le verdict du jury, qu'ils connaissaient déjà. M. Berville murmura quelques paroles incohérentes et à peine entendues pour essayer de prouver qu'il y avait une contradiction dans la déclaration du jury. La cour passa outre. Elle sortit pour délibérer, et rentra après une heure et demie. Le président prononça l'arrêt de mort des quatre sergents, et annonça que la cour se réunissait à la minorité du jury pour renvoyer Hénon absous; les autres accusés, déclarés coupables de non-révélation, étaient condamnés à deux, trois et cinq ans d'emprisonnement.

Il y eut un sourd frémissement dans la salle. Les défenseurs et plusieurs des assistants vinrent serrer silencieusement la main des quatre condamnés, qui soutinrent avec fermeté cette épreuve. Ces jeunes gens, entraînés à leur perte par des hommes plus haut placés qu'eux, saluaient une dernière fois ceux pour qui ils allaient mourir. Bories demanda seulement à ne pas être séparé des camarades qui partageaient son sort, et pria le président d'empêcher qu'on les mît aux fers. Le président, dont le pouvoir expirait après l'arrêt, répondit avec émotion qu'il transmettrait la requête au préfet de police. Au moment où les gendarmes firent sortir les condamnés, il y eut une scène émouvante. Ils s'embrassèrent avec effusion. Pommier s'écria : « Adieu, mes amis! adieu, vous tous. Nous sommes innocents. La France nous jugera. » Bories dit avec plus de calme : « Nous finissons notre carrière à vingt-sept ans; c'est bien tôt! Adieu! adieu! » Il était une heure et demie du matin quand l'audience fut levée. Il y eut un pourvoi en grâce et un placet touchant adressé au Roi par les parents des quatre condamnés [1]. Mais Louis XVIII était convaincu qu'en présence des sociétés secrètes, toujours hostiles et armées, qui poursuivaient le jury et le parquet de leurs menaces jusque dans le sanctuaire de la justice, un acte de clémence serait accueilli comme un acte de faiblesse, une prime d'impunité, qui deviendrait un encouragement à conspirer. Il dit, en rejetant le pourvoi en grâce : « Le devoir marche avant la pitié [2]. »

Les ventes de Paris s'étaient déclarées en permanence. Elles agitèrent les moyens de soustraire les quatre sergents à leur triste destinée. On parlait d'une évasion, et, à défaut d'une évasion, d'une attaque à main armée, le jour de l'exécution. Quelle meilleure occasion, disaient les plus jeunes et les plus ardents, les carbonari trouveraient-ils de livrer bataille au gouvernement! Les plus habiles et les prudents penchaient pour une évasion. Deux élèves en médecine, MM. Latouche et Margue, avertirent le général la Fayette que le directeur de la prison de Bicêtre, où les condamnés étaient renfermés, consentait à favoriser leur évasion si on lui offrait

---

1. C'est sur le carnet de M. de Villèle que je trouve cette dernière circonstance relatée.
2. Carnet de M. de Villèle.

une somme qui lui assurât des moyens d'existence à l'étranger. On réunit 70,000 francs, et on les remit aux deux étudiants en médecine. Les colonels Dentzel et Fabvier, et deux artistes d'un grand talent, Horace Vernet et Ary Scheffer, préparèrent les moyens de faire passer en Angleterre les quatre sergents, qu'on regardait déjà comme sauvés et avec eux le directeur de la prison. Il y eut des malentendus, des indiscrétions, et le préfet de police, averti, manda devant lui le directeur de la prison, qui se défendit en affirmant qu'il avait feint d'écouter la proposition des corrupteurs pour leur tendre un piége. Le préfet de police le prit au mot, et M. Latousche fut arrêté au moment où il faisait au directeur un premier versement de 10,000 francs. Le projet d'évasion était déjoué ; il ne restait plus que la force ouverte.

Le 19 septembre 1822, le pourvoi en cassation et le pourvoi en grâce avaient été rejetés. L'exécution était fixée au 21. Dans la journée du 20, les ventes s'assemblèrent et délibérèrent. Elles comptaient plus de membres à Paris que le gouvernement n'y avait de soldats[1]. La résolution qu'elles prirent était de nature à faire prévoir que rien de sérieux ne serait tenté. On se sépara après être convenu que les associés se mêleraient le lendemain à la foule avec des armes cachées, et qu'ils saisiraient une occasion favorable pour tenter la délivrance des condamnés. On n'indiqua aucun point de ralliement ; on ne précisa pas le lieu de l'attaque ; on s'en remit au hasard. Que pouvaient dès lors des affiliés isolés les uns des autres, ayant le sentiment de leur isolement et, par conséquent, de leur faiblesse, en face de la force armée compacte, disciplinée, unie, prête à repousser sur tous les points une attaque prévue ? Au fond, les membres de la charbonnerie n'avaient pas voulu s'avouer à eux-mêmes qu'ils abandon-

1. Cette réflexion est de M. Fouquier.

naient les sergents de la Rochelle à leur malheureux sort, et ils avaient manqué de la résolution nécessaire pour disputer, les armes à la main, ces quatre vies à l'échafaud. Ils s'en étaient remis à l'occasion du soin de les sauver; or les occasions de ce genre ne naissent pas d'elles-mêmes, il faut, à ses risques et périls, les faire naître.

Le gouvernement avait pris toutes ses précautions. Il avait ordonné un vaste déploiement de forces. Deux haies de soldats assuraient la circulation, de la Conciergerie, où les condamnés étaient renfermés, à la place de Grève. Une foule immense remplissait cette place, les quais, les rues qui aboutissaient aux quais. Les spectateurs affluaient aux fenêtres et jusque sur les toits des maisons. On s'attendait généralement à une attaque à main armée. Le matin, le président des assises, M. de Montmerqué, continuant sa mission bienveillante envers les quatre jeunes gens, se rendit dans leur prison, et leur demanda s'ils n'avaient pas de révélations à faire, en leur laissant pressentir que la clémence royale pouvait encore les sauver. Le gouvernement désirait passionnément arriver à mettre la main sur les chefs réels des sociétés secrètes pour prévenir ces conspirations qui jetaient partout l'alarme et le trouble et l'affaiblissaient au dehors; il n'aurait pas marchandé la vie à ces jeunes gens, dont le stoïcisme militaire ne l'avait pas laissé indifférent, s'il avait pu faire plus haut l'exemple qu'il croyait nécessaire, et qu'il regrettait d'être obligé de faire sur eux [1]. Les quatre condamnés avaient accepté leur destinée. Cet échafaud, où ces quatre jeunes hommes allaient monter, était pour eux un champ de bataille; ils voulaient fermer leur vie si courte, comme disait Bories, par un trépas courageux. Ce rôle de dévouement à un parti auquel

---

1. En étudiant les notes écrites sur le carnet de M. de Villèle, j'ai été frappé de la manière différente dont il s'exprime sur la défense de Berton et sur celle des Sergents de la Rochelle.

ils se sacrifiaient et qui les sacrifiait, les relevait à leurs propres yeux.

Ils repoussèrent l'ouverture faite par M. de Montmerqué, déclarèrent qu'ils n'avaient rien à révéler, et allèrent prendre leur place dans les quatre charrettes qui les attendaient aux portes de la Conciergerie. Rien ne fut tenté pour les délivrer sur le parcours de la place de Grève. Les carbonari, disséminés dans la foule, se bornaient à leur adresser tristement des signes d'adieux; ceux qui allaient mourir répondaient par un mouvement de tête à ces témoignages muets d'une sympathie impuissante. Ils arrivèrent sur la place un peu avant cinq heures de l'après-midi, montèrent à l'échafaud, s'embrassèrent une dernière fois, crièrent : *Vive la liberté!* et moururent.

Pour rappeler une cruelle parole attribuée à Manuel, ils moururent bien, et l'éclat de cette mort stoïque venant s'ajouter à l'éclat de la générosité qu'ils avaient déployée dans le procès, vis-à-vis de leurs coaccusés, a rejailli sur leur mémoire, en faisant illusion sur la valeur personnelle de ces quatre jeunes coopérateurs d'une conspiration ourdie plus haut. Alors commença la légende des Sergents de la Rochelle, légende à la fois touchante et accusatrice, qui devint une arme contre la Restauration et avec laquelle on lui aliéna de plus en plus l'esprit des générations nouvelles. L'exemple de sévérité que le gouvernement avait cru nécessaire pour maintenir dans l'armée l'esprit de discipline attaqué, et contenir par la crainte du châtiment les imaginations ardentes et les caractères faibles sur la pente où ils pouvaient glisser, le servit dans le présent, car on peut considérer l'exécution des quatre condamnés comme la date de la décadence du carbonarisme en France, et de sa transformation en une opposition aussi hostile mais plus prudente et masquée de légalité. L'impuissance dont l'association avait fait preuve dans la journée du

21 septembre découragea les dévouements et donna à penser aux plus hardis [1]; mais, à mesure que l'événement s'éloigna, les affiliés du carbonarisme, jaloux de payer à leur mort la dette qu'ils avaient si mal payée à leur vie, donnèrent aux quatre sergents de la Rochelle des proportions héroïques, qui font illusion encore aujourd'hui à un certain nombre de contemporains. Ils les drapèrent sur leur échafaud, en faisant de leur exécution un perpétuel reproche à la Restauration, accusée d'avoir immolé en eux l'espérance de l'armée et les champions de la liberté.

Ni la vie ni la mort des sergents de la Rochelle ne servirent la cause de la liberté, qui ne s'établit pas dans un pays par la violence, l'appel à la force, le mépris du serment, l'indiscipline, l'infidélité au drapeau. Leur vie fut employée à troubler les lois de leur pays, et leur mort, exploitée par ceux qui les abandonnèrent après les avoir engagés dans une voie fatale, fut employée à troubler les imaginations.

Après ce tragique événement, il y eut un échange de vives récriminations dans les ventes. Comme il arrive après les échecs, elles se renvoyaient la responsabilité du dénoûment fâcheux qu'avaient eu les entreprises de Béfort, Saumur, Colmar, la Rochelle. La Vente suprême prétendait que ses instructions, mal comprises, avaient été mal exécutées. Les ventes particulières se plaignaient à leur tour de ce que « Messieurs de Paris ne voulaient se mettre en évidence que lorsque le premier coup aurait été frappé et suivi de succès [2]. » C'était

---

[1]. On publia, à cette époque, dans le *Courrier*, journal anglais, les lignes suivantes, qui me paraissent d'autant plus l'expression de la pensée du gouvernement à cet égard, que je les retrouve notées sur le carnet de M. de Villèle : « Pour qu'un gouvernement ne soit pas exposé aux attaques, il faut qu'il se montre capable de punir. Ce qui anime les conspirateurs, c'est l'espoir de l'impunité. »

[2]. J'emprunte cette phrase et ces détails à une longue lettre, écrite le 15 septembre 1841, au rédacteur en chef de la *Gazette du Dauphiné*, par M. Gros, avocat à la Cour royale de Paris, et qui, membre de la première société secrète

l'anarchie. Tandis que la Vente suprême se plaignait de ne pas être assez obéie, les ventes particulières se montraient moins disposées que jamais à obéir.

Un mois avant l'exécution des Sergents de la Rochelle, au mois d'août, les symptômes de dissolution se faisaient déjà sentir. Il y avait eu à Bordeaux un congrès général de la charbonnerie, dont M. de Schonen, membre de la Vente suprême et conseiller à la cour royale de Paris, avait eu la présidence. Après une vive discussion, la proposition d'une prise d'armes générale avait été écartée, sur les instances des affiliés de l'Ouest, qui firent valoir la triste et récente expérience de Saumur. On tomba d'accord sur la nécessité de la réorganisation de la Vente suprême, et une commission fut nommée pour s'entendre avec le côté gauche et le général la Fayette [1]. Quant à la conduite à tenir le lendemain de la victoire, question placée dans un avenir incertain, il y eut peu de discussions : on convint d'instituer immédiatement par un décret des municipalités et des administrations électives, des gardes nationales investies du droit de nommer leurs officiers, des assemblées primaires appelés à élire une Constituante. Le tout devait avoir lieu en vertu de la Constitution de 1791, point de départ nécessaire aux yeux du général la Fayette, qui cherchait toujours à opposer une légalité révolutionnaire à la légalité monarchique. Or ce fut l'influence républicaine de M. de la Fayette qui prévalut, dans ce congrès du carbonarisme, sur celle de M. Manuel, autour duquel se ralliaient ceux qui auraient accepté la forme monarchique

---

fondée à Grenoble, et connue sous le nom de l'*Union*, puis enrôlé dans le carbonarisme, joua un rôle actif dans les conspirations de ce temps, et fut plusieurs fois l'intermédiaire entre les conspirateurs des départements et MM. de La Fayette, Mérilhou, Béranger, Dupont (de l'Eure), d'Argenson, etc.

1. C'est à l'*Histoire du gouvernement parlementaire* de M. Duvergier de Hauranne, t. VII, p. 120, que j'emprunte ce détail, qui compromet moralement la gauche de la chambre.

sans les Bourbons. Pour la question des moyens à employer, la formule à laquelle on arrive témoigne du découragement et des hésitations des membres de la charbonnerie. Il fut décidé « qu'un comité de sept membres prendrait la direction des moyens mis en leurs mains pour garantir leur patrie de la contre-révolution intérieure et de l'invasion étrangère, pour coordonner les résistances et prévenir les imprudences et les excès. » Après quelques hésitations, motivées par le vague même des pouvoirs conférés au comité suprême, il se forma sous la présidence du général La Fayette. Il devenait évident que la charbonnerie se transformait [1].

Quelques procès, résultats de l'affaire de la Rochelle, entretinrent l'agitation des esprits. Il y en eut un intenté à quatre journaux [2], pour compte rendu infidèle et de mauvaise foi de la dernière audience de cour d'assises. La cour, seul juge de ce genre de délits depuis la loi de 1822, décida, sur la réquisition de M. de Broë et malgré les plaidoiries de MM. Mérilhou, Barthe et Berville, que les feuilles inculpées ne seraient pas admises à prouver l'exactitude de leurs récits, attendu qu'il s'agissait d'une question de fait, sur laquelle la cour n'avait qu'à consulter ses souvenirs et à les comparer au compte rendu des journaux. Les prévenus firent défaut. La cour passa outre, et, sans leur adjuger le bénéfice du défaut, condamna à un an de prison les gérants du *Constitutionnel* et du *Commerce*, et à une peine moindre ceux des deux autres journaux. En outre, elle interdit aux quatre feuilles, pendant un laps de temps proportionné à la durée de leur emprisonnement, le compte

---

1. « Lorsque les infortunés sous-officiers de la Rochelle eurent été livrés au bourreau, écrit M. Gros dans sa lettre sur *Didier et les autres Conspirateurs de la Restauration*, je me retirai en quelque sorte de l'association. Je me reprochai la part que j'avais eue à l'établissement de cette société, et je ne pouvais me trouver volontiers avec ceux qui, ayant mis ces jeunes gens en avant, n'avaient su employer que de l'argent pour tenter de les sauver. »

2. *Le Constitutionnel, le Commerce, le Courrier, le Pilote.*

rendu des débats judiciaires. La chambre des pairs avait décidé, dans la discussion de la loi, sur une interpellation de M. Decazes, qu'il ne s'agissait que des débats des procès pendants devant la cour qui avait rendu le jugement. Il y eut appel devant la cour de cassation, et celle-ci décida, sur la plaidoirie de M. Isambert, que la cour royale de Paris avait mal jugé et renvoya l'affaire devant la cour royale de la Somme. C'était mettre le procès à néant. Comment, en effet, la cour royale de la Somme, qui n'avait pas assisté aux débats, pouvait-elle juger s'ils avaient été fidèlement ou infidèlement rendus? Elle ne pouvait que déclarer, et elle déclara son incompétence. Le ministère sentit profondément le coup porté à la loi de la presse par cet arrêt de la cour de cassation, et commença à comprendre que ceux qui avaient insisté sur l'inconvénient d'introduire la magistrature dans la politique pouvaient avoir eu raison.

Il y eut un second procès, celui-ci devant le tribunal de police correctionnelle, contre les colonels Fabvier, Deutzel, et MM. Latouche et Margue, prévenus d'avoir tout préparé pour l'évasion des condamnés de la Rochelle. Le premier, contre lequel il n'y avait pas de preuves suffisantes, fut acquitté; les trois autres condamnés à quatre mois de prison; mais on ne parvint pas à découvrir la main qui avait fourni les 70,000 fr. L'enquête faite pour arriver à connaître les auteurs des lettres menaçantes envoyées au jury et aux magistrats amena un troisième procès, celui-ci devant jury. Deux des prévenus, Maurice et Marchand, furent déclarés par le jury coupables de complicité de l'envoi des lettres et condamnés par la cour à six mois de prison. En outre, M. Kœchlin, membre de la chambre des députés, fut poursuivi pour une brochure dans laquelle il racontait, en termes injurieux pour le gouvernement, l'arrestation de Caron, exécuté le 1ᵉʳ octobre 1821, d'après l'arrêt rendu à l'unanimité par le conseil de guerre de

Strasbourg [1] ; le journal *le Commerce*, qui avait reproduit plusieurs extraits de sa brochure, subit pour ce fait une condamnation. Quant à l'auteur, la convocation de la Chambre suspendit, pour tout le temps de la session, l'effet des poursuites, et il ne fut jugé et condamné que dans le cours de l'année 1823.

Il ne faut point omettre la plainte portée devant le garde des sceaux, en même temps qu'une requête en règlement de juges, par quatre des députés nommés et attaqués dans le réquisitoire de M. Mangin devant la cour royale de Poitiers, MM. Laffitte, Foy, Kératry et Benjamin Constant. Trois autres députés, également nommés dans le second réquisitoire du procureur général de Poitiers, le général La Fayette et MM. d'Argenson et Manuel, ne se joignirent pas à la plainte et à la requête, et leur silence significatif fut remarqué. Le général Foy avait en outre adressé à M. de Villèle [2] une lettre « dans laquelle il se plaignait, avec un mélange d'indignation et d'arrogance, d'avoir été calomnié par le sieur Mangin, lequel avait dit que le général Foy s'était rendu coupable envers le Roi et envers la patrie, parce que par d'imprudents discours prononcés à la tribune il s'était fait un nom qui servait d'arme à tous les chefs de rébellion. » Dans la plainte en forme adressée au garde des sceaux, à la date du 29 septembre 1822, le général Foy disait : « Père de famille, je dois à mes enfants, député, à mes commettants et à la France entière, de repousser par tous les moyens de droit la calomnie

---

1. L'opposition attaqua très-vivement le gouvernement, parce que l'on s'était servi du télégraphe pour transmettre de Strasbourg à Paris la nouvelle de la condamnation, et pour transmettre l'ordre d'exécution de Paris à Strasbourg.

2. J'ai retrouvé la lettre du général Foy dans les papiers de M. de Villèle. Le général Foy était sincère dans son indignation, mais la fougue de son caractère et son amour immodéré pour la popularité, l'empêchaient de voir que s'il ne conspirait pas, il fournissait par ses violences de tribune des armes aux conspirateurs.

dont je suis l'objet. » Le garde des sceaux renvoya la plainte et la requête à la cour de cassation. Celle-ci, après une longue délibération, déclara que ni l'acte d'accusation, ni le réquisitoire contre lesquels récriminaient les plaignants, ne présentaient les caractères de mauvaise foi et le dessein de nuire qui caractérisent le délit de calomnie : elle repoussa donc la plainte, mais en reconnaissant que plusieurs passages du réquisitoire manquaient de mesure ; arrêt équitable et qui par cela même ne contenta personne.

Fermons cette longue liste d'affaires incidentes provoquées par les derniers procès politiques, en mentionnant les poursuites qu'eut à subir M. Benjamin Constant, pour deux lettres adressées par la voie de la presse, l'une à M. Mangin, procureur général à la Cour de Poitiers, l'autre à M. de Carrère, sous-préfet de Saumur.

M. Benjamin Constant accusait le procureur général d'avoir défiguré les faits, falsifié les témoignages, cherché tantôt à intimider, tantôt à séduire les prévenus et les témoins, enfin calomnié les députés, et c'était là le véritable motif de sa lettre, conçue dans les termes les plus injurieux. Sa brochure fut déférée à la justice. Il excipa de sa qualité de député pour décliner la compétence du tribunal, en alléguant que c'était à l'occasion de ses discours de tribune qu'il avait été outragé, que c'était par conséquent en sa qualité de député qu'il avait répondu à l'outrage, de sorte que son inviolabilité parlementaire couvrait sa lettre. Le tribunal repoussa cette doctrine, qui ne tendait à rien moins qu'à instituer un privilége d'impunité dans la presse en faveur des membres de la chambre. Obligé de plaider au fond, M. Benjamin Constant allégua l'obligation morale où il s'était trouvé de réfuter les accusations injurieuses dont il avait été l'objet, et la difficulté d'employer un autre mode que celui auquel il avait eu recours. L'autorisation du conseil d'État était nécessaire pour poursuivre tout fonctionnaire appartenant à la hiérarchie administrative, et lorsqu'il s'agissait de poursuivre un procureur général, la difficulté grandissait. M. Benjamin Constant oubliait que lui et trois de ses collègues avaient cependant vaincu cette difficulté, et que leur requête, en règlement de juges, avait été renvoyée par le garde des sceaux devant la Cour de cassation. Que deviendraient les principes de la jurisprudence s'il était permis aux députés de se faire justice à eux-mêmes, et d'accuser impunément un magistrat d'avoir falsifié les témoignages et cherché à suborner et à intimider les témoins? Plusieurs fois M. Benjamin Constant répéta dans sa défense qu'il n'avait jamais fait et ne ferait jamais partie d'une société secrète. Il était vrai : M. Benjamin Constant n'avait pas un tempérament de conspirateur. C'était un ennemi plus habile, mais aussi implacable, et le moment approchait où les conspirateurs, convaincus de la supériorité de sa tactique, s'y rallieraient. S'il ne conspirait pas, tout ce qu'on pouvait dire pour livrer un gouvernement à la haine et au mépris, il l'avait dit. Des natures plus ardentes que la sienne s'enflammaient en lisant ses discours et se ruaient à des tentatives armées. C'était une de ces complicités morales qui ne peuvent pas devenir des responsabilités judiciaires, mais qui relèvent de la conscience humaine. Le tribunal, attendu que l'injure et la calomnie contre le procureur général étaient constantes, et que rien ne pouvait les légitimer, condamna M. Benjamin Constant à un mois de prison.

La lettre adressée par le député au sous-préfet de Saumur, M. de Carrère, avait été motivée par la déposition de celui-ci dans l'affaire du général Berton. Le sous-préfet, dont la conduite en présence de l'insurrection avait été signalée par le maire, M. de Montpassant, comme entachée de faiblesse, avait dépassé, il est vrai, les bornes légitimes dans le témoignage où il avait parlé de M. Benjamin Constant. Il avait, dit-on, le désir de montrer ainsi, contre les adversaires du gouvernement, une ardeur qu'on avait paru révoquer en doute, et de racheter par son âpreté à l'audience la lenteur qu'il avait laissé voir au moment de l'action. Toujours est-il qu'il avait oublié les plus simples convenances en entretenant le tribunal de faits tenant à la vie privée de M. Benjamin Constant, et qui, en outre, furent démentis [1]. M. Benjamin Constant, dans sa lettre, mettait à côté de chaque allégation de M. de Carrère cette réponse : « C'est un mensonge. » Mais, en arrivant au dernier, il s'exprimait ainsi : « M. de Carrère finit par un cinquième mensonge, d'autant moins convenable que la notoriété publique en montra l'infamie. Il veut faire croire que je voyageais avec une autre personne que Mme Benjamin Constant, et que je la faisais passer sous mon nom. Je ne devine pas quel intérêt il a eu à une imposture si facile à confondre et à rejeter sur son auteur. Au reste, M. de Carrère et ses pareils doivent insulter les femmes. L'excès de la bassesse est naturellement associé à l'excès de la férocité. On avait perdu ce genre depuis 1793. »

Le tribunal pensa que l'inconvenance du procédé de M. de Carrère et même l'inexactitude de sa déposition ne suffisaient pas pour motiver un pareil outrage adressé à un témoin et à un fonctionnaire public. M. Benjamin Constant avait une voie judiciaire ouverte pour obtenir justice, il avait préféré commettre le délit d'injures et d'outrages; malgré le plaidoyer de M. Berville, il fut condamné à six semaines de prison.

---

1. Voici ce passage de la déposition de M. de Carrère : « Sur ma recommandation, Benjamin Constant consentit à quitter la ville de Saumur. Au lieu de partir de grand matin, comme on l'espérait, il prit des prétextes pour rester. Il dit que Madame (c'était une femme qu'il voulait faire passer pour son épouse et qui n'était rien moins que cela) avait été si émue des événements de la veille, qu'elle en était incommodée. Il partit à deux heures après midi. »

La violence du langage employé par les prévenus, les témoins, les officiers du parquet, les journaux, révèlent l'effervescence qui régnait dans les esprits. Tous les partis, sans exception, étaient en feu. Le ministère de droite venait de triompher de plusieurs tentatives à main armée, et la sévérité du châtiment avait été de nature à décourager les conspirateurs. Mais les haines, loin de s'amortir, étaient encore plus enflammées, et comme la lave refoulée par un obstacle, elles allait en chercher une autre issue. Je trouve la trace de ce mouvement intérieur dans une lettre déjà citée et qui, écrite par un homme mêlé à toutes les entreprises tramées contre le gouvernement des Bourbons[1], aidera à comprendre la suite de ce récit :

« Après les tentatives toutes infructueuses dont je viens de parler, écrit-il, on crut qu'il serait possible d'arriver au renversement du gouvernement sans moyens violents immédiats, et seulement en mettant la chambre des députés en hostilité sourde contre la royauté. Tous les soins de l'association tendirent dès lors à ce but. Les élections, qu'on avait déjà beaucoup travaillées jusque-là, devinrent l'objet presque unique de nos préoccupations; mais, le gouvernement ayant l'œil ouvert sur l'association des carbonari, on institua spécialement d'autres sociétés pour agir directement sur les élections. »

La guerre allait donc prendre une nouvelle forme, mais c'était toujours la guerre.

Nous avons dû suivre jusqu'à leur dénoûment les procès politiques qui, ouverts durant le cours de la session de 1822, se terminèrent dans le mois de septembre. Ceci nous oblige à retourner quelque peu en arrière pour ne pas omettre des faits et des circonstances qui se rattachent à la fin de la session. Cette session, troublée par le retentissement de tant de procès, s'était terminée par un débat très-vif sur

1. M. Gros, avocat à la cour royale.

la question des passe-ports à l'intérieur et sur quelques pétitions. M. de Girardin, alléguant les vexations dont les passe-ports avaient été l'occasion, demandait leur suppression ; demande peu opportune dans un temps où les conspirations se multipliaient et où les agitateurs des divers pays se mettaient en rapport. M. Benjamin Constant réclamait contre l'ajournement d'une pétition signée à Lyon, au sujet des dernières élections, et d'une autre pétition du capitaine Lafontaine rayé des contrôles de l'armée par une ordonnance récente. Exaspéré par la manière dont son nom avait été cité dans le réquisitoire du procureur général de Poitiers, le député de la gauche ne reculait devant aucun excès de paroles. Il s'écria donc : « qu'il était loisible aux députés de sacrifier les pétitionnaires comme ils avaient sacrifié leurs collègues à un ministère sans pudeur. » Rappelé à l'ordre pour ces injurieuses expressions et pour avoir ajouté que « les membres de la majorité n'osaient pas répondre, parce que le ministère leur imposait silence, » il dépassa de bien loin ces premiers outrages dans un dernier débat, qui fut soulevé à la fin de la discussion du budget, sur les impôts auxquels les journaux étaient assujettis. Posant en principe que, pour être taxée, une industrie doit être libre, il déclara que celle des journaux ne l'était pas et somma les ministres de s'expliquer sur l'usage qu'ils comptaient faire de la censure facultative. Selon lui, la marche du ministère « était un mélange d'audace et d'hypocrisie. Pas un principe qu'il n'outrageât, pas un droit qu'il ne violât, pas une loi conforme à la Charte qu'il n'enfreignît. » Il annonça le rétablissement prochain de la censure, et l'avénement d'un système analogue à celui de la Terreur. Voici ses propres paroles :

« Quant à moi, à cette époque funeste, ni Fouquier-Tinville ni Marat à la tribune n'auraient pu m'effrayer. On m'aurait impliqué peut-être dans quelques-unes des conspirations où ils entassaient leurs victimes, mais j'aurais lutté jusqu'au bout contre les Jacobins de la république. Messieurs, je lutterai jusqu'au bout contre les Jacobins de la royauté. »

M. de Villèle, auquel revenait, je ne dirai point dans la pensée, mais du moins dans la phrase de M. Benjamin Constant le rôle de Marat, comme celui de Fouquier-Tinville revenait au procureur général de Poitiers, répondit, avec une dignité mêlée de quelque dédain, que le ministère n'hésitait pas à satisfaire la curiosité du préopinant, relativement à ce qui serait fait relativement aux journaux. Autorisé par la chambre à suspendre la liberté des journaux quand la gravité des circonstances l'exigerait, le gouvernement ferait son devoir si de telles circonstances venaient à se présenter. Il dépendait des ennemis du repos public bien plus que des ministres qu'il ne fût pas fait usage de cette faculté. Qu'on ne s'appliquât plus à provoquer des désordres, des agitations et des révoltes, et aucune atteinte ne serait portée à la liberté de la presse.

Ces paroles furent saluées d'une vive adhésion à droite et au centre. La sensation devint générale, quand M. de Villèle, après avoir dit que ce n'était que par un rêve de son imagination que M. Benjamin Constant pronostiquait le retour prochain de la Terreur, ajouta que pour lui, si jamais un ministère entrait dans la voie des violences, il n'hésiterait pas, dans le cas où il ferait partie de ce ministère, à s'en séparer.

La session se ferma d'une manière favorable pour le ministère de droite : il avait réprimé les troubles et mis les conspirateurs sous la main de la justice. Non-seulement il avait conservé une forte majorité numérique, mais il avait obtenu un ascendant moral marqué par la position à la fois ferme et modérée qu'il avait prise. Le Roi donna aux trois ministres qui avaient été le plus engagés dans les débats de la session une marque publique de satisfaction, qui annonçait que leur situation était loin d'être affaiblie à la cour; une ordonnance royale, à la date du 17 août 1822, conférait à MM. de Peyronnet, de Corbière et de Villèle, le titre de comte, héréditaire par ordre de primogéniture dans leurs familles [1].

1. A la date du 30 juillet, Louis XVIII avait autorisé le comte de Polignac à porter le titre de prince, qui lui avait été conféré par le pape.

LIVRE DOUZIÈME

CONGRÈS DE VÉRONE.

I

ÉTAT DE L'ESPAGNE DANS LES SIX DERNIERS MOIS DE 1822.

Au sortir de la session, le ministère se trouva en face de deux questions qui le préoccupaient déjà vivement pendant la session même, mais qui prenaient, au moment où elle finit, une importance plus grande, la crise espagnole et le congrès européen qui allait s'ouvrir à Vérone. Le lien qui rattachait ces deux ordres de faits l'un à l'autre est tellement manifeste, qu'il est presque inutile de le signaler : la question d'Espagne, étant une des plus importantes ouvertes en Europe, devait une des premières attirer l'attention du congrès. Il fallait donc que le conseil de Louis XVIII s'accordât sur trois points inégalement importants, mais tous trois importants : Quelle politique la France adopterait-elle en présence des progrès toujours croissants de la crise espagnole? quel rôle prendrait-elle au congrès de Vérone? par qui s'y ferait-elle représenter?

Dès que la session fut close, le conseil se rassembla presque tous les jours pour discuter la ligne de conduite à suivre dans ces deux grandes affaires. Il était dès lors facile de prévoir qu'on arriverait à une rupture avec la révolution espagnole; en effet, ce n'était pas un mouvement libéral, c'était bien une révolution qui se remuait de l'autre côté des Pyrénées. Elle avait ses sociétés secrètes, les chevaliers communeros ou *fils de Padilla*, qui juraient « de maintenir les libertés et les franchises de tous les peuples, de se soumettre sans réserve aux décrets de la confédération et de mettre à mort tout chevalier qui manquerait à son serment; » c'était une société des carbonari. Elle avait des clubs pour exalter les passions, une presse anarchique qui grossissait la voix des clubs, et poursuivait, chaque jour, des plus violentes invectives la France et son gouvernement à cause du cordon sanitaire, les Puissances européennes à cause de la sainte-alliance et du congrès de Vérone. Elle avait eu déjà des crimes populaires et des exécutions [1]. Cette révolution, plagiaire de la nôtre, avait remplacé nos *sans-culottes* de 93 par ses *Descamisados*, car les Espagnols sont toujours portés à forcer l'imitation; la *Tragala* espagnole parodiait notre *Marseillaise* [2].

Il ne saurait être ici question de nier la part que les fautes

---

1. Dès le 4 mai 1821, on voit don Mathias Venuenza, chapelain du roi, condamné à dix ans de présides par les tribunaux qu'avaient institués les exaltés maîtres de la personne de Ferdinand. C'était trop peu. Cet ecclésiastique fut arraché de sa prison par les émeutiers, condamné à mort par la justice populaire et exécuté à coups de marteau. Les meurtriers fondèrent à cette occasion l'ordre du Marteau, chacun porta sur son cœur les insignes de cet ordre. La presse anarchique célébra cette journée, et les juges qui avaient condamné le chapelain à sept ans de galère n'échappèrent que par une prompte fuite aux coups des assassins qui, les trouvant coupables de clémence, voulaient les mettre à mort. (Voir CHATEAUBRIAND, *Congrès de Vérone*, t. I, p. 43.)

2. Voici les paroles de ce chant révolutionnaire, avec la traduction en regard :

Tragala, Tragala,	*Avale-la, avale-la,*
Tu servilon,	*Toi servile,*
Tu que nos quieres	*Toi qui n'aimes pas*
Constitucion ;	*La constitution ;*
Dicen que el Rey non quiere	*On dit que le Roi n'aime pas*
Los hombres libres,	*Les hommes libres,*
Que se vaya a la.....	*Qu'il s'en aille à la.....*
A mandar serviles.	*Commander les serviles.*
Tragala, etc.	*Avale-la, etc.*

de Ferdinand et de son gouvernement avaient eue à l'avénement de cette anarchie révolutionnaire. J'ai déjà touché sommairement ce point, mais le moment est venu de l'éclairer d'une plus vive lumière. La connaissance exacte de la situation de l'Espagne est indispensable pour apprécier sainement la politique adoptée par le cabinet français. Il n'existe pas l'ombre d'un doute sur le droit qu'avait eu Ferdinand VII, à sa rentrée en Espagne, de ne point accepter la constitution promulguée par les cortès de 1812 réunies à Cadix : ni la manière dont avait été formée cette assemblée constituante, ni la nature même de l'acte constitutionnel qu'elle avait promulgué, ne donnaient d'autorité à cette constitution.

D'abord la régence établie à l'île de Léon, en reconnaissant en 1810 aux colonies hispano-américaines le droit d'être représentées aux cortès constituantes, avait concentré arbitrairement l'exercice du droit électoral dans le petit nombre de colons présents pour le moment dans la mère patrie, qui, vu l'éloignement, nommèrent seuls la représentation de toutes les colonies. Puis, comme la plus grande partie de l'Espagne était occupée par les troupes françaises, il n'y eut que Cadix, les provinces de Valence, de Galice, de Murcie et les îles Baléares qui procédèrent régulièrement aux élections, en observant les conditions d'électorat et d'éligibilité et les autres conditions fixées. Ailleurs tout fut trouble, confusion, illégalité [1].

L'assemblée ainsi élue porta la marque de son origine. Ceux qui ont lu ses séances y ont retrouvé un écho des vio-

---

1. Dans plusieurs provinces on réunit à la hâte et clandestinement quelques habitants, qui se regardèrent comme investis du droit d'élire pour tous. Il y en eut même où l'on ne parvint pas à réaliser ce simulacre d'élection. Alors quelques émigrés de ces provinces, réfugiés à Cadix ou dans d'autres lieux demeurés libres, se chargèrent de suppléer à l'impossibilité où s'étaient trouvés leurs compatriotes de procéder aux opérations électorales, et nommèrent la représentation de leur province.

lences de la Convention de 93, dont les membres les plus sanguinaires furent publiquement loués à la tribune espagnole : quelques voix modérées, comme celle d'Arguelles, que l'admiration emphatique de ses contemporains surnomma le *divin* à cause de son éloquence, s'y firent, il est vrai, entendre, mais ce fut l'exception. L'esprit général de l'assemblée était un esprit de violence, de colère, d'empiétement sur les droits de l'autorité royale, une tendance continuelle à provoquer des mesures à outrance, proposées dans cette langue fiévreuse et sanguinaire que parlent les révolutionnaires. Ces têtes ardentes, déjà échauffées par la flamme intérieure des idées, subissaient encore l'influence d'un climat de feu qui contribuait à les jeter dans une sorte de délire. Des journaux qui cherchaient leur succès dans une émulation d'exagération apportaient des aliments à l'incendie. Les tribunes publiques, composées de tout ce que l'Espagne renfermait de plus violent, agissaient encore sur les débats. Ce fut dans ce foyer où fermentaient tant d'éléments incandescents que fut rédigée et promulguée, le 19 mars 1812, la constitution de Cadix. Le premier acte des cortès, en arrivant, avait été de proclamer la souveraineté du peuple. L'esprit de la constitution était en harmonie avec ce premier vote. Le principe républicain y dominait. C'étaient les cortès qui, outre les prérogatives dont jouissent ordinairement les assemblées politiques, avaient celle de prendre l'initiative pour la présentation des lois. Elles nommaient en outre les membres du tribunal supérieur, instituaient les régences, non-seulement en cas de minorité, mais en cas d'*incapacité reconnue par elles*, ce qui les armait du droit de proclamer la déchéance. Le droit de sanction appartenait au Roi, mais son *veto* était limité ; à la troisième présentation d'une loi, la sanction était obligée. Le droit de grâce lui-même devait être renfermé dans des limites précisées par une loi. Il commandait la force armée, mais les cortès devaient fixer les règlements auxquels cette force demeurerait soumise. Il nommait les fonctionnaires, mais sur une liste présentée par le conseil d'État, et ces fonctionnaires demeureraient soumis à un tribunal nommé par les cortès. Enfin, dans l'intervalle des sessions, les cortès laissaient une commission permanente chargée de veiller à l'exécution des lois et de convoquer l'assemblée, s'il y avait lieu. Ainsi, l'action royale était partout restreinte, gênée, surveillée, arrêtée, remplacée par l'action des cortès; la royauté, dans le pays le plus monarchique de l'Europe, était mise en suspicion et en tutelle. C'était la république avec un fantôme de Roi. Une pareille constitution ne pouvait satisfaire et ne satisfit en Espagne qu'une faible minorité; mais comme, au moment où elle fut promulguée, la nation était engagée dans une lutte à mort contre un tout-puissant ennemi, l'empereur Napoléon, ceux dont elle heurtait le plus les sentiments ne songèrent qu'à une chose, à maintenir à Cadix le centre d'unité qui donnait plus de cohésion et par conséquent plus de force à la résistance. Il ne fallait pas diviser le pays devant le péril prochain; pour le reste, on verrait plus tard. Ce fut ainsi que la constitution de 1812 ne souleva point de prime abord une opposition nationale.

Lorsque les événements de 1814 ramenèrent en Espagne Ferdinand VII, auquel Napoléon, le jour de sa chute, avait rendu la liberté, les cortès qui avaient succédé aux cortès constitutionnelles de 1812, désireuses de maintenir leur prééminence contre l'autorité royale, firent un acte qui souleva dans la nation une réprobation unanime. Elles enjoignirent au Roi par un décret de prêter serment à la constitution de 1812, lui défendirent de prendre le titre de Roi jusqu'à ce qu'il eût obéi à cette injonction, lui tracèrent l'itinéraire qu'il devait suivre pour se rendre à Madrid et prétendirent lui dicter jusqu'aux paroles qu'il devait prononcer en réponse aux adresses. Ferdinand VII continua sa route sans accorder la moindre attention au décret des cortès; il traversa l'Espagne au bruit des acclamations qui saluaient son retour et des malédictions contre la constitution de 1812 qui s'élevaient de tous côtés. Dans son trajet de la frontière à Valence, il reçut un grand nombre d'adresses qui l'engageaient à régner « comme avaient régné ses pères. » Les villes, les villages, l'armée, n'avaient qu'un langage, n'exprimaient qu'un vœu, et la minorité des cortès, composée de 69 membres, signa une adresse dans le même sens.

Ferdinand, qui n'avait point parlé jusqu'à son arrivée à Valence, n'hésita plus à s'expliquer, en présence de cette manifestation universelle contre la constitution de 1812. Dans le décret du 4 mai 1814, il déclara que « se conformant aux démonstrations générales de ses peuples qu'il tenait justes et bien fondées, son intention royale était, non-seulement de ne point jurer ou accepter la constitution de 1812, ni aucun décret des cortès générales et extraordinaires et des ordinaires actuellement assemblées, et expressément « les décrets attaquant les droits et les prérogatives de sa souveraineté, par la Constitution ancienne et les lois qui ont gouverné la nation pendant si longtemps, mais de considérer la constitution de 1812 et ses effets comme nuls et de nul effet pour le présent et l'avenir. » Le Roi dissolvait en outre les cortès, et leur enjoignait de se séparer à l'instant. Il regarderait comme coupable de lèse-majesté et punissable de la peine de mort quiconque s'opposerait à l'exécution de son décret.

Ferdinand ajoutait à ces paroles sévères d'autres paroles de nature à donner bon espoir à l'Espagne. Il déclarait les droits de la nation aussi inviolables que ceux de la royauté, et promettait, devant des cortès légalement assemblées et où viendraient s'asseoir les députés de l'Espagne et des Indes, de traiter des intérêts nationaux. Il proclamait préalablement

« que la liberté et la sûreté individuelle seraient garanties par des lois; qu'en outre ses sujets auraient la faculté de communiquer leurs idées par la voie de la presse, que ses dépenses particulières et celles de sa famille seraient soigneusement distinguées des dépenses publiques, pour prévenir jusqu'à la possibilité du désordre et de la dissipation. » Enfin il faisait profession de « haïr le despotisme, inconciliable avec les lumières et avec la civilisation des nations de l'Europe. »

Les cortès résistèrent. Loin de se dissoudre, elles déclarèrent qu'elles opposeraient la force à la force, et envoyèrent des troupes pour comprimer les mouvements du peuple, qui renversait partout les pierres de la constitution. C'était une démence que de vouloir opposer une digue à cette espèce de marée qui montait en emportant tout sur son passage. Ferdinand marcha de Valence à Madrid à travers les ovations populaires; les troupes qu'on envoyait contre lui se réunissaient à son cortége. Il entra triomphalement dans sa capitale, au milieu des acclamations enthousiastes de la population. La plupart des membres de l'assemblée se dérobèrent par la fuite au châtiment dont le Roi les avait menacés; ceux qui l'attendirent dans la ville furent arrêtés et jetés en prison.

Ferdinand, après cette entrée triomphale, se trouva seul maître, sur son trône, sans autres obstacles que ceux que présentait la situation, mais ces obstacles, après l'invasion et le mouvement que la guerre de l'indépendance avait imprimé, étaient considérables; sans autres engagements que ceux qu'il avait pris envers son peuple, dans le décret du 4 mai 1814, en refusant de souscrire à la constitution de 1812, mais il était difficile de trouver une forme qui rendît ces engagements efficaces, en présence de l'ancienne organisation de l'Espagne, qui se relevait avec ses abus, et de la haine de la majorité des Espagnols pour les innovations.

Ferdinand, c'est là sa part de responsabilité dans la situation qui pesait, à la fin de 1822, sur l'Espagne, ne montra ni intelligence ni volonté pour conjurer les obstacles dont il était entouré, et sembla oublier complétement les promesses d'amélioration et de liberté qu'il avait faites : du moins restèrent-elles comme non avenues. Les cortès devaient être réunies, dans les formes légitimes, pour être consultées ; elles ne le furent point. Il devait y avoir une amnistie, l'amnistie eut quelque chose de dérisoire ; plusieurs milliers d'Espagnols qui se trouvaient attachés au parti français et qui, dans les premiers moments du retour de Ferdinand, avaient quitté le pays avec notre armée pour échapper aux suites violentes d'une réaction, furent bannis et leurs biens furent séquestrés. Les membres de la régence, ceux des cortès, tous les individus qui s'étaient montrés les zélés partisans de la constitution de 1812, furent traduits devant des commissions et jugés sans aucune forme légale. Il n'y eut pas de sang versé sur les échafauds, il est vrai ; mais les présides, les détentions dans les citadelles, l'exil, qui atteignirent un grand nombre d'individus, n'étaient pas des peines médiocres.

Ferdinand, qui maintenait ainsi le pouvoir absolu, savait peu s'en servir. On vit tomber successivement, dans les six années qui séparèrent sa rentrée en Espagne de la nouvelle révolution, des ministres du caractère le plus opposé, Cévallos, le général Ballasteros, Pizarro, Garay, le général Eguia, Echavarri, Lorano-Torres. Ces chutes successives, auxquelles n'échappaient pas les hommes les plus divers, disaient assez qu'il n'y avait ni cohérence ni suite dans les plans du gouvernement espagnol, qui essayait tout parce que rien ne lui réussissait ; en même temps elles justifiaient l'opinion généralement accréditée qu'au-dessus du conseil des ministres et autour du Roi il y avait une camarilla qui, faisant et défaisant les ministères, exerçait l'influence souveraine.

Il est juste de tenir compte des difficultés, qui étaient

énormes : le pays ravagé, les finances obérées, l'agriculture et l'industrie paralysées par une longue guerre; toutes les ressources épuisées; le crédit depuis longtemps détruit; les esprits divisés, les passions allumées. Mais il aurait fallu au moins se rendre compte de la situation et essayer de résoudre le problème. Rien ne fut tenté. On se contenta de recourir à des taxes arbitraires, odieuses aux contribuables, sans être fructueuses pour le trésor, et à des droits de douane exorbitants qui éloignaient le commerce extérieur. Ce n'était pas avec de pareils expédients qu'on pouvait relever l'Espagne. L'armée cessa à peu près d'être payée; aussi devint-elle indisciplinée, mécontente, et ses rangs présentèrent de nombreux vides; la marine, accablée par le désastre de Trafalgar, ne sortit pas de ses ruines. L'administration, privée de tout moyen d'action, ne périclita pas moins que le reste.

Le mécontentement se montra bientôt. Quand une nation sait que la toute-puissance est quelque part, elle attend tout de qui la possède; elle ne comprend pas l'impuissance du pouvoir absolu. Le mécontentement augmenta les ombrages du gouvernement, et les ombrages et les sévices du gouvernement augmentèrent le mécontentement des justiciables; alors on se retourna vers la suprême ressource, qui, avant les dernières guerres, avait fait vivre l'Espagne malgré la décadence de l'agriculture et l'absence de commerce et d'industrie, c'est-à-dire vers les colonies, qui s'étaient insurgées pendant les guerres avec l'Empire. On résolut donc de les soumettre par la force des armes. Le gouvernement espagnol se jeta ainsi dans une entreprise qui, si elle ne réussissait pas complètement et dans un court délai, devait achever la ruine de l'Espagne. Or il était difficile qu'elle réussît avec l'immensité de la tâche, l'éloignement des lieux où il fallait lutter, et le peu de ressources dont on disposait. Après de longs efforts et au prix des plus grands sacrifices, on réduisit le

Mexique, mais sans le soumettre ni le pacifier; l'Espagne dominait les points principaux qu'occupaient ses armes, ailleurs le pays lui échappait par son étendue même et par la difficulté des communications. Le Chili, un moment dompté, avait ressaisi son indépendance. Buenos-Ayres, quoique tourmenté par des dissensions intestines, avait repoussé la domination de la mère patrie. Bolivar, dont le nom commençait à occuper l'Europe, et Morillo, brave soldat de la guerre de l'indépendance qui commandait l'armée espagnole, se livraient une guerre incessante, avec des alternatives de succès et de revers, mais le premier avait sur le second l'avantage d'avoir son ravitaillement à sa portée. L'Amérique espagnole entrait dès lors dans cette existence fiévreuse et tourmentée par les dissensions intestines qu'elle a continuée depuis; mais le souvenir des anciens abus de l'administration espagnole et le goût de ce fruit nouveau et enivrant, l'indépendance, l'emportaient sur tout; les populations de ces vastes pays aimaient mieux être troublées que sujettes et se mal gouverner que d'être mal gouvernées par la mère patrie. On pouvait donc prévoir que, si le gouvernement espagnol ne tentait pas un effort héroïque, le dénoûment de la lutte tournerait contre lui. Cet effort même, coexistant avec les germes de mécontentement qui fermentaient, furent l'occasion de la révolution.

C'est ici le moment d'exposer la situation particulière de l'Espagne, qu'il est nécessaire de bien connaître pour comprendre la suite des événements. La masse de la population, le peuple des petites villes et des campagnes, que l'action de la politique du gouvernement atteignait peu, et qui échappait par son obscurité même aux mesures violentes prises par la camarilla contre tout ce qui faisait obstacle à son influence ou à ses desseins, demeurait calme et inébranlable dans sa fidélité aux formes du passé. L'agitation qui existait à la surface ne se faisait pas sentir dans ces profondeurs. Il n'en était point de même dans les classes supérieures et aisées, qui souffraient plus des fautes du gouvernement, et surtout parmi les existences nouvelles que la guerre de l'indépendance avait fait éclore. Il y avait là des caractères pleins d'initiative, des hommes intelligents, actifs, hardis, ambitieux, qui ne se résignaient pas facilement à descendre du rôle de premier plan qu'ils avaient joué à une position subalterne.

Ceci explique pourquoi il se trouva parmi les chefs du mouvement tant d'hommes illustrés pendant la guerre de l'indépendance. Au fond, pendant l'interrègne de six ans qu'avait amené la longue captivité de Ferdinand, l'Espagne, livrée à elle-même, avait produit une espèce d'état-major militaire et politique ; c'était avec cet état-major que Ferdinand avait maintenant à compter. C'était surtout dans l'armée que les anciens chefs de la guerre de l'indépendance avaient leur point d'appui. Cette armée, devenue le dernier espoir du gouvernement, puisqu'il comptait sur elle pour réduire l'insurrection des colonies, sentait son importance, et elle nourrissait en outre de sourds et profonds mécontentements. La cause la plus réelle de ces mécontentements était une répugnance qu'on n'osait avouer pour l'expédition lointaine et difficile qui se préparait. Les rares soldats revenus des Amériques espagnoles avaient parlé. A Cadix, tout près du lieu où l'on faisait avec cette lenteur qui a été si souvent préjudiciable à l'Espagne les préparatifs de l'expédition, se trouvait un hôpital où l'on avait recueilli un assez grand nombre de vieux soldats de Morillo, blessés et malades. Ils redirent leurs campagnes, leurs épreuves, leurs souffrances, la mort de leurs compagnons qui avaient succombé, moins encore sous le fer ennemi qu'aux atteintes de la maladie, de la misère, de la fatigue et de la faim. Ces sinistres récits contribuèrent à propager parmi les soldats les germes d'opposition qui existaient déjà parmi un grand nombre d'officiers. Les sociétés secrètes se multiplièrent dans l'armée. Sans se l'avouer à soi-même, on se précipitait dans une révolution, en grande partie, pour échapper à une expédition lointaine, laborieuse et sans espoir de succès. On cachait ce motif sous des récriminations contre le gouvernement qui méconnaissait les intérêts de l'armée, les services rendus, les droits acquis, qui compromettait la gloire obtenue dans la guerre de l'indépendance, et opprimait la liberté fondée par les défenseurs du territoire national. On avait soin, avec cet art pratiqué dans toutes les révolutions, de séparer le Roi des conseillers qui l'entouraient et dont la fatale influence était, disait-on, coupable et responsable de tout. Enfin, le commerce de Cadix et celui de Malaga fournissaient l'or toujours nécessaire dans ces sortes d'entreprises, car les commerçants de ces deux villes étaient profondément hostiles au gouvernement.

J'arrive ici à la veille de l'explosion finale qui détermina le triomphe de la Révolution. Mais, avant cela, quelques-uns de ces caractères ardents et impétueux qui sont toujours à l'avant-garde des révolutions, avaient déjà tenté l'aventure. Mina, l'un de ces intrépides chefs de guérillas qui, pendant la lutte de l'indépendance espagnole, s'était fait une réputation par sa prodigieuse activité, sa présence d'esprit et sa bravoure, avait levé le drapeau de l'insurrection, parce que la cour lui avait refusé le titre de capitaine général de province; le grade de maréchal de camp ne suffisait plus à l'ambition de cet ancien laboureur. Après avoir échoué dans sa tentative, il se déroba, en se réfugiant en France, à l'arrêt de mort prononcé contre lui. Une année après, ce fut Porlier qui, ayant éprouvé une disgrâce de la cour, souleva les garnisons de la Corogne et du Ferrol, et proclama la constitution de Cadix. Ce vaillant soldat de la guerre de l'indépendance, naguère illustré par de nombreux combats, fut bientôt abandonné par les complices de sa révolte; arrêté, jugé, condamné à mort, il termina sur un infâme gibet sa vie qui n'avait pas été sans gloire. Ces exemples ne découragèrent pas la révolte. Lacy, comme Mina et Porlier, l'un des chefs les plus célèbres de la guerre de l'indépendance, conspira en Catalogne comme Porlier avait conspiré en Galice. Condamné à mort par un conseil de guerre, il fut transporté aux îles Baléares; on espérait qu'il ne serait qu'exilé, il y fut supplicié. Il y eut encore une conspiration en Valence; l'intrépide mais implacable général Ellio arrêta de sa main le chef du complot et, après un procès sommaire, le fit attacher au gibet avec douze de ses principaux adhérents.

Ces sanglantes exécutions, en répandant la terreur, avaient, en même temps, exaspéré les haines. L'Espagne est de tous les pays civilisés peut-être celui où l'on verse le plus facilement son sang et celui des autres. L'échec d'un si grand nombre de tentatives, la fin malheureuse de ceux qui en avaient pris l'iniative, ne découragèrent pas les ennemis du gouvernement. Celui-ci manquait de la qualité qui seule aurait pu mettre un terme à ces mouvements, il savait réprimer, mais il ne savait pas gouverner : ses adversaires avaient l'instinct secret que, les inimitiés s'amassant en raison de ce luxe de supplices, et le gouvernement se montrant toujours implacable et incapable d'améliorer la situation du pays, il arriverait un moment où les tentatives qui avaient si souvent échoué réussiraient à force de se renouveler. Ce moment arriva, en 1820, à l'époque de l'explosion du complot militaire de Cadix. Il y eut encore un moment d'incertitude et d'hésitation, car O'Donnel, comte de l'Abisbal, chef de l'expédition projetée dont les éléments se réunissaient à Cadix, après avoir encouragé la conspiration et lui avoir promis son concours, la dénonça au gouvernement auquel il livra plusieurs de ceux qui y trempaient. Ce chef habile et ambitieux était un de ces esprits pleins d'ambages qui se plaisent dans les chemins couverts et déguisent par des marches et des contre-marches le but vers lequel ils se dirigent. Le gouvernement effrayé ne vit d'autres ressources que de tendre les ressorts de la compression ; les recherches et les sévices recommencèrent. O'Donnel passa un moment pour le sauveur de la monarchie, mais à mesure qu'on étudia les trames de la conspiration de Cadix, on y trouva l'action latente d'O'Donnel. Le gouvernement arriva à ne pouvoir presque plus douter de la part qu'avait eue ce chef dans le complot dénoncé par lui. Pourquoi alors l'avait-il révélé ? Voulait-il prévenir une dénonciation prévue, et se ménager ainsi une justification facile? Pensait-il que les nouvelles rigueurs du gouvernement susciteraient à celui-ci de nouveaux ennemis ? Toujours est-il qu'O'Donnel rappelé de l'île de Léon et déchu de son commandement tomba dans une demi-disgrâce. Les conjurés, un moment épouvantés, furent sur le point d'abandonner leurs trames ; mais ils les resserrèrent bientôt, en renonçant à mettre à leur tête ces chefs haut placés dans la hiérarchie militaire sur lesquels ils venaient d'apprendre à ne plus compter. Lopez-Banos, Arco-Aguerro, San-Miguel, Riego et Quiroga, jeunes officiers pleins d'ardeur, quelques uns de mérite, prirent la direction du mouvement. Tout se prépara sous les yeux du vieux comte de Caldéron qui avait remplacé O'Donnel et qui n'aperçut rien. Au jour marqué, le 1er janvier 1820, Riego fit proclamer la constitution de 1812 par un bataillon qu'il harangua, et marchant au pas de course il enleva le général Calderon et son état-major. Quiroga entraîna un autre bataillon. Les deux jeunes chefs, encouragés par ce premier succès, se dirigent en toute hâte vers Cadix. Mais Cadix hésite et ferme ses portes. La nouvelle de l'insurrection arrive à Madrid, où le gouvernement à la fois terrifié et irrité, rassemble à la hâte 13,000 hommes de troupes fidèles qu'il envoie contre les insurgés, sous le commandement du général Freyre. Il y eut un moment d'attente pleine d'anxiété.

On crut d'abord que les insurgés, resserrés au nombre d'environ 10,000 dans l'isthme de Léon, entre Cadix et les troupes royales, ne pourraient éviter un choc. Mais il y avait de l'un et de l'autre côté peu d'empressement à entamer une action décisive. Incertains de l'avenir, on se surveillait et l'on attendait quelque événement qui fît pencher la balance. Riego et Quiroga se lassèrent les premiers de cette inaction. Riego fit avec San-Miguel une pointe hors de l'île de Léon, et marcha à la tête d'une colonne de 1500 hommes vers le centre de l'Andalousie; il traversa les villes en proclamant la constitution de 1812, sans rencontrer ni opposition ni adhésion. Il entra ainsi à Algésiras, à Malaga, à Ronda, à Cordoue. La population, qui paraissait désintéressée dans la querelle, le regardait faire et le laissait passer [1]. Riego, désespéré de cette apathie, renonça à son entreprise et voulut essayer de regagner l'île de Léon; mais un des frères d'O'Donnel lui barra le chemin, et Riego après avoir licencié sa troupe fut réduit à se cacher dans les montagnes.

On crut encore une fois à Madrid que le danger était conjuré, il n'était qu'ajourné, parce qu'il tenait à une situation générale que rien n'avait modifiée. La garnison de la Corogne, d'accord avec une partie de la population de cette ville, fit son *pronunciamento* en faveur de la constitution de 1812; la garnison de Sarragosse répondit par une manifestation analogue; Mina se jeta en même temps dans la Navarre. C'étaient comme des échos qui s'éveillaient et se répondaient de proche en proche. Il devenait évident que l'armée échappait au gouvernement. Cependant Ferdinand, trompé par les serments de fidélité qui retentissaient autour de lui, espérait encore. Les protestations énergiques de l'Abisbal, l'ancien commandant en chef de

---

1. San-Miguel a écrit lui-même en racontant cette expédition : « Sur le passage de la colonne, on nous fournissait des vivres, mais personne ne vint se joindre à nous. »

l'armée expéditionnaire réunie dans l'île de Léon, qui se déclarait en mesure de faire rentrer dans le devoir les troupes égarées, et demandait avec ardeur au Roi une mission qui lui permît de lui montrer son dévouement, prolongèrent cette illusion. L'Abisbal obtint la mission demandée, il partit après avoir fait les promesses les plus solennelles, et rencontrant à Ocana, c'est-à-dire à neuf lieues de Madrid, le régiment commandé par son frère, il fit faire le cercle, harangua cette troupe, l'excita à la révolte, et au nom de la gloire et de la liberté lui fit acclamer la constitution de Cadix. Il est vraisemblable qu'assuré maintenant de la disposition des troupes par les mouvements simultanés qui venaient d'avoir lieu, il reprenait son ancien projet.

La nouvelle de cet événement portée à Madrid fit éclater un mouvement à la *Puerta del Sol*, ce *forum* espagnol. Tout ce que la ville renfermait d'hommes ardents et engagés dans les sociétés secrètes se réunit; il était manifeste qu'une journée révolutionnaire se préparait. Ferdinand, averti que la garnison de Madrid était en pleine défection et que l'on ne pouvait compter que sur une faible partie de la garde royale, ne vit plus de ressources que dans les concessions. Le premier jour il les marchanda, en essayant de se replacer au point où il en était lors de son retour en Espagne, lorsqu'il promettait des réformes, des améliorations administratives et des libertés. Mais son décret, contresigné par le marquis de Mataflorida, ce champion à outrance du pouvoir absolu, et où il ne promettait pas même la convocation des cortès, fut arraché des murailles; les révolutionnaires qui continuaient à se réunir tumultueusement à la *Puerta del Sol* lui firent signifier que cette concession ne leur suffisait pas, et qu'il devait accepter la constitution de 1812. Ferdinand essaya d'échapper à cette exigence en promulguant un second décret pour la convocation des cortès. Les révolutionnaires lui répondirent par une insurrection, relevèrent tumultueusement la pierre de la constitution renversée en 1814, et le Roi fut averti que, s'il ne proclamait pas immédiatement la constitution de 1812, ce n'était pas seulement sa couronne qui était en jeu, mais sa vie. Le 7 mars 1820[1], Ferdinand, renonçant à toute résistance, se courba sous la volonté des révolutionnaires, et accepta cette constitution de 1812, dont il avait défendu sous peine de mort d'évoquer le souvenir.

C'était une abdication. A partir de ce moment, la responsabilité passe à la révolution avec la puissance. Le problème que Ferdinand VII n'était pas parvenu à résoudre, le parti qui se ralliait à la constitution de 1812 allait l'aborder. J'ai dit que cette opinion avait pour tête plusieurs des généraux, des officiers, des orateurs politiques que la guerre de l'indépendance avait mis en évidence, et qu'il s'appuyait sur l'armée, sur une portion des classes élevées et une fraction des classes moyennes dans les villes. Le peuple, si l'on excepte quelques grandes cités, restait complétement en dehors; il assistait à une révolution sanctionnée par le Roi, sans y avoir concouru, sans y adhérer.

Parmi les questions à résoudre, les principales pouvaient se réduire aux points suivants : Fonder un gouvernement régulier qui conciliât les intérêts de l'ordre matériel avec ceux de la liberté politique et remplaçât le régime de l'arbitraire par un régime légal; organiser l'administration; donner à l'Espagne des finances; assurer l'apaisement des esprits et la pacification des passions contraires; enfin réduire les colonies espagnoles à l'obéissance envers la mère-patrie, si la chose était possible, et, si elle ne l'était pas, comme elle ne l'était pas en effet, terminer par une transaction avantageuse pour l'Espagne un différend dont l'Angleterre se

---

1. C'est par erreur que, dans le cinquième volume, j'ai mis ce décret à la date du 7 janvier.

disposait à profiter. Dans le laps de près de trois années qui s'écoulèrent, du mois de mars 1820 à la fin de l'année 1822, le gouvernement des cortès ne réussit pas mieux à résoudre ces problèmes que Ferdinand VII n'y avait réussi.

L'ordre sans cesse troublé à Madrid et dans un grand nombre de villes des provinces ne fut jamais rétabli sur un point que pour être aussitôt compromis sur un autre. Sous l'influence des clubs, d'une presse qui se jeta dans toutes les licences, des sociétés secrètes, les insurrections, les violences, les exécutions sommaires devinrent le régime normal du pays. On vit même, à la fin de la session de 1822, les ministres, plagiaires encore sur ce point de la révolution française, s'entendre avec les orateurs des clubs et les meneurs du parti révolutionnaire, afin de provoquer à Madrid une journée qui forçât la main à Ferdinand, et l'obligeât, malgré son refus, à sanctionner la loi qui dépouillait les moines de leurs biens et interdisait aux couvents de recevoir des novices. C'étaient les girondins de la révolution espagnole, le *divin* Arguelles, Garcias Herreros, Pérez de Castro, qui descendaient à de pareils moyens. Là où règne l'anarchie, il ne saurait y avoir de liberté. Les sociétés secrètes, grâce à leur puissante organisation, purent déporter en mars 1821, un grand nombre de proscrits de Barcelone, Valence, la Corogne Carthagènes, sans trouver aucune résistance de la part des pouvoirs publics, devenus, dans plus d'une occasion, leurs complices, comme on put s'en convaincre encore lorsque Ferdinand VII fut livré par eux aux insultes de la populace à son retour de l'Escurial à Madrid, entre la session de 1820 et celle de 1821 [1]. L'Espagne ne fut pas plus administrée que gouvernée ; ni la liberté individuelle ni la propriété ne furent

---

1. Ce fut la parodie de notre journée du 20 juin. Ferdinand VII, victime moins noble et moins pure que Louis XVI, fut peut-être moins menacé dans sa vie, mais plus outragé.

garanties dans une contrée où l'on substitua les conseils de guerre aux tribunaux réguliers. Après la confiscation des biens du clergé et la vente d'une partie de ces biens qui décrédita le nouveau gouvernement aux yeux de tous les hommes religieux, sans remplir les coffres de l'État, parce que démonétisés par l'incertitude de l'avenir ils furent mal vendus, il fallut recourir aux emprunts nationaux qui ne produisirent que de faibles et insuffisantes ressources, puis aux emprunts au dehors négociés à des conditions d'autant plus désastreuses, que le gouvernement n'avait pas reculé devant la banqueroute. Il sépara, en effet, les dépenses actives, c'est-à-dire celles de services publics, des dépenses arriérées, c'est-à-dire de la dette dont l'intérêt cessa d'être payé. Cet argent si chèrement acheté fut en grande partie consacré à satisfaire toutes les cupidités militaires. Riego, Quiroga et plusieurs autres chefs de l'insurrection de l'île de Léon, reçurent des dotations de 80 mille réaux de rentes avec faculté, pour plus grande sûreté, de les convertir en capitaux. Ceux qui avaient tant parlé des prodigalités royales les remplacèrent par des prodigalités révolutionnaires. Absorbé par les complications du dedans, le gouvernement des cortès ne put rien tenter d'efficace au dehors, pour ramener les colonies espagnoles sous la domination de la mère-patrie, et ne sut pas consentir à une sage transaction pour sauvegarder les intérêts espagnols. Il refusa au Mexique l'infant que cet État lui demandait, et la question des colonies, déjà gravement compromise sous le gouvernement absolu de Ferdinand, fut totalement perdue sous celui des cortès qui, en proclamant tous les jours les droits des peuples, ne comprirent pas que les Amériques espagnoles avaient aussi des droits avec lesquels il fallait compter.

Ainsi le nouveau gouvernement ne résolut aucun des problèmes posés. Il aggrava les difficultés qu'il trouva et en créa de nouvelles, augmenta l'anarchie, poussa l'arbitraire jusqu'à ses derniers excès, dépouilla le clergé, accrut la dette, continua le gaspillage, proclama la banqueroute, rendit les divisions plus profondes, et perdit la question des colonies. Ces trois années ne furent guère qu'une lutte entre les anciens libéraux de 1812, devenus les girondins de la révolution espagnole, et les révolutionnaires de 1820 qui se disputaient l'influence, le pouvoir et la possession de Ferdinand; celui-ci captif couronné, après quelques velléités de résistance maladroite qui agravaient encore sa déplorable situation, finissait toujours par céder, en buvant le calice de l'humiliation jusqu'à la lie.

Dans les premiers temps, le gouvernement des cortès n'avait guère trouvé d'obstacles de la part des partisans de l'ancienne forme de gouvernement; mais lorsqu'on vit qu'après avoir employé tous les moyens il ne réussissait à rien, les populations de plusieurs provinces, exaspérées d'ailleurs par la manière dont le clergé avait été dépouillé, par les avanies qu'avaient commises les révolutionnaires et par les traitements violents et injurieux auxquels Ferdinand avait été en butte, commencèrent à s'agiter. Des guerillas se formèrent et sillonnèrent le pays : peu à peu ces guerillas se transformèrent en corps d'armée; une junte de gouvernement s'établit, et la guerre civile vint s'ajouter à tous les maux de l'Espagne. Elle fut atroce des deux côtés, et sous prétexte de représailles, les partis opposés ne reculèrent devant aucun excès. Les progrès de cette insurrection catholique et royaliste rendirent des espérances à Ferdinand, que tant d'outrages n'avaient pas converti au gouvernement des cortès. Dès qu'il retrouva des espérances, Ferdinand qui n'avait cédé qu'à la force fut moins disposé à continuer ses concessions. Pourquoi ne réagirait-il pas à son tour contre les maîtres qu'on lui avait imposés? Ce fut alors que le mouvement de la garde royale, que nous avons raconté, fut tenté à Madrid; il répondait au succès des guerillas royalistes dans les provinces. J'ai dit comment il échoua en précipitant Ferdinand sous le joug de la révolution exaltée que jusque-là quelques esprits modérés, parmi lesquels je citerai Arguelles et Martinez de la Rosa, avaient combattue dans une certaine mesure, et dans quelques occasions non sans succès. Si l'entreprise de la garde royale avait exaspéré les révolutionnaires de Madrid, le nouveau succès de la révolution exaltée à Madrid et les nouvelles humiliations qu'ils infligèrent au Roi surexcitaient à leur tour la passion royaliste.

C'est ainsi que, dans l'année 1822, la guerre civile était devenue en Espagne un des périls de la situation. Le parti de la révolution, qui avait asservi, humilié et mortellement outragé Ferdinand VII en tant d'occasions, sentait bien, même avant la journée du 7 juillet 1822, que le Roi devait être de cœur avec le mouvement des guerillas royalistes. Il suffit pour en demeurer convaincu de lire l'adresse envoyée à Ferdinand VII par les cortès, le 28 mai 1822[1]. Après la sanglante bataille du 7 juillet entre la garde royale et la milice, le parti de la révolution, à quelque nuance qu'il appartînt, aux libéraux de 1812, ou aux exaltés de 1820, n'en douta plus, et ce fut ce qui donna une nouvelle gravité à la situation de l'Espagne, surtout au dehors. Jusque-là, il y avait eu un nuage plus ou moins transparent sur l'état des choses; ce nuage fut dissipé. On vit clairement le Roi captif d'une révolution victorieuse et irritée, et non-seulement son pouvoir détruit, mais sa vie menacée. Jusque-là, il restait une espé-

---

1. « Les cortès, disait cette adresse, se persuadent que V. M. prendra les mesures les plus énergiques pour réprimer les écarts des fonctionnaires qui abusent de leurs pouvoirs, et pour exterminer les factieux partout où ils se présenteraient. Le congrès se flatte qu'à l'égard des ecclésiastiques et des prélats qui prêchent le fanatisme et la rébellion, V. M. prendra des mesures si énergiques et si efficaces, qu'ils disparaîtront épouvantés du sol de l'Espagne, pour ne plus y retourner souffler le feu de la discorde et allumer le bûcher de la superstition. »

rance éloignée, bien incertaine, de voir les modérés de la révolution espagnole, Martinez de la Rosa, Arguelles, et enfin l'intrépide Morillo, qui avait longtemps maintenu ou défendu l'ordre à Madrid contre les émeutiers des sociétés secrètes, parvenir enfin à modifier la constitution de 1812, et à la ramener insensiblement vers la Charte française. Cet espoir qui avait été surtout accueilli par le cabinet des Tuileries disparaissait sans retour. Ferdinand VII, abandonné par Martinez de la Rosa après la journée du 7 juillet, repoussé par le conseil d'État qui refusa de lui donner un avis sur la formation d'un nouveau ministère, finit par se jeter dans les bras du parti exalté devenu maître de la situation. Craignant pour sa vie si on l'obligeait à demeurer dans le foyer révolutionnaire de Madrid, il accepta, sur la promesse qu'on lui fit de lui permettre de résider à Saint-Ildefonse, la liste des ministres qu'on lui imposa. Lopez-Banos, l'un des chefs de l'insurrection de l'île de Léon, qui s'était fait un nom par l'exaltation de ses idées, reçut le portefeuille de la guerre; San-Miguel, l'ancien chef d'état major de Riego, aussi violent et aussi excessif dans ses opinions que son général, devint ministre des affaires étrangères; l'ancien député Gasco, qui dans la précédente législation s'était fait remarquer par la violence de son opposition, eut le portefeuille de l'intérieur; Navarro, autre député sortant, qui aggravait par la dureté de ses formes, par l'amertume de son langage et l'emportement de son caractère, ce que ses opinions avaient de profondément révolutionnaire, s'empara du ministère de la justice. C'était le ministère montagnard prenant la place du ministère girondin. Les actes de la nouvelle administration furent en harmonie avec les éléments dont elle se composait. Elle congédia et exila le peu d'amis personnels que le Roi avait encore près de lui : le marquis de Las Amarillas, le duc de l'Infantado, le marquis de Castellare, le comte de Casa-Serria, le général Longa, le brigadier Cisneros; renvoya les premiers officiers du palais: le duc de Montemar, grand majordome; le comte de Castro-Torreno, capitaine des hallebardiers ; le duc de Belgide, grand écuyer, et les remplaça par les hommes avec lesquels le Roi ne pouvait avoir que des rapports désagréables et fâcheux. Le général Morillo, qui avait si longtemps protégé la tranquillité de Madrid, fut destitué, bien qu'il se fût rallié au parti vainqueur. Le chef politique, San-Martin, qui l'avait virilement aidé dans sa tâche, fit plus que partager sa disgrâce; d'abord destitué comme lui, puis exilé aux îles Baléares, il fut arrêté et jeté dans un cachot. Le duc de l'Infantado partagea le même sort, ainsi que le duc de Castro-Torreno.

Ce fut le signal d'une espèce de terreur qui remplit les geôles de prisonniers politiques. Les villes et même les villages avaient leurs suspects, leurs détenus et leurs proscrits [1]. Comment s'en étonner? Les promoteurs de toutes les insurrections révolutionnaires étaient maîtres du pouvoir. Le banquier de ces insurrections, Bertrand de Lys, qui avait à sa solde une bande d'émeutiers, venait d'être revêtu de la robe d'alcade de Madrid. Quiroga obtenait le commandement de la Galice, l'Empeunado celui de Seigneura; Mina était mis à la tête de toutes les forces destinées à agir en Catalogne. Ainsi les chefs exaltés, qui avaient troublé par leurs tentatives insurrectionnelles le ministère de 1812, l'emportaient partout. Les perturbateurs de la *Puerta del Sol*, se déclarant en permanence, exerçaient sur le gouvernement, déjà disposé à la violence, l'influence souveraine de l'anarchie. Ils dictaient des ordres et ces ordres étaient obéis. Ils demandaient à grands cris du sang; celui des soldats de la garde qui avaient péri dans la lutte meurtrière du 7 juillet ne suffisait pas. On commença par fusiller, parmi les gardes,

---

1. Correspondance de M. de Villèle avec M. Mathieu de Montmorency, 6 septembre 1822. (*Documents inédits.*)

faits prisonniers, ceux qui étaient soupçonnés d'avoir tiré sur le lieutenant Landaburu, tué par ses soldats au moment où il voulait les empêcher de dissiper par la force le rassemblement qui poursuivait de ses cris injurieux Ferdinand VII, revenant de l'ouverture des Cortès. Les justiciers de la *Puerta del Sol* réclamèrent en outre la mort du lieutenant-colonel Goiffieux. C'était un brave et loyal militaire, Français d'origine, à qui on ne pouvait reprocher que l'exaltation de ses idées royalistes, et qu'on soupçonnait, sans preuve aucune, d'avoir applaudi au meurtre de Landaburu, mais non d'y avoir trempé. Goiffieux, arrêté en habit bourgeois près de Buitrago par un détachement de cavalerie, fut conduit à Madrid, livré au conseil de guerre, qui le condamna à mort, comme ayant fait partie d'une révolte armée; mensonge flagrant, puisque Goiffieux appartenait à l'un des bataillons de la garde qui, demeuré au palais du Roi, n'avait pris aucune part à la lutte. Le général Coppons confirma la sentence. Malgré la terreur qui régnait à Madrid, il y avait quelque chose de si inique dans cet arrêt de mort, et le lieutenant-colonel Goiffieux inspirait tant d'estime par son caractère, que plusieurs personnes s'entremirent pour arracher la victime à l'échafaud. Le comte de la Garde surtout, notre ambassadeur, qui avait fait ses preuves de fermeté et de courage à Nîmes, multiplia les démarches, les représentations, les instances, et l'on espéra un moment sauver le condamné. Plusieurs officiers de la milice avaient signé une demande en grâce; la municipalité était ébranlée, et l'alcade Bertrand de Lys lui-même montrait des dispositions favorables. A cette nouvelle, les anarchistes irrités se répandirent en clameurs menaçantes. Le ministère, qui avait oublié un moment qu'il était le premier serviteur de l'anarchie, se soumit à sa volonté souveraine, et Goiffieux, conduit à l'échafaud, mourut en homme de cœur.

Cet assassinat juridique ne fut pas le seul. Le général Ellio, détenu à Valence depuis trois ans, et à qui on ne pouvait reprocher que d'avoir suivi les ordres que lui avait donnés Ferdinand VII, avant la révolution de 1820, en réprimant avec une sévérité implacable les tentatives de révolte, était l'objet de la haine persévérante des anarchistes; ils demandaient à grands cris sa mort. Les trois ans de captivité qu'on lui avait fait subir, depuis que la révolution était maîtresse, disaient assez qu'on n'avait pu trouver contre lui aucun chef d'accusation plausible. On imagina de le rendre responsable d'un mouvement militaire qui avait eu lieu à Valence, dans un régiment d'artillerie, le 30 mai précédent, aux cris de *Vive le roi absolu! Vive Ellio! A bas la constitution!* Les canonniers avaient pénétré dans la citadelle où le général était détenu; mais, presque aussitôt assiégés par la milice, ils avaient été obligés de capituler. Il était notoire et il fut prouvé qu'Ellio, enfermé à double tour dans un cachot, et gardé à vue, n'avait pu avoir, n'avait eu aucune entente avec les auteurs de cette tentative. Le bruit de la fusillade était arrivé jusqu'à lui, et il en avait conclu qu'il allait mourir, quand les miliciens vainqueurs étaient entrés dans son cachot, avec des cris de *Mort à Ellio!* Il avait fallu lui expliquer ce qui venait de se passer, et cette circonstance lui sauva la vie. Ce fut cependant sur la complicité du général dans l'entreprise que l'accusation se fonda pour demander sa condamnation. Les canonniers qui avaient pris part à la tentative reçurent la promesse de la vie s'ils voulaient accuser Ellio; ils refusèrent d'acheter leur grâce au prix de ce mensonge. Alors on produisit une lettre dans laquelle Ellio avait avoué son crime à sa sœur; or il se trouvait que le général n'avait pas de sœur. Qu'importe, les anarchistes avaient décrété sa mort; il fallait qu'il mourût. Le rapporteur, qui écrivait sous leur dictée, conclut à l'étranglement précédé de la dégradation, et, comme les juges pouvaient hésiter, il dessina en tête de son réquisitoire un marteau, allusion menaçante à l'instrument dont s'étaient servis les massacreurs de Madrid pour tuer le prêtre Venuenza, condamné seulement par le juge aux présides, et dont ils se seraient servis contre le magistrat lui-même si celui-ci n'avait pas échappé à leur colère par la fuite [1]. Certes il y avait là un avertissement significatif. Néanmoins le procès était tellement monstrueux que, pour échapper à la responsabilité de ce crime judiciaire, le comte d'Almodovar, commandant militaire, donna sa démission; le baron d'Andella, appelé à le remplacer, prétexta une maladie et s'abstint. Sur le refus de plusieurs généraux et de plusieurs colonels, un lieutenant-colonel accepta cette triste besogne. Valterra, c'était son nom, convoqua le conseil de guerre; l'arrêt de mort fut prononcé; mais, quand il fallut confirmer la sentence, la main de Valterra trembla, il eut honte de lui-même et laissa échapper la plume. L'hôtel de ville était entouré d'une foule homicide qui poussait des clameurs sinistres; la municipalité, apportant à Valterra l'épouvante dont elle était remplie, vint l'avertir que, s'il refusait de confirmer l'arrêt de mort, elle le rendrait responsable des suites de ce refus. La peur fut la plus forte, Valterra signa; le lendemain l'assassinat juridique fut consommé sur la promenade publique dont le général Ellio avait doté la ville de Valence.

Ces deux faits suffiraient pour donner une idée de la situation où se trouvait l'Espagne au mois d'octobre 1822. Ajoutons cependant que les patriotes de Madrid, c'était le nom qu'ils prenaient, faisaient connaître par des adresses à la municipalité les ordres que celle-ci avait à transmettre au Roi,

---

1. J'emprunte ces détails au livre de M. de Martignac : *Essai sur la révolution d'Espagne et sur l'intervention de 1823*, t. I, chap. xiv. M. de Martignac qui accompagna le duc d'Angoulême en Espagne comme commissaire civil, a eu tous les documents sous les yeux, et la modération de son caractère est un gage de son impartialité. J'ajouterai que son livre fut publié en 1832.

avec cette recommandation impérative : « Telle est la volonté des patriotes de Madrid. » Ce fut ainsi que Ferdinand fut mis en demeure de congédier tous les individus des deux sexes employés dans sa maison, et que plus tard on l'obligea, malgré un premier refus, à convoquer extraordinairement, pour le 7 octobre 1822, les cortès. Par les mêmes moyens, on le contraignit encore à signer une proclamation, dans laquelle « il traitait de parjures et vouait à l'exécration de l'univers » ceux qui mouraient pour lui sur les champs de bataille de la Catalogne. Madrid était sous le coup de la menace d'un mouvement ; les prisons, qui regorgeaient de prisonniers politiques, paraissaient au moment d'être forcées, et de nouvelles journées des 2 et 3 septembre allaient s'inscrire dans les annales de l'Espagne, si le nouveau chef politique n'avait pas obtenu des égorgeurs un sursis, en annonçant dans sa proclamation du 6 octobre « que la loi ferait tomber en temps utile sur la tête des coupables son inexorable hache. » La terreur se répandait de proche en proche, et des familles nombreuses s'éloignèrent à la hâte d'une contrée où il n'y avait plus ni paix, ni ordre, ni sûreté pour les propriétés, ni sécurité pour personne. Le parti vainqueur commençait à se plaindre avec colère de ces départs que ses violences causaient ; il accusait l'émigration après l'avoir nécessitée.

En même temps, et par une conséquence naturelle d'une oppression aussi dure, la guerre civile prenait des proportions plus étendues, une nouvelle activité et un caractère plus impitoyable que jamais. Dans la Navarre, le général Quesada tenait en échec les forces constitutionnelles, et se maintenait au camp d'Irati, centre de ses opérations. En Catalogne, le baron d'Éroles avait obtenu des avantages marqués : après avoir successivement battu Torrigos, Tabuença, il avait établi son quartier général à la Seu d'Urgel, où un parc d'artillerie considérable était organisé, et il disposait de 20,000 hommes ;

1,450 villages ou petites villes avaient renversé dans cette province la pierre de la constitution et proclamé l'autorité de Ferdinand dans sa plénitude. L'un des derniers faits d'armes de la campagne avait été la prise de Mequinenza, qui fit une vive impression.

A la suite de ces brillants succès, on avait pensé que le moment était venu d'organiser un centre de gouvernement. Il fut établi à la Seu d'Urgel, sous le titre de *Régence suprême de l'Espagne pendant la captivité du Roi*, et composé du marquis de Mataflorida, de l'archevêque de Tarragone et du baron d'Éroles; et cette régence nomma sur-le-champ trois ministres, après avoir publié une proclamation dans laquelle elle faisait savoir à tous que, le Roi étant privé de sa liberté depuis le jour où, contraint par la force, il avait accepté la constitution de 1812, tous les actes promulgués en son nom depuis cette époque devaient être considérés comme nuls et non avenus.

L'insurrection royaliste, qui avait eu jusque-là un caractère purement militaire, prenait à partir de ce jour un caractère politique. Elle n'était pas exclusivement renfermée dans les provinces du Nord. Le Trappiste, cet Antonio Marañon, moitié moine, moitié soldat, venu du camp au cloître et retourné du cloître au camp, une de ces figures singulières entre le froc et l'uniforme, entre le chapelet et l'espingole, comme l'Espagne, à la fois monacale et militaire, pouvait seule en produire, communiquait son exaltation à sa troupe. Il avait pénétré en Aragon, et après un échec il avait réussi enfin à établir des communications entre la régence et la Navarre, en opérant sa jonction avec le général Quesada. Au même moment, le curé Mérino parcourait, à la tête de ses guerillas, la Vieille-Castille; Cuevillas, avec un corps nombreux et aguerri, désolait le royaume de Léon. Zaldevar, à la tête d'une bande redoutable de partisans, coupait les communications dans l'Andalousie. Des bandes s'étaient montrées jusqu'aux portes de Madrid.

En présence de cette nouvelle situation faite à l'Espagne; de la révolution exaltée maîtresse du gouvernement, tenant le Roi captif, régnant par la terreur, remplissant les prisons de victimes détenues sans jugement, frappant ceux qu'elle haïssait par des assassinats juridiques qu'ordonnaient les perturbateurs; de l'anarchie maîtresse du gouvernement qui était maître du Roi, du soulèvement royaliste des provinces du Nord, de la guerre civile qui se faisait à nos portes, le cabinet des Tuileries, qui jusque-là n'avait eu sur la frontière franco-espagnole qu'un cordon sanitaire motivé par les ravages de la fièvre jaune dans la Péninsule, fit un pas de plus : s'autorisant des circonstances exceptionnelles où se trouvait l'Espagne et des périls qui pouvaient en résulter pour la France, il changea le cordon sanitaire en armée d'observation.

II

PRÉPARATIFS DU CONGRÈS DE VÉRONE. — CHOIX DES PLÉNIPOTENTIAIRES FRANÇAIS. — INSTRUCTIONS.

Au moment où le conseil des ministres discutait en France la ligne à suivre au congrès de Vérone, surtout par rapport aux affaires d'Espagne, et le choix d'un représentant diplomatique à cette grande réunion, on apprit par un courrier de Londres que le comte de Castlereagh, ministre des affaires étrangères, qui devait représenter son pays, venait de mettre fin à sa vie. Cette nouvelle produisit une pénible impression. On donnait de ce tragique événement des explications diverses. Les uns disaient que lord Castlereagh, habitué, depuis le commencement de sa carrière, à marcher avec les grandes puissances continentales de l'Europe contre la révolution, n'avait pu se faire à l'idée de se donner un démenti à lui-même pour embrasser la nouvelle politique de son pays, qui se tournait contre l'Europe et s'érigeait en protecteur des révolutions, et que, incapable de se résigner à renoncer aux affaires, ni à ses idées, il avait préféré en finir d'un seul coup et sortir de la vie. Les autres ne voulaient voir dans cet acte de désespoir qu'un de ces transports au cerveau qui ne sont pas rares chez les hommes de son pays. Selon toutes les vraisemblances, ces deux causes se compliquèrent, et la contention des affaires, la violence morale que le comte de Castlereagh était obligé de se faire, réagissant sur son cerveau, troublèrent son intelligence; de ce trouble sortit l'acte désespéré du suicide [1], qu'on regarda comme une complication de plus dans les circonstances difficiles où se trouvait l'Europe. Castlereagh était, en effet, très-considéré par les souverains du Nord et de l'Est, et il devait être personnellement disposé à avoir des ménagements pour eux dans les discussions qu'allait soulever la question d'Espagne. On apprit presque aussitôt qu'il serait remplacé au congrès par le duc de Wellington.

Les développements qu'avait pris l'insurrection royaliste sur la frontière franco-espagnole avaient fait naître dans la presse de la droite une opinion très-ardemment soutenue par ses organes les plus vifs. Les guerillas espagnoles se levant contre la révolution leur produisaient comme un mirage de la Vendée, arborant son drapeau contre la Convention. Laisserait-on accabler ces braves gens qui, avec un secours d'armes et d'argent, suffiraient à rétablir Ferdinand VII sur son trône? Tel était le thème développé dans le *Drapeau blanc*, et qui trouvait de l'écho dans plusieurs salons royalistes. Ce thème eut pour interprète chaleureux dans le conseil le vicomte Ma-

1. La mort du comte de Castlereagh date du mois d'août 1822.

thieu de Montmorency, dont l'âme chevaleresque devait être plus impressionnée que toute autre par ce rapprochement entre l'Espagne royaliste et la Vendée. Il proposa au gouvernement d'envoyer secrètement aux insurgés espagnols des armes et de l'argent [1]. Les autres membres du conseil furent unanimes à repousser cette proposition. Ils firent observer qu'une pareille politique serait déloyale et resterait inefficace. Comment entretenir un ambassadeur à Madrid auprès d'un gouvernement contre lequel on soudoierait la guerre civile? Cela ne serait point digne de la France, qui ne pouvait avoir que des sympathies ouvertes et publiques et des antipathies déclarées. En outre, c'était une idée chimérique que d'espérer résoudre le problème de la question d'Espagne par les seules forces des insurgés. On les aiderait à entretenir la guerre civile sur nos frontières; tout continuerait donc et rien ne finirait. Le conseil se rallia tout entier à cet avis, fortement soutenu par MM. de Corbière et de Villèle, et ce dernier, au sortir de la séance, fit expédier aux douaniers de notre frontière franco-espagnole les ordres les plus précis pour qu'ils ne laissassent sortir ni armes ni munitions de guerre. Peu de temps après, on en saisit un petit convoi, et grande fut la surprise de MM. de Villèle et de Corbière lorsque, remontant de proche en proche, ils rencontrèrent des indices qui les laissèrent convaincus que cet envoi avait été fait, sinon par l'ordre, au moins au su de M. Franchet, directeur de la police générale, et avec le consentement de M. Mathieu de Montmorency, ministre des affaires étrangères. Ils s'en expliquèrent très-catégoriquement avec ce dernier et ils insistèrent sur l'obéissance due aux décisions prises au conseil. En même temps, M. de Villèle, comme ministre des finances, et le duc

---

[1]. M. de Villèle l'affirme dans ses *Notes politiques inédites* : « Le vicomte Mathieu de Montmorency, dit-il, nous avait fait la proposition formelle de faire passer aux insurgés espagnols des armes et de l'argent. »

de Bellune comme ministre de la guerre, expédièrent de nouveaux ordres, le premier à la ligne de douane, le second à l'armée d'observation, pour que la surveillance la plus active fût exercée.

Cette circonstance qui fut connue du Roi ne contribua point à le rendre plus favorable au vicomte Mathieu de Montmorency, contre lequel, on avait pu s'en convaincre à l'époque de la formation du ministère, il nourrissait déjà des préventions. Cependant l'état de la santé de Louis XVIII ne lui permettait pas de se rendre au congrès comme les autres souverains : il fallait donc qu'il s'y fît représenter, et le ministre des affaires étrangères de France se trouvait si naturellement indiqué pour cette mission, qu'une exclusion eût été une offense. Cependant M. de Villèle rapporte que des ouvertures détournées lui furent faites à lui-même, de la part de Louis XVIII, et qu'il dut travailler à dissuader le Roi de son dessein [1].

Le 26 avril, il fut décidé dans le conseil des ministres, tenu chez le duc de Bellune, que l'on proposerait M. Mathieu de Montmorency au Roi pour aller le représenter à Vienne où les souverains devaient poser les préliminaires du Congrès. Il s'agissait ensuite de lui choisir des coopérateurs pour l'accompagner à Vérone, et assister au libellé et à la conclusion des affaires préparées à Vienne. M. de Chateaubriand désirait passionnément quitter momentanément son ambassade de Londres pour aller à Vérone. Dès le 4 juin précédent, il avait écrit à M. de Villèle pour poser sa candidature dans les termes

---

[1] « Je fis sentir, ajoute-t-il avec une honorable modestie, que je n'avais ni la position sociale ni même la position politique nécessaire pour jouer ce rôle; que mes facultés et mes connaissances m'y rendaient impropre; que, déplacé où l'on m'enverrait, je manquerais à l'intérieur où j'étais utile pendant l'agitation que la réunion des souverains allait jeter dans les esprits. Ma conviction était si forte, que je n'accepterais pas cette mission si le Roi me l'offrait. J'ajoutai qu'il était urgent que le Roi ne laissât pas voir qu'il avait eu cette pensée, car M. de Montmorency se retirerait. » (*Documents inédits*.)

les plus nets, et il était manisfeste que, si sa demande était écartée, il ne resterait pas longtemps en bonne intelligence avec le ministère :

« Je crois, mon cher ami, lui disait-il, par des considérations hautes, que si vous voulez, un jour, vous servir de moi, il faut que vous me placiez sur un grand théâtre, afin qu'ayant négocié avec les rois, il ne reste plus aucune objection ni aucun rival à m'opposer. »

Depuis, ses lettres s'étaient succédé de plus en plus pressantes. Il avait fait une démarche formelle auprès du ministre des affaires étrangères, en insistant pour être fortement appuyé [1]. Il donnait même des indications sur la manière dont il fallait former la légation française à Vérone : « La perfection serait d'y envoyer M. de Blacas pour le Roi, M. de Chateaubriand pour la droite et M. de Rayneval pour le centre. » Il écartait, dans une autre lettre du mois de juillet, comme fâcheuse, l'idée d'envoyer le vicomte Mathieu de Montmorency à Vérone, il indiquait à M. de Villèle la compensation qu'on pouvait offrir à l'ambassadeur de France à Londres, si le ministre des affaires étrangères refusait de l'emmener avec lui au congrès [2]. M. de Chateaubriand, comme il le disait si bien, voyait dans le congrès de Vérone un théâtre, et sa puissante imagination de poëte s'exagérant le bruit qu'il pourrait y faire, l'éclat qu'il pourrait y jeter, il demandait avec une impatience fébrile à y être introduit. Après tout, c'est une ambition permise au talent sous le gouvernement représentatif, et il n'y

1. Sa lettre est du 11 juin 1822.
2. « Encore un mot sur le congrès de Vérone. Je ne vois pas une objection raisonnable contre moi. Mais si M. de Montmorency veut y aller — faute politique — et s'il ne veut pas m'y emmener avec lui, auriez-vous une grande objection à me faire donner le portefeuille des affaires étrangères par intérim. Vous avez déjà voulu me le faire donner tout à fait. Aujourd'hui, la position que j'ai prise en Angleterre me rend beaucoup plus mûr pour la place. »
Londres, 5 juillet 1822.
(*Correspondance inédite de M. de Chateaubriand avec M. de Villèle.*)

avait rien d'étonnant à ce que le plus grand écrivain politique du siècle aspirât aux premières places. A la fin du mois d'août, il fut décidé en conseil qu'on ferait droit à la demande de M. de Chateaubriand, appuyée par M. de Villèle [1]. Les deux autres membres de la légation française qu'on adjoignit à M. de Montmorency, furent le comte de la Ferronays, ambassadeur de France à Saint-Pétersbourg, et M. de Caraman, ambassadeur à Vienne. On avait pensé à substituer à ce dernier le duc de Blacas; mais M. de Caraman, appuyé par le prince de Metternich qui s'arrangeait peu de la hauteur du duc de Blacas, avait tellement insisté pour qu'on ne lui fît pas l'injure de l'exclure d'un congrès réuni dans une des villes de l'Empire où il était ambassadeur, que le roi Louis XVIII ne voulut pas lui causer un chagrin qui ressemblait à un affront.

La chose la plus difficile n'était pas de choisir les hommes qui devaient représenter la France au congrès; mais de leur tracer des instructions conformes aux intérêts de la France, et en même temps nettes et précises sur toutes les questions qui devaient y être traitées, particulièrement sur la question d'Espagne. Voici comment M. de Villèle expose dans ses notes manuscrites les préoccupations et les résolutions du conseil :

« L'affaire d'Orient étant terminée, ou au moins assoupie, dit-il, grâce aux soins de l'Angleterre et de l'Autriche, les représentants du Roi ne pouvaient s'empêcher de considérer cette réunion de souverains, assez inopportune pour le reste et surtout pour notre situation à l'égard de l'Espagne, comme un moyen de distraire la Russie de la question d'Orient. Ils devaient donc s'efforcer de concentrer l'action du congrès sur l'Italie, insister pour obtenir l'évacuation de Naples et du Piémont, chercher à réconcilier le prince de Carignan avec le nouveau Roi qui, bien que le prince fût son héritier, ne voulait pas le voir, depuis que celui-ci avait consenti à se mettre à la tête des troupes qui

---

[1]. Dans une lettre à la date du 31 août 1822, M. de Chateaubriand remercie M. de Villèle de son chaleureux concours.

voulaient imposer la constitution à l'ancien Roi. Cette réconciliation importait à la France parce qu'elle éloignait toute prétention de la maison d'Autriche à cette couronne. Les représentants de la France devaient éviter avec soin, mais avec adresse, d'appeler les délibérations exclusives du congrès sur la question d'Espagne qui attirerait naturellement son attention. Il importait à l'honneur de notre pays qu'il restât seul juge de la part qu'il voudrait prendre dans la discussion de cette question, et des voies et des moyens à adopter pour la terminer selon ses intérêts et sa convenance. Nos représentants seraient d'autant mieux placés pour conclure avec les puissances continentales un traité que nous désirions avoir pour contenir le mauvais vouloir de l'Angleterre, qu'ils n'auraient pas provoqué eux-mêmes ces puissances à l'égard du parti qu'elles avaient à prendre vis-à-vis de l'Espagne.

« Le gouvernement russe devait être le plus empressé à réprimer par la force des armes les révolutionnaires espagnols pour s'excuser aux yeux de sa nation et de son armée de ne pas avoir secouru ses coréligionnaires. Or il aurait fallu, pour rendre possible cette action de la Russie, que ses troupes traversassent notre territoire ce que nous ne pouvions permettre, sans honte, déconsidération et péril. L'Autriche, pour distraire la Russie de la question d'Orient, faisait bon marché de nos répugnances. La Prusse, satellite de la Russie, prêterait les mains à tout ce que celle-ci voudrait. L'Angleterre, directement contraire à l'entreprise, s'y opposerait à force ouverte ou la contrarierait par tous les moyens.

« On décida donc en conseil qu'on ne provoquerait pas l'examen d'une question dont les embarras retomberaient sur nous, et que nos plénipotentiaires provoqués répondraient : Nous nous chargeons de l'Espagne. Notre cordon renforcé est aujourd'hui changé en armée d'observation. Nous avons augmenté nos forces de 50,000 hommes depuis notre entrée au ministère, elles sont suffisantes pour faire avec les auxiliaires que nous prépare la guerre civile, ce qui nous sera nécessaire pour nous garantir du danger et vous en préserver vous-mêmes. Ce serait l'accroître que de vouloir nous aider matériellement de vos armées. Leur passage sur notre territoire soulèverait l'indignation de la France entière, nous ne le souffrirons pas; mais nous accepterons l'appui moral d'un traité qui, par la promesse que vous nous feriez de venir à notre secours si nous le réclamions, empêcherait l'Angleterre d'essayer de prendre parti, dans la Péninsule, pour les révolutionnaires et contre nous. »

Cette page détachée du carnet de M. de Villèle nous transporte dans le centre des affaires de ce temps, et nous permet de suivre les divers ressorts qui mettaient les intérêts et les idées en mouvement[1].

La ligne que le gouvernement royal est décidé à suivre au congrès de Vérone est ici clairement dessinée. Il ne veut pas être l'exécuteur de la politique européenne en Espagne, il n'entend suivre que la sienne. Il veut rester maître de sa conduite, de l'action qu'il exercera, de l'heure à laquelle il l'exercera, des circonstances dans lesquelles il croira devoir agir. Dans cette question d'Espagne, il est, en outre, préoccupé d'une crainte motivée par sa sollicitude pour les intérêts de la France : il appréhende que l'Angleterre ne profite de la neutralité qu'elle gardera si une guerre éclate entre la France et l'Espagne, pour procurer de meilleures conditions à son commerce et à son industrie, dans leurs rapports avec les colonies espagnoles insurgées. Pour ne pas laisser à l'Angleterre cette position avantageuse de la nation la plus favorisée, le gouvernement royal prescrit à ses plénipotentiaires de saisir toutes les occasions qui se présenteraient « de faire traiter utilement au congrès la reconnaissance des gouvernements établis au Brésil et dans les Amériques espagnoles. Il serait digne, en effet, de l'assemblée des puissances de faire demander à l'Espagne et au Portugal la communication de leurs intentions, de leurs moyens pour rétablir l'ordre, la paix et la sécurité pour la navigation européenne dans cette partie du monde; et, dans le cas probable d'un refus de la part des métropoles, de convenir par un traité entre les grandes puissances qu'elles considéreraient ce refus et la situation réelle des colonies comme suffisant pour leur faire reconnaître, en qua-

---

[1]. J'ai collationné ce passage avec la copie authentique des *Instructions pour MM. les plénipotentiaires au congrès de Vérone*, datée du 5 octobre 1822 et conservée au ministère des affaires étrangères, et j'ai vérifié qu'il y avait une conformité complète entre les deux documents. Je citerai plus loin quelques passages du second.

lité d'États indépendants, toutes les parties régulièrement constituées des États d'Amérique, s'obligeant à ne réclamer pour aucune puissance en particulier des avantages spéciaux [1]. »

C'était la précaution prise contre l'Angleterre.

Quant au continent, il y avait une précaution prise à l'égard de l'Autriche, contre la domination absorbante de laquelle les plénipotentiaires français étaient chargés de défendre les petits États de l'Italie et de l'Allemagne. Enfin, venait s'exprimer un vœu sympathique pour les chrétiens d'Orient opprimés par les Turcs.

Au moment où le vicomte Mathieu de Montmorency partait en qualité de chef des plénipotentiaires français, le Roi l'avertit qu'il avait résolu de nommer M. de Villèle président du conseil. L'ordonnance royale relative à cette nomination parut dans le *Moniteur* du 5 septembre 1822. Les motifs qui avaient déterminé Louis XVIII à adopter cette mesure étaient de plus d'un genre. Il croyait nécessaire de mettre plus d'unité dans son gouvernement, au moment où les circonstances prenaient un caractère de gravité plus marqué, et comme il y avait eu quelques dissidences sur la question d'Espagne entre le ministre des finances et le ministre des affaires étrangères, au sujet des secours clandestins que celui-ci aurait voulu faire donner aux royalistes espagnols, il accentuait ainsi la politique dans le sens du premier. En outre, le Roi dont la santé était souvent mauvaise et dont les forces déclinaient, trouvait dans cette nomination une commodité de travail. Il se déchargeait des audiences à donner aux autres ministres, et il pouvait faire insérer, chaque jour, dans le *Moniteur*, cette ligne à laquelle il tenait particulièrement : « Le Roi a travaillé aujourd'hui une heure et

---

1. J'emprunte textuellement ces lignes aux *Instructions* que je citerai plus bas.

demie avec le président du conseil. » Cette mesure fut accueillie avec une médiocre satisfaction par les collègues de M. de Villèle. Ceux qui étaient pairs y virent un acte blessant pour la chambre haute, à l'exception du duc de Bellune « plus occupé, continue M. de Villèle, au carnet duquel nous empruntons ces renseignements, à rendre disponible l'armée du Roi qu'à disputer un vain titre. » Quant à M. de Corbière, il ne se préoccupa que du point de vue de l'intérêt général : — « En personnifiant le ministère, dit-il, il est à craindre qu'on ne donne plus de facilités à ses ennemis à le combattre avec un nom propre. » M. de Villèle transmit cette observation au Roi, qui répondit : « Cela existait déjà avant l'ordonnance. »

Cette réponse était pleine de justesse. M. de Villèle, par la position qu'il occupait à la chambre des députés, par son rôle à la tribune et par la place que la supériorité de son jugement lui assurait dans le conseil, était en fait principal ministre; le Roi ne créait pas le fait, il le constatait. Celui qui pouvait être le plus blessé à cause de sa haute naissance et de sa grande position à la cour, le vicomte Mathieu de Montmorency, avec sa loyauté ordinaire, ne cacha point à M. de Villèle, tout en rendant hommage à son mérite, que cette mesure avait à ses yeux des inconvénients[1]. Ce fut le second ombrage jeté entre les deux ministres : le premier s'était élevé, on s'en souvient,

---

[1]. « Vous êtes digne de cet honneur, lui disait-il, par votre dévouement, vos services, votre haute capacité. J'y vois un avantage unique pour la chose publique, celui de décourager les tentatives individuelles que pouvait exciter une place vacante. J'y crains quelques inconvénients, des jalousies qu'on ne s'avoue pas d'abord. Cela ne me paraît pas convenable pour la Pairie. Elle a besoin d'être soutenue et rehaussée parce qu'elle n'a pas de racines assez profondes. Les malveillants vous accuseront d'ambition et nous de manque de dignité. Si le duc de Bellune avait été le Président du conseil et vous vice-président, les résultats auraient été les mêmes et j'aurais été parfaitement content. »
Lettre du 14 septembre 1822. (*Documents inédits*.)

à l'occasion des secours clandestins envoyés aux royalistes espagnols.

Après le suicide imprévu de lord Castlereagh, il y avait eu un moment d'hésitation et de doute dans la politique anglaise, parce qu'on ignorait quel serait son successeur. Lord Bathurst, M. Peel et M. Canning se disputaient le portefeuille des affaires étrangères [1]. Le nouveau courant d'intérêts et d'idées auquel lord Castlereagh n'avait voulu ni céder ni résister poussa M. Canning au pouvoir. On apprit à Paris sa nomination le 14 septembre, en même temps que le départ du duc de Wellington pour Vienne, où devaient avoir lieu les travaux préliminaires du congrès et où se trouvaient déjà réunis, avec le prince de Metternich, MM. Mathieu de Montmorency, de Caraman et de la Ferronays pour la France; le baron de Bernstorff pour la Prusse; MM. Stuart et Gordon pour l'Angleterre, et MM. de Nesselrode, Pozzo di Borgo et Tatischef pour la Russie.

En traversant Paris, le duc de Wellington voulut avoir une conférence avec M. de Villèle pour traiter à fond la question espagnole; jamais peut-être deux hommes d'un plus grand sens ne se trouvèrent en présence. Nous reproduisons ici les principales parties de la dépêche du 22 septembre 1822, adressée, au sortir de cette conférence, par M. de Villèle à M. de Montmorency qui la reçut à Vienne. Aucun récit ne ferait aussi bien ressortir le double jeu de la politique de l'Angleterre et de celle de la France :

« Le duc de Wellington est arrivé ici à une heure et demie, écrit M. de Villèle, et à trois heures et demie il était chez moi où il a passé deux heures. Nous avons beaucoup parlé de l'Espagne, des dangers, des difficultés que rencontrerait l'intervention qu'il avait l'air de regarder comme arrêtée dans les conseils du Roi. Son expérience du pays lui donnait beau jeu sur un pareil sujet. Je l'ai laissé aller. En

---

1. Dépêche de M. de Chateaubriand.

arlant des secours que pouvaient nous donner nos alliés, il a dit qu'il ne fallait pas songer à la voie de mer, et, tout aussitôt, il m'a demandé si, par terre, nous donnerions passage à des troupes étrangères. Envisageant ensuite la difficulté d'une armée d'observation en Allemagne, il en a signalé les inconvénients. En terminant, il a exprimé des regrets au sujet de la réunion du congrès, inutile au point de vue des affaires de Grèce, intempestif pour les affaires d'Espagne. Si après le congrès on ne faisait rien, il y aurait un acte de faiblesse; si l'on agissait, l'on agirait mal à propos.

« Je lui ai répondu qu'il était dans l'erreur sur nos dispositions envers l'Espagne et qu'il paraissait ignorer la véritable situation du pays. Je lui ai fait connaître ce que nous en savions par nos consuls de tous les points de la Péninsule : l'exécution d'Ellio, la députation de Barcelone, les combats journaliers sur nos frontières, les menaces adressées à nos nationaux forcés partout de renvoyer leurs familles, et se tenant prêts à partir eux-mêmes pour se soustraire à un massacre général médité, annoncé. Je lui ai demandé si, dans une pareille situation, nous pouvions nous dispenser de réunir des troupes pour garantir nos frontières de toute insulte. Je lui ai dit que, quant aux corps réunis sur notre frontière, nous n'avions fait que pourvoir à cette nécessité. Je lui ai demandé si le caractère du Roi d'Espagne, la marche naturelle d'une révolution qui travaillait ce pays, si les événements consommés violemment, ceux du commencement de juillet, enfin si l'alliance à nos portes des révolutionnaires espagnols avec nos révolutionnaires, ne nous faisaient pas un devoir de prévoir la possibilité d'une atteinte portée aux droits ou à la sûreté du Roi d'Espagne et de sa famille, d'une insulte faite à notre Roi, à nous Français et à notre territoire? Nous avons jugé qu'il en était ainsi, et nous sommes préparés à préserver notre honneur et notre sûreté sous ce rapport. Je n'ai dit ni le nombre de nos troupes sur les frontières, ni de celles dont nous pouvions disposer pour une opération définitive dans la Péninsule. Mais, comme il avait dit qu'il y aurait de la folie à rien tenter de ce genre à moins d'avoir réuni une armée de cent mille hommes, je me suis borné à lui dire que nous étions en mesure, si nous y étions forcés, à opérer sans commettre une folie.

« Passant au congrès, je lui ai dit qu'en effet je pensais, comme lui, que s'il n'eût dû avoir d'autre objet que les affaires de Grèce, il était inutile au point où elles en étaient arrivées, et que s'il devait être question des affaires d'Espagne, mieux eût valu le reculer. Puisqu'il avait lieu, il était impossible de se dissimuler que, si rien n'était prévu, rien statué sur l'état de la Péninsule, les révolutionnaires en tireraient un accroissement d'audace et de force. Pour éviter ces inconvénients, nous concourrions avec les autres gouvernements à l'examen de cette question intéressante pour eux comme pour nous. Nous porterions dans cet examen la franchise et le dévouement à l'intérêt commun dont nous croyions avoir constamment fait preuve. J'ai ajouté que j'avais une réponse positive à faire sur deux points : 1° nous ne consentirons pas à donner passage à des troupes étrangères sur notre territoire ; 2° nous ne porterons point la guerre sur l'invitation, encore moins l'injonction des autres, mais seulement si nous y étions contraints par une des deux raisons dont nous venions de parler[1]. »

Je cite *in extenso* cette dépêche parce qu'elle jette une lumière décisive sur un point d'histoire longtemps controversé. L'opposition accusa M. de Villèle d'avoir avoué à la tribune que la Restauration n'avait fait la guerre à l'Espagne que sur les injonctions de la Sainte-Alliance. On voit par cette conversation du président du conseil avec le duc de Wellington, qui fut mise sous les yeux de l'empereur Alexandre par le vicomte Mathieu de Montmorency[2], que non-seulement M. de Villèle n'a jamais rien avoué de pareil, mais qu'un aveu de ce genre était impossible dans sa bouche, puisqu'il suivait une politique diamétralement opposée à celle qu'on lui a prêtée et que quelques historiens prévenus persistent à lui prêter encore.

Vers la même époque, sir William A'Court, ambassadeur d'Angleterre à Madrid, traversant Paris pour se rendre à son poste, eut une conférence avec M. de Villèle, et celui-ci, lorsqu'il en rendit compte à M. de Montmorency, lui rapporta en ces termes sa réponse à l'envoyé britannique, qui avait paru croire qu'il ne pouvait y avoir en aucun cas une nécessité d'intervenir pour la France. « Je lui dis que, plus que personne, la France était intéressée à ce que cela fût possible ; mais que

---

1. Lettre de M. de Villèle à M. Mathieu de Montmorency. (*Documents inédits.*)

2. C'est dans sa lettre du 1er octobre que le vicomte Mathieu de Montmorency parle de la communication qu'il a faite à l'empereur de Russie de la dépêche de M. de Villèle.

nous étions décidés à nous conserver les moyens d'intervenir activement dans cette affaire si la considération de notre propre sûreté le rendait nécessaire. »

La politique du cabinet des Tuileries, telle que la comprenait le président du conseil, se dessine ici d'une manière fort claire. Il ne désirait pas l'intervention, mais il prévoyait qu'elle deviendrait nécessaire, et il s'y préparait. Il est impossible de lire la suite des dépêches de M. de Villèle à M. de Montmorency sans demeurer convaincu que telle était la politique du cabinet des Tuileries. On y voit percer la crainte que notre plénipotentiaire aille trop au-devant de la politique européenne et ne se livre au lieu de se réserver. Cela tenait à la différence des deux caractères et à la connaissance qu'avait M. de Villèle de celui de M. de Montmorency, âme chevaleresque, cœur ouvert à tout ce qui était généreux, et qui n'avait pas été à l'abri des illusions de 1789. Le président du conseil, plus prudent, plus expert, plus avisé, était déjà depuis quelque temps frappé du parti qu'avait tiré le prince de Metternich de la Sainte-Alliance pour enchaîner l'empereur Alexandre à la suite de l'Autriche. Il prémunissait donc notre plénipotentiaire contre les entraînements de ce genre, et lui recommandait une expectative prudente et habile[1]. Cette expectative ne devait avoir rien de faible ni de pusillanime. M. de Villèle

---

1. « Informez-vous le plus tôt que vous pourrez, disait M. de Villèle, des dispositions dans lesquelles sont les cabinets..... Voyez-les venir. Ne vous avancez pas trop. Demandez à nous consulter s'il s'agissait de quelque grand parti sur lequel vous eussiez des doutes. Nous sommes en état de nous préserver, alors même qu'on nous laisserait. Ainsi, si l'on veut quelque chose de plus, si l'on combine un concours, il faut que ce soit sans accroître nos charges et nos dangers; vous êtes sur un très-bon terrain en ne montrant pas plus d'empressement à cette affaire que les autres. Au contraire, si l'on vous voit embarrassé, on fera des choses qui nous seront onéreuses, et on aura l'air de les faire pour nous. »
(*Lettre de M. de Villèle à M. de Montmorency, à la date du 6 septembre* 1822.
— *Documents inédits.*)

exposait, en effet, ainsi dans une seconde dépêche la politique du cabinet :

« Nous marchons avec le temps et les événements. Nos Français étant personnellement menacés et compromis sur tous les points de l'Espagne où le commerce les attire, nous avons chargé M. de Lagarde de les autoriser à quitter même les consulats, le jour où ils le croiraient opportun pour leur sûreté. La saison de la fièvre jaune finissant sans que cette maladie se soit de nouveau déclarée, nous ne pourrons sans ridicule continuer nos précautions sanitaires. Nous venons d'avertir M. de Lagarde qu'aussitôt après avoir reçu sa réponse sur ce point nous substituerons la surveillance de l'armée d'observation au service du cordon sanitaire... Fermement décidés à ne pas rester sans moyen de défense, exposés au danger d'un tel voisinage, nous serons prêts à nous préserver avec une armée de cent mille hommes disponibles, voilà notre situation. Elle est sage, honorable, et sera respectée... Dans le cas où on voudrait davantage, vous savez que c'est aux autres à présenter leur plan et à nous, comme les plus directement intéressés, à juger s'il est d'accord avec nos vues, nos calculs et notre situation. »

III

M. DE MONTMORENCY A VIENNE. — CONFÉRENCES PRÉLIMINAIRES [1].

Après avoir fixé d'une manière précise par des documents certains le programme politique adopté par Louis XVIII en

1. Je ferai de nombreux emprunts, pour éclairer cette partie de l'histoire, à un écrit très-curieux et inédit de M. Mathieu de Montmorency. Comme on le verra par les lignes suivantes, textuellement extraites d'un volume publié en 1845, à Paris, par le prince de Polignac, ancien président du conseil du roi Charles X, le duc Mathieu de Montmorency eut un moment, en 1823, la pensée de publier cet écrit ; mais il déféra au désir de Monsieur, comte d'Artois, qui l'en détourna, en lui objectant que cette publication aggraverait les dissensions de la droite.

« J'ai été tendrement uni d'amitié avec le duc Mathieu de Montmorency, dit M. de Polignac, et sa perte a toujours laissé en moi un vide impossible à combler ; ses vertus, ses belles et nobles qualités sont connues de toute la France, mais il y a des traits qui honorent son caractère et qui sont encore

son conseil, il est temps de suivre M. de Montmorency à Vienne, puis à Vérone. C'était le prince de Metternich qui restés ignorés; j'en vais choisir un qui se rapporte au sujet que j'ai traité dans le courant de cet écrit.

« Après que le duc Mathieu de Montmorency eut quitté le ministère, il jeta sur le papier l'historique du congrès de Vérone : c'était justice, il y avait eu la plus grande part ; son opinion avait été adoptée par les augustes souverains présents au congrès, et, selon ses désirs, la guerre contre l'Espagne avait été résolue nonobstant l'opposition qu'y avait mise le gouvernement anglais. Si d'autres entreprirent et conduisirent à bien cette guerre, il n'en fut pas moins le premier moteur. Les souverains, signataires au congrès de Vérone, le reconnurent ainsi ; car, dès que le succès de la guerre d'Espagne fut assuré, ils lui en adressèrent leurs remerciments et lui envoyèrent, contrairement à l'usage généralement reçu, leurs premiers ordres en témoignage de leur satisfaction.

« J'ai vu cette histoire du congrès de Vérone, et la candeur, la véracité de mon noble ami, ainsi qu'une partie de sa correspondance que j'ai encore entre les mains, ne me laissèrent aucun doute sur l'exactitude des faits dont il rendait compte. Quelques mois après sa retraite, son ouvrage étant terminé, le duc Mathieu eut l'intention de le livrer au public. Il crut néanmoins devoir préalablement le mettre sous les yeux de MONSIEUR, frère du roi. Ce prince le lut avec attention, et quelques jours après il remit le manuscrit au duc Mathieu en disant que la lecture qu'il avait faite de cet ouvrage l'avait vivement intéressé, qu'il en reconnaissait l'exactitude, mais que toute vérité n'était pas bonne à dire, et que, craignant que la publicité de cet écrit n'amenât des dissentiments d'opinions qui pourraient altérer l'union existant en ce moment entre les conseillers de la couronne, il croyait en conscience devoir lui demander le sacrifice de son ouvrage. Le duc Mathieu représenta l'avantage de faire connaître au public la vérité tout entière. « Elle sera mal comprise, répliqua MONSIEUR, et pourrait créer des oppositions nuisibles à la bonne harmonie qu'il est important de maintenir. Mathieu, continua le prince, je conçois quelles peuvent être là vos justes susceptibilités comme auteur; aussi n'est-ce pas à l'auteur que je m'adresse, c'est au chrétien. — Il suffit, monseigneur, » reprit le duc ; puis, s'approchant de la cheminée, il livra son manuscrit aux flammes. »

« Ces temps sont déjà loin de nous. et s'il reste encore une copie de ce précieux manuscrit, si, dans ses dernières volontés, le duc Mathieu n'a pas exprimé le désir que son travail ne fût point livré à l'impression, je prends la liberté d'engager ici sa noble famille à en révéler l'existence au public. L'époque rapportée avec tant de simplicité par le duc Mathieu joue un grand rôle dans nos annales contemporaines; et *deux histoires du congrès de Vérone* ne seront pas de trop. »

Le vœu exprimé par le prince de Polignac, dans ses *Études historiques, politiques et morales*, p. 421, se trouvera satisfait par les emprunts que nous ferons à l'*Écrit* de M. de Montmorency *sur le congrès de Vérone*, c'est le titre qu'il avait donné à son travail, dont la seconde partie est intitulée : *Le Mois de décembre à Paris. — Ma Retraite.*

avait eu l'idée de la session préparatoire de Vienne, où il avait espéré attirer lord Castlereagh : celui-ci, en effet, avait prétexté les nécessités parlementaires pour ne pas se rendre à Vérone où l'on devait s'occuper des affaires d'Italie dans un sens contraire à la politique déclarée de son gouvernement. L'empereur Alexandre avait promis de se rendre à Vienne dans le courant de septembre, et le prince de Metternich avait écrit d'une manière pressante au ministre des affaires étrangères de France, pour engager le cabinet des Tuileries à se faire représenter dans ces conférences préliminaires. M. de Montmorency, désigné par le Roi, partait donc pour Vienne avec les instructions dont les documents cités plus haut ont indiqué la teneur, et dont ses propres notes confirment la portée [1]. Il laissait l'intérim du ministère des affaires étrangères à M. de Villèle, et cet intérim fut conféré au futur président du conseil d'une manière plus solennelle qu'à l'ordinaire; le Roi recueillit lui-même les voix, elles furent unanimes

[1]. « M. de Villèle insistait beaucoup pour que le représentant français au congrès ne se pressât pas d'appeler les délibérations sur les affaires d'Espagne, dit M. de Montmorency dans l'écrit ci-dessus indiqué, pour qu'il évitât surtout d'y prendre une initiative trop prononcée et de se faire le rapporteur officiel de ces affaires, comme le ministre autrichien avait voulu se faire celui des affaires de Naples à Troppau. Il fut fait quelques objections qui se présentaient naturellement. Elles étaient tirées de la difficulté qu'il y aurait à ne pas énoncer les premiers une opinion sur un grand procès où nous nous déclarions avec raison la première partie intéressée, à ne pas répondre aux questions inévitables sur des rapports et une situation que nous devions mieux connaître que d'autres.

« Il fut convenu que l'on s'abstiendrait de toute initiative directe et que l'on garderait, à cet égard, toute la réserve possible.

« Les membres du conseil s'accordèrent à penser que nous ne pouvions pas consentir à une déclaration commune, faite au nom des puissances alliées ; qu'il fallait ne pas proposer et même éviter, si l'on pouvait, les déclarations particulières ; mais retenir plutôt toute manifestation semblable de principes ou de sentiments, pour le moment où l'on agirait. »

Le manuscrit inédit auquel nous empruntons cette page est intitulé : *Écrit sur le congrès de Vérone*. Nous en devons la communication à M. le duc de la Bisachia et à M. le vicomte de la Rochefoucauld-Doudeauville, petits-fils de M. Mathieu de Montmorency.

en faveur de la mesure proposée par le vicomte Mathieu de Montmorency. Celui-ci quitta Paris le vendredi 30 août 1822, emmenant avec lui M. Bourjot, chef de la division politique du Nord, qui avait la correspondance habituelle de Vienne et qui avait accompagné le prince de Talleyrand au congrès de 1815 et le duc de Richelieu à Aix-la-Chapelle. M. de Montmorency lui avait adjoint M. Durand, ancien consul général à Madrid, et qui, par conséquent, connaissait bien l'Espagne. Nous trouvons dans l'écrit inédit déjà cité des confidences précieuses sur l'état de l'esprit du noble plénipotentiaire de la France au moment où il partit pour cette difficile mission :

« J'étais pénétré, dit-il, de cette pensée du prince de Talleyrand, qu'un ministre des affaires étrangères ne peut représenter utilement son pays dans un congrès que lorsqu'il a toute la pensée de son cabinet et la direction indépendante de son département. Je croyais être dans cette double condition. J'avais une déférence habituelle pour M. de Villèle, qui avait le plus contribué à m'appeler au conseil, et pour sa capacité ; mais pas plus à Paris qu'à Vienne je n'aurais supporté l'idée d'une véritable dépendance. J'allais avoir affaire aux vétérans de la diplomatie. Mais la droiture et la franchise ont aussi leur habileté. »

Peut-être le vicomte Mathieu de Montmorency, par un sentiment de dignité personnelle, s'exagérait-il l'indépendance qu'un ministre des affaires étrangères peut garder vis-à-vis de son cabinet, dont il doit être après tout l'interprète fidèle, et l'on peut soupçonner que le malentendu que l'on verra éclater plus tard dans le conseil n'eut pas d'autre origine. En puisant à la source qui nous a fourni ces premiers renseignements, nous découvrirons les autres mobiles sous l'empire desquels agit le plénipotentiaire français à son arrivée à Vienne. Il était frappé de l'empire qu'exerçait depuis 1815 le principe de la Sainte-Alliance, et de la disparition au moins apparente et momentanée des politiques particulières qui s'étaient comme fondues dans une politique générale devenue celle de chacun, parce qu'elle était celle de tous. Il avait, en même temps, remarqué le parti que le prince de Metternich avait tiré de ces habitudes de conférences intimes, de notes concertées entre les alliés, d'échange continuel de communications, qu'il avait introduites dans la diplomatie. La chancellerie française n'aurait-elle pas trop souvent négligé d'employer ces formes extérieures de la franchise? Ne pourrait-on pas lutter contre le prince de Metternich sur son propre terrain, en pratiquant le même art à l'aide duquel le premier ministre d'Autriche avait obtenu sur l'empereur Alexandre un crédit dominant, à dater de Laybach? Selon M. de Montmorency, la France n'avait rien à appréhender de ce système et elle avait tout à y gagner; il était de son intérêt de ne pas laisser rompre ou relâcher cette espèce de fédération, et de se justifier du reproche qu'elle avait encouru, surtout à Laybach, de ne pas faire en conscience cause commune avec les autres membres de l'alliance. Elle pouvait et devait profiter plus qu'aucune autre de la Sainte-Alliance, en réparant, comme à l'abri d'un retranchement protecteur, les ruines du passé, en donnant toute la perfection possible à ses nouvelles institutions respectées à l'égal des institutions les plus anciennes, mais sans oublier de rassurer l'Europe contre l'influence extérieure de son exemple et le soupçon d'une dangereuse propagande. Il ne fallait pas l'oublier : la France avait, elle aussi, des révolutionnaires à intimider et à contenir; sans doute la force morale et matérielle, prenant son point d'appui à l'intérieur, était préférable à tout, mais il n'était pas inutile cependant de montrer à ces ennemis publics des sociétés sur l'arrière-plan de la scène la coalition permanente de toutes les forces extérieures.

Dans les lignes précédentes presque littéralement extraites des notes du vicomte Mathieu de Montmorency, on achève de voir se dessiner les divergences de sa politique avec celle de M. de Villèle. Le premier, âme candide et élevée qui n'était pas sans rapport avec celle de l'empereur Alexandre, croyait qu'il fallait entrer hardiment dans la Sainte-Alliance et y disputer le premier rôle au prince de Metternich [1]. Le second se défiait d'un terrain sur lequel le prince de Metternich exerçait de longue main une influence souveraine, et croyait que la France, au lieu de s'y laisser entraîner, devait se maintenir sur son propre terrain, sauf à traiter de là avec l'alliance européenne en conservant sa pleine liberté.

M. de Montmorency arriva à Vienne le 6 septembre 1822. Ce n'était pas sans quelques appréhensions secrètes qu'il se trouvait en présence de ce cabinet renommé par sa vieille habileté ; curieux spectacle que celui de cette âme loyale et pure faisant un effort sur elle-même pour analyser la nature subtile et pleine de dextérité du diplomate autrichien, qui conduisait souverainement les affaires extérieures de son pays[2], et par le levier de la Sainte-Alliance celles de l'Europe. Son influence sur l'empereur de Russie assurait, en effet, à l'Autriche le concours de la Prusse, son ancienne rivale. Le

[1]. « Qui peut éloigner de l'alliance des esprits que je serai tenté d'accuser de petitesse ? La crainte que la France n'y joue un rôle secondaire et ne se laisse entraîner à des mesures contraires à son régime intérieur ; mais l'Angleterre ne s'est pas laissée détourner par de pareils motifs d'alliances souvent étroites avec des gouvernements absolus. » (Extrait de l'écrit déjà cité du vicomte Mathieu de Montmorency sur le congrès de Vérone.)

[2]. « L'empereur d'Autriche, dit M. Mathieu de Montmorency dans l'écrit plus haut cité, remet entièrement la direction des affaires étrangères à son chancelier d'État, M. de Metternich, et cet abandon soulage, dit-on, sa conscience. M. de Metternich, homme de plaisir et de succès dans la société, est devenu un homme d'État habile. Il a acquis surtout depuis 1814, et par les négociations dans les congrès successifs, cette réputation d'habileté qui est déjà une force. Il règne sur la politique de l'Allemagne et veut régner sur celle de l'Europe. Il a la passion des affaires. Ses coopérateurs sont bien choisis ; parmi eux, on distingue M. de Gentz, dont les ouvrages, les talents et les prétentions sont bien connues. Les manières de M. de Metternich sont dignes, agréables : il est plein de sagacité, de finesse, et cherche à simuler l'abandon. Son aisance a quelque chose d'un peu présomptueux ; on remarque chez lui la confiance du succès, et cette confiance est encouragée par la petite

cabinet de Berlin, étroitement attaché à celui de Saint-Pétersbourg, ne songeait, à cette époque, qu'à prolonger un repos réparateur, à refaire ses finances, à fortifier son armée, à éviter tout ce qui pouvait l'obliger à compter avec l'opinion intérieure, disposée à lui demander des institutions plus larges que celles qu'il voulait accorder. Il croyait plus facile, moins dangereux et plus utile à ses intérêts de s'entendre avec l'Autriche pour exercer un pouvoir dictatorial à Francfort que de lui disputer ce pouvoir. Malgré la différence des institutions, l'ancienne alliance de l'Angleterre avec l'Autriche persistait, parce qu'elles avaient dès lors un grave intérêt commun en Orient; — toutes deux voulaient, en effet, empêcher la succession de l'Empire ottoman de s'ouvrir au profit de la Russie, — et parce que cet intérêt commun n'était altéré par aucune rivalité maritime. M. de Metternich se trouvait donc exercer une sorte de médiation entre la Russie et l'Angleterre; plus intime en apparence avec la première, il était plus utile en réalité à la seconde. Quant à la France, le vicomte de Montmorency ne pouvait se faire aucune illusion sur les sentiments du prince de Metternich à son égard; le premier ministre autrichien la craignait et ne l'aimait pas. Il appréhendait la contagion des idées révolutionnaires qui fermentaient encore dans notre pays; il ne craignait guère moins la contagion de nos institutions libérales, que l'attrait qu'a toujours exercé la France en Europe pouvait rendre irrésistible; enfin, il surveillait avec un sentiment de défiance les progrès des forces naturelles de la France renaissant à la prospérité, sous le gouvernement réparateur des Bourbons.

cour qui l'entoure. Elle se compose de diplomates distingués, de gens de lettres, d'artistes et de quelques femmes de la société qui cherchent à le faire valoir. M. de Metternich est une puissance de salon. On dit qu'il parle quelquefois en fanfaron d'immoralité publique ; jamais il n'a tenu devant moi des propos de ce genre. »

La position de la France au congrès se trouvait par là difficile. Au fond, elle avait en face d'elle M. de Metternich qui, par son ascendant sur Alexandre qui entraînait la Prusse dans son orbite, menait l'alliance continentale, et elle n'avait pas la ressource de s'entendre avec l'Angleterre complètement opposée à notre politique en Espagne, et secrètement liée avec l'Autriche par un antagonisme commun contre la France et la Russie. Les instructions de réserve et de prudence données par le gouvernement français à son plénipotentiaire étaient donc motivées. L'idée de celui-ci, de rivaliser avec M. de Metternich d'empressement et de déférence envers l'alliance, n'était pas heureuse, parce qu'au fond c'était M. de Metternich qui conduisait le char, et qu'en s'y asseyant avec trop de confiance on risquait d'être conduit où il voulait.

Dans la première conférence avec M. de Montmorency, M. de Metternich insista beaucoup sur deux points : la nécessité de maintenir les choses légalement existantes, celle de conserver à tout prix et de fortifier, chaque jour, les liens de l'alliance, et les devoirs de confiance réciproque qu'elle imposait. Tout en tenant ce langage, il accusa le comte de Capo-d'Istria d'avoir provoqué à Troppau la fameuse contre-déclaration de lord Castlereagh en insistant maladroitement pour faire formuler des déclarations générales en désaccord avec les habitudes parlementaires de l'Angleterre, et il insinua qu'avec un peu plus d'habileté et un peu moins de roideur on aurait pu éviter ce malencontreux différend. Quant aux affaires turco-russes, il en parla en termes fort dégagés. Il ne fallait pas, dit-il, s'exagérer le succès qu'avait obtenu lord Strangford à Constantinople ; mais enfin on avait obtenu le principal en prévenant une rupture entre le cabinet de Saint-Pétersbourg et la Sublime-Porte. D'après les dernières dépêches de lord Strangford, on s'acheminait vers une amnistie concertée entre les Turcs et le patriarche grec nouvellement élu : Alexandre pouvait et voulait bien prendre les choses à ce point. Cependant on s'occuperait encore à déblayer devant lui le terrain, — c'était l'expression favorite du prince de Metternich, — c'est-à-dire à obtenir du Divan quelque garantie pour le sort futur des Grecs et une démarche auprès du cabinet de Saint-Pétersbourg, qui permît au czar de renvoyer à Constantinople un ambassadeur [1]. Après la condescendance qu'il avait montrée, c'était le moins qu'on pût faire.

Dans cette première conférence on n'avait pas abordé la question d'Espagne ; M. de Montmorency, qui avait peu parlé et beaucoup écouté, s'était réservé pour la seconde ; il trouvait la question espagnole assez grave pour être traitée à part. Le plénipotentiaire français s'expliqua nettement dans cette seconde conférence sur quelques points essentiels. Il déclara à M. de Metternich que la France croyait nécessaire de maintenir son armée d'observation sur la frontière franco-espagnole ; elle ne demandait pas de conseil sur ce point, elle portait à la connaissance de ses alliés un fait hors de toute discussion. Le cabinet des Tuileries avait la certitude que les mouvements royalistes dans l'intérieur de l'Espagne pourraient prolonger la guerre, la perpétuer, sans pouvoir amener une solution. Le plénipotentiaire français saisit cette occasion d'affirmer du ton le plus absolu, parce qu'il savait que des bruits contraires avaient été accrédités par M. de Metternich, que ni dans les provinces espagnoles, ni à Madrid, au mois de juillet précédent, la France n'avait rien encouragé, rien fait au delà de ce que la loyauté la plus sévère pour elle-même pouvait permettre. Le Roi aurait, en effet, éprouvé une répugnance invincible à favoriser des résistances armées contre un gouvernement auprès duquel il entretenait un ambassadeur. Nous nous

---

1. Notes manuscrites de M. de Montmorency.

étions donc bornés à exercer indistinctement une hospitalité impartiale envers les réfugiés de tous les partis. Il exprima enfin, au nom de son gouvernement, la conviction raisonnée que l'état actuel de ses relations avec l'Espagne ne pouvait se prolonger longtemps, sans entraîner pour la France des inconvénients plus graves que ceux d'une rupture ouverte.

« Nous prévoyons donc la guerre, continua-t-il, non-seulement comme possible, mais comme rendue inévitable par les intérêts de notre dignité et ceux de notre sûreté. Nous avons la confiance que nos alliés s'en rapporteront à nous pour cette décision et le choix du moment où elle doit être prise. Mais nous devons désirer connaître leur avis, leurs intentions, l'appui moral et tous les autres secours que nous pouvons espérer d'eux dans tous les cas[1]. »

Dans ces dernières paroles, que nous citons textuellement, M. de Montmorency s'éloigne déjà de la lettre des instructions qu'il avait reçues, et il n'y a rien là qui puisse surprendre. On ne peut guère espérer qu'un homme en exprimant une idée ne lui donnera pas le tour particulier de son sentiment personnel, et qu'il ne fera pas prévaloir sa nuance dans la couleur générale. Le plénipotentiaire français ne devait présenter la guerre que comme possible, il la déclare inévitable ; il devait attendre les propositions des puissances, il les provoque par le même discours, et cela dans une conférence préliminaire avec M. de Metternich dont il n'ignorait pas les dispositions peu bienveillantes pour la France. La manière dont ses ouvertures furent accueillies dut lui faire comprendre qu'il avait fait fausse route. Ici nous lui laissons encore une fois la parole :

« Le prince de Metternich, dit-il, sans me donner aucune réponse précise, se rejeta sur son thème de tout rapporter à l'Alliance : avec elle et par elle tout serait bon. Nous agirions sans être véritablement

---

1. *Ecrit sur le congrès de Vérone*, par M. de Montmorency : *Séjour à Vienne.* — Documents inédits.

ennemis de l'Espagne, tandis que nous serions ses ennemis si nous agissions seuls. Il rapprocha notre situation présente de celle de l'Autriche à Troppau, sans dissimuler les différences entre les affaires de Naples et celles d'Espagne. Il parla d'un mémoire que nous ne pouvions pas nous dispenser de présenter à la conférence après l'arrivée de tous les intéressés pour faire connaître à nos alliés ce que nous savions nécessairement mieux qu'eux, ce que nous désirions de leur part. Il s'offrit à concerter avec moi les moyens de ménager les susceptibilités de l'Angleterre et d'obtenir son acquiescement dont il osait se rendre garant jusqu'à l'action exclusivement.

« J'étais conduit à une marche que, d'après mes instructions, je devais éviter. Je déclinai la proposition. Je répondis que je serais toujours prêt à répondre à toutes les questions, mais que je ne comptais pas me faire le rapporteur de cette difficile affaire[1]. »

Le vicomte Mathieu de Montmorency refusait de glisser jusqu'au bas de la pente que ses instructions avaient signalée comme dangereuse, mais il s'y était mis et M. de Metternich en profitait. Le représentant de la politique autrichienne évita même de reconnaître par des paroles précises qu'il appartenait à la France de décider seule de la nécessité et du moment de la guerre. Il n'abonda dans son sens que sur un seul point, l'impossibilité de faire passer des troupes étrangères sur le territoire français pour aller réprimer la révolution espagnole : « Il serait dangereux pour votre gouvernement et par conséquent pour l'Europe, répéta-t-il plusieurs fois, qu'une moustache étrangère se montrât sur le territoire de la France et qu'un canon étranger le traversât. »

La conversation du duc de Wellington avec M. de Villèle a fait connaître la politique de l'Angleterre dans la question espagnole ; celle de l'Autriche vient de se dessiner dans les deux conférences du prince de Metternich avec le vicomte de Montmorency. Reste la politique personnelle de l'empereur Alexandre dont nous allons chercher l'expression dans les entretiens que M. de Montmorency eut avec ce prince à Vienne.

1. Manuscrit déjà cité.

Alexandre, à cette époque, était complétement désenchanté des idées libérales qui avaient si longtemps charmé son esprit, et qui donnent un attrait particulier dans l'histoire à la figure de ce tout-puissant à la recherche de la plus belle des utopies, celle du pouvoir absolu travaillant à la liberté des peuples. Les révolutions violentes qui avaient éclaté sur plusieurs points de l'Europe l'avaient réveillé au milieu de son rêve favori, et, en voyant l'esprit de renversement se répandre de proche en proche, les trônes sous lesquels des mines souterraines faisaient explosion s'écrouler, et des sociétés secrètes s'organiser avec des maximes qui rendaient tout gouvernement impossible, il avait fait comme un homme surpris au milieu de ses occupations par un incendie, il avait couru au feu, toute affaire cessante, en ne songeant plus qu'à préserver l'édifice européen qui lui paraissait partout menacé. Le prince de Metternich avait usé et même abusé avec son adresse ordinaire, dans l'intérêt de sa politique, de cette nouvelle disposition de l'empereur Alexandre. Il avait exagéré encore l'intensité du mal et il avait fait voir au czar des révolutionnaires partout, même dans les Grecs, ses coreligionnaires, qui secouaient l'intolérable joug des Turcs, oppresseurs de leur religion, destructeurs de leur nationalité, et qui ne leur laissaient pas même cette liberté individuelle, cette sécurité de la famille et du foyer, sans laquelle la vie cesse d'être un bien. Peu à peu il avait ainsi substitué à la première utopie qui avait charmé l'esprit d'Alexandre, une utopie nouvelle à laquelle ce prince avait sacrifié les intérêts russes dans la question d'Orient : il lui avait fait entrevoir le rôle de protecteur et de défenseur des sociétés européennes menacées comme seul digne de lui et devant lui assurer une haute place dans les fastes de l'histoire. L'empereur, toujours préoccupé de la pensée généreuse de faire servir un grand pouvoir à une grande cause, était entré de plus en plus dans cette idée, et les changements opérés récemment dans le personnel de l'administration russe témoignaient des changements qui s'étaient accomplis dans l'esprit du czar. M. Capo d'Istria, qui avait balancé au moins le crédit de M. de Nesselrode et que l'empereur consultait peut-être de préférence lorsqu'il s'agissait des affaires étrangères, avait résigné ses fonctions et quitté Saint-Pétersbourg quand il avait vu la Grèce, sa patrie d'origine, abandonnée par l'empereur qui, après la mission de M. de Tatischeff à Vienne, s'était complétement rallié à la politique autrichienne. M. de Nesselrode, qui avait toujours penché pour cette politique et qui entretenait des relations étroites avec M. le comte de Lebzeltern, le représentant de l'Autriche à Saint-Pétersbourg, était demeuré seul auprès d'Alexandre et l'avait accompagné à Vienne.

Le vicomte de Montmorency fut frappé de l'aspect imposant d'Alexandre, de sa haute mine relevée encore par sa grande taille, et bientôt après de son affabilité attrayante et de sa politesse qui aurait paru un peu affectée chez un simple particulier. Le czar était devenu un peu sourd, il avait toujours eu la vue basse; il fit asseoir le plénipotentiaire français tout près de lui. Il ouvrit la conversation par quelques phrases générales sur les sacrifices qu'il venait de faire à l'intérêt de l'Europe; sous prétexte d'expliquer sa conduite aux autres, il se la justifiait à lui-même. Il déclara qu'il persévérerait dans cette politique, parce qu'il y allait du salut de l'Europe. C'était la cause commune des souverains contre les révolutionnaires de tous les pays qu'il s'agissait de défendre en évitant de donner à ceux-ci le moindre avantage par une guerre d'intérêt qui, armant les rois les uns contre les autres, entraînerait des conséquences incalculables. Devant ce grand intérêt commun, c'était un devoir impérieux de faire taire tous les intérêts particuliers. La Russie avait obéi à ce devoir en renonçant à réprimer, comme elle en avait le droit et le pouvoir, les provocations multipliées des Turcs.

Le tour qu'avait pris la conversation conduisait naturellement Alexandre à parler de la grande Alliance. Il en exposa la nécessité, il en célébra les avantages, et insista sur les dangers que créaient les ennemis de l'ordre social, qui existaient en France; puis, passant à l'Espagne, il dit que sa position était la plus grave de toutes les affaires qu'on aurait à traiter au congrès. Entrant alors dans quelques détails, il demanda à M. de Montmorency s'il était vrai, comme on le lui avait affirmé, que la plus grande partie de la nation espagnole fût restée étrangère à la révolution, et il prit texte de la réponse affirmative de celui-ci pour faire l'éloge de la régence qui s'était établie en Catalogne; quant aux décisions à prendre, il les renvoya aux délibérations communes, tout en reconnaissant le droit d'initiative qui appartenait à la France, le droit d'être consultée la première et de faire écouter son opinion avec une juste considération, comme étant la plus voisine et la plus intéressée [1]. M. de Montmorency ayant donné au czar les mêmes explications qu'à M. de Metternich sur la conduite que la France avait tenue jusque-là envers l'Espagne, Alexandre exprima, avec l'effusion de cœur qui lui était habituelle, l'intérêt particulier qu'il portait à notre pays; mais il se reprit tout à coup, comme s'il avait craint d'avoir dit quelque chose de moins conforme à l'alliance générale, en avouant sa préférence pour la France. Il y eut un moment où ces deux belles âmes se rencontrèrent dans la haute sphère où elles ai-

---

1. Dans une conversation qu'eut peu de jours après le plénipotentiaire français avec M. Tatischeff, qui avait été ambassadeur de Russie à Madrid, il put voir d'une manière plus claire quelles étaient les tendances de la politique russe. Ce diplomate insista sur la nécessité de favoriser la régence, d'intervenir à main armée, et il parla même de diriger une armée russe vers l'Espagne à travers la France : « Ce ne fut, dit M. de Montmorency, que sur ma déclaration réitérée que nous n'y consentirions pas, qu'il retira cette idée. »

maient à s'élever. M. de Montmorency ayant parlé de la Providence et de la confiance qu'il avait en elle pour les futures destinées de la France, Alexandre reprit vivement qu'il fallait en effet tout rapporter à la Providence, que les souverains l'avaient trop oubliée, qu'elle protégeait ceux qui plaçaient leur confiance en elle. En s'exprimant ainsi, sa voix devenait vibrante d'émotion ; enfin les larmes le gagnèrent [1].

Ces conversations de Vienne, où s'agitent les idées, les intérêts, les sentiments de l'époque, nous aideront puissamment à comprendre le congrès de Vérone en marquant d'avance la place que chacun des personnages occupera sur la scène. M. de Metternich prend, au fond, un médiocre intérêt à la question espagnole; il est préoccupé de deux pensées : faire du congrès qui va s'ouvrir une diversion qui détourne Alexandre de la question d'Orient et fournisse un aliment à son activité ; empêcher que la France ne tire un avantage moral du rôle qu'elle remplira en Espagne, et subordonner notre action, autant que possible, à la direction du congrès. L'empereur Alexandre, plus désintéressé et d'un cœur plus haut, attache cependant un grand prix à ce que l'alliance à laquelle il a fait de si grands sacrifices en Orient joue le premier rôle dans la répression de la révolution espagnole. Il a besoin de faire quelque chose de grand pour regagner le terrain perdu dans l'opinion de son pays. L'Angleterre voit sans déplaisir la réunion des souverains et des diplomates au point de vue de la question d'Orient, parce qu'elle est d'accord avec l'Autriche sur le parti qu'on peut en tirer pour éloigner l'action d'Alexandre de la politique orientale, mais elle l'appréhende au point de vue de la question espagnole. Elle cherche un moyen de détourner Alexandre du chemin de Constantinople, sans nous ouvrir le chemin de

---

[1]. Notes manuscrites de M. de Montmorency.

Madrid et de Cadix. C'est au milieu de ces diverses tendances que notre politique devra cheminer. Il lui faudra à la fois éviter les piéges de l'Autriche, vaincre les résistances de l'Angleterre et résister aux empressements de la Russie.

On était arrivé aux derniers jours du mois de septembre 1822; l'on attendait toujours, pour ouvrir les conférences, le duc de Wellington, qui n'arrivait pas. Il avait d'abord été retenu par le désir de se concerter avec le nouveau ministre des affaires étrangères, M. Canning, puis par une grave indisposition. Lord Stward, nouveau marquis de Londonderry, absorbé dans la douleur où l'avait jeté la nouvelle inopinée de la mort de son frère, n'avait pas de pouvoirs extraordinaires, et songeait d'ailleurs à quitter son poste d'ambassadeur. M. Gordon, son premier secrétaire, n'était autorisé que pour les affaires de la Grèce. On vit tout à coup arriver à Vienne lord Strangford, ambassadeur d'Angleterre à Constantinople, qui venait de jouer le rôle prépondérant dans les négociations sur la question d'Orient. Il s'était fait précéder par un long *memorandum* sur ses dernières conférences avec le Reis-effendi. C'était un de ces diplomates comme l'Angleterre à peu près seule en produit : caractère original, esprit plein de ressources, et avec cela homme de tête et homme de main; il avait fait le voyage à cheval, à travers les provinces turques désolées par le brigandage. Le prince de Metternich l'accueillit avec un grand empressement, et il affecta de croire et de répéter qu'on devait tirer le meilleur augure de son dernier *memorandum*, dans lequel il avouait cependant n'avoir pu obtenir, malgré tous ses efforts, une démarche de conciliation de la Turquie envers la Russie. Mais les diplomates russes et l'empereur surtout furent loin de penser de même. Ils trouvèrent que le négociateur anglais faisait parler les Turcs avec une hardiesse et surtout une habileté qui ne leur étaient pas naturelles, qu'il leur prêtait des arguments trop anglais, auxquels il aurait pu opposer une meilleure réponse. Alexandre fit donc à lord Strangford un accueil très-froid. Il fallut que M. de Metternich s'entremît pour adoucir Alexandre et consoler lord Strangford; il le fit avec son adresse ordinaire, et ce dernier partit content. Sur ces entrefaites, la nouvelle de la nomination de sir William A' Court, comme ministre d'Angleterre à Madrid, parvint à Vienne et produisit une impression pénible. Cet empressement du cabinet anglais à resserrer les liens de l'Angleterre avec un gouvernement révolutionnaire, au moment même où le congrès se réunissait, annonçait peu de disposition à s'entendre avec les autres membres de l'Alliance. M. de Metternich proposa que chaque puissance envoyât à M. Canning un courrier avec des dépêches rédigées dans ce sens, et où serait exprimé le désir que sir William A' Court s'arrêtât à l'endroit de la route où il était arrivé. Quand le courrier arriva, il était trop tard. M. Canning put répondre que sir William avait probablement déjà dépassé Paris. Il ajouta que cet envoi n'avait d'ailleurs rien qui pût inquiéter les alliés et leur faire présumer que l'Angleterre fût en désaccord avec eux. Le chargé d'affaires anglais à Madrid, M. Hervey, paraissait avoir encouru, après les événements de juillet, le mécontentement de ses collègues en diplomatie; il y avait avantage à le remplacer promptement par un homme plus habile, qui avait fait à Naples l'apprentissage des situations délicates.

L'impression produite par cet incident durait encore quand on apprit que le duc de Wellington venait d'arriver en Allemagne. M. Gordon, qui était allé au-devant de lui jusqu'à Munich pour presser son voyage, lui annonça le départ déjà arrêté des empereurs pour Vérone et leur espoir que le duc de Wellington les y rejoindrait. Les diplomates anglais auraient voulu que les souverains demeurassent quelques semaines de plus à Vienne; ils alléguaient que ce temps suffirait pour traiter toutes les questions d'un intérêt général. Les souverains, malgré la haute considération qu'ils portaient à mylord-duc, pensèrent qu'il serait d'un mauvais effet sur l'opinion de changer pour un seul homme des dispositions arrêtées et déjà connues du public. Le prince de Metternich fut chargé de le lui faire comprendre, et, après une longue conférence avec lui, il prit le chemin du Tyrol. Les souverains reçurent le duc de Wellington en audience particulière, et, en lui annonçant leur départ pour Vérone, ils l'engagèrent vivement à les suivre dans cette ville. Le duc, ébranlé sans être encore convaincu, les laissa partir, et remit la décision à prendre au retour du courrier qui devait lui apporter la réponse de son gouvernement à ses dépêches précédentes. Dans ses conversations avec M. de Montmorency, il acquiesça à l'établissement d'une armée d'occupation sur la frontière franco-espagnole; mais il montra une opposition absolue à l'idée d'une intervention armée de la France en Espagne.

M. Mathieu de Montmorency était fort indécis sur la question de savoir s'il devait suivre les souverains à Vérone. Ceux-ci, ainsi que leurs ministres, avaient, à plusieurs reprises, insisté pour qu'il y vînt, et il était obligé de s'avouer à lui-même que, s'il ne s'y rendait pas, l'objet de son voyage ne serait pas rempli. C'était aussi l'avis de M. de Rayneval, ambassadeur de France à Berlin, qu'il avait autorisé à venir le voir à Vienne, et dont l'opinion avait de l'autorité. Il consulta son gouvernement, et il lui fut répondu que, si le duc de Wellington se rendait à Vérone, il n'y avait pas à hésiter; dans le cas contraire, on le laissait maître d'agir comme il l'entendrait. Il était parti le 2 octobre, sans attendre une réponse de son gouvernement, qui l'atteignit à Inspruck, où il reçut en même temps une dépêche de Vienne annonçant que le duc de Wellington se rendait à Vérone. Il n'y avait donc plus à délibérer. Dans la dépêche de M. de Villèle, que M. de Montmorency reçut à Inspruck, le président du conseil reproduisait une idée qu'il avait déjà énoncée avant le départ du plénipotentiaire français, et sur laquelle il devait revenir à plusieurs reprises pendant le congrès de Vérone : il exprimait le désir que les affaires d'Espagne et même celles du Portugal pussent être traitées concurremment avec celles de leurs colonies. M. de Montmorency, dans le séjour qu'il fit à Inspruck, vit arriver avec un intérêt facile à comprendre, dans cette capitale du Tyrol, ces braves montagnards formés en compagnie de volontaires armés et équipés, qui faisaient retentir l'air des notes un peu stridentes de leurs mélodies nationales. Ces Vendéens de l'Allemagne venaient saluer le vénérable chef de la monarchie autrichienne pour lequel ils avaient combattu la fortune de Napoléon. On les voyait passer, la carabine sur l'épaule, fiers, à bon droit, de leur courage, de leur fidélité, et du souvenir de leur André Hoffer, ce héros du Tyrol, fusillé pour avoir défendu sa terre natale, et dont on trouve l'image dans toutes les auberges. Le 10 octobre, le plénipotentiaire français quittait Inspruck, après avoir assisté à l'entrée de l'empereur et de l'impératrice par la belle avenue que côtoie l'Inn ; le même jour, il traversait la haute chaîne des Alpes, puis passait à Trente. Bientôt il quittait la route directe de Vienne, et le dimanche, 13 octobre, il entrait à Venise, le jour même où cette ville voyait mourir l'illustre sculpteur Canova. Le 16 octobre, il arrivait à Vérone avant qu'Alexandre, qui venait par la route du Tyrol, y fût entré.

IV

OUVERTURE DU CONGRÈS DE VÉRONE.

En arrivant à Vérone, M. de Montmorency y trouva M. de Chateaubriand, dont une dépêche de M. de Villèle lui avait annoncé l'arrivée. Quoiqu'on eût représenté au ministre des affaires étrangères de France qu'en sa qualité de chef des plénipotentiaires français il devait attendre la visite de M. de Chateaubriand, il le prévint amicalement. Il crut remarquer quelque chose de froid, de gêné dans les manières du nouvel arrivant, et il eut dès lors l'idée, confirmée par ses observations subséquentes, qu'on avait espéré qu'il ne viendrait pas à Vérone, et qu'on se résignerait difficilement à jouer un rôle secondaire au congrès. M. de Chateaubriand apportait les dernières instructions du cabinet des Tuileries, datées du 5 octobre 1822.

M. de Villèle prévenait en ces termes M. de Montmorency, dans une lettre confidentielle datée du 4 octobre 1822, de l'envoi des instructions pour le congrès de Vérone, dont M. de Chateaubriand était porteur :

« Nous vous expédions M. de Chateaubriand, de manière à ce qu'il soit à Vérone lorsque les souverains y arriveront. Il sera porteur de pleins pouvoirs pour MM. de Caraman, la Ferronnays et lui. Nous sommes bien obligés de lui donner aussi des instructions, puisqu'il n'en existe point à votre ministère, et qu'on ne peut laisser une mission semblable sans direction officielle, c'est-à-dire sans instructions approuvées et signées par le Roi. Elles vous seront remises et seront aussi simples que possible. »

Voici quelle était la teneur de ces instructions :

Instructions pour MM. les plénipotentiaires au congrès de Vérone,
15 *octobre* 1822.

Les plénipotentiaires de Sa Majesté doivent surtout éviter de se présenter au congrès comme rapporteurs des affaires d'Espagne. Les autres puissances peuvent les connaître aussi bien que nous, puisque, comme nous, elles ont conservé leurs ministres et leurs agents consulaires en Espagne.

Ce rôle pouvait convenir à l'Autriche au congrès de Laybach, parce qu'elle avait la volonté d'envahir Naples. Il lui convenait de le faire avec l'appui des autres puissances. Elle exposa ses motifs afin d'obtenir cet appui dont, au reste, elle déclarait qu'elle se passerait si on le lui refusait, sa sûreté exigeant impérieusement qu'elle occupât Naples. Il n'y avait donc rien de faible et d'inconséquent dans cette conduite de l'Autriche à Laybach. Ce serait donner dans un piége que de consentir à faire prendre ce rôle à la France, vis-à-vis de l'Espagne, au congrès de Vérone. La situation est toute différente. Nous ne sommes pas décidés à faire la guerre à l'Espagne. Les cortès emmèneraient plutôt Ferdinand à Cadix que de le laisser venir à Vérone ; l'Espagne ne peut être conquise avec la même facilité que Naples ; on ne peut songer à y conserver une armée d'occupation après la conquête ; enfin l'Angleterre peut vouloir rester spectatrice de la lutte comme pour Naples et se préparer, à l'abri de ce rôle, un moyen d'agir sur les colonies espagnoles avec plus d'utilité pour son commerce que pour celui des autres nations.

Tous ces motifs doivent porter les plénipotentiaires à déclarer au congrès que la France n'a pas plus à redouter l'anarchie de ses voisins que les autres États de l'Europe ; qu'au moyen de trente mille hommes qu'elle a sur sa frontière des Pyrénées, son territoire est à l'abri de toute insulte ; qu'au moyen des préparatifs et des approvisionnements qu'elle a faits, elle n'a rien à craindre, même d'une déclaration de guerre de la part de l'Espagne ; qu'ainsi la situation de ce pays ne nous met dans la nécessité ni de demander comme l'Autriche à Laybach l'appui pour envahir, puisque nous ne sommes pas dans la nécessité de déclarer la guerre, ni de secours pour la faire, puisque, si l'Espagne nous la déclare, nous n'avons pas besoin de secours, et nous ne pouvons même en admettre s'il en résulte le passage de troupes étrangères sur notre territoire. Les plénipotentiaires français devront donc chercher à faire traiter les affaires d'Espagne sous leur rapport général avec la situation des autres États et le maintien de la paix du monde.

Dès lors la situation de la France se dégage. Elle ne comparaît plus au congrès pour y être dirigée et secourue ; elle y prend part à des délibérations communes ; elle y donne son avis comme les autres. Le rôle est tout différent.

L'opinion de nos plénipotentiaires sur la question de savoir ce qu'il convient au congrès de faire relativement à l'Espagne sera que la France étant la seule puissance qui doive agir directement par ses troupes en cas de nécessité, elle seule sera juge de cette nécessité ; et que, dans le cas où la guerre viendrait à éclater entre elle et l'Espagne, soit par suite d'atteintes portées à la sûreté du Roi d'Espagne ou à celle de la famille royale, soit pour insultes faites au ministre français à Madrid, soit enfin pour violation de territoire, les souverains étrangers déclareraient aussi la guerre à l'Espagne et formeraient en Allemagne une armée d'observation pour venir au secours de la France, si elle le réclamait.

Ce traité ne doit pas être sollicité par les plénipotentiaires comme indispensable à la France, mais il doit être présenté comme leur avis sur ce que les souverains ont de plus sage et de plus utile à faire pour se préserver de tous les dangers que présente l'état actuel de l'Espagne. Si la disposition des souverains était telle que les plénipotentiaires crussent pouvoir faire traiter utilement au congrès la question de la reconnaissance des gouvernements établis dans le Brésil et les Amériques espagnoles, il serait utile, il serait digne de l'assemblée des souverains de faire demander à l'Espagne et au Portugal la communication de leurs intentions, de leurs moyens pour rétablir l'ordre, la paix et la sécurité pour la navigation européenne dans cette partie du monde, d'offrir à ces puissances de concourir avec elles à ce rétablissement par notre médiation, et, dans le cas probable d'un refus de la part des métropoles, de convenir par un traité entre les grandes puissances qu'elles considèrent ce refus et la situation réelle des colonies comme suffisant pour leur faire reconnaître comme États indépendants toutes les parties constituées régulièrement des États d'Amérique, s'obligeant à ne réclamer pour aucune puissance en particulier des avantages spéciaux dans les relations commerciales auxquelles l'acte de reconnaissance de ces nouveaux États devait donner lieu[1]. »

Nous avons dû donner *in extenso* la partie des instructions

---

[1]. L'original de ces instructions a été communiqué, en 1850, à notre ami et collègue, M. de Neuville, par les ordres de M. de la Hitte, alors ministre des affaires étrangères de la République, et c'est sur la copie certifiée conforme que je les ai transcrites. Elles sont signées Louis, et plus bas, contresignées Villèle.

diplomatiques relative à l'Espagne, parce qu'un litige historique s'est élevé sur cette question : nous nous contenterons de résumer les autres parties de ce document. Pour l'Italie, il était recommandé aux plénipotentiaires français de ne rien omettre afin d'obtenir l'évacuation du Piémont et de réconcilier le prince de Carignan (Charles-Albert) avec le Roi régnant dont il était l'héritier présomptif. Ils devaient également préparer l'évacuation des États napolitains, et s'opposer formellement au projet que l'on prêtait à l'Autriche d'appeler au Congrès tous les plénipotentiaires des États d'Italie, et de leur demander un rapport exact sur les mesures prises par eux pour assurer leur tranquillité intérieure. Si on ne s'opposait point, en effet, à une pareille mesure, on la verrait bientôt s'étendre à l'Allemagne, et le parti de l'opposition ne manquerait pas d'accuser le gouvernement du Roi de vouloir soumettre la France à une inspection du même genre. La France ne saurait donc, sous aucun rapport, souscrire à une pareille pensée. Relativement aux affaires d'Orient, les plénipotentiaires français devaient persister dans la marche que la France avait toujours suivie jusque-là, le gouvernement du Roi s'étant toujours attaché à prévenir une rupture entre la Russie et la Porte. Toutefois, on ne pouvait se dissimuler que l'opinion générale en Europe était péniblement affectée du retour pur et simple des chrétiens grecs sous le joug de l'oppression et de la barbarie des Turcs. Les plénipotentiaires français devaient donc appuyer de tout leur pouvoir et offrir de seconder de tous les moyens de la France, les propositions qui seraient faites par la Russie dans l'intérêt des ménagements dus à son honneur, et des garanties à obtenir pour la chrétienté réunie en faveur des chrétiens soumis à la domination ottomane.

En présence de ces instructions, M. Mathieu de Montmorency tomba dans une perplexité dont il a consigné l'expression dans le manuscrit auquel nous avons déjà fait plusieurs emprunts. Les nuances qui existaient entre son opinion et celle de M. de Villèle communiquaient naturellement leur teinte à ses réflexions. Il craignait, ce sont ses propres expressions, qu'il y eût de la petitesse et de la timidité dans cet éloignement pour une franche initiative dans la question espagnole. Il avait annoncé à Vienne qu'il ne présenterait pas de note officielle; il se maintiendrait sur ce terrain, et il se bornerait à jeter quelques idées sur le papier pour être plus sûr de la précision et de la portée de ses paroles. Mais il s'attendait à être interrogé dès la première conférence; s'il l'était, il répondrait immédiatement aux questions posées, en faisant connaître les notions recueillies par le cabinet français, ce qu'il avait fait, ce qu'il devait prévoir. Il exprimerait ensuite une grande confiance dans l'Alliance, il provoquerait les communications des puissances sur leurs intentions, et, quant à lui, il poserait ses conclusions sous la forme de simples questions.

« Pouvait-on faire moins ? s'écrie M. de Montmorency en faisant, quelques mois plus tard, un retour sur cette phase de sa mission diplomatique. Le ministre du chef de la maison de Bourbon pouvait-il paraître craindre de prendre l'initiative sur la situation d'un pays limitrophe de la France et d'un roi malheureux de cette auguste famille? L'apparence d'une timide réserve n'aurait-elle pas appelé la méfiance, diminué notre considération? N'étions-nous pas les premiers intéressés à savoir à quoi nous en tenir sur ce que feraient les puissances alliées, lors d'une rupture avec l'Espagne? Nos premières instructions ne demandaient-elles pas leur appui moral, et quels secours matériels elles nous apporteraient dans le cas où nous les réclamerions? Les instructions apportées par M. de Chateaubriand n'étaient-elles pas rédigées dans le même sens? Celui qui forme de tels vœux, qui a de tels intérêts à ménager, de telles questions à poser, peut ne pas « *se faire le rapporteur,* » si le mot est trop déplaisant, mais il doit parler le premier et avec franchise. »

C'était ainsi que M. de Montmorency, suivant la pente naturelle à l'esprit humain, s'encourageait à suivre sa propre pensée. Il communiqua aux trois plénipotentiaires qui lui avaient été adjoints, la note qu'il avait rédigée à Vienne, et la leur lut plusieurs fois. Il en modifia la teneur d'après leurs observations, et la leur fit approuver. Il crut en ne lui donnant pas le nom de *memorandum*, pas même celui de *note*, avoir satisfait aux instructions de son cabinet qui lui recommandait de ne pas se faire le rapporteur de la question d'Espagne. Ce n'était dans le fait, ajoute-t-il, qu'un moyen indispensable de fixer mes idées pour moi-même et d'en fixer pour les ministres des autres cours le souvenir qu'ils devaient conserver.

M. de Montmorency se plaçait sur une pente qui le conduisait à une dissidence avec M. de Villèle. Entre se faire le rapporteur d'une affaire, et l'exposer dans un écrit rédigé *à priori*, et où l'on avait consigné les observations recueillies par le cabinet français, sa conduite, ses prévisions dans la question espagnole, en provoquant les communications des puissances, la nuance était si légère qu'elle devenait imperceptible; au fond, elle n'existait pas. M. de Montmorency, avec la candeur d'une belle âme, se confiait plus et par conséquent accordait plus à l'Alliance que M. de Villèle qui, avec sa sagacité ordinaire, apercevait au milieu de cette toile brillante, tissue de beaux sentiments, le sphinx autrichien, semblable à l'araignée qui guette sa proie. C'était la lutte de la politique chevaleresque et sentimentale qu'Alexandre avait inaugurée dans les congrès, contre la politique circonspecte et avisée.

La lecture des dépêches que M. de Montmorency avait reçues de Paris le conduisit à examiner sérieusement l'idée sur laquelle M. de Villèle était revenu plusieurs fois : celle de ne pas séparer la question de l'Espagne et du Portugal, de la question de leurs colonies, afin de ne pas fournir à l'Angleterre le moyen d'obtenir une position privilégiée pour son commerce dans ces mers lointaines, au détriment de l'intérêt français.

Deux considérations le déterminèrent à ne pas donner suite à cette ouverture. La première, c'est que l'intérêt commercial qui existait pour la France dans la question des colonies espagnoles n'existait pas pour les trois puissances continentales du Nord, qui n'avaient aucun rapport commercial avec le nouveau monde. La seconde, c'est que la pensée de s'occuper de cette question était bien loin de l'esprit de ces puissances. Elles étaient pleines de mépris pour les démagogues, en ce moment maîtres des affaires en Espagne, et par conséquent peu disposées à se charger pour eux d'une médiation amicale. En outre, si cette médiation était refusée par le gouvernement espagnol, les puissances n'auraient plus eu qu'une chose à faire, reconnaître l'indépendance des colonies; or, sur cinq puissances, il y en avait trois qui eussent repoussé une pareille mesure comme un abandon des principes. Il fut donc décidé dans le conseil des plénipotentiaires français qu'on n'aborderait point ces idées de la médiation dans le Congrès et que M. de Montmorency écrirait dans ce sens à M. de Villèle. Pour n'avoir rien à se reprocher, il jeta dans une conversation avec le prince de Metternich comme une inspiration personnelle, l'idée d'une médiation à exercer entre l'Espagne et les colonies. Le prince se récria sur l'impossibilité de donner, par une proposition de ce genre, un témoignage de considération et d'estime à un gouvernement qu'il faudrait plutôt mettre, dit-il, au ban de l'Europe.

Les souverains et les diplomates étaient déjà réunis depuis plusieurs jours à Vérone, et le congrès ne s'ouvrait pas encore. M. de Montmorency s'étonnait de ce retard, mais il était le seul avec le duc de Wellington à montrer de l'impatience. MM. de Caraman et de la Ferronays, plus au fait des usages de ces grandes assises diplomatiques que le chef des plénipotentiaires français, remontraient à leur collègue que les congrès sont de grandes machines lentes à se mettre en mouvement. Quant à M. de Chateaubriand, il portait dans les réunions des diplomates français ce caractère indépendant et cette humeur ombrageuse et un peu chagrine qui rendaient quelquefois son commerce difficile. M. de Montmorency crut s'apercevoir que ces accès de sauvagerie augmentèrent quand l'illustre écrivain sut qu'il y aurait, à Vérone, des conférences préparatoires entre les chefs de cabinets, auxquelles les plénipotentiaires adjoints ne seraient pas admis. Quelquefois la fantaisie du poëte reparaissait dans l'ambassadeur, et il s'échappait tout à coup de Vérone, pour aller visiter quelques curiosités des environs. Il avait surtout pris en antipathie le marquis de Caraman, chez lequel M. de Montmorency avait établi que les plénipotentiaires français se réuniraient habituellement à dîner. Le génie, qui est aimable à ses heures, ressemble à ces fleurs qui ont l'éclat et le parfum, mais qui se défendent par leurs épines.

M. de Chateaubriand se montrait à Vérone, comme partout, soigneux de sa popularité, et, pendant ces espèces de préludes diplomatiques qui remplissaient l'avant-scène du congrès, il eut une petite aventure qui occupa beaucoup les cercles de Vérone. L'étiquette admise pendant toute la durée du congrès voulait que les ministres ou les ambassadeurs se fissent présenter aux princes souverains, que ceux-ci gouvernassent un État grand ou petit. Le prince de Metternich en avait dressé la liste : c'étaient, en dehors des grandes puissances, l'archiduc Regnier, vice-roi du Milanais, le grand-duc de Toscane, le duc de Modène, et Marie-Louise, duchesse de Parme. Après de mûres réflexions, le chef de la légation française pensa que, le Roi ayant reconnu Marie-Louise au congrès de Vienne comme duchesse de Parme, lui ayant écrit dans les occasions d'usage, ce qu'il y avait de plus convenable et de plus digne à faire pour les plénipotentiaires français, c'était de se faire présenter chez cette princesse, qui n'était plus à leurs yeux qu'une archiduchesse d'Autriche. M. de Chateaubriand combattit vivement cet avis en disant que cette démarche ne serait pas comprise par les opinions ardentes de la droite. MM. de Caraman et de la Ferronays se rangèrent à l'avis de M. de Montmorency, qui décida que la démarche serait faite. M. de Chateaubriand céda, mais le jour même où l'audience devait avoir lieu, il écrivit à quatre heures de l'après-midi à M. de Montmorency qu'il n'irait pas, parce que cette démarche encourrait le blâme des royalistes en France. Le chef de la légation française répondit qu'il aurait fallu faire ces réflexions plus tôt, que M. de Chateaubriand agirait comme il l'entendrait, mais que ses collègues iraient chez la duchesse de Parme. Ils y allèrent, en effet, et Marie-Louise, après avoir demandé des nouvelles du Roi et de celles du duc de Bordeaux, exprima le regret de ne pas voir le célèbre écrivain ; M. de Montmorency l'excusa en alléguant une indisposition subite qui l'avait empêché de se joindre à ses collègues. Mais à quelques jours de là M. de Metternich, qui donnait un magnifique concert, chargea M. de Montmorency de prévenir M. de Chateaubriand que l'archiduchesse de Parme assistant à ce concert, l'étiquette ne permettait pas qu'il y parût sans avoir été présenté. M. de Chateaubriand consentit à ce que la présentation eût lieu dans la salle même du concert, et, introduit auprès de la princesse par M. de Metternich, il murmura quelques expressions de regret de n'avoir pas pu lui rendre plus tôt ses devoirs. Ce sont les enfantillages des grands talents ; il semble que la petitesse native de l'homme doive toujours se rencontrer dans un coin de son caractère.

Lorsqu'on avait marqué la division du travail du congrès, il avait été convenu que les affaires de la Grèce seraient remises à l'ancienne conférence à qui deux séances suffiraient pour se mettre d'accord. Les affaires d'Italie avaient été renvoyées à une époque ultérieure pour laquelle devaient être convoqués les princes et les ministres de la Péninsule. La question qui devait venir en première ligne était donc la question espagnole, qui excitait une préoccupation universelle. La correspondance entre M. de Villèle et M. de Montmorency devenait de plus en plus active à ce sujet, et les divergences de vues des deux ministres s'accentuaient de plus en plus.

Dans une lettre du 12 octobre 1822, M. de Villèle exposait ainsi à M. de Montmorency la situation des choses en Espagne, et indiquait la ligne à suivre au congrès.

« Vous verrez, par les dernières nouvelles de M. de Lagarde, que le parti des exagérés à Madrid a fait une tentative pour forcer le nonce apostolique et successivement tous les autres ministres étrangers à se retirer, mais que le ministère espagnol a donné au corps diplomatique une satisfaction suffisante pour empêcher l'affaire d'avoir une suite aussi décisive. Cet incident, néanmoins, prouve ce à quoi l'on peut s'attendre, après la réunion des cortès et la séparation du congrès, puisqu'avant l'influence funeste qui doit résulter de l'arrivée des premières et malgré la crainte que devrait inspirer aux révolutionnaires d'Espagne la puissance du second, ils en agissent avec nos ambassadeurs de manière à rendre la demande de leurs passeports presque indispensable. Les affaires des insurgés sont en assez mauvais état. Ils nous envoient député sur député... Je crois que, les choses restant ce qu'elles sont, la régence de la Seu d'Urgel ne peut manquer d'être battue et peut-être dissoute. Mais les Espagnols sont si lents dans tous leurs mouvements, et la réunion des cortès doit, ce me semble, tellement précipiter et démasquer les intentions folles des exagérés, qu'il est possible que de nouvelles combinaisons surgissent et sauvent les royalistes. »

Après avoir ainsi communiqué à notre ambassadeur les dernières nouvelles de la Péninsule, au moment où les séances du congrès de Vérone allaient s'ouvrir, M. de Villèle lui donnait en ces termes les dernières instructions du cabinet des Tuileries :

« Il paraît que le Portugal s'est lié offensivement et défensivement avec l'Espagne à laquelle il s'oblige de fournir un corps de huit mille hommes contre nous, si la guerre éclate. Ce traité, qui sera commuiqué aux cortès, nous offrirait une occasion bien naturelle pour celui dont nous vous avons chargé de préparer la conclusion, comme un des meilleurs moyens d'agir sur l'Espagne et de garantir l'Europe des dangers que la démocratie révolutionnaire lui fait courir. Nous sommes tous portés à penser que ce traité ne peut être accepté par nous, s'il ne stipule pas positivement que les troupes qu'auraient à fournir nos alliés ne seraient mises en mouvement et ne passeraient sur notre territoire que lorsque nous jugerions nous-mêmes devoir les demander, si même vous n'aimez mieux exclure tout à fait cette seconde supposition, et stipuler que les troupes opéreraient sur la Péninsule au moyen d'un débarquement; non que nous craignions rien de la bonne foi de nos alliés, mais parce que après une occupation comme celle qu'a éprouvée la France, la présence ou même la perspective de la présence d'une force militaire étrangère sur le territoire serait du plus mauvais effet, et, loin d'accroître nos moyens de comprimer la révolution d'Espagne, nous mettrait dans le cas de la redouter chez nous-mêmes. Au reste, la question de la condition de la coopération des puissances dans la question d'Espagne me paraît oiseuse, nous n'avons besoin d'elles que pour agir moralement sur les esprits. Nous sommes en état de supporter seuls au moins une première campagne. »

Dans la même lettre, M. de Villèle revenait à son idée favorite sur l'intérêt qu'il y avait pour les puissances à ne pas séparer la question de l'Espagne et celle du Portugal de la question de leurs colonies. Il faisait observer que le devoir du congrès était de ne pas laisser cette grande affaire sans solution :

« La moitié du monde est dans le chaos, disait-il, par suite des folies de l'Espagne et du Portugal. La mer est infestée de corsaires et de forbans dont les ports de leurs colonies sont le repaire. Que le congrès ouvre avec les deux métropoles une négociation, afin de s'expliquer avec elles sur les moyens de régler définitivement le sort de leurs colonies, ou que les grandes puissances, vu l'état des métropoles et des colonies, conviennent de reconnaître l'indépendance successive de tous les États qui s'organiseraient dans ces dernières; que la France s'engage à en faire autant pour Saint-Domingue et que la condition de cette reconnaissance soit l'admission de toutes les puissances contractantes avec des droits égaux. C'est la chose la plus juste, la plus politique que puisse faire le congrès; c'est celle, je crois, qui tire de la position ce qu'elle peut avoir de profitable et de populaire. »

On voit ici se dessiner l'esprit net, positif et pratique de M. de Villèle. Il comprenait, comme il le dit un peu plus tard dans une autre lettre, le côté vulnérable de la question espagnole : on pouvait attaquer la politique du congrès en l'accusant d'abuser des forces coalisées de l'Europe pour intervenir dans les affaires intérieures d'une nation indépendante. En évoquant devant le congrès l'affaire des Amériques espagnole et portugaise, il agrandissait la question, il y intéressait l'Angleterre par le côté colonial important pour son commerce; il l'empêchait de se faire assurer des avantages spéciaux, et en même temps il donnait un argument au congrès, qui agissait au nom du droit et de l'intérêt de toutes les nations commerçantes, et avec cet argument il leur donnait une arme, en faisant appréhender aux deux métropoles la reconnaissance pure et simple de leurs colonies, si elles repoussaient les conseils de cette grande réunion diplomatique.

Quant à la position à prendre relativement à la révolution qui régnait en Espagne, M. de Villèle insistait avec une nouvelle force dans sa lettre du 15 octobre sur l'inconvénient de se faire « le rapporteur de la question espagnole » dans le congrès :

« Cette malheureuse question d'Espagne, disait-il, sous quelque point qu'on l'examine, présente des difficultés infinies. C'est pourquoi je persiste à penser que vous avez tort de vous en faire le rapporteur au congrès ainsi que je vous en avais fait l'observation. Quelles seront vos conclusions? Et si vous n'en avez pas de positives, n'ouvrez-vous pas la voie aux autres pour vous en imposer? Je comprends qu'on vous demande des renseignements sur notre position et nos relations à l'égard de l'Espagne, que vous disiez tout ce que vous savez sous ce rapport. Là vos conclusions sont aisées. Elles reposent sur des faits existants et sur des résolutions prises. Ainsi, dans tels et tels cas, nous avons dit à notre ambassadeur de prendre ses passeports; dans tels ou tels autres, nous ferons entrer nos troupes. Aller plus loin, préparer une note écrite, vous placera dans une mauvaise position, je vous l'ai toujours dit, mon cher collègue, c'est aussi l'avis du conseil auquel j'ai lu votre lettre. Je désire, si vous avez déjà pris ce parti, qu'il ne vous fasse pas perdre, comme je le crains, une partie de vos avantages. Si, poussé de questions, on en venait, comme c'est probable, à vous demander l'avis de la France sur les moyens qu'aurait l'Alliance de faire rentrer l'Espagne dans l'ordre, il me semblerait assez simple que vous répondissiez que c'était une chose fort difficile par des motifs connus de tous : la situation géographique de la Péninsule, la nature du pays, le caractère des habitants, celui de son roi, etc.; qu'il fallait ajouter à ces difficultés, celle de la forme du gouvernement établi en France qui gênait beaucoup pour une opération semblable, enfin le souvenir récent de deux invasions étrangères. Vous auriez prié alors les autres d'indiquer leurs moyens et votre rôle devenait aussi fort qu'il sera faible en prenant l'initiative. »

Après avoir marqué la ligne de conduite que devaient suivre les plénipotentiaires français à Vérone, M. de Villèle revenait avec une nouvelle insistance à la question des colonies espagnoles. A l'objection de M. de Montmorency, que la Russie, la Prusse et l'Autriche n'avaient aucun intérêt à intervenir dans l'affaire des colonies et répugnaient à reconnaître des gouvernements de la nature de ceux qui s'y étaient formés, il répondait que ces trois puissances avaient un grand intérêt à ce que l'Angleterre ne se séparât pas de l'Alliance ou ne s'arrangeât pas de manière à recueillir isolément les fruits d'une négociation particulière, et que le moyen indiqué était peut-être le seul qui pût prévenir cet inconvénient. Quant à la répugnance des cabinets à reconnaître les nouveaux gouvernements dans les Amériques espagnoles, il faisait remarquer que la première démarche devait être faite auprès de l'Espagne ; ce ne serait qu'après son refus qu'on agirait auprès des gouvernements nouveaux, non pas tant pour reconnaître des institutions politiques que pour faciliter le retour de l'ordre dans les sociétés livrées au désordre et aux convulsions. Le but était vraiment digne de la Sainte-Alliance. Quant aux ouvertures faites par les grandes puissances à notre plénipotentiaire relativement à la répression des sociétés secrètes, « M. de Villèle déclarait ne pas comprendre d'autres conventions possibles, à cet égard, que celle d'agir chacun chez soi, selon les formes et les lois de chaque pays, pour obtenir la meilleure surveillance et la plus forte répression de ce mal de notre époque. » Il ajoutait que l'extradition des condamnés et des perturbateurs politiques est souvent plus gênante qu'utile; le Piémont l'avait éprouvé depuis sa révolution. Les alliés pouvaient se réunir au congrès, convenir d'une direction et d'une action commune; c'était un grand bien, le seul bien que pût amener le noble et touchant accord des grands souverains de l'Europe. Si « on voulait tirer des congrès plus qu'ils ne pouvaient rendre et essayer de maîtriser, soit l'ensemble des autres États, soit un seul d'entre eux, dans ce qui touchait à ses droits comme membre de la grande société des peuples, on échouerait et l'on perdrait l'avantage le plus précieux de ce moyen de salut [1]. »

M. de Villèle maintenait ainsi l'indépendance de la politique de la France, tout en acceptant les résultats vraiment utiles de ces grandes réunions diplomatiques. Il écrivait ces lettres avant l'ouverture des séances du congrès. Le prince de Metternich avait en effet retardé la conférence préliminaire entre les principaux ministres, parce qu'il avait l'espoir d'amortir dans des conversations particulières les différends qui existaient entre plusieurs cabinets. Il cherchait, d'un côté, à tempérer l'humeur, trop belliqueuse à son gré, de l'empereur Alexandre, de l'autre, à entraîner le duc de Wellington dans l'esprit général de l'Alliance, non pas qu'il espérât obtenir le sacrifice impossible des instructions du cabinet britannique, mais il cherchait avec le plénipotentiaire anglais un moyen de les concilier avec la marche commune.

La position du duc de Wellington était très-délicate. Sans doute il éprouvait un éloignement profond pour les révolu-

---

1. Correspondance inédite de M. de Villèle avec M. de Montmorency, pendant le congrès de Vérone. (*Documents inédits*.)

tions et les révolutionnaires, et il continuait les grandes traditions politiques des tories, qu'il avait défendues avec lord Castlereagh. En outre le rôle brillant qu'il avait joué dans la péninsule hispanique, en apportant le concours de l'Angleterre au mouvement national qui s'y était produit en faveur de la monarchie de Ferdinand VII, lui faisait désirer le maintien et la stabilité de la royauté espagnole, car on s'attache surtout par les services que l'on rend. Mais, en sa qualité d'Anglais, il ne pouvait désirer que la France eût l'honneur de ce grand ouvrage, et qu'elle recueillît les avantages attachés à son accomplissement. Chargé des instructions de M. Canning, dont la politique était beaucoup moins conservatrice que celle de lord Castlereagh, il se tenait, avec la sévère exactitude de son caractère et l'habitude de la discipline, dans les limites rigoureuses de ses instructions [1]. Il n'oubliait pas en outre qu'il aurait à compter avec le parlement et l'opinion publique de son pays. Enfin il était enchaîné par les précédents de la diplomatie anglaise; il ne pouvait désavouer la contre-déclaration de Laybach et s'associer à l'action de la Sainte-Alliance dans la Péninsule. Il était venu au congrès comme une objection et comme un obstacle. Il n'omit rien pour remplir sa mission, qui était, non de faire, mais d'empêcher qu'on ne fît. Il admettait que nous fussions obligés de maintenir une armée d'observation sur la frontière franco-espagnole, mais il ne faisait pas un pas au delà. Il niait les dangers de la contagion révolutionnaire, refusait de prévoir ceux que notre dignité, notre sécurité, la sûreté de l'Europe pouvaient courir; le seul danger qu'il y eût, selon lui, c'était

---

1. M. de Montmorency, dans son *Ecrit sur le congrès de Vérone*, représente avec les vives couleurs d'un peintre qui a vu poser l'original, le duc de Wellington, feuilletant sans cesse ses instructions pendant les séances du congrès, et y revenant imperturbablement quand on croyait lui avoir fait faire quelques pas en avant.

celui que ferait naître une intervention française en Espagne, tentative malheureuse pour soumettre un peuple fier, défiant, ennemi de toute influence étrangère. Il invoquait à ce sujet son expérience personnelle, et rappelait toutes les peines qu'il avait eues pour ne pas s'aliéner les Espagnols pendant qu'il les sauvait [1].

Le prince de Metternich espérait trouver les mêmes facilités chez le duc de Wellington pour la question d'Espagne, qu'il avait rencontrées chez lord Castlereagh pour la question italienne. Mais ce n'était ni le même homme ni la même question. La question italienne était beaucoup plus indifférente à l'Angleterre que la question espagnole, parce qu'on ne pouvait oublier à Londres le voisinage du Portugal et de l'Espagne, et celui de cette dernière contrée et de la France. En outre, le cabinet britannique avait pour l'Autriche, qu'on a si longtemps appelée le soldat continental de l'Angleterre, des sentiments qu'elle n'avait pas pour son adversaire séculaire, la France. Enfin, le duc de Wellington, que l'on avait appelé sur le champ de bataille *Iron duke* (le duc de fer), parce qu'il se maintenait toujours inébranlable dans ses positions, apportait dans la diplomatie quelque chose de sa roideur et de son inflexibilité militaire. Le prince de Metternich chercha donc vainement à opérer quelques modifications dans les idées du plénipotentiaire anglais; celui-ci, sans cesser de se maintenir dans les termes d'une entente affectueuse avec l'Autriche, demeura immuable sur son terrain.

Il n'y avait donc rien de changé, le 20 octobre 1822, dans les dispositions des membres du congrès, lorsque le prince de Metternich, pressé par les sollicitations de M. de Montmorency, réunit chez lui, en conférence intime, les chefs de cabi-

---

1. Ecrit de M. Mathieu de Montmorency sur *le Congrès de Vérone*. (*Documents inédits.*)

nets. Dans cette conférence, M. de Montmorency prit le premier la parole sur les affaires d'Espagne, en suivant sa propre pensée, blâmée par M. de Villèle, et présenta ce qu'il appela son dire sur la question espagnole, pour éviter la dénomination trop solennelle de *memorandum*, et même celle de *note*. Les considérations développées par lui se terminaient par un précis qui précédait immédiatement ses conclusions, présentées sous la forme de questions, au nombre de trois. Les plénipotentiaires de l'Autriche, de la Prusse, de la Russie, de l'Angleterre demandèrent une copie du précis et des conclusions, et le prince de Metternich se chargea d'en faire tirer cinq ou six épreuves par la petite presse lithographique qu'il avait toujours à sa suite. Les quatre membres de la conférence promirent une réponse sous deux jours; les deux jours en durèrent dix. Enfin, le 30 octobre, les réponses des quatre puissances alliées aux questions du cabinet français furent lues et soumises à M. de Montmorency, dans une deuxième réunion particulière chez le prince de Metternich. Voici comment le plénipotentiaire français analyse lui-même ces réponses :

« Le langage de la Russie était chevaleresque comme son souverain. C'était elle qui désirait le plus vivement voir la France se déclarer. Elle était prête à la seconder de tout son pouvoir. L'Autriche et la Prusse, avec la même aversion pour les révolutionnaires, craignaient de les voir attaqués à force ouverte par la France dont elles n'espéraient pas, et dont même elles ne désiraient pas le succès éclatant. Le cabinet autrichien surtout s'enfermait dans des formes dilatoires et renvoyait tout aux délibérations communes de l'Alliance. La réponse anglaise attribuée à M. Lamb, ministre anglais à Francfort, était une paraphrase de ses résolutions appuyées sur le principe de la non-intervention, une atténuation des dangers de la situation actuelle de l'Espagne, une prévision exagérée de ceux que l'on courrait en intervenant, une prétendue ignorance des griefs de la France contre l'Espagne, fondée sur ce que toutes les correspondances diplomatiques des deux gouvernements n'avaient pas été communiquées. »

Cet exposé, tracé par M. de Montmorency lui-même, indique

que la marche qu'il avait adoptée n'était pas à l'abri des inconvénients prévus par M. de Villèle. La suite devait le démontrer d'une manière plus éclatante encore. Les principes ayant été posés par le *dire* de M. de Montmorency et les notes des autres puissances, il fut décidé que les conférences générales s'ouvriraient le 31 octobre. Treize diplomates y assistèrent, sans compter M. de Gentz, admis, comme à Laybach, en qualité de secrétaire rédacteur. Le congrès s'ouvrit par un discours de M. de Metternich dont les premiers mots achèvent d'indiquer la manière dont M. de Montmorency avait introduit la question devant le congrès de Vérone.

« Le gouvernement français, disait le ministre autrichien, s'est adressé à ses alliés, il leur a expliqué ses vœux et ses déterminations ; ses vœux sont la conservation de la paix, mais il admet que l'Espagne révolutionnaire pourrait le mettre dans le cas de repousser une agression. Il a demandé si, dans le cas d'une juste et nécessaire défense, il pouvait compter sur l'appui moral et les secours matériels des cours alliées. Les cours d'Autriche, de Prusse et de Russie ont en principe répondu affirmativement. Portant toutefois sur des applications éventuelles, leur adhésion doit être précisée par une définition exacte du *casus fœderis*, ainsi que par l'énoncé des obligations réciproques qui en dériveraient. Ces différents points seront réservés aux transactions diplomatiques que les cabinets jugeraient à propos d'entamer à la suite des explications prescrites. »

Le prince de Metternich indiquait ensuite les trois formes que l'Alliance pouvait employer pour s'expliquer avec le gouvernement espagnol.

1° Les cinq puissances pouvaient s'accorder à tenir le même langage soit par une déclaration collective, soit par des notes séparées mais uniformes dans leur principe et leur but ;

2° La France pouvait abandonner à ses quatre alliés le soin d'un démarche destinée à aplanir des difficultés dans lesquelles on pouvait la regarder comme partie ;

3° Une ouverture pouvait être faite au gouvernement espagnol par une seule des puissances alliées qui serait le plus avantageusement placée pour porter la parole.

Ces propositions du cabinet autrichien furent remises lithographiées au vicomte de Montmorency, qui fit passer une réponse aux notes des quatre cours alliées, sans la lire en séance publique, et une nouvelle conférence fut indiquée pour les premiers jours de novembre, afin de discuter les propositions de l'Autriche. Mais les divergences des vues qui existaient dans le congrès commençaient à se manifester, et le prince de Metternich, à la recherche d'une solution qui pût satisfaire à la fois la Russie et l'Angleterre, multipliait les pourparlers. Le corps diplomatique avait pris l'habitude de se réunir presque tous les soirs chez la comtesse de Liéven, femme de l'ambassadeur de Russie à Londres, personne d'un tour de conversation intéressant, original, animé, qui avait l'esprit et savait la langue des affaires. Les préliminaires du congrès avaient été plus d'une fois traités dans une petite pièce située au fond de son salon et que l'on appelait le cabinet des conversations confidentielles. Le prince de Metternich, qui appréhendait un conflit de paroles entre les plénipotentiaires anglais et les plénipotentiaires russes, parce que leurs opinions étaient situées aux deux pôles de la politique, avait fait de grands efforts pour obtenir du duc de Wellington une note conciliante et modérée ; il n'y avait guère réussi. La note russe rédigée par le comte de Nesselrode insistait pour qu'on eût soin de prévoir les conséquences vraisemblables de la démarche proposée, et de définir l'attitude que prendrait chacune des puissances intervenantes. Il émettait l'avis final qu'une déclaration faite au moyen de notes séparées, mais uniformes quant au point de départ et au but, offrirait le plus de facilités. Il se ralliait ainsi aux conclusions qu'avait proposées le vicomte de Montmorency dans la note concertée avec les autres plénipotentiaires français. Dans la conférence où M. de Montmorency remit cette note, il devait y avoir une discussion publique, mais elle fut retardée par un long pourparler entre le chef du cabinet autrichien et le duc de Wellington, pendant lequel les autres diplomates restèrent dans le salon d'attente. M. de Metternich ne fut pas assez content de cette conversation pour risquer une délibération publique et reprit son système favori de communications plus faciles entre les chefs de cabinet. Il fut convenu que chacun d'eux préparerait une note en particulier et que l'on se communiquerait les cinq notes, avant de délibérer formellement sur la démarche en elle-même. Peut-être dans ces conversations confidentielles finirait-on par découvrir et pourrait-on faire adopter au duc de Wellington quelque heureux biais qui permettrait à son gouvernement de faire à l'Espagne une communication, non pas en marchant tout à fait avec l'Alliance, mais au moins sur une ligne parallèle. Le prince de Metternich chercha à faire partager aux autres chefs de cabinet cette espérance et les invita à annoncer aux plénipotentiaires adjoints l'ajournement de la conférence générale. Ce renvoi fit naître plus d'un sourire parmi les diplomates assistants, qui n'épargnaient pas les épigrammes à la marche incertaine et pleine d'hésitations du congrès, et à ces retards continuels. Les Russes les plus prononcés dans le sens de l'action, MM. Tatischeff et Pozzo di Borgo, montraient leur mécontentement, et M. de Chateaubriand, encore une fois relégué sur le second plan, ne déguisa pas le sien.

Quand les nouvelles de la marche du congrès arrivèrent à Paris, M. de Villèle écrivit, au nom du conseil tout entier, une longue lettre à M. de Montmorency; elle doit être citée *in extenso*, parce qu'elle établit d'une manière complète la politique du gouvernement français et qu'elle achève de marquer, avec la dernière précision, la divergence de vues qui existait entre le président du conseil et le plénipotentiaire français. Voici la lettre de M. de Villèle, datée du 6 novembre 1822 :

« Je sors du conseil du Roi, où tout ce que vous avez envoyé a été lu, et j'ai à vous rendre compte de ce que nous en pensons, ainsi que de la détermination prise à l'égard de l'Espagne.

« Vous verrez par la réponse faite à M. de Lagarde qu'il reçoit l'ordre de demander ses passeports si on se permet de détenir, d'arrêter ou même de consigner au palais les frères du Roi. Nous l'avertissons, en même temps, qu'aussitôt qu'il aura franchi la frontière, nos troupes se mettront en mouvement pour entrer en Espagne. D'un autre côté, vous saurez que M. Ouvrard a définitivement conclu avec la régence d'Urgel un emprunt qui va donner aux royalistes d'Espagne la disposition de cinq millions de francs, et qu'en même temps la demande de la vallée neutre d'Andore vient de nous permettre de lever, pour les contrées le plus à portée de la Seu d'Urgel, la défense de faire des exportations d'approvisionnements d'armes, de munitions, défense qui existe pour le reste de la frontière. Il est bon que vous sachiez aussi que Mina, après avoir perdu beaucoup de monde, a enfin forcé les royalistes à évacuer le fort de Castel-Follich ; malgré cette perte, c'est un échec pour les royalistes. »

Après avoir ainsi indiqué le point auquel en étaient arrivées nos relations avec l'Espagne et l'état des affaires des royalistes espagnols, M. de Villèle exposait ainsi les affaires de France et les tendances de l'opinion publique :

« A l'intérieur, tout va bien. Le Roi témoigne une grande confiance à son ministère. L'union des membres de la famille royale est absolue. Les dispositions des troupes sont de jour en jour meilleures. Les élections renforceront les royalistes de quinze à vingt voix. Malgré ces données satisfaisantes, il ne faut pas s'abuser sur la manière dont une déclaration de guerre à l'Espagne sera accueillie par l'opinion, si elle n'est fondée sur la nécessité bien prouvée de défendre notre honneur et notre sûreté. Les royalistes prononcés seuls l'approuveront. Tout le reste la verra avec peine dans tous les cas, et la désapprouvera hautement hors des cas dont je viens de parler[1]. Au fond l'opinion générale

---

1. Le président du conseil, en s'exprimant ainsi, ne parlait point à la légère. Nous trouvons dans son dossier politique une lettre de M. de Serre, alors ambassadeur à Naples, et datée du 27 septembre 1822, où l'on remarque le

est ici guidée par un instinct des difficultés de la solution définitive d'une telle entreprise. Chacun sent que nos cent mille hommes ne trouveront de résistance militaire nulle part, mais que si on amenait la famille royale à l'île de Léon, nous serions peut-être longtemps avant de pouvoir retirer nos troupes; que, si nous avons le bonheur de sauver la famille royale, nous aurons de grandes difficultés à réunir les opinions diverses et à amener celle même du Roi à fonder des institutions ou un ordre de choses quelconque qui permette à l'armée française de se retirer. Or il est évident pour tout le monde que le danger de l'entreprise est là et non dans la résistance qu'elle peut éprouver à son origine. Nous retirer sans avoir obtenu notre but serait ignominieux. Rester indéfiniment en Espagne serait proposer la destruction complète de notre armée; c'est encore ce dont personne ne doute. Voilà pourquoi le gouvernement du Roi, dans l'opinion bien arrêtée de Sa Majesté, de tous les membres de sa famille, dans celle de tout son conseil, ne doit et ne veut entrer en guerre avec l'Espagne qu'autant que l'honneur et la sûreté l'exigeront. C'est dans ce sens que nous avons agi jusqu'à ce jour; c'est dans ce sens que nous continuerons à agir, et vous apercevrez à notre conduite qu'au lieu de reculer devant l'application de cette règle, à mesure que les événements marchent, nous donnerons plutôt de l'extension que des restrictions aux cas prévus dans lesquels nous nous croyons autorisés à agir. »

On touche ici du doigt les mobiles qui dirigeaient la politique adoptée par Louis XVIII et son conseil, et l'on voit ce qu'il faut penser des hésitations de M. de Villèle dont il a été si souvent parlé dans l'histoire. M. de Villèle n'hésitait pas, il voyait et il prévoyait. Il voyait qu'une seule considération pourrait justifier l'intervention française en Espagne aux yeux de l'immense majorité de la nation, plus inclinée vers les questions d'intérêt que vers les questions d'opinions, la nécessité : une nécessité matérielle, celle de la sûreté territoriale de la France ; ou une nécessité morale, celle de son honneur. Il

passage suivant : « Une guerre en Espagne serait infinie en longueur, ne serait pas nationale en France parce que, certes, nous ne serons pas attaqués, nous rendrait sans influence en Europe parce que nos forces seraient occupées de l'autre côté des Pyrénées, autoriserait les reproches de l'opposition pour les dépenses, et exposerait peut-être à la longue notre armée à la contagion des principes révolutionnaires. » (*Documents inédits*.)

prévoyait qu'une de ces nécessités se produirait par suite de la marche logique des événements, et il l'attendait, décidé à agir aussitôt qu'elle se serait produite, mais pas plus tôt. Il trouvait que l'entreprise était par elle-même assez difficile, à cause des suites qu'elle devait entraîner, et des obstacles qu'on rencontrerait quand on voudrait en sortir, pour qu'on n'aggravât pas la situation par des fautes de conduite, et pour qu'on fît les derniers efforts afin d'écarter tout ce qui pourrait donner des armes aux adversaires du gouvernement et des ombrages à l'opinion. C'est ainsi qu'il arrivait à critiquer plusieurs points de la conduite de M. de Montmorency :

« Une considération de premier ordre pour nous, disait-il, et c'est ici que je vais rentrer dans les opérations dont vous êtes chargé, une obligation essentielle, c'est d'agir de notre propre mouvement, c'est de ne pouvoir être accusés ni d'avoir provoqué l'indignation des autres souverains contre l'Espagne, afin d'obtenir leur appui dans une guerre que nous voulions lui déclarer, ni d'être entraînés malgré nous à la faire par des déterminations étrangères. C'est afin d'éviter ces deux inconvénients que nous avions insisté pour que vous ne vous fissiez pas le rapporteur des affaires d'Espagne au congrès. Vous avez, sans doute, déjà senti comme nous pendant les huit jours durant lesquels on vous a fait attendre les réponses aux trois questions qui vous avaient servi de conclusions, qu'il y avait là quelque chose de moins réellement avantageux pour la France, que si, déclarant qu'elle avait pris ses mesures à tout événement, faisant connaître ses intentions dans tous les cas, elle n'eût rien demandé pour elle, annonçant ses dispositions à concourir néanmoins avec ses augustes alliés à rechercher si, dans l'intérêt général de l'Alliance et des garanties sociales en Europe, le congrès n'aurait pas quelque mesure plus efficace à concerter et à adopter.

« Mais un point capital sur lequel je suis chargé par le Roi d'attirer toute votre attention, s'il en est temps encore quand vous recevrez cette dépêche, c'est la crainte où nous sommes et que justifient les termes des réponses qui vous ont été faites, que l'acte qui va résulter de votre négociation ne porte la trace de la provocation faite par la France d'intervenir dans les affaires de la Péninsule, de la secourir dans cette entreprise, comme si elle était au-dessus de ses forces, enfin de prendre chez les autres des garanties contre nous-mêmes. C'est surtout ce que nous voulions éviter lorsque nous vous prêchions tant de ne pas vous faire rapporteur, c'est ce qui paraîtrait intolérable ici, et serait du plus mauvais effet même en Espagne. C'est ce que nous vous invitons à faire éviter autant que vous le pourrez, soit dans les tentatives de conciliation avec le gouvernement actuel d'Espagne si l'on s'y résout, soit dans l'acte d'adhésion donné par les puissances à notre conduite si elles se décident à s'en remettre à nous des moyens à employer. »

En terminant cette longue lettre, M. de Villèle revenait à cette question des colonies espagnoles dont il s'était préoccupé dès qu'il avait été question de l'ouverture d'un congrès, et il reconnaissait franchement qu'avec le tour qu'on avait laissé prendre aux délibérations, il était devenu impossible de l'introduire ; il le reconnaissait en le regrettant. Puis jetant un regard sur la politique générale, il appréciait la ligne suivie par chaque puissance, indiquait celle qu'il appartenait à la France d'adopter, et caractérisait avec un bon sens qui touche à la profondeur les inconvénients futurs de la politique suivie par le prince de Metternich. C'est une page qui appartient à l'histoire, parce qu'elle met en saillie dans l'intelligence de M. de Villèle, chez lequel quelques esprits prévenus n'ont voulu voir qu'un financier, des facultés politiques de premier ordre :

« Nous concevons aisément, écrivait-il, qu'une fois engagé dans la voie que vous avez cru devoir suivre, la question des colonies devenait inabordable et n'eût fait que rendre impossible tout résultat quelconque. Elle ne nous avait frappés que comme propre à ôter à l'Angleterre la possibilité que vous voyez qu'elle se réserve avec tant de soin de faire tourner à son profit toutes les chances de non-succès, toutes les lenteurs, tous les obstacles qu'elle contribuera, autant que le décorum le lui permettra, à nous préparer en Espagne. Nous voulions lui ôter cet intérêt, cette possibilité. C'était difficile, j'en conviens de bonne foi, même avec la marche que nous avions indiquée ; c'était impossible et absurde avec celle qui a été suivie, il ne faut plus y penser. Je crois que la suite prouvera qu'on a eu tort de ne pas profiter de ce congrès pour balayer toutes les questions par lesquelles la paix u monde peut être troublée, à la volonté de la première puissance qui trouvera son intérêt. Quand Chateaubriand dit que l'affaire d'Espagne durera trop peu de temps pour que l'Angleterre puisse s'engager ans cette voie, il a raison s'il ne calcule que le temps qu'il faudra à otre armée pour aller à Madrid, même à Cadix, s'il en est besoin. ais s'il calcule celui qu'il faudra pour arracher la famille royale des ains de ces forcenés ; s'il calcule celui qu'il faudra pour pacifier et ganiser l'Espagne en dépit de l'intérêt que va avoir l'Angleterre à ndre notre œuvre difficile, impossible même, je crains qu'il ne se ompe.

« Nous qui sommes à une distance peut-être meilleure pour bien ger ce qui se passe en ce moment si près de vous que vous-même, ici ce que nous croyons voir dans les dispositions des divers cabiets. La Russie est de bonne foi dans tout ce qu'elle vous dit, et surtout ans le désir qu'elle manifeste que vous ayez besoin d'elle et que vous i fournissiez le seul moyen qu'elle ait de concentrer ses troupes et de eprendre de l'action et du poids dans le midi de l'Europe, sans sortir u caractère loyal, désintéressé, chevaleresque de son souverain. 'Autriche et la Prusse sont embarrassées pour contenir ce besoin 'action de la Russie, espérant qu'en dirigeant ses spéculations sur Espagne, on peut l'amuser avec moins de danger que s'il s'occupait e l'Orient, et nous payant ce répit donné à leurs craintes par toutes s alliances et toutes les promesses que vous voudrez ; bien entendu, urtout pour l'Autriche, à condition que vous n'en aurez jamais besoin, u'elle restera toujours souterrainement liée avec l'Angleterre contre ous et la Russie, et le déclarera même tout net le jour où quelque irconstance le permettra.

« La politique de M. de Metternich nous paraît toute dilatoire ; il ousse le temps avec l'épaule. Il croit avoir ville gagnée quand il a levé obstacle du moment aux dépens des obstacles qu'il accumule pour le endemain. Il fait en Europe ce que M. Decazes faisait en France. Dieu euille que l'orage entassé par un tel système ne finisse point par clater ! Les ravages en seraient incalculables.

« Nous aurions cru ici que, loin de persister à détourner cette nécessité d'action de la Russie, il eût été plus sage de lui fournir un aliment et de lui donner satisfaction en concertant à Vérone des moyens e terminer honorablement les affaires de la Grèce : au lieu de cela, ous allez partir sans oser en parler. Croyez que la Russie se réveillera ur ce point et qu'il peut en résulter un bien grand dommage, même our les intérêts que défend M. de Metternich. De même vous partez ans avoir osé dire un mot des colonies. Je crains bien qu'il n'en résulte des effets inextricables pour pacifier la Péninsule, et qu'en définitive les Anglais, après s'être présentés comme les seuls qui veuillent respecter les droits des nations, ne parviennent à s'approprier ou à se faire céder Cuba, et à se rendre maîtres ou au moins possesseurs privilégiés du commerce du nouveau monde, après nous avoir fait consommer quelques cent mille hommes et quelques cent millions en Espagne.

« Mais j'en finis sur ce point, car je n'aime point à voir les choses en noir, et je suis toujours disposé à prendre les affaires où elles en sont..... C'est en faisant opérer chacun sur son terrain et dans son intérêt, qu'on peut utiliser et satisfaire tout le monde. Ainsi, c'est en s'entendant avec la Russie sur ce qu'il y a de raisonnable à faire en Grèce; avec l'Angleterre, sur ce qu'il y a à faire en Amérique; avec l'Autriche et la Prusse sur les précautions à prendre en Allemagne et en Italie contre les révolutionnaires; enfin en nous aidant moralement, autant qu'on le pourra, à terminer les affaires de la Péninsule, que le congrès s'honorera et que la Sainte-Alliance méritera son nom. Prenons dans ce moment ce que nous pourrons de ce congrès-ci. Empêchez l'Autriche d'abuser de sa position en Allemagne et en Italie. Retirez de nos trois alliés continentaux l'unité d'action morale avec nous sur l'Espagne, et pour ne pas affaiblir cette action ne souffrez rien qui puisse faire accuser la France de l'avoir provoquée. Son lot est déjà assez mauvais, parce qu'elle est probablement appelée à supporter seule tout le poids, toutes les chances et tous les frais de l'opération; que le concours effectif et matériel ne puisse jamais avoir lieu que sur notre demande. Enfin, trouvez quelque autre moyen que celui du débrouillage des affaires d'Amérique pour ôter à l'Angleterre l'intérêt et la facilité de manger l'huître en nous laissant les écailles, après que nous nous serons donné une peine infinie à les ouvrir. »

Dans les lettres suivantes, M. de Villèle ne cessa point de revenir sur le même thême, et de renouveler à M. de Montmorency ses instances pour qu'il sauvegardât dans les résolutions communes qu'il s'agissait de prendre, la liberté d'action de la France et sa dignité[1]. Comme cette suprême délibération sur la question espagnole coïncidait avec les élections

---

1. Il lui disait dans sa lettre du 11 novembre 1822 : « J'ai eu le malheur de perdre mon excellent père, de sorte que je n'ai ni le cœur ni la tête aux affaires politiques. Nous venons de recevoir votre lettre du 5 et les projets qui y étaient joints. Des trois partis, le premier est le seul qui ait paru tolérable au Roi. Encore faut-il que vous en calculiez bien les conséquences, que vous en pesiez bien les termes, que vous soyez bien arrêté sur le résultat et que

du cinquième, à cause des attermoiements du prince de Metternich qui, dans l'espoir de trouver le terrain d'une transaction avec l'Angleterre, avait remis de jour en jour cette délibération, les adversaires du gouvernement se servaient de l'incertitude qui régnait dans les esprits pour lui faire une guerre dont le contre-coup se faisait sentir à la Bourse. Nous trouvons l'expression la plus vive de ces préoccupations du président du conseil dans sa lettre du 12 novembre 1822. Il était découragé, écrivait-il, de parler de la voie prise au congrès, parce que tout devait être terminé avant qu'on reçût sa lettre à Vérone. Cependant il voulait dire à M. de Montmorency qu'il remarquait avec un sentiment qui ne tenait en rien de la surprise, car il le connaissait lui et ses collègues, qu'à mesure que les conséquences de la marche suivie au congrès se développaient, ils avaient eu soin d'écarter, autant qu'il était en eux, tout ce qui était de nature à porter atteinte à la dignité et à l'indépendance de la France. Le Roi s'était indigné à la lecture des deuxième et troisième projets présentés[1]. Le premier était sans doute préférable, seulement il était à prévoir qu'il conduirait les plénipotentiaires français à de nouvelles difficultés qu'ils chercheraient, le conseil y comptait bien, à lever, en conservant au gouvernement du Roi sa liberté d'action, sans laquelle il tomberait à la suite du congrès, ce que les ordres et les instructions du Roi avaient positivement prescrit aux plénipotentiaires d'éviter.

Parmi les inconvénients les plus graves du retard apporté

tout cela soit d'accord avec l'honneur et l'indépendance du gouvernement du Roi. Les retards du congrès et la nature de la discussion nous font ici beaucoup de mal. Nos fonds sont en débâcle. Tout le monde s'attend à la guerre. Chacun voudrait que le gouvernement parlât, et il ne peut rien dire. »

[1]. Il s'agissait du projet d'après lequel les grandes puissances auraient agi auprès du gouvernement espagnol, à l'exclusion de la France, considérée comme partie dans le litige, et du projet d'après lequel la puissance la mieux posée pour se faire écouter par le gouvernement espagnol, probablement l'Angleterre, aurait seule porté la parole.

aux résolutions que devait prendre le congrès, il fallait compter l'espèce de vague dans lequel on laissait l'opinion. Le gouvernement de la Restauration, il importe de ne pas l'oublier, suivait cette grande affaire du congrès et se préparait à une intervention qu'il prévoyait chaque jour comme de plus en plus probable sans la désirer, en face d'une presse qui jouissait d'une liberté absolue. Il lui était impossible, à cause de l'incertitude des événements en Espagne, de celle des décisions du congrès, et du parti qu'adopterait l'Angleterre, de donner une direction quelconque aux journaux de droite qui venaient chercher auprès de lui des renseignements. La polémique se trouvait donc transférée dans le domaine de l'imagination, et, faute de connaître les faits, on spéculait sur les idées. D'autres spéculations, comme il arrive dans les circonstances de ce genre, se rattachaient à celles de la politique, et il y avait à la Bourse de brusques oscillations favorables au jeu, préjudiciables aux intérêts et à la solidité du crédit public. Le gouvernement faisait ce qu'il pouvait pour éclairer les esprits et les intérêts. C'est ainsi que M. de Villèle, ayant appris que le ministère espagnol avait complétement abandonné l'idée d'impliquer les Infants dans le procès dont le mouvement tenté par la garde royale à Madrid, au mois de juillet précédent, avait été l'occasion, M. de Villèle manda le syndic des agents de change et l'avertit qu'il avait reçu de Madrid la nouvelle positive qu'il n'était nullement question d'une mesure de ce genre et qu'il pouvait en donner l'assurance à sa compagnie [1].

1. « On nous reprochait fort, écrit M. de Villèle à la date du 12 novembre, de laisser ruiner les dupes que les agioteurs faisaient à la Bourse, par l'ignorance de toute nouvelle dans laquelle nous laissions le public. J'ai profité du premier fait venu à ma connaissance pour mander le syndic des agents de change et lui dire que puisqu'une des nouvelles qui avaient le plus agi sur la Bourse était celle donnée par quelques journaux, sous la date du 31 octobre, à Madrid, que les Infants étaient menacés d'être compris dans la poursuite du

Ce n'était pas seulement à Paris qu'il y avait une officine de fausses nouvelles. Il est rare qu'un congrès s'ouvre dans une ville sans qu'à côté de la diplomatie officielle on voie s'organiser les bureaux d'une diplomatie clandestine. L'intrigue est presque toujours à côté des affaires. C'était ce qui était arrivé à Vérone, et au commencement du mois de novembre, M. de Villèle se plaignait à M. de Montmorency de ce que le comte Achille de Jouffroy envoyait de Vérone à Paris un journal des opérations du congrès, dans lequel les notes remises par les plénipotentiaires français étaient relatées à leur date, les dispositions des deux cabinets appréciées, et Louis XVIII et son président du conseil représentés comme ayant laissé surprendre le secret de la politique française par le duc de Wellington, lors du passage de ce dernier à Paris [1]. M. de Montmorency, dans sa réponse à la lettre de M. de Villèle, se montra aussi mécontent que lui de la correspondance que le comte Achille de Jouffroy entretenait, non-seulement en France, mais en Angleterre [2]. Le personnage dont il s'agit était un de ces esprits aventureux qui entrent de gré ou de force dans les grandes affaires. Il se présentait comme un disciple de Bergasse, il était attaché à la rédaction de *la Gazette de France*, et il avait eu pour introducteur auprès de M. Ma-

fiscal Peradez, j'étais aise de lui apprendre que des nouvelles de Madrid sous une date de sept jours postérieurs, ne me laissaient aucun doute sur la fausseté de la première nouvelle, et qu'il pouvait en donner l'assurance à sa compagnie afin d'éviter que la connaissance que devaient en avoir comme moi plusieurs maisons de commerce et de banque, ne servît aux uns à duper les autres. Tout cela a été rendu à la diable par les journaux, mais a produit son effet, car, depuis, les fonds se sont relevés et soutenus à 89. » (*Documents inédits.*)

1. Lettre de M. de Villèle à la date du 8 novembre. (*Documents inédits.*)
2. On publia, à Londres, une brochure intitulée : *Chronique écrite au congrès de Vérone*, dont l'objet était de persuader au public que l'intervention française en Espagne avait été exclusivement déterminée par deux hommes étrangers à la diplomatie, le comte d'Espagne et M. de Jouffroy, surtout par suite du crédit qu'avait ce dernier sur M. de Montmorency.

thieu de Montmorency, devenu ministre des affaires étrangères, un ancien diplomate français employé par l'empereur de Russie pendant l'émigration [1]. M. Achille de Jouffroy avait quelque renom comme publiciste; peu de temps auparavant, il avait soutenu une vive polémique contre M. de Bonald au sujet des Grecs, dont le grand écrivain catholique s'était déclaré le champion, et que M. de Jouffroy avait attaqués comme des rebelles en état de révolte contre leur souverain légitime le grand Turc. Le bruit avait couru que l'opinion de M. Achille de Jouffroy, dans cette question, n'était pas complétement désintéressée, et qu'il était l'instrument du prince de Metternich, avec lequel il était en correspondance depuis le congrès de Laybach. M. de Montmorency, auquel on avait présenté le comte de Jouffroy comme un homme à employer en première ligne, conçut quelques défiances de ses relations présumées avec le premier ministre d'Autriche, et consentit seulement à causer de temps de temps avec lui le matin et à lui faire rédiger quelques mémoires sur les questions qui rentraient dans le cercle de ses études. Quand le ministre des affaires étrangères de France partit comme plénipotentiaire pour Vérone, le comte de Jouffroy sollicita de lui la permission de s'y rendre en profitant de l'invitation que M. de Gentz lui avait adressée; son ambition se bornait à ce que le ministre favorisât son voyage. M. de Montmorency savait qu'il en avait agi de même lors des congrès de Troppau et de Laybach, pour lesquels il était parti avec l'approbation ou au moins la tolérance de M. Pasquier, alors ministre des affaires étrangères. Il semble que le rôle qu'il avait joué à ces deux congrès ne fût pas de nature à encourager M. de Montmorency à lui accorder l'autorisation sollicitée. Il passait, en effet, pour ne pas

---

[1]. J'emprunte tous ces détails à une note qui suit l'*Ecrit sur le congrès de Vérone*, par M. de Montmorency, note qui porte ce titre : *Sur le voyage, le séjour et les intrigues de M. le comte Achille de Jouffroy à Vérone.*

avoir été insensible, pendant les congrès de Troppau et de Laybach, aux séductions de la politique autrichienne, et il n'avait pas tardé à devenir suspect aux diplomates français dont il contrariait l'action et dont il critiquait les tendances, en se donnant comme un envoyé secret des royalistes les plus ardents, et même du pavillon Marsan. Rien de plus nuisible dans les affaires que cette diplomatie clandestine faite à côté de la grande diplomatie. M. de Montmorency, qui était très-avant dans l'estime et la confiance du comte d'Artois, crut que la présence de M. de Jouffroy à Vérone n'aurait pas pour lui les mêmes inconvénients qu'elle avait pu avoir, sous un ministère d'un royalisme moins prononcé, pour les plénipotentiaires français à Troppau et à Laybach. Il n'éconduisit donc pas M. de Jouffroy, comme en raison de ses précédents il aurait eu le droit de le faire, et espérant en tirer quelques services, il lui demanda seulement d'être avant tout Français, ce que celui-ci promit sans hésiter. Autorisé ainsi à se rendre à Vienne, le comte de Jouffroy y arriva peu de jours après M. de Montmorency, avec le comte d'Espagne, connu par le rôle actif et brillant qu'il avait joué dans la guerre de l'indépendance. Le plénipotentiaire français reçut quelquefois M. de Jouffroy dans son cabinet, comme le ministre en avait l'habitude à Paris. Ce fut ainsi que le comte de Jouffroy lui remit un jour une note en le priant de la lire attentivement. C'était celle qui circula quelques semaines après à Paris et dont M. de Villèle se plaignit à bon droit[1]. M. de Montmorency,

---

[1]. « Il m'apporta quelques renseignements utiles, dit M. de Montmorency dans son écrit. Dans une de ses visites, il me remit, en me priant de la lire attentivement, la note qui a circulé quatre ou cinq semaines après à Paris, et a fini par être publiée par les journaux anglais. J'ai cette note. Je lui dis que je vérifierais ce qu'il m'annonçait des dispositions des cabinets étrangers ; que quant à ce qu'il prétendait savoir de la décision du nôtre et des principes peu sûrs dont j'avais à me défier, il y avait beaucoup d'indiscrétion et d'inexactitude dans ses assertions. Il me promit le secret, et je n'y pensai plus. » (Notes à l'appui de l'*Ecrit sur le congrès de Vérone*. — *Documents inédits*.)

dont l'âme loyale ne soupçonnait pas les ruses de cette diplomatie souterraine, dont les services mêmes sont des piéges et les révélations calculées des moyens savants de compromettre celui qui les écoute, se contenta de répondre que les assertions relatives aux décisions du cabinet français et aux principes peu sûrs dont le ministre des affaires étrangères de France avait à se défier, « renfermaient beaucoup d'indiscrétions et d'inexactitudes. » Puisque M. de Montmorency jugeait à propos de répondre à ce courtier clandestin de nouvelles diplomatiques, ce n'était pas dire assez, et il y avait une certaine candeur de sa part à se fier à la promesse de discrétion de ce personnage dont le rôle était d'être indiscret. M. de Montmorency partit peu de temps après de Vienne pour Vérone, et bientôt il vit arriver dans cette dernière ville le comte de Jouffroy et le comte d'Espagne, qui suivaient à la piste la marche des affaires. Ce fut là qu'il reçut la lettre de plainte de M. de Villèle dont il a été parlé plus haut, avec la copie de la note qui circulait dans les salons de Paris. Il la confronta avec celle que lui avait remise M. de Jouffroy et vérifia leur identité. Lorsqu'il témoigna sa surprise et son mécontentement à celui-ci, il n'obtint de lui qu'une défaite : le messager chargé de remettre ces documents au marquis de Jouffroy de la part de son fils, avait eu le tort d'en laisser prendre plusieurs copies. M. de Montmorency eut la longanimité d'accepter cette excuse, et ce ne fut que plus tard qu'il porta un jugement plus sévère sur la conduite de M. de Jouffroy en reconnaissant qu'il avait fourni les éléments de la *Chronique secrète du congrès de Vérone*, cette légende de mauvais aloi publiée à Londres, qui a longtemps obscurci la vérité historique en faisant illusion a beaucoup d'esprits alléchés par tout ce qui sent le mystère [1].

---

1. « Le tort de M. de Jouffroy ne m'a été prouvé qu'à Paris, continue M. de Montmorency, lorsque MONSIEUR me remit un autre article qui avait

Ces faits particuliers ajoutaient naturellement une cause nouvelle de refroidissement à celles qui existaient déjà entre M. de Montmorency et le président du conseil, par suite de la divergence de leurs vues sur la ligne à suivre au congrès. Cependant il devenait impossible de ne pas arriver à un dénoûment. M. de Montmorency, on l'a vu, avait accepté l'idée de notes séparées, conçues dans le même esprit et allant au même but, que les plénipotentiaires devaient se communiquer avant de prendre une détermination définitive. Mais M. de Montmorency avait mis néanmoins une restriction à son consentement : en promettant d'apporter une note conçue dans le sens des intentions qu'il connaissait à son gouvernement, il déclara aux autres plénipotentiaires « qu'il lui était impossible de prendre un engagement formel, ni d'apposer sa signature à une note avant de l'avoir soumise au Roi, son maître. Leurs souverains étaient là, le sien était à Paris. Il faudrait qu'il envoyât un courrier ou plutôt qu'il allât lui-même porter à Paris ce qui aurait été projeté entre les divers plénipotentiaires. Tous sentirent la convenance, la nécessité d'une pareille ratification [1]. »

circulé en même temps et qui paraissait également authentique. C'était un compte rendu rédigé par M. de Jouffroy, de ses rapports avec moi et avec M. de Metternich, de notre conversation le jour où il m'avait remis sa note, de l'impulsion qu'il se flattait d'avoir donnée aux affaires. C'est probablement d'après ce confiant récit, pris au sérieux, qu'a été composée la *Chronique secrète*. Mon opinion fut dès lors formée. Depuis, je n'ai pas revu M. de Jouffroy.

« Le pamphlet qui m'a fourni l'occasion de parler de cet homme est rempli de faits évidemment faux : 1° que le congrès préparé à Vienne ne devait s'occuper que des affaires d'Italie et de Grèce ; 2° que je n'avais aucune instruction au sujet de l'Espagne ; 3° que les affaires d'Espagne n'avaient été mises sur le tapis qu'après l'arrivée de M. de Jouffroy et du comte d'Espagne : on a vu que j'en parlai dès mon premier entretien avec l'empereur Alexandre ; 4° que le duc de Wellington n'arriva à Vienne qu'après le départ des souverains : ils y restèrent deux ou trois jours avec lui. » Notes à l'appui de l'*Ecrit sur le congrès de Vérone*. (Documents inédits.)

1. Je ne fais ici que transcrire textuellement les expressions du récit de M. de Montmorency dans l'*Ecrit sur le congrès de Vérone*.

M. de Montmorency crut qu'il y avait avantage pour la France à ce que la note française fût rédigée la première. Il espérait ainsi donner le branle et le ton aux autres plénipotentiaires. En outre, il lui semblait que le voisinage de l'Espagne et de la France, la parenté des deux rois, les droits que donnait à la France sa longue alliance avec l'Espagne, et la communauté du gouvernement représentatif, quoique la constitution de 1812 eût poussé à outrance le principe appliqué d'une manière plus modérée et plus raisonnable en France, autorisaient le cabinet des Tuileries à prendre l'initiative. Il communiqua d'abord son projet de note au duc de Wellington, dans l'espoir de l'entraîner, par le ton de modération qui y régnait, à faire faire à la politique de son pays un pas dans ce sens. Espoir évidemment chimérique ! La politique de l'Angleterre était très-arrêtée : cette puissance était déterminée à n'intervenir d'aucune manière, même diplomatiquement, dans les affaires de la Péninsule, et à n'approuver aucune intervention. Aux efforts faits par M. de Montmorency pour obtenir une démarche quelconque du cabinet anglais auprès de l'Espagne, le duc de Wellington répondit par des efforts pour dissuader la France de toute note et de toute démarche. C'était plutôt une escrime diplomatique qu'un véritable combat ; chacun demeurait sur son terrain et gardait son idée. Le prince de Metternich, quoiqu'il multipliât de nouveau les conférences intimes, ne pouvait être et ne fut pas plus heureux auprès du duc de Wellington que M. de Montmorency. Toutes ses démarches vinrent échouer devant un parti pris.

Restait à savoir quelles seraient les notes de l'Autriche, de la Prusse et de la Russie. Elles furent apportées et lues après plusieurs conférences, et ne satisfirent que médiocrement le plénipotentiaire français [1]. Il y eut des communications ver-

1. « Elles n'avaient que trop confirmé mes inquiétudes et mes craintes, » dit M. de Montmorency, dont nous reproduisons, autant que possible, les

bales et écrites échangées ; mais M. de Montmorency demeura bientôt convaincu qu'on ne parviendrait pas à modifier le ton général des notes, qui était loin de lui plaire. La note du cabinet de Vienne était celle qui se rapprochait le plus de ses idées ; cependant elle contenait un passage auquel le prince de Metternich tenait beaucoup, et qui était destiné à rappeler les anciens souvenirs de la gloire espagnole, en les rattachant à l'époque où la maison d'Autriche régnait de l'autre côté des Pyrénées. Cette réminiscence n'avait rien qui pût servir Ferdinand, descendant de Louis XIV par Philippe V, ni plaire à Louis XVIII, chef de la maison de Bourbon. La note russe était écrite sur un ton déclamatoire, menaçant et par conséquent peu persuasif. La note prussienne, rédigée par le comte de Bernstorff, présentait les mêmes caractères d'une manière plus marquée encore. Les membres du congrès étaient décidés à ne pas s'en tenir à l'envoi de ces notes. Ils avaient dû prévoir et ils avaient prévu le cas où la démarche qu'ils allaient faire demeurerait inutile, et ils avaient considéré que, s'ils n'y ajoutaient pas une sanction pénale, ils se trouveraient saisis dans le flagrant délit de l'impuissance, ce qui produirait un fâcheux effet sur l'opinion. Il fut donc arrêté, dans une des conférences, que, dans le cas trop probable où l'on n'obtiendrait rien par les notes, on ajouterait quelque action positive à cette démonstration verbale. L'idée du rappel des envoyés et de la rupture des rapports diplomatiques était déjà depuis longtemps dans la tête du prince de Metternich. Elle lui semblait un but auquel on pouvait s'arrêter sans aller plus loin. La Prusse partageait cette opinion. La politique russe faisait avec empressement ce premier pas dans l'espoir d'en faire un second. Tous, depuis l'arrivée des dernières nouvelles d'Es-

expressions mêmes dans ce récit. Le texte de ces trois notes a été rapporté par M. de Chateaubriand, tome 1er, pages 127 et suivantes de son *Congrès de Vérone*.

pagne et la lecture des gazettes européennes, étaient pénétrés de la nécessité de ne pas se séparer sans prendre un parti et sans faire entendre la voix du congrès. M. de Montmorency, c'est lui qui l'a dit, partageait cette manière de voir. En résumé, les ministres d'Autriche, de Prusse et de Russie s'accordaient à retirer leurs ministres de Madrid s'ils n'obtenaient point l'abandon du système révolutionnaire. Ils craignaient moins qu'ils ne désiraient qu'on leur donnât un prétexte de les retirer. C'était ainsi que M. de Montmorency s'expliquait le peu de succès de ses efforts pour obtenir qu'on rendît le ton des notes plus conciliant. L'Angleterre déclarait, par la bouche du duc de Wellington, que le ministre anglais resterait auprès du roi Ferdinand pour s'efforcer de le prémunir, lui et son royaume, des malheurs qu'elle n'avait pas cessé d'annoncer comme le résultat inévitable de la conduite adoptée par le congrès.

Quand les choses en furent là, M. de Montmorency, qui connaissait, sans la partager entièrement, la pensée de son gouvernement sur l'impossibilité de retarder plus longtemps le commencement des hostilités après la rupture des rapports diplomatiques, renouvela sa déclaration, qu'il n'avait pas d'ordres formels du Roi à cet égard. Il ajouta qu'il irait les prendre lui-même, que ses dispositions personnelles étaient dans le sens de celles manifestées par les autres plénipotentiaires, et que les principes de son gouvernement étaient assez connus pour protester de son désir de ne pas se séparer de ses alliés dans une démarche aussi essentielle. Cependant il était de son devoir de présenter deux observations capitales : la première, c'était que le rappel du ministre français de Madrid demandait à être plus sévèrement pesé que le rappel des autres ministres ; si la guerre s'ensuivait, c'était en effet la France qui serait appelée à la faire. La seconde, c'est que le roi Louis XVIII, comme chef de la maison de Bourbon, était obligé de consulter d'une manière plus particulière les vœux de Ferdinand VII, qui pourrait croire sa sûreté intéressée à la présence de l'envoyé français à Madrid. Personne ne contesta la justesse et la force de ces deux remarques, mais M. de Montmorency ne tarda pas à reconnaître qu'il y avait un parti pris chez les autres cours, et qu'elles ne subordonneraient pas leur marche à celle de la France.

Restait à discuter le protocole pour le *casus fœderis*. Naturellement le duc de Wellington, qui avait refusé de concourir à toute mesure dérivant de la pensée d'une intervention, s'abstint de paraître aux conférences, dans lesquelles on délibérait sur les cas où l'alliance aurait à prendre fait et cause, mais ses collègues le tinrent au courant des délibérations. Après deux jours de discussion, les plénipotentiaires d'Autriche, de France, de Prusse et de Russie signèrent le procès-verbal suivant :

« Article premier. — Les trois cas dans lesquels les engagements éventuels entre les quatre puissances, signataires du présent procès-verbal, deviendront immédiatement obligatoires sont :

« 1° Celui d'une attaque à main armée de l'Espagne contre le territoire français, ou d'un acte officiel du gouvernement espagnol provoquant directement à la rébellion les sujets de l'une ou de l'autre des puissances;

« 2° Celui de la déchéance prononcée contre Sa Majesté le Roi d'Espagne, d'un procès intenté contre son auguste personne ou d'un attentat de même nature contre les membres de sa famille;

« 3° Celui d'un acte formel du gouvernement espagnol portant atteinte aux droits de successions légitimes de la famille royale.

« Article second. — Attendu qu'indépendamment des cas ci-dessus spécifiés et définis, il peut s'en présenter d'autres que les cours signataires du présent acte regardent de la même valeur et devant emporter les mêmes effets que ceux qui se trouvent désignés en l'article premier, il est arrêté que si tel cas non spécifié ou tel autre cas non analogue venait à se réaliser, les ministres des hautes cours alliées accrédités près de Sa Majesté Très-Chrétienne se réuniront avec le cabinet de France pour examiner et déterminer si le cas en question doit être considéré comme rentrant dans la classe des *casus fœderis* prévus et désignés, et exigeant comme tels l'application directe des engagements pris par les hautes puissances. »

Il résultait du protocole qu'on vient de lire que si la guerre éclatait entre la France et l'Espagne, à l'occasion des cas énumérés dans ce document, le cabinet des Tuileries pouvait, s'il le croyait nécessaire, réclamer l'appui des puissances cosignataires de ce protocole, mais que celles-ci ne pouvaient point lui imposer leur concours sans sa demande expresse. Pour les cas non définis, il faudrait que la conférence siégeant à Paris et formée des ministres des trois hautes cours, d'Autriche, de Prusse et de Russie, se mît d'accord avec le cabinet des Tuileries sur la conduite à tenir. Restait une question indécise, celle des notes concertées entre les quatre grandes cours, à remettre au cabinet espagnol, avec le retrait des quatre ministres, d'Autriche, de France, de Prusse et de Russie, comme sanction pénale, s'il n'était pas fait droit aux réclamations communes. M. de Montmorency s'était engagé solennellement dans ce sens, mais en réservant la liberté de son gouvernement, qui pouvait, comme il l'avait sagement fait observer, avoir deux motifs puissants pour ne rien précipiter à cet égard.

On décida qu'il y aurait une dernière conférence pour arrêter la forme du protocole sur les conférences dont la question d'Espagne avait été l'objet; mais il y eut préalablement une séance le 20 novembre, dans laquelle les quatre principaux ministres communiquèrent au duc de Wellington le procès-verbal signé la veille et les instructions que chacune des quatre grandes puissances se proposait d'adresser à son ministre à Madrid. Quoique ce ne fût qu'une affaire de forme, le duc de Wellington développa les points de vue sur lesquels, comme ministre de la Grande-Bretagne, il envisageait l'une et l'autre de ces démarches, et annonça qu'il en résumerait la substance dans une note. La question du protocole fut ensuite traitée, et l'on arrêta qu'il n'y aurait pas de protocole général sur les négociations et conférences relatives aux affaires d'Espagne, que les pièces échangées entre les ministres ou présentées aux conférences seraient regardées comme de simples communications de cabinet à cabinet, et qu'il en serait de même pour la note confidentielle annoncée par le duc de Wellington. Cette décision avait surtout pour objet d'empêcher que les pièces échangées confidentiellement, dans les conférences auxquelles le duc de Wellington n'avait pas assisté, fussent communiquées au parlement d'Angleterre. En effet, lorsque M. Canning communiqua au parlement les actes du congrès de Vérone, il ne crut pas pouvoir étendre cette mesure aux pièces qui avaient été échangées dans les conférences intimes auxquelles le duc de Wellington n'avait pas assisté, et dont il n'avait eu connaissance que par la courtoisie de ses collègues.

Lorsque ce dernier protocole fut signé, M. de Montmorency regarda sa mission à Vérone comme terminée, et se disposa à partir. L'affaire la plus importante pour la France, celle d'Espagne, était réglée. Quant aux autres affaires, il eut quelques entretiens avec les souverains ou leurs plénipotentiaires sur les questions qu'il laissait derrière lui; mais il en confia la solution à ses collaborateurs, qui les avaient examinées avec lui dans des conversations approfondies. La première qui devait attirer l'attention du congrès était celle de l'abolition de la traite des nègres, pour laquelle l'Angleterre commençait à montrer cet intérêt passionné que, dans ce pays plein de contrastes, l'opinion publique impose quelquefois, pour une grande question de morale et d'humanité, à un gouvernement froid et calculateur qui y mêle presque toujours un point de vue politique. M. de Montmorency, malgré la candeur de sa belle âme, était en garde contre la philanthropie du gouvernement anglais, qu'il savait n'être jamais complétement désintéressé. En France, le gouvernement avait fait adopter une loi contre la traite des noirs, et il la faisait consciencieusement exécuter ; mais il n'y avait pas à s'étonner qu'on ne réussît pas d'un seul coup à mettre un terme à la plus lucrative des contrebandes. Quant à accepter le moyen que proposait l'Angleterre comme un remède héroïque, c'est-à-dire le droit de visite exercé sur nos vaisseaux par la marine anglaise, il ne fallait pas y songer ; l'honneur français se révoltait et protestait, et sa protestation trouvait un écho dans le noble cœur de M. de Montmorency :

« Je dis au duc de Wellington, ajoute-t-il dans l'Écrit déjà souvent cité : Je n'ai pas moins d'horreur que vous contre la traite et contre les barbaries qu'elle entraîne. Mais si votre gouvernement ne veut que la cessation ou la diminution du mal, s'il veut nous aider à le combattre par de nouvelles précautions législatives, ce que vous avez de mieux à faire, après nous avoir avertis en secret, c'est de garder le silence et de ne rien prétendre nous imposer. Mais il fallait avant tout faire retentir dans le congrès des paroles solennelles et déposer un long mémoire qui allât grossir les communications faites dans le palais de Westminster et y soulever des applaudissements unanimes. J'obtins seulement du duc de Wellington qu'il retranchât de ce mémoire quelques phrases semblant inculper, à tort, l'exactitude du gouvernement français à faire exécuter la loi existante. Du reste, je laissai derrière moi un avocat capable de répondre avec éloquence au duc de Wellington quand la question viendrait devant le congrès; je priai M. de Chateaubriand de réfuter les arguments du plénipotentiaire anglais, tâche à laquelle il était naturellement préparé par son ambassade de Londres, pendant laquelle il avait reçu souvent des communications analogues. »

La question qui devait venir après celle-là devant le congrès était la question des affaires italiennes ; à cette occasion, le congrès devait recevoir dans son sein plusieurs nouveaux plénipotentiaires, qui, dès le commencement du mois de novembre, avaient passé à Vérone avec leurs souverains. Parmi ces souverains figurait le roi de Naples, aïeul de la duchesse de

Berry et père de la duchesse d'Orléans. Ce prince, à peu près étranger aux affaires, se borna à faire au vicomte de Montmorency des questions au sujet des Bourbons de France, au sujet du duc de Bordeaux surtout, sur la jeune tête duquel reposaient les espérances de tous ceux de sa race. Ce fut avec le prince de Ruffo, principal ministre de Ferdinand, que M. de Montmorency traita les affaires. C'était un personnage spirituel, mais qui avait plutôt l'esprit des salons que celui de la politique. Homme de plaisir et de société, vieil habitué des cours, surtout de celle de Vienne, où il avait résidé pendant de longues années comme ambassadeur, ce n'était qu'à regret et pour complaire au prince de Metternich, que, l'année précédente, il avait consenti à retourner à Naples, afin d'occuper le premier poste dans le nouveau ministère que son maître venait de former. Le prince de Ruffo était malheureusement peu propre à suppléer ce qui manquait à Ferdinand. Il transportait l'amour italien du *far niente* dans la politique; causeur agréable, mélomane enthousiaste, tout prêt à abandonner une séance du congrès pour la représentation d'un opéra de Rossini, frileux comme un méridional, il regardait comme une question du premier ordre celle du chauffage de son hôtel, et se montrait beaucoup plus indifférent sur les questions de gouvernement. Cependant M. de Montmorency s'entendit assez bien avec lui sur les affaires d'Italie. Il est vrai qu'il n'eut pas à approfondir la question principale, celle de l'évacuation du royaume de Naples par l'armée d'occupation autrichienne. Il connaissait par un homme plus grave et plus compétent que le prince de Ruffo, par M. de Serre, notre ambassadeur à Naples, dont nous trouvons la figure pâle et maladive dans le congrès, parce qu'il avait été autorisé à suivre à Vérone le souverain auprès duquel il était accrédité, la triste impossibilité où se trouvait ce prince de se passer complètement de ce fâcheux appui. M. de Serre voyait en noir la situation du royaume des Deux-Siciles.

Du reste ses rapports avec M. de Montmorency furent gênés et assez froids. Il désapprouvait l'intervention du congrès dans les troubles d'Espagne, et s'il n'exprimait pas son opinion assez hautement pour gêner le chef des plénipotentiaires français, il ne la cachait pas. M. de Montmorency, voyant qu'il serait imprudent de demander l'évacuation complète du royaume de Naples par les troupes autrichiennes, exhorta le prince de Ruffo à tâcher de la restreindre; or, comme en restreignant l'occupation étrangère on en diminuait les frais qui écrasaient les finances du royaume, il le trouva très-disposé à insister dans ce sens avec une fermeté que lui imposait le sentiment de ce qu'il y avait d'intolérable dans ce fardeau. Ce qui n'était pas immédiatement possible devait bientôt devenir nécessaire, et M. de Montmorency, prévoyant et voulant hâter le moment d'une évacuation complète qui rendrait l'Italie à elle-même, conseilla l'emploi des troupes auxiliaires et proposa les bons offices de la France pour obtenir des régiments suisses.

M. de Montmorency fut plus heureux avec le Piémont. Il trouva le comte de Latour, premier ministre de Charles-Félix [1], et le Roi lui-même très-disposés à réclamer l'évacuation du royaume par les troupes autrichiennes, comme c'était le vœu de la France. Le comte de Latour désirait aussi le rappel du prince de Carignan, et il n'avait pas cessé de faire valoir les droits que sa conduite postérieure lui donnait au pardon du Roi. Mais les préventions de celui-ci subsistaient toujours. Quand M. de Montmorency lui parla du prince, Charles-Félix répondit qu'il avait encore besoin de temps et d'un mûr examen pour rendre ses bonnes grâces à son neveu. « Je demande tous les jours à Dieu, ajouta-t-il, la grâce d'être con-

---

1. C'était lui qui, lors du soulèvement de l'armée piémontaise, en 1820, avait maintenu quelques régiments dans le devoir.

vaincu de la sincérité de la conversion religieuse et politique du prince dont vous me rendez témoignage. »

Avant de quitter Vérone, le vicomte de Montmorency pria l'empereur de Russie d'être l'intercesseur du prince de Carignan auprès du roi de Piémont, et il apprit bientôt que, consentant, pour la première fois, à rétablir des rapports de famille avec son neveu, Charles-Félix avait répondu à la lettre par laquelle celui-ci lui avait notifié la naissance de son fils [1].

Le 22 novembre 1822, le vicomte de Montmorency quittait Vérone. A Milan, où il séjourna un jour, il se croisa avec M. Ouvrard, qui venait traiter à Vérone la question de l'emprunt de la régence d'Urgel; le 1er décembre, il arriva à Paris.

V

RETOUR DE M. DE MONTMORENCY A PARIS. — CRISE MINISTÉRIELLE. — OPPOSITION DE M. DE VILLÈLE A L'ENVOI DES NOTES CONCERTÉES.

Vérone passe ici sur le second plan. La grande affaire y est terminée, les autres questions sont préparées, et l'on peut prévoir comment elles tourneront. Ne cédons pas au prestige du génie qui, dans un livre célèbre [2], fait, pour ainsi dire, commencer le congrès à l'époque où il était à peu près fini, et, se sentant né pour les grands rôles, n'occupe guère la postérité que de ce qu'il a fait à Vérone, en se posant comme le seul qui ait voulu la guerre et comme celui qui a entraîné

---

1. Ce prince, né en novembre 1822, était le second frère de Victor-Emmanuel, qui devait régner sur l'Italie.
2. Le *Congrès de Vérone*, par Chateaubriand.

M. de Montmorency, M. de Villèle à la faire, et les puissances réunies à Vérone à la tolérer [1].

C'est à Paris qu'est désormais transféré le principal théâtre des affaires; il importe donc d'exposer le point où en étaient les hommes et les choses au moment de l'arrivée de notre premier plénipotentiaire.

Il y avait d'abord une épreuve à traverser : M. de Montmorency avait naturellement joué le principal rôle au Congrès; il revenait avec la conviction sincère d'avoir agi pour le mieux, et d'avoir bien mérité du Roi et du pays. Or, du premier plan il passait sur le second dans le ministère, puisque M. de Villèle était président du conseil. Il a lui-même analysé les dispositions de son esprit dans un récit tracé immédiatement après son retour; laissons-lui la parole, nous aurons à exposer ensuite les dispositions de M. de Villèle. Voici quelles étaient les réflexions de M. de Montmorency dans la dernière étape du voyage qui le ramenait à Paris :

« J'éprouvais, dit-il, un sentiment de satisfaction. J'avais placé la France dans une attitude digne, honorable vis-à-vis de ses alliés, ayant reçu d'eux des marques de haute confiance, pouvant leur en témoigner une réciproque, sans sacrifier sa juste indépendance pour la décision même, et l'époque et les moyens d'exécution de la grande

---

[1]. Dans l'*Ecrit sur le congrès de Vérone*, M. de Montmorency s'exprime ainsi : « Lorsque, dans une dernière audience, je demandai à l'empereur Alexandre de continuer ses bontés à nos plénipotentiaires restants, dont deux lui étaient connus depuis longtemps, et en particulier à M. de Chateaubriand, il m'interrompit d'une manière assez brusque : « Êtes-vous content de lui ? — Je répondis affirmativement. — J'en suis bien aise, reprit l'empereur. J'ai été peut-être moins bien pour lui qu'il ne l'espérait. Je ne me suis pas beaucoup prêté à un moyen sur lequel il comptait pour avoir des rapports plus directs avec moi. Mais c'est que j'avais entendu dire qu'il venait ici pour rivaliser avec vous et peut-être vous supplanter. » (*Documents inédits.*)

Ce moyen sur lequel l'empereur Alexandre croyait que M. de Chateaubriand avait compté, c'était le séjour de plusieurs semaines que fit à Vérone la comtesse de Tolstoy, avec laquelle M. et Mme de Chateaubriand étaient liés. Alexandre, qui avait pour elle une haute estime, vint la voir plusieurs fois; mais il s'arrangea de manière à être seul avec elle.

entreprise. J'apportais moi-même le protocole signé que j'annonçais par mes précédentes dépêches, et les projets de notes à adresser à Madrid. J'avais de la sécurité pour l'avenir, tout en redoutant quelques divergences de vues. Mes résolutions pour ce qui m'était personnel étaient arrêtées. Je m'interdisais tout retour d'amour-propre sur cette présidence que je prenais pour un fait accompli. J'avais la confiance que le Roi et mes collègues ne seraient pas insensibles aux importantes considérations que je leur présenterais. Vis-à-vis du président, je comptais employer de la condescendance, des égards, et de la franchise en m'expliquant sur tous les points débattus, écarter les nuages qu'on avait pu vouloir élever entre nous, et surtout lui prouver une vive répugnance à me mettre sur un pied de rivalité avec lui. Si ensuite il m'était démontré qu'il était impossible de nous entendre sur la marche générale à suivre ou sur quelque grand parti à prendre, mon projet était de donner nettement ma démission et de ne pas me jeter dans l'opposition contre le ministère. »

Rien ne saurait remplacer ces confidences intimes d'un noble cœur : on voit ici dans cette âme comme dans ces eaux pures et transparentes qui ne dissimulent rien au regard. Mais pour qui sait lire dans le cœur humain, il y avait, à côté des généreuses déterminations du vicomte Mathieu de Montmorency, de sa résolution d'accepter la présidence de M. de Villèle comme un fait accompli, de lui montrer de la condescendance, et de lui témoigner la répugnance qu'il éprouverait à se mettre sur un pied de rivalité avec lui, un vif sentiment du grand rôle joué par le plénipotentiaire français au congrès de Vérone, et un parti pris de maintenir les engagements personnels qu'il avait souscrits relativement à l'envoi simultané des notes à Madrid et au retrait immédiat des ambassadeurs dans le cas où l'on n'obtiendrait pas les satisfactions réclamées. Or c'était précisément sur ce point qu'il y avait eu un litige entre le ministre des affaires étrangères et le président du conseil. Celui-ci n'avait jamais cessé de répéter dans sa correspondance qu'il fallait que la France demeurât maîtresse de fixer le moment où elle romprait avec l'Espagne, et le motif de cette rupture, afin qu'elle ne s'engageât pas dans une guerre contre les révolutionnaires espagnols avant son heure, et qu'il fût clair pour tout le monde, pour elle surtout, qu'elle agissait de sa propre initiative et qu'elle n'était ni poussée ni entraînée par les puissances étrangères.

On trouve une expression très-nette de cette politique de M. de Villèle dans les dernières lettres qu'il a écrites à M. de Montmorency pendant le séjour de celui-ci à Vérone. Dans l'une datée du 18 novembre 1822, il raconte un entretien qu'il a eu avec M. Stuard, ambassadeur d'Angleterre à Paris, venu chez le président du conseil pour lui communiquer une conversation de sir William A'Court à Madrid avec le ministre San-Miguel. Celui-ci, supposant ou feignant de supposer que les puissances alliées agiraient en Espagne sous le prétexte des dangers du Roi et de la famille royale et dans l'intention de faire réformer la constitution de 1812, avait déclaré à sir William A'Court que l'Espagne était trop royaliste pour qu'on pût avoir jamais rien à redouter au premier point de vue : quant à la constitution, elle était le seul terrain de ralliement de l'immense majorité des Espagnols contre le retour détesté du pouvoir absolu, de telle façon que plutôt que de laisser toucher à cette constitution, ils accepteraient la guerre.

« J'ai répondu à M. Stuard, continue M. de Villèle, et c'est, je le crois, le terrain sur lequel devraient se placer les puissances alliées vis-à-vis de l'Espagne, que je m'inquiétais assez peu de rechercher les combinaisons de la constitution des cortès et les moyens de l'améliorer, parce que je ne savais pas si cet examen ne me mènerait pas à reconnaître que, dans cette constitution, il n'y a rien qui mérite ce nom ; que la seule chose que j'examinais, parce qu'elle m'intéressait assez pour que personne ne m'en contestât le droit, c'est que le 7 juillet de cette année, il avait été prouvé que les troupes au service du Roi, les serviteurs dévoués au Roi, les populations dévouées au Roi, avaient fait la tentative d'améliorer sa situation ; qu'il en était résulté une crise telle que les ministres étrangers avaient été entraînés à faire une note diplomatique pour préserver les jours du Roi et ceux de la famille royale ; que depuis, dans toutes les provinces d'Espagne, même les plus éloignées de nos frontières, les insurrections, les proscriptions des hommes dévoués au Roi et à la royauté commençaient; qu'il existait en Espagne des motifs de troubles et d'agitation; que la guerre civile était tellement le résultat de cette situation, que si la France, qu'on avait osé accuser de la provoquer, cessait seulement pendant six semaines d'empêcher les secours d'argent, d'armes et de munitions de traverser la frontière, plus de la moitié de l'Espagne tomberait au pouvoir des royalistes espagnols; qu'enfin, pour garantir notre propre territoire, nous avions été obligés de former un corps d'occupation; que d'après un état de choses aussi intolérable pour nous et pour les puissances alliées, je croyais de leur droit et du nôtre de demander au gouvernement espagnol de prendre les moyens de le faire cesser, et, s'il ne le pouvait pas, de chercher et de prendre par nous-mêmes la voie la plus sûre pour nous mettre à l'abri des dangers auxquels nous exposait leur situation actuelle. »

M. de Villèle, on le voit, appuyait le droit d'intervention de la France, non sur une prétention d'ingérence dans les affaires d'Espagne, mais sur la nécessité où elle se trouvait de pourvoir à sa sécurité personnelle menacée, et aussi sur un devoir d'honneur qui obligeait le chef de la maison de Bourbon de ne pas supporter qu'un prince de sa race fût violenté dans sa personne ou insulté dans sa dignité. Il ne croyait pas l'intervention désirable, parce qu'il regardait les difficultés au delà du succès de l'intervention, et c'est sur ce point qu'il différait d'opinion avec M. de Montmorency et M. de Chateaubriand; mais il prévoyait qu'elle deviendrait inévitable et il s'y préparait. Seulement il voulait n'engager cette guerre que dans les conditions où elle pouvait être acceptée par l'opinion publique en France. C'est ainsi que, peu de jours après, sir Charles Stuart étant venu avec une dépêche du duc de Wellington qui assurait qu'on faisait des folies au congrès et que l'on était entré dans une voie qui conduirait à de grands malheurs, et ayant ajouté qu'il y avait une chose vraiment incompréhensible à son avis, c'est que la France provoquât une intervention dont tout le poids retomberait sur elle, et qu'elle consentît à envoyer une note rédigée dans des termes qui rendaient une rupture inévitable, M. de Villèle nia hautement l'exactitude des appréciations du duc de Wellington :

« J'ai démenti tout à fait les dispositions hostiles de la note, écrit-il à M. de Montmorency, par l'assurance que vous donnez dans votre dernière dépêche qu'elle ne sera envoyée qu'après avoir été approuvée par le Roi. J'ai protesté, et du fond de l'âme, car j'en suis fortement pénétré, du désir de conserver la paix; mais j'ai aussi fortement annoncé que ce n'était que de l'Espagne elle-même que pouvaient venir les moyens de la conserver; qu'il ne s'agissait là ni de révolution ni de contre-révolution, mais d'un fait patent, d'un pays en insurrection, d'un Bourbon sur le trône non-seulement sans pouvoir mais encore en danger, des frontières dont la sûreté était compromise par des armées opposées ; que tout nous imposait la nécessité de faire cesser un tel état de choses; que si on le pouvait sans la guerre, nous serions trop heureux, qu'aucun sacrifice ne nous coûterait pour cela, pourvu qu'il fût d'accord avec notre dignité, notre sûreté et celle de l'Espagne. »

Voilà ce qu'écrivait M. de Villèle le 20 novembre 1822 à M. de Montmorency[1]. Cet esprit essentiellement pratique voulait qu'aux yeux de la France comme aux siens, la guerre fût amenée par la force des choses et qu'elle s'imposât à l'honneur du Roi et à l'intérêt du pays. Il recommandait à M. de Montmorency de ne rien négliger pour mettre l'Angleterre dans son tort d'une manière évidente. Toutes les démarches, toutes les notes devaient être calculées pour atteindre ce but. Il réservait hautement la clause de l'approbation du Roi, pour la note proposée par M. de Montmorency, et avertissait ainsi ce dernier que, si cette note n'était pas conforme à la politique du gouvernement, elle ne serait pas envoyée. Or M. de Montmorency revenait à Paris avec le ferme espoir de faire approuver la note concertée avec les plénipotentiaires européens, et en faisant une question de dignité personnelle et d'honneur diplomatique, de l'envoi simultané de cette note avec celles des

---

1. Lettre de M. de Villèle à M. de Montmorency. (*Documents inédits.*)

autres puissances. Le litige entre le président du conseil et le plénipotentiaire français était en germe dans cette situation et s'annonçait avant qu'ils se fussent revus. Il n'y avait là rien qui pût surprendre. M. de Montmorency, prenant ses résolutions et exerçant son action dans l'atmosphère du congrès, subissait le mouvement général qui, par une sorte de point d'honneur diplomatique, y entraînait les esprits, et il s'efforçait de contribuer à l'action commune ; M. de Villèle, demeuré à la tête du Conseil en France, sentait battre sous sa main le pouls de l'opinion publique, et l'oreille ouverte aux murmures des intérêts, il prenait les mobiles de ses résolutions et de sa conduite dans un autre ordre de considérations. C'est ainsi qu'il écrivait à cette époque à notre plénipotentiaire cette lettre qui ne le trouva plus à Vérone :

« J'espère que ceci ne vous arrivera pas trop tard : ce seront des documents qui pourront vous aider à faire la note dont vous êtes chargé et qui est si difficile à faire. Les bruits de guerre ont été assez mal accueillis par les populations industrielles et commerçantes, c'est tout simple. Mais les effets s'en sont suivis. La soie et les étoffes ont baissé de 15 p. 100 à Lyon ; les assurances maritimes ont monté à des prix fous. Les chambres de commerce, les conseils de manufacture, tout se remue et fait des adresses. Ces considérations ne doivent pas nous dominer, mais elles doivent être connues de ceux qui ont à prendre une si grande décision. »

Au moment même où cette dépêche partait, le cabinet des Tuileries prouvait, par une démarche énergique et hardie, que les considérations auxquelles il attachait une juste importance ne le dominaient pas cependant. Les cortès, dans leur séance secrète du 15 novembre 1822, ayant acquiescé à la demande du ministère espagnol réclamant l'autorisation de conclure un traité de commerce avec l'Angleterre, M. de Villèle fit immédiatement partir une note pour Londres que le chargé d'affaires de France fut invité à remettre à M. Canning[1].

1. Voici le texte de cette note : « Le soussigné, chargé d'affaires de France,

Dans cette note, dont nous reproduisons le texte *in extenso* au bas de cette page, le cabinet des Tuileries posait catégoriquement la question au cabinet britannique, et, en réclamant une réponse immédiate, il ne lui cachait pas que si un traité de commerce était signé entre l'Espagne et l'Angleterre, la France aviserait immédiatement. C'était une mise en demeure d'où la guerre pouvait sortir. Le cabinet des Tuileries, voyant planer la malveillance de l'Angleterre comme un nuage sur la situation, saisissait la première occasion de percer ce

a reçu de son gouvernement l'ordre exprès de présenter à Son Exc. le ministre des affaires étrangères de Sa Majesté Britannique, les communications suivantes :

« Le gouvernement de Sa Majesté Très-Chrétienne vient d'être informé que, le 15 de ce mois, le ministère espagnol a, dans une séance secrète des cortès, demandé et obtenu l'autorisation de conclure un traité de commerce avec l'Angleterre. On ajoute que, pendant la discussion, un orateur ministériel a présenté cette mesure comme un sacrifice au prix duquel on pouvait espérer des secours devenus indispensables.

« Le cabinet de Saint-James comprend parfaitement et il apprécie les motifs qui ont forcé la France à maintenir un corps d'observation sur les limites des provinces d'Espagne qui sont en proie à l'anarchie et à la guerre civile. Ce cabinet n'ignore pas non plus les dangers auxquels la personne du Roi d'Espagne et sa famille ont été récemment exposées.

« Sa Majesté Britannique a envoyé M. le duc de Wellington au congrès de Vérone où les souverains alliés sont en ce moment occupés à concerter les moyens les plus propres à mettre un terme aux calamités de l'Espagne.

« Dans de pareilles circonstances, une négociation séparée avec l'Angleterre aurait pour résultat infaillible de donner aux principes qui dirigent aujourd'hui le gouvernement espagnol un appui moral dont les conséquences sont faciles à apprécier.

« Le gouvernement français se refuse à croire que telles puissent être les intentions de Sa Majesté Britannique, il se flatte que les explications loyales que le gouvernement anglais lui donnera ne laisseront aucun doute sur l'état actuel des relations du cabinet de Saint-James avec le cabinet espagnol. Le gouvernement français attend ces explications avec confiance. Les ministres de Sa Majesté Britannique reconnaîtront facilement que, dans la situation où se trouve la France vis-à-vis de l'Espagne, une décision immédiate de la France doit résulter de ces explications. De son côté, le gouvernement français sera toujours prêt à donner à ses alliés, par sa conduite et par les éclaircissements qu'ils pourront désirer, la preuve de l'intention qu'il a constamment montrée de recourir au rétablissement de l'ordre dans la Péninsule sans renoncer, s'il est possible, aux avantages de la paix dont jouit l'Europe. » (*Documents diplomatiques.*)

nuage. Il y a un moment décisif dans les affaires où les volontés et les déterminations des puissances engagées en sens inverse dans une question sont mises à l'épreuve, M. de Villèle n'avait ni devancé ni laissé échapper ce moment. Il avait accepté l'idée d'une guerre immédiate contre l'Espagne, dût-il rencontrer derrière elle l'Angleterre, et dans la dernière dépêche qu'il adressa à Vérone à M. de Montmorency, qu'elle n'y trouva plus, il envisageait hardiment cette hypothèse, et, prévoyant qu'on ne pourrait compter d'une manière certaine ni sur l'Autriche qui avait noué peut-être une entente secrète avec l'Angleterre, ni sur la Prusse ennemie naturelle de la France, il esquissait le plan d'une triple alliance entre la France, la Russie et les États-Unis [1].

M. Canning fit répondre à M. de Villèle que l'intention du cabinet de Saint-James était de ne signer aucun traité avec le gouvernement espagnol. Le nuage était percé, il devenait

1. J'emprunte ces détails curieux à la dépêche de M. de Villèle, datée du 24 novembre et qui est au nombre de celles que M. de Montmorency ne reçut qu'après son retour à Paris. Le président du conseil avait écrit au plénipotentiaire français qu'on ne comptait sur son départ de Vérone que pour le mois de décembre, et c'était pour cela qu'il continuait à lui adresser des dépêches dans cette ville : « Alava et les autres Espagnols inféodés à l'Angleterre, disait-il, se sont servis des menaces et des lenteurs du congrès pour amener le gouvernement à sacrifier l'intérêt de son commerce et la conservation de ses colonies à l'espoir d'une alliance avec l'Angleterre. Il ne s'agit plus maintenant que d'éprouver si l'Angleterre veut sérieusement s'engager dans la voie d'une alliance avec l'Espagne qui la mettrait en guerre avec la Russie et avec nous..... Dans ce cas, je ne balancerai pas à conseiller à la Russie de déclarer la guerre à la Turquie... Il est à craindre que d'aussi graves décisions ne trouvassent l'Autriche et la Prusse plus froides que la Russie, et peut-être est-ce sur ses liaisons avec l'Autriche que l'Angleterre aurait compté pour se livrer à cette direction machiavélique. Dans le cas où nous éprouverions de ce côté une défection avouée ou déguisée sous le nom de neutralité, je ne jugerais pas moins indispensable de nous lier aussi étroitement que possible avec la Russie, de tenter de faire entrer dans notre alliance les États-Unis qui ne veulent pas plus que nous de l'envahissement des colonies espagnoles par l'Angleterre. La Russie en Orient, nous dans la Péninsule, et nos marines unies à celle des États-Unis opérant dans les mers d'Amérique, nous soutiendrions avec avantage la lutte à laquelle on nous aurait forcés. »

clair que la malveillance de l'Angleterre n'allait pas jusqu'à accepter la guerre pour défendre la révolution de l'autre côté des Pyrénées.

Telles étaient donc les dispositions dans lesquelles M. de Montmorency trouvait M. de Villèle en arrivant à Paris : prêt à faire la guerre si elle devenait nécessaire et, dans ce cas, ne reculant pas devant la pensée de la faire même à l'Angleterre, il venait de le prouver ; mais convaincu qu'il fallait attendre que cette nécessité fût bien démontrée. Du reste, la position du cabinet dans la Chambre des députés était devenue plus forte que jamais. Si dans la dernière élection du cinquième il n'avait pu éviter la réélection du général La Fayette et de M. Manuel, il était parvenu à écarter M. Benjamin Constant. Sur les 52 députés élus par les colléges d'arrondissement, l'opposition n'avait pu faire passer que sept de ses candidats ; elle n'en avait obtenu que huit en tout sur l'ensemble des 82 élections des colléges de départements et d'arrondissements. C'était une victoire complète qui donnait au gouvernement une grande force à l'intérieur. Le Roi et son conseil ressentaient vivement ce succès. Malgré ces avantages, l'esprit de perturbation, qui s'était manifesté par tant de conspirations dans le cours de l'année 1822 qui approchait de son terme, n'abdiquait point, et il fallut dissoudre la Faculté de médecine de Paris à cause des scènes de violences et de scandales qui marquèrent l'ouverture des cours. Plus que jamais l'opposition révolutionnaire, vaincue sur le terrain légal, se réfugiait dans les hasardeuses entreprises de la révolte ; seulement c'était surtout au dehors et dans le triomphe de la révolution espagnole qu'elle plaçait son espoir.

Au moment où M. de Montmorency arrivait à Paris, la régence d'Urgel dont M. Ouvrard, on l'a vu, était allé négocier la reconnaissance à Vérone, en se faisant fort de réaliser un emprunt considérable pour elle, éprouvait des échecs successifs, qui équivalaient à un désastre. Mina, après avoir battu plusieurs chefs royalistes sur nos frontières et notamment le baron d'Erolles, à l'entrée des gorges, du côté de Talona, s'était emparé de Puycerda. Urgel avait été incendié, l'évêque de cette ville était à Dax. Les corps mis en déroute avaient été obligés de se réfugier sur le territoire français avec une multitude de femmes, d'enfants, de prêtres, de moines fugitifs. C'était une débâcle. Le baron d'Erolles lui-même et la régence tout entière avaient cherché, au commencement de décembre, un asile à Toulouse, où le Trappiste était arrivé de son côté. L'insurrection royaliste ne pouvait plus mettre en ligne des forces régulières, elle était réduite à opérer par des guerillas qui, à l'aide de la rapidité et de la prestesse de leurs mouvements, échappaient aux corps des constitutionnels qui tenaient partout la campagne. Ainsi disparaissait du jeu la carte que M. Ouvrard était allé faire valoir au congrès. Elle disparaissait au moment même où M. de Metternich et plusieurs plénipotentiaires accueillaient l'idée de reconnaître la régence et de s'en servir pour résoudre le problème de la question espagnole[1]. M. Ouvrard, un de ces empiriques dont le métier est de battre monnaie pour toutes

---

1. M. de Chateaubriand avait lui-même accueilli, au moins en partie, cette idée, comme on peut le voir dans une de ses dépêches écrite à Vérone, le 20 novembre 1822, et qu'il a insérée dans son *Congrès de Vérone*, tome Ier, page 147 ; c'est dans cette dépêche qu'il émettait le singulier avis « de faire prendre la cocarde espagnole à nos soldats, de marcher seulement jusqu'à l'Èbre et de nous y arrêter, de fournir des armes et de l'argent aux Espagnols fidèles, de les laisser terminer eux-mêmes la querelle en nous contentant de les appuyer dans certaines positions pour leur assurer la victoire ; de déclarer que nous ne voulions ni nous mêler en quoi que ce soit de la politique intérieure de l'Espagne, ni l'occuper, ni lui faire payer les frais de la guerre. » Nous aurions eu ainsi la responsabilité et les charges de la guerre, sans en avoir la direction ni l'honneur. Nous aurions agi comme des instruments passifs, à la solde de la régence d'Urgel, dont l'armée eût été cependant à notre solde, et nous aurions fourni nos troupes, notre argent, à une politique qui pouvait être contraire à la nôtre.

les affaires et de trouver des ressources pour toutes les difficultés, affectait à Vérone la confiance pour tâcher d'en donner à ceux qui n'en avaient plus :

« C'est Ouvrard qui vous porte ma lettre, écrivait M. de Chateaubriand à M. de Villèle à la date du 28 novembre; lui et ses plans ont beaucoup plu ici. Il vaut la peine d'être écouté. Le duc de Wellington part après-demain; le congrès se meurt; s'il était mort avant de naître, il nous aurait tirés d'un grand embarras.

« Ouvrard reste, et envoie un courrier dont je profite pour vous faire passer cette lettre. Son plan plaît au prince de Metternich, qui hait les révolutions et qui croit y voir un moyen de tuer celle d'Espagne. Le comte de Nesselrode trouve de son côté dans le plan d'Ouvrard de l'argent pour mener l'affaire. Ouvrard ne demande rien et se contente de dire : « Reconnaissez la régence et je me charge de tout. Mon emprunt a déjà porté un coup sensible aux emprunts des cortès, et l'Angleterre sent si bien le danger de mon plan, qu'elle est furieuse. » En effet, le duc de Wellington jette ici feu et flamme, et Gentz a conseillé à Ouvrard de ne pas se présenter chez le duc. Ouvrard va attendre qu'il soit parti et je ne serais pas étonné qu'il parvînt à faire adopter quelques-unes de ses idées au prince de Metternich et à l'empereur Alexandre. Ouvrard dit qu'il se contenterait de la reconnaissance de la régence par la seule Russie pour accomplir son plan. Peu lui importe que la régence soit battue et en fuite; avec son argent, il saura bien la ressusciter. Quant à nous, il est bien évident que nous ne pouvons reconnaître la régence que si nous déclarons la guerre. Si nous ne la déclarons pas, Ouvrard, agissant en France, nous gênera. Il répond : « Qu'à cela ne tienne. J'agirai de Bruxelles ou même d'Angleterre. » Tout cela est peut-être chimérique; mais, comme le disait hier le prince de Metternich, ce n'est pas Ouvrard qui est fabuleux, ce sont les temps où nous vivons. »

Selon l'observation de M. de Chateaubriand en terminant sa lettre, tout cela était chimérique. Ce n'était pas au moment où la régence de la Seu d'Urgel était obligée de se réfugier sur le territoire français qu'elle pouvait devenir l'instrument de la solution en Espagne. Le conseil du Roi allait chercher cette solution ailleurs.

M. de Montmorency, en entrant à Paris, avait trouvé à

l'hôtel des affaires étrangères M. de Villèle, qui, averti de son arrivée, avait prévenu sa visite, et les deux ministres s'étaient embrassés cordialement[1]. Le Roi le reçut à merveille, le remit au lendemain pour déposer sur son bureau les pièces diplomatiques dont il était porteur, ne lui parla que de sa satisfaction et de la preuve qu'il voulait lui en donner en lui conférant le titre de duc[2]. Louis XVIII récompensait ainsi, avec l'assentiment de son conseil, les services que M. de Montmorency avait rendus, en amenant, à Vérone, trois puissances sur quatre à signer la convention par laquelle elles s'engageaient à apporter leur concours à la France, dans le cas où celle-ci, venant à faire la guerre à l'Espagne, croirait utile de le requérir. Le cabinet des Tuileries avait pensé que cette entente des trois grandes puissances continentales avec la France, cette promesse d'un concours européen dans le cas où elle le demanderait, serait une force salutaire qui arrêterait le mauvais vouloir de l'Angleterre et l'empêcherait de se traduire en action. Lorsque M. de Montmorency lut à ses collègues le protocole final de la convention qui avait fermé les opérations du congrès de Vérone, cet acte reçut de nouveau l'approbation unanime de ses collègues, qui fut confirmée par le suffrage du Roi. Mais il y avait une seconde question, sur laquelle les membres du conseil furent loin d'être aussi unanimes, ce fut celle des notes que les trois

---

1. Récit de M. de Montmorency dans l'écrit déjà cité.

2. « Le Roi, continue M. de Montmorency, était assez embarrassé pour le choix du nom distinctif qui devait être attaché au titre, à cause de tous les duchés qui étaient déjà dans ma famille. Dès le lendemain, dimanche, à la réception après la messe, Sa Majesté m'appela tout haut du titre de duc, en me demandant quel nom il devait y ajouter. Après quelques explications dans lesquelles M. de Villèle mit beaucoup d'obligeance, le Roi consentit à ce que je gardasse avec le nom distinctif de Mathieu celui de Montmorency auquel je tenais. La joie de mes amis était au comble. Je reçus les compliments et j'obtins l'approbation de la famille royale. Il y a dans la vie humaine des moments qui s'écoulent trop vite... » (Seconde partie de l'*Ecrit sur le congrès de Vérone*. — *Le mois de décembre à Paris*. — *Ma retraite*.)

puissances avaient résolu d'envoyer à Madrid, ce qui amenait le débat sur la convenance qu'il pouvait y avoir pour la France à prendre part à cette démarche. Aussitôt que cette question ut posée, le litige qu'il était facile de prévoir depuis l'ouverture même des négociations s'éleva entre M. de Montmorency et M. de Villèle. Voici comment le premier des deux raconte ce qui se passa dans le conseil :

« Les opinions furent plus partagées sur les trois notes pour Madrid que les alliés communiquaient à notre cabinet. On les jugea plus sévèrement que moi. M. de Villèle fut surtout frappé de ce que ces diverses dépêches, peu propres à persuader le gouvernement espagnol, devaient amener presque immédiatement la seconde mesure, le rappel des ambassadeurs. Il persistait plus que jamais dans son opinion que cette rupture des rapports diplomatiques entraînait immédiatement la guerre. Il redoutait vivement cette conséquence. Il croyait possible de l'éviter encore, et surtout dangereux de la provoquer. Je combattis ce que cette première opinion pouvait avoir de trop absolu. Je pouvais m'appuyer des opinions énoncées à Vérone, surtout de celle de M. de Chateaubriand, « qu'un langage ferme tenu, et, s'il n'était pas écouté, la menace du rappel des ambassadeurs, n'avait rien de commun avec la guerre. » On pouvait concevoir, en effet, pour plus ou moins de temps, cette sorte de séquestration morale et politique d'un pays révolutionnaire, séquestration qui dispenserait de tout égard pour un gouvernement factieux et permettrait de soutenir sans scrupules les défenseurs de la bonne cause. J'avais donné une première et rapide lecture de mon projet de note pour la France, en expliquant qu'il devait être revu, corrigé et surtout dépendant du parti pris à l'égard des autres notes et du fait de la démarche commune bien plus importante que toutes les paroles. On fit dès lors quelques observations sur le fond des choses et sur la rédaction. Je les notai. J'insistai en même temps, ce qui du reste était l'avis unanime des ministres, sur la nécessité de ne négliger aucun préparatif de guerre[1]. Ce fut, je crois, M. de Villèle qui proposa de faire au nom du Roi une démarche pour retarder le départ des notes et obtenir que les alliés s'en remissent à Sa Majesté du choix du moment opportun pour les expédier à Madrid. Je n'avais pas d'espoir de l'obtenir. Je connaissais les arguments dont on s'était armé d'avance contre cette idée. Je ne crus pas cependant

---

1. On lit en effet sur le carnet de M. de Villèle de cette époque : « A partir du mois de décembre tout le monde crut la guerre inévitable et s'y prépara. »

devoir rejeter le bénéfice d'au moins quelques semaines de retard auquel on semblait attacher de l'importance, ni me refuser à une tentative qui avait en sa faveur, il faut l'avouer, des circonstances récentes. La régence d'Urgel, présidée par le marquis de Mataflorida, venait d'éprouver un échec déplorable ; vaincue, elle avait été obligée de chercher un refuge sur notre territoire. Les révolutionnaires étaient exaltés de ce succès. C'était dans ce moment qu'allaient arriver les notes destinées à les effrayer. Il y avait peu d'à-propos dans la rencontre de ces deux événements. J'insistai dans ma dépêche sur cette circonstance pour persuader aux puissances qu'elles devaient laisser la direction de la mesure à celui des alliés le plus voisin du théâtre des événements[1]. »

Dans cette loyale exposition du duc Mathieu de Montmorency, on voit se dessiner de la manière la plus claire la situation. M. de Villèle maintenait l'opinion qu'il avait toujours émise : que la France devait rester maîtresse de choisir le mode et le moment de son action à l'égard de l'Espagne, par cela seul que sa position de voisine et de principale intéressée ferait peser sur elle la responsabilité ; or la responsabilité suppose la liberté d'action. Le duc Mathieu de Montmorency, s'apercevant que la démarche comminatoire allait coïncider de la manière la plus inopportune avec le succès et l'enivrement des révolutionnaires espagnols, comprenait qu'il pourrait y avoir intérêt à la retarder. Il se rapprochait ainsi tacitement de l'opinion du président du conseil, et il allait demander, avec sa bonne foi ordinaire, au prince de Metternich ce que M. de Villèle n'avait cessé de lui demander à lui-même pendant qu'il était à Vienne, puis à Vérone, c'est-à-dire de réserver complétement dans cette affaire l'initiative de la France. Il s'était arrêté à la pensée de s'adresser au premier ministre de l'Autriche, parce qu'il ne doutait pas que la conviction de celui-ci, une fois formée, n'entraînât

---

[1]. *Le Mois de décembre à Paris.* — *Ma retraite*, par M. le duc de Montmorency. (*Documents inédits.*)

celle d'Alexandre. Il préféra la forme d'une lettre confidentielle, parce qu'il pensa que ce serait celle qui lui permettrait d'entrer dans les détails les plus intimes. Quand il eut terminé cette lettre, il voulut la lire au conseil pour être sûr qu'il n'y avait aucun malentendu entre lui et ses collègues, quoique ce ne fût pas son usage quand il avait pris leur avis sur le sens général à donner à une dépêche[1]. Quelque chose de plus, quand il eut l'approbation de ses collègues, il voulut obtenir celle du Roi, et il lui demanda la permission de lui lire sa dépêche, ce qu'il ne faisait jamais pour les lettres que le Roi ne devait pas signer.

La santé de Louis XVIII continuait à décliner; il souffrait de la goutte depuis deux jours et l'affaissement qui annonçait la décadence de ses forces physiques était plus sensible qu'à l'ordinaire. Pendant la lecture de la dépêche, le Roi s'endormit un moment. Le duc Mathieu de Montmorency, assez embarrassé, s'arrêta, attendit, puis haussant la voix pour le réveiller, il lui fit entendre toute sa lettre. Louis XVIII l'approuva. Alors le ministre l'envoya immédiatement à Vérone par un courrier; il obtint des ambassadeurs d'Autriche et de Russie, dont les instructions portaient de presser notre décision, et l'envoi à Madrid des notes concertées, que tout serait différé jusqu'au retour du courrier.

Il arriva ce qu'il était facile de prévoir. Dans sa lettre confidentielle du 5 décembre, M. de Montmorency insistait sur l'intérêt politique de la France, qui, appelée à faire la guerre si la rupture des rapports diplomatiques amenait une rupture plus complète, devait peser plus mûrement encore cette démarche que les autres puissances, et surtout ne la faire qu'avec opportunité[2].

1. « Je ne me rappelle pas, dit M. de Montmorency, qu'aucune observation m'ait rien fait changer. » (*Le Mois de décembre à Paris. — Ma retraite.*)
2. « Je vous ai fait connaître ce que je pressentais et ce que je trouve con-

M. de Metternich se plaçait, pour refuser le délai demandé, [su]r le terrain de l'intérêt politique du congrès, qui ne pouvait [se] dissoudre sans avoir pris contre la révolution espagnole une [m]esure efficace. Sa lettre était caressante et pleine de préve[n]ances pour le duc Mathieu de Montmorency, qu'il félicitait de [so]n nouveau titre, mais il refusait, d'une manière absolue, [de] déférer au désir du roi Louis XVIII, et le ministre par[la]it, non-seulement au nom de l'empereur, son maître, mais [au] nom de l'empereur de Russie et du roi de Prusse. Il avait [év]idemment ici l'avantage sur M. de Montmorency, qui, comme [plé]nipotentiaire français et membre du congrès, avait con[sen]ti à la démarche commune, qu'il cherchait maintenant à [su]spendre comme ministre des affaires étrangères de France. [O]n a toujours mauvaise grâce à discuter rétroactivement une [m]esure que l'on a approuvée. Voici l'argument du prince de [M]etternich dégagé des paraphrases de la diplomatie :

« Nous n'avons cessé de regarder comme la chance la plus déplo[ra]ble pour l'Europe entière, la dissolution du congrès, sans que les [pu]issances eussent pris un parti ostensible dans l'affaire d'Espagne. Ce [p]oint de vue ayant été suivi par les cabinets réunis à Vérone, la ques[ti]on a dû être réduite au choix du mode de leur action. De justes [é]gards à la différence des positions ont conduit les puissances à s'ar[r]êter à des déterminations fixes et à des déterminations conditionnelles.

[On est d'accord] ici, que dans beaucoup d'opinions auxquelles on doit attacher de la [v]aleur, la remise des notes, et leur suite prochaine, le rappel des ambassa[d]eurs, devaient immédiatement entraîner la guerre que nous sommes appelés [à] commencer seuls. Cette sérieuse conséquence que le Roi n'hésite pas à accep[t]er l'oblige cependant à peser mûrement la démarche qui la fera naître, et qui [e]st d'une importance bien plus grave pour lui que pour toute autre puissance. [V]ous m'avez paru frappé de cette considération, et l'empereur Alexandre a [d]aigné me témoigner qu'il en sentait la force... Le Roi pense que, si quelques [j]ours d'épreuves et d'examen des combinaisons qui varient d'un moment à [l']autre en Espagne devaient assurer le succès, les puissances alliées ne feraient [p]as probablement difficulté de les accorder au désir d'écarter plus sûrement [l]es maux qui menacent de ce côté. » (*Lettre confidentielle du duc Mathieu de [M]ontmorency au prince de Metternich*, citée *in extenso* dans le *Mois de décembre [à] Paris.* — *Ma retraite.*) (*Documents inédits.*)

L'établissement d'un *casus fœderis* entre la France et les trois grandes cours continentales, ainsi que le rappel des missions de ces dernières, a été rangé dans la première de ces deux classes. Des considérations fortes et simples ont réservé à la France une latitude discrétionnaire sur le rappel de son ambassadeur de Madrid..... Vous nous demandez que la détermination du moment précis de l'expédition des instructions à nos missions à Madrid soit rangée dans les questions discrétionnaires. C'est cette question que nous avons été appelés à examiner et nous n'avons pas hésité à enregistrer la décision comme préjugée par la loi la plus forte, celle de la nécessité, par la dissolution du congrès et par l'impossibilité qu'elle ne fût pas suivie par quelque démonstration positive au sujet des affaires d'Espagne. »

M. de Montmorency se trouvait placé par cette réponse dans une situation difficile entre M. de Villèle auquel il donnait raison à Paris, par la lettre qu'il venait d'adresser à Vérone, et le prince de Metternich auquel il avait donné raison à Vérone, en consentant à l'envoi simultané des notes. Le prince de Metternich refusait de le dégager, et M. de Villèle persistait plus que jamais et avec plus de raison que jamais, M. de Montmorency venait de le reconnaître, dans son opinion. Le président du conseil avait écrit en effet, à la date du 5 décembre 1822, à M. de Chateaubriand, demeuré à Vérone, que, depuis que la dispersion de l'armée de la Foi avait permis à Mina d'établir son armée sur nos frontières, l'envoi des notes ferait éclater la guerre avant huit jours. Il laissait voir qu'il attachait tant d'importance à cette question, que, si son avis n'était pas suivi, il sortirait du ministère [1].

---

1. On trouve cette lettre importante de M. de Villèle dans le 1er volume du *Congrès de Vérone*, par M. de Chateaubriand, page 164. En voici quelques passages : « La position est changée par la dispersion de l'armée de la Foi et l'établissement sur nos frontières de l'armée de Mina, ce qui fait que l'envoi des notes, le départ des ambassadeurs de Madrid et le commencement des hostilités ne fait qu'un seul et même fait accompli dans huit jours..... La note va nous engager de la manière la plus favorable à la résistance des libéraux espagnols, à l'opposition des journaux français, au triomphe des libéraux de

Il ne faut plus dès lors chercher comment et pourquoi le litige qui était au fond des choses vint se poser au conseil ; il était impossible qu'il en fût autrement.

Les jours qui s'écoulèrent entre le départ du courrier de M. de Montmorency et l'arrivée de la réponse de Vérone furent remplis d'une attente fiévreuse.

Les conseils se succédaient sans qu'on pût s'arrêter à aucune résolution. Les ministres étaient dans la position fâcheuse de personnes liées intimement qui entrevoient la nécessité prochaine d'une lutte orageuse ou de pénibles dissentiments, et qui éprouvent une sorte de bien-être à saisir tous les prétextes de retarder un moment qu'elles craignent tout en l'appelant. Chaque jour on calculait, de minute en minute, le retour du courrier. M. de Montmorency, dans son loyal désir d'une conciliation désirable, mais qui n'était guère possible avec la divergence des vues, alla plusieurs fois chercher M. de Villèle au ministère des finances pour tâcher de se mettre d'accord avec lui sur les questions d'hommes, en lui donnant et en lui demandant de franches explications. M. de Villèle lui parut accueillir ces avances avec une froide réserve. Il revenait toujours à la question politique, sur laquelle le conseil était au moment de se diviser, et, après des explications échangées, chacun des deux ministres demeurait sur son

tous les pays... On ira contre le but qu'on se propose... Au contraire, si les alliés voulaient consentir à ce que la mesure de retirer leurs ambassadeurs d'Espagne fût remise, pour le moment de l'exécution, à la décision de la réunion, à Paris, de leurs ambassadeurs et de notre ministre des affaires étrangères, nous contiendrions l'Espagne par la crainte de cette mesure et nous en userions au moment opportun... Qu'on se pénètre bien de la conviction que nous sommes plus intéressés que personne à la destruction de la révolution d'Espagne ; qu'on se rappelle que nous n'avons reculé devant aucune des conséquences qu'amène la volonté franche de cette destruction... Je n'ai plus qu'un mot à ajouter. Vous me disiez dans votre lettre que ceux dont l'opinion ne serait pas suivie dans une affaire aussi grave ne pourraient utilement la diriger ; je suis tout à fait de votre avis, et j'ai déjà prouvé que je savais me décider. »

terrain. C'était là ce qui rendait l'entente impossible : à quoi bon chercher l'accord sur les accessoires quand on est divisé sur le principal ? La situation troublée et inquiète du conseil commençait à transpirer au dehors. Il se faisait un partage dans la presse de droite. Les *Débats*, qui marchaient avec M. de Chateaubriand, se montrèrent peu favorables à M. de Montmorency, qui affirme, dans son récit, qu'ils refusèrent d'insérer quelques phrases bienveillantes sur son retour de Vérone, envoyées par un de ses amis. La *Gazette de France*, au contraire, semblait le pousser à une rupture avec M. de Villèle, qui se plaint de la violence que voulait lui faire la *Gazette* et des manœuvres employées par les *Débats* pour le signaler à l'opinion de droite comme l'adversaire à outrance de la guerre.

Ce journal publia, le 8 décembre 1822, un article conçu dans un tel sens, qu'on pouvait y voir le parti pris par le gouvernement de ne pas intervenir en Espagne, quoi qu'il dût arriver, et comme cet article fut reproduit par le *Moniteur* du 9 du même mois, à l'insu de M. de Villèle, qui attribua cette insertion à une manœuvre et à une intrigue dirigée contre lui, cette opinion se répandit aussitôt dans le public [1],

---

[1]. « L'article perfide de *Bertin*, dit M. de Villèle dans ses notes politiques, me fit considérer comme l'homme de la paix à tout prix. » Puis il ajoute dans une autre page : « Le fameux article des *Débats*, reproduit dans le *Moniteur*, fit un effet déplorable. Le président du conseil était occupé en ce moment à tâcher de réparer sans esclandre une scission dans le conseil, en faisant rejeter la note compromettante de M. de Montmorency. Le dissentiment au sujet de cette note fut bientôt connu du public ; il n'y avait qu'un pas à faire pour que ce dissentiment fût envenimé et exploité par ceux qui étaient intéressés à ce qu'il y eût un changement dans les hautes régions du pouvoir. Le journal *les Débats*, par sa position de familiarité et de confiance à l'égard des rangs supérieurs des royalistes, était le plus en position de devenir l'instrument de ces manœuvres. L'insertion de son article remarquable dans le *Moniteur* fut un coup de parti. Le président du conseil passa pour en avoir été l'inspirateur. Cependant il ne connut l'article qu'en même temps que le public. »

Voici les passages les plus saillants de cet article :

« Les libéraux révolutionnaires veulent la guerre, la désirent, l'appellent, et ceux qui avaient intérêt à ce qu'il y eût des changements dans les hautes régions du pouvoir l'exploitèrent.

Les choses en étaient là lorsque M. de Chateaubriand, précédant de vingt-quatre heures le courrier qui rapportait la réponse de M. de Metternich, arriva à Paris. Sa première visite fut naturellement pour M. de Montmorency, qui était son ministre. Après avoir causé quelque temps avec lui, M. de Montmorency lui demanda s'il lui conviendrait de venir rendre compte, au prochain conseil, de la situation où il avait laissé les hommes et les choses à Vérone. M. de Villèle consulté consentit volontiers à l'introduction de M. de Chateaubriand, qui laissa peu d'espoir au président du conseil sur la teneur de la dépêche attendue.

Le samedi, 21 décembre, le duc Mathieu de Montmorency reçut la réponse du prince de Metternich, qui concluait en le prévenant que les ministres accrédités par les trois grandes cours à Paris recevraient l'ordre formel de faire partir les trois

parce qu'elle entraînerait, du moins ils l'espèrent, le gouvernement du Roi dans les plus cruels embarras; parce qu'elle nécessiterait une dépense extraordinaire de 200 millions par an; parce qu'en tarissant les sources de la richesse publique elle tuerait le crédit, qui peut seul fournir à une pareille dépense; parce qu'elle ferait naître des obstacles à notre navigation commerciale; qu'enfin elle ouvrirait une série de chances qu'aucune puissance humaine ne peut calculer d'avance et parmi lesquelles il y a mille possibilités d'événements funestes à la légitimité et favorables aux bouleversements.....

« La France a, dit-on, le droit de faire cesser en Espagne un état de choses qui tient la France elle-même dans un danger continuel.

« Nous n'avons pas besoin d'examiner ici les limites et les conditions de ce droit en lui-même. Nous ferons surtout voir que l'exercice de ce droit est bien difficile, bien chanceux dans la situation particulière de la France vis-à-vis de l'Espagne.

« ... Le danger continuel résultant de la situation de l'Espagne peut ne pas cesser avec l'état actuel des choses. Il faut encore que ceux qui auraient renvoyé le gouvernement existant y pussent substituer un autre gouvernement qui nous garantisse contre la difficulté. Aucune puissance humaine ne pourra le faire sans une occupation militaire prolongée. Or une occupation militaire prolongée fera naître des dangers plus redoutables que les premiers. »

Le journal en conclut : « Qu'il faut laisser à l'Espagne le temps de réfléchir, de se recueillir. »

notes pour Madrid après un délai de trois jours. MM. de Caraman et de la Ferronays écrivaient au ministre des affaires étrangères dans le même sens, et ne lui laissaient pas ignorer qu'on avait cru apercevoir dans sa dernière démarche « le signe d'un retour à l'ancien esprit de tergiversation, dont les personnes les moins bien disposées pour la France avaient voulu se prévaloir dans l'esprit de l'empereur Alexandre [1]. » Quand M. de Villèle eut lu la réponse du prince de Metternich, qui lui avait été communiquée par le duc Mathieu de Montmorency, il la lui renvoya, en ajoutant, dans un billet, qu'il était temps, pour elle comme pour les autres, que la France prît un parti.

VI

RETRAITE DE M. DE MONTMORENCY. — IL EST REMPLACÉ PAR M. DE CHATEAUBRIAND.

Le conseil fut convoqué pour le samedi, 23 décembre, à trois heures de l'après-midi, chez le marquis de Lauriston, qui avait la goutte. Nous laisserons raconter cette séance au duc Mathieu de Montmorency lui-même :

« La discussion, dit-il, fut longue, complète, solennelle. Je l'ouvris naturellement par la lecture des dernières dépêches, un résumé rapide des circonstances précédentes et des observations nouvelles de Vérone, enfin une énonciation formelle et motivée de l'opinion que j'avais fait connaître. Je parlai avec cette intime persuasion, ce désir, cet espoir même de convaincre les autres, qui peuvent seuls donner au discours, sinon de l'éloquence, au moins une véritable chaleur. Dois-je dire d'avance qu'une partie de ces moyens de succès me manqua dans la même discussion renouvelée, huit jours après, sur un plus grand

---

1. Ces dernières lignes sont extraites de l'écrit de M. de Montmorency.

théâtre? Je relus la note préparée pour notre envoi à Madrid, que j'avais déjà corrigée d'après les observations de mes collègues, et que j'avais mise sous les yeux du Roi qui n'y avait pas fait d'objections. J'ajoutai que je n'attachais pas une importance exagérée au choix des paroles, que je croyais leur succès à Madrid peu vraisemblable; mais que je tenais fortement à deux ou trois règles de conduite essentielles qui composaient tout mon système. Parfaite intelligence avec nos alliés du continent, marche concertée ensemble, et rappel simultané de nos ministres en Espagne. J'embrassais sans crainte cette rupture de nos rapports diplomatiques avec un gouvernement révolutionnaire comme un moyen plutôt désirable de véritable indépendance, pour régler notre manière d'agir ultérieurement à son égard et pour choisir seuls le moment opportun d'une guerre que nous devions commencer seuls. Je ne décidais pas que cette guerre dût être nécessairement immédiate; mais, en admettant même cette conséquence, je ne reculais pas devant elle. »

C'est ainsi que le récit de M. de Montmorency rouvre le conseil où s'agita une des questions les plus graves sur lesquelles le gouvernement de la Restauration ait eu à délibérer. Quand l'historien moderne, plus heureux que l'historien antique, rencontre sous la plume des personnages de l'époque qu'il retrace les paroles qui ont été sur leurs lèvres, il doit s'effacer et leur laisser la place. Trop souvent il est réduit à deviner ce qui se passe dans les conseils intimes de la politique, il doit saisir les bonnes fortunes qui l'y introduisent.

M. le duc Mathieu de Montmorency, après avoir analysé son opinion, esquisse plus rapidement celle de ses collègues. Le conseil, on s'en souvient, avait opiné en majorité pour qu'une démarche fût faite auprès des trois puissances, nos alliées, encore réunies à Vérone, afin d'obtenir d'elles l'ajournement de l'envoi des notes. Il croyait donc qu'il y avait des inconvénients dans cet envoi; mais la question qui lui revenait n'était plus la même. Il s'agissait de savoir si, l'ajournement demandé ayant été refusé, il y avait moins d'inconvénients à envoyer la note française avec les notes européennes qu'à isoler l'action de la France de celle de l'Europe.

« Mes collègues, continue le duc Mathieu de Montmorency, opinèrent successivement et longuement. Une franchise extrême régna dans cette première discussion. On ne craignait pas d'aborder les questions les plus délicates, même celles qui se rattachaient à la réaction de la politique extérieure sur les divers partis et à l'opinion prononcée de nos meilleurs amis. On pensa généralement que, la guerre étant tôt ou tard inévitable, ce serait un mauvais calcul à l'intérieur de blesser les sentiments et de ralentir l'ardeur de ceux qui l'appelaient de leurs vœux chevaleresques; en Espagne de perdre et de décourager nos alliés naturels; en Europe de nous séparer de nos alliés, de ceux qui pensaient comme nous et tendaient au même but, pour paraître marcher avec le seul cabinet dont les principes et même les dispositions nous inspiraient peu de confiance. Cinq ministres conclurent comme moi, en proposant seulement quelques variantes sur la note. »

Restait à entendre M. de Villèle, qui, en sa qualité de président du conseil, opinait le dernier.

Il est facile de pressentir quels durent être les arguments de M. de Villèle. Il ne laissa pas un instant l'ombre d'un doute sur son opinion, car voici ses premières paroles telles que le duc Mathieu de Montmorency nous les a conservées :

« Mon opinion est tout à fait différente, mais il semble inutile de la développer puisque celle du conseil paraît arrêtée. »

Il la développa cependant. L'analyse naturellement succincte qu'en donne le duc de Montmorency ne s'éloigne pas sensiblement de ce que dut être l'argumentation du président du conseil. Il avait, dès le premier moment et dans les instructions mêmes des plénipotentiaires français à Vérone, émis de la manière la plus nette l'opinion que, dans la question espagnole, la France étant la principale intéressée et la puissance appelée à agir par les armes si la guerre venait à éclater, l'initiative et la direction devaient lui appartenir dans cette affaire, comme le choix du moment où il faudrait agir. Les trois autres grandes puissances ne devant, selon lui, arriver qu'à titre de garantes, elles assureraient à la France le concours moral de l'Europe et au besoin ses secours éventuels dans le cas où celle-ci les réclamerait. La France répondait aux puissances qu'elle ne souffrirait pas que la révolution espagnole mît en danger la vie, la dignité et la liberté de Ferdinand, la sécurité de la France et celle de l'Europe. M. de Villèle combattit donc l'envoi simultané des notes parce qu'il ôtait l'initiative à la France pour la faire passer à l'Europe, qu'il entraînerait celle-ci à faire la guerre non à l'heure choisie par elle, mais à l'heure marquée par ses confédérés. Il croyait, en effet, ce qu'il avait toujours cru, que le Roi serait obligé de faire la guerre le jour où il rappellerait son ambassadeur. Or il ne mettait pas en doute que la remise de la note n'entraînât la nécessité de ce rappel. Cette guerre ferait un déplorable effet sur l'opinion, sur le crédit, si on la croyait commandée par la Sainte-Alliance. Elle avait ses dangers, mais ces dangers n'étaient encore rien auprès des difficultés des transactions politiques qui suivraient nos succès présumés, et de la nécessité de l'occupation plus ou moins prolongée de l'Espagne par nos troupes. Il y avait en outre un grave inconvénient à laisser à l'Angleterre seule le rôle de protectrice de la sûreté du roi Ferdinand et de l'indépendance de son peuple, et l'on ne devait pas mettre en oubli les résultats favorables qu'elle saurait en tirer pour ses intérêts commerciaux et dans la Péninsule et dans les colonies espagnoles. A l'appui de cette argumentation, il exprima des doutes sur les dispositions secrètes de l'Autriche, et ne cacha point la défiance profonde que lui inspirait la politique dirigée par le prince de Metternich. Qui pourrait assurer que le premier ministre autrichien n'avait pas une entente secrète avec l'Angleterre, et que les cabinets de Vienne et de Londres ne nous voyaient pas sans déplaisir nous engager dans une querelle périlleuse qui nous occuperait assez pour nous empêcher de surveiller de près leurs projets ambitieux [1] ?

---

1. M. de Villèle reproduit avec éloge dans ses notes politiques la dépêche d'un diplomate français, d'un rang secondaire, dit-il, qui assistait au congrès

Le président du conseil conclut en demandant que le cabinet des Tuileries fît une démarche à part, qu'il envoyât au

de Vérone et dont les appréciations firent une vive impression sur son esprit. Voici quelques fragments de cette dépêche, qui, selon toutes les probabilités, avait été écrite par M. de Rauzan :

« Une circonstance qui a déjà eu et qui aura encore une grande influence sur les affaires européennes, c'est l'intimité qui règne entre l'Angleterre et l'Autriche. Elles désirent l'une et l'autre également que la France reste dans l'état de repos et de faiblesse qui, depuis huit ans, l'empêche de jouer un rôle dans les grandes transactions politiques de l'Europe, et que le czar ne se livre pas à toute l'ambition que l'état actuel de son empire et celui de ses voisins pourraient lui inspirer. Sur ces deux points, l'Autriche a un intérêt encore plus vif et plus direct que l'Angleterre. Un long repos peut seul consolider les nouveaux développements qu'a pris sa puissance. La situation de ses affaires en Italie, les chances qui semblent s'y préparer pour elle dans l'avenir, tout lui donne une crainte jalouse de la France. Elle veut imposer à l'Italie, qui pourrait se réveiller à la voix de la France, ce repos dans lequel les peuples fatigués par de longues agitations s'assoupissent engourdis par une domination monotone...

« L'ancien système de la Prusse consistait à disputer à l'Autriche la principale influence en s'appuyant sur les grandes puissances étrangères à ce pays... Depuis qu'elle s'est arrêtée à l'entrée de ces institutions qu'elle semblait vouloir ouvrir aux peuples de l'Allemagne, elle s'est éloignée de l'alliance russe qui blessait la vanité prussienne. Le besoin de repos et de compression l'ont rapprochée de l'Autriche, qui a les mêmes besoins. Elle tremble de nous voir à la première agitation lui demander la rive gauche du Rhin. Elle s'unirait à l'Autriche et à l'Angleterre pour nous en empêcher.

« L'Autriche semblait devoir à Vérone pousser avec la Russie la France à la guerre. Les principes affichés par elle à Laybach, la conduite qu'elle tint après, la nécessité d'entrer dans les vues du czar au moment où elle vient de le détourner d'une guerre avantageuse pour lui contre la Turquie, l'ont placée sur cette pente. Mais elle s'y est bientôt arrêtée. Elle appréhende de mécontenter l'Angleterre; puis la révolution, fortement comprimée en Italie, ne lui paraît plus à craindre. Elle redoute, si la France triomphe, de lui voir reprendre sa puissance, retrouver son ambition et devenir une alliée possible du czar. Si elle échoue, elle redoute de voir les armées russes traverser l'Allemagne pour aller chercher l'Espagne à travers la France. Ne voyant pas de bon œil la France faire de l'affaire d'Espagne son affaire propre, ne voulant pas heurter les idées du czar, et voulant satisfaire l'Angleterre, le cabinet de Vienne a fait substituer à l'action que la France paraissait vouloir exercer une série de dispositions communes qu'il se promet de rendre illusoires s'il le peut.

« La France, qui semble avoir désiré d'éviter de paraître l'instrument de l'Alliance, dans le cas où la guerre serait nécessaire, aurait pu ne rien demander au congrès... Elle a suivi une autre voie, et l'on a profité de l'espèce d'initiative qu'elle a prise pour lui donner l'apparence d'être venue réclamer l'ap-

comte de Lagarde une dépêche pour le charger de rappeler au gouvernement espagnol nos bons procédés, notre désir de conserver la paix et de faire respecter en même temps nos frontières, les conseils que nous avions donnés aux Espagnols en les engageant à une conduite plus sage, nos vœux pour que ces conseils fussent suivis. M. de Villèle exprima la pensée qu'il ne fallait pas appuyer cette dépêche par l'ordre donné à notre ambassadeur de quitter l'Espagne, et qu'il fallait réserver cette mesure, qui nous jetait dans la guerre, pour le jour où notre honneur et notre sûreté l'exigeraient. Le président du conseil termina l'exposé de son opinion en déployant un projet de dépêche entièrement écrit de sa main, qu'il ne lisait au conseil, ajouta-t-il, que pour lui rendre compte de ses idées.

L'antagonisme des vues était cette fois nettement dessiné; il y avait un projet de note et un contre-projet. Il devenait clair que le ministre dont la politique ne prévaudrait point se retirerait. M. de Villèle surtout ne pouvait demeurer président du conseil, si une politique qu'il avait attaquée comme dangereuse l'emportait sur celle qu'il avait conseillée comme la seule utile. Il n'eût plus été président du conseil que de nom, le véritable ministre dirigeant eût été M. de Montmorency [1].

---

pui des puissances... La démarche que les alliés vont faire auprès du cabinet espagnol, que nous nous y joignions ou non, va très-probablement les conduire au rappel de leurs ambassadeurs. La Russie y voit la guerre, le cabinet de Vienne une démarche sans conséquence qui plaît à la Russie. Si la France ne prend point part à cette démarche, elle est mal posée par son attitude à Vérone pour ce refus, mais il n'en arrivera rien de fâcheux. L'Autriche ne s'y opposera pas et se réservera pour l'avenir. L'Angleterre, à moins de raisons très-fortes, ne prendra pas ouvertement la cause des cortès de peur des conséquences que cette conduite pourrait avoir en Orient; elle se tiendra prête à profiter de nos fautes et de nos malheurs, et s'occupera des arrangements favorables à son commerce. La France peut donc encore prendre le parti qu'elle trouvera le meilleur. »

1. « C'était le cadre, ajoute M. de Montmorency, et à peu de chose près, l'ensemble de la note depuis adoptée, mais avec des couleurs plus ternes, et

Quoique tout eût été à peu près dit de l'un et de l'autre côté, il y eut des répliques, d'abord celle du ministre des affaires étrangères qui, sans méconnaître la force de quelques-uns des arguments qui lui étaient opposés, soutint que les inconvénients signalés par M. de Villèle étaient moins graves que ceux qu'on rencontrerait dans la voie où il voulait entraîner le conseil. Plusieurs autres ministres parlèrent dans le même sens. M. de Corbière fut un de ceux qui s'exprimèrent le plus fortement; avec sa perspicacité ordinaire, il avait bien vu que l'argument de M. de Villèle allait plus loin que sa conclusion, car le président du conseil avait donné des raisons, non-seulement pour ne pas envoyer la note française avec les autres notes, mais pour maintenir la paix entre la France et l'Espagne. Il le mit donc en demeure de se prononcer pour ou contre la guerre :

« M. de Corbière, connu par son intimité ancienne avec M. de Villèle, continue M. de Montmorency, lui opposa des déclarations très-franches et des questions assez pressantes. Dans la chaleur des répliques, il s'en présenta une toute directe sur l'opinion et les intentions du président du conseil relativement à la guerre, et M. de Villèle fut mis dans le cas de répondre qu'il avait encore le désir et l'espoir de l'éviter, et qu'il voulait sacrifier à ce grand intérêt, sauf la réserve toujours sous-entendue de notre sûreté et de notre honneur.

« Comme nous avions tous les six déclaré de nouveau que nous persistions dans notre premier avis, le président du conseil, d'un ton sérieux que je ne lui avais pas encore vu prendre parmi nous, dit laconiquement : « *Messieurs, je rendrai compte au Roi du vote de la grande majorité du conseil.* »

« Il se fit un silence de quelques minutes. Je crois que ce fut moi qui le rompis, en disant que si Sa Majesté souhaitait, comme cela était vraisemblable, que la question fût traitée de nouveau devant elle, il serait désirable que ce fût le plus tôt possible, afin que l'on pût rendre

quelques phrases de moins, qui sont celles qu'on a trouvées les plus significatives. » *Le Mois de décembre à Paris. — Ma retraite.* (Écrit inédit de M. de Montmorency.)

une réponse quelconque dans l'espace des trois jours, limite extrême fixée aux ambassadeurs par leurs cours. — *Le Roi donnera ses ordres*, répliqua le président du conseil, *et je vous les rapporterai.* »

« Ce fut alors, ce me semble, qu'un ministre cherchant à diminuer le sentiment de gêne qui pesait sur tout le monde, dit que nous n'étions peut-être pas aussi divisés d'opinions qu'on paraissait le croire. Il fut répondu qu'il ne fallait pas se faire d'illusion, qu'il y avait deux opinions bien tranchées en présence.

« Le silence se rétablit. M. de Villèle se leva et sortit seul et le premier, sans se mêler aux causeries qui terminaient ordinairement toutes nos réunions. Je puis dire qu'en sortant de cette séance je savais parfaitement à quoi m'en tenir. J'allai donner un grand dîner diplomatique, qui fut le dernier. Le lendemain matin, M. de Villèle, qui alla, je crois, chez le Roi, ne m'avait rien fait dire. J'allai moi-même entre une heure et deux porter un portefeuille à Sa Majesté. Je lui parlai simplement du conseil de la veille. Le Roi me dit qu'il en était informé, et qu'il avait remis au conseil du mercredi suivant la discussion définitive du parti à prendre. Le Roi paraissait désirer qu'on n'anticipât point sur cette discussion ; je me soumis. Je pris seulement la liberté de rappeler l'intérêt qu'il y aurait à ne pas donner à nos alliés l'apparence d'agir sans nous, et j'aurais désiré un conseil extraordinaire pour le lendemain mardi... Le Roi m'opposa le motif des devoirs religieux auxquels il voulait consacrer ce jour qui était la veille de Noël. Je me retirai pour m'occuper d'expliquer ce retard aux ambassadeurs d'Autriche et de Russie qui montraient un grand intérêt à faire coïncider leur démarche avec la nôtre. Je leur dis que, s'ils ne pouvaient pas dépasser le délai de trois jours qui leur avait été fixé, il suffirait de prescrire à leurs courriers d'aller un peu plus lentement, que le nôtre partirait mercredi après le conseil et qu'il parviendrait facilement à les rejoindre. »

Nous avons suivi jusqu'ici le récit de M. de Montmorency, il est temps de nous tourner vers M. de Villèle. Il n'avait pas dissimulé à ses collègues, le lendemain du jour où tous s'étaient prononcés pour l'envoi simultané des notes, que si le Roi adoptait cette ligne de conduite, il le prierait de vouloir bien accepter sa démission qu'il porterait toute rédigée au conseil. Il considérait, en effet, cette détermination comme plaçant la France à la suite des autres puissances qui lui forçaient la main, au lieu de lui laisser conduire à son gré une affaire dont la direction lui appartenait[1]. Le dissentiment qui existait dans le conseil commençait à transpirer au dehors, au moins pour les personnes placées de manière à voir de près les grandes affaires. Le 25 décembre au matin, M. Hyde de Neuville écrivait à M. de Villèle une lettre pressante pour l'exhorter à ne point se séparer de ses amis, et en même temps pour le mettre en garde contre l'Angleterre[2], par la politique de laquelle on le supposait influencé. Un de ses collègues les plus chers, le marquis de Clermont-Tonnerre, insistait vivement pour qu'il revînt sur ses pas et pour qu'il ne s'obstinât point à quitter le pouvoir à l'occasion d'une question sur laquelle tous ses collègues avaient été d'un avis opposé au sien[3]. La veille du jour où devait se tenir le conseil aux

---

1. Le carnet de M. de Villèle, que nous avons souvent et utilement consulté, resta en blanc du 9 décembre jusqu'au 25, vraisemblablement par suite de la préoccupation que lui causa la grande affaire qui divisait le conseil. Jusqu'au 2, il porte la trace des efforts que l'on fait pour s'entendre. J'y trouve le 3 décembre la mention d'un conseil tenu pour traiter la question de l'envoi des notes; le 4, même mention; le 5, la mention d'un courrier envoyé à M. de Chateaubriand pour l'avertir que le gouvernement se réserve la faculté d'envoyer ou de ne pas envoyer la note française avec les autres notes; le 6, mention de tentatives faites dans le conseil pour rédiger une note moins compromettante. Le 8 décembre M. de Villèle fait mention du dîner diplomatique donné par le duc Mathieu de Montmorency et auquel il assista. Le 9 décembre et les jours suivants, le carnet reste en blanc jusqu'au 25.

2. « La dignité nationale, disait M. Hyde de Neuville dans cette lettre, la sûreté du trône, la saine politique, l'intérêt du commerce, prescrivent de ne pas marcher avec les Anglais, de ne point les craindre, d'achever avec eux, sans eux ou contre eux d'écraser le carbonarisme. J'ignore si le monde dit vrai; mais faites cesser toute division parmi les bons, soyez toujours notre chef, prenez une forte attitude, et croyez que votre ministère sera soutenu par une majorité des plus importantes. »

3. « Pendant qu'il est temps encore, écrivait M. de Clermont-Tonnerre à la date du 25 décembre, renoncez à votre résolution. Elle est nuisible pour vous, nuisible pour le pays, affligeante pour vos amis, elle blessera le cœur du Roi. Elle fera la joie de vos ennemis. Vous êtes seul de votre opinion sur ce que vous croyez devoir faire. Vous avez entendu hier votre plus intime ami, vous m'avez entendu aussi et je ne suis pas moins sincère. Je ne vous répéterai pas ici ce que nous vous avons dit hier. J'ai constamment retourné dans ma pensée les motifs que vous nous avez donnés; j'ai cherché quels pouvaient être ceux

Tuileries, M. de Corbière fit auprès de son ami une démarche suprême qu'autorisaient leur étroite amitié et leurs efforts communs dans l'opposition et au ministère.

M. de Villèle demeura inflexible. Il était trop avisé pour ne pas voir qu'il mécontentait par cette résistance un grand nombre de ses amis de la droite, et il n'était pas insensible à la désapprobation qu'il rencontrait chez ses propres collègues. Mais il envisageait la question à un point de vue plus large et plus élevé. En dehors de la droite, de la chambre même, il voyait un pays renaissant à la prospérité, où il y avait plus d'intérêts que d'opinions, qui était attaché à la paix par les avantages de toute nature qu'elle lui apportait. Il connaissait en outre les susceptibilités de l'amour-propre national: le seul sentiment général au milieu de la division des partis était la disposition de l'esprit français à se cabrer contre tout ce qui ressemblait à une influence étrangère, surtout depuis l'humiliation des deux invasions. Il croyait donc qu'il y avait deux conditions hors desquelles on ne pouvait intervenir en Espagne avec avantage: il fallait d'abord agir de manière à convaincre tous les intérêts qu'on avait fait tout ce qu'on pouvait honorablement faire pour éviter la guerre, et qu'on ne l'acceptait qu'à son corps ou à son honneur défendant; il fallait, en outre, convaincre le pays qu'on ne subissait pas, en faisant la guerre à la révolution espagnole, une initiative étrangère, et que le cabinet des Tuileries agissait dans sa pleine indépendance. A l'encontre de la plupart de ses amis de la droite, M. de Villèle n'avait pas désiré cette guerre, parce qu'il savait qu'elle entraînerait de graves périls par la connivence possible de l'Angleterre avec les révolutionnaires; des sacrifices

---

que vous nous avez indiqués et je vous déclare que je suis de plus en plus persuadé que vos amis ont raison et non pas vous..... Au dehors comme au dedans, le parti que vous voulez prendre ne sera approuvé de personne. » *Papiers politiques de M. de Villèle.* (*Documents inédits.*)

considérables pour nos finances, des embarras sérieux pour notre politique, par la nécessité inévitable d'une occupation qui suivrait notre succès, et dont on ne pouvait mesurer d'avance la durée ; enfin, un important préjudice pour notre commerce, si l'Angleterre obtenait des conditions exceptionnellement favorables pour son commerce avec les Amériques espagnoles. Mais, sans désirer la guerre, il la prévoyait comme infiniment probable depuis son entrée au ministère, comme inévitable depuis plusieurs semaines. Les actes témoignent ici plus haut que les paroles. Dans la prévision de cette guerre, il avait fait ajouter trente millions au département de la guerre dans le budget présenté par le ministère sortant et trente mille hommes à notre effectif. En outre, il avait obtenu de la chambre des moyens de crédit perpétuel pour solder toutes les charges arriérées de l'État, ce qui lui avait assuré la disponibilité de tous les effets à terme du trésor, les plus propres à procurer les fonds nécessaires pour les dépenses urgentes et éventuelles d'armement. En renonçant à la censure législativement votée, il avait armé le gouvernement de la censure facultative, dont il pouvait se saisir si les circonstances, devenues critiques, l'exigeaient. La précaution qu'il avait prise de tenir deux sessions dans la même année pour sortir des douzièmes provisoires lui assurait dix-huit mois de provisions financières pour tous les services. Il n'avait rien omis pour préparer le gouvernement royal à une guerre éventuelle et probable, et au point de vue financier, militaire et politique, il l'avait armé de manière qu'il pût la faire avec succès.

Sans doute, il n'avait pas devancé les événements, mais il les avait suivis. Aux abords du congrès de Vérone et au moment où l'aggravation de la situation de la famille royale d'Espagne et la tentative des révolutionnaires espagnols sur nos frontières lui en donnaient le droit, il avait fait supprimer le cordon sanitaire, que la cessation de la fièvre jaune n'autorisait plus, et l'avait fait remplacer par une armée d'observation, en manifestant ainsi hautement sa défiance contre la révolution espagnole. Au moment du départ de M. de Montmorency pour Vienne, M. de Villèle avait insisté pour qu'on précisât dans ses instructions les cas où la France déclarerait la guerre à l'Espagne, et pour que notre plénipotentiaire négociât, avec les puissances qui assistaient au congrès, un traité éventuel qui assurât à la France leur concours moral et même leur concours matériel, le jour où elle croirait devoir les demander. Enfin, pendant le congrès de Vérone, par deux fois M. de Villèle avait été au moment de brusquer la guerre : la première quand, après les journées du mois de juillet 1822, à Madrid, les révolutionnaires espagnols ayant menacé de mettre don Carlos et les Infants, ses frères, en jugement, le président du conseil, frappé de la facilité avec laquelle manœuvraient les bandes royalistes, ouvrit l'avis de faire marcher immédiatement 30,000 hommes sur Madrid, proposition repoussée par le maréchal duc de Bellune, qui la jugea militairement irréalisable ; la seconde, lorsque le courrier de Madrid apportant la nouvelle d'une demande faite par le ministère aux cortès, afin d'être autorisé à signer un traité de commerce avec l'Angleterre, M. de Villèle expédia immédiatement au chargé d'affaires de France, à Londres, une dépêche qu'il lui prescrivait de lire à M. Canning, en l'avertissant que le cabinet des Tuileries attendait une prompte réponse, et que, selon le sens de cette réponse, il aviserait.

Certes ce n'était pas là la conduite d'un homme attaché aveuglément à la pensée d'éviter à tout prix la guerre avec l'Espagne, et subordonnant, comme on l'en avait accusé au congrès, sa politique à celle de l'Angleterre. C'était la politique d'un homme qui, sans désirer la guerre, avait prévu qu'il faudrait la faire et s'y était préparé, mais en se plaçant dans des conditions morales et diplomatiques qui devaient, selon lui, la rendre acceptable pour les intérêts généraux, honorable pour la fierté nationale, et assurer à la diplomatie, aux armes comme à la politique du gouvernement royal, les meilleures chances de succès [1].

Telles étaient les idées de M. de Villèle, et il voulait ou demeurer au pouvoir avec ses idées, ou en sortir avec elles. Il n'entrait pas dans son esprit, et il avait raison au point de vue de sa dignité personnelle comme au point de vue des nécessités du gouvernement représentatif, qu'un ministre restât aux affaires sans ses opinions. Qu'aurait donc été M. de Villèle s'il avait cédé aux obsessions de ses collègues et de ses amis, et s'il avait sacrifié son opinion à sa position? Il n'aurait plus été évidemment qu'un ministre à la suite, remorqué par le plénipotentiaire français à Vérone, qui avait obtenu la majorité dans le conseil. Sur ce point, il était parfaitement d'accord avec le loyal duc de Montmorency, qui avait un sentiment trop élevé de sa dignité et des bienséances diplomatiques pour demeurer au ministère des affaires étrangères, si la démarche à laquelle il n'avait pu promettre l'acquiescement du Roi, mais qui avait reçu son approbation personnelle, n'était pas adoptée. Il fallait donc une solution au litige engagé. Deux démissions étaient simultanément préparées; l'une des deux devait être acceptée le jour où le Roi prononcerait; selon qu'il prononcerait, ce serait celle de M. de Montmorency ou celle de M. de Villèle.

Le président du conseil et le ministre des affaires étrangères passèrent les trois jours qui les séparaient de celui où le Roi devait prononcer dans une attente pleine de réserve :

« Mes pensées étaient profondément tristes, dit le duc Mathieu de Montmorency, dans son récit. Il y eut encore, le mardi, un conseil

---

[1]. J'ai résumé dans les pages qui précèdent les considérations que j'ai trouvées en étudiant les papiers politiques de M. de Villèle.

ordinaire des ministres chez M. de Lauriston. Le président du conseil y fut composé dans ses manières. On s'y occupa uniquement de détails d'administration. Il n'y eut pas un mot de dit sur la grande affaire qui nous occupait tous intérieurement et qui allait être traitée le lendemain devant le Roi. Il m'a suffi de me rappeler, depuis, cette séance pour ne pas douter que mon unique adversaire voulût un triomphe et une séparation..... Le même jour, je fis ma cour à Monsieur ; je lui dis ce qui se préparait et ma ferme résolution. Il parut douter de ma prédiction, combattit mes craintes avec sa disposition naturelle à ne pas vouloir prévoir ce qui lui déplaît, et me dit que nous finirions par nous entendre. Je gardai mon opinion. Je dis à peine quelques mots à mes plus intimes amis. Après cette nuit solennelle de Noël consacrée par les souvenirs les plus touchants de notre religion, et où je voulais demander sincèrement à Dieu que tout fût pour la plus grande gloire et pour le plus grand bien de la France, le jour même de Noël, nous nous réunîmes aux Tuileries. »

Le Roi, qui présidait le conseil, expédia d'abord les affaires courantes, et réserva pour la fin la plus importante de toutes. Quand le moment fut venu, il ordonna au ministre des affaires étrangères de parler le premier :

« Je répétai, continue celui-ci, ce que j'avais dit à mes collègues, en le reserrant dans un cadre plus étroit, mais sans vouloir rien diminuer de la force de mes expressions ; ma conviction était toujours aussi intime. Je croyais remplir un devoir de conscience ; mais, comme je l'ai déjà indiqué, je n'étais plus soutenu par l'espoir de persuader. Je ne doutais pas que l'opinion du Roi ne fût arrêtée irrévocablement. Cependant j'insistai, et l'un de mes collègues insista, sur la nécessité d'être conséquent avec les paroles dites à Vérone, et avec la démarche faite auprès de M. de Metternich. Je lui avais écrit, avec l'avis du conseil et d'après les ordres du Roi, que nous ferions partir notre dépêche en même temps que celle des alliés. Je représentai le grand intérêt de cette union, tout ce qu'elle nous garantissait dans le présent et nous promettait pour l'avenir, le danger de nous isoler et de ne nous appuyer que sur l'Angleterre, qui d'un moment à l'autre s'intéresserait dans un autre sens, l'avantage inappréciable du rappel simultané des ministres des quatre grandes cours, et la liberté qui nous restait de déterminer le moment de la rupture définitive et les chances plus avantageuses de la guerre si nous la faisions promptement. Je rappelai, en finissant, ma note projetée, connue du Roi et des ministres, mais dont je ne voulais pas donner une nouvelle lecture, si le principe qui lui servait de base n'était pas adopté.

« Mes collègues furent généreusement fidèles à leurs opinions, M. de Corbière donna des développements très-lumineux à la sienne. »

Ainsi le conseil persistait tout entier dans l'adhésion qu'il avait donnée au dire de M. de Montmorency. M. de Lauriston, ministre de la maison du Roi, retenu chez lui par la goutte, avait chargé un de ses collègues d'exprimer son assentiment à l'opinion générale. Les ministres considérèrent comme le parti le moins fâcheux celui qui ne donnait pas aux souverains un prétexte de se retirer de l'alliance éventuelle, promise au fond contre l'Angleterre, le parti qui n'obligeait pas le négociateur de Vérone à sortir du cabinet [1]. Restait à entendre M. de Villèle. Nous avons déjà exposé ses idées. Il les reproduisit devant le Roi, et M. de Montmorency, dont le témoignage n'a rien de suspect, car il devait écouter son adversaire avec quelque prévention, reconnaît « qu'il s'exprima avec calme et laconisme. » M. de Villèle parut attacher du prix à relire sa note, adressée à notre ambassadeur, M. de Lagarde, et ses collègues remarquèrent qu'elle avait reçu quelques notables changements et de véritables améliorations [2]. Elle contenait pour la première fois cette phrase, la plus significative de toutes, bien qu'elle n'exprimât pas un parti formellement arrêté : « Le gouvernement de Sa Majesté ne balancera pas même à vous rappeler de Madrid et à chercher des garanties plus efficaces si ses intérêts essentiels continuaient à être compromis [3]. »

Le président du conseil conclut à l'envoi pur et simple de

---

1. Récit de M. de Villèle.
2. Récit de M. de Montmorency.
3. La note lue par M. de Villèle au conseil fut publiée par le *Journal des Débats* dans son numéro du 17 janvier 1823 : ce fut celle qui fut envoyée à M. de Lagarde.

cette note, sans que le gouvernement prît d'engagements ultérieurs et sans qu'il joignît à sa dépêche des ordres plus précis pour notre ambassadeur. M. de Villèle, après avoir parlé, renferma tous ses papiers et la note même qu'il venait de lire dans son portefeuille; il ne laissa qu'un seul pli devant lui, c'était sa démission écrite d'avance [1]. Le Roi, après avoir écouté avec une attention calme et soutenue la discussion, prit la parole pour la résumer et pour déclarer le parti qu'il adoptait. Louis XVIII excellait dans ces sortes de résumés, où toutes les opinions sont mises en relief, et sa parole, claire, noble, élégante et sobre ne laissa dans l'ombre aucun des arguments produits à l'appui des deux avis. M. de Montmorency et M. de Villèle, quelque opposés qu'ils fussent, s'accordent à reconnaître la justesse et la précision de son langage dans cette occasion [2]. Après ce résumé raisonné, il ne tarda pas à conclure, et il conclut en adoptant l'avis de M. de Villèle. Parmi les motifs qu'il donna de sa détermination, figuraient en première ligne la différence de position qui existait entre la France et les autres puissances, la parenté du chef de la maison de Bourbon avec Ferdinand, ses devoirs particuliers envers lui, la dignité de sa couronne, l'indépendance

1. Ce fait est relaté dans le récit de M. de Montmorency, et l'on trouve ce qui suit dans le récit de M. de Villèle : « La démission de M. de Villèle était sur son portefeuille, pendant toute la discussion. M. de Villèle trouvait la sûreté de la France et la dignité du Roi compromises par l'envoi des notes semblables des quatre puissances et le retrait simultané des ambassadeurs ; M. de Montmorency trouvait son honneur et sa délicatesse compromis si le Roi ne tenait pas les engagements pris par son plénipotentiaire à Vérone, quoique ces engagements n'eussent été que conditionnels. » (*Récit de M. de Villèle*.)

2. « Le Roi, dit M. de Montmorency, après avoir écouté tous les discours d'un air calme et attentif, prit la parole, et avec cette pureté de langage qui lui est familière, avec autant de précision que de facilité, résuma et compara les moyens présentés à l'appui des deux avis. »

« Le Roi, dit de son côté M. de Villèle, prit la parole à son tour après avoir entendu l'opinion motivée de tous ses ministres, il traita la question sous tous les rapports avec une grande supériorité de sens. » (*Documents inédits*.)

de sa politique, l'intérêt de son royaume. Voic les dernières paroles du Roi, telles que M. de Villèle nous les a conservées :

« Les autres souverains n'ont pas comme nous un point de contact par leurs frontières avec l'Espagne. Ils peuvent sans dommage et sans manquer aux devoirs qui me sont imposés personnellement abandonner l'Espagne et son Roi à la révolution et à l'influence exclusive de l'Angleterre. Quant à moi, je ne puis rompre mes relations avec ce pays et retirer mon ambassadeur d'auprès de mon neveu, que le jour où cent mille Français passeront la frontière pour venir en aide à l'un et à l'autre. »

Le Roi, après avoir répété qu'il se décidait pour l'avis de M. de Villèle et l'envoi de sa note, ajouta, en attachant ses regards sur M. de Montmorency, qui ouvrait la bouche pour demander à être entendu : « Le conseil est levé ; » et il donna le signal de la retraite [1].

Ainsi fut décidée cette grave affaire qui divisait le conseil des ministres et tenait l'esprit public en suspens.

C'est au duc Mathieu lui-même que je laisserai raconter les motifs de son honorable retraite et la manière digne et fière dont il quitta les affaires, en appliquant loyalement cette grande loi du gouvernement représentatif, qui veut qu'un ministre sorte du pouvoir avec ses idées.

« Le Roi à peine entré dans son intérieur, dit-il, nous étions debout et nous n'avions pas encore ouvert les portes extérieures du grand cabinet, quand M. de Villèle nous dit : « Messieurs, je sens la grave responsabilité que le Roi m'impose par la grande décision qu'il vient de prendre. Je crois qu'il est nécessaire de nous voir. » — J'exprimai le même désir. Nous sortîmes silencieusement et nous nous donnâmes immédiatement le rendez-vous accoutumé au ministère de la maison du Roi. J'y étais rendu un quart d'heure après. Un certain embarras régnait parmi des hommes habitués à des rapports plus agréables. Le président du conseil relut de nouveau sa note. On s'empressa de signaler avec éloge les changements qu'il y avait apportés et qui pou-

[1]. Récit de M. de Montmorency.

vaient adoucir pour nos amours-propres le sacrifice que leur imposait la soumission déférente au triomphe d'un collègue voilé sous les ordres supérieurs du Roi. Je laissai parler les autres ; puis, commençant par faire la part de ce qui devait distinguer leur position de la mienne, j'en vins à ce qui m'était personnel. Je fis sentir simplement qu'ils me rendraient la justice de ne pas me croire capable de me déterminer par un misérable dépit de vanité, parce qu'une rédaction plus heureuse était préférée à la mienne. Il s'agissait d'une proposition essentiellement différente de celle que j'avais conseillée, quoique plus ou moins déguisée dans les termes. Cette résolution consacrée par l'assentiment royal devait être, le jour même, expliquée, soutenue, présentée sous la meilleure face dans les dépêches aux cours alliées et à Madrid. Or je ne savais point parler et agir dans un autre sens que celui de ma conviction. Je me reprocherais d'être encore influencé par celle-ci quand je défendrais faiblement l'opinion d'un autre. Enfin, je n'avais jamais vu d'application plus directe d'un des principes reconnus de notre gouvernement représentatif. J'étais donc décidé à prier le Roi d'accepter ma démission.

« Il s'éleva parmi mes collègues comme un cri de résistance et de supplication pour me détourner de ce parti. Ils s'appuyaient sur des considérations bien capables de m'ébranler, car elles étaient tirées de l'intérêt du Roi, de celui de la cause royaliste et du malheur de voir si promptement se diviser le premier ministère appartenant tout entier à notre couleur. Mon parti était pris, et si j'en avais eu besoin, M. de Villèle m'aurait fourni un motif de plus pour m'y confirmer. Il avait parlé le dernier, et, tout en exprimant des regrets de mon projet de retraite et le désir que j'y renonçasse, il avait ajouté que ce qui lui avait d'abord imposé silence et ce qui lui ôtait le droit de mettre plus d'insistance envers moi, c'est qu'il avouait avoir eu la même intention de se retirer si mon avis prévalait. »

Le duc Mathieu de Montmorency avait raison de persister dans son projet de retraite. Il grandissait ainsi dans l'estime de l'Europe et de la France, et il dégageait son pays en immolant sa fortune ministérielle à sa fidélité à un engagement personnel. M. de Villèle de son côté agissait avec son bon sens ordinaire en n'affectant pas un désir qui ne pouvait pas être sincère, celui de voir M. de Montmorency conserver le portefeuille des affaires étrangères. Au point auquel était arrivé leur conflit sur la question extérieure, l'entente nécessaire dans un ministère ne pouvait plus exister entre eux ; M. de Montmorency aurait été toujours le point de mire de ceux qui, dans l'extrême droite, travaillaient à renverser M. de Villèle, et cette situation ne pouvait être acceptée ni par la loyauté du premier ni par la prudence politique du second. Pour se dérober aux instances de ses collègues, M. de Montmorency, dont le parti était irrévocablement pris, consentit à réfléchir jusqu'au soir, et convint avec M. de Villèle qu'il lui ferait connaître sa réponse définitive avant sept heures, pour que le président du conseil pût, dès le jour même, prendre les ordres du Roi.

M. de Montmorency écrivit en rentrant sa lettre de démission et se rendit à l'hôtel de Luynes, où il dînait en famille. Quoiqu'il n'eût pas mis les personnes intimes qui se trouvaient là avec lui dans le secret de toutes les circonstances de l'affaire qui arrivait à son dénoûment, il comprit, par quelques mots prononcés sur sa position vis-à-vis de M. de Villèle, que l'acte auquel il venait de se résoudre était attendu et qu'on n'aurait pas compris qu'il se conduisît autrement. De l'hôtel de Luynes même, il écrivit au président du conseil un billet très-court pour lui annoncer qu'il porterait sa démission au Roi vers les huit heures du soir. Admis dans le cabinet royal, il exposa non sans émotion au Roi, déjà averti par M. de Villèle, les motifs qui déterminaient sa conduite, et il insista d'une manière particulière sur les raisons de délicatesse qui lui faisaient craindre de mal défendre, et dans ses dépêches et par ses paroles, une opinion différente de la sienne. En l'écoutant, le Roi laissa paraître une émotion contre laquelle le duc Mathieu de Montmorency se défendait avec peine, et s'exprima dans les termes les plus obligeants pour le ministre des affaires étrangères, mais sans montrer la moindre hésitation à recevoir la démission écrite que celui-ci lui présenta. M. de Montmorency ajouta qu'il était résolu à tenir toujours à la chambre des pairs la conduite que lui imposaient les bontés dont le Roi l'avait honoré.

J'ai cru devoir entrer dans ces détails circonstanciés, qui éclairent d'une lumière toute nouvelle une époque mal connue et par conséquent mal jugée de l'histoire contemporaine, que des documents jusqu'ici inédits m'ont permis de mettre dans tout son jour [1]. J'ai pensé que ces renseignements honorables à la fois pour M. de Montmorency, dont ils font connaître la conduite si honnête, si loyale et si digne, et pour M. de Villèle qui maintint avec fermeté la politique qu'il jugeait la plus utile à la France et au gouvernement royal, exciteraient l'intérêt de tous ceux qui cherchent la vérité sur le passé, et surtout la vérité qui honore l'humanité. Ces deux hommes de bien, divisés sur les moyens, marchaient au même but. Tous deux, également dévoués au Roi et au pays, cherchaient passionnément ce qui pouvait servir une cause qui leur était si chère, et l'un comme l'autre dédaignait de demeurer au ministère en sacrifiant ses idées. Le pouvoir pour ces nobles cœurs, pour ces honnêtes intelligences, n'était qu'un moyen de servir la France, et ils l'exerçaient dignement parce qu'ils savaient le quitter. D'une nature plus confiante, le chevaleresque duc Mathieu de Montmorency s'était livré au noble idéal d'une politique empreinte de générosité et de dévouement, qui abaisserait les barrières nationales, confondrait tous les rois comme tous les peuples dans une alliance vraiment sainte dont la religion et la morale seraient les suprêmes mobiles. D'un esprit plus éveillé sur les calculs égoïstes, cachés derrière un étalage de grands sentiments qui avaient, selon lui, leurs bénéficiaires comme leurs dupes, M. de Villèle

1. Il m'a paru d'autant plus juste de faire connaître la manière dont M. de Montmorency expliquait sa conduite au congrès de Vérone et sa sortie des affaires, que cet homme de bien supprima généreusement sa brochure à la prière de MONSIEUR, comte d'Artois, au mois de septembre 1823, pour ne pas augmenter les divisions déjà profondes de la droite.

revendiquait pour la France une liberté d'initiative et d'action qui lui permît de suivre sa politique nationale et de faire ses propres affaires. Ce fut ainsi qu'après avoir quelques mois marché ensemble ils se séparèrent. Maintenant que la chaleur de ces luttes s'est refroidie, que ces ombrages de la vie sont tombés, et que les années ont passé sur les tombeaux de ces deux hommes de bien, j'aime à réunir dans le même respect ces deux honorables mémoires.

La retraite de M. de Montmorency, devenue nécessaire par un concours de circonstances plus fortes que les volontés humaines, n'en était pas moins un notable affaiblissement pour le cabinet. Outre le prestige attaché à ce beau nom de Montmorency, le duc Mathieu, qui était un homme de grande vertu en même temps que de grande naissance, jouissait d'une estime universelle. La rare piété de ce digne héritier des premiers barons chrétiens lui conciliait la confiance de tous les hommes religieux ; sa haute position à la cour, la part qu'il avait à l'amitié du comte d'Artois, la place qu'il occupait à la chambre des pairs, ses relations avec la partie la plus ardente de la droite, rendaient son concours précieux au ministère.

La démission de M. de Montmorency acceptée et la politique de M. de Villèle sanctionnée par le Roi, deux choses restaient à faire. Il fallait marquer la ligne qu'on voulait suivre par un acte, et donner à M. de Montmorency un successeur en position de revendiquer l'exécution de la partie des conventions de Vérone que le cabinet des Tuileries acceptait, celle qui assurait à la France le concours matériel de ses alliés dans le cas où elle croirait devoir le réclamer ; c'était, on s'en souvient, la carte réservée contre la possibilité d'une action hostile de l'Angleterre. Dans le dernier conseil où il avait siégé, M. de Montmorency avait lu, avec l'assentiment de M. de Villèle, un projet de réponse à la proposition d'une médiation anglaise présentée tout récemment par le duc de Wellington, à son retour de Vérone. Cette réponse que le Roi approuva était un refus [1]. Ce n'était donc point pour se rapprocher de la politique anglaise que le cabinet des Tuileries maintenait l'indépendance de son action à l'égard de ses alliés du continent. Dès le lendemain du jour où M. de Montmorency donna sa démission, c'est-à-dire le 26 décembre 1822, le président du conseil fit partir pour Madrid la note qu'il avait lue devant le Roi et qui avait reçu son approbation. Le lendemain cette note fut insérée au *Moniteur*. M. de Villèle, au risque de choquer les ambassadeurs par cette dérogation aux habitudes de la diplomatie, crut qu'après le tiraillement des derniers jours, en France comme dans le reste de l'Europe [2], l'opinion avait besoin d'être éclairée sur la marche du gouvernement français, et avant l'acceptation de M. de Chateaubriand, dans le numéro même du *Moniteur* qui annonçait la démission du duc Mathieu de Montmorency, il fit paraître cette note qui portait la signature du président du conseil en sa qualité de ministre intérimaire des affaires étrangères :

« *A M. le comte de Lagarde, ministre du Roi, à Madrid.*

« Monsieur le comte,

« Votre situation politique pouvant se trouver changée par suite des résolutions prises à Vérone, il est de la loyauté française de vous charger de donner connaissance des dispositions du gouvernement de Sa Majesté très-chrétienne au gouvernement de Sa Majesté catholique.

« Depuis la révolution arrivée en Espagne au mois d'avril 1820, la

---

1. « M. de Villèle, dit M. de Montmorency, fut le premier à me prier de relire ce projet de réponse, il l'approuva ainsi que les autres membres du conseil, et l'on m'invita à le faire signer le soir même par le Roi. »

2. « Les ambassadeurs, et, en particulier, ceux des alliés, dit M. de Montmorency, me firent part de la même impression de surprise qu'ils avaient ressentie, en même temps qu'ils voulurent bien m'exprimer leur regret. »

France, malgré les dangers qu'avait pour elle cette révolution, a mis tous ses soins à resserrer les liens qui unissent les deux Rois et à maintenir les relations qui existent entre les deux nations. Mais l'influence sous laquelle s'étaient opérés les changements survenus dans la monarchie espagnole est devenue plus puissante par les résultats même de ces changements.....

« Une constitution que le Roi Ferdinand n'avait ni reconnue ni acceptée en reprenant la couronne lui fut imposée par une insurrection militaire. La conséquence naturelle de ce fait a été que chaque Espagnol mécontent s'est cru autorisé à chercher par le même moyen l'établissement d'un ordre de choses plus en harmonie avec ses opinions et ses principes. L'emploi de la force a créé le droit de la force.

« De là les mouvements de la garde à Madrid et l'apparition des corps armés dans diverses provinces de l'Espagne. Les provinces limitrophes de la France ont été principalement le théâtre de la guerre civile. De cet état de trouble de la Péninsule est résultée pour la France la nécessité de se mettre à l'abri. Les événements qui ont eu lieu depuis l'établissement d'une armée d'observation au pied des Pyrénées ont suffisamment justifié la prévoyance du gouvernement de Sa Majesté.

« Cependant le congrès indiqué, dès l'année dernière, pour statuer sur les affaires d'Italie, s'est réuni à Vérone.

« Partie intégrante de ce congrès, la France a dû s'expliquer sur les armements auxquels elle a été forcée d'avoir recours et sur l'usage éventuel qu'elle en pourrait faire. Les préoccupations de la France ont paru justes à ses alliés, et les puissances continentales ont pris la résolution de s'unir à elle (s'il en était jamais besoin) pour maintenir sa dignité et son repos.

« La France se serait contentée d'une résolution si honorable pour elle; mais l'Autriche, la Prusse et la Russie ont jugé nécessaire d'ajouter à l'acte particulier de l'Alliance une manifestation de leurs sentiments. Des notes diplomatiques sont, à cet effet, adressées par ces trois puissances à leurs ministres respectifs à Madrid; ceux-ci les communiqueront au gouvernement espagnol, et suivront dans leur conduite ultérieure les ordres qu'ils auront reçus de leurs cours.

« Quant à vous, monsieur le comte, en donnant ces communications au cabinet de Madrid, vous lui direz que le gouvernement du Roi est intimement uni à ses alliés dans la résolution de repousser par tous les moyens les principes et les mouvements révolutionnaires; qu'il se joint également à ses alliés dans les vœux que ceux-ci forment pour que la noble nation espagnole trouve elle-même un remède à ses maux, maux qui sont de nature à inquiéter l'Europe et à lui imposer des précautions toujours pénibles.

« Vous aurez surtout soin de faire connaître que les peuples de la Péninsule rendus à la tranquillité trouveront dans leurs voisins des amis loyaux et sincères. En conséquence, vous donnerez au cabinet de Madrid l'assurance que les secours de tout genre dont la France peut disposer en faveur de l'Espagne lui seront toujours offerts pour assurer son bonheur et accroître sa prospérité ; mais vous lui déclarerez en même temps que la France ne se relâchera en rien des mesures préservatrices qu'elle a prises, tant que l'Espagne continuera d'être déchirée par les factions. Le gouvernement de Sa Majesté ne balancera pas même à vous rappeler de Madrid et à chercher ses garanties dans des dispositions plus efficaces, si ses intérêts essentiels continuaient à être compromis et s'il perd l'espoir d'une amélioration qu'il se plaît à attendre des sentiments qui ont si longtemps uni les Espagnols et les Français dans l'amour de leurs Rois et d'une sage liberté.

« Telles sont, monsieur le comte, les instructions que le Roi m'a ordonné de vous transmettre au moment où les notes des cabinets de Vienne, de Berlin et de Saint-Pétersbourg vont être remises à celui de Madrid. Ces instructions vous serviront à faire connaître les dispositions et la détermination du gouvernement français dans cette grave occurrence. »

Restait à pourvoir à la vacance du ministère des affaires étrangères. M. de Villèle, dans la soirée même du 25 décembre, proposa au Roi M. de Chateaubriand. Outre la juste renommée attachée au talent de M. de Chateaubriand, le président du conseil fit valoir deux motifs graves. Il était important de conserver l'appui éventuel des puissances contre l'intervention possible de l'Angleterre; la sortie de M. de Montmorency leur fournirait un prétexte de renoncer à ce traité, prétexte que leur ôtait son remplacement par M. de Chateaubriand, comme lui plénipotentiaire du Roi à Vérone. En outre, M. de Villèle représenta au Roi que M. de Montmorency avait la confiance des royalistes de la nuance la plus prononcée, et que sa retraite priverait le cabinet du concours d'un certain nombre d'entre eux. L'entrée de M. de Chateaubriand, qui s'était montré toujours fort partisan de l'intervention et de la guerre, en ramènerait quelques-uns. Il y avait un autre groupe qui marchait avec lui, comme il était facile de s'en convaincre par sa sollicitude à recommander un certain nombre d'hommes dont les noms revenaient sans cesse dans ses lettres; on contenterait ceux de ses amis que l'on pourrait contenter sans de graves inconvénients, et l'on comblerait ainsi les vides que laisserait la retraite de M. de Montmorency dans les forces du gouvernement.

Ces motifs furent goûtés par le Roi, qui ne fit qu'une objection : il avait, dit-il, la certitude que M. de Chateaubriand avait donné à M. de Montmorency sa parole de ne rien accepter. Louis XVIII, qui ne voulait pas s'exposer à un refus, autorisa donc seulement M. de Villèle à offrir à M. de Chateaubriand le portefeuille des affaires étrangères, en son propre et privé nom, sauf la ratification du Roi [1]. M. de Chateaubriand, qui n'avait pas repoussé en effet les premières ouvertures de M. de Villèle faites dès le 25 au soir, les déclina par une lettre datée du 26 décembre au matin, publiée depuis par lui dans son *Congrès de Vérone* [2]. Mais les termes mêmes

---

[1]. Voici les détails que donne à ce sujet M. de Montmorency : « Le vicomte de Chateaubriand était venu chez moi le 26 décembre au matin, à la première nouvelle de ma retraite. Il m'en témoigna vivement son étonnement et ses regrets. Il paraphrasa la dernière rédaction de M. de Villèle comme renfermant des expressions faites pour me contenter. Personne n'était plus à même que lui d'en parler, car j'ai, depuis, acquis la certitude d'un fait qu'alors même il contesta peu : c'est que la confiance de M. de Villèle l'avait appelé à revoir la première note où il avait fait insérer plusieurs phrases importantes, celle entre autres que j'ai citée. M. de Chateaubriand ajouta que le président du conseil venait de lui proposer le ministère des affaires étrangères, mais qu'il l'avait refusé par déférence pour des amis dont il partageait comme moi les opinions et qui m'accompagnaient de leurs suffrages. Je me montrai touché de ce qui se rapportait à moi dans les motifs de son refus, mais je répétai que je n'avais nul droit à un tel sacrifice, et que je serais fâché de l'accepter en privant l'État des services que pouvait lui rendre un si bon royaliste, doué d'un si beau talent. »

[2]. Tome 1er, page 238. Cette lettre commence ainsi : « La nuit porte conseil. Il ne serait bon ni pour vous ni pour moi que j'acceptasse en ce moment le portefeuille des affaires étrangères..... » Il disait quelques lignes plus loin : « J'ai eu le bonheur de vous servir assez puissamment auprès de cette partie des royalistes qui sont opposés à votre système... Je perdrais à l'instant toute mon influence si j'entrais au ministère sans amener avec moi deux ou trois hom-

de cette lettre où, tout en refusant, il discutait les conditions auxquelles il pourrait accepter, firent juger à M. de Villèle que son refus n'était pas définitif. Un billet intermédiaire le confirma dans cette pensée. Le président du conseil écrivit donc à M. de Chateaubriand qu'il ne pouvait se décider à porter sa lettre au Roi, sans avoir eu avec lui une conversation. Dans cet entretien, M. de Chateaubriand consentit verbalement à être présenté comme candidat, et le 27 à cinq heures de l'après-midi, il écrivait à M. de Villèle :

« Si le Roi accepte, songez, mon cher ami, qu'il faut que la nomination soit connue en même temps que la démission ; autrement les journaux prendront feu, et le Roi reculera sur la nomination, en raison de ce qu'il croira voir dans l'attaque une entente pour lui forcer la main. Prenez garde à cela, le danger est réel. »

Après avoir vu le Roi dans la soirée du même jour, M. de Chateaubriand écrivait encore à M. de Villèle :

« J'obéis aux ordres du Roi, mon cher ami, vous voilà payé de votre fidélité pour moi. Je viens loyalement à votre secours. Mais je n'augure pas bien de ma position. Cela dépendra de vous. Le Roi m'a gardé plus d'une heure. Tout à vous, vous pouvez laissez paraître l'ordonnance. »

L'histoire qui ne dissimule rien est obligée de montrer le revers des médailles comme leur effigie. Le génie lui-même a ses petitesses, ce sont celles de la vanité. M. de Chateaubriand qui, avec son grand talent, avait le droit d'avoir toutes les ambitions sous un gouvernement représentatif, avait la faiblesse de cacher son ambition. Ou plutôt, encore avec sa

mes...... Croyez bien que le moment est critique. Vous pouvez rester vingt ans où vous êtes, et porter la France au plus haut point de prospérité, ou vous pouvez tomber avant deux mois, et nous replonger dans le chaos. »

1. Ces deux dernières lettres de M. de Chateaubriand figurent dans le dossier politique de M. de Villèle. (*Documents inédits.*)

nature de poëte, il poursuivait en toute chose l'idéal, et après avoir désiré passionnément être ce qu'il n'était pas, il se lassait presque aussitôt d'un but atteint et d'un désir satisfait. Il faut ajouter qu'il avait besoin de croire et de faire croire que le Roi lui avait forcé la main, pour s'excuser à ses propres yeux et aux yeux de ses amis de recueillir la succession si récemment ouverte de M. le duc de Montmorency. Il adressa à ce dernier un billet d'un style embarrassé pour lui annoncer son acceptation, et reçut de lui un accusé de réception dont il ne put se dissimuler la froideur [1]. Puis, comme il l'a écrit lui-même, « il passa les ponts le mardi 1er janvier 1823, et il alla coucher dans ce lit de ministre, lit où l'on ne dort guère et où l'on reste peu. »

La crise ministérielle qui suivit le retour de M. de Montmorency à Paris nous a empêché de raconter la fin du congrès de Vérone. Du reste, les dispositions des puissances, au moment du départ de notre premier plénipotentiaire, faisaient pressentir la manière dont les choses se passeraient. M. de Chateaubriand écrivait de Vérone à M. de Villèle, à la date du 5 décembre 1822, que les affaires d'Italie étaient terminées à la satisfaction de la France. Il avait été arrêté, en effet, que l'évacuation du Piémont commencerait le 1er janvier 1823, et qu'elle serait complète le 1er septembre de la même année.

---

1. « Le 28 décembre, dit M. de Montmorency, comme je m'étais retiré dans mon habitation ordinaire et allais partir pour la campagne, je reçus un billet du vicomte de Chateaubriand, que j'ai encore, et qui m'écrivait que le ministère lui avait été proposé avec de nouvelles instances, que le Roi l'avait mandé et lui avait ordonné de l'accepter, qu'il avait dû obéir, qu'il ne voulait que marcher sur mes traces, qu'il me gardait ce portefeuille, heureux de me le rendre un jour.

« Cette dernière phrase me parut avoir peu de mesure. Je répondis qu'il n'avait pas à s'excuser vis-à-vis de moi, que lui seul avait voulu me faire hommage de son premier refus, que je m'en rapportais à nos amis communs et au public pour apprécier le sacrifice de son obéissance. »

Le Mois de décembre à Paris. — Ma retraite, par le duc Mathieu de Montmorency. (*Documents inédits.*)

Quant à Naples, on retirerait quelques troupes et l'on diminuerait les contributions en argent. M. de Metternich n'avait pas donné suite au projet dont on avait tant parlé, celui d'évoquer toutes les affaires politiques d'Italie à un tribunal commun. Les représentants des puissances secondaires d'Italie, et surtout le nonce du pape, s'étaient montrés très-opposés à un dessein dont la réalisation leur aurait enlevé jusqu'à l'ombre de l'indépendance. Enfin, le prince de Carignan conservait ses chances d'héritier présomptif du roi de Piémont. Sur tous ces points, les intentions de Louis XVIII étaient remplies. Le 13 décembre 1822, M. de Chateaubriand, qui, après le départ de M. de Montmorency, avait eu avec l'empereur Alexandre quelques entretiens qui roulèrent plutôt sur les généralités politiques que sur les affaires proprement dites, quittait Vérone pour se rendre à Paris après avoir eu une dernière conférence avec le prince de Metternich, qu'il trouva décidé à l'envoi des notes concertées, mais en même temps désireux d'empêcher la guerre. La séance de clôture du congrès avait eu lieu ce jour-là même, et le 16 décembre les souverains quittaient Vérone.

LIVRE TREIZIÈME

SESSION DE 1823 ET GUERRE D'ESPAGNE.

I

RÉPONSE DU GOUVERNEMENT ESPAGNOL AUX NOTES EUROPÉENNES ET A LA NOTE FRANÇAISE. — RAPPEL DE NOTRE AMBASSADEUR. — OUVERTURE DE LA SESSION. — DISCOURS DU ROI. — ADRESSE DES DEUX CHAMBRES. — EFFET PRODUIT EN FRANCE ET EN ANGLETERRE. — M. CANNING.

Le ministère une fois complété par la nomination de M. de Chateaubriand, appelé à remplacer le duc Mathieu de Montmorency aux affaires étrangères, le gouvernement convoqua les chambres pour le 28 janvier 1823. La guerre avec l'Espagne ne paraissait pas douteuse aux esprits politiques, et, chose bien nouvelle en France et qui n'était pas médiocrement hardie, on allait avoir à la faire en présence d'une presse libre et d'une tribune ouverte. La violence des débats des journaux préludait à la violence des luttes parlementaires. Les plus ardents organes de la presse de droite surtout, émus de la retraite du duc Mathieu de Montmorency, retraite dont ils connaissaient mal les motifs, parce que les correspondances diplomatiques n'avaient pas été publiées, y voyaient l'augure du triomphe des idées pacifiques dans le conseil sur les idées belliqueuses, et se livraient à la polémique la plus véhémente, et quelquefois la plus injurieuse, contre le président du conseil. L'abbé de la Mennais, esprit violent et absolu, excessif alors dans les idées de la droite, comme il devait l'être plus tard dans les idées de la gauche, sortait de toutes les bornes et remplissait le *Drapeau blanc* de ses invectives. Au grand scandale des journaux libéraux [1], qui le comparaient au Trappiste, mais en donnant la préférence à ce dernier, il embouchait la trompette guerrière et flétrissait les lâches qui, comme M. de Villèle, au lieu d'écraser dans son germe la révolution espagnole, n'avaient pas craint de négocier « sur les cadavres des défenseurs de Ferdinand, avec les chefs de ces bandes dont le cri était : « Meure Dieu! Vive l'Enfer ! » Le marquis de Jouffroy, revenu de Vérone, où il avait joué le rôle équivoque dont il a été parlé, protestait, dans la *Gazette de France*, contre l'idée d'importer la charte française de l'autre côté des Pyrénées, et signalait une telle entreprise comme un attentat à la légitimité. La *Quotidienne*, moins emportée dans l'expression de son mécontentement, se plaignait cependant de la politique du ministère, qu'elle qualifiait d'équivoque. Chose remarquable ! ces trois journaux ménageaient M. de Chateaubriand, en faisant porter leurs attaques ou leurs insinuations sur M. de Villèle ; la *Foudre* seule commençait à rompre en visière avec le grand écrivain de la droite lui-même, et l'accusait ouvertement, par la plume de M. Auguste de Beauchamp, de se ménager entre les partisans de la paix et les partisans de la guerre, et de recevoir « de deux jours l'un, à sa table, le général Quesada et l'ambassadeur des cortès. »

C'est là un des inconvénients de la presse, qui parle plus à

---

1. *Le Courrier* et *le Constitutionnel*.

la passion qu'à la raison politique, parce que c'est la passion qui fait son succès. Comme elle n'a pas la responsabilité de l'action, elle y pousse. Elle a toute l'impatience de l'idée qui vole à son but sans tenir compte des obstacles matériels. Il semblait que tout fût perdu si les faits ne se manifestaient pas aussi vite que la pensée, et, chaque matin, les feuilles que nous avons nommées jetaient de nouveaux brandons enflammés dans une atmosphère que l'approche d'une guerre, chaque jour plus inévitable, rendait assez incandescente par elle-même. Comme cela arrive presque toujours dans les situations de ce genre, les calculs des ambitions politiques se mêlaient à ces manifestations de la passion royaliste et peut-être les provoquaient. Les chefs de l'extrême droite qui, par leur coalition avec la gauche, avaient renversé le ministère Richelieu, supportaient avec impatience que, par suite de la défaveur du Roi, d'autres qu'eux eussent recueilli les dépouilles ministérielles, et la question d'Espagne leur paraissait une bonne occasion de prendre leur revanche. Aux objurgations contre ce qu'on appelait la faiblesse de M. de Villèle et les hésitations de M. de Chateaubriand se mêlait l'éloge de MM. de la Bourdonnaye, de Lalot, Vaublanc, Donnadieu, de Vitrolles, plus propres, disait-on, à jouer la grande partie qui allait s'ouvrir. Il était clair que les impatients avaient leur personnel ministériel tout préparé, et ils poussaient à la roue de la situation, parce qu'en accélérant sa marche ils espéraient arriver avec elle. Dans toute la presse de cette nuance, le *Journal des Débats* était à peu près le seul à rappeler que la droite ne pouvait pas avoir un meilleur ministère que celui où le grand talent de M. de Chateaubriand se rencontrait avec le grand sens de M. de Villèle. A mesure que les députés arrivaient à Paris pour la session, ils entraient dans cette chaude atmosphère, on les entourait, et l'action de la presse et des salons s'exerçait sur eux.

Le danger de la situation que M. de Villèle avait cherché en vain à prévenir, en insistant pour que M. Roy et M. de Serre restassent au ministère, seul moyen d'éviter un cabinet restreint à une seule nuance et placé ainsi sur la pente des passions d'un parti, sans avoir de contre-poids et de force de résistance contre l'entraînement des idées exclusives, se dessinait de plus en plus. La droite était si forte dans la chambre, qu'elle s'exaltait elle-même par le sentiment de sa puissance; il fallait la satisfaire pour pouvoir marcher, puisqu'elle disposait de la majorité, mais cependant le ministère ne pouvait se dissimuler qu'il y avait autre chose que les idées et les sentiments de la droite en France; de nombreux intérêts, alarmés des conséquences possibles de la guerre, ne pouvaient se réconcilier avec elle que s'il était bien démontré qu'elle était inévitable, et que le gouvernement royal acceptait cette nécessité politique sans l'avoir provoquée. De là les différences de conduite qui existaient entre ceux qui conduisaient les affaires du pays et ceux qui conduisaient les affaires de leur parti. Les premiers tenaient compte des préoccupations des intérêts, des résistances que l'on rencontrait dans plusieurs nuances de l'opinion. C'était assez de céder à l'impulsion des événements, il importait de ne pas la devancer.

Il fallait donc attendre la réponse du cabinet espagnol à la note que le comte de Lagarde, notre ambassadeur, avait présentée le 4 janvier 1823. Celles de l'Autriche, de la Prusse et de la Russie, dont on connaît la teneur, avaient été remises deux jours plus tard, le 6 janvier, par leurs ambassadeurs respectifs. L'*Universal*, journal espagnol, publia, dès le 5 janvier, la note française, et malgré l'effervescence des passions dans ce moment, la tranquillité ne fut pas troublée à Madrid.

La réponse du ministre San Miguel aux notes des trois puissances du Nord fut hautaine et dédaigneuse, et il y eut dans la séance des cortès du 9 janvier une manifestation parlementaire qui détermina les envoyés des trois cours du Nord à demander leurs passe-ports. En effet, en recevant communication des trois notes concertées, tous les députés se levèrent aux cris de : « Vive l'Espagne libre! Vive la souveraineté du peuple! Mort aux tyrans! » Alors le député Arguelles prêta à la passion de l'assemblée son éloquence habituée aux grands succès de tribune, et termina son discours véhément par une de ces prédictions téméraires qui plaisent aux révolutions menacées, mais auxquelles l'avenir répond souvent par les sanglantes ironies de l'expérience : « Je ne crains pas de prédire, s'écria-t-il, que le jour où un soldat étranger mettra le pied sur le territoire espagnol, il n'y aura pas un seul Espagnol qui ne se lève pour le rejeter hors du sol de la patrie. » Les cortès approuvèrent la réponse du ministre San Miguel, et votèrent une déclaration portant qu'il ne serait fait aucune modification à la constitution de 1812, sinon quand cette mesure serait réclamée par le vœu unanime de la nation, et se séparèrent, aux cris de *Vive l'indépendance nationale!* Arguelles fut reconduit en triomphe à sa demeure au milieu des acclamations, et on lui donna une sérénade. C'est ainsi que, deux ans auparavant, l'opposition avait eu des applaudissements enthousiastes, dans notre chambre des députés, pour ces paroles fatidiques du général Foy : « Si les Autrichiens sont entrés dans les Abbruzes, ils n'en sortiront pas. » Par deux fois l'événement devait prouver qu'il ne faut pas se hâter d'ouvrir un crédit d'héroïsme aux révolutions.

Le lendemain, 10 janvier, les trois ambassadeurs quittèrent Madrid, accompagnés dans leur retraite par les railleries des journaux espagnols [1]. Le 17, ils étaient arrivés sains et

---

1. « Enfin l'affaire est faite : bon voyage, et que Dieu accorde un beau temps et une heureuse route à la trinité diplomatique! s'écriait l'*Universal*. Ce qui doit nous consoler d'une perte aussi sensible, c'est l'arrivée de lord Sommerset à laquelle on s'attend à Madrid d'un jour à l'autre sans compter le général Roch

saufs à Bayonne¹. Le gouvernement espagnol faisait en même temps paraître, dans son journal officiel, deux décrets : l'un ouvrant les ports de l'Amérique du Sud au commerce de toutes les nations, l'autre admettant au grand-livre de la dette publique le montant des réclamations du commerce anglais pour les pertes qu'il avait essuyées par suite de la piraterie organisée dans les mers du Sud. L'Angleterre se faisait payer d'avance une neutralité inefficace, qui donnait à la révolution espagnole de vaines espérances, et ne devait pas s'aventurer au delà de l'offre d'une médiation refusée d'avance par le gouvernement français.

Le 13 janvier, le comte de Lagarde était encore à Madrid, et ne faisait aucun préparatif apparent de départ.

Ces nouvelles, arrivant d'Espagne en France, augmentèrent naturellement l'exaltation de la droite. Les journaux éclatèrent en imprécations contre les révolutionnaires, qui avaient accueilli par la dérision et l'injure les représentations de l'Europe entière et avaient opposé une fin de non-recevoir absolue aux justes réclamations de la France. La *Quotidienne* s'écria que : « Toute discussion était désormais superflue, et qu'il ne restait plus qu'à cimenter la paix de l'Europe en terrassant les révolutionnaires. » Le *Drapeau blanc* et la *Foudre* s'exprimaient dans un langage plus acerbe, et

---

arrivé depuis trois jours. Un jour viendra où l'Europe et principalement la France pourront parler et accuseront l'inepte et criminelle conduite des gouvernements qui ont forcé l'Espagne à resserrer de plus en plus les liens qui l'unissent à l'Angleterre. » Cité dans le *Congrès de Vérone*, par Chateaubriand.

1. Pour avoir une juste idée de la jactance du gouvernement révolutionnaire de Madrid, il suffit de lire le billet par lequel le ministre Evariste San Miguel annonçait à l'ambassadeur de Russie l'envoi de ses passe-ports : « J'ai reçu, disait-il, la note très-inconvenante que Votre Excellence m'a envoyée. Je me borne, pour toute réponse, à lui déclarer qu'elle a scandaleusement, peut-être par ignorance, abusé du droit des gens, toujours respectable aux yeux du gouvernement espagnol. D'après l'ordre de Sa Majesté, je vous envoie ces passe-ports, espérant que Votre Excellence partira de cette capitale dans le plus court délai possible. »

ajoutaient aux invectives par lesquelles ils répondaient aux invectives qui retentissaient de l'autre côté des Pyrénées, des récriminations contre le ministère, qui leur paraissait avoir presque encouru la déchéance pour n'avoir pas plus tôt mis fin aux désordres de l'Espagne.

Les rapports du cabinet des Tuileries et du gouvernement des cortès en arrivaient au point où une rupture devenait inévitable. Le cas prévu par M. de Villèle, dans sa dernière note, où il était dit que, si cette démarche échouait, la France aurait recours à des dispositions plus efficaces, se présentait. En effet, M. de San Lorenzo, ministre plénipotentiaire d'Espagne à Paris, communiqua au gouvernement français, le 17 janvier, la réponse de son gouvernement, qui attribuait en grande partie les troubles de l'Espagne à la présence de l'armée d'observation que la France entretenait sur la frontière des deux pays. M. San Miguel ajoutait, après avoir parlé avec dédain de ce qu'il appelait « les expressions amphibologiques contenues dans les instructions de M. de Lagarde, » que le gouvernement espagnol maintiendrait la constitution acceptée et jurée en 1812, constitution reconnue alors par toutes les puissances, et qu'il était fermement résolu à n'accorder à aucune d'elles le droit d'intervention [1].

---

[1]. Voici le texte de la réponse du ministre Evariste San Miguel : « Ce n'est pas une insurrection, mais bien le vœu général de la nation qui a établi le nouvel ordre de choses en Espagne. Il n'est pas étonnant qu'il y ait des mécontents, c'est la conséquence de toute réforme. L'armée d'observation que le gouvernement français maintient sur les Pyrénées, loin de calmer les désordres de l'Espagne, ne sert qu'à les alimenter ; elle entretient les espérances des fanatiques, en les flattant d'une prochaine invasion dans la Péninsule. Le gouvernement espagnol apprécie à leur juste valeur les offres de Sa Majesté très-chrétienne, mais il est persuadé que les moyens adoptés par la France ne peuvent amener que des résultats contraires. Les secours que, dans le moment présent, le gouvernement français devrait donner au gouvernement espagnol, seraient la dissolution de son armée des Pyrénées, la répression des factieux ennemis de l'Espagne, réfugiés en France, et l'animadversion marquée et décidée pour ceux qui se complaisent à dénigrer de la manière la plus atroce le gouvernement, les institutions et les cortès de l'Espagne. Dire que la France voulait

Ainsi, dans cette note où l'ironie se mêlait au dédain, non-seulement le gouvernement espagnol refusait, d'une manière absolue, toute espèce de satisfaction à la France en déclarant qu'il ne changerait rien, quoi qu'elle pût dire et faire, à sa ligne de conduite ; mais, contre toute vérité comme contre toute vraisemblance, il attribuait les troubles de l'Espagne à la présence de l'armée d'observation, qui avait été motivée par ces troubles mêmes, et, au moment où l'on accueillait les carbonari français accourus pour arborer le drapeau tricolore et proclamer Napoléon II sur la frontière franco-espagnole [1], il signalait comme excessive une mesure qui ne paraissait plus suffisante au cabinet des Tuileries.

Il devenait évident qu'on ne pouvait s'entendre. A partir de ce moment, M. de Villèle regarda la rupture comme un fait accompli, et, en présence d'une guerre inévitable, le gouvernement français commença ostensiblement les préparatifs.

le bien-être et le repos de l'Espagne, et tenir toujours allumés les brandons de discorde qui alimentaient les maux qu'on déplorait, c'était tomber dans un abîme de contradictions. Au reste, quelles que fussent les déterminations du gouvernement de Sa Majesté très-chrétienne, celui de Sa Majesté catholique était décidé à poursuivre tranquillement sa marche dans la route que lui traçaient le devoir et la justice de sa cause, et sans entrer dans l'analyse des instructions *amphibologiques* adressées au comte de Lagarde, il concluait en disant que le repos et la prospérité et tout ce qui pouvait accroître les éléments du bien-être de l'Espagne n'intéressaient personne plus qu'elle-même. Adhésion constante à la constitution de 1812, paix avec les nations, détermination de ne pas reconnaître le droit d'intervention d'aucune puissance : voilà la devise et la règle du gouvernement espagnol pour le présent et l'avenir. »

1. « La connivence des révolutionnaires espagnols avec les révolutionnaires français remontait à un temps déjà éloigné. Avant même la réunion du congrès de Vérone, le 1er octobre 1822, l'*Observateur espagnol*, qui recevait les communications du gouvernement, publia les lignes suivantes : « L'épée de Damoclès qui est suspendue sur la tête des Bourbons va bientôt les atteindre... Outre la vaillante armée espagnole, n'avons-nous pas dans cette armée sanitaire dix mille chevaliers de la liberté prêts à se joindre à leurs anciens officiers et à tourner leurs armes contre les oppresseurs de la France? N'avons-nous pas plus de cent mille de ces chevaliers dans l'intérieur de ce royaume, vingt-cinq mille au moins dans l'armée et plus de mille dans la garde royale ? » Cité par Chateaubriand, dans le *Congrès de Vérone*, t. 1er, p. 252.

En Angleterre, on considérait également les hostilités comme imminentes; les journaux ministériels de ce pays, d'autant mieux informés de la situation qu'un écrivain politique, M. Canning, était le ministre dirigeant, annonçaient que les rodomontades des cortès conduiraient infailliblement à ce but. Les trois puissances du Nord, convaincues de leur côté que la paix ne pouvait se prolonger, se hâtèrent de faire connaître les résultats du congrès de Vérone par une circulaire adressée à leurs agents diplomatiques dans les diverses cours : c'étaient l'évacuation complète du Piémont, l'évacuation partielle des États de Naples, déjà commencée, car les premières colonnes autrichiennes de l'armée d'occupation arrivèrent à Milan au commencement de janvier; c'était enfin le rappel de trois légations européennes sortant en même temps de Madrid.

En Espagne, on ne doutait pas plus que partout ailleurs de l'ouverture prochaine des hostilités. En effet, tandis qu'en France on renvoyait dans leurs foyers, comme à l'ordinaire, les soldats de l'armée d'observation dont le temps était fini, on procédait au contraire en Espagne avec la dernière rigueur à la levée de la quinta milice formée de tous les hommes de dix-huit à quarante ans : « recrues naturelles fournies aux guérillas, » ajoute M. de Villèle sur son carnet, en mentionnant ce fait. Le roi de Portugal, à qui son voisinage avec l'Espagne faisait particulièrement appréhender cette guerre, annonça aux cortès de Lisbonne qu'il avait demandé une déclaration d'intervention à l'Angleterre en faveur des institutions nouvelles qui régissaient la monarchie portugaise. Le gouvernement anglais répondit qu'il n'était pas dans ses principes d'intervenir dans les affaires intérieures des États, mais qu'il s'engageait à soutenir le Portugal contre toute agression étrangère. Le gouvernement portugais se déclara satisfait de cette promesse.

A mesure qu'on approchait des événements, les situations achevaient de se dessiner : l'Angleterre, en montrant qu'elle irait jusqu'à la guerre pour le Portugal, tributaire de son commerce et satellite de sa politique, laissait assez voir qu'elle n'irait pas jusque-là pour l'Espagne. Elle se borna en effet à offrir une médiation officieuse aux cortès, qui l'acceptèrent. Le gouvernement français avait repoussé, on s'en souvient, la médiation officielle de l'Angleterre le jour même de la retraite de M. de Montmorency. Cette fois il s'agissait d'une démarche presque officieuse et amicale de M. Canning, que M. de Villèle, très-empressé de donner à l'Angleterre toutes les satisfactions morales propres à l'empêcher de quitter sa position de neutralité malveillante pour une politique activement hostile, ne crut pas devoir rejeter, quelque douteuse que fût son efficacité. Lord Fitz-Roy-Sommerset, un des lieutenants les plus habiles et les plus renommés du duc de Wellington dans les luttes de l'indépendance espagnole pendant l'Empire, fut chargé par le ministère anglais d'une mission dans la Péninsule, où il avait laissé les meilleurs souvenirs. Lord Fitz-Roy-Sommerset apportait un *memorandum* rédigé par le duc de Wellington et dans lequel les bases d'une transaction entre le cabinet de Madrid et le cabinet de Paris étaient clairement indiquées. Ce *memorandum* insistait pour que des modifications fussent faites à la constitution de 1812 par les cortès et le Roi agissant de concert. Ces modifications devaient avoir pour objet de conférer au Roi le pouvoir dont il avait besoin pour se protéger lui-même et pour protéger ceux auxquels il confiait l'exécution de ses ordres, et de lui assurer la puissance exécutive. « Si l'on n'opérait pas ces modifications, si le Roi n'était pas persuadé que le pouvoir qui lui était accordé par la loi avait une latitude suffisante, l'Espagne ne serait jamais tranquille ; il y aurait des insurrections perpétuelles, et le Roi et son gouvernement demeureraient dans un perpétuel état de défiance. » Le duc de Wellington ajoutait: « Les liens de famille qui existent entre le roi de France et le roi d'Espagne, et l'intérêt qu'ils se portent naturellement seront le sujet d'une irritation perpétuelle entre les deux pays, et tôt ou tard il en résultera la guerre ou l'invasion du pays le plus faible. »

Cette suprême tentative de M. Canning et du duc de Wellington, qui reconnaissait implicitement dans son *memorandum* les torts du gouvernement des cortès, qu'il avait niés à Vérone, et la légitimité des griefs de la France, devait demeurer inutile comme tout le reste, quoique M. de Lagarde, averti par son gouvernement, se montrât disposé à entrer en rapport avec lord Fitz-Roy-Sommerset et sir William A'Court, si les bases du *memorandum* étaient acceptées. Elles ne le furent pas. Le 17 janvier 1823, le gouvernement français avait reçu la réponse du gouvernement espagnol à la note de la France, note, on l'a vu, ne donnant satisfaction à aucun de ses griefs. Il prit la résolution de retirer son ambassadeur, mais en se réservant de faire connaître la note espagnole le jour où il enverrait à M. de Lagarde ses lettres de rappel.

La situation de l'Espagne au moment où tout se préparait ainsi pour la guerre n'était pas sensiblement changée. Les troupes des constitutionnels conservaient l'avantage qu'elles avaient obtenu; Mina opérait presque sur notre frontière, il y avait même eu des violations de notre territoire; ainsi une colonne commandée par le frère du colonel Assura avait traversé la commune française des Aldudes pour aller surprendre une colonne royaliste dans la commune espagnole de Valcarlos. Cependant, malgré les échecs de la Régence, obligés de se retirer sur notre territoire avec une partie de ses forces, les guerillas royalistes battaient la campagne, sur les derrières de Mina, et elles se présentèrent le 10 janvier, au nombre de trois mille combattants, devant Vittoria, puis devant Sarragosse qu'elles sommèrent de se rendre ; un peu plus tard, des corps royalistes, s'établissant à Medina-Cœli et Almazan, jetèrent l'inquiétude dans Madrid. Il y avait donc deux choses également évidentes: les guerillas royalistes laissées à elles-mêmes ne pouvaient pas délivrer Ferdinand, mais, si la guerre éclatait entre nous et les cortès, nous pouvions faire de ces guerillas des auxiliaires; cela valait mieux que de leur en servir. Dans le premier cas, en effet, nous avions, avec la responsabilité, la puissance et l'initiative; tandis que dans le second nous encourions la responsabilité sans avoir ni puissance ni initiative, responsabilité aggravée par les réactions presque inévitables dans un pays en proie aux passions politiques et où les esprits sont naturellement disposés aux violences.

La résolution de rappeler M. de Lagarde étant prise, il fallut préparer à la fois la session et la guerre. Les réunions des ministres devinrent journalières, la discussion soulevée dans le conseil à l'occasion du discours du trône porta principalement sur un paragraphe dans lequel il était question d'institutions que Ferdinand, une fois libre, octroierait à son peuple. Les membres du ministère ne se cachaient pas l'inconvénient qu'il pouvait y avoir, qu'il y eut, en effet, à provoquer un débat sur les principes de souveraineté qu'il est toujours dangereux d'aborder; mais ils crurent céder à des considérations d'un ordre supérieur en insérant dans le discours le paragraphe dont il s'agit. C'était, pensaient-ils, une grande entreprise pour le gouvernement du Roi que de s'isoler des puissances qui avaient des vues analogues aux siennes sur l'impossibilité de laisser subsister la situation anormale de l'Espagne, sans avoir les mêmes vues sur l'état de choses qu'il fallait y substituer, contraires qu'elles étaient au rétablissement des cortès par Estamentos comme à tout autre institution de liberté réglée. Ils cherchaient donc un biais qui pût laisser à la France la nuance politique qu'elle voulait conserver, sans être inacceptable pour l'Europe, et qui cependant posât le gouvernement royal de manière à ne pas livrer à l'Angleterre le patronage exclusif des institutions de liberté politique. Or l'Europe avait par deux fois, en 1814 et en 1815, accueilli l'idée des libertés octroyées par le pouvoir royal. L'opposition libérale de la chambre, qui défendait une charte octroyée, ne pouvait, de son côté, accuser logiquement le gouvernement royal d'entrer en Espagne à la suite des gouvernements absolus pour rétablir l'absolutisme de Ferdinand, du moment qu'il mettait en avant l'idée de conseiller au roi d'Espagne une conduite analogue à celle du roi Louis XVIII. On ôtait ainsi à l'opposition, du moins on le croyait, son principal argument, sans fournir une objection à la Sainte-Alliance. Telles furent les considérations qui firent adopter le paragraphe; de son côté, le roi Louis XVIII, qui s'était souvent glorifié de son acte constitutionnel, se trouvait satisfait de pouvoir donner à son neveu le conseil d'imiter sa sagesse [1].

Dès que la guerre fut résolue, le Roi en son conseil décida que M. le duc d'Angoulême en aurait la conduite comme généralissime. L'idée d'envoyer un Bourbon à la tête d'une armée française au secours d'un Bourbon captif d'une révolution devait frapper vivement l'imagination des peuples. En outre, on renouait ainsi les liens entre la maison royale et l'armée. Dès le 18 janvier, M. de Villèle, par l'ordre du Roi et du consentement de Monsieur, commença à conférer avec M. le duc d'Angoulême sur les détails de la campagne d'Espagne [2]. Le premier chef militaire auquel on songea pour

---

1. C'est dans les notes politiques de M. de Villèle que nous trouvons ces explications.
2. « M. de Villèle donne formellement cette date sur son carnet, et ce fait seul suffirait pour contredire l'opinion développée par M. Duvergier de Hauranne dans le septième volume de l'*Histoire du gouvernement parlementaire*, où il montre M. de Chateaubriand triomphant de M. de Villèle dans le conseil et pouvant envoyer le 18 janvier à M. de Lagarde l'ordre de quitter Madrid avec

conduire l'entreprise sous les ordres du prince, fut le loyal maréchal Macdonald; mais le mauvais état de sa santé l'empêcha d'accepter le commandement qui lui était offert. Les choix devenaient dès lors difficiles. La politique conseillait en effet d'exclure les maréchaux qui avaient figuré dans les campagnes impériales en Espagne; il fallait, en outre, pour que les choses marchassent, prendre des hommes agréables au duc d'Angoulême, auquel il était politique de laisser l'honneur de l'expédition. Le duc de Bellune, il ne fut pas difficile de s'en apercevoir par son attitude au conseil, aurait ardemment désiré conduire la campagne comme major-général, tout en gardant le portefeuille; mais il y avait contre lui deux motifs d'exclusion : il avait commandé en chef le siége de Cadix sous l'empire, et le duc d'Angoulême, déjà mal disposé pour lui, demandait qu'il ne fût pas employé dans son armée. Ces difficultés firent remettre les choix militaires après l'ouverture de la session.

Le 28 janvier 1823, le Roi ouvrit la session au Louvre dans

toute la légation française. Selon le jugement exprimé par l'honorable historien, c'était l'opinion de M. de Montmorency représentée par M. de Chateaubriand qui prévalait. Après une étude attentive des faits et des documents, il m'a été impossible de me ranger à cet avis. Je crois l'avoir établi d'une manière irréfragable dans le livre précédent, si M. de Villèle ne chercha point à rendre inévitable la guerre avec la révolution espagnole, il prévit qu'elle le deviendrait, et il s'y prépara. Le différend ne porta pas entre lui et M. de Montmorency sur la question de paix et de guerre, il porta sur la question de savoir si la France agirait conjointement avec l'Europe, à l'issue du congrès de Vérone, en acceptant la responsabilité personnelle d'une démarche collective, ou si la France resterait maîtresse de ses démarches, juge de ce qu'elle dirait dans sa note, du moment où elle la remettrait, du jour où elle rappellerait son ambassadeur, et des circonstances qui motiveraient ce rappel. Quand M. de Chateaubriand fut entré dans le conseil, ce fut cette ligne de conduite qui prévalut. J'en trouve la preuve dans ces deux notes empruntées au carnet :

« 17 janvier, nous recevons la réponse à la note officielle. Elle est de nature à nous faire décider le rappel de notre ambassadeur et la guerre.

« 18 janvier, après un conseil extraordinaire, des dépêches sont rédigées dans ce sens. Elles sont soumises au Roi par M. de Chateaubriand et par moi, et le soir même nous les expédions à Madrid. » (*Documents inédits*.)

la salle des gardes de Henri IV. MM. de Villèle, président du conseil, de Peyronnet, garde des sceaux, de Chateaubriand, ministre des affaires étrangères, le duc de Bellune, ministre de la guerre, M. de Corbière, ministre de l'intérieur, le marquis de Clermont-Tonnerre, ministre de la marine, le marquis de Lauriston, ministre de la maison du Roi, étaient assis devant le baldaquin de velours qui abritait le trône. L'affluence était énorme ; dans la tribune de la diplomatie tous les ambassadeurs étaient présents, sauf un seul, sir Charles Stuart, dont l'absence avait quelque chose de significatif. Lorsque le Roi entra, des cris de *vive le Roi!* s'élevèrent de toutes parts. Louis XVIII, assis sur son trône, se découvrit, salua l'assemblée, se recouvrit et prononça son discours. On attendait avec une impatience voisine de l'anxiété les paragraphes consacrés à la question d'Espagne ; c'était là l'intérêt de la journée. Le secret avait été bien gardé et l'on conservait encore des doutes sur le sens dans lequel parlerait le Roi. L'effet fut prodigieux, quand avec cet accent qu'il savait donner aux paroles importantes Louis XVIII prononça les phrases suivantes :

« J'ai tout tenté pour garantir la sécurité de mes peuples et préserver l'Espagne elle-même des derniers malheurs.

« L'aveuglement avec lequel ont été repoussées les représentations faites à Madrid laisse peu d'espoir de conserver la paix.

« J'ai ordonné le rappel de mon ministre ; cent mille Français, commandés par un prince de ma famille, par celui que mon cœur se plaît à nommer mon fils, sont prêts à marcher en invoquant le Dieu de saint Louis, pour conserver le trône d'Espagne à un petit-fils de Henri IV, préserver ce beau royaume de sa ruine et le réconcilier avec l'Europe.

« J'ai dû mettre sous vos yeux l'état de nos affaires du dehors. C'était à moi de délibérer, je l'ai fait avec maturité ; j'ai consulté la dignité de ma couronne, l'honneur et la dignité de la France.

« Nous sommes Français, messieurs, nous serons toujours d'accord pour défendre de tels intérêts. »

Une immense acclamation salua les dernières paroles du

Roi. Elles allaient à la fierté française: dans ce premier moment l'enthousiasme qu'excitent toujours en France une grande résolution courageusement prise, une grande pensée noblement exprimée, l'emporta sur tout. Mais, quand la discussion du projet d'adresse s'ouvrit dans les deux chambres, les dissidences d'opinion, l'esprit d'opposition et l'esprit de parti, les rivalités d'ambitions, exercèrent leurs reprises.

Les scrutins même qui eurent lieu pour la présentation des candidats à la présidence, et la nomination des vice-présidents, indiquèrent les dispositions de la chambre. M. Ravez avait obtenu le plus grand nombre de voix, et il fut choisi par le Roi comme l'année précédente; mais 63 voix de la droite lui avaient fait défaut et s'étaient portées sur M. de la Bourdonnaye qu'elles lui avaient opposé comme concurrent. C'était la contre-opposition de droite qui s'affirmait dans la chambre, et comptait ses voix contre le ministère, contre M. de Villèle surtout, devenu, plus que jamais, le point de mire des attaques de l'extrême droite, depuis la retraite forcée de M. de Montmorency[1]. M. Lainé, l'ancien représentant du centre droit, ne réunit que 26 voix.

On pouvait prévoir dès lors qu'il y aurait deux oppositions: celle de la gauche qui accuserait le gouvernement de vouloir aller à Madrid étouffer la liberté espagnole, afin de revenir achever en France les institutions représentatives, vieux thème de ceux qui se nommaient eux-mêmes les indépendants; celle de l'extrême droite qui accuserait le ministère, et surtout son chef M. de Villèle, de ne pas avoir voulu assez promptement

---

1. M. Ravez obtint, au premier tour de scrutin, 166 voix ; M. de Bonald, 150; M. de Martignac, 121 ; M. de Kergorlay, 120; M. de Causans, 116; M. de la Bourdonnaye obtint 63 voix et M. de Lalot 48. MM. de Bonald, de Martignac, de Kergorlay et de Causans furent nommés vice-présidents. Le nombre des votants était de 245, à cause de l'abstention générale de la gauche dans les opérations du scrutin.

la guerre, de n'être pas résolu à la faire avec assez d'énergie pour la conduire à un heureux et prochain dénoûment.

Il y'eut dans la lutte que le ministère engagea contre la gauche un grave incident qui, envenimé par les discours des orateurs de ce côté, travesti par la mauvaise foi de deux journaux, devint une arme contre le gouvernement, un argument contre M. de Villèle, une de ces choses qu'on répète toujours parce qu'on les a dites une fois. Pour comprendre comment la calomnie dont nous voulons parler ici a été possible, comment elle s'est accréditée dans l'histoire, il faut se rappeler qu'à cette époque les négociations du congrès de Vérone étaient peu connues, et que la discussion de l'adresse avait lieu en comité secret, de sorte qu'il était interdit aux journaux d'en donner un compte rendu, qui ne se trouvait pas même dans le *Moniteur*. Or, dans cette séance secrète du 8 février 1823, la discussion fut extrêmement vive et se prolongea jusqu'à sept heures du soir : onze orateurs, MM. de la Bourdonnaye, Florian de Kergorlay, de Lalot, Villèle, Duvergier de Hauranne, Sébastiani, Cabanon, Lainé, Leseigneur, Chauvelin, Foy, furent successivement entendus. Du côté de la gauche, on insista surtout sur les avantages du maintien de la paix, dans l'intérêt des finances, de l'industrie, du commerce, des arts. On attaqua l'intervention en Espagne, comme attentatoire aux droits des nations, comme contraire aux vues d'une sage et prudente politique, aux intérêts matériels de la France et à la nature des institutions dont elle jouissait. Le général Foy surtout insista sur cette idée que les alliés naturels de la France étaient les nations constitutionnelles et les convia à une ligue contre la ligue des gouvernements absolus dont les œuvres, ajouta-t-il, venaient d'apparaître à Naples et dans le Piémont. Alors M. de Villèle, résumant la discussion des orateurs de l'opposition, fut naturellement amené à relever l'inconséquence de leur argumentation. Quoi! ils avaient invoqué d'abord, contre la politique du gouvernement, les garanties que l'état de paix donnait aux intérêts financiers, commerciaux, industriels du pays, et puis, après avoir préconisé la paix, ils avaient fini par proposer de jeter leur pays dans la guerre, et dans la plus calamiteuse des guerres, celle d'un contre tous, ou du moins celle de la France faiblement soutenue par des peuples en proie à l'anarchie contre toutes les grandes puissances de l'Europe. — « Comment ces orateurs n'ont-ils pas vu, ajouta le président du conseil, que, dans leur système, nous perdrions, comme dans celui du discours de la couronne, tous les avantages de la paix et nous serions amenés à courir toutes les chances de la guerre, avec ce seul changement, qu'au lieu de la faire du côté des Pyrénées, nous la ferions sur les bords du Rhin. »

L'argument était péremptoire. Ceux qui invoquaient, comme le général Foy, la guerre des peuples contre les rois, n'avaient pas le droit de parler des bienfaits de la paix.

Voici maintenant ce que l'esprit de parti fit de cette argumentation si naturelle et si sensée. Le général Foy transforma l'argument de M. de Villèle en aveu ; il prétendit que les paroles du président du conseil équivalaient à cette déclaration : « Nous sommes placés dans l'alternative d'aller attaquer la révolution espagnole aux Pyrénées ou d'aller la défendre sur nos frontières du Nord. » L'orateur de gauche, insistant sur cette idée, ajouta aussitôt :

« Voilà une grande et imposante révélation, une révélation féconde en incertitudes et en calamités. La guerre actuelle est placée hors de nous, hors de notre portée ; l'impulsion est venue du dehors; cette colère n'est pas française; elle est l'écho de la colère des Prussiens et des Cosaques. Nous ne sommes pas les seuls à allumer l'incendie ; qui peut nous dire si nous serons jamais les maîtres de l'éteindre ? »

L'orateur concluait en sommant les ministres de s'expliquer

sur les arrangements pris à Vérone avec les puissances étrangères relativement à l'intervention, de dire si ces arrangements étaient de nature à amener l'occupation permanente ou passagère d'une portion du territoire français par les troupes de la Sainte-Alliance, d'indiquer les dispositions prises pour empêcher cette occupation : dans le cas où l'indépendance nationale aurait été sacrifiée, ou n'aurait pas été suffisamment garantie, le général Foy considérait de son devoir de loyal député de demander en séance publique la mise en accusation des ministres, qui auraient signé l'humiliation de la couronne et la ruine du pays.

A partir de ce moment et pendant toute la durée de la discussion du comité secret, la gauche vécut sur la supposition du général Foy qui avait transformé l'argument logique de M. de Villèle en déclaration et en aveu. M. Duvergier de Hauranne lui-même, appartenant à une nuance de l'opposition plus modérée, celle du centre gauche, prit un moment position sur ce terrain, en développant un amendement destiné à faire insérer dans l'Adresse une phrase sur les avantages de la conservation de la paix, si préférable à une guerre qu'il dénonçait comme imprudente, impolitique et sans motifs :

« S'il est vrai, dit-il, comme M. le Président du conseil vient de l'affirmer, que nous soyons dans l'alternative ou de combattre pour la révolution espagnole sur notre frontière du nord, ou de faire la guerre à l'Espagne, je dis à mon tour qu'en supposant que la triple alliance voulût nous dicter des lois, il serait préférable et plus national de résister sur les frontières du nord, que de nous laisser imposer une guerre qui va peut-être mettre en péril nos institutions et la monarchie elle-même. Ce ne serait pas pour la révolution espagnole que nous combattrions, mais bien pour notre indépendance. »

Dès le lendemain, 9 février, deux journaux de l'opposition, le *Courrier* et le *Commerce*, parurent, malgré l'interdiction légale, avec une espèce de procès-verbal ou de compte rendu des discours prononcés dans le comité secret [1]. Dans ce compte rendu, qui ne pouvait être contrôlé parce qu'il n'y avait pas de sténographie officielle, ils acceptèrent comme une vérité démontrée l'interprétation de la gauche, et prétendirent que M. de Villèle avait présenté, comme le motif déterminant de la nécessité de la campagne, l'obligation où l'on serait de soutenir la guerre contre la Sainte-Alliance sur le Rhin, si l'on ne voulait pas obéir à la sommation qu'elle faisait de la porter au delà des Pyrénées contre la révolution espagnole.

Ceux qui ont étudié dans ce livre les documents relatifs à l'histoire du congrès de Vérone, et qui ont lu la correspondance du président du conseil avec M. de Montmorency, savent que de pareilles paroles étaient non-seulement invraisemblables, mais absolument impossibles dans la bouche de M. de Villèle, qui n'avait cessé d'insister pour maintenir à la France la liberté complète et la souveraine indépendance de son action dans la question espagnole, à tel point qu'il rompit avec M. de Montmorency plutôt que d'envoyer la note française simultanément avec les notes des trois puissances et de rappeler M. de Lagarde avec les autres ambassadeurs.

Les deux journaux qui avaient publié le compte rendu furent saisis le jour même et déférés aux tribunaux, à la requête du ministère public : 1° pour avoir, contrairement aux lois, publié un prétendu compte rendu d'une séance secrète; 2° pour l'avoir falsifié en mettant dans la bouche d'un ministre un discours qu'il n'avait pas tenu. Deux jugements correctionnels condamnèrent aux peines les plus sévères, édictées par la loi, les deux journaux délinquants; et ces peines ne furent mitigées que dans le dernier jugement rendu à la fin de l'année, à une époque où cette affaire n'avait plus aucun

---

1. On assura dans le temps que ce compte rendu avait été écrit par M. Étienne, collaborateur de l'ancienne *Minerve* et membre de la chambre des députés.

intérêt général. N'importe, la calomnie continua à circuler, et on la trouve toujours vivante un peu plus tard. Il demeura convenu, pour les esprits prévenus, que M. de Villèle n'avait pris le parti de consentir à l'intervention en Espagne que par l'impulsion et sous la pression de la Sainte-Alliance [1].

On a souvent demandé pourquoi M. de Villèle, qui avait la main pleine de documents qui eussent réduit les orateurs de la gauche au silence en leur apprenant ce que nous savons aujourdhui, ne l'ouvrit pas à la tribune. Cela tient sans doute à plusieurs raisons qu'il suffira d'indiquer. A cette époque, c'était une doctrine constante que le Roi avait le droit souverain de conclure les alliances et les traités, et un ministère de droite aurait cru concéder quelque chose de la prérogative royale en soumettant au contrôle direct et immédiat de l'opposition l'usage que le Roi venait de faire de ce droit à Vérone.

---

1. Cette opinion si injuste indignait M. de Villèle, et nous trouvons dans ses Notes politiques une démonstration poussée jusqu'à l'évidence de la fausseté des interprétations dirigées contre lui à ce sujet. Voici cette démonstration :

« 1° D'abord, il résulte de toutes les pièces diplomatiques, dit-il, qu'il est de toute fausseté que les souverains eussent la pensée de forcer la France à diriger ses armes vers l'Espagne. J'aurais donc dit une fausseté en présence de M. de Chateaubriand et de M. de Montmorency, qui pouvaient et devaient la démentir ;

« 2° Dans la première discussion publique qui eut lieu sur les affaires d'Espagne, après celle du comité secret, discussion violente et furieuse dont le discours de M. Manuel est un témoignage, pas un orateur important, ni M. de la Bourdonnaye, antagoniste personnel du président du conseil, ni le général Foy, le plus prononcé, le plus éclairé des opposants de la gauche, ni aucun de ceux qui attaquèrent avec quelque talent le président du conseil, ne crurent pouvoir s'armer avec quelque succès du sens torturé qu'on avait voulu donner à ces expressions dans le comité secret. S'ils refusèrent d'employer cette arme décisive en leur faveur, c'est évidemment parce que la conscience générale de la chambre eût fait explosion contre l'orateur qui eût ainsi dénaturé des paroles trop récemment dites pour être oubliées. Rien dans leurs discours, rien dans les réponses du président du conseil, n'a trait à cet incident.

« 3° Le président du conseil aurait dit la chose la plus contraire à toute la politique qu'il avait suivie dans cette question, aurait commis la faute la plus grossière, la plus opposée à cet esprit avisé qu'on lui reconnaît ; or un homme n'est pas intelligent toute sa vie et stupide un jour. »

En outre le cabinet des Tuileries avait un intérêt évident à laisser croire à l'Angleterre, sur la neutralité de laquelle il ne comptait pas d'une manière absolue, que les grandes puissances continentales étaient assez engagées dans la question d'Espagne pour se mettre en travers d'une intervention anglaise, et à ne pas mécontenter celles-ci en rejetant de trop haut leur concours éventuel dont on pourrait avoir besoin si l'Angleterre entrait dans la lutte. Les orateurs de l'opposition, quand ils montent à la tribune, sont toujours à l'aise, parce qu'ils n'ont à songer qu'au succès d'opinion de leurs attaques; mais le gouvernement est obligé de tenir compte des calculs et des intérêts de la politique. Enfin, la gauche occupait trop peu de place dans la chambre, à cette époque, pour que le président du conseil acceptât avec elle une discussion qui pouvait l'amener à dire des choses de nature à compromettre ces intérêts. Telle est, ce nous semble, l'explication la plus plausible de la réserve que garda en cette circonstance M. de Villèle, fort d'ailleurs du témoignage de sa conscience, et assez dédaigneux à l'endroit d'une accusation devenue un des lieux communs de l'opposition libérale.

Cette opposition n'était pas la seule, je l'ai dit, avec laquelle le ministre eût à compter; la contre-opposition de droite allait livrer à M. de Villèle de véritables assauts. Le gouvernement représentatif, avec ses immenses avantages, son utile contrôle, les yeux du pays toujours ouverts, ses oreilles toujours averties par la tribune, a ses inconvénients comme tous les gouvernements. Les ambitions sont surexcitées par un régime où le pouvoir est en quelque sorte au concours, où les talents de la tribune, qui ne sont pas toujours des capacités gouvernementales, et l'art de bien dire, qui n'est pas inévitablement l'art de bien conduire, peuvent aspirer à tout; ces ambitions cherchent des terrains d'attaque, comme les assiégeants d'une place cherchent des positions qui la commandent, elles grossissent les griefs, en inventent au besoin et substituent des tournois de paroles aux luttes d'idées. On a vu que la droite, pendant sa longue guerre contre M. Decazes, avait contracté ce que j'appellerai les mauvaises habitudes d'une opposition à outrance ; elle les avait conservées sous le second ministère Richelieu, à tel point que M. de Villèle dut se séparer d'elle dans plusieurs votes, et qu'il arriva au pouvoir à la suite d'un mouvement que depuis plusieurs mois il ne dirigeait plus. Il en résultait que sa position était difficile devant les chefs de ce mouvement, MM. de la Bourdonnaye et de Lalot, qui avaient toujours servi la passion royaliste. Sans doute M. de Chateaubriand avait offert un expédient, c'était de satisfaire l'ambition des deux chefs de l'extrême droite par de grandes positions; mais cet expédient même avait des inconvénients qui empêchèrent M. de Villèle de l'accepter. Il croyait qu'il y avait danger pour le gouvernement royal à se confiner trop exclusivement dans la droite, qui n'était pas le pays, mais une opinion dans le pays; il avait voulu, on s'en souvient, retenir MM. Roy et de Serre, au moment de la retraite du précédent cabinet, pour que le centre droit fût représenté dans le cabinet nouveau. Après l'échec de cette tentative, il s'efforçait au moins de se maintenir sur un terrain où il lui fût possible de marcher avec les hommes du centre droit, et il comprenait que le pouvoir s'éloignerait de cette nuance de tout l'espace dont il se rapprocherait des chefs de l'extrême droite, MM. de Lalot et de la Bourdonnaye. Il faudrait donc, dans ce cas, achever de glisser sur la pente pour avoir une majorité, et après avoir été l'homme de la raison de la droite devenir l'homme de sa passion. Ce fut le vrai motif qui l'empêcha de donner suite à la négociation conseillée par M. de Chateaubriand. Le président du conseil s'était efforcé de satisfaire l'extrême droite sur les points où cela était possible, sans engager la politique générale dans des voies où il ne croyait pas devoir la faire entrer. Ainsi plusieurs préfets destitués par M. Decazes après l'ordonnance du 5 septembre, MM. d'Arbaud-Jouques, le marquis de Villeneuve, de Montureux, André d'Arbelles, de Calvière, le marquis de Marnière, de Guer, de Puységur et de Floirac, venaient d'être rappelés dans l'administration ; MM. Forbin des Issards, Bertin de Vaux, amis particulier de M. de Chateaubriand, étaient entrés au conseil d'État remanié de manière à donner une majorité à la droite. A l'instruction publique, placée sous la direction de M. Frayssinous, évêque d'Hermopolis, sécurité donnée aux hommes religieux, on avait vu M. Clausel de Cousergues remplacer au conseil royal M. de Sacy. Ces concessions ne suffirent point à satisfaire les chefs de la contre-opposition, et ils montèrent à la tribune, non plus pour reprocher à M. de Villèle de ne pas vouloir faire la guerre à l'Espagne, mais pour l'accuser de n'avoir pas voulu assez tôt, de ne pas vouloir assez ardemment cette guerre, et pour se donner devant la passion royaliste le mérite de l'avoir voulue avant lui et plus que lui.

M. de la Bourdonnaye accusa le ministère de n'avoir montré aucune vue élevée, d'avoir manqué à la fois de prévoyance et d'énergie contre la révolution espagnole, de n'avoir pas prêté sur-le-champ main forte à la Régence d'Urgel, et de ne pas marcher de concert avec les puissances continentales ; et il eut soin d'ajouter que ce reproche était adressé à la *partie influente* du cabinet, pour qu'on ne se méprît pas sur son intention de faire peser sur M. de Villèle la responsabilité de ce qu'on avait fait et de ce qu'on avait omis de faire. M de Lalot fut plus vif encore : il reprocha violemment à M. de Villèle un article du *Journal des Débats*, dans lequel une partie de la chambre, l'extrême droite, était accusée de soulever une guerre de fanatisme, « parce qu'il convenait au ministre, sous les yeux duquel cet article avait été écrit, de négocier à

Madrid avec ceux qu'il appelait aujourd'hui les chefs de la révolte, et de laisser sans protection deux intérêts sacrés : la foi et le malheur. »

M. de Villèle répondit avec beaucoup de modération qu'au moment où l'on reprochait au ministère d'avoir négocié avec le gouvernement des cortès, il n'y avait pas autre chose à faire; en voulant précipiter une action pour laquelle on n'était point prêt, on aurait mis en péril les jours de Ferdinand et compromis le succès d'une entreprise qui demandait à être faite à son heure et conduite avec maturité. Quant au reproche de ne pas agir de concert avec les puissances continentales, il répondit, et cette observation aurait dû faire tomber les commentaires malveillants de la gauche, que la France, particulièrement intéressée à rétablir l'ordre dans une contrée avec laquelle nous avons une alliance naturelle, devait décliner la coopération des autres puissances, afin de conserver sa liberté d'action et de n'engager dans aucune complication l'intérêt qui nous déterminait à intervenir.

Après ce débat, tous les amendements, ceux de la gauche, qui avaient un caractère injurieux pour le gouvernement royal, comme celui du centre gauche présenté par M. Duvergier de Hauranne, qui s'était borné à proposer de faire dire à la chambre « qu'elle ne renonçait pas à tout espoir du maintien de la paix, objet de tous les vœux et la source des prospérités de la France, » et celui de M. Lainé, qui, au nom du centre droit, avait exprimé le même vœu en en atténuant l'expression, furent successivement écartés. La chambre vota, à la majorité de 202 voix contre 93, l'adresse rédigée par M. Hyde de Neuville, et qui contenait la phrase suivante :

« Destinée par la Providence à fermer l'abîme des révolutions, Votre Majesté a tout tenté pour garantir ses peuples et sauver l'Espagne elle-même des suites funestes de la rébellion de quelques soldats parjures. Une aveugle obstination a repoussé les conseils du chef de l'auguste famille des Bourbons, et pouvons-nous voir sans alarmes les discordes qui déchirent un pays voisin et nous livrer aux dangers dont nous menacent les calamités qui l'affligent? Sire, nous sommes Français ; aucuns sacrifices ne coûteront à vos peuples pour défendre la dignité de votre couronne, l'honneur et la sûreté de la France ; c'est à nous de concourir de tous nos efforts à la généreuse tâche d'étouffer l'anarchie pour ne conquérir que la paix, de rendre la liberté à un roi de votre sang, d'assurer le repos de l'Espagne pour affermir celui de la France, et de délivrer du joug de l'oppression un peuple qui nous aida à briser nos fers, et qui ne peut recevoir d'institutions conformes à ses vœux et à ses mœurs que de son légitime souverain. Votre armée courageuse et fidèle, celle qui sut repousser les lâches insinuations de la révolte, s'élance avec ardeur sous l'étendard des lis, à la voix de Votre Majesté, elle ne prend et gardera les armes que pour maintenir l'ordre social et préserver de tout principe contagieux et désorganisateur notre pays et nos institutions. »

Ce paragraphe d'un royalisme ardent, en montrant l'adhésion de la majorité de la chambre des députés à une guerre devenue nécessaire, n'en excluait pas moins la pensée exprimée par la gauche, qu'on pût se servir d'une victoire remportée sur les cortès espagnoles pour toucher à la charte française, puisqu'elle présentait la guerre comme un moyen de protéger l'inviolabilité de nos institutions.

Le débat n'avait pas été moins vif à la chambre des pairs, où il s'ouvrit en précédant la discussion de la chambre des députés, et il avait suivi à peu près les mêmes péripéties. Ce fut M. de Barante qui présenta l'amendement sur lequel devait porter la discussion. Cet amendement, conçu en des termes généraux dont le vague avait quelque chose de rassurant pour les esprits timides, se bornait, comme celui de M. Duvergier de Hauranne, à insister sur les avantages de la paix, les maux de la guerre, les efforts qu'il convenait de faire pour préserver la première et prévenir la seconde. C'était une tentative des pairs qui marchaient avec M. Decazes, et l'amendement avait été concerté dans une réunion chez le duc de

Choiseul, à laquelle assistaient MM. de Talleyrand, Molé et de Broglie. Les cardinalistes demeurèrent en dehors de ce concert; ils ne voulaient pas mécontenter le Roi en prenant une attitude d'opposition contre un acte qui appartenait à sa prérogative, et ils n'avaient pas l'intention de rompre avec le ministère. Comme on pouvait s'y attendre, les discours allèrent plus loin que l'amendement. M. de Barante rappela que, le 4 juin précédent, le Roi, dans le discours de la couronne, s'était plaint de ce qu'on avait dénaturé les intentions de son gouvernement en attribuant un caractère belliqueux à de simples mesures sanitaires, et il demanda par quels événements avait été motivé un changement aussi radical dans la politique de la France. Il ne pouvait pas admettre qu'on s'appuyât sur un prétendu droit d'intervention dans les affaires intérieures d'un peuple, prétexte impie, s'écria-t-il, attentatoire au principe sacré de l'indépendance nationale.

Le comte Daru alla plus loin. Pour défendre la constitution des cortès, il remonta à l'époque où l'Espagne organisée républicainement, en l'absence de Ferdinand, luttait contre la conquête française, et il rappela qu'à cette époque on n'apercevait pas encore les défauts de la constitution de 1812, signalés depuis avec tant d'amertume. Craignait-on la contagion de cette révolution de ce côté-ci des Pyrénées? Il suffirait, pour la prévenir, d'exécuter loyalement la charte française. A cet argument, bien léger dans la bouche d'un contemporain de la révolution, bien hardi dans la bouche d'un ancien serviteur de l'Empire, le comte Daru ajoutait un dilemme sur la guerre : ou nous la ferions avec le concours des absolutistes espagnols, et alors nous aurions la responsabilité des réactions qui ensanglanteraient l'Espagne, ou, si nous ne trouvions pas d'auxiliaires dans la Péninsule, il faudrait nous résigner, détermination douloureuse, à ouvrir un passage sur notre territoire aux troupes étrangères.

M. Daru, cet esprit pratique, cédait-il à l'illusion d'optique commune à tous les hommes de l'Empire, qui jugeaient l'Espagne de 1823 avec leurs souvenirs de l'Espagne de 1812 ? Le discours de M. Daru, fréquemment interrompu par les murmures des membres de l'assemblée, qui trouvaient dans ses paroles une atteinte portée à la prérogative du Roi, souveraine dans les questions de paix et de guerre, se terminait aussi par une protestation contre l'intervention.

Pour donner plus d'autorité à cette protestation, le comte Daru se plaça sur un terrain situé à l'opposite du terrain choisi par le général Foy à la chambre des députés. Il demanda si la guerre que l'on allait faire était spontanée, provoquée ou conseillée; puis avec cet esprit initié aux affaires, qui donne moins à la théorie, il reconnut que, dans les rares documents du congrès de Vérone récemment publiés, il était impossible d'apercevoir la trace d'une provocation ou d'un conseil de la part du congrès :

« Nous voyons au contraire, ajouta-t-il, dans le petit nombre de documents publiés sur cet objet, que les puissances réunies au congrès de Vérone s'en sont remises à la France pour la suite et la conclusion des affaires d'Espagne; qu'elles se sont reposées de la solution d'une question qui les intéressait toutes sur la puissance qui avait dans cette question l'intérêt le plus immédiat. Ainsi, soit comme la plus intéressée, soit comme libre apparemment dans ses résolutions, la France se trouve l'arbitre de la paix et de la guerre. »

Le comte Daru concluait en essayant d'établir que la situation de l'Espagne n'autorisait point la France à faire cette guerre. On a vu, par le tableau que nous avons tracé de la situation de l'Espagne, combien cette thèse se trouvait démentie par les faits. Ce qu'il importe donc de faire remarquer, c'est le caractère contradictoire des reproches adressés au gouvernement royal, tout à la fois accusé de faire la guerre parce qu'il y était contraint par l'Europe, qui le menaçait d'agir sur le Rhin s'il n'agissait pas sur les Pyrénées, et de faire la guerre par je ne sais quelle inexplicable fantaisie, quand l'Europe réunie à Vérone lui laissait la liberté absolue de résoudre le problème comme il l'entendrait. Toutes les accusations paraissaient de mise, même celles qui s'entre-détruisaient.

M. de Villèle répondit à l'auteur et aux défenseurs de l'amendement que ce n'était pas au moment où le Roi annonçait aux chambres et au pays « qu'il s'affligeait d'avoir vu disparaître l'espoir de maintenir la paix, » qu'on pouvait avec quelque raison et même sans manquer aux lois des convenances et du respect, insister auprès du prince pour qu'il évitât la guerre. Ce serait pour la chambre des pairs assumer une grave responsabilité que d'émettre ainsi un vœu en contradiction avec les mesures que le Roi avait déclarées nécessaires. Il était vrai de dire que la politique du gouvernement avait changé depuis le dernier discours de la couronne; mais ce changement de politique avait été commandé par de graves modifications survenues dans la situation; il suffirait de rappeler les journées de juillet 1823, qui avaient placé le Roi d'Espagne dans une position si déplorable et si périlleuse. Cependant, même après les événements de Madrid, le gouvernement français avait fait des efforts réitérés et sincères pour maintenir la paix, à la durée de laquelle il s'était montré disposé à tout sacrifier, tout, excepté l'honneur et la sécurité de la France. Ces sacrifices étaient demeurés inutiles, et la France, plus particulièrement menacée par la révolution d'un pays si voisin des frontières, avait dû prendre son parti.

Au fond de tous ces débats, il y avait une question de bon sens; on ne pouvait dire sérieusement, surtout depuis les journées de juillet à Madrid, que Ferdinand VII, assiégé dans son palais par les miliciens qui avaient attaqué et dispersé sa garde, eût conservé sa liberté. Le Roi, obligé par ses vainqueurs d'aller chercher son ministère aux présides, parmi ses ennemis déclarés, ce Roi à qui l'on dictait toutes ses paroles et à qui l'on imposait tous ses actes par des manifestations menaçantes, n'était plus qu'un instrument inerte dans les mains de la révolution. On ne pouvait même alléguer que cette révolution fût nationale en Espagne, lorsque, malgré les moyens de terreur employés par la faction dominante à Madrid, plus de la moitié des provinces se couvrait de guérillas. Quant au droit que la France avait d'intervenir dans des affaires qui la touchaient de si près, cette question, à peine effleurée dans la discussion d'adresse, devait être reprise et traitée à fond dans la discussion provoquée par la demande des subsides de guerre; elle se réduisait au fond à celle-ci : quand une nation ne croit plus pouvoir garantir diplomatiquement sa sécurité menacée par les désordres d'un pays voisin, a-t-elle le droit de la défendre par l'épée?

Après les discours de MM. de Barante et Daru, du côté de l'opposition, et les réponses de M. de Villèle au nom du gouvernement, la chambre haute se trouva suffisamment éclairée pour demander et voter la clôture, sans consentir à entendre le prince de Talleyrand et le comte Molé inscrits pour parler; à peine laissa-t-elle M. de Ségur développer un sous-amendement [1], reproduction abrégée de la proposition de M. de Barante, comme à l'autre chambre le sous-amendement de M. Lainé avait été une seconde édition mitigée de celui de M. Duvergier de Hauranne. L'amendement de M. de Barante et le sous-amendement de M. de Ségur, combattus en quelques paroles par M. de Chateaubriand, qui fit observer que la malveillance pouvait les présenter comme un blâme

---

1. Voici le texte de cet amendement : « Nous sommes assurés que le plus vif désir de votre cœur paternel serait d'épargner à votre peuple les calamités de la guerre. »

indirect des mesures annoncées par le discours du trône, furent rejetés par 90 voix contre 53, et l'adresse fut adoptée par 97 voix contre 28. Elle avait été rédigée par le duc de Lévis, dans le sens d'un respect absolu pour la prérogative royale et pour l'usage que Louis XVIII en faisait. La phrase relative aux affaires d'Espagne était ainsi conçue :

« Il appartenait au Roi de délibérer seul sur la grande question de guerre et de paix ; il a exercé cette haute fonction avec toute la maturité que demandent des circonstances aussi graves... Pour nous, certains de votre amour pour vos peuples, qui, si la guerre est inévitable, vous la fera resserrer dans le centre le plus étroit; confiants dans votre prudence, qui ne laissera échapper aucune occasion de conclure une paix honorable, nous recevons avec respect cette importante communication. »

Ainsi les deux chambres répondaient au discours du trône et aux communications sur l'Espagne par une adresse sympathique : la chambre des pairs avec une déférence respectueuse, la chambre des députés avec une chaleureuse approbation; seulement on avait cru remarquer que, dans le premier de ces deux corps, les pairs qui marchaient avec le duc de Richelieu avaient apporté des votes favorables au gouvernement sans intervenir dans le débat. M. Pasquier s'était contenté de demander, dès le début, la rectification d'une phrase qui semblait restreindre à l'administration présidée par M. de Villèle un éloge non moins mérité par l'administration précédente, et il avait obtenu cette rectification sans aucune difficulté [1]. Il y avait là une menace : la droite, qui avait

---

[1]. Le projet d'adresse contenait cette phrase : « Tandis que la sécurité *s'accroît*, lorsqu'on *voit* la justice réprimer avec énergie des tentatives dont l'impunité augmenterait à la fois l'audace et le nombre. » M. Pasquier fit observer que « sous la précédente administration, les jugements du jury avaient aussi été rendus avec conscience et honneur et qu'il ne convenait pas de faire aux dépens du passé l'éloge du présent. » Il proposa de dire : « Tandis que la sécurité s'est *accrue*, depuis qu'on a vu... » Cette modification fut acceptée.

absorbé en grande partie le centre droit, était maîtresse à la chambre des députés; le centre droit demeurait en force à la chambre des pairs; le jour où il voudrait se porter du côté des nuances dont se composait l'opposition, il leur donnerait la majorité.

MM. de Talleyrand et Molé, qui n'avaient pas pu faire entendre leur opinion dans le courant de la discussion d'adresse, la firent imprimer. On a vu que le prince de Talleyrand, depuis qu'il était sorti du pouvoir, avait été le candidat-né de toutes les combinaisons nouvelles qui lui paraissaient devoir offrir des chances à son retour, l'ennemi systématique de tous les ministères qui se fermaient devant lui. Il profita, dans cette occasion, pour combattre avec plus d'autorité le gouvernement, de la rumeur accréditée qui lui attribuait, un peu légèrement, le mérite d'avoir dissuadé Napoléon d'entreprendre l'expédition d'Espagne[1], et du rôle qu'il avait joué, en 1814, lorsque, apercevant le premier que la restauration de la maison de Bourbon devait sortir de la situation, il poussa à la roue d'une solution nécessaire; c'était presque en protec-

---

[1] M. Thiers, dans l'*Histoire de l'Empire*, dispute ce mérite à M. de Talleyrand : « On avait vu, » dit-il en exposant les trois plans entre lesquels hésita la pensée de Napoléon lorsqu'il fut au moment de prendre un parti pour l'Espagne, « M. de Talleyrand, pour recouvrer la faveur impériale, entrer dans toutes les idées de Napoléon ; se faire son confident secret, son interlocuteur patient ; et maintenant, la prudence contrebalançant chez lui le goût de plaire, il hésitait et cherchait dans le second projet un terme moyen qui mît d'accord le courtisan et l'homme d'État... C'est ce qui explique comment M. de Talleyrand, après avoir plus qu'aucun autre flatté le penchant de Napoléon à s'engager dans les affaires d'Espagne, a soutenu depuis qu'il n'avait pas été d'avis de ce qui a été fait à cette époque. Il avait seul encouragé Napoléon à changer l'état des choses dans la Péninsule, ce qui rendait presque inévitable le détrônement des Bourbons : ce fait est prouvé par des documents authentiques ; mais à la vérité, les dépêches dans lesquelles M. de Talleyrand rend compte de ses négociations avec M. Yzquierdo prouvent qu'il préférait un mariage avec Ferdinand et l'acquisition des provinces de l'Èbre au parti plus décisif du renversement des Bourbons. C'est en s'appuyant sur cette équivoque que M. de Talleyrand disait qu'il n'avait pas approuvé l'entreprise contre l'Espagne.

teur de la royauté française qu'il parlait, et en même temps comme un oracle politique qui aurait sauvé Napoléon si Napoléon avait voulu être sauvé, et qui entreprenait de sauver Louis XVIII et la France.

Voici ses paroles :

« Il y a aujourd'hui seize ans qu'appelé par celui qui gouvernait alors le monde à lui dire mon avis sur une lutte engagée avec le peuple espagnol, j'eus le malheur de lui déplaire en lui dévoilant l'avenir, en lui révélant tous les dangers qui allaient naître en foule d'une agression non moins injuste que téméraire. La disgrâce fut le prix de ma sincérité. Étrange destinée que celle qui me ramène, après ce long espace de temps, à renouveler auprès du souverain légitime les mêmes efforts, les mêmes conseils… Il ne s'agit point des intérêts de la royauté, il s'agit des intérêts d'un parti, fidèle à ses vieilles haines, à ses vieilles prétentions, et qui aspire moins à préserver qu'à reconquérir. C'est une revanche qu'on veut prendre sur les hauteurs des Pyrénées… Se flatte-t-on que le secret de cette nouvelle croisade soit un mystère pour les peuples ? Non, messieurs, l'Espagne conquise à la liberté, l'Espagne sans privilèges, donne un spectacle intolérable pour l'orgueil. Il ne faut pas le souffrir ; il faut faire en Espagne ce qu'on n'a pas pu faire en France, la contre-révolution… Il m'appartient à moi, qui respecte la France, qui suis dévoué au Roi et à toute sa famille ; à moi, qui ai pris une si grande part aux événements de la double Restauration, qui par mes efforts, et, j'ose le dire, par mes succès, ai mis ma gloire dans ce renouvellement d'alliance entre la France et la maison des Bourbons, d'empêcher, autant qu'il est en moi, que l'ouvrage de la justice et de la sagesse ne soit compromis par des passions folles et téméraires. »

Ainsi se vengeait le prince de Talleyrand de la longue retraite où il avait été laissé depuis 1815. L'opinion qu'il publiait ainsi ne pouvait empêcher l'intervention en Espagne, il

---

Il n'en avait pas moins poussé Napoléon à cette entreprise, quand les hommes les plus dignes de confiance, tels que l'archichancelier Cambacérès, auraient voulu l'en éloigner, et après l'y avoir poussé, la préférence donnée à la plus mauvaise des trois solutions possibles n'est pas un moyen valable de dégager sa responsabilité. » (Thiers, *Histoire du Consulat et de l'Empire*, tome VIII, p. 387-388.)

e savait, mais elle en aggravait les difficultés. Son renom d'augure politique, l'autorité presque prophétique qu'on attribuait à ses jugements sur l'Espagne, le grand rôle qu'il avait joué à l'origine de la Restauration, et qu'il rappelait avec une hauteur qui choqua la fierté royale de Louis XVIII, donnèrent un retentissement plus éclatant à son opinion. Elle devint une arme pour les partis contraires à l'entreprise qu'allait tenter le gouvernement royal, et servit, avec les rumeurs qu'on répandait sur les dispositions de l'armée, sur la distribution de lettres de marque à des navires destinés à la course, à effrayer les capitaux, à faire baisser les fonds, hausser le prix des assurances maritimes, et à répandre une sorte de panique parmi les intérêts, qui sont de leur nature timides et faciles à prendre la peur; inconvénients presque inévitables dans les gouvernements libres.

Par une coïncidence qui ajoutait à l'ébranlement des esprits, la session du parlement d'Angleterre s'ouvrit en même temps que la session de nos chambres, et les discours de l'opposition et même des orateurs de la majorité de l'autre côté du détroit répondaient comme un écho sympathique aux harangues de notre opposition. Le 4 février 1823, le comte Stanhope et le marquis de Lansdown ouvrirent le feu dans la chambre des Lords, tandis que MM. Childe, Wildman, Yorcke et Brougham accablaient le gouvernement français de leurs invectives aux Communes. Le ministère anglais lui-même fut entraîné dans ce mouvement.

Le cabinet britannique avait accueilli avec un mécontentement marqué la communication du discours de la couronne, que le comte de Marcellus, notre chargé d'affaires à Londres pendant l'intérim de l'ambassade, avait été autorisé à lui faire, quelques heures avant qu'il fût prononcé à Paris. M. Canning, qui en sa qualité de ministre des affaires étrangères reçut cette communication, commenta, avec cette vivacité nerveuse et cette causticité implacable qui étaient le double trait de son caractère et de son esprit, le paragraphe du discours de la couronne qui présentait l'octroi d'institutions libérales par Ferdinand, agissant à l'instar de Louis XVIII, comme la seule solution pratique des difficultés sous l'étreinte desquelles se débattait l'Espagne. S'animant au bruit de ses propres paroles, il se prononça avec une grande véhémence contre la théorie de la liberté réclamée par les rois, en vertu du droit d'octroyer les institutions politiques. « Un roi libre! » s'écriat-il avec une dérision amère qu'il ne prenait pas la peine de déguiser; connaissez-vous un roi qui mérite d'être libre, dans le sens implicite du mot? Peut-il, doit-il l'être jamais? » Puis, entraînant son jeune interlocuteur dans une course à vol d'oiseau à travers l'histoire, il lui montrait les rois d'Angleterre subissant, depuis la révolution de 1688, les ministres qu'ils avaient l'air de choisir. Il n'exceptait pas George IV lui-même de cette servitude, et trouvait une orgueilleuse satisfaction à rappeler que lui, George Canning, il était au nombre de ces ministres désagréables que les rois prétendus libres sont obligés d'accepter des mains de la situation et du parlement, en dévorant leurs griefs et leurs rancunes. Il arriva enfin, dans le feu de la discussion, jusqu'à rappeler le procédé de l'Angleterre envers les rois qui dénient au peuple

---

1. M. de Marcellus a consigné dans sa *Politique de la Restauration* (p. 13) un intéressant récit de sa conversation avec M. Canning : « Le ministre lut avidement le discours, dit-il; mais, quand il vint au paragraphe qu'il répéta tout haut : *que Ferdinand VII soit libre de donner à ses peuples les institutions qu'ils ne peuvent tenir que de lui, et qui, en assurant leur repos, dissiperaient les justes inquiétudes de la France* ; quel principe ! s'écria-t-il, en secouant violemment le papier, et quel abus... Vous exigez que Ferdinand remplace ou octroie seul des institutions par sa volonté propre... Eh quoi ! voudrez-vous propager votre charte comme Mahomet le Coran ?... Cela me passe... Ignorez-vous donc que le dogme des constitutions émanées du trône nous est odieux, que le système britannique n'est que le butin des longues victoires remportées par les sujets contre les monarques? Oubliez-vous que les rois ne doivent pas donner des institutions, mais que les institutions doivent donner des rois? »

les institutions dont le peuple a besoin; de l'expulsion de Jacques II, il conclut à la légitimité de l'expulsion de Ferdinand. Dans sa logique révolutionnaire, il alla plus loin. Franchissant d'un bond tous les intermédiaires, il jeta d'une voix tremblante de colère, à M. de Marcellus, cette menace directe, prophétie de la haine britannique, douée cette fois de seconde vue : « Écoutez-moi bien, cet exemple peut s'étendre jusqu'à vous. » Alors sa voix devint plus sourde, comme s'il craignait d'éveiller les échos : « Vous n'ignorez pas, continua-t-il, les yeux sur les yeux de son jeune interlocuteur, qu'il semblait vouloir fasciner, qu'une déviation du dogme de la légitimité, presque pareille à la nôtre, se médite et couve en France en ce moment. Vous savez quels progrès elle fait dans le parti d'une opposition prétendue modérée..... La tête à couronner est là..... »

Ici l'indignation qui se remuait depuis quelque temps dans le cœur du jeune chargé d'affaires éclata. Il protesta, au nom de l'honneur français, au nom de l'honneur de la maison de Bourbon, contre cette insinuation injurieuse, contre cet odieux pronostic. « La maison de Bourbon, fidèle à l'honneur, s'écria-t-il en terminant une fougueuse sortie, que le ministre anglais dont la colère était tombée écoutait pensif en se promenant à grands pas, ne reconnaît qu'un chef : elle s'est de nouveau réunie après l'orage, et nulle insinuation perfide ne saurait aujourd'hui la diviser. Eh bien! quand le chef de cette maison régnante, que nous n'avons pas, quant à nous, empruntée à l'Allemagne, qui est née sur notre sol, dans nos sillons; quand ces Français, nos rois, qui ont pendant tant de siècles partagé nos gloires, nos revers, chassé l'étranger de nos provinces, accru notre territoire et présidé à nos destinées; quand ces Bourbons du haut de leur trône nous disent qu'un Bourbon est menacé et l'honneur de la France compromis, à ce cri tout le pays s'ébranle, l'opinion publique se décide, la confiance renaît, l'enthousiasme de l'armée éclate, et les arguments du cabinet de Saint-James n'arrêtent pas plus ce mouvement national au dedans de nos frontières que ses armes ne l'arrêteraient au dehors[1]. »

Si l'attaque avait été vive, la riposte ne l'était pas moins. Mais M. Canning, qui avait repris son sang-froid, comprit qu'il l'avait provoquée. Il ne chercha plus qu'à calmer son jeune interlocuteur qu'il appelait « mon cher jeune homme » (*my dear young man*), et il ajouta que, s'il avait pu prévoir un événement politique de ce genre, il serait le premier à le déplorer. — « Un tel changement, ajouta-t-il, ne pourrait amener que de grands désastres dans votre pays. Chez vous, avec vos mœurs telles que votre esprit et votre histoire les font, le pouvoir perdrait ainsi son dernier prestige et le trône toute sa dignité. »

Le récit de cette conversation porté à Paris par une dépêche du vicomte de Marcellus et communiqué aux grandes cours produisit une vive impression. Il n'y avait cependant dans cette colère anglaise, à laquelle M. Canning avait prêté les allures de son caractère impétueux et irascible, rien qui pût surprendre. L'Angleterre et le ministre anglais avaient deux motifs puissants pour considérer avec regret, avec irritation, une intervention française en Espagne. Elle était pour M. Canning un échec personnel, à cause de la politique qu'il avait toujours professée, et elle le plaçait, par conséquent, dans une fausse position vis-à-vis du parlement et du pays; elle excitait les susceptibilités séculaires de l'Angleterre, qui a toujours craint de voir prédominer l'influence française de l'autre côté des Pyrénées. C'était pour prévenir ce résultat que le gouvernement britannique avait si énergiquement soutenu l'effort de l'indépendance espagnole contre Napoléon.

---

1. *La Politique de la Restauration*, par M. de Marcellus. C'est lui-même qui cite les paroles que nous reproduisons.

L'Angleterre ne pouvait donc être impartiale dans cette question : tout ce qui favorisait l'ascendant de la France diminuait le sien [1]. Il était facile de prévoir que l'opposition, pour exciter l'esprit public contre le ministère, éclaterait en invectives contre la politique de la France ; et que le ministère, pour mettre sa responsabilité à couvert devant le pays, flétrirait cette politique à laquelle il ne croyait pas pouvoir faire obstacle. Aussi, quand lord Lansdowne eut invité les ministres à s'unir au parlement et au peuple pour exprimer leur indignation contre les détestables principes exprimés dans le discours du trône en France, lord Liverpool, premier ministre, se leva et jeta un blâme public sur Ferdinand, prit la défense des cortès espagnoles, déclara que la France n'avait pas un motif honnête pour intervenir dans les affaires intérieures d'Espagne [2] ; et cachant sous une menace son intention déjà arrêtée de garder la neutralité, il ajouta que, si pour le moment l'Angleterre restait neutre, elle n'en était pas moins en état de faire la guerre. Lord Ellenborough, qui n'avait pas la responsabilité de l'action, puisqu'il était dans l'opposition, reprocha au ministère de ne pas avoir fait quelque chose de plus : il aurait voulu, disait-il, que le parlement d'Angleterre, réuni au moment du congrès de Vérone, donnât sa sanction à une politique plus énergique et plus efficace.

Cette manifestation parlementaire prit naturellement une forme plus accentuée et plus violente dans la discussion des communes, toujours moins modérées que la chambre des lords, et où les orateurs se souviennent des meetings popu-

---

1. M. Canning le dit formellement à M. de Marcellus, dans la conversation, dont nous avons déjà parlé : « Vous réveillez en nous mille souvenirs d'inimitié, s'écria-t-il, l'invasion de Louis XIV en Espagne, l'inutilité de nos efforts pour éloigner sa puissante dynastie du trône de Madrid. »
2. On se souvient que le duc de Wellington exprimait une autre opinion dans le mémorandum que lord Fitz-William Sommerset fut chargé de porter à Madrid pour faire un dernier effort.

laires où ils doivent comparaître à l'époque des élections. Sir Joseph Yorke, sir James Makintosh, M. Denham, sir Francis Burdett, toutes les voix chères à la démocratie anglaise, s'élevèrent successivement, au milieu des applaudissements presque unanimes de l'assemblée, pour maudire l'intervention française dans les affaires d'Espagne et la qualifier d'infâme. M. Denham déclara, en outre, qu'après « le dégoûtant discours du roi de France, » l'Angleterre ne saurait sans danger pour sa sécurité, sans souillure pour son honneur éviter la guerre. Sir James Makintosh, laissant percer le secret de ces colères britanniques, ajouta que l'Angleterre ne pouvait souffrir cette résurrection de la politique de Louis XIV. Mais M. Brougham qui, comme tant d'autres hommes d'État anglais, prenait sa route à travers la politique démagogique avant d'arriver à la politique conservatrice, les surpassa tous par la supériorité de ses violences, de ses fureurs et de ses invectives. Il prononça contre les trois gentilshommes de Vérone (*the three gentlemen of Verona*), ce fut ainsi qu'il nomma les trois souverains qui avaient assisté au congrès, en évoquant le titre d'une pièce de Shakspeare, la plus injurieuse philippique qui soit jamais sortie de la bouche d'un tribun, et les accusa de se jouer bassement de toute religion et de toute moralité. Il insulta personnellement l'empereur de Russie qui avait protesté contre les scènes sanglantes du palais de Madrid, en rappelant, avec une implacable ironie, les tragédies domestiques qui avaient ensanglanté le palais des czars. Quant au roi de France, après avoir parlé avec horreur de l'immixtion de son gouvernement dans les affaires d'Espagne, il s'écria que, si quelque chose pouvait ajouter à cette horreur, c'était l'hypocrisie de son langage, et il annonça sa déchéance pour le cas où il ne parviendrait pas à échapper à la petite coterie qui l'exploitait [1].

1. Un journal anglais, *the Courier*, appréciait ainsi le discours de M. Brougham : « En toute occasion, M. Brougham paraît agir dans l'idée que des

L'Angleterre est le pays où les hommes d'État s'entendent le mieux à s'embusquer derrière les principes, quand ces principes servent les intérêts anglais, et se montrent plus prêts à oublier les principes, ou même à les fouler aux pieds, quand ceux-ci se trouvent placés en travers du chemin d'un intérêt national. Sans doute, il y a toujours quelque chose de sincère dans la passion populaire, qui est violente et aveugle; mais on peut douter que les tribuns qui l'excitaient ici et les politiques qui l'exploitaient la partageassent en rien. M. Peel, qui répondit à M. Brougham, au nom du gouvernement, et qui sans approuver la virulence de son langage, reconnut sans hésiter que l'opposition avait toute raison d'accuser et de condamner l'intervention française en Espagne, ne craignit pas de dire que « l'intervention à Naples était commandée par la nécessité, et conséquemment juste puisque l'Autriche agissait pour garantir ses propres États d'un danger réel. » La politique anglaise, avec ses deux poids et ses deux mesures, est ici manifeste : l'intervention autrichienne à Naples ne la gênait en rien, l'intervention française en Espagne l'alarmait pour son influence ; dès lors l'intervention, juste au delà des Abruzzes, devenait injuste au delà des Pyrénées.

Cette explosion de la colère anglaise après tous les délais et tous les ménagements du cabinet des Tuileries, tous les efforts pour prévenir la guerre, montre ce qu'il y avait de judicieux et de prévoyant dans la politique modérée et prudente qu'il avait adoptée. M. de Chateaubriand dans ses dépêches, M. de Villèle dans ses conversations avec sir Charles Stuart, purent invoquer ces souvenirs et rappeler qu'il n'avait pas tenu au gouvernement du Roi qu'une rupture fût évitée.

mots durs sont des arguments forts, que citer des noms c'est prouver des faits, et qu'entasser des épithètes d'horreur et de réprobation est la même chose que de démontrer qu'elles sont bien appliquées... Tout homme qui ne craint pas de salir ses doigts peut jeter de la boue. »

La modération qu'on avait montrée dans le passé devenait ainsi une force dans le présent.

L'émotion était si vive en Angleterre, que M. Canning fit une démarche en dehors de toutes les habitudes des chancelleries. Il écrivit à Monsieur, comte d'Artois, une lettre confidentielle pour lui faire connaître l'effet fâcheux qu'avait produit de l'autre côté du détroit le discours du trône, et surtout le paragraphe où il était dit que l'Espagne ne pouvait tenir ses libertés que de la main de Ferdinand. Après un préambule rempli d'une respectueuse courtoisie, il poursuivait ainsi :

« Je crains que l'on n'envisage trop légèrement en France la grandeur de l'entreprise dans laquelle on se dispose à entrer. Il ne s'agit pas seulement d'une lutte entre la France et l'Espagne, il s'agit de recommencer cette lutte de principes extrêmes qui a déjà désolé le continent pendant un quart de siècle; ni nous, ni nos enfants, ni les enfants de nos enfants, n'en verrons la fin... Avant le discours de la couronne, on était divisé d'opinion sur la question de savoir si la France pouvait ou ne pouvait pas avoir des motifs réels de guerre contre l'Espagne. Mais la déclaration que le motif de la guerre est de forcer les Espagnols à recevoir leurs libertés des mains de Ferdinand, avec cette addition certainement toute gratuite que c'est de lui seul qu'ils peuvent les tenir, a produit dans ce pays un effet dont je n'ai été témoin que deux fois dans ma vie. »

M. Canning rappelait ici l'explosion de sentiments hostiles à la France qui, éclatant dans la Cité, amena en 1803 le renouvellement de la guerre contre Napoléon, et l'effervescence des sympathies publiques qui salua, en 1808, l'arrivée à Londres des députés espagnols. Selon M. Canning, l'explosion du sentiment public avait été aussi forte après une déclaration de guerre fondée sur cette assertion, que les nations ne peuvent recevoir leur liberté que de la main d'un Roi, et quel Roi, ajoutait-il, que Ferdinand!

M. Canning, après cette déclaration, poursuivait ainsi :

« Je ne suis pas Jacobin, je professe les principes de Burke, mais s'il fallait choisir entre la doctrine posée dans le discours de la couronne et celle de la souveraineté du peuple, je devrais reconnaître que cette dernière est moins éloignée de la constitution anglaise. Si, convaincus de la justice de la cause de la France, nous avions eu une alliance offensive avec elle contre l'Espagne, cette phrase nous obligerait à la rompre. »

Ainsi le paragraphe que le ministère avait introduit dans le discours du trône, afin de bien marquer que s'il était d'accord avec les trois puissances du Nord, pour ne pas laisser subsister en Espagne une anarchie révolutionnaire, d'ailleurs menaçante pour la sécurité de la France, il désirait néanmoins que la liberté s'acclimatât en Espagne, produisait en Angleterre un soulèvement de l'opinion publique, parce qu'il remuait une question redoutable, celle de la souveraineté. Sur ce point, le gouvernement royal avait donc manqué son but. Il avait mécontenté à la fois les absolutistes espagnols qui protestaient contre l'idée de l'importation en Espagne d'une charte analogue à la charte française[1], et, sans parler des révolutionnaires espagnols, les libéraux anglais et français qui se soulevaient contre l'idée que les libertés ne pussent émaner que de la main du Roi, et, comme le disait M. Canning, d'un roi tel que Ferdinand. C'était là le nœud de l'inextricable difficulté que rencontrait la politique française en Espagne. On ne pouvait faire aucun fonds sur les intentions et la parole de Ferdinand qui avait manqué de parole à tout le monde, et l'on risquait fort de relever ce qu'il y a de pis au monde, après une anarchie révolutionnaire, un absolutisme inintelligent. C'est pour cela qu'il eût mieux valu se borner à invoquer le droit incontestable qu'avait la France de ne pas supporter à ses portes un foyer permanent de contagion révolutionnaire,

---

1. Le général royaliste O'Donnel écrivit dans un journal, pendant le cours du mois de janvier, une lettre où il se plaignait des intrigues ourdies à Madrid par M. le comte de Lagarde, pour obliger le roi d'Espagne à admettre la charte, c'est-à-dire à *avaler la ciguë au lieu de l'arsenic.*

menaçant pour sa sécurité intérieure et pour l'existence de son gouvernement. C'était là un argument invincible fondé sur le bon sens, que l'Angleterre elle-même avait souvent invoqué et toujours appliqué dans sa politique, surtout à l'époque des guerres de la Révolution et de celles de l'Empire.

Pendant que les assemblées des deux côtés du détroit se livraient à des discussions passionnées, les événements s'acheminaient peu à peu vers un dénoûment inévitable. Le comte de Lagarde, notre ambassadeur à Madrid, avait demandé ses passe-ports le jour même de l'ouverture de nos chambres, et le 6 février 1823 il était arrivé à Bayonne. Le duc de San Lorenzo, ambassadeur d'Espagne à Paris, ayant déposé une plainte au nom de son gouvernement contre M. Ouvrard, en raison de l'emprunt ouvert pour la Régence de la Seu d'Urgel, la cause fut rayée des rôles par ordre du garde des sceaux, attendu, fut-il dit, que le gouvernement royal ne reconnaissait plus au duc de San Lorenzo la qualité d'ambassadeur. On avait repris les conférences pour le choix des officiers généraux qui seraient employés dans l'expédition. Le lieutenant général Guilleminot fut nommé major général de l'armée commandée par M. le duc d'Angoulême ; le maréchal Oudinot reçut le commandement de l'avant-garde. Le maréchal Moncey fut mis à la tête de l'armée de Catalogne. Les généraux Bourmont, Bordesoulle, Bourk, Latour-Foissac, Loverdo, la Rochejaquelein, Damas, Curial, Canuel, Donnadieu, furent au nombre de ceux qui commandèrent les divisions. Le lieutenant général Molitor dirigea le corps destiné à opérer contre Saragosse, Valence, Murcie, enfin à soumettre le centre et la partie méridionale de la Péninsule. Cette division des forces en trois corps d'armée était indiquée par la nature de la guerre et la configuration du pays où l'on devait opérer. Le parti maître à Madrid partagea aussi l'armée défensive en trois corps : Ferdinand dut nommer Mina commandant en chef de l'armée du Nord ;

O'Donnel, de celle du Nord-Ouest; Ballesteros, de celle du Centre. La guerre n'était pas déclarée encore, et déjà l'on rangeait par la pensée les pièces sur l'échiquier des batailles.

II

DEMANDE D'UN CRÉDIT ÉVENTUEL DE QUATRE MILLIONS DE RENTE. — LOI SUR LES VÉTÉRANS. — DÉBATS PARLEMENTAIRES. — EXCLUSION DE M. MANUEL JUSQU'A LA FIN DE LA SESSION.

La discussion de l'adresse n'avait été que la préface et le prélude de la grande discussion publique qui devait avoir lieu au sujet de la demande d'un crédit éventuel de 4 millions de rentes que le gouvernement avait déposée pour être en état de faire face aux dépenses nécessitées par les armements. C'était l'ordre naturel des choses; le Roi avait le droit de guerre et de paix; mais, dès qu'il s'agissait d'une dépense, la chambre des députés avait le droit d'être consultée. C'est par là que la nation entrait dans la discussion de toutes ses affaires. L'état prospère des finances permettait au gouvernement de se contenter de ce faible crédit. Le projet du règlement définitif du budget de 1821, soumis en même temps aux chambres, présentait un excédant de recettes de 32 millions, affecté et transporté au compte de l'exercice courant de 1823, ainsi qu'un excédant de 8 millions appartenant aux exercices antérieurs. Le président du conseil n'avait pas l'intention d'ouvrir immédiatement l'emprunt qui aurait été réalisé à des conditions défavorables, à cause de la masse des dettes antérieures inscrites au budget pour plus de 400 millions de rentes, et de la baisse des fonds publics déterminée par les appréhensions que les commentaires d'une presse hostile rendaient plus vives [1].

---

1. « Les circonstances sous lesquelles vont être faites les recettes et les

Il eut donc recours à une négociation avec les banquiers, en appuyant cette négociation sur une émission de bons du trésor, moyennant laquelle il demandait qu'on mît à sa disposition une ressource mensuelle de 15 à 20 millions par mois qui lui permît de fournir aux frais de la guerre. Les banquiers de Paris auxquels il proposa cette affaire réclamèrent d'abord du temps pour réfléchir, et vinrent le lendemain l'avertir qu'ils n'avaient pu s'entendre et qu'il leur était impossible d'accepter sa proposition. Alors le chef de la maison Rothschild offrit à M. de Villèle de prendre l'opération dans les termes mêmes où elle avait été proposée aux maisons de banque de Paris, et en ne mettant aucune limite ni pour la somme à fournir, ni pour la durée de l'engagement, qui n'aurait d'autre terme que celui de l'expédition [1]. M. de Villèle accepta ces offres, et le traité fut signé le 8 mars 1823.

Le ministère avait affermi le terrain financier sous ses pieds; mais le président du conseil ne pouvait se dissimuler, surtout

---

dépenses de 1823, disait M. de Villèle, dans son exposé, imposent l'obligation de prévoir la diminution que pourraient éprouver les premières, et de pourvoir à l'augmentation que recevront inévitablement les secondes. Il est impossible de prévoir avec exactitude les besoins extraordinaires, puisqu'ils dépendent des événements, et il serait contraire à l'intérêt du pays de publier à l'avance le détail des armements auxquels le gouvernement devra se livrer : nous avons donc pensé que, dans de telles circonstances, notre devoir était de nous borner à demander aux chambres un crédit supplémentaire de 100 millions, dont le ministre des finances ne fera usage que pour satisfaire aux besoins extraordinaires. Une création de 4 millions de rente, ajoutés aux 40 millions d'excédant que vous avez sur les budgets précédents, complétera, pour 1823, les moyens de satisfaire aux besoins extraordinaires de cet exercice. Quant au budget de 1824, il présente un excédant de recettes présumé sur les dépenses de 31 millions 544,000 francs. En résumant la position financière, on trouve déjà 43 millions à imputer sur les 100 millions demandés en crédits supplémentaires..... Après avoir fait tous nos efforts pour éviter la guerre, n'en exagérons pas les conséquences fâcheuses. Si elle a lieu, la France doit sans doute éprouver quelque ralentissement dans sa marche par suite des circonstances actuelles, mais elle ne reculera pas, et ses députés peuvent, je crois, partager avec nous cette confiance. » (*Moniteur* de 1823.)

1. Carnet de M. de Villèle.

après la vivacité des débats de l'adresse, que la position de l'administration était affaiblie dans la droite depuis la retraite forcée de M. Mathieu de Montmorency. Il avait cherché, on l'a vu, à rapprocher les esprits en proposant au Roi la nomination de M. de Chateaubriand, comme ministre des affaires étrangères : il persista dans le même ordre d'idées quand il fallut pourvoir au remplacement de M. de Chateaubriand à l'ambassade de France à Londres, et tomba d'accord avec ce dernier sur la convenance de proposer au Roi le prince de Polignac.

Le prince de Polignac était l'ami du duc de Montmorency et il appartenait à la même nuance politique et religieuse que lui à la chambre des Pairs. Tous ses liens étaient avec la droite ardente et il était aimé et estimé du comte d'Artois ; il avait de hautes relations en Angleterre, où il avait résidé longtemps et où il avait laissé de bons souvenirs. C'était un homme de grandes manières, de parfaite loyauté, d'honneur, de dévouement au Roi, d'attachement à ses devoirs, et très-capable de représenter à Londres, où il avait vécu longtemps, son souverain et son pays. Il était partisan déclaré de la guerre, et tant que le discours du trône n'avait pas tranché la question dans ce sens, il s'était tenu à l'écart ; mais quand, après ce discours, M. de Chateaubriand lui avait renouvelé l'offre de l'ambassade de Londres, il n'avait pas hésité à l'accepter [1].

1. Le prince de Polignac explique ainsi lui-même comment eut lieu sa nomination. « Plus de quinze jours s'étaient écoulés depuis que M. de Chateaubriand avait pris possession du portefeuille des affaires étrangères, sans que je fusse allé le féliciter de son avénement au pouvoir. Ma position vis-à-vis de MONSIEUR lui fit peut-être craindre, quoique à tort cependant, que je me jetasse dans l'opposition. Je reçus de lui un message amical par lequel il m'engageait à passer un matin aux affaires étrangères. Je me rendis à cette invitation. Il m'exposa de nouveau les motifs puissants qui l'avaient forcé d'accepter la succession de M. de Montmorency. Il me parla de l'entrevue qu'il avait eue avec le Roi à ce sujet et de la nécessité dans laquelle il s'était trouvé de céder aux prières et finalement aux ordres du monarque. Puis, changeant de conversation, il m'annonça que son intention était de me proposer au Roi pour le remplacer à l'ambassade de Londres, et me demanda si j'accepterais cet emploi. Je dis que les

Il était d'autant plus urgent pour M. de Villèle de fortifier le ministère du côté de la droite, qu'il y avait du côté de la cour une influence puissante, qui commençait à s'exercer, sinon contre lui, au moins dans un sens qui n'était pas toujours favorable à ses idées.

J'ai déjà eu l'occasion de parler de la tendance du roi Louis XVIII à accepter l'ascendant d'un favori, et d'expliquer cette tendance chez un prince valétudinaire, qui avait besoin, pour trouver un peu de mouvement dans son repos forcé, d'une correspondance active et d'un commerce d'esprit de tous les jours. MM. d'Avaray, de Blacas, Decazes, avaient tour à tour obtenu la faveur du Roi, et par un concours de circonstances que j'ai plus haut expliqué, madame du Cayla, femme de cour qui avait conservé la tradition de l'ancienne conversation française, les avait, on l'a vu, remplacés. Elle avait aidé, j'ai dû le dire, à l'avénement de la droite, et quand on étudie de près les affaires, on rencontre toujours, à côté

---

vifs regrets que j'éprouvais de la sortie du ministère de mon ami intime le duc Mathieu ne m'empêcheraient jamais d'être au service du Roi, dès que mes faibles services pouvaient lui être utiles ; mais que je ne pouvais me résoudre, en cette circonstance, à accepter sa proposition, puisque la politique du ministère n'était pas la même que la mienne, et qu'en la soutenant auprès du cabinet de Saint-James, je me trouverais en contradiction avec mes propres opinions et avec celles de mes amis. M. de Chateaubriand répliqua que j'étais dans l'erreur, que sa politique s'accordait en tout avec la mienne, et que sous peu j'en aurais la preuve. — « Vous voulez la guerre, me dit-il, eh bien ! je la veux aussi. — « Cela ne se peut guère, repris-je, car autrement le départ de M. de Montmo-« rency qui la voulait aussi avant vous ne serait plus que le résultat d'une in-« trigue. — Tout ne peut encore se dire, répondit M. de Chateaubriand, allons « au fait. Si la guerre est déclarée à l'Espagne, accepterez-vous l'ambassade de « France à Londres ? » Je répondis que j'accepterais. Je rendis compte à MONSIEUR de cette conversation. Il approuva mon langage.

« Peu de semaines après, le 28 janvier 1823, eut lieu la séance royale où le discours du Roi trancha la question. A peine était-elle terminée, qu'avant même que je fusse sorti de la salle où elle s'était tenue, je reçus de M. de Chateaubriand les mots suivants écrits par lui au crayon : « Eh bien ! êtes-vous content maintenant ? » Peu de temps après parut ma nomination officielle. » (*Document inédit*, communiqué par M. le duc de Polignac.)

des grands mobiles, de petits rouages qui trouvent leur force d'impulsion dans les faiblesses inhérentes à la nature humaine. Quand la société qui avait des liens avec madame du Cayla vit son influence grandir de jour en jour, il y eut naturellement autour d'elle un certain nombre de personnes qui songèrent à mettre à profit cette influence, dans l'intérêt de leurs idées ou de leur ambition. Or les rapports d'amitié les plus anciens et les plus étroits de madame du Cayla étaient avec M. le duc de Doudeauville et avec son fils, M. Sosthènes de la Rochefoucauld[1], et ce dernier aspirait dès lors à être ministre de l'intérieur. Cette fantaisie de grand seigneur et d'homme à accès lui fit commencer une guerre sourde contre M. de Corbière, qu'il signalait et qu'il faisait signaler par madame du Cayla comme un ministre de l'intérieur détestable, qu'il fallait remplacer auprès de M. de Villèle par un homme « à la forte tête, au bras de fer, qui ne se laissât arrêter par aucun obstacle, étonner par aucune difficulté, et qui eût l'habitude de réussir dans toutes ses entreprises. » M. de la Rochefoucauld, qui croyait réaliser ce type, ne parvint pas à inspirer à M. de Villèle la confiance qu'il avait en lui-même. Le président du conseil continua à préférer et à soutenir M. de Corbière, le compagnon de ses luttes parlementaires, qui conservait sur

---

1. M. Sosthènes de la Rochefoucauld, devenu duc de Doudeauville, a publié, dans les derniers temps de sa vie, des *Mémoires* qui contiennent entre autres documents sa correspondance avec madame du Cayla et les réponses de celle-ci. Il a ainsi forcé la main à l'histoire qui n'a point à violer le secret des correspondances particulières, mais qui doit tenir compte de tous les documents publiés. On trouve dans ces lettres des paroles qui prouvent que M. de la Rochefoucauld poussait l'enivrement de sa personnalité jusqu'à croire qu'il pouvait inspirer des ombrages à M. de Villèle : « Au fond de mon âme, écrivait-il, il est évident pour moi que M. de Villèle craint mon influence dans le conseil. » Puis il dictait à madame du Cayla les paroles qu'elle devait dire au Roi pour favoriser l'entrée de son correspondant au pouvoir : « Ne pourriez-vous pas dire au Roi : Ce vicomte est inouï, il faut en convenir, par ce qu'il découvre tous les jours et les moyens qu'il invente pour le service du Roi. » (*Mémoires* de M. de la Rochefoucauld, t. VIII, p. 139.)

les députations de l'Ouest son ancien ascendant; mais il dut dès lors prévoir qu'il y aurait une influence qui chercherait, par un travail secret, à diminuer son crédit auprès du Roi. Heureusement Louis XVIII avait pour le jugement et la capacité du président du conseil une haute estime qui lutta contre les influences occultes. Il avait d'ailleurs l'excellente habitude de pratiquer loyalement les devoirs d'un roi constitutionnel, qui ne doit jamais livrer sous main le ministre qu'il soutient ostensiblement. N'importe! On pourra dire que ce sont là de grandes misères. Qui le nie? Partout où il y a des hommes il y a des misères, et les ministres des démocraties n'évitent pas plus que les ministres des monarchies ce qu'on pourrait appeler les humiliations de la grandeur et les servitudes de la puissance.

Il était utile d'expliquer la situation du ministère, avant de raconter le grand débat qui s'éleva sur la demande d'un crédit de 100 millions. Il n'avait rien à appréhender de la gauche, dans la chambre des députés, où elle était tombée en minorité, mais il avait à lui répondre devant l'opinion extérieure; il avait à maintenir dans cette chambre l'union de la droite, qui était maîtresse; à diminuer, autant que possible, le nombre des dissidents disposés à marcher sous le drapeau séparé de MM. de la Bourdonnaye et de Lalot, et, pour atteindre ce but, l'union de MM. de Villèle et de Chateaubriand était plus que jamais nécessaire. Il avait en même temps à ménager, chose difficile et cependant indispensable, le centre droit, qui était en force à la chambre des pairs, où il pouvait, par son rapprochement avec le centre gauche et la gauche, ôter la majorité à M. de Villèle, comme il l'avait ôtée naguère à M. Decazes par son rapprochement avec la droite. Enfin le ministère avait à se prémunir contre les influences de cour, qui travaillaient dans l'ombre à lui créer des embarras pour l'obliger à compter avec elles.

M. de Martignac avait été chargé du rapport sur le crédit
100 millions par la commission à laquelle ce projet de loi
ait été renvoyé. Esprit facile et lucide, homme d'affaires et
 tribune, M. de Martignac avait du crédit à la chambre; il
aisait à la majorité par ses précédents royalistes dans les
nt-Jours. M. de Villèle estimait son talent d'orateur, son ca-
ctère modéré, et son esprit judicieux, qui savait dans
aque question dire tout ce qu'il fallait dire, et s'arrêter,
ec un tact bien rare, à la limite précise marquée par l'intérêt
 la cause qu'il défendait; il le destinait à accompagner M. le
ıc d'Angoulême en Espagne comme commissaire civil.

Ce fut le 21 février 1823 que M. de Martignac monta à la
ibune pour lire son rapport; la foule était immense, les
prits agités. Plus le moment critique d'une décision défi-
tive sur la question de paix et de guerre approchait, plus
pposition redoublait d'efforts pour ameuter l'opinion, ef-
ayer le Roi et le ministère. Le matin même du jour où M. de
artignac devait parler, le *Constitutionnel* publia un article
ncerté dans une réunion de pairs et de députés réunis au-
ur du prince de Talleyrand, que son opinion, publiée par
 voie de la presse contre la guerre d'Espagne, avait remis
 crédit auprès du parti libéral disposé à accueillir comme
oyen politique tout ce qui faisait obstacle au gouvernement
 la Restauration. La rédaction de cet article, qui affectait la
rme d'un manifeste, avait été confiée par la réunion à M. de
lvandy. Il avait pour objet d'établir que « la guerre d'Es-
ıgne mettait la Restauration aux prises avec les principes et
ême les conditions de son existence. » C'était le déve-
ppement de la pensée émise dans le discours du prince de
alleyrand. On représentait que tous les hommes qui, en
314, avaient pris l'initiative du rétablissement du gouverne-
ent royal, MM. Dalberg, Louis, Dessoles, de Jaucourt, de
radt, comme M. de Talleyrand, étaient opposés à la guerre

d'Espagne. On ajoutait que l'Angleterre, qui avait concouru au retour des Bourbons, n'était pas moins contraire à la pensée d'une intervention française au delà des Pyrénées.

L'argumentation était loin d'être péremptoire. On aurait pu répondre que c'était une rivalité d'influence et une ambition de pouvoir, fort différentes de l'amour de la liberté qui rapprochait dans une coalition contre le ministère de droite les personnages dont les noms viennent d'être rappelés. C'était en outre une étrange chose que de prétendre obliger le gouvernement royal à recevoir le mot d'ordre de sa politique du cabinet de Saint-James dont les intérêts sont si différents des nôtres, et de lui interdire même une guerre utile, nécessaire contre le gouvernement des cortès espagnoles, parce que le retour des Bourbons avait été le signal et la condition du rétablissement de la paix générale en Europe. Mais l'opposition n'était pas difficile pour ce qui flattait sa passion politique. L'article concerté produisit une vive impression, et l'on peut croire que M. de Martignac, en montant à la tribune, éprouva le besoin de dissiper l'effet produit par ce manifeste.

Dès le début, le rapporteur rappela, en effet, que la guerre n'était pas une éventualité incertaine et éloignée, mais une nécessité prochaine et inévitable. Tous les rapports diplomatiques entre la France et l'Espagne avaient cessé; cent mille Français étaient prêts à marcher. Des deux côtés des Pyrénées les préparatifs militaires se faisaient avec une égale activité. Après avoir rappelé à ceux qui l'oubliaient la réalité des choses et l'imminence de la guerre, M. de Martignac poursuivit en ces termes :

« C'est dans cette situation que le gouvernement du Roi vous demande des secours supplémentaires, et, votre commission m'a chargé de vous le déclarer : aucun de ses membres n'a pensé qu'il fût possible de repousser une semblable demande. Personne ne conteste qu'une guerre même juste ne soit un malheur, et que le secours qu'on vous demande ne puisse nuire à votre prospérité financière ; nous ne cherchons point à le dissimuler aux yeux de la France. Nous lui dirons seulement que le sacrifice qu'on attend d'elle est nécessaire comme la seule garantie qui reste à la légitimité contre la révolte, à l'ordre contre l'anarchie, à la liberté contre la licence. »

Puis, après avoir fait un retour sur tous les efforts tentés pour empêcher et entraver cette guerre devenue nécessaire, M. de Martignac ajouta :

« Cependant on ne se contente pas de déplorer les véritables maux de la guerre, on se plaît à grossir les dangers, on compte ses ennemis, on les multiplie, on prévoit des revers, on présage des défaites. Ces pressentiments de la timidité, ces inquiétudes de la faiblesse, ont quelque chose de nouveau qui ne s'acclimatera pas en France. »

Comme l'orateur était à la fois interrompu par les bravos de la droite et les murmures de la gauche, il reprit ainsi en se tournant vers les bancs de cette dernière :

« Messieurs, si c'est un droit qui appartient aux citoyens d'éclairer le monarque sur les avantages de la paix, ce serait une action odieuse et condamnable que de chercher à égarer l'opinion du peuple sur le danger et sur le véritable objet d'une guerre que le vœu du peuple a déclarée imminente. »

Ces paroles qui n'avaient en elles-mêmes rien que de sage et de patriotique, puisqu'elles demandaient uniquement aux partisans de la paix de ne pas aggraver les difficultés de la guerre en en exagérant les dangers et en supposant au gouvernement des intentions qu'il n'avait pas, provoquèrent un immense tumulte. C'est que la gauche était bien décidée à sortir du terrain où l'on cherchait à la renfermer. MM. Demarçay, Chauvelin, Keratry, le général Foy, tous les membres de la gauche, debout et menaçants, interpellaient le rapporteur et protestaient à la fois. On voulait interdire la liberté de la discussion, s'écriaient-ils. Il serait désormais impossible d'exprimer des vœux pour la paix. Ce rapport était un libelle. Il fallait rappeler à l'ordre cet accusateur! C'était une infamie!

Les apostrophes les plus violentes se succédaient, et l'énergique intervention du président put seule maintenir jusqu'au bout la parole au rapporteur. A peine celui-ci était-il descendu de la tribune, que les députés commencèrent à se faire inscrire; il y eut 43 inscriptions pour parler en faveur des conclusions du rapport, et un pareil nombre pour parler contre.

M. Royer-Collard occupa le premier la tribune. Il prononça une de ces belles harangues où la gravité de la forme voilait la vivacité de l'opposition sans la tempérer, et où l'orateur plaçait sous la protection de ses anciens sentiments pour la maison de Bourbon à laquelle il renouvelait l'expression de sa fidélité, la violence de ses attaques contre la politique du gouvernement royal. Son discours se composait au fond de deux idées : la réhabilitation de la guerre révolutionnaire, qui selon lui avait été purement défensive, depuis 1789 jusqu'à la fin, sauf les dernières années de l'empire, assertion plus que contestable pour le directoire, et même pour les premières années de l'empire où l'on fit une guerre de propagande, de subversion politique et d'ambition; la flétrissure de la guerre de 1823, déclarée, selon lui, sans motif valable à l'indépendance de l'Espagne pour détruire le principe de l'indépendance nationale de ce côté-ci des Pyrénées, humilier la France en attaquant une cause qui avait été longtemps la sienne, et rapporter chez nous le pouvoir absolu nécessaire à l'accomplissement des desseins du parti qui poussait à cette guerre.

Ceux qui ont présents à l'esprit les détails donnés sur la politique suivie par le gouvernement royal vis-à-vis de l'Espagne pendant l'année 1822, les efforts tentés pour préserver la paix, les instructions envoyées à M. de Lagarde, celles tracées à nos plénipotentiaires à Vérone, et qui n'ont pas oublié la révolte militaire qui avait été l'origine de la révolution espagnole, les actes de violence par lesquels elle s'était imposée, les scènes de désordre et d'anarchie qui l'avaient déshonorée, le sentiment de répulsion qu'elle avait excité dans une grande partie de la population, ne verront dans le discours de M. Royer-Collard que ce qu'on y trouve réellement : de pures assertions, les aphorismes arbitraires d'un dialecticien puissant qui, souverainement dédaigneux des faits, les suppose tels qu'il a besoin qu'ils soient, et s'enferme dans le cercle de ses affirmations avec ses adversaires, sans leur permettre de contester ses appréciations les plus contestables, pour leur serrer autour du col le nœud de son syllogisme doctrinal. Mais au milieu des passions qui fermentaient et des préventions de l'esprit de parti, la voix, l'accent, l'éloquence de M. Royer-Collard, l'éclat de son style, où venait se révéler sa pensée, cet appel à ses vieux sentiments royalistes, produisirent une vive impression. Voici la fin de son discours :

« De tous les devoirs que j'ai pu remplir envers la monarchie légitime, aucun devoir ne m'a paru plus sacré, plus pressant. Puis-je me taire quand d'aveugles conseils la précipitent? Comme elle a été le vœu, la pensée, l'espérance, je pourrais presque dire l'action de toute ma vie, elle est aujourd'hui le premier de mes intérêts, si on peut donner ce nom d'intérêt aux affections les plus désintéressées, les plus inaliénables. Et quel autre sentiment pouvait m'amener à cette tribune? Puisque j'ai vu la Restauration s'accomplir, qu'ai-je à souhaiter si ce n'est qu'elle s'affermisse et s'enracine chaque jour davantage dans les intérêts publics, si ce n'est qu'elle aime la France pour en être aimée?»

C'est ainsi que cette grave et poignante philippique se terminait par un touchant *Nunc dimittis* qui faisait illusion au public et à l'orateur lui-même.

Le hasard des inscriptions amena M. de la Bourdonnaye à la tribune après M. Royer-Collard. Le chef de la contre-opposition de droite accusait aussi le ministère, mais en lui adressant des reproches diamétralement opposés. Il se demandait s'il refuserait au gouvernement les subsides que celui-ci réclamait pour faire une guerre juste et nécessaire, ou s'il accorderait aux ministres les moyens de poursuivre leur funeste système et d'imposer à un roi captif et à une nation asservie une charte, garantie odieuse des intérêts nés de la révolte. Pouvait-il accorder des subsides pour commencer la guerre à des ministres qui s'y étaient constamment opposés; au président du conseil surtout, ce politique à double face qui n'avait rien omis pour prévenir une rupture ou pour compromettre la campagne en la retardant, qui avait laissé écraser les Espagnols fidèles, et désarmé les puissances continentales dont le concours eût dérangé ses plans? Peut-être n'attendait-il que la fin de la session pour accepter quelques modifications à la constitution des cortès. On l'avait vu, en dernier lieu, rompre les engagements contractés à Vérone et déserter la Sainte-Alliance au moment où la France allait marcher à sa tête. On était donc prêt à pactiser avec la révolte et l'on ne voulait point écraser la révolution. Cependant M. de la Bourdonnaye, après avoir montré une grande hésitation, finit par déclarer qu'il voterait le crédit demandé pour ne pas refuser au Roi les moyens de sauver les vrais principes de la civilisation, en faisant la guerre aux révolutionnaires, dût-on courir la chance de voir le ministère traiter avec eux.

Telle fut la thèse de M. de la Bourdonnaye, qui accusait le ministère d'obstination pacifique au moment où M. Royer-Collard venait de lui reprocher une ardeur belliqueuse, et qui le dénonçait comme le déserteur de la Sainte-Alliance, dont M. Royer-Collard l'accusait d'être l'instrument docile, de sorte que M. de Villèle aurait été à la fois le complice de la révolution et le séide du pouvoir absolu, qu'il aurait conçu la pensée d'imposer la charte française aux Espagnols, et de rapporter de l'autre côté des Pyrénées la tyrannie, et que, partisan de la guerre à outrance, selon le premier de ses antagonistes, il ne l'aurait voulu, selon le second, à aucun prix. Accusations contradictoires qui s'entre-détruisaient en s'entrechoquant, et prouvaient qu'il pouvait y avoir quelque chose d'aussi injuste que l'optimisme libéral de M. Royer-Collard, c'était le pessimisme royaliste de M. de la Bourdonnaye.

La chambre refusa de voter l'impression de ces deux discours malveillants, et la suite du débat amena successivement à la tribune M. de Laborde, orateur spirituel [1], mais trop indulgent pour ses propres épigrammes, et M. Delessert, qui évoqua le souvenir de la confiance avec laquelle l'Empire avait commencé l'expédition d'Espagne terminée par un désastre. C'était toujours le mirage du passé qu'on évoquait pour effrayer le présent.

Pour que la discussion fît un nouveau pas, il fallut que le général Foy prît la parole. Il répéta plusieurs des choses qui avaient été dites sur l'origine de cette guerre sortie selon lui, non de la volonté de la nation, non de la volonté du gouvernement, mais d'un centre de direction mystique, qu'au dehors on appelait la Sainte-Alliance, au dedans la Congrégation. Il insista sur les difficultés militaires de l'entreprise comme un général expérimenté, qui avait fait les guerres impériales dans la Péninsule, mais aussi comme un politique passionné qui confondait les situations et les époques. La partie de son discours où il fut réellement supérieur, mais qui produisit le moins d'effet, parce qu'on se souvenait de sa prédiction sur les Abruzzes démentie d'une manière si éclatante par les événements, fut celle où il démontra combien, après avoir surmonté les difficultés d'une campagne, nous serions encore loin de notre but, et quels problèmes il nous resterait à résoudre [2].

1. M. de Laborde dit, entre autres choses, que le gouvernement qui tenterait une pareille entreprise, mériterait plutôt d'être mis en interdiction qu'en accusation.

2. « Le général Foy, dit M. de Villèle dans ses notes politiques, semblait

Le centre gauche, l'extrême droite et la gauche avaient attaqué le gouvernement par la voix de MM. Royer-Collard, la Bourdonnaye et du général Foy; les principales objections qu'on pouvait faire contre la politique du gouvernement étaient connues; M. de Villèle comprit que le moment de répondre était arrivé. Il le fit avec modération, précision et fermeté.

« Oui, dit-il, le gouvernement ne fait la guerre que parce qu'il est devenu impossible de rester en paix avec honneur et sécurité; oui, le président du conseil n'a rien négligé pour assurer la durée de la paix, pour éviter la rupture des relations politiques. Ce n'est qu'à regret que nous voulons la guerre; mais la guerre est indispensable; l'état de guerre est préférable à une paix qui n'est pas une paix; l'état de guerre est le seul parti qui nous reste, le seul que nous ait laissé le gouvernement espagnol. Et quelle justification plus éclatante pouvions-nous attendre que de voir tous les orateurs de l'opposition éviter avec tant de soin la question principale, la seule question qui soit digne d'occuper vos esprits et qui puisse être pour vous l'objet d'une sérieuse délibération. Certes, ce n'est ni le temps, ni le talent, ni l'instruction qui leur a manqué. Quel autre sentiment que celui de l'impuissance à lutter contre la vérité les a fait reculer devant la véritable question, telle que le gouvernement l'a posée aux yeux de la France, pour se jeter dans de véritables divagations, dans des lieux communs cent fois reproduits et toujours victorieusement réfutés? Cette question, Messieurs, la voici : L'état actuel de l'Espagne est-il compatible avec l'honneur de la couronne de France, avec l'honneur et la sûreté de notre pays? »

Pendant que M. de Villèle reportait ainsi le débat sur son véritable terrain, en substituant une question de bon sens pratique, aux spéculations théoriques sur les principes d'intervention et de non-intervention, sur l'origine et le but de la guerre, l'immense majorité de la chambre ne cessa de donner des marques d'assentiment. Cet attachement que M. de la Bourdonnaye reprochait au président du conseil d'a-

déjà prévoir les embarras, la longueur et le peu d'effets de l'occupation ruineuse à laquelle nous serions condamnés. »

voir montré pour la paix, faisait la force de celui-ci devant le pays, quand il déclarait la guerre inévitable et nécessaire. Ce n'était donc pas une guerre de parti qu'on allait faire, c'était une guerre qui importait à la sécurité et à l'honneur du gouvernement, et par conséquent au pays même ; quelle est, en effet, la situation d'un pays régi par un gouvernement sans sécurité et qui ne sait pas sauvegarder son honneur? M. de Villèle avait répondu, dès le début, à l'insinuation du général Foy, qui avait montré les ministres ne subissant la guerre que pour garder leurs places :

« Ah! messieurs, s'était-il écrié, si, dans des circonstances aussi graves, un lâche sentiment de personnalité avait pu s'insinuer dans mon cœur, si le devoir n'était pas tout pour moi, mon vœu secret, ma véritable ambition eût été de me réfugier dans la vie privée, laissant à d'autres tous les chagrins inséparables du pouvoir, toutes les difficultés du présent et de l'avenir. »

Restait le reproche de M. de la Bourdonnaye, qui avait accusé M. de Villèle de vouloir imposer la charte française à l'Espagne. Le président du conseil le repoussa hautement, mais sans dissimuler son désir de voir l'Espagne décider de concert avec le Roi quelles étaient les institutions qui lui convenaient.

La raison politique avait parlé par la bouche de M. de Villèle. M. Bignon, le ministre des affaires étrangères du gouvernement des Cent-Jours, en rentrant dans l'arène des lieux communs injurieux et des banalités déclamatoires[1], y fit monter l'éloquence politique avec M. de Chateaubriand.

1. Pour justifier ce jugement, il suffira d'exposer quelques-unes des idées de M. Bignon. Selon lui, la guerre faite par Louis XVIII à la révolution espagnole avait beaucoup d'analogie avec celle que Philippe II déclara à Charles IX et à Henri III. Il indiqua comme le motif principal de l'entreprise les passions et la cupidité de quelques gentilshommes qui espéraient retrouver à Madrid leurs priviléges abolis par la révolution de 1789. Le véritable but était de renverser la tribune de Madrid et d'abattre, dans Madrid, la tribune de la

On savait que M. de Chateaubriand prendrait la parole sur la question d'Espagne, et il ne pouvait guère en être autrement, puisqu'il était ministre des affaires étrangères. C'était la première fois qu'il parlait comme ministre, la première fois qu'on entendait dans la chambre des députés la voix de l'homme illustre dont les écrits étaient une des gloires de la France. Dans une époque où les âmes étaient sensibles aux nobles plaisirs de l'esprit, même au milieu du déchaînement des passions politiques, c'était un événement qu'un discours de M. de Chateaubriand, et les rares initiés qui avaient été admis à en entendre quelques passages annonçaient que jamais la tribune française n'aurait entendu des accents plus élevés et plus éloquents.

L'attente générale ne fut pas trompée. Voici quelles furent les premières paroles de M. de Chateaubriand, qui montait à la tribune, je l'ai dit, après M. Bignon :

« J'écarterai d'abord les objections personnelles. Les intérêts de mon amour-propre ne doivent trouver aucune place ici. Je n'ai rien à répondre à des pièces mutilées, imprimées, par je ne sais quels moyens, dans les gazettes étrangères. J'ai commencé ma carrière ministérielle avec l'honorable préopinant dans les Cent-Jours. Nous avions tous les deux un portefeuille par intérim, moi à Gand, lui à Paris. Je faisais alors un roman, lui s'occupait de l'histoire. Je m'en tiens au roman. J'aurai à parcourir la série des objections présentées à cette tribune. Ces objections sont nombreuses et diverses; pour ne pas m'égarer dans un si vaste sujet, je les rangerai sous différents titres. J'examinerai : 1° le droit d'intervention, puisque c'est la base de tous les raisonnements; 2° le droit de parler des institutions qui peuvent être utiles à l'Espagne; 3° le droit des alliances et des transactions de Vérone, et enfin, quelques objections diverses. »

Le discours de M. de Chateaubriand embrassait donc la

France même. Enfin revenait le reproche rangé parmi ces lieux communs, sans cesse réfutés et toujours reproduits, comme l'avait dit M. de Villèle, celui de ne passer les Pyrénées que sous le coup de la menace de la Sainte-Alliance, qui, si nous n'obtempérions pas à ses ordres, passerait le Rhin.

question dans son ensemble et entrait dans ses détails. Après ce lumineux discours, la question fut complétement éclairée.

Quant au droit d'intervention, l'orateur rappela que les publicistes qui l'avaient rattaché au droit naturel, comme Bacon, Puffendorf et Grotius, pensaient, comme tous les anciens, qu'il est permis de prendre les armes, au nom de la société humaine, contre un peuple qui viole les principes sur lesquels repose l'ordre général, de même que, dans un état particulier, on punit le perturbateur du repos public. Ceux qui voyaient la question dans le droit civil soutenaient au contraire qu'un gouvernement n'a pas le droit d'intervenir dans les affaires d'un autre gouvernement ; mais ils admettaient qu'un gouvernement a le droit de se sauvegarder par les armes contre un péril qui le menace au delà de ses frontières. Ainsi les premiers placent le droit d'intervenir dans le devoir, les autres dans les intérêts.

A ce double point de vue du droit naturel et du droit civil, M. de Chateaubriand justifia ainsi l'intervention du gouvernement français au delà des Pyrénées :

« On nie le droit d'intervention ; je crains que mes honorables adversaires aient mal choisi leur autorité. L'Angleterre, disent-ils, donne un grand exemple en pratiquant le respect de l'indépendance des nations. Ah ! mon Dieu, lisez donc la fameuse déclaration de novembre 1793, et vous verrez si la Grande-Bretagne, lorsque ses intérêts essentiels ont été compromis, n'a pas dérogé aux principes que l'on invoque en son nom aujourd'hui. L'Angleterre disait qu'elle agirait de concert avec ses alliés, et l'on nous ferait un crime d'avoir des alliés ! L'Angleterre promettait secours aux royalistes français, et l'on trouverait mauvais que nous protégeassions les royalistes espagnols ! L'Angleterre soutenait qu'elle avait le droit d'intervenir pour se sauver elle et l'Espagne des maux qui désolaient la France, et nous, nous ne pourrions nous préserver de la contagion espagnole ! Qui ignore que les révolutionnaires d'Espagne sont en correspondance avec les nôtres ? Ne nous menace-t-on pas de faire descendre le drapeau tricolore du haut des Pyrénées ? Ne connaissons-nous pas les desseins, les complots, les noms des coupables échappés à la justice qui prétendent venir à nous sous cet uniforme des braves qui doit mal convenir à des traîtres? Et une révolution qui soulève parmi nous tant de passions et de souvenirs ne compromettrait pas nos intérêts essentiels ! »

Sur ce terrain, l'argumentation de M. de Chateaubriand était invincible. Comme il l'a écrit lui-même depuis, on intervient ou l'on n'intervient pas, selon les intérêts de son pays. La France monarchique ne pouvait rester perpétuellement l'arme au bras en face de la révolution espagnole, maîtresse de l'autre côté des Pyrénées; elle aurait ainsi risqué la fidélité de son armée, exposée aux pratiques révolutionnaires, et diminué sa puissance politique, car si les choses demeuraient dans cet état, l'alliance anglo-espagnole se reformait contre la France, et l'œuvre de tout le règne de Louis XIV était détruite. Elle ne pouvait se rapprocher de l'Espagne des cortès et de la constitution de 1812, sans accepter une révolution; les cortès espagnoles avaient refusé toutes les ouvertures qui leur avaient été faites pour donner à leurs institutions un caractère plus modéré, il fallait donc bien que la France intervînt.

Cette démonstration, par le caractère même d'évidence qu'elle portait en elle, fit murmurer la gauche. M. de Chateaubriand reprit avec une nouvelle force :

« Je vous parle de l'Angleterre que mes adversaires nous opposent à tous moments dans leurs discours improvisés, écrits et imprimés. Il faut être juste : quand l'Angleterre publia sa déclaration, Marie-Antoinette et Louis XVI n'étaient plus; il est vrai que Ferdinand n'est encore que prisonnier dans son palais, comme Louis XVI l'était dans le sien, avant d'aller au Temple, et, de là, à l'échafaud. Je ne veux point calomnier les Espagnols, mais je ne veux pas les estimer plus que mes compatriotes. La révolution espagnole n'a-t-elle pas pris la nôtre pour modèle? La France révolutionnaire enfanta une Convention, pourquoi l'Espagne ne produirait-elle pas la sienne? Direz-vous qu'en avançant le moment de l'intervention on rend la position de Ferdinand plus périlleuse? Mais l'Angleterre sauva-t-elle Louis XVI en différant de se déclarer? L'intervention qui prévient le mal n'est-elle pas plus utile que celle qui le venge? C'est déjà trop dans le monde que le rocès de Charles Ier et celui de Louis XVI : encore un assassinat, et on établira par l'autorité des précédents une espèce de droit de crime t une espèce de jurisprudence à l'égard des peuples contre les rois. »

La gauche frémissait sous cette parole inexorable qui évouait le passé pour servir de leçon au présent. Mais M. de hateaubriand continuait à développer ses idées dans l'ordre u'il s'était tracé, et il s'exprimait ainsi, au sujet des transctions de Vérone :

« Vous parlez de l'indépendance des États : je m'étonne que l'on onfonde l'indépendance avec l'isolement. Une nation cesse-t-elle d'être bre parce qu'elle a des traités? Ces traités sont-ils donc humiliants our la France? Non, ils établissent la grande position qu'elle occupe n Europe. S'est-il même agi de donner passage à des troupes étranères sur le territoire de la France? Jamais. Je suis tranquille aujourl'hui sur le sort de ma patrie; ce n'est pas au moment où la France retrouvé les armées qui ont si glorieusement défendu son indépenlance que je tremble pour sa liberté. La France n'abandonne point n système pacifique par choix, mais par nécessité. Si elle est forcée e recourir aux armes, c'est pour sa propre sûreté, et non, quoi qu'on n dise, pour rétablir l'inquisition et le despotisme. Elle ne déclare oint la guerre à des institutions, ce sont des institutions qui lui font a guerre. C'est sa vieille ennemie, sous le manteau espagnol, qui la rovoque ; c'est une révolution qui, s'attachant aux pas des Bourbons, herche une seconde victime. »

Pour justifier ces assertions, M. de Chateaubriand rappelait, u milieu des réclamations de la gauche, que tous les révoutionnaires de l'Europe « vociféraient la paix d'un commun ccord, » apparemment parce qu'ils sentaient que cette cause tait la leur, et qu'ils craignaient d'être chassés de leur dernier asile. Il repoussait l'idée qu'on attribuait au gouvernement français d'imposer des institutions à l'Espagne; c'était ux Espagnols eux-mêmes de décider avec leur Roi ce qui onvenait à l'état de leur civilisation. L'orateur terminait par es paroles :

« Les ministres ne cesseront de désirer la paix, de l'invoquer de tous leurs vœux, d'écouter toute proposition compatible avec l'honneur et la sûreté de la France. Mais il faut que Ferdinand soit libre, il faut que la France sorte à tout prix d'une position dans laquelle elle périrait bien plus sûrement que par la guerre. N'oublions pas que si la guerre avec l'Espagne a, comme toutes les guerres, ses inconvénients et ses périls, elle aura pour nous un immense avantage : elle nous aura créé une armée, elle nous aura fait remonter à notre rang militaire parmi les nations ; elle aura décidé notre émancipation et notre indépendance. Il manquait peut-être encore quelque chose à la réconciliation complète des Français, elle s'achèvera sous la tente. Les compagnons d'armes sont bientôt amis et tous les souvenirs se perdent dans une commune gloire. Le Roi, ce monarque si sage, si paternel, si pacifique, a jugé que la dignité et la sûreté de la France lui faisaient une loi de recourir aux armes, après avoir épuisé les conseils ; il a remis la garde du drapeau blanc avec une généreuse confiance à des capitaines qui ont fait triompher d'autres couleurs. Eh bien ! ils lui apprendront le chemin de la victoire, il n'a jamais oublié celui de l'honneur. »

Plusieurs fois pendant ce beau discours, M. de Chateaubriand avait été interrompu par des marques très-vives d'assentiment. Au moment où il cessa de parler, une immense acclamation s'éleva dans toute la droite, sans acceptions de nuances. De tous côtés les députés descendaient de leurs bancs pour serrer la main de l'orateur ; quelques-uns se jetaient avec effusion dans ses bras, comme pour témoigner que ces nobles sentiments de confiance dans la loyauté des anciens chefs militaires de l'Empire, cette sollicitude pour la grandeur et la gloire nationale, ce patriotique appel à la réconciliation de tous les hommes de cœur au profit de la patrie commune, sous le drapeau qui était redevenu celui de la France, trouvaient de l'écho dans leur âme.

C'était un triomphe. La séance demeura longtemps suspendue, et quand M. Labbey de Pompière, que son tour de parole appelait à la tribune, prononça un discours, il fut peu écouté. Dès ce jour-là, M. Manuel voulait s'emparer de la parole, et ce ne fut que sur le refus obstiné de M. Labbey de

Pompière qu'il se désista de cette prétention. Ce n'était que partie remise.

M. de Chateaubriand s'était adressé aux grandes idées et aux grands sentiments qui peuvent élever les intelligences et émouvoir les cœurs; M. Manuel fit monter avec lui à la tribune la haine. Un contemporain, en général peu favorable à la droite [1], en a fait la remarque : « Plusieurs opposants de la gauche avaient déjà parlé sans que la discussion se fût animée jusqu'à la violence; » mais M. Manuel n'entrait dans le débat que pour l'envenimer. Il prenait la parole parce que « de tous les députés de son opinion, nul ne semblait plus capable de produire un effet qui contre-balancerait le succès du ministre auquel il allait répondre [2]. » Cet effet, il ne pouvait le produire qu'en ravivant le levain des discordes civiles que M. de Chateaubriand avait cherché à calmer. J'ai déjà eu l'occasion de le dire, nul ne surpassait M. Manuel, ne l'égalait même dans l'art de porter avec un visage impassible et d'une main assurée des coups mortels; c'était à sa manière un duelliste de tribune qui visait toujours la royauté au cœur. Aucun orateur n'était plus odieux à la majorité royaliste qu'il semblait prendre plaisir à défier et à irriter. Elle se souvenait de ses attaques systématiques, injurieuses contre les Bourbons [3]; derrière l'adversaire politique elle sentait l'ennemi, et les investigations de la justice lui avaient fait entrevoir le conspirateur. Sa présence seule à la tribune parut un défi à la droite. C'était bien là un de ces révolutionnaires dont avait parlé M. de Chateaubriand, et qui ne voulaient pas que la révolution fût chassée de son dernier asile. Il y a dans les grandes majorités un sentiment de leur omnipotence qui dégénère facilement en intolérance, et M. Manuel faisant

---

1. Barante. *Vie politique de M. Royer-Collard*, t. I, p. 189.
2. Même ouvrage et même volume, p. 190.
3. Il avait dit que la France n'avait vu leur retour qu'avec répugnance.

appel aux passions révolutionnaires en présence de cette chambre devenue royaliste se trouvait dans la position du toréador qui agite sa banderole d'étoffe rouge devant le taureau furieux. Sans doute il comptait sur la dextérité de sa parole, mais le péril était grand et l'habileté de l'orateur pouvait se trouver en défaut devant une majorité défiante qui le connaissait et le surveillait.

Au commencement de son discours, M. Manuel ne s'éloigna pas beaucoup de l'argumentation des orateurs de la gauche qui l'avaient précédé. Il accusa le gouvernement d'aller faire la guerre au profit de la contre-révolution :

« Si l'esprit révolutionnaire est dangereux, s'écria-t-il, l'esprit de contre-révolution l'est-il moins? Les révolutions qui marchent en avant peuvent commettre des excès, mais, du moins, on arrive. Vous voulez rétablir le pouvoir absolu, vous voulez que les amis de la liberté soient proscrits, persécutés, livrés aux tortures, car, vous ne l'ignorez pas, c'est sur de simples notes administratives que, dans ces temps de désastres, les victimes sont livrées au supplice. Vous nous proposez de faire le sacrifice de nos armées pour rétablir, non pas la paix, mais une guerre perpétuelle. La nation espagnole ne restera pas longtemps sous le joug; qui lui garantira l'exécution de la constitution que Ferdinand VII lui donnera? La Prusse en avait promis une à ses sujets, on en avait promis une aussi à l'Italie; Ferdinand, qui n'a rien promis, fera-t-il mieux que ceux qui s'étaient engagés par des serments solennels? On va livrer l'Espagne à l'inquisition et aux jésuites. »

A ces accusations jetées au gouvernement français, des murmures éclatèrent aux bancs de la majorité. M. Manuel continua, et, pour justifier l'horoscope qu'il tirait du règne de Ferdinand, rétabli dans son autorité, il rappela ce qui avait eu lieu, lorsque en 1814 les événements rappelèrent Ferdinand en Espagne :

« En 1814, s'écria-t-il, Ferdinand VII reparut en Espagne. Il n'avait pas de vengeance à exercer, tout au contraire. Et pourtant il fut terrible ; son gouvernement fut atroce. »

Les murmures redoublèrent. Cette espèce de mise en accusation de Ferdinand vaincu et en réalité prisonnier dans les mains de ses ennemis paraissait aux membres les plus animés de la droite une excitation au régicide. L'agitation croissait et des voix s'élevaient pour demander le rappel à l'ordre d'un orateur qui avait insulté un allié et un parent du roi Louis XVIII. Le président fit remarquer que M. Manuel avait parlé du gouvernement espagnol et non de Ferdinand lui-même, et il lui maintint la parole.

M. Manuel s'engagea dans une argumentation qui, avec ses opinions connues et ses précédents de tribune, les audacieuses provocations de ses paroles, devait l'entraîner sur un terrain où le peu de patience qui restait à la majorité ne pouvait manquer d'être bientôt épuisé. Il entreprit de démontrer que partout où les rois avaient péri sur l'échafaud, c'était l'intervention étrangère qui les y avait conduits. Cette explication historique du régicide, qui côtoyait de si près l'apologie qu'à chaque instant le pied de l'orateur glissait sur la pente, et qui montrait à la fois l'échafaud de Charles Ier et de Louis XVI dans le passé et celui de Ferdinand dans l'avenir, porta au comble l'exaspération de la majorité. Après avoir interrompu l'orateur par des murmures, des clameurs, elle l'interrompit avec une violence inexprimable quand pour la seconde fois il évoqua ces sinistres images. Voici ses paroles :

« Vous voulez sauver les jours de Ferdinand? s'écria-t-il. Eh bien ! ne renouvelez donc pas les circonstances qui ont traîné à l'échafaud ceux qui vous inspiraient un si vif intérêt. Eh! quoi, Messieurs, auriez-vous donc oublié que c'est parce que les Stuarts cherchèrent un appui à l'étranger qu'ils furent renversés de leur trône; que ce fut parce que les puissances étrangères entrèrent en France que Louis XVI fut décapité? »

A ces mots, l'orage qui grondait depuis que l'orateur était à la tribune éclata. Les interpellations se croisaient. Les demandes de rappel à l'ordre, les protestations s'élevaient sur tous les bancs de la droite. L'orateur cherchant à dominer le tumulte jeta cette nouvelle phrase à l'assemblée, qui y vit une aggravation des premières :

« Ai-je besoin de vous dire que les dangers de la famille royale devinrent plus graves lorsque la France révolutionnaire sentit qu'elle avait besoin de se défendre par une forme nouvelle, par une énergie toute nouvelle ?... »

Un cri général d'indignation s'éleva des bancs de la droite. La salle était debout, frémissante, les yeux s'allumaient de colère, les gestes, les paroles, les cris menaçaient l'orateur qui venait de faire subir à une chambre royaliste, — c'était l'impression universelle, — la réhabilitation du régicide. De ces poitrines haletantes il se dégageait une atmosphère enflammée, et je ne sais quelle électricité morale qui ajoutait à la passion de chacun la passion de tous. L'attitude pleine de provocation de M. Manuel qui, accoudé sur la tribune et son lorgnon à la main, promenait un regard dédaigneux sur les bancs de la majorité redoublait la fureur[1]. On distinguait de temps à autre, au milieu d'un affreux tumulte, des exclamations telles que celles-ci, qui sortaient des bouches crispées par la colère : — « A l'ordre ! — C'est une infamie ! — Monsieur le président, ne permettez point de pareils blasphèmes. — C'est l'apologie du régicide ! — L'exclusion ! — A bas ! — A bas ! — Chassez-le ! »

Le président de la chambre, qui n'avait pas cessé d'agiter sa sonnette et de réclamer le silence, put enfin prononcer ces paroles, qui ne furent entendues que d'un petit nombre de députés :

« Il m'est impossible de ne pas faire remarquer à l'orateur qu'il

---

1. C'est à l'*Histoire du gouvernement parlementaire* de M. Duvergier de Hauranne que j'emprunte ce détail. Voir t. VI, p. 302.

s'est écarté de l'ordre par la manière dont il a parlé d'un événement qui a fait et fera toujours couler les larmes de la France. »

Les passions étaient trop excitées pour que ce rappel à l'ordre, qu'une grande partie de la chambre n'avait même pas entendu au milieu de l'effroyable tumulte qui régnait, leur fût une satisfaction suffisante. Les clameurs redoublèrent. M. Hyde de Neuville, qui s'était élancé à la tribune, gesticulait à côté de M. Manuel et jetait cette parole au milieu du bruit : « Je demande à venger la France! » On criait de tout côté : « Il faut chasser l'indigne! » — « Nous ne voulons plus siéger auprès de l'apologiste du régicide! » Au milieu de ces clameurs, un troisième député, M. Forbin des Issarts, monta les degrés de la tribune et s'écria : « Je propose l'expulsion! »

Le président faisait des efforts désespérés et inutiles pour rétablir un peu de calme. Il put enfin faire entendre ces mots :

« Messieurs, le règlement est impératif sur ce point, et il ne m'est pas même permis de consulter la chambre. Je donne la parole à M. Manuel pour expliquer sa phrase. »

Le tumulte recommença aussitôt avec une nouvelle fureur. — « Faites-le descendre de la tribune! criaient les uns. — Laissez-le s'expliquer! » disaient quelques voix à gauche! Mais un cri dominait tout : « A bas! — L'expulsion! »

Le président se couvrit et suspendit la séance pendant une heure.

Le centre gauche paraissait consterné. La gauche, quoiqu'elle eût essayé de soutenir M. Manuel, avait une contenance embarrassée. Elle demeura dans la salle ainsi que le centre gauche; la droite et le centre droit se retirèrent en masse dans les bureaux. La question des subsides extraordinaires, celle de l'intervention en Espagne elle-même, le discours de

M. de Chateaubriand, tout était oublié. Il n'y avait plus qu'une question à l'ordre du jour, l'exclusion de M. Manuel.

Au bout d'une heure, la séance se rouvrit, mais cette suspension n'avait pas calmé les esprits. A la vue de M. Manuel, qui occupait toujours la tribune, les clameurs recommencèrent. On distinguait parmi les cris, ces paroles : « A bas l'apôtre du régicide ! — Qu'il soit exclu ! » Pendant l'interruption de la séance, M. Manuel avait conféré avec les membres de la gauche, et concerté avec eux une lettre qu'il remit au président quand il eut perdu l'espoir de se faire entendre. M. Ravez essaya de donner lecture de cette lettre qui ne fut point entendue. Le *Moniteur* la publia le lendemain ; elle se terminait ainsi :

« Je suis résigné d'avance aux violences d'une partie de la chambre, mais je ne veux pas qu'il soit permis, même à la mauvaise foi, de me supposer l'absurde projet d'insulter lâchement, sans motif, sans intérêt, aux malheurs d'augustes victimes dont la destinée affligea tous les cœurs généreux. »

Le silence que le président avait en vain réclamé pour lire cette lettre ne se rétablit qu'en partie, lorsque M. Forbin des Issarts monta à la tribune après M. de Chauvelin. Celui-ci avait revendiqué au nom du règlement le maintien de la parole à M. Manuel :

« Il vient de se présenter un cas au-dessus de tous les règlements, s'écria M. Forbin des Issarts, parce qu'aucun règlement n'avait pu prévoir que la chambre serait jamais exposée à ce qu'un orateur vînt la condamner à subir, que dis-je, voulût la lier à ce point d'entendre prêcher à une tribune française des maximes qui ne tendent à rien moins qu'à justifier le régicide. La chambre des députés a la confiance de la nation, elle doit y répondre ; elle doit manifester son opinion dans une affaire aussi grave ; elle doit se hâter d'expulser de son sein M. Manuel. »

Ces paroles furent appuyées par de nombreuses marques d'adhésion. On criait de tout côté : « Monsieur le président, mettez aux voix ! » M. Ravez se refusa à enfreindre le règlement, et fit de nouveau d'inutiles efforts pour rétablir l'ordre et le silence. Enfin, il dut y renoncer, et, se couvrant une seconde fois, il prononça d'une voix émue les paroles suivantes :

« Je suis trop jaloux de votre estime, messieurs, pour mettre aux voix une proposition faite contre la teneur de votre règlement. Puisqu'il n'est pas en mon pouvoir de rétablir le calme dans la chambre, la séance est levée. »

M. Ravez avait dignement rempli, pendant cette séance orageuse, son devoir présidentiel. Il avait résisté à la passion de la majorité par laquelle il avait été nommé; au milieu de l'agitation produite par les paroles imprudentes et fâcheuses de M. Manuel et par les colères qui y avaient répondu, il était demeuré l'inflexible défenseur du règlement. Il avait donné d'abord une heure de réflexion à tout le monde, en suspendant une première fois la séance : il avait ensuite, en renvoyant la discussion au lendemain, donné à la majorité, à la minorité et à M. Manuel, la nuit, qui, dit-on, porte conseil.

Le lendemain, 27 février 1823, après la lecture du procès-verbal, M. de la Bourdonnaye monta à la tribune et déposa la proposition formelle d'exclure M. Manuel de la chambre des députés. L'esprit de M. de la Bourdonnaye inclinait naturellement aux partis extrêmes. En outre, c'était une bonne fortune politique pour lui que de pouvoir mettre sa propre passion au service de la passion de la majorité et de devenir, ne fût-ce qu'un moment, son chef et son interprète. Cette fois, les règles imposées par le règlement pour le dépôt des propositions avaient été observées; M. de la Bourdonnaye put donc développer celle qu'il présentait :

« Jamais je n'ai senti davantage, dit-il, combien peut être quelquefois pénible l'accomplissement d'un devoir rigoureux. Conduit à cette tribune par la nécessité d'opposer à un grand scandale une réparation éclatante, ce n'est que malgré moi que je vous rappellerai des expressions d'autant plus affligeantes qu'elles ne nous ramènent à l'époque la plus malheureuse de notre histoire que pour nous en présenter l'apologie. Une haute juridiction appartient à la chambre sur ses membres ; elle a le droit de punir les fautes graves, les délits et les crimes commis dans son enceinte. C'est à raison de cette juridiction que je crois devoir traduire devant elle M. Manuel, député de la Vendée, pour le discours qu'il a prononcé dans la dernière séance. Défenseurs de la société, vous ne souffrirez pas qu'une attaque contre le premier, contre le plus auguste de ses pouvoirs, demeure impunie. Défenseurs des libertés publiques, vous ne souffrirez pas qu'on abuse à ce point de la première de toutes, de celle qui protége les autres, de la tribune nationale ; convaincus des funestes effets d'une trop longue indulgence, vous éloignerez de la tribune celui qui, n'y ayant été envoyé que sur la foi du serment d'être fidèle et loyal député, et d'obéir aux lois du royaume, n'y monte jamais que pour les attaquer et les rendre odieuses ; celui qui n'a pas craint de faire devant vous l'apologie du régicide, de ce forfait qui, soulevant en un instant la Vendée, enfanta une armée de héros. Qu'il cesse d'être le représentant de cette contrée à jamais célèbre par sa fidélité, qu'il jouisse à ce prix pour la dernière fois de l'inviolabilité que le titre de député lui assure, et que votre décision reste à jamais déposée dans vos archives comme un monument élevé contre le retour de pareils attentats. »

De nombreuses marques d'assentiment accueillirent ce discours. On a dit, et les paroles mêmes de M. de la Bourdonnaye suffiraient pour justifier cette opinion, que c'était parce que la phrase incriminée avait été prononcée par M. Manuel, qu'elle avait soulevé une colère plus vive. Cela était vrai, et il était impossible qu'il en fût autrement. Les précédents de M. Manuel, présents à toutes les mémoires, ses attaques systématiques et incessantes contre la Royauté, ses appels à peine déguisés à la révolte, l'épithète injurieuse dont il avait flétri le retour des Bourbons, sa main soupçonnée, presque surprise dans les complots ourdis contre eux, tout concourait à donner à ses paroles une portée qu'elles n'auraient pas eue au même degré dans une autre bouche. On les prenait dans leur sens le plus hostile, parce qu'on le savait ennemi.

Néanmoins, c'était une chose bien grave que la proposition de M. de la Bourdonnaye. Elle créait un précédent dangereux ; elle revendiquait pour la majorité à l'égard des membres de la minorité un pouvoir discrétionnaire qui n'était écrit ni dans la charte ni dans le règlement. C'était là le véritable terrain de discussion.

M. Étienne, qui parla après M. de la Bourdonnaye, chercha à établir qu'il n'y avait eu rien de condamnable dans la phrase prononcée par M. Manuel, assertion paradoxale qui ajouta à la colère de la chambre. Il demanda pourquoi la parole n'avait pas été accordée à M. Manuel, avant le rappel à l'ordre, selon le vœu du règlement?

La gauche demandait raison de la violence de la droite, et elle en attisait la flamme. M. de Girardin s'écria que la proposition portée devant la chambre émanait d'une commission inconstitutionnelle et que l'assemblée n'avait pas le droit de la voter. Il ajouta que « l'affaire de la veille avait été arrangée d'avance, » et fut vivement admonesté à cette occasion par le président. Comme si la majorité avait pu prévoir la phrase malencontreuse de M. Manuel! Comme si cette explosion d'indignation, ces cris, ces colères, tout cela avait pu n'être qu'un jeu! Il y eut encore quelques observations présentées en sens contraire par MM. de Lalot et Tripier. Après quoi, malgré l'insistance de M. Hyde de Neuville, qui réclamait instamment la parole, M. Ravez appela M. Manuel à la tribune [1].

Peut-être que si M. Manuel avait fait une concession à cette assemblée qu'il avait mortellement offensée, ce qu'un député n'a jamais le droit de faire, s'il avait cherché à se justifier

---

[1]. « Une discussion s'établit, dit un contemporain, un témoin oculaire, M. de Barante, et les orateurs qui combattaient la proposition furent écoutés comme ceux qui l'appuyaient. Il fut même possible à M. Manuel de donner des explications. » (*Vie politique de M. Royer-Collard*, t. II, p. 192.)

sans l'accuser, peut-être aurait-il prévenu un dénoûment fâcheux pour tout le monde, en donnant aux hommes de sens des arguments pour combattre les opinions extrêmes. Il n'en fit rien. Avec son caractère, ses précédents, le but qu'il poursuivait, les passions extérieures auxquelles sa voix répondait comme un écho haineux, il ne le pouvait guère. C'était un ennemi dans la place ; il agissait, il frappait en ennemi. Cet insulteur public de la maison de Bourbon, ce conspirateur secret à qui tout était bon, les armes illégales comme les armes légales, pour renverser le gouvernement auquel il avait prêté serment, se posa comme un homme juste méconnu, une espèce de Caton le Censeur, sans reproche et sans peur, dont une majorité qu'il présenta tout d'abord comme incapable d'équité, sans doute pour la rendre équitable, et qu'il compara à la Convention, sans doute pour l'apaiser, conspirait l'exclusion, sans qu'il lui eût fourni aucun motif, aucun prétexte pour en agir ainsi :

« Il paraît, dit-il, que le peu de mots que j'ai à vous dire trompe l'impatience de mes honorables adversaires. Il fut un temps de triste mémoire où l'on agissait à peu près de la même manière. Je ne monte pas à la tribune dans l'espoir ni dans le désir de conjurer l'orage qui gronde sur ma tête. Je viens seulement ici pour constater, autant qu'il dépendra de moi, que la mesure qu'on vous propose est un acte de tyrannie que je n'ai pas provoqué.

« . . . On s'était promis de renverser le résultat des élections de la Vendée ; on l'a dit hautement ; on a mendié partout des protestations pour s'en faire un appui à cette tribune. Mais un sentiment de prudence n'a pas permis que cette proposition fût faite et l'on a cherché un autre moyen. »

Ainsi tous les torts étaient du côté de l'assemblée, M. Manuel n'en avait aucun. C'était un parti pris de l'exclure. Après avoir jeté du haut de la tribune cette assertion outrageante pour la chambre, l'orateur consentait à discuter les paroles qu'on incriminait. C'est à peine s'il admettait comme une supposition qu'elles pussent donner matière au doute. Dans ce cas, avant de le rappeler à l'ordre, on aurait dû lui permettre de les expliquer. Le tumulte l'en avait empêché. Du reste, il maintenait ses paroles, soit qu'il fût question de celles qu'il avait prononcées en parlant des *forces nouvelles dont la révolution avait besoin*, soit qu'il fût question de *forme nouvelle*, comme la chambre avait cru l'entendre. Il acceptait volontiers la responsabilité de l'une et de l'autre phrase. Après avoir maintenu les expressions qui avaient révolté la chambre, M. Manuel repoussait ainsi l'idée qu'on pût y voir la doctrine du régicide :

« Ce qui précédait ma phrase, la déclaration que j'ai faite dans ma lettre, tout excluait cette prétendue doctrine du régicide ; tout faisait voir qu'elle était aussi loin de mon cœur que du vôtre. Vous oubliez peut-être que je suis plus étranger à la révolution que vous-mêmes. Mon âge ne m'a permis d'y prendre part que dans les rangs de l'armée française, où l'on a dit que l'honneur de la France s'était réfugié. Ce n'est pas que j'adopte cette sorte d'hommage rendu à l'armée aux dépens de la nation. Nous savons que des excès ont ensanglanté la révolution ; mais nous n'oublierons jamais que nous lui devons d'inappréciables bienfaits. »

M. Manuel, après avoir de nouveau déclaré que l'accusation dirigée contre lui n'avait aucun fondement, ajouta que le droit qu'on voulait attribuer à la chambre ne pouvait être pris dans un esprit de justice ou de conciliation, mais qu'on l'empruntait au souvenir de ce que faisaient les Montagnards en 1793, contre ceux qui bravaient leur fureur. Puis il terminait ainsi :

« Vous voulez me repousser de cette tribune. Que justice soit faite ! Je sais qu'il faut que les passions aient leur cours. Je sais qu'il faut que ce qui s'est fait autrefois se refasse aujourd'hui, parce que les mêmes passions se retrouvent. Je serai la première victime. Puissé-je être la dernière ! Mais, je le déclare, si je pouvais être animé de quelque désir de vengeance, victime de vos fureurs, je laisserais à vos fureurs le soin de me venger. »

Ceux qui ont suivi dans cette histoire le rôle rempli par M. Manuel depuis son entrée dans les assemblées politiques diront si ce discours convenait au personnage qu'il avait joué. Ces passions dont il se plaignait, il n'avait pas cessé de les exciter, de les provoquer; il les excitait, il les provoquait encore en ce moment. Il comparait la majorité de 1823 à celle de 1793. Il la mettait dans l'alternative ou de le frapper ou de reconnaître, en passant à l'ordre du jour, que tout ce bruit, ces protestations indignées, ce soulèvement d'une chambre presque entière contre un orateur, n'avaient été qu'une honteuse comédie montée pour priver cet orateur de son droit et pour arracher un député à son mandat. Après le discours, le dilemme était ainsi posé : il fallait que la majorité se condamnât ou qu'elle condamnât M. Manuel.

La prise en considération de la proposition de M. de la Bourdonnaye fut votée par une grande majorité formée de la droite et du centre droit. Restait à savoir si la proposition renvoyée dans les bureaux serait discutée dans la forme ordinaire, ou si, comme le demandait la gauche qui cherchait à prolonger la discussion, pour en tirer du scandale, il y aurait trois lectures successives à trois jours d'intervalles.

Le ministère, au milieu de ces violents débats, avait observé une neutralité silencieuse. Les interpellations de la gauche le mirent en demeure de se prononcer, et M. de Chauvelin s'écria que le silence gardé par les ministres ne les empêcherait pas d'être responsables des malheurs qui suivraient la proscription d'un membre de la chambre. M. de Villèle, profitant de cette mise en demeure pour marquer la ligne de conduite du ministère, répondit que le silence qu'il avait observé lui était imposé par sa situation. Il n'était pas question de proscription; l'unique question qu'il s'agissait de résoudre était celle de savoir jusqu'où s'étendraient les droits de juridiction de la chambre sur ses membres. C'était là une question du ressort exclusif de l'assemblée, et dans laquelle il n'appartenait pas au gouvernement d'intervenir. Non-seulement le ministère ne la discuterait pas, mais ceux des ministres qui faisaient partie de la chambre s'abstiendraient de voter.

Après cette déclaration du président du conseil, il restait à décider quel ordre on suivrait pour la discussion de la proposition de M. de la Bourdonnaye : les députés de l'extrême droite, parmi lesquels M. Dudon se fit remarquer par son exaltation, demandaient que la proposition fût envoyée immédiatement dans les bureaux. M. Lainé, qui avait voté la prise en considération, s'y opposa et demanda que la question fût examinée avec la maturité que comportait la gravité de la décision à prendre, car il s'agissait d'interpréter un article de la Charte et d'apprécier les pouvoirs de la chambre. Les voix de toutes les nuances de la gauche réunies aux voix de la partie la plus modérée de la droite firent prévaloir l'opinion de M. Lainé [1]. La même majorité décida que la discussion sur le crédit extraordinaire serait reprise en attendant le rapport de la commission sur l'incident relatif à M. Manuel.

Le 28 février les bureaux se réunirent et nommèrent les commissaires ; c'étaient exclusivement des membres de la droite : les plus ardents comme MM. de la Bourdonnaye, Forbin des Issarts, de Bouville et Hyde de Neuville, y figuraient. Lorsque la séance publique se rouvrit, M. Manuel voulut reprendre et terminer son discours; mais la droite se leva tout entière et protesta. Il y avait une proposition prise en consi-

---

1. M. Duvergier de Hauranne attribue exclusivement ce vote (*Histoire du gouvernement parlementaire*, t. VI, p. 309) à la gauche, au centre gauche et à une partie du centre droit. Il y a là une erreur évidente de calcul. La gauche et le centre gauche ne comptaient que 80 voix, M. de Hauranne le reconnaît lui-même, p. 323. Le centre droit proprement dit se composait de 26 voix comme le prouvent les 26 voix données à M. Lainé dans le scrutin de la présidence. La gauche, le centre gauche et le centre droit n'auraient donc pu réunir que 106 voix.

dération par la chambre pour l'expulsion de M. Manuel : il ne pouvait monter à la tribune tant qu'il n'aurait pas purgé l'accusation qui pesait sur lui. Cette thèse fut soutenue par M. de Sainte-Marie ; mais le président refusa de l'admettre, il maintint la parole à l'orateur de la gauche. Alors de nombreuses voix s'élevèrent à droite, et demandèrent que l'on mît aux voix la levée de la séance, qui fut votée à une grande majorité. Il est à croire que les esprits prudents cherchaient à éviter la prolongation du scandale.

Le lendemain 1ᵉʳ mars, M. de la Bourdonnaye, auteur de la proposition, et qui avait accepté les fonctions de rapporteur, vint déclarer que la commission avait été unanime à déclarer deux choses : « que le discours du 25 février tendait à justifier le régicide ; qu'un député qui avait compromis à ce point l'honneur de son caractère et la dignité de la chambre ne pouvait, sans honte pour la chambre, sans indignation pour la France, sans effroi pour l'Europe entière, siéger au milieu de députés loyaux et fidèles. »

Restait à indiquer la loi en vertu de laquelle serait exclu M. Manuel. Le rapporteur déclarait au nom de la commission qu'il y avait une loi préexistante à tous les codes, une loi qui se nommait la raison, la justice et l'honneur, et que cette loi suffisait à la chambre pour qu'elle trouvât en elle-même, en vertu de la souveraineté de sa juridiction, la puissance de suspendre ou même d'exclure celui de ses membres qui serait pour elle un sujet de honte ou de déconsidération.

C'était là le fond de l'argumentation de M. de la Bourdonnaye ; les développements que M. Hyde de Neuville ajouta à ces conclusions ne contenaient aucun argument nouveau.

Il y avait, dans cette manière de poser la question et de la résoudre, de graves inconvénients que M. de Saint-Aulaire et M. Royer-Collard firent ressortir avec beaucoup de force dans la séance du 3 mars.

Dans l'exclusion de M. Manuel, il ne s'agissait pas, comme dans le refus de recevoir l'abbé Grégoire, en qualité de député, de l'appréciation d'un acte patent, incontesté, incontestable, la demande de la mise en jugement du Roi et l'adhésion formelle donnée à la sentence régicide ; il s'agissait de paroles fâcheuses sans aucun doute, douloureuses à entendre pour une chambre royaliste, mais qui, si elles pouvaient être interprétées dans le sens que leur avait donné M. de la Bourdonnaye, surtout quand on songeait aux précédents de M. Manuel, pouvaient aussi être interprétées dans un autre sens. Non-seulement l'orateur qui les avait prononcées déclarait que c'était cet autre sens qu'elles avaient dans son esprit; mais M. de Saint-Aulaire, après avoir exprimé le sentiment de souffrance que lui avait souvent fait éprouver la parole de M. Manuel, déclarait qu'en son âme et conscience il ne voyait dans la phrase incriminée aucune approbation du régicide, mais une indication des causes qui avaient contribué à le déterminer. L'évidence, qui aurait à peine expliqué l'acte exorbitant de juridiction que M. de la Bourdonnaye proposait à la majorité d'exercer contre un membre de la minorité, n'existait donc pas, car le propre de l'évidence est d'être visible pour tous les yeux.

M. Royer-Collard, qui était ici sur son terrain, la défense des principes contre la force, donna au vote qu'on demandait contre M. Manuel son véritable nom : c'était un coup d'État. Il n'approuva point le langage de M. Manuel, il laissa même voir assez clairement qu'il le désapprouvait, aussi clairement que la générosité de son caractère le permettait à l'égard d'un collègue accusé. Mais, comme M. de Saint-Aulaire, il déclara que l'évidence proclamée par la commission n'existait en aucune façon pour lui. Voici ses paroles :

« Le coup d'État qu'on vous propose est-il nécessaire ? C'est la première question. — Oui, dit-on, la chambre est forcée de se mettre au-dessus des lois, parce qu'il est arrivé une chose que les lois ne pouvaient prévoir. Le régicide a été justifié par M. Manuel à cette tribune..... Le régicide a été justifié à cette tribune ! Si cela était vrai, je comprendrais la proposition qui vous a été faite et j'y réfléchirais; mais plus l'imputation est grave, et plus elle doit être clairement établie. Je n'ai pas besoin d'animer ici mes paroles. Ma religion, sur ce point, et ce n'est pas un mot qui m'échappe, ma religion est aussi prompte à s'alarmer que celle d'aucun autre, et cependant je ne saurais comprendre comment M. Manuel a justifié le régicide. — « Comme jurés, nous déclarons que c'est ce qu'il a fait, » disent les membres de la commission. Et moi, juré comme eux, sans prévention favorable ni contraire, je déclare que ce n'est point ce qu'il a fait. Par cela seul qu'on ne cite point les paroles, qu'on ne les met point en regard du jugement qu'on en porte, on les absout. En effet, ce ne sont pas les paroles, ce sont les tendances seules que la commission incrimine, c'est-à-dire l'intention, c'est la pensée de l'orateur. Eh bien, l'intention, il la désavoue, la pensée, il la nie; qui en sait là-dessus plus que lui? En fait, M. Manuel n'a pas justifié le régicide, on en convient; il n'est accusé que d'avoir voulu le justifier; et c'est ce qu'il est impossible de prouver contre lui quand il affirme le contraire.

« Le motif d'exclusion manque donc de réalité, et le coup d'État manque de la première de ses conditions qui est d'être nécessaire. Que reste-t-il du discours? Je n'ai point à m'expliquer là-dessus, et je ne voudrais pas le faire en ce moment; tout ce que j'ai besoin de savoir, c'est que si je n'approuve point ce langage, si même je le repousse, il s'ensuit que je diffère de l'orateur, il ne s'ensuit pas que je sois son juge. »

M. Royer-Collard complétait cette démonstration en représentant que, non-seulement le coup d'État proposé contre M. Manuel était inutile, mais qu'il créerait un dangereux précédent. Suivant les habitudes de sa dialectique, il appuyait un peu trop sur son argument, et prétendait qu'une fois essayé et pratiqué, le coup d'État se renouvellerait sans cesse, de sorte que tous les députés seraient destituables, et que l'exception deviendrait la règle. Cela n'était pas exact, parce que les causes et les conséquences ne se déduisent pas avec la même facilité dans le monde pratique où cette déduction rencontre mille obstacles, que dans le monde où règne l'idée pure, et que d'ailleurs il n'existait pas contre les autres députés de l'opposition les mêmes motifs et le même sentiment de répulsion que contre M. Manuel. Mais M. Royer-Collard n'en avait pas moins raison de dire qu'il y avait quelque chose de profondément anormal à montrer que les députés de la minorité pouvaient être destituables par la majorité contre laquelle ils ont été nommés, et qu'ils sont appelés à combattre sans cesse.

Ses paroles avaient d'autant plus d'autorité qu'il défendait le principe dont M. Manuel revendiquait le bénéfice sans défendre au fond M. Manuel lui-même, dont il n'approuvait ni le langage ni la conduite politique, comme on le vit bien dans les paroles suivantes :

« Nous sortons, messieurs, d'une révolution qui a laissé partout des traces. Cette révolution professait la justice, et elle en contenait tous les principes, et cependant elle a été immorale dans ses actes, et non-seulement elle a été immorale, mais elle a fait trophée de son immoralité ; elle a été cynique, et c'est son plus mauvais caractère. Ce cynisme s'est empreint dans son langage, il le corrompt encore aujourd'hui. De là, l'inconvenance, la sécheresse et le manque de respect sur les choses, les événements, les personnages que tous les sentiments honnêtes rendent sacrés. »

Ni M. Sébastiani, qui parla dans le sens de M. Royer-Collard et de M. de Saint-Aulaire, ni MM. du Plessis de Grenedan et Hyde de Neuville, qui soutinrent ardemment les conclusions de M. de la Bourdonnaye, n'apportèrent de nouvelles lumières dans le débat. Seulement, à la fin de son discours, M. Hyde de Neuville laissa poindre l'idée d'une proposition toute nouvelle, celle non plus d'expulser définitivement M. Manuel de la chambre, mais de le suspendre de ses fonctions jusqu'à la fin de la session seulement. Les observations de M. Royer-Collard sur la destitution d'un député de la minorité par le vote de la majorité avaient porté coup. En outre, on se préoccupait d'une grave question soulevée par M. de Saint-Aulaire : si M. Manuel était exclu de la chambre, le collége de la Vendée devrait être réuni pour lui donner un successeur; qu'arriverait-il et que ferait la majorité si les électeurs du collége de la Vendée lui renvoyaient M. Manuel? Quoique le ministère n'eût pas cru devoir intervenir dans le débat, et que, mis de nouveau en demeure de s'expliquer, il eût renouvelé, par la bouche de M. de Corbière, les explications données précédemment par M. de Villèle sur la résolution du ministère, de ne pas se mêler à une question de police intérieure de la chambre, il n'avait pas caché aux députés les plus engagés dans cette affaire que, si M. Manuel était exclu, le gouvernement ne se croirait pas en mesure de réunir le collége de la Vendée, dans la crainte que la réélection de Manuel ne créât d'inextricables embarras. C'est ainsi que lorsqu'on sort de la stricte légalité on heurte, à chaque pas, des obstacles imprévus. Cette déclaration avait donné à réfléchir aux membres de la commission; l'exaltation du premier jour commençait à tomber, et, dans la séance du 3 mars, l'on envisageait les choses avec plus de sang-froid.

Quand M. de Girardin, quelques moments avant le vote, demanda que la chambre se prononçât d'abord sur l'amendement proposé par M. Hyde de Neuville, M. de la Bourdonnaye vint, au nom de la commission, déclarer qu'elle ne se reconnaissait pas le droit de casser une élection, et que, par conséquent, c'était une exclusion à terme et non une expulsion définitive qu'elle avait proposée. Évidemment la commission, éclairée par la discussion, reculait devant sa première pensée. Elle essayait d'exécuter son mouvement de retraite le moins désavantageusement possible vers une nouvelle proposition, celle d'imposer à M. Manuel une peine purement disciplinaire. La gauche ne lui épargna point les attaques pendant qu'elle opérait ce mouvement, et le général Foy vint lire à la tribune les paroles du premier discours de M. de la Bourdonnaye, qui étaient en contradiction formelle avec celles qu'il venait de prononcer pour adhérer à la proposition de M. Hyde de Neuville.

On était arrivé à la fin de la séance du 3 mars. Il y avait cinq jours que ce débat était ouvert, et l'agitation qui régnait dans la chambre s'était communiquée au dehors. Il semblait qu'on fût revenu aux jours de troubles qui avaient précédé l'avénement du ministère de la droite. Dès le 1er mars, des groupes assez nombreux s'étaient formés aux abords du Palais-Bourbon, et M. Manuel, sortant de la séance, bras dessus, bras dessous, avec M. Laffitte, avait été l'objet d'une ovation. L'affluence était beaucoup plus considérable le 3 mars; les tribunes publiques regorgeaient d'auditeurs avides d'émotions; la place Bourbon et les quais environnants avaient été envahis par une foule de personnes impatientes de connaître le résultat de la séance. Il y avait un personnel permanent à Paris pour les manifestations politiques de ce genre : la jeunesse des écoles, celle du commerce et les cadres des sociétés secrètes, dont certains membres demandaient si l'exclusion de Manuel ne présentait pas l'occasion trop longtemps attendue de tenter un coup décisif; mais le souvenir des échecs récents du carbonarisme et des exécutions sanglantes qui les avaient suivis fit repousser par le plus grand nombre la proposition d'une action armée. Tout se borna donc à une agitation, que les vifs débats de la tribune, les ardentes polémiques de la presse de toutes les nuances, entretenaient et augmentaient, et dont on retrouvait les symptômes dans les lieux publics. Cet incident parlementaire absorbait l'attention générale. Comme cela est inévitable dans ces sortes de circonstances, l'émotion du dehors réagissait à l'intérieur de la chambre. Seulement les rôles étaient intervertis. La droite, ébranlée par la proposition de M. Hyde de Neuville, le recul de M. de la Bourdonnaye et le refus du ministère d'intervenir dans la question, éprouvait un embarras manifeste; elle avait hâte de clore l'incident. La gauche, au contraire, s'animait de plus en plus. Elle prévoyait que l'atténuation proposée par M. Hyde de Neuville, et acceptée par M. de la Bourdonnaye, ferait passer la proposition, et elle ne songeait plus, suivant sa tactique, qu'à tirer du débat des excitations passionnées pour le dehors. Au commencement de la séance du 3 mars, le général Foy somma le président de refuser de mettre aux voix la proposition à titre d'inconstitutionnelle. M. Ravez, dont l'impartialité et la modération avaient égalé la fermeté, refusa d'obtempérer à cette injonction. Le général Foy s'écria : « J'en appelle au devoir, j'en appelle à l'honneur, et je dis que votre président a personnellement manqué au devoir et forfait à l'honneur. » M. Ravez, donnant une preuve d'impartialité de plus, refusa cette fois encore, malgré les clameurs de la majorité qui retentissaient de tous côtés, de rappeler le général Foy à l'ordre. Il exposa et justifia sa conduite avec une grande dignité de langage, et ce ne fut que quelques minutes après, qu'apostrophé de nouveau par le général Foy avec une violence injurieuse, il déféra au vœu de l'assemblée en prononçant le rappel à l'ordre du député de la gauche.

Au milieu de ces interruptions tumultueuses, on était arrivé à la fin de la discussion. MM. de Saint-Aulaire, du Plessis Grenedan, Royer-Collard, Hyde de Neuville, la Bourdonnaye, avaient été entendus sur la question principale; MM. Foy, Chauvelin sur des questions incidentes. De nombreuses voix réclamèrent la clôture, qui fut prononcée après avoir été vivement combattue par M. Casimir Périer. Il y eut encore plusieurs orateurs, MM. de Sébastiani, Périer, de Girardin, qui prirent la parole sur la position de la question. Alors le président, afin de constater une fois de plus sa sollicitude à maintenir la liberté de la discussion, offrit de nouveau la parole à M. Manuel, qui, se réservant pour les derniers instants, avait refusé jusque-là de la prendre. Celui-ci se dirigea lentement vers la tribune. Il avait volontairement prononcé les paroles les plus propres à enflammer les passions de la majorité; il allait une dernière fois chercher à tirer de la situation violente que ses paroles avaient fait naître tout le mal qu'il pourrait contre le gouvernement royal. Il continua le rôle qu'il avait pris dès l'ouverture du débat, il repoussa de très-haut la censure qu'avait laissée tomber M. Royer-Collard sur la violence de son langage, tout en le défendant contre un ostracisme illégal. Il se posa comme la victime irréprochable des haines de la majorité, et se drapa d'avance dans un martyre politique, dont il savait très-bien n'être pas menacé.

Voici ses paroles :

« Alors même que j'aurais formé le projet de me justifier devant vous de l'accusation portée contre moi, le zèle de mes honorables amis aurait d'avance rempli ma tâche. L'absence du droit, l'usurpation, l'arbitraire, l'innocence de mes intentions, tout a été par eux parfaitement établi, et si un de mes défenseurs, M. Royer-Collard, égaré sans doute par d'anciennes préventions, a laissé échapper quelques mots improbateurs, au moment où je vais braver tant de fureurs, je puis dédaigner un acte de faiblesse et de rancune. Mais ce n'est pas moi qui donnerai à mes adversaires la satisfaction de me voir devant eux placé sur une sellette où ils n'ont pas le droit de me faire descendre. Que d'autres cherchent à avilir la représentation nationale, ils y ont sans doute un coupable intérêt. Moi, poussé par un sentiment bien différent, je ferai tout ce qui dépendra de moi pour lui conserver son lustre. Je déclare donc que je ne reconnais, ici, à personne, le droit de m'accuser ni de me juger. Je cherche ici des juges, je ne trouve que des accusateurs. Je n'attends point un acte de justice; c'est à un acte de vengeance que je me résigne. Je professe du respect pour les autorités; mais je respecte encore bien plus la loi qui les a fondées, et je ne leur connais plus de puissance dès l'instant qu'au mépris de cette loi elles usurpent des droits que la loi ne leur a pas donnés.

« Dans un tel état des choses, je ne sais si la soumission est *un acte de prudence* [1], mais je sais que dès que la résistance est un droit, elle devient un devoir. Elle est surtout un devoir pour ceux qui, comme nous, doivent mieux connaître que personne la mesure de leurs droits, elle l'est pour moi qui dois me montrer digne de ces honorables citoyens de la Vendée, qui ont donné à la France un si noble exemple d'indépendance et de courage en m'accordant deux fois leurs suffrages. Arrivé dans cette chambre par la volonté de ceux qui m'y avaient envoyé, je ne dois en sortir que par la violence de ceux qui n'ont pas le droit de m'en exclure : et si cette résolution doit appeler sur ma tête de plus graves dangers, je me dis que le champ de la liberté a été quelquefois fécondé par un sang généreux. »

Ainsi M. Manuel, profitant de la situation qui lui avait été faite, préparait d'avance la scène d'apparat par laquelle il devait couronner sa carrière parlementaire. Avec une audace de reflet il arrangeait à son usage le mot célèbre de Mirabeau au marquis de Brézé, et, se ménageant un dernier coup de théâtre, cet artiste consommé de la tribune faisait entrevoir à la fin de son discours un dénoûment tragique, qu'il ne craignait pas plus que ses adversaires ne le désiraient, et qui ne pouvait sortir d'une situation où l'on parlait avec tant de liberté. Les acclamations de la gauche se prolongèrent jusqu'à ce que l'orateur eût regagné sa place.

Alors le président avertit la chambre qu'elle allait avoir à voter sur l'amendement de M. Hyde de Neuville, ainsi conçu : « M. Manuel sera exclu des séances de la chambre pendant la présente session. »

Les dernières paroles de l'orateur avaient donné le ton aux récriminations et aux protestations de la gauche, qui prenaient un accent de plus en plus violent. Elle avait demandé l'appel nominal et le vote au scrutin, et cette demande avait été repoussée. L'épreuve était déjà commencée quand M. Sapey déposa dans les mains du président une proposition

---

1. M. Manuel faisait allusion aux paroles de M. de Saint-Aulaire.

tendant à déclarer les deux tiers des voix nécessaires pour que l'exclusion de M. Manuel fût prononcée. M. Ravez opposa à M. Sapey les termes formels du règlement. Alors les paroles les plus injurieuses s'élevèrent des bancs de la gauche. C'était le général La Fayette qui s'écriait : « Le règlement n'a pu prévoir l'infâme coup d'État que vous allez commettre. » C'était le général Foy qui, prenant encore une fois la parole, déclarait qu'il était impossible que l'on fît une loi et qu'on l'appliquât le même jour : « Cela, ajoutait-il, est contraire à l'honneur de la chambre, contraire à la pudeur publique, à la morale. Cette Charte que vous brisez aujourd'hui ne sera plus là demain pour vous protéger. Au jour du malheur, vous n'aurez rien à réclamer, on vous répondra : Vous avez été injustes, vous avez écouté de tyranniques passions, vous avez oublié que vous avez une patrie. »

La gauche adhérait à ces paroles que la droite accueillait par de violents murmures. M. Casimir Périer, dont la véhémence naturelle s'animait au contact de celle de ses collègues, demandait que l'accusé fût admis à récuser soixante-dix membres, en affirmant qu'il y avait des députés qui s'étaient engagés à condamner M. Manuel sans l'entendre. Comme si la liberté avait manqué à une discussion qui se prolongeait depuis six jours, et dans laquelle M. Manuel avait pu dire les choses qu'il avait dites ! Puis le mirage de la première révolution apparaissait à quelques membres avec ses fantômes. Allait-on revoir ces temps de la Terreur où les accusés sans protection étaient livrés sur un soupçon au bourreau ? Le général Demarçay, joignant sa voix aux voix de ses amis, déclarait la représentation nationale faussée, la Charte abolie, la chambre peuplée des ennemis de la nation, et, lorsque le président lui infligeait un rappel à l'ordre, toute la gauche se levait en criant : « Nous pensons tous ce qu'a dit M. Manuel, proscrivez-nous avec lui ! »

Dans les temps de proscription véritable, on est moins prompt à se faire inscrire pour le supplice, et les victimes volontaires ne s'offrent en si grand nombre qu'à des échafauds imaginaires, qui ne seront jamais dressés. La gauche parlait par les croisées, afin de produire un effet d'opinion. Les députés les plus sensés de la droite commençaient à regretter un incident qui amenait de pareilles scènes et ils aspiraient à clore par un vote ce scandaleux débat. M. Ravez réussit enfin à mettre aux voix, au milieu du tumulte, l'amendement de M. Hyde de Neuville, adopté par la commission, qui excluait pour le reste de la session M. Manuel des séances publiques. La droite et le centre droit presque tout entier l'adoptèrent; à la contre-épreuve, la gauche et le centre gauche sortirent de la salle en déclarant qu'ils ne votaient pas, pour ne pas s'associer même indirectement par leur présence à la violation de la Charte.

Ce n'était pas le dernier mot de cette fâcheuse affaire. Au sortir de la séance, vers six heures du soir, les députés trouvèrent une foule considérable réunie sur le quai d'Orsay, le pont et la place Louis XV et la rue Royale. Plusieurs escadrons de gendarmerie avaient été disposés autour de la chambre dont la garde avait été doublée : ils réussirent à rétablir la circulation ; mais une masse compacte salua les membres qui sortaient du palais Bourbon de deux cris : *Vive Manuel! Vive le côté gauche!* et allèrent les répéter rue Saint-Honoré, sous les fenêtres de M. Manuel. Il y eut des groupes jusqu'à une heure avancée de la soirée.

Le lendemain, M. Manuel réalisa la menace qu'il avait faite dans son dernier discours. Il s'était facilement introduit dans le Palais-Bourbon dont il connaissait les abords, et, d'accord avec ses collègues de la gauche, il avait préparé une dernière scène. Il était plus d'une heure, la majorité était assise sur ses bancs, le président venait de monter au fauteuil; il y avait des chuchottements dans la salle et dans les tribunes; on se demandait pourquoi les bancs de la gauche et du centre gauche restaient vides. Tout à coup, on vit entrer M. Manuel en costume, entouré de tous ses collègues de l'opposition, revêtus également de leur uniforme de député ; ils allèrent comme lui s'asseoir à leurs places accoutumées. A cet aspect, il y eut un mouvement dans la salle. C'était un défi jeté à l'assemblée dont la décision était considérée comme non-avenue. Le président laissa lire le procès-verbal, puis il avertit la chambre que, malgré la consigne donnée aux huissiers en vertu du vote de la veille, M. Manuel s'était introduit dans la salle ; il se tourna donc vers ce dernier et l'invita à se retirer.

« — Monsieur le président, répondit le député interpellé, j'ai déclaré hier que je ne céderai qu'à la violence [1]. »

Le président annonça qu'il allait suspendre la séance pendant une heure et donner les ordres nécessaires pour que la volonté de la chambre fût exécutée. Les députés de la droite et du centre droit se retirèrent et suivirent le président qui descendit du fauteuil; ceux de la gauche demeurèrent immobiles sur leurs bancs, autour de M. Manuel. Ils semblaient ainsi les maîtres de la salle, et cette circonstance contribua certainement à la scène qui allait suivre. Après une heure de suspension, le chef des huissiers entra dans l'enceinte suivi de ses subordonnés, s'approcha de M. Manuel, et lui donna lecture de l'ordre signé par le président de le faire sortir de la salle et d'employer, s'il en était besoin, la force armée. « — Cet ordre est illégal, répliqua M. Manuel, toujours immobile sur son banc, je n'y obéirai pas. »

Le chef des huissiers réitéra inutilement sa notification, puis se retira, et reparut bientôt avec un détachement de la

---

1. Nous suivons le récit de M. de Barante, dans la *Vie politique de Royer-Collard*.

garde nationale et un piquet de vétérans ; c'était la garde nationale, on le sait, qui faisait le service d'honneur à la chambre des députés. A la vue de la garde nationale, les députés de la gauche protestèrent. Le général La Fayette s'écria : « C'est déshonorer la garde nationale ! » M. Casimir Périer ajouta : « Elle doit nous garder, et non nous faire violence ; » M. Laffitte : « La garde nationale n'arrachera pas d'ici un élu du peuple ! » L'officier de vétérans qui commandait le poste ordonna au sergent de la garde nationale d'avancer avec ses hommes. Celui-ci hésita. C'était un fabricant de galons nommé Mercier. La solennité du lieu, la gravité de l'action, l'attitude de la gauche, qui, seule présente sur ses bancs, semblait être l'assemblée, les adjurations du général La Fayette et de ses collègues, la voix, le geste, l'accent du général Foy l'avaient intimidé, fasciné. La gauche éclata en applaudissements auxquels se joignirent les applaudissements des tribunes publiques. « — Honneur à la garde nationale ! s'écria le général Foy, elle vient de se couvrir de gloire. »

Il devenait évident que la garde nationale n'obéirait pas, et sa désobéissance était applaudie. La situation s'aggravait. M. Ravez prescrivit au colonel de Foucauld d'entrer dans la salle avec un détachement de gendarmes. M. de Foucauld était un homme de dévouement royaliste et de résolution militaire. Malgré la véhémente apostrophe du général Foy, qui s'écriait : « Quoi ! des gendarmes dans l'enceinte de la représentation nationale ! » le colonel de Foucauld s'avança vers le banc de M. Manuel et le somma de sortir. Puis, comme la gauche l'interpellait de nouveau : « La gendarmerie n'est venue que pour seconder la garde nationale, » dit-il. Les députés de la gauche gesticulaient et protestaient en répétant que la garde nationale refusait de se rendre complice de cet attentat. « Je fais une dernière sommation à M. Manuel, reprit le colonel de Foucauld. Je serai désolé d'employer la force

contre un député, mais enfin je le ferai, car c'est mon devoir.
— Usez donc de la force, » répliqua M. Manuel.

Alors le colonel de Foucauld se tourna vers les gendarmes et leur dit : « Emparez-vous de M. Manuel[1] ! » Quatre gendarmes et un brigadier montèrent au banc du député et lui mirent la main sur le collet. M. Manuel, qui voulait seulement constater la violence, se leva et les suivit sans résistance. Tous les députés de la gauche l'accompagnèrent ainsi au dehors. M. Manuel, demeuré libre, monta seul dans une voiture et se fit reconduire chez lui comme un acteur, au sortir de la scène où il a achevé son rôle.

C'est là le caractère de cet incident auquel on a mal à propos donné le nom de drame. Il lui manqua ce qui fait le drame, une inquiétude réelle pour le héros, comme il manqua à l'action de M. Manuel ce qui rend les actions de ce genre véritablement héroïques, le dévouement courageux qui porte un homme à tout sacrifier pour la défense des lois de son pays et à braver un péril réel. M. Manuel n'était pas le défenseur des lois, c'était un agresseur, un conspirateur secret, un ennemi systématique des lois établies et du gouvernement, et ni lui, ni ses collègues de gauche qui s'offraient aux mêmes dangers, ne couraient aucun péril. C'est pour cela qu'il y avait eu depuis le commencement jusqu'à la fin, dans toute cette affaire, un caractère théâtral qui n'a pas échappé aux esprits réfléchis de ce temps[2].

---

1. Dans la plupart des histoires, on fait dire au colonel de Foucauld : « Empoignez cet homme-là ! » Ou tout au moins : « Empoignez M. Manuel ! » C'est la tradition de la gauche qui fut exploitée dans les journaux du temps. M. de Foucauld, qui était non-seulement un homme d'honneur, mais un homme de bonne compagnie, a toujours nié qu'il se fût servi de cette expression brutale, et la manière polie dont il s'exprima en témoignant à M. Manuel le regret qu'il éprouverait s'il était obligé d'employer la force est un argument en faveur de son assertion.

2. Un homme qui appartenait à l'opinion du centre gauche, M. de Barante, dans la *Vie politique de Royer-Collard*, t. II, p. 203, laisse percer ce sentiment : « Il convenait, dit-il, de raconter cette scène qui eut un intérêt dra-

M. Manuel et le sergent Mercier, admis à partager sa gloire, devaient être bientôt également oubliés après avoir joui un instant de cette vogue, que la vanité humaine prend pour l'immortalité. N'importe, c'était une fâcheuse affaire pour la majorité, le ministère et le gouvernement lui-même.

La majorité s'était donné un tort, elle avait frappé, non plus il est vrai d'une exclusion définitive, ce qui aurait été un coup d'État comme l'avait dit M. Royer-Collard, mais d'une peine disciplinaire qui n'était pas prévue dans son règlement, un de ses membres qui lui était à bon droit désagréable et suspect, qui une fois de plus avait heurté ses sentiments, mais dont les paroles sèches, inconvenantes et sans respect pour les choses, les événements et les personnages, que tous les sentiments honnêtes rendent sacrés [1], n'étaient pas assez précises pour que l'on pût en tirer, autrement que par une interprétation que l'orateur repoussait, l'apologie du régicide. Il y avait donc là un fâcheux abus de pouvoir que les précédents de M. Manuel et son attitude pleine de provocation et d'arrogance expliquent mais sans le justifier.

En se donnant ce tort, la majorité avait commis une faute. En possession du pouvoir légal, son intérêt était de ne pas donner prise aux passions extra-légales de la gauche. Elle

matique, et qui toutefois témoignait qu'on était loin des temps révolutionnaires. D'une part, des opinions passionnées, mais vaines, sans prévoyance, et dont la puissance restait soumise aux formes constitutionnelles, et un gouvernement qui comprenait la nécessité d'une certaine modération. D'une autre part, une opposition courageuse et vive, mais qui n'était disposée à aucune entreprise extra-légale. Le public parisien n'en reçut pas une impression profonde. Il n'y avait aucune inquiétude à concevoir pour M. Manuel ; on admirait son courage et son indépendance ; on applaudissait à l'éloquence avec laquelle il s'était défendu, mais quelques semaines après on ne pensa plus à lui. Le sergent Mercier eut aussi sa part du triomphe. Il était simple fabricant de galons. Les députés lui rendirent visite dans son humble boutique. De grandes dames allèrent y faire des emplettes. On voyait sa lithographie exposée chez les marchands, mais sa gloire dura peu. »

1. Ce sont les expressions du discours de M. Royer-Collard.

avait donc joué le jeu de ses adversaires, car elle avait provoqué, par la passion qu'elle avait montrée, la passion contraire. Elle avait mis dans l'ombre le grand succès de tribune de M. de Chateaubriand en faisant naître un incident fâcheux et inutile, qui, pendant six jours, avait si vivement occupé l'opinion publique que la question d'Espagne elle-même avait été oubliée. Elle avait donné un aliment aux agitations de la rue, fourni à l'opposition un motif de crier à l'illégalité; elle l'avait aidée à casser les vitres du Palais-Bourbon, ce qui avait permis aux orateurs de la gauche de parler aux passions révolutionnaires par les croisées. En échange de tout cela, qu'avait-elle obtenu? L'exclusion de M. Manuel pour une session, au moment où sa parole, si désagréable qu'elle fût à la droite, ne pouvait plus être un danger ni un obstacle pour le gouvernement royal, sûr de la majorité; exclusion qui faisait grandir M. Manuel et rapetissait la majorité qui semblait avoir peur d'un homme auquel il aurait mieux valu répondre que de l'éloigner.

Je n'ai pas encore tout dit. Cet incident, outre l'ébranlement qu'il donna à l'opinion, l'impression défavorable qu'il fit en France, et même en Angleterre comme on va le voir, outre le grief qu'il fournit à l'opposition qui s'empara de tous les détails de cette affaire et les exploita pendant quelques semaines[1], eut le grave inconvénient de mettre à l'ordre du

---

1. Il y eut au théâtre et dans les petits journaux une foule d'allusions avidement saisies par le public qui aime à faire de l'opposition au pouvoir. Le *Miroir* publia sur le *Manuel de l'homme du bon ton*, publié chez Audin, quai des Augustins, n° 25, un article rédigé par M. Cauchois-Lemaire, où, sous prétexte de louer le livre, il portait aux nues le député que la chambre venait de frapper d'une peine disciplinaire : « Je ne sais, disait-il, de quels termes me servir pour exprimer d'une manière convenable la haute estime que je professe pour le *Manuel* dont je vais parler. Les qualités les plus heureuses se réunissent pour en faire l'objet de l'admiration générale. Le style n'est pas son seul mérite ; si on le considère sous le rapport typographique, quel *caractère!* C'est du *romain* (terme d'imprimerie). Et sa *justification!* Est-il quelque

jour une des plus redoutables questions qui puissent être agitées, celle de savoir jusqu'où doit aller et où doit s'arrêter l'obéissance passive de la force armée. La question posée au Palais-Bourbon même et résolue dans le sens de la désobéissance par un sergent de la garde nationale, fut reprise au dehors et traitée pendant plusieurs jours. Tandis que des colonels de la garde nationale publiaient dans le *Moniteur* des ordres du jour pour noter de blâme la conduite du sergent Mercier, le général La Fayette développait dans une lettre rendue publique la doctrine opposée; des gardes nationaux adhéraient à ses conclusions, et M. Benjamin Constant, dont la plume était toujours prête à traiter les thèmes d'opposition, demandait ce qu'il adviendrait dans le cas où le président de la chambre donnerait l'ordre d'arrêter un ministre. On prévoyait l'imprévu, on supposait l'invraisemblable, presque l'impossible pour troubler les esprits, et arriver à cette conclusion banale qu'il n'y a pas de règle sans exception, et qu'il n'est pas permis de tourner les forces légales contre la loi elle-même. Principe incontestable dans la théorie, dont il faut se souvenir à l'heure où une crise sociale l'exige, mais qu'il ne faut pas trop souvent rappeler, parce que les passions

---

chose de plus beau et de plus satisfaisant? Le *Manuel* dont j'entretiens les lecteurs du *Miroir* est fécond en grandes pensées, en maximes utiles. En voici quelques-unes : Il est défendu par la politesse d'interrompre personne ; ne paraissez pas mieux instruit de la chose en question que le narrateur lui-même, » etc.

Tout l'article, qui fit fureur et qu'on s'arracha dans les cafés, était écrit sur ce ton. En même temps, on parlait dans le *Miroir* « d'un *Mercier* très-recommandable qui, en se plaçant très-avantageusement dans l'opinion, avait encouru l'animadversion de *quatre mères*, ou plutôt quatre commères du quartier. » C'était une allusion au nom de M. Polissard-Quatremère, colonel de la 4º légion qui, dans un ordre du jour, avait blâmé l'indiscipline du sergent Mercier. Au théâtre du Vaudeville, dans une pièce intitulée la *Lanterne sourde*, un personnage hésitant à s'emparer de la *Lanterne-Talisman*, des voix du parterre crièrent : *Empoignez-la*, et il y eut un tonnerre d'applaudissements. Voir l'*Histoire par le théâtre*, par T. Muret. Deuxième série, la *Restauration*, page 215.

en abusent, dans les temps troublés, pour violer les lois sous prétexte de les défendre.

Le tort du ministère fut de ne pas avoir prévu les inconvénients de tout genre que la majorité rencontrerait dans la voie où elle s'engageait, et de ne pas s'être résolûment mis à la traverse dès le début. Sans doute, il y avait quelque chose de spécieux dans le motif d'abstention que M. de Villèle avait fait valoir : la nature de la question qui se rattachait exclusivement à la police de l'assemblée. On peut ajouter que le ministère craignait de se commettre avec la passion royaliste ardemment enflammée, et de donner ainsi l'avantage à M. de la Bourdonnaye, qui s'en rendait l'interprète. Mais le métier d'un ministère, dans un pays de libre discussion, est de résoudre les difficultés inévitables et de prévenir les difficultés qui peuvent être évitées. L'intérêt d'un ministère est de ne laisser à personne la direction de la majorité qu'il lui appartient de conduire, car cette influence qu'il laisse s'établir peut se tourner contre lui. C'est ce qui arrivait dans cette occasion. MM. de la Bourdonnaye et de Lalot, les chefs de la contre-opposition royaliste, avaient eu pendant plusieurs jours la droite presque tout entière derrière eux ; ils avaient développé chez elle la passion politique avec laquelle le ministère avait déjà eu à compter. Enfin, il nous reste à exposer un dernier résultat également fâcheux pour l'union de la majorité que la présence de la gauche maintenait dans une certaine mesure, pour le ministère qui avait besoin de cette union, et par conséquent pour le gouvernement tout entier.

La gauche, après le vote qui excluait M. Manuel, prit, dans une réunion tenue chez M. Gévaudan, la résolution de protester et de s'abstenir en masse, jusqu'à la fin de la session, en acceptant ainsi la situation faite à M. Manuel : désespérant d'exercer une action sur le scrutin, elle comptait ainsi produire un grand effet d'opinion, livrer, dans l'intérieur de la chambre, la droite au travail des dissensions intestines, enfin, aider à la crise révolutionnaire qui, dans sa pensée, se faisait proche [1].

Le 5 mars, à l'ouverture de la séance, le président annonça à la chambre qu'une lettre signée de soixante-deux députés lui avait été adressée, et qu'une protestation contre la mesure prise au sujet de M. Manuel y était jointe. La majorité, malgré les réclamations véhémentes du général Foy qui vint glorifier à la tribune l'acte d'indiscipline et de désobéissance du sergent Mercier, passa à l'ordre du jour sur la protestation de la gauche et décida qu'elle ne serait pas lue. Elle savait à l'avance et le public sut bientôt aussi, car, à défaut des journaux qui n'osèrent pas la publier, on fit circuler clandestinement des copies de cette déclaration, que c'était une insulte à la chambre et un appel à la révolution [2].

---

[1]. M. Duvergier de Hauranne le dit d'une manière formelle ; or, par son père membre alors du centre gauche, et qui assista aux délibérations sans adopter la résolution qui y fut prise, l'historien se trouvait au courant du mobile de la conduite de la gauche : « Depuis quelque temps, la gauche était dominée par cette idée funeste qu'une grande crise révolutionnaire était inévitable, et que, soit par la désertion de l'armée, soit par les lenteurs et les échecs de la guerre, le gouvernement de la Restauration périrait ou serait du moins forcé de changer de système. Et cette conviction n'était pas celle de la gauche seulement. Elle avait gagné le centre gauche et jusque à une grande portion de l'ancien parti Richelieu. M. de Talleyrand croyait à la crise et ne s'en affligeait pas. M Pasquier s'y attendait tout en la déplorant. Le jour où elle se retira en masse, la gauche crut donc aider au mouvement extérieur et faire un acte de hardiesse offensive. » (*Histoire du gouvernement parlementaire*, t. VII, p. 330.)

[2]. On en jugera par les passages suivants : « Nous, soussignés, membres de la chambre des députés des départements, déclarons que nous n'avons pu voir sans une profonde douleur et une indignation qu'il est de notre devoir de manifester devant toute la France, l'acte illégal, attentatoire à la Charte, à la prérogative royale et à tous les principes du gouvernement représentatif, qui a porté atteinte à la représentation nationale, et violé, dans la personne d'un député, les garanties assurées à tous, les droits des électeurs et de tous les citoyens français :

« Nous déclarons, à la face de notre pays, que, par cet acte, la chambre des députés est sortie de sa sphère légale et des limites de son mandat.....

« Considérant la résolution prise hier 3 mars 1823 contre notre collègue.

Le centre gauche, qui n'avait pu se résoudre à adhérer à un acte rédigé dans des termes aussi violents, tint une conduite séparée. Il décida qu'il ne quitterait pas la chambre, mais qu'il ne prendrait part à sa délibération que par son vote. L'assemblée ne trouva donc plus à gauche que les bancs déserts d'une opposition absente, et, au centre gauche, une opposition silencieuse.

Il en résulta que la discussion sur le crédit demandé, après avoir commencé d'une manière si brillante et si animée, se trouva fermée tout à coup et s'éteignit faute d'opposants. Il y eut un résumé remarquable et modéré de M. de Martignac; après quoi le crédit extraordinaire de 4 millions de rentes fut voté par 219 voix contre 19. Trois députés du centre gauche seulement se levèrent contre les articles, MM. Duvergier de Hauranne, Hay et Delacroix-Frainville. La loi des vétérans passa à la même majorité.

On ne saurait dire cependant que le débat ait été étouffé. Il se rouvrit le 14 mars à la chambre des pairs, devant laquelle les deux lois votées par la chambre des députés furent portées, et le maréchal Jourdan, MM. de Barante et de Broglie, traitèrent la question avec une entière liberté de paroles. M. de Barante nia, comme on l'avait fait à l'autre chambre, la gravité des motifs qui déterminaient le gouvernement à entreprendre la guerre d'Espagne ; aucun ne lui parut sérieux. Faible sur ce

---

comme le premier pas d'une faction pour se mettre violemment au-dessus de toutes les formes et pour briser tous les freins que notre pacte fondamental lui avait imposés ;

« Convaincus que ce premier pas n'est que le prélude du système qui conduit en France à entreprendre une guerre injuste au dehors pour consommer au dedans la contre-révolution, et pour ouvrir notre territoire à l'occupation étrangère ;

« Ne voulant pas nous rendre complices de tous les malheurs que cette mesure peut attirer sur notre patrie ;

« Nous protestons contre toutes les mesures illégales et inconstitutionnelles, » etc.

point, son argumentation fut plus forte quand il insista sur la difficulté d'établir un régime durable en Espagne après avoir obtenu la victoire, et sur les dépenses et les inconvénients d'une occupation militaire prolongée. Seulement, avec le pessimisme naturel à l'opposition, il exagéra les conséquences fâcheuses de ces difficultés et fit entrevoir la possibilité d'une révolte en France, révolte provoquée par la suppression des libertés publiques, à laquelle le gouvernement serait obligé de recourir, par suite du mécontentement qui naîtrait de l'occupation de l'Espagne, et suivie de l'invasion de notre territoire par les armées étrangères.

Le discours qui par l'élévation des idées et celle du langage produisit la plus vive sensation fut celui du duc de Broglie. Il choisit naturellement parmi les thèses de ses adversaires celle qui prêtait le plus à son éloquence, qui aimait à graviter dans la sphère des principes. Le prince de Polignac avait demandé si la France pouvait demeurer spectatrice indifférente du combat engagé entre l'ordre et l'anarchie, entre la fidélité et la révolte, et il avait répondu : « Il faut que la civilisation succombe ou que la révolution espagnole recule. » Le duc de Broglie accepta ce point de vue du prince de Polignac, comme le véritable terrain de la discussion, sans songer que le gouvernement, dans ses négociations avec l'Espagne et dans les transactions de Vérone, s'était au contraire constamment placé au point de vue de l'intérêt français, et qu'il avait pris son droit de représentation et d'action dans le danger que nous faisaient courir les désordres de l'Espagne. Selon l'orateur, c'était purement et simplement une guerre de principe, une croisade contre les révolutions, que la France allait faire en Espagne, en proclamant que « tout peuple qui revendique ses droits, une liberté que son gouvernement lui refuse, est un peuple de forbans qui doit être mis au ban de l'Europe. Les constitutions légitimes n'ont de source légitime que dans le pouvoir absolu. Le pouvoir absolu les donne quand il lui plaît, telles qu'il lui plaît. S'il n'en donne point, les peuples n'en auront point. Tout gouvernement issu d'une révolution est un monstre qu'il faut étouffer quand on le peut. »

Il n'était pas difficile de vaincre des adversaires à qui l'on assignait une si mauvaise position sur le champ de bataille. Le duc de Broglie triompha donc des objections qu'il avait mises dans la bouche de ses adversaires. Puis il arriva à invoquer le droit de résistance à la tyrannie. C'était le thème que M. Manuel venait de développer à la chambre des députés et au nom duquel le manifeste de la gauche provoquait la France à tenter une révolution. Le duc de Broglie ne cherchait pas à dissimuler ce qu'il y avait de grave à soulever une pareille question :

« Messieurs, disait-il, c'est avec un profond regret que je prononce ces paroles; je sais que je marche sur des charbons ardents. Autant qu'un autre, d'ailleurs, je sais que ce droit délicat et terrible qui sommeille au pied des institutions humaines, comme leur triste et dernière garantie, ne doit pas être invoqué légèrement; autant qu'un autre, je sais que, surtout à l'issue des grandes commotions politiques, la prudence conseille de n'en pas frapper incessamment l'oreille des peuples et de le laisser enseveli sous un voile que la nécessité seule ait le droit de soulever. Je suis prêt, pour ma part, à me conformer à ce conseil de la prudence, je suis prêt à me taire; mais c'est à cette condition pourtant qu'on ne voudra pas me contraindre à proclamer qu'un tel droit n'existe pas..... Car enfin ce droit de compter sur soi-même, et de mesurer son obéissance sur la justice, la loi et la raison, ce droit de vivre et d'en être digne, c'est notre patrimoine à tous ; c'est l'apanage de l'homme qui est sorti libre et intelligent des mains de son créateur; c'est parce qu'il existe imprescriptible, inexpugnable au dedans de chacun de nous, qu'il existe collectivement au sein des sociétés; l'honneur de notre espèce en dépend. Les plus beaux souvenirs de la race humaine se rattachent à ces époques glorieuses où les peuples qui ont civilisé le monde, et qui n'ont point consenti de passer sur cette terre en s'ignorant eux-mêmes et comme des instruments inertes dans les mains de la Providence, ont brisé leurs fers, attesté leur grandeur morale et laissé à la postérité de magnifiques exemples de liberté et de vertu. Les plus belles pages de l'histoire sont consacrées à célébrer ces généreux citoyens qui ont affranchi leur pays. »

Le duc de Broglie put développer ces éloquentes généralités philosophiques et littéraires sans être une seule fois arrêté par le président, témoignage de la liberté de la tribune à cette époque [1]. Elles recélaient cependant pour la pratique un immense danger que M. de Chateaubriand fit ressortir dans sa réponse. Déjà avant lui le duc de Fitz-James répondant au reproche du duc de Broglie, qui accusait le gouvernement royal d'être resté indifférent aux crimes commis de sang-froid par le despotisme et de ne s'indigner et de n'intervenir que contre les excès commis au nom de la liberté, s'était écrié que depuis trois ans la liberté était morte en Espagne et que ce n'étaient pas les révolutionnaires qui la ressusciteraient. Alors M. de Chateaubriand, prenant à partie le duc de Broglie sur les dangers du principe de la révolte mal caché dans la doctrine du droit de la résistance, prononça ces paroles pleines de vérité :

« Je crois être aussi indépendant d'esprit et de caractère que le noble duc, je crois aimer autant que lui les libertés publiques, je hais les tyrans, je déteste l'oppression ; mais je soutiens que discuter la doctrine de la résistance, c'est s'exposer à bouleverser le monde. Je soutiens qu'aucune société, même une société démocratique, ne peut exister avec ce principe. Qui fixera le point où la résistance doit commencer? Si vous m'établissez juge de ce terrible droit, mes passions, mes préjugés, les bornes même de mon entendement, me feront voir partout la tyrannie. Les lois me sembleront oppressives, quand elles arrêteront mes penchants, et je leur résisterai ; l'ordre de mes supérieurs me paraîtra arbitraire, et je ne l'exécuterai pas. Si je résiste, on me résistera, car le droit est égal pour tous. Tous les désordres, tous les malheurs, tous les crimes découleront de ce droit de révolte, et l'on arrivera à l'anarchie, qui n'est qu'une grande résistance à tous les pouvoirs. »

---

1. **M.** Duvergier de Hauranne fait la même remarque.

Observations d'une éternelle vérité! Discussion de tribune qui rappelait le grand débat de Bossuet contre Jurieu[1]! M. de Montalembert[2] ramena l'attention, qui s'égarait dans ces hautes sphères, à un côté pratique et vraiment politique de la question en signalant un nouveau point de vue :

« Il est devenu clair pour moi, dit-il, que le parti dominant dans les cortès, aveuglé par sa haine contre la France, cherchait à détruire dans la Péninsule notre alliance politique qui, depuis le traité d'Utrecht, est devenue le patrimoine de la couronne de France. Dès ce moment mon opinion a été fixée. »

Cet intérêt national qu'avait la France à ne point laisser substituer l'influence de l'Angleterre à la sienne de l'autre côté des Pyrénées était, avec l'impossibilité gouvernementale alléguée par M. de Villèle de supporter à nos portes le voisinage et la contagion de l'anarchie révolutionnaire de l'Espagne, deux motifs décisifs au point de vue de la raison politique[3]. M. Molé, dans le discours très-hostile au ministère

---

[1]. « Le principe de rébellion, disait Bossuet, qui est caché dans le cœur des peuples, ne peut être déraciné qu'en ôtant jusque dans le fond, du moins aux particuliers, en quelque nombre qu'ils soient, toute opinion qu'il puisse leur rester de la force, ni autre chose que les prières et la patience contre la puissance publique. » Cette phrase incidente, « *du moins aux particuliers,* » est digne de remarque. Elle indique que Bossuet pensait qu'un contrôle régulier devait être placé dans les grands corps de l'État, et il achevait d'indiquer sa pensée par cette autre phrase : « Les monarchies les plus absolues ne laissent pas d'avoir des bornes inébranlables dans certaines lois fondamentales contre lesquelles tout ce qui se fait est nul de soi. »

[2]. Père de l'illustre orateur de ce nom.

[3]. Le célèbre pamphlétaire Cobbet écrivit, à cette époque, à M. de Chateaubriand, une lettre dans laquelle il reconnaissait cette double vérité. Il rappelait d'une manière piquante que lord Liverpool, si contraire maintenant à l'expédition française en Espagne, avait, en 1815, prononcé cette phrase dans le parlement à l'occasion d'une participation à la coalition qui avait renversé Bonaparte : « Nous avons le droit de vouloir que la France n'ait pas un gouvernement qui menace le repos des autres nations. » Dans la suite de sa lettre, M. Cobbet ajoutait : « Comme une mesure de convenance, comme une mesure de politique, votre guerre contre l'Espagne, ou plutôt contre la révolution espagnole, ou, en

qu'il prononça à l'occasion de la seconde loi, celle qui organisait les vétérans, ne parvint pas à affaiblir la gravité de ces motifs ; ce discours était surtout un discours de tactique destiné à diviser de plus en plus les deux fractions de la droite, en donnant à croire à la plus ardente que le ministère ne voulait pas réellement la guerre, et que les préparatifs n'étaient qu'un simulacre à l'aide duquel le gouvernement s'efforçait de maintenir la majorité à sa suite pendant la session. Ce jeu d'esprit dont M. Molé, avec son expérience des affaires, ne pouvait guère être la dupe, et qui se trouvait démenti par l'étendue et l'activité des préparatifs qui frappaient tous les yeux, plut aux adversaires systématiques du gouvernement comme une pierre d'achoppement de plus jetée dans son chemin, mais sans convaincre personne. Les deux lois présentées furent votées à une grande majorité à la chambre haute comme à la chambre élective ; cette majorité fut à la chambre haute de 112 voix contre 66.

L'acquiescement des deux chambres obtenu, il restait encore deux questions à vider, celle de l'opposition de l'Angleterre et celle de la fidélité de l'armée que les révolutionnaires des deux côtés des Pyrénées cherchaient à détourner de son devoir par des pratiques secrètes. Ces deux problèmes résolus, on n'aurait plus devant soi que les difficultés naturelles de l'expédition, qui étaient encore considérables.

---

d'autre mots, contre la liberté espagnole, est une mesure de sage, de vraiment profonde politique. Vos raisons pour subjuguer l'Espagne sont même plus fortes que ne le seraient les nôtres pour subjuguer l'Irlande, si l'Irlande ne faisait pas déjà partie de l'Angleterre. Il y a un bras de mer entre l'Angleterre et l'Irlande, mais rien ne sépare la France de l'Espagne. Un ministre français qui regarde une carte d'Espagne, qui voit les facilités infinies qu'il y a pour débarquer dans ce royaume une armée étrangère coopérant avec les Espagnols contre la France, un ministre français serait indigne de sa place si, voyant ce danger, il ne saisissait pas l'occasion de le détourner. » Voir cette lettre *in extenso* tome 1er du *Congrès de Vérone*, page 322.

III

LA QUESTION DIPLOMATIQUE A LONDRES.

Le prince de Polignac ne s'était pas encore rendu à Londres, et c'était le vicomte de Marcellus[1], premier secrétaire pendant l'ambassade de M. de Chateaubriand, qui continuait à remplir l'intérim. Le jeune chargé d'affaires tenait, par une correspondance active, M. de Chateaubriand au courant des mouvements de l'opinion publique en Angleterre et surtout des dispositions du cabinet. L'opinion populaire se prononçait ardemment contre la France, comme il arrive presque toujours de l'autre côté du détroit quand le gouvernement français adopte une politique hardie. Lorsque l'ambassadeur du gouvernement des cortès à Paris, le duc de San Lorenzo, eut, après le discours de Louis XVIII, quitté la France pour se rendre à Londres, le *Mob* détela sa voiture et la traîna triomphalement à l'hôtel de *Portland-place*, où cet ambassadeur descendit; comme l'hôtel de l'ambassade de France était situé sur la même place, la populace en prit occasion pour y casser quelques vitres et jeter de la boue sur les murs de l'hôtel habité par M. de Marcellus. Dès le lendemain, les autorités municipales du quartier offrirent à celui-ci de faire à leurs frais les réparations; il répondit avec une dignité vraiment française, où perçait une pointe de jactance méridionale, que les 100 millions du crédit éventuel destinés à couvrir les frais extraordinaires et imprévus lui donneraient bien les moyens de remettre quelques carreaux cassés ; quant à la boue, elle

---

1. Le vicomte de Marcellus, fils du député de ce nom, est mort en 1862.

sécherait et tomberait d'elle-même le jour de l'entrée de l'armée française à Madrid.

Les dispositions du ministère étaient loin d'être homogènes; M. Canning, quoique élève de Pitt, comme il aimait à le rappeler, entrait, on l'a dit, dans la seconde période de sa vie politique où il chercha surtout son point d'appui et sa force dans la faveur populaire. Ministre désagréable, subi et non choisi par George IV qu'il avait personnellement offensé dans le procès de la reine Caroline, il trouvait ainsi le moyen de s'imposer au Roi qui ne l'aimait pas, et à l'aristocratie anglaise qui ne l'avait pas adopté. C'était donc de lui que devaient venir, que venaient les principaux obstacles, soit dans le parlement, soit dans les relations diplomatiques. Il n'avait pas voulu écrire le mot de neutralité dans le discours prononcé par le Roi à l'ouverture du parlement, et, pendant tout le mois de février et la première moitié du mois de mars, il n'omit rien pour donner des inquiétudes à notre cabinet sans lui adresser de menaces directes. C'était un sacrifice qu'il faisait à l'opinion fortement prononcée contre nous. Mais cependant M. de Marcellus ne cessa point d'annoncer à son gouvernement qu'après avoir fait un peu de bruit, l'Angleterre garderait la neutralité[1]. Il savait, dès la fin de février, que M. Peel s'était fortement prononcé dans ce sens, et que la majorité du conseil s'était ralliée à son avis. Le 4 mars, il rendait compte d'une conversation qu'il avait eue avec lord Westmoreland, qui lui avait dit avec la brusquerie ordinaire de son langage : « C'est à vos ministres à étouffer l'esprit jacobin; qu'ils ne se laissent pas assourdir par le bavardage de l'opposition dans vos chambres. Elle se compose du vieux mobilier de l'empire (*old imperial furniture*), que Louis XVIII a cru rajeunir en le redorant ; qu'il ne s'y appuie pas, car il

---

1. Voir la correspondance diplomatique de M. de Marcellus, publiée par lui en 1853, sous ce titre : *Politique de la Restauration*, 1822-1823.

craquerait (*it well crack*). Remarquez que presque tous les braillards (*bawlers*), qui veulent maintenant vous empêcher de pacifier l'Espagne, étaient de véritables muets du sérail, quand, il y a quinze ans, une agression traîtresse (*traitorous*) mettait le feu à la Péninsule. Écrivez cela de ma part à M. de Chateaubriand et sans y rien changer. »

Il était évident que, lorsque de pareils sentiments trouvaient leur expression jusque dans la bouche d'un membre du cabinet anglais, l'Angleterre ne s'opposerait point par la force à notre expédition. Le violent incident qui se termina par l'exclusion temporaire de M. Manuel modifia pour un moment ces dispositions, que le retentissement du beau discours de M. de Chateaubriand de l'autre côté du détroit avait fortifiées : les membres du ministère et du parlement les plus favorables au gouvernement français furent unanimes à blâmer la conduite tenue par la chambre et même par le ministère dans cette fâcheuse affaire. Chose remarquable, et qui montre l'influence du milieu sur les hommes : tandis que le jeune secrétaire d'ambassade, écrivant dans un pays de gouvernement parlementaire, s'exprimait sur cet incident avec autant de sens que de gravité, M. de Chateaubriand, sous le charme de son dernier succès de tribune et sous le coup de la passion royaliste avec laquelle il ne voulait pas rompre parce qu'elle était une de ses forces, n'attribuait à cette affaire aucune importance et en parlait avec une singulière légèreté[1]. Mais l'impression produite par cet épisode dura

---

1. « Votre dernière dépêche officielle, écrivait M. de Marcellus, de Londres, à la date du 5 mars, me donnait des explications rassurantes sur les troubles qui ont précédé et suivi l'exclusion de M. Manuel ; j'ai essayé de les faire comprendre à plusieurs ministres avec lesquels je dînais avant-hier chez lord Westmoreland. Ils blâment comme nous le langage de cet orateur, mais moins que nous, ils s'en indignent : et si quelques-uns ont pensé qu'une pénalité devait s'appliquer à ces excès de la parole, tous ont jugé que l'exclusion était une peine trop sévère et que le silence imposé suffisait. Ils ont unanimement con-

peu. Le 7 mars, M. de Marcellus ayant rencontré lord Harrowby et lord Westmoreland qui se rendaient au conseil, le dernier lui demanda : « Vos troupes sont-elles déjà en Espagne? » Lord Harrowby ajouta aussitôt : « Qui vous arrête? » Puis, comme M. de Marcellus répondait qu'on espérait encore la soumission du ministère espagnol: « Bah! reprit lord Westmoreland, allez toujours. En 1821, le jour où se préparait une motion violente dans le parlement en faveur des Napolitains, la capitulation de Naples arriva et tout fut dit. »

On voit que l'esprit de lord Castlereagh qui disait au prince de Metternich et à l'Autriche, en 1821 : « Faites, mais faites vite, » n'était pas mort tout entier avec lui.

Le 30 mars, M. Canning prononça enfin dans une conversation avec M. de Marcellus ce mot de neutralité qui lui coûtait tant, parce qu'il craignait de s'aliéner la faveur populaire et ces applaudissements qui étaient à la fois une de ses joies et une de ses forces. — Cette dépêche de M. de Marcel-

---

damné l'intervention définitive des gendarmes, et plus encore l'imprudence de la chambre des députés qui expose dans une première tentative de répression aux harangues de M. de La Fayette une garde nationale douteuse. Ceci touche à la représentation nationale, aux libertés parlementaires, et ces deux intérêts sont réglés et respectés ici depuis trop longtemps, pour que je puisse réussir à rectifier même les préjugés qui s'y rattachent.

« Vous ne sauriez croire combien hautement la conduite de la chambre des députés dans cette circonstance a été désapprouvée par la société, par le peuple et même par le conseil des ministres. — « Cette garde nationale qui refuse d'obéir, même dans l'enceinte parlementaire, m'a dit M. Canning, n'est-elle pas elle-même la force sur laquelle s'appuie votre sécurité de tous les jours? Et cette majorité qui a créé le ministère actuel, en montrant tant de violence, n'annonce-t-elle pas son peu de durée? »

A ces graves observations, M. de Chateaubriand ne répond qu'avec des légèretés d'esprit et de plume. Il dit dans sa lettre du 4 mars : « L'effet de mon discours a été immense à Paris. Il a précipité Manuel et son parti dans cette scène dont tout le monde rit ici. »

Il continue sur le même ton dans sa lettre du 20 mars : « Vous aurez vu la farce de nos libéraux. Ils en sont bien honteux. Ils n'ont pas pu, à propos de Manuel, ameuter quatre Savoyards. » *Politique de la Restauration*, p. 159-161.

lus est assez curieuse par le jour qu'elle jette sur les mobiles de la politique anglaise, pour que nous en citions ici un fragment :

« Je connais d'avance, dit M. Canning à notre chargé d'affaires, toute la tactique de notre opposition. Elle va me dire : — « Pourquoi n'avez-vous pas menacé la France de la guerre ? — Pourquoi ? c'est d'abord qu'il ne faut jamais menacer sans effet ; ensuite parce que la France aime naturellement la guerre, et que si cette guerre-ci est impopulaire, c'est uniquement parce que c'est une guerre d'institutions politiques. — Eh bien ! nous dira-t-on, pourquoi ne pas déclarer la guerre alors ? — Pourquoi ? C'est qu'il n'y a là pour nous ni droit ni nécessité. Le droit, nous ne pouvons le revendiquer pour nous-mêmes quand nous le dénions à la France. La nécessité y est bien moins encore, car si quelque chose garantit l'Europe d'une conflagration générale, c'est la neutralité de l'Angleterre. D'ailleurs, depuis cent ans, a ajouté le ministre d'un ton toujours léger, railleur, jamais guerre ne s'est déclarée sur le continent, que l'Angleterre n'ait voulu en prendre sa part, et qu'elle n'y ait perdu d'immenses trésors, témoin sa dette nationale. Il est piquant d'essayer si la *neutralité* lui réussira aussi mal. Enfin cette guerre est un malheur pour deux nations ; craignons qu'elle ne le devienne pour trois. »

La légèreté affectée et la causticité de la forme ne cachent ici qu'à demi le sérieux du fond. Le mot définitif de la politique anglaise est prononcé : la neutralité. L'explication de cette politique est donnée : l'Angleterre ne fera pas la guerre parce que la nécessité n'y est pas ; or l'Angleterre ne fait que des guerres nécessaires à sa sûreté, à sa prospérité ou à sa grandeur. Quand une grande nation est convaincue qu'une guerre est nécessaire à sa sûreté, à son honneur, à sa position dans le monde, elle fait cette guerre, coûte que coûte, sans se laisser arrêter par le mauvais vouloir et la mauvaise humeur d'un voisin ; c'était le cas de la France. Quand une grande nation voit avec déplaisir une guerre s'allumer entre deux puissances voisines, sans avoir cependant un intérêt assez direct, assez pressant engagé dans la question, pour se décider à jeter l'enjeu sanglant des batailles, elle n'omet aucun des moyens diplomatiques, aucune des démonstrations qui peuvent empêcher ou au moins retarder cette guerre ; mais, comme l'intensité de la volonté se mesure à l'étendue de l'intérêt, il arrive un moment décisif où sa volonté, moins forte, fléchit devant la volonté plus énergique de la puissance qu'elle a tenté d'arrêter : c'était le cas de l'Angleterre.

Jusqu'au dernier jour, M. Canning laissa voir sa mauvaise humeur, et chercha à prendre sa revanche avec notre chargé d'affaires en le poursuivant de ses réflexions tour à tour chagrines, menaçantes et sarcastiques. C'est ainsi qu'il lui fit remarquer que les traités qui liaient l'Angleterre avec la France étaient de leur nature purement défensifs, comme ceux qui liaient l'Angleterre avec le Portugal ; s'il arrivait donc que la famille Bonaparte remontât, par la faute des Bourbons, sur le trône, la garantie que l'Angleterre avait donnée contre cet événement se trouvait périmée. Le vicomte de Marcellus, que ces menaces déguisées commençaient à irriter, répondit au ministre anglais avec vivacité que, si l'Angleterre regrettait de nous avoir conservé les Bourbons sur un sol ouvert à toutes les infortunes, elle détruisait le bienfait et nous dégageait de la reconnaissance. — « Nous oublierons, ajouta-t-il avec une vivacité croissante, d'où nos rois sont revenus ; et maintenant que nous les avons repris à l'étranger, et que nous avons avec eux des institutions, fruit de leur sagesse, nous les maintiendrons à nous seuls, et nous défendrons la légitimité contre toute contagion voisine, contre toute conspiration extérieure et contre la malveillance de toutes les oppositions britanniques réunies [1]. »

Avec quelque légitime impatience que le jeune chargé d'affaires de France eût entendu les remarques désobligeantes de

---

1. Voir la dépêche du 30 mars 1823 à la page 184-186 de l'*Écrit* de M. de Marcellus, intitulé : *Politique de la Restauration*.

M. Canning, il ne se méprenait pas sur le caractère pacifique de la politique du ministère anglais, et persistait à annoncer à son gouvernement que la neutralité serait maintenue.

Ce qui avait contribué à soutenir sa confiance pendant les moments difficiles qu'il avait eu à traverser, c'est que la majorité du ministère était loin de marcher dans le sens de M. Canning, et que les hommes les plus considérables de l'Angleterre se plaisaient à prodiguer à M. de Marcellus des témoignages publics de sympathie. Dans une grande fête qu'il avait donnée le 7 mars, tous les membres du ministère étaient venus, sauf M. Canning, retenu chez lui par la goutte, et qui s'était fait représenter par madame Canning et sa fille, miss Henriette, « qui, sans s'inquiéter du congrès de Vérone, dansa de tout son cœur, et avec sa grâce ordinaire, avec tout ce qui dansait parmi les représentants des puissances continentales indistinctement[1]. » Le duc de Wellington et le roi

---

[1]. Cette lettre du vicomte de Marcellus intéressa et divertit beaucoup Louis XVIII. Le tableau suivant, dans lequel on voit se raviver les couleurs d'un monde depuis longtemps déjà effacé, produira sans doute le même effet sur les lecteurs :

« Vous l'avouerai-je? Il m'a paru piquant de recevoir à l'ombre de ces mêmes murs, encore tout tachés de la boue populaire, et comme en expiation, la visite de tous les hommes que l'Angleterre a placés à sa tête, empressés de me témoigner leur sympathie. L'aristocratie, gardienne des convenances, a bien voulu, en cette occasion, oublier ma jeunesse et l'embarras où j'étais de n'avoir pour faire les honneurs de ma maison que moi-même. Tous les membres du cabinet ont mis à venir chez moi une intention toute particulière, malgré la longueur inusitée de leur séance au parlement. Le duc de Wellington, lord Harrowby, lord Bathurst, lord Liverpool, M. Peel, le chancelier de l'Échiquier, lord Palmerston, et les états-majors de leurs ministères, le lord maire lui-même que j'avais appelé, puisque l'an passé vous m'en avez donné l'exemple, ont honoré longtemps le bal de leur présence. Nos salons, que vous aviez embellis pour les fêtes de votre retour, resplendissaient de toilettes empruntées pour la plupart à notre industrie. On se pressait jusque sur l'escalier où débordait la foule. Vous savez que c'est de bon ton aujourd'hui et que là est le signe distinctif du succès. Les beautés à la mode et ces nobles ladies qui, dès qu'un jour a brillé après leurs dix-sept ans, sont honorées à Carlton-House du baiser du roi et se mettent aussitôt en quête d'un mari, sont venues sans répugnance briller et danser chez un garçon ; enfin d'Orsay y traînait à sa

d'Angleterre lui-même, qui tenait, comme il le dit plus tard, à montrer qu'il était du parti de l'ordre contre l'anarchie, donnèrent au jeune représentant de la France des marques publiques de considération. Sans doute cela n'empêcha pas, comme on le vit dans la suite de la session, M. Canning, ministre désagréable, mais nécessaire, de conserver à la politique de l'Angleterre les allures d'une neutralité maussade, malveillante, injurieuse même pour la France, contre laquelle il faisait des vœux en plein parlement ; mais, dans sa position, il ne pouvait guère se dispenser d'accorder cette concession de forme à sa popularité et aux exigences de l'opposition. La France avait la concession de fond : la neutralité de l'Angleterre.

IV

RÉUNION DE L'ARMÉE. — INQUIÉTUDES SUR SES DISPOSITIONS. — GRAVE INCIDENT. — ENTRÉE EN ESPAGNE. — DERNIERS DÉBATS DE LA SESSION.

Restait la dernière et la plus redoutable des questions, celle de la fidélité de l'armée qui allait passer la frontière. Rien n'avait été omis depuis deux ans pour l'ébranler. Les efforts redoublèrent à mesure qu'on approcha du dénoûment. Un noyau d'émigrés français, bonapartistes ou républicains, les uns compromis dans la Charbonnerie, les autres avides de saisir l'occasion de renverser les Bourbons, s'était réuni de l'autre côté de la Bidassoa ; le colonel Fabvier et le capitaine

---

suite le cercle admirateur des dandys qui lui fait cortége..... Le Roi m'a cédé pour quelques heures presque tous les gentilshommes de sa maison..... Le Mob, cette fois silencieux et paisible, s'est promené autour de l'hôtel de l'ambassade, à la lueur des flambeaux qui en éclairaient le péristyle. » (Londres, 8 mars.)

Nantil, l'un des contumaces du procès militaire de 1820, étaient à leur tête. Deux bataillons s'organisaient en vue de nos frontières de Bayonne et de Perpignan pour se présenter à nos troupes avec le drapeau tricolore. Dans un de ces bataillons figurait Armand Carrel, destiné à conquérir plus tard un grand renom dans la presse, Carrel en 1821 sous-lieutenant au 29e de ligne, et qui venait de donner sa démission pour aller mettre son épée au service de la révolution espagnole et combattre l'armée française dans la légion franco-italienne, formée sous le drapeau tricolore [1]. Imagination puissante et caractère fortement trempé, il cherchait une situation de révolution et de guerre qui lui permît de déployer les facultés qu'il se reconnaissait. On institua un conseil de régence au nom de Napoléon II, et ce conseil fit des proclamations datées *du grand quartier général des hommes libres* [2]. Ces proclamations, colportées de caserne en caserne à Paris et dans les départements, et distribuées dans les campements qui commençaient à se former sur la frontière franco-espagnole, qualifiaient notre intervention d'attentat contre la liberté des peuples; elles niaient la légitimité de Louis XVIII et proclamaient celle de Napoléon II. Les soldats étaient hautement conviés à déserter le drapeau blanc pour se rallier au drapeau tricolore, dont les couleurs allaient être déployées sur les Pyrénées. Dans les bivouacs et les casernes, des affiliés des sociétés secrètes demandaient aux soldats s'ils iraient

---

1. Carrel, en garnison à Marseille, avait écrit aux cortès espagnoles une lettre qui trahissait ses sentiments. Cette lettre fut portée au général commandant le département, baron de Damas. Celui-ci, usant d'une indulgence paternelle envers le jeune officier, lui promit que sa lettre serait comme non avenue, et l'engagea à renoncer à ses liaisons politiques. Ce procédé toucha Carrel, sensible aux nobles choses ; mais son parti était pris : à peu de temps de là il donna sa démission.

2. Voir dans le *Congrès de Vérone*, de M. de Chateaubriand, le texte de plusieurs de ces proclamations, tome I, pages 253 et suivantes.

se battre en Espagne pour la cause des moines et de l'inquisition. Enfin Béranger, dont les couplets avaient ce tour vif et cet accent belliqueux qui parle aux imaginations militaires comme aux imaginations populaires, lançait, sous le titre de *Nouvel Ordre du jour*, une chanson dont chaque couplet finissait par un refrain qui n'avait rien d'équivoque : *Braves soldats, demi-tour!*

Tandis que l'on poussait ainsi nos soldats à la défection, il y avait des conciliabules des députés de la gauche, où l'on discutait, où l'on préparait les chances d'un mouvement analogue à celui de Cadix en 1820. Ceux mêmes des membres de la gauche qui jusque-là s'étaient tenus en dehors des conspirations[1] prenaient part à ces conciliabules; l'espoir qu'on avait conçu d'un soulèvement militaire avait été un des motifs de la retraite de la gauche après l'exclusion temporaire prononcée contre M. Manuel; elle avait cru aggraver la crise et précipiter le dénoûment.

Le gouvernement, qui ne s'était jamais dissimulé la nature et l'étendue des périls que provoquait l'intervention en Espagne, n'en continuait pas moins résolument ses préparatifs. La police civile et la police militaire avaient l'œil ouvert; les chefs de corps écartaient les officiers et les sous-officiers dont l'attitude avait quelque chose d'équivoque. On était dans cette attente fiévreuse qui précède les événements décisifs; le ministère comprenait qu'il jouait une grande partie, et que tous les ennemis de la Restauration n'étaient pas en face d'elle. Les rapports que lui faisaient les chefs de corps l'avertissaient que l'esprit des troupes était très-travaillé, et qu'il y avait des inquiétudes à concevoir pour le début de la campagne. On a su depuis, on put soupçonner alors, que des ouvertures avaient été faites à quelques-uns des généraux

---

1. *Histoire du gouvernement parlementaire*, par M. Duvergier de Hauranne, tome VII, page 345.

investis de commandements, et qu'elles n'avaient pas été repoussées par tous [1]. Il faut garder le souvenir de ces faits, qui serviront à expliquer un grave incident que j'aurai tout à l'heure à raconter. A la fin de la première quinzaine de mars, les fonds baissaient par suite des bruits alarmants qui couraient à Paris; on parlait de la désertion de nos troupes, de l'entrée de Mina sur notre territoire, de la dissolution de la chambre, d'un changement de ministère, d'un projet de dictature [2]; et ces bruits, tout faux qu'ils fussent, témoignaient de la préoccupation des esprits.

Pendant la première quinzaine de mars, les mouvements de troupes n'avaient pas discontinué. Bayonne, où les appartements du duc d'Angoulême étaient préparés à l'évêché, était sans cesse traversé par des corps en marche vers la frontière, et le camp de la brigade du général Valin était établi à la cime du Bouquet, sur la limite extrême qui sépare la France de l'Espagne. Toulouse, Perpignan, étaient les deux autres centres militaires. Le plan de la campagne était arrêté. Le corps commandé directement par le duc d'Angoulême devait entrer en Espagne par Bayonne, et se porter jusqu'à l'Èbre par la route de Madrid. Le 12 mars 1823, le général Guilleminot était arrivé à Bayonne avec un grand nombre d'officiers; il avait déjà trouvé 16,000 hommes campés sur les bords de la Bidassoa; on achevait les préparatifs nécessaires pour jeter un pont de barques sur ce cours d'eau. Le corps du maréchal Moncey devait entrer en Espagne par la Catalogne. Le troisième corps d'armée, commandé par le général Molitor, devait entrer par Saint-Jean-de-Pied-de-Port et par Jaca, se porter sur Sarragosse, suivre le cours de l'Èbre pour seconder le

---

1. M. Duvergier de Hauranne rappelle ce fait dans l'*Histoire du gouvernement parlementaire*, tome VII, page 347.

2. Carnet de M. de Villèle. Les fonds publics, 5 p. 100 qui étaient à 82 à la fin de février, étaient le 9 mars à 77.

corps du maréchal Moncey, faire appréhender aux forces que celui-ci aurait à combattre d'être tournées, et s'emparer avec lui de la ligne de l'Èbre dans la partie orientale. Si les populations faisaient bon accueil aux Français, ceux-ci passeraient l'Èbre, en refoulant devant eux tous les corps ennemis, de manière à assurer nos communications avec la France, et le duc d'Angoulême atteindrait le plus rapidement possible Madrid. Le corps d'armée commandé par le général Molitor, après avoir forcé l'armée ennemie de Catalogne ou de se renfermer dans les places fortes, ou de se retirer dans le Sud, se porterait sur Valence et les provinces méridionales de l'Espagne, en laissant au corps du maréchal Moncey le soin de faire le siége des places fortes de la Catalogne. Pendant ce temps, un des corps du duc d'Angoulême se dirigerait sur Séville et au besoin sur Cadix; on avait, en effet, appris que le 18 mars Ferdinand, après avoir résisté quelques jours à la pression des Cortès et congédié même son ministère, s'était soumis encore une fois, en présence de l'attitude menaçante des révolutionnaires qui demandaient sa déchéance, et avait consenti à reprendre ses ministres et à suivre l'assemblée à Séville, où sir William A'Court, ambassadeur d'Angleterre, devait accompagner le Roi ; or on ne doutait pas qu'elle le conduisît bientôt à Cadix; et, comme la délivrance du Roi était l'objet de la campagne, on prévoyait qu'il faudrait suivre la révolution espagnole dans cette dernière étape.

Cette démarche des cortès, qui se retiraient en entraînant le Roi et s'avouaient ainsi vaincus avant d'avoir combattu, donnait bon espoir au cabinet des Tuileries, et le désarroi qui régnait à Madrid, depuis que l'expédition était décidée, augmentait encore cette confiance.

La révolution espagnole ne semblait pas, en effet, devoir tenir plus fermement devant nos armes que la révolution napolitaine n'avait tenu devant les armes de l'Autriche. Cependant il fallait prévoir toutes les chances. Si la résistance était plus opiniâtre qu'on ne le supposait et l'accueil de la population moins bienveillant, l'armée française s'établirait sur l'Èbre, en prenant une forte position, et elle attendrait des instructions nouvelles.

Il est facile de le comprendre, dans ce plan général, on n'avait pas négligé le point d'appui militaire et moral qu'on pouvait trouver dans les guérillas royalistes ; partout elles s'organisaient pour agir en Espagne ou pour y entrer. Le baron d'Eroles, Quesada, le curé Merino, le trappiste Bessière et tous les chefs des bandes relevaient leur drapeau et s'apprêtaient à marcher en avant de nos troupes. Il était convenu que nous fournirions aux royalistes espagnols des munitions et des armes, à la condition qu'ils observeraient la discipline exacte et les ménagements dont nous étions résolus à user envers les populations, et qui pouvaient seuls assurer le succès de l'expédition.

Le duc d'Angoulême quitta Paris le 14 mars 1823. Avant son départ, le conseil avait eu à délibérer officiellement sur une demande singulière du roi de Naples réclamant, comme une chose lui appartenant de droit, la régence de l'Espagne pendant la captivité de Ferdinand. M. de Villèle reconnut l'inspiration de l'Autriche dans cette prétention si peu motivée d'un prince qui n'osait pas aller régner chez lui à Naples, puisqu'il continuait à séjourner dans les États autrichiens, et qui demandait à aller régner à Madrid. Le président du conseil se sentit confirmé dans ses défiances contre cette politique de la Sainte-Alliance, beau prétexte à l'aide duquel le prince de Metternich faisait les affaires de la politique autrichienne. Le Roi, qui partageait cette opinion, se déclara hautement contre la réclamation du roi de Naples, et tout le conseil se rangea à cet avis. Les fonds nécessaires à la campagne étaient assurés, M. de Villèle avait signé, dès le 3 mars, un traité avec M. de

Rothschild, qui s'était engagé à fournir en monnaie espagnole, au fur et à mesure des besoins et des ordres du gouvernement, les sommes réclamées pour le service de l'armée, en échange de bons de trésors portant 6 0/0 d'intérêt.

Avant le départ du duc d'Angoulême, il avait fallu rédiger les instructions qu'il devait suivre et lui former un conseil politique ; M. de Martignac était le chef de ce conseil. On commençait à voir percer entre M. de Villèle et M. de Chateaubriand un antagonisme qui pouvait avoir une influence fâcheuse sur l'avenir : « Le Roi, écrit le premier dans son carnet, ayant aperçu chez son ministre des affaires étrangères une tendance à se soustraire à tout contrôle dans les instructions politiques qui devaient sortir des affaires étrangères pour servir de base à la direction du duc d'Angoulême, me prescrivit de me rendre chez M. de Chateaubriand, pour lui donner l'ordre de ne présenter à la signature qu'un travail concerté entre nous deux et arrêté dans son conseil. » Quelque chose de plus : lorsque, le 14 mars, les ministres se rendirent en corps chez le prince généralissime pour lui porter les instructions et lui faire leurs adieux, il leur annonça qu'il était autorisé par le Roi à ne correspondre qu'avec le président du conseil. M. de Chateaubriand dut se soumettre à cette décision ; mais sa grande position comme écrivain, l'éclat incomparable de son talent, le retentissement de son dernier discours des deux côtés du détroit, sa situation dans la droite, et, plus que cela, la hauteur naturelle de son caractère, lui firent probablement ressentir péniblement l'inégalité marquée que le Roi établissait entre lui et le président du conseil, quoiqu'elle fût motivée par la nature même du gouvernement représentatif, qui veut qu'un ministère trouve sa personnification et son unité dans son chef.

On était arrivé au 24 mars, lorsque la police de Paris, avertie par la police militaire du duc de Bellune, arrêta partant pour

Bayonne, par la diligence, le général Pyat avec plusieurs officiers des anciennes armées impériales [1]. Cette diligence portait, en outre, une caisse à l'adresse de M. de Lostende, aide-de-camp du général Guilleminot, chef d'état-major général du prince; cette caisse fut ouverte, elle contenait des cocardes tricolores et des aigles, tout le matériel d'une conspiration militaire. On comprend la vive émotion qu'excita cette saisie dans l'esprit du ministère, qui recevait de tout côté des avis alarmants : « L'idée de ces déserteurs à l'ennemi, dit M. de Villèle, la saisie de cette caisse, la position de celui à qui elle était adressée, autorisaient les soupçons les plus fondés. Nous ne pouvions oublier comment l'armée espagnole de Cadix avait été soulevée. Des troupes encore non organisées, appelées à une campagne plus politique que militaire et obligées, dès le début, à tirer sur des Français, sur d'anciens camarades, placés en première ligne pour les appeler à l'insurrection, pouvaient être entraînées. »

En présence de cette situation critique, le conseil n'hésita pas à proposer au Roi l'arrestation de M. de Lostende, et l'envoi immédiat du duc de Bellune à l'armée avec des pleins pouvoirs du Roi pour prendre toutes les mesures nécessitées par les circonstances. Le président du conseil fut chargé d'écrire au duc d'Angoulême, qui était encore à Toulouse et qui, avant de se rendre à Bayonne, devait passer en revue l'armée des Pyrénées-Orientales, pour lui faire connaître ce pénible incident et l'avertir des mesures prises :

« Dans cet état de choses, disait-il en terminant sa lettre, le conseil a pensé et le Roi a adopté cet avis, qu'il était dangereux de laisser la charge de major général au général Guilleminot, sans qu'on ait conçu le moindre soupçon de sa fidélité, mais parce qu'il est impossible que

---

[1]. C'est le carnet, les notes politiques et la correspondance de M. de Villèle qui nous fournissent des détails précieux sur cet incident demeuré fort obscur pour les contemporains.

l'arrestation de son aide de camp ne porte un coup funeste à sa position vis-à-vis de l'armée. Monsieur, que je quitte à l'instant, m'a chargé de vous écrire que c'était ce qu'il convenait de faire. »

Ni le duc d'Angoulême, ni le général Guilleminot auquel le ministre de la guerre avait écrit pour l'avertir de la mesure prise contre M. de Lostende, en l'engageant à mieux surveiller à l'avenir ses officiers, n'acceptèrent paisiblement les mesures prescrites par le gouvernement. On voit naître ici cet antagonisme de l'état-major général et du ministère de la guerre, qui devait être une des difficultés de la campagne. Lorsqu'on se place en dehors pour suivre le mouvement des affaires, tout semble facile, et l'on dirait que les choses marchent par les rouages d'un mécanisme si bien monté, qu'on n'est, pour ainsi dire, pas obligé de les toucher. Mais, lorsqu'on a vue dans l'intérieur, on découvre les obstacles sans nombre suscités à chaque pas par le conflit des prétentions rivales, des intérêts et des vanités, et par la difficulté de faire concourir au même but la diversité des caractères et des volontés.

La réponse du général Guilleminot au ministre de la guerre avait à la fois quelque chose d'indigné et de hautain [1]. Il se sentait atteint dans son aide de camp et protégé par la confiance et la faveur du prince généralissime. La réponse du duc

---

1. Voici cette lettre : « Bayonne, 26 mars 1823. — L'ordre que Votre Excellence a donné à l'égard de M. de Lostende, mon aide de camp, m'a profondément affligé. Confiant dans l'honneur et la loyauté de cet officier, son arrestation n'est à mes yeux qu'un premier effet des manœuvres des ennemis du Roi. Son Excellence ne tardera pas elle-même à le reconnaître. C'est en semant parmi nous les soupçons qu'ils préludent à leurs coupables entreprises. Votre Excellence me conseille, dans mon intérêt, de surveiller les officiers qui m'entourent. Mon intérêt ne fut jamais le véhicule de ma conduite envers le Roi. Je repousse de pareilles mesures envers ceux que j'ai choisis ; ils sont comme moi gens d'honneur et dévoués. Si je m'abuse, si j'ai à ce point l'inexpérience des hommes, il faut se hâter de m'ôter à mes hautes fonctions ; je ne suis pas fait pour les remplir. »

d'Angoulême était pleine de roideur et faisait présager un éclat fâcheux si on persistait à lui imposer pour major général le duc de Bellune, pour lequel il avait conçu une véritable antipathie entretenue par son état-major. Voici cette lettre, écrite à Toulouse, datée du 27 mars 1822 :

« La nomination du duc de Bellune, comme major général, ne m'étonne pas ; depuis longtemps il y travaillait. Je ne me permets aucune supposition, mais ma position devient toute différente, et, craignant de n'être d'aucune utilité au service du Roi, je désirerais qu'il voulût bien s'occuper de mon remplacement. Je serai le 31 à Bayonne, je verrai les choses par moi-même, et si le 7 avril je n'avais pas reçu de nouveaux ordres du Roi, il est possible que je fusse obligé de remettre provisoirement le commandement au duc de Bellune. »

Il est facile de comprendre l'impression que produisit cette lettre sur le ministère : M. de Villèle en particulier en fut désolé. Quel serait l'effet du départ du duc d'Angoulême sur le moral de l'armée, de la chambre et sur l'opinion publique en France et en Europe, départ coïncidant avec le jour où l'on devait entrer sur le territoire espagnol ? Quel début pour une campagne ! On fit agir MONSIEUR auprès de son fils ; et le frère du Roi écrivit au président du conseil pour le rassurer et lui donner l'assurance que ce n'était là qu'un premier mouvement dans lequel le prince ne persisterait pas ; il ne songeait même plus à demander son rappel[1]. Le même jour où il recevait cette lettre, le président du conseil écrivait au nom du Roi au duc d'Angoulême pour lui prescrire de garder le commandement.

A la lettre officielle qui contenait cet ordre était jointe une lettre particulière de M. de Villèle, dans laquelle il s'exprimait ainsi :

« Tout serait perdu, si Votre Altesse Royale persistait à refuser le

---

1. Cette lettre du comte d'Artois, mentionnée par le carnet de M. de Villèle, était datée du 31 mars.

commandement de l'armée. L'affaire de M. de Lostende est on ne peut plus malheureuse ; mais, comme le disait le Roi il n'y a qu'un instant : Dieu lui-même ne peut empêcher que ce qui est fait soit fait. Dans les circonstances données, on ne pouvait laisser les choses en l'état ; ce qui importe, c'est que le général Guilleminot conserve l'estime de Monseigneur, qu'il reste auprès de lui et qu'il exerce les fonctions temporaires qu'il plaira à Votre Altesse Royale de lui confier jusqu'à ce que le maréchal de Bellune puisse quitter les fonctions de major général et venir reprendre le ministère de la guerre. »

Ce qui achevait, en effet, de rendre la situation presque inextricable, c'est que, presque immédiatement, dans la prévision de l'explosion d'un complot militaire que tant de circonstances rendaient vraisemblable, on s'était hâté d'insérer au *Moniteur* la nomination du duc de Bellune comme major général, et on l'avait fait partir immédiatement pour Bayonne. Il y était arrivé le 30, et dans la soirée il avait été reçu par le duc d'Angoulême, qui, de son côté, venait d'arriver dans cette ville.

Voici en quels termes le duc de Bellune rendait compte à M. de Villèle de sa première entrevue avec le prince :

« J'ai eu l'honneur de présenter mes hommages à Son Altesse Royale hier soir à 7 heures, et je ne puis dire avoir été bien accueilli. Sans me donner le temps de lui faire mes compliments, Son Altesse Royale me dit : « Monsieur le maréchal, je vous préviens que j'ai écrit
« au Roi pour lui demander la révocation de l'ordonnance qui vous
« nomme major général de mon armée, et que, si elle m'est refusée,
« je quitterai le commandement qui m'a été confié pour vous le céder.
« Je suis bien décidé à ne pas jouer ici le rôle secondaire que l'on
« paraît vouloir m'imposer. Les raisons sur lesquelles on a d'ailleurs
« fondé cette récrimination ne sont pour moi qu'un prétexte pour
« éloigner le général Guilleminot, dont je suis très-satisfait. » A cette sortie imprévue, je répondis que j'étais venu d'après les ordres du Roi, sans les avoir provoqués et dans l'intention de contribuer à la gloire du prince et au succès de nos opérations, autant qu'il était en moi ; mais que, puisque Son Altesse Royale me voyait avec déplaisir, j'allais attendre les nouvelles dispositions que le gouvernement du Roi prendrait à mon égard. »

Le maréchal ajoutait que les dispositions du prince lui avaient paru telles, qu'il n'avait pas cru pouvoir aborder avec lui la question du remplacement du général Guilleminot. Il donnait ensuite les détails les plus satisfaisants sur l'état de l'armée; elle paraissait animée des meilleurs sentiments; les régiments dont elle se composait avaient une attitude très-imposante; leur tenue était belle, et le maréchal ne se rappelait pas avoir vu des troupes plus disciplinées. Il abordait ensuite la question des approvisionnements qui commençait à inquiéter à Paris, à cause des rumeurs répandues sur leur insuffisance, et, tout en se plaignant de ce que ses ordres n'avaient pas été ponctuellement exécutés par le comte Andréossy, il croyait pouvoir affirmer que les magasins contenaient de quoi alimenter l'armée pendant son séjour sur la ligne qu'elle occupait, et de quoi lui fournir quinze jours de vivres au moment où elle entrerait en Espagne. Le maréchal terminait en se plaignant des procédés du général Digeon, qui avait l'intérim du ministère de la guerre, et ne cachait pas qu'il craignait qu'on ne tramât quelque chose contre lui dans cette administration. Il était évident que le contre-coup des dissentiments du ministre avec l'état-major général se faisait sentir jusqu'à Paris. Le duc de Bellune n'était rassuré, disait-il, que par la bienveillance et l'amitié éprouvée de ses collègues. A la fin de cette longue lettre, ce glorieux soldat, incapable de se laisser entraîner à un déni de justice par les mécomptes qu'il éprouvait, rendait au général Guilleminot un loyal témoignage. Voici ses paroles :

« Je ne terminerai pas cette lettre sans vous annoncer que la conduite de M. le général Guilleminot est sans reproche, que l'on se loue des dispositions qu'il a faites jusqu'à présent pour assurer le bien-être de l'armée et la préparer à entrer en campagne. »

L'explosion de la conspiration militaire, qu'on avait eu des motifs sérieux d'appréhender après la saisie de la caisse des cocardes tricolores, n'ayant pas eu lieu, il devenait évident qu'il ne restait qu'une chose à faire en présence de cette résolution fermement arrêtée du prince, de quitter le commandement si on persistait à lui retirer le général Guilleminot dont la conduite loyale et honorable était reconnue par tout le monde : c'était faire revenir le plus tôt possible le maréchal, en colorant son apparition à l'armée par un prétexte qui ne mît pas le public dans la confidence de ces fâcheux débats. Le duc de Bellune, à qui le duc d'Angoulême avait offert le titre de commandant en second sans attributions spéciales et qui avait refusé cette sinécure peu digne de sa vieille réputation militaire, trouva lui-même ce prétexte. Il annonça à M. de Villèle, dans une lettre écrite de Bayonne, à la date du 4 avril 1823, qu'il était résolu à revenir à Paris, et que pour atténuer, autant que possible, l'effet de ce retour, il verrait toutes les troupes, prendrait des notes sur leurs besoins et les accompagnerait au passage de la Bidassoa qu'elles devaient franchir le 7 avril. Il parcourrait ainsi toute la ligne jusqu'à Perpignan, verrait également le quatrième corps, ainsi que ses approvisionnements de toute espèce. Son voyage se trouverait ainsi motivé et l'on préviendrait les commentaires de la malveillance. Il renouvelait du reste les éloges qu'il avait donnés à l'armée : c'était une des plus belles que la France eût eues depuis longtemps, et elle était animée du meilleur esprit. Mais, tout en cherchant à rassurer le gouvernement et peut-être à se rassurer lui-même sur l'état des subsistances, il laissait percer, à ce sujet, des craintes, qu'un avenir prochain ne devait que trop confirmer[1]. Restait la situation particulière de M. de Lostende pour lequel M. Guilleminot,

---

1. Nous transcrivons textuellement la phrase suivante de la lettre du duc de Bellune : « J'ai dans les mains et je me réserve de soumettre au conseil les preuves irrécusables que l'administration des subsistances n'a pas exécuté ou

encouragé par un premier succès et par l'appui du prince, demandait une mise en liberté immédiate et la réintégration dans l'état-major avec un avancement. M. de Villèle répondit avec une respectueuse fermeté au prince qui insistait sur ces demandes, qu'il y avait une instruction commencée, qu'elle devait suivre son cours et que la justice pouvait seule prononcer. Il ne suffisait pas qu'on n'eût trouvé jusqu'à présent dans la conduite de M. de Lostende rien qui motivât cette fatale adresse inscrite sur la caisse pleine de cocardes tricolores ; il fallait qu'on trouvât l'explication de ce fait jusque-là inexplicable. Il importait à cet officier même que sa justification fût complète. Ce ne fut qu'environ quinze jours plus tard, le 20 avril, et alors que la campagne était déjà commencée, que M. de Villèle put annoncer au duc d'Angoulême que M. de Lostende, après un arrêt de non-lieu motivé de la manière la plus honorable pour lui, partait pour aller reprendre son poste auprès de son général, avec ce grade qui était à la fois un juste dédommagement et un avancement mérité. Ainsi se termina cet incident qui avait failli compromettre le début de la campagne, et qui fut pour le gouvernement royal une difficulté de plus au milieu de tant de difficultés, en aggravant le différend entre le ministre de la guerre et l'état-major général [1].

Le duc d'Angoulême, touché de la confiance du Roi, faisait avec le général Guilleminot, qui éprouvait le besoin de justifier la faveur dont il jouissait auprès du généralissime, les derniers efforts pour entrer immédiatement en campagne,

du moins n'a exécuté que fort tard les ordres qu'elle a reçus de moi, au mois de juin, et que j'ai souvent répétés depuis, de pourvoir aux approvisionnements de l'armée. »

[1]. En octobre 1823, le dernier nuage qui était resté sur cette ténébreuse affaire fut dissipé : un jugement du tribunal de police correctionnelle condamna en effet à deux ans d'emprisonnement le Vieux La Marine, réfugié en Espagne, reconnu coupable d'avoir porté à la diligence la caisse de cocardes tricolores et d'avoir écrit sur cette caisse l'adresse de M. de Lostende pour protéger son envoi.

comme le président du conseil ne cessait de l'en presser. Avant de faire ce pas décisif, il y avait encore eu deux graves affaires à régler au quartier général.

La régence de la Seu d'Urgel, réfugiée en France, on l'a vu, après les désastres de son parti, voulait reprendre ses pouvoirs, et elle aspirait manifestement à absorber le duc d'Angoulême et à exércer la suprême direction, ce qui aurait réduit le gouvernement français à un rôle subalterne et dépendant. Ses propositions transmises au prince par son président, l'archevêque de Tarragone, se réduisaient à ceci : La régence ferait une proclamation pour annoncer l'entrée des Français en Espagne; elle nommerait le duc d'Angoulême généralissime des troupes espagnoles, elle l'accepterait comme président. Ces propositions inacceptables furent repoussées, et le duc d'Angoulême, avec l'autorisation du gouvernement français, annonça à l'ancienne régence qu'elle ne serait pas reconnue, et que l'archevêque de Tarragone serait seul admis dans la nouvelle junte qu'on allait former. Il y avait, comme il arrive presque toujours aux partis vaincus, des divisions et des rivalités d'ambitions parmi les royalistes espagnols réfugiés en France. Le marquis de Mataflorida, d'un côté, et le général Éguia, de l'autre, voulaient organiser des juntes rivales. M. de Martignac et M. de Caux, nommés commissaires civils auprès du duc d'Angoulême, s'étaient en vain interposés pour amener un rapprochement entre les deux fractions opposées. Le marquis de Mataflorida avait adressé au duc d'Angoulême une lettre pleine de jactance castillane et dans laquelle il protestait contre le refus que faisait le prince de reconnaître la régence d'Urgel. L'archevêque de Tarragone avait repoussé les ouvertures que lui avait faites, le 12 mars, le général Éguia, en lui écrivant pour l'engager à faire partie d'un conseil de gouvernement avec l'évêque d'Urgel, don Antonio Calderon, don Jean-Baptiste d'Erro et don Pierre Grimarest, suppléant du baron d'Éroles. L'archevêque de Tarragone déclina cette proposition, en alléguant l'existence de la régence d'Urgel, et il fit plus tard une réponse analogue au duc d'Angoulême, en motivant de la manière la plus offensante[1] son refus, auquel s'associèrent les évêques de Valence, d'Urgel et de Pampelune. Les Espagnols ont été de tout temps les gens les plus difficiles du monde à servir, parce qu'ils veulent être servis à leur manière et s'entendent rarement entre eux sur la manière dont ils veulent être servis. Au fait, la régence d'Urgel ne représentait guère que les pouvoirs qu'elle s'était donnés elle-même, elle avait joué sa partie et elle l'avait perdue. Le gouvernement français, au moment de jouer la sienne, désirait qu'il y eût un centre d'action espagnole, parce que cela favorisait son entreprise en lui donnant un appui moral qui éloignait toute idée de conquête et en lui apportant un appoint militaire; mais il était résolu à conserver la direction complète de l'entreprise, condition essentielle du succès et droit inhérent à la responsabilité qu'il assumait envers la France.

Il passa donc outre, et le duc d'Angoulême constitua une junte suprême composée du général Éguia, président, du baron d'Éroles, qu'on nomma quoiqu'il fût absent, de don Gomez Calderon et de don J.-B. de Erro, qu'on avait vu pendant quelque temps à Paris, et avec lesquels on espérait pouvoir s'entendre. On avait choisi comme président le général Éguia, parce qu'il exerçait un certain ascendant sur les chefs de guérillas[2], dont il était bien difficile de diriger les mouve-

---

1. « La nouvelle junte, disait-il, doit être repoussée avec indignation par tous les loyaux Espagnols qui regardent comme une rébellion tout soulèvement contre un gouvernement reconnu et comme un parjure toute violation d'un serment. Il est donc à craindre que les mêmes principes qui leur inspirent tant d'horreur contre la révolte de l'île de Léon ne les portent également à haïr l'insurrection suscitée contre la régence. »

2. Nous empruntons ce détail à une lettre du général Guilleminot.

ments. On avait pourvu à l'organisation de 5,000 réfugiés espagnols qui se préparaient à entrer en Espagne par Saint-Jean-Pied-de-Port, et l'on avait fourni au baron d'Éroles les moyens d'en organiser 10,000 sur un autre point; mais on avait peu d'illusions au quartier général, quant à l'action qu'on exercerait sur ces auxiliaires à la fois nécessaires et compromettants, habitués à faire la guerre de partisans et peu préparés à accepter la discipline sévère imposée à nos troupes.

La seconde affaire que le prince généralissime eut à décider était infiniment plus grave encore. Des bruits alarmants avaient couru à Paris sur l'état des approvisionnements de l'armée, et l'on a vu que, dans une lettre au président du conseil, datée de Bayonne, le ministre de la guerre était convenu que ses ordres donnés au mois de juin précédent n'avaient pas été exécutés; il ajoutait qu'il avait les plus graves reproches à élever contre l'intendance, et qu'à son retour à Paris il produirait dans le conseil des preuves irrécusables à l'appui de son dire. Le mal était encore plus grand que ne se l'avouait le ministre de la guerre. Il y avait, il est vrai, des approvisionnements considérables de formés, mais les moyens de transports manquaient pour les conduire à leur destination, de sorte qu'au moment de passer la Bidassoa l'existence de l'armée était compromise. L'impuissance où se trouvait l'intendance de fournir aux besoins des troupes est un fait historique avoué au milieu de l'obscurité qui a continué à planer sur les causes de cet état de choses, car ce fait résulte de l'aveu de l'intendant général lui-même, M. Sicard, qui écrivait au major général :

« La méchanceté, l'imprévoyance la plus criminelle et l'ignorance m'empêchent d'accomplir ma mission. »

Le prince se trouvait donc dans la position la plus difficile.

Il était à la tête d'une belle armée, mais d'une armée qui n'avait pas encore combattu sous le drapeau blanc, et en face de laquelle on déployait le drapeau tricolore, de l'autre côté de la Bidassoa; fallait-il exposer cette armée aux mauvais conseils de l'immobilité, quand il y avait tant d'avantages à la jeter dans l'action militaire ? Il allait commencer une campagne dont le succès dépendait en grande partie de la discipline de nos troupes, et du bon accueil que cette discipline leur assurerait auprès de la population ; fallait-il s'exposer à la triste extrémité de faire vivre les soldats à discrétion dans le pays au risque de soulever tout le monde contre nous ? Évidemment, il importait d'éviter à tout prix ce double écueil. Or, dans ce moment même, un de ces hommes qui ont le flair des grandes affaires, ayant depuis longtemps prévu qu'il y aurait une importante partie à jouer à Bayonne, puisqu'il s'était ménagé d'avance tous les moyens nécessaires pour la gagner, M. Ouvrard, successivement munitionnaire sous la République et l'Empire, et que nous avons rencontré à Vérone, négociant la reconnaissance de la Régence, arrivait au quartier général précédé par son renom d'habileté, et appuyé sur un auxiliaire irrésistible, la nécessité. Il fit proposer au prince généralissime de mettre le jour même l'armée dans l'abondance, et de se charger de l'approvisionnement pour toute la campagne si l'on voulait accepter ses conditions et lui donner les fonctions de munitionnaire général. Il n'y avait pas à hésiter entre une question d'argent et une question de politique de premier ordre. Le duc d'Angoulême eut le bon sens de ne pas hésiter, et la décision d'esprit de profiter des pleins pouvoirs que lui avait conférés le Roi pour prendre aussitôt un parti. Il fit appeler M. Ouvrard, et, dans la nuit du 5 au 6 avril, il signa avec lui le traité qui chargeait cet homme de ressource d'approvisionner l'armée. Ce qui put paraître anormal, au premier abord, c'est que le ministre de la guerre qui était sur les lieux, il ne retourna à Paris que quelques jours plus tard, n'ait pas été appelé. Le duc de Bellune, sans désapprouver le traité, nouvelle preuve qu'il était d'une nécessité urgente, se plaignit vivement, dans une lettre adressée au général Guilleminot, du peu d'égards dont on avait usé avec lui :

« J'apprends, écrivait-il à la date du 7 avril au général Guilleminot, qu'un marché pour les vivres et transports a été signé par M. Ouvrard. Les circonstances ont pu dicter cette mesure extraordinaire, et sous ce rapport je ne puis que l'approuver. Mais on a oublié que le ministre de la guerre était seul responsable des dépenses résultant de ce marché, et que celui-ci ne pouvait être légal sans l'approbation authentique du ministre ; cette omission était facile à éviter, puisque je me trouvais sur les lieux ; mais je me suis déjà aperçu plus d'une fois que l'on s'occupe aussi peu des règles que des convenances. Du reste, je vous prie de m'adresser ce marché à Paris, afin qu'il reçoive les formalités sans lesquelles son exécution pourrait présenter quelques difficultés. »

Il est peu vraisemblable que le duc d'Angoulême et son état-major eussent oublié que le ministre de la guerre était appelé à signer tous les marchés qu'il couvrait de sa responsabilité. Mais il y avait urgence d'entrer en campagne, on voulait agir immédiatement ; on appréhenda probablement les objections dilatoires que le duc de Bellune, porté par sa position même à contester l'étendue de la négligence de l'administration de la guerre, pouvait apporter dans l'affaire. On ne voulut pas lui fournir l'occasion de porter le litige à Paris, et le duc d'Angoulême, usant des pleins pouvoirs que le Roi lui avait conférés pour les circonstances extraordinaires, trancha la question. Le succès devait justifier cette mesure prise d'urgence.

Dans la nuit du 5 au 6 avril, le traité pour les approvisionnements était signé. Le 6 avril, à la vue des préparatifs que faisait l'armée française pour passer la Bidassoa, le petit bataillon franco-italien, formé de 130 Français et de 40 Piémontais, dont le colonel Fabvier avait pris le commandement, déploya le drapeau tricolore et sortit de Saint-Sébastien pour se rendre à Irun où un second bataillon, sorti de Bilbao, vint le rejoindre. Tous ensemble se dirigèrent vers Béhobie, et de là, en attendant que la marée basse permît d'entrer en France, ils cherchaient à attirer l'attention des troupes qui leur faisaient face, en déployant au vent leur drapeau tricolore et en chantant en chœur la *Marseillaise*. On vint en avertir le général Valin, soldat des grandes guerres impériales, qui commandait de ce côté notre extrême avant-garde, et sur lequel les émigrés bonapartistes croyaient pouvoir compter. Il accourut et il ordonna aux artilleurs qui servaient une pièce chargée à mitraille et braquée de ce côté, de faire feu. Cet ordre fut exécuté. Plusieurs des hommes du bataillon du colonel Fabvier tombèrent, et le drapeau tricolore fut abattu. Le coup de canon par trois fois réitéré décidait du sort de la campagne. L'armée était engagée ; elle avait tiré sur le drapeau tricolore.

Le lendemain 7 avril, l'armée française passait la Bidassoa. Le duc d'Angoulême s'était fait précéder par une proclamation dans laquelle tout était combiné de manière à ne pas blesser la fierté de la nation espagnole et à ménager son esprit d'indépendance. Cette proclamation, délibérée en conseil à Paris, annonçait que nous entrions en Espagne pour nous unir aux amis de l'ordre et des lois, les aider à délivrer leur roi prisonnier, à relever l'autel et le trône, à arracher les prêtres à la proscription, le peuple entier à la domination de quelques ambitieux. Elle ajoutait que tout se ferait par les Espagnols et avec eux ; que les provinces traversées par nos soldats seraient administrées au nom de Ferdinand par des autorités espagnoles. Cette pièce se terminait ainsi : « Nous ne voulons ni vous imposer des lois, ni occuper votre pays ; nous ne voulons que votre délivrance. »

Sans doute, cette proclamation pouvait avoir l'inconvénient

d'autoriser en apparence les prétentions des royalistes espagnols, qui avaient déjà voulu substituer leur direction à la nôtre ; mais il fallait d'abord pourvoir à une nécessité de premier ordre, celle de rassurer l'Espagne, de satisfaire les susceptibilités de cette nation si jalouse de son indépendance. Le reste n'était qu'une question de conduite. Nous étions avertis, avant même l'ouverture de la campagne, que nous aurions affaire à des auxiliaires difficiles et incommodes : c'était assez de le savoir sans le dire à la France, à l'Europe et surtout à l'Espagne.

Lorsque dans la séance du 10 avril 1823, le général Digeon, ministre par intérim de la guerre, monta à la tribune de la chambre des députés pour lire les dépêches où l'on annonçait l'épisode du 6 avril, c'est-à-dire le coup de canon tiré contre le drapeau tricolore par le général Valin, et le lendemain 7 avril, la Bidassoa passée par l'armée française et le duc d'Angoulême entré le jour même à Irun, au bruit des cloches et des vivats de la population, de longues acclamations s'élevèrent. La droite seule continuait à siéger, la gauche n'avait pas reparu dans la salle depuis l'incident de M. Manuel. Les royalistes de toutes nuances se réjouissaient d'une guerre commencée sous ces heureux auspices, de ce nuage noir qui contenait les dernières espérances des ennemis de la dysnatie crevé par les boulets des artilleurs du général Valin. Les membres de l'extrême droite qui, depuis la retraite de la gauche, s'étaient constitués en contre-opposition, au nombre de quinze environ, sous la direction de MM. de la Bourdonnaye et de Lalot, tant il est vrai que la présence de la gauche était nécessaire à l'union de la droite, avertis du péril commun dont elle était menacée, affectaient de triompher plus haut que tout le monde des dernières nouvelles. Quant à eux, ils avaient toujours voulu la guerre, ils y avaient poussé le ministère qui sans eux ne l'aurait point faite, c'était leur thème de tous les jours.

Du moins auraient-il dû comprendre que, puisque la guerre se faisait, il fallait uniquement songer à la bien faire, au lieu d'élever des discussions stériles entre les belliqueux de la veille et ceux du lendemain, et surtout d'attaquer d'une manière violente le ministère qui portait le drapeau de la France dans un moment critique et au milieu de difficultés qui n'étaient pas toutes connues, mais qu'il était facile de soupçonner.

Malheureusement, je l'ai dit, l'esprit d'opposition était entré dans un grand nombre d'esprits de la droite, avec ses emportements, ses exigences, ses dénigrements pessimistes, pendant les longues campagnes parlementaires contre M. Decazes et le duc de Richelieu, et n'en était plus sorti; le gouvernement représentatif, qui met le pouvoir au concours, avait ajouté aux divergences des esprits ses tentations naturelles[1]. Il faut tenir compte aussi de cet enivrement des succès de tribune, si nouveaux pour cette génération, succès que l'on rencontre plutôt dans la passion oratoire que dans la mesure politique. On songeait à paraître, à briller, à arriver bien plus qu'à servir, et à force de regarder au-dessus de sa tête cette citadelle du pouvoir dont on voulait forcer l'entrée, on oubliait ce qui se passait à ses pieds. Quand, à l'époque où nous sommes, on lit ces violents débats sur lesquels le temps a passé, et qui produisent aujourd'hui l'effet de couches de laves refroidies, il est impossible de ne pas porter ce jugement sur des hommes qui, à la veille de la session, négociaient encore avec le ministère, auquel ils auraient accordé leur concours s'il avait accueilli leurs prétentions. C'est là, je le sais, une des misères de ce noble gouvernement

1. Dans la séance du 31 mars, où M. de Vaublanc insista sur les prospérités agricoles et commerciales de tout genre dont jouirait la France « si elle était gouvernée par des hommes d'État instruits dans l'art de gouverner, et ayant de grandes vues et des desseins élevés, » la chambre, qui vit que M. de Vaublanc se reconnaissait dans ce portrait, salua cette confidence naïve d'un long éclat de rire.

qu'on appelle le gouvernement représentatif : les ambitions, les vanités, les intérêts personnels, s'y embusquent derrière des idées, ou même des semblants d'idées. Que celui qui a réellement des idées politiques plus larges, plus pratiques, plus utiles à son pays que celles des gens qui le gouvernent ait l'ambition d'appliquer ses idées, il n'y a là qu'une légitime ambition; mais que ceux dont la politique est toute négative, qui, incapables d'agir, se posent en critiques impitoyables de toute action et se mettent en travers du gouvernement sans savoir gouverner, c'est là une ambition stérile et malfaisante.

Ce fut surtout à propos des lois financières que le débat s'engagea entre la contre-opposition, siégeant à l'extrême droite, et le ministère. M. de Vaublanc, soutenu par M. de Lalot, avait ouvert la lutte en proposant la formation d'un comité d'enquête, chargé de réunir les éléments nécessaires pour que la chambre pût se faire une idée exacte de l'état de l'industrie, du commerce et de l'agriculture en France, sans être obligée de se fier aux documents fournis par le ministère. M. de Villèle fit rejeter la proposition par cette simple observation de bon sens : Si le comité dont il s'agissait se renfermait dans le cadre qu'on lui traçait, il serait inutile, car il n'apporterait pas à la chambre une seule lumière qu'elle ne trouvât dans les documents fournis par l'administration; s'il en sortait, il deviendrait dangereux, parce qu'il empiéterait sur le pouvoir de l'administration.

Dans la séance du 31 mars, à propos de la discussion générale du budget, M. de la Bourdonnaye demanda la parole, et, annonçant qu'il ne venait point débattre des chiffres, mais attaquer l'ensemble des actes du gouvernement, il prononça contre le ministère, et en particulier contre le président du conseil, une furieuse philippique. Selon lui, le budget présenté par M. de Villèle, ce financier si positif et si exact, comme le reconnaissaient ses adversaires mêmes, était un budget fictif qui ne méritait pas l'honneur d'une sérieuse controverse, car, présenté en temps de guerre, il ne prévoyait pas tous les besoins du service de la paix. Puis il continuait ainsi :

« Tandis que vous rassemblez sur les Pyrénées une armée d'opération nombreuse, pour imposer aux cortès et leur dicter la paix, vous ne préparez à l'intérieur ni une armée de réserve pour la soutenir, ni les dépôts suffisants pour la tenir au complet, et vous laisserez finir la session sans nous demander les hommes et l'argent nécessaires pour pousser vivement la guerre, y obtenir des succès et les rendre durables. »

Les griefs politiques de l'orateur n'avaient rien de nouveau. Il reprochait à M. de Villèle d'avoir cherché à amener une transaction entre Ferdinand et les cortès, de ne pas avoir puni ceux qui provoquaient la désobéissance de l'armée, de ne pas avoir arrêté les progrès des sociétés secrètes. Plusieurs fois cette philippique, aussi vide et aussi injuste dans le fond qu'inconvenante par la forme, avait provoqué les murmures de la majorité. M. de la Bourdonnaye, sortant de ces généralités banales, arriva à des faits plus précis et plus récents; il fit trois reproches à M. de Villèle : il l'accusa d'avoir désorganisé la régence d'Urgel, on a vu quelles étaient les aspirations de cette régence et sa prétention de faire de la France un instrument; d'avoir entouré le duc d'Angoulême « d'une commission diplomatique et législative, dont on pouvait prévoir la marche tortueuse et la politique conciliante; » d'avoir, à dessein, fait des préparatifs insuffisants, parce qu'au fond il ne voulait pas la guerre [1]; et, comme la difficulté des subsistances, qui se manifestait en ce moment à la frontière, avait

---

1. « Les préparatifs apparents sont pour la guerre, s'écriait l'orateur, et les mesures réelles pour la paix. »

transpiré, il prétendit que, par la faute du ministère, notre cavalerie manquait de fourrages et que les besoins les plus pressants se faisaient sentir. Les murmures de la droite et du centre couvrirent ici la voix de l'orateur; on lui criait de tout côté : « Ce n'est pas vrai! » et M. Forbin des Issarts, un des députés les plus ardents de l'extrême droite, ajoutait : « Quand cela serait vrai, faudrait-il le dire à la tribune? » Mais M. de la Bourdonnaye n'en continua pas moins ses attaques. Il fallait bien amener cette apostrophe adressée à M. de Villèle :

« Vivant au jour le jour, comme vos devanciers, sans passion pour le bien, sans horreur pour les traîtres, calme par indifférence et modéré par faiblesse, qu'avez-vous fait de grand pour la France qui mettait en vous son espoir? Avez-vous enchaîné la révolution? L'avez-vous seulement attaquée corps à corps? Ne l'avez-vous pas plutôt défendue contre nous par votre faiblesse et peut-être par vos insinuations? N'est-ce pas à vous que les doctrines les plus effroyables devront de retentir encore à cette tribune et de profaner cette enceinte? »

Cette dernière accusation était un témoignage rendu à M. de Villèle, qui, sans vouloir intervenir publiquement au débat soulevé pour l'exclusion de M. Manuel, avait fait comprendre à ses amis ce qu'il y avait d'exorbitant à casser l'élection d'un député, et avait suggéré l'idée de remplacer par une peine disciplinaire, portant l'exclusion temporaire, cette exclusion absolue dont M. Royer-Collard avait démontré l'énormité. M. de la Bourdonnaye termina en annonçant qu'il refusait des subsides à un ministère qui, par sa faiblesse et ses temporisations, préparait, disait-il, une guerre interminable dont les chances seraient funestes pour la France et inquiétantes pour l'Europe.

La chambre refusa d'instinct l'impression de ce discours. Il n'entrait pas dans l'esprit de M. de Villèle de répondre aux violences par la violence. Rien n'excitait autant ses dédains que ces banalités injurieuses, vains oripeaux qui traînent dans toutes les harangues d'une opposition systématique. Il s'attacha donc uniquement à démontrer ce qu'il y avait de complètement inexact et de peu équitable dans l'appréciation de son administration et dans l'exposé que M. de la Bourdonnaye venait de faire :

« Je monte uniquement à cette tribune, dit-il, pour rectifier des faits qui pourraient avoir des conséquences fâcheuses sur notre crédit et la situation générale de notre pays. Nous nous sommes expliqués catégoriquement, lorsqu'arrivant à l'année 1823, et prévoyant qu'il pourrait y avoir un surcroît de dépenses pour cette année, nous avons demandé un crédit supplémentaire de 100 millions. Nous avons fait deux parts : l'une des dépenses ordinaires, l'autre des dépenses extraordinaires. Nous avons dit, et c'est la réponse la plus positive que nous puissions faire aux allégations que vous venez d'entendre : les dépenses ordinaires de l'État doivent être couvertes avec le produit des impôts, et c'est au crédit que vous devez demander les moyens de satisfaire aux dépenses extraordinaires.

« Une grande partie du discours du préopinant est consacré à représenter le trésor royal et les finances dans un tel état, qu'il serait impossible de pourvoir aux besoins du service.

« C'est un des principaux motifs qui m'ont fait monter à la tribune. Il importe que la chambre d'une part et le public de l'autre connaissent en réalité la vraie position du gouvernement sous le rapport des finances.

« Le trésor a avancé sur les rentes que vous avez créées et qui s'élèvent, comme l'a dit le préopinant, à 23 millions, le payement de deux cinquièmes de reconnaissances de liquidation et des premières dépenses extraordinaires de l'armée. Le préopinant a oublié dans son énumération qu'une partie de ces 23 millions de rentes était destinée à couvrir des dettes qui heureusement ne sont pas encore échues, et qui ne doivent échoir que les années suivantes. Le trésor avait à payer cette année 70 millions de reconnaissances de liquidation qui viennent d'échoir le 22 mars dernier. Il avait en même temps à faire le service du semestre de la rente. Sur ces payements il ne reste à acquitter aujourd'hui, sur les reconnaissances de liquidation, que 10 millions 500,000 fr. ; sur le semestre de la rente, que 27 millions 500,000 fr. Le trésor a demandé à la Banque 100 millions, qu'elle a prêtés au taux le plus modeste. Le ministre n'a encore eu besoin que de 50 millions pour faire les payements dont je viens de parler. Il lui reste encore un crédit de 50 millions ouvert à la Banque, et il n'a, comme je l'ai dit, que 38 millions à payer pour couvrir son service. Le trésor avait à faire face à d'autres dépenses : ce sont les dépenses extraordinaires pour lesquelles nous avons demandé un crédit de 100 millions. Il ne faut pas croire que le ministère ait pensé qu'il suffisait de faire successivement les fonds nécessaires pour des dépenses aussi urgentes que celles de la guerre ; il a préparé des sommes proportionnées aux besoins extraordinaires qui devaient se présenter. Ainsi, après avoir contracté avec la Banque un emprunt de 100 millions, il a traité avec d'autres banquiers pour une somme de 40 millions, ce qui fait 140 millions. Ce dernier traité a été fait à des conditions telles que les bons de la caisse de service n'ont été donnés qu'à 5 p. 100 d'intérêt, et qu'il est accordé une commission de 3 huitièmes à la personne chargée de la négociation de ces bons. Le trésor a renoncé à émettre d'autres bons tant que durerait le marché ; ce qui prouve que le trésor n'a pas d'autre négociation à faire.

« La situation se trouve ainsi établie : sur les 100 millions empruntés à la Banque, il reste 12 millions de disponibles, puisque sur les 50 millions qu'elle nous doit encore, presque 38 millions sont nécessaires pour terminer les services prévus par cet emprunt. Le trésor a en caisse aujourd'hui 16 millions à Paris ; les caisses établies sur la ligne des Pyrénées avaient le 24 mars, dernier jour dont nous ayons reçu des nouvelles de Bordeaux, le 22 mars de Bayonne, le 21 de Toulouse, le 20 de Perpignan, 20 millions 500,000 francs.

« Je vous demande, messieurs, si les allégations qui ont été faites sous le rapport du danger de la situation de nos finances et du dénûment prétendu dans lequel notre armée des Pyrénées serait laissée, peuvent être combattues d'une manière plus positive que je viens de le faire. Je ne me suis proposé que ce but en montant à cette tribune, parce que c'était le seul vraiment utile.

La campagne de la contre-opposition de droite n'était pas terminée. MM. de Bouville et Hyde de Neuville, qui avaient aussi leur rôle dans cette guerre, prirent la parole, le 2 avril 1823, pour combattre l'administration financière de M. de Villèle, et M. Hyde de Neuville en particulier se plaignit — reproche banal qui n'était accompagné d'aucune preuve — de l'exagération d'un budget de 900 millions, dont « le Royaume des fleurs de lis, dit-il, n'avait pas besoin pour être un grand et puissant État. » Le lendemain, 3 avril, M. de Lalot prenait à son tour la parole pour faire la revue, non plus de ce que le ministère avait fait, mais de ce qu'il n'avait pas encore fait. Il semblait que toutes les réformes et toutes les organisations pussent être improvisées à la fois : de nouvelles institutions religieuses ; des lois de décentralisation communale et départementale ; des lois de responsabilité pour le ministère et ses agents ; la refonte générale des lois de la Révolution et de l'Empire et leur mise en harmonie avec la Charte, l'indemnité aux émigrés dépossédés de leurs biens. C'était à un ministère dont l'existence avait quinze mois de date et qui, dans ce moment même, commençait une guerre au delà des Pyrénées, que M. de Lalot reprochait de ne pas avoir achevé toutes ces tâches qui eussent réclamé un grand nombre d'années.

M. de Corbière, dans une réplique marquée au coin d'un spirituel bon sens, mit en évidence ce qu'il y avait de banal, de vague, dans l'argumentation de cette opposition de parti pris qui ne pouvait point parvenir à articuler un grief précis, et s'enveloppait dans une phraséologie malveillante et dans des généralités de dénigrement. Il ajouta que lui et ses amis voulaient sur leur banc ministériel ce qu'ils avaient voulu sur leurs bancs de députés, et se montra peu surpris de se trouver en dissidence avec des membres qui, au temps d'une commune opposition, s'étaient déjà séparés de leurs collègues. Les luttes qu'il avait fallu soutenir contre eux à cette époque l'avaient préparé aux luttes qu'il avait à soutenir contre eux aujourd'hui. Au fond, il n'y avait rien de changé. Seulement il croyait que la contre-opposition de droite l'autorisait par ses attaques à lui donner un avis : si faible en nombre, elle devait au moins se montrer forte en raison ; si elle continuait à n'avoir pour elle ni la raison ni le nombre, le ministère marcherait sans s'inquiéter de la responsabilité dont on le menaçait.

La majorité accueillit avec une sympathie non équivoque

cette réponse de M. de Corbière. Elle était évidemment fatiguée de ce débat sans raison, sans opportunité et sans résultat possible, et malgré la tolérance dont elle usait envers des membres, sinon de sa nuance, au moins de sa couleur, elle aurait voulu la clore. Mais ce n'était point l'affaire de M. de la Bourdonnaye, qui, irrité du peu de succès de sa première attaque, voulut entrer plus avant dans la voie des personnalités rétrospectives. Il annonça à la chambre qu'il allait lui révéler un secret qui couvrirait les deux anciens chefs de la droite de confusion. A ces mots, une attente inquiète se manifesta sur tous les bancs de l'assemblée. Quel était donc ce secret et qu'allait dire M. de la Bourdonnaye? Il se reporta au temps de cette opposition de cinq ans pendant laquelle la droite marchait contre le ministère Decazes, et il accusa MM. de Villèle et de Corbière, qui passaient leurs journées sur les bancs de l'opposition à la chambre, d'avoir passé leurs nuits dans les salons des ministres pour traiter avec eux. Interrompu par les murmures de la droite et les dénégations des deux ministres accusés, le fougueux orateur persista dans son dire, et somma MM. de Villèle et de Corbière d'avouer que, dans une réunion à laquelle assistaient MM. de Bonald et Benoist, il leur avait prouvé qu'ils avaient passé la nuit chez M. Decazes. Les murmures redoublèrent, et comme M. de la Bourdonnaye voulait porter à la tribune le récit de conversations qu'il assurait avoir eues avec M. de Villèle à ce sujet, l'indignation de la chambre excédée éclata dans un cri unanime de réprobation qui obligea l'orateur à descendre de la tribune. En descendant, il eut encore à subir la dénégation de M. de Bonald, dont il avait invoqué le témoignage, et qui déclara n'avoir aucun souvenir du fait allégué par M. de la Bourdonnaye.

C'était à ces tristes excès de paroles que descendait la contre-opposition de droite, à laquelle M. Hyde de Neuville avait prêté ces deux beaux mots pour devise : « Loyauté, conscience. » Qu'avait de commun avec le budget de 1823 et la situation politique de la France intervenant en Espagne pour rétablir Ferdinand VII sur son trône, et traversant la Bidassoa pour empêcher la révolution espagnole de la passer, cette suite de commérages rétrospectifs et puérils sur les vieilles querelles de l'opposition de 1819 et de 1820? Quoi! voilà les sujets dont M. de la Bourdonnaye occupait l'assemblée, lui qui accusait M. de Villèle de ne pas aborder les questions par le grand côté! Tels étaient les horizons qu'il ouvrait devant elle! Encore dans cette polémique anecdotique, n'avait-il pas même le mérite du genre, celui de l'exactitude. A la dénégation de M. de Bonald vint s'ajouter celle de M. de Villèle. Avec une modération que faisait ressortir encore la violence de son antagoniste, il rétablit les faits :

« On tombe dans une erreur grave, dit-il, quand on compare l'opposition que nous avons faite à celle qu'on cherche à élever aujourd'hui. Nul doute qu'à l'époque dont il s'agit, en m'opposant au système de gouvernement, je soutenais ce qui était dans ma conscience, dans mon opinion, je pourrais même dire dans la vérité, car les événements ont suffisamment justifié nos craintes. Tant que le ministère a suivi une route qui, à mes yeux, devait conduire la France à sa perte, je me suis opposé à sa marche. Le jour où je l'ai vu, éclairé par les événements, chercher à revenir sur ses pas, j'ai cessé mon opposition, et c'est à cette époque que remonte le dissentiment dont vous a entretenus M. de la Bourdonnaye. Il n'est pas impossible qu'il y ait eu alors un rapprochement et une conférence... Mais il y a eu une erreur dans l'assertion du préopinant. Il vient de vous dire que l'entrevue avait eu lieu avec M. Decazes et que même M. de Corbière et moi, nous avions passé toute une nuit dans son salon. La conférence à laquelle on fait allusion n'a point eu lieu la nuit, mais en plein midi, et, de plus, ce ne fut pas une démarche spontanée ; nous nous rendîmes chez le ministre, d'après une invitation qui n'avait rien de mystérieux et dont le préopinant lui-même doit avoir un souvenir parfait. Aussi je ne crois pas que ce soit de cette entrevue qu'ait voulu parler M. de la Bourdonnaye, et je pense, comme M. de Bonald, qu'il a fait confusion avec une autre conférence chez le duc de Richelieu. Alors il s'agissait, je crois, de l'amendement de M. Boin sur la loi des élections, et l'on sait bien que M. Decazes n'était plus ministre. »

Devant ces explications tombait tout l'échafaudage de M. de la Bourdonnaye. Ce n'était pas une opposition d'ambition que M. de Villèle avait faite, et il eût été à désirer qu'on pût en dire autant de tous les hommes de la droite. Quand les ministres s'étaient rapprochés des idées de celle-ci, MM. de Villèle et de Corbière avaient accepté des conférences avec eux dans l'intérêt de leur opinion. C'était leur droit, c'était leur devoir, et ils n'avaient pas à s'en cacher. Quant à sa politique actuelle, M. de Villèle n'était pas plus embarrassé pour la justifier. On n'avait que faire de lui prouver qu'il n'avait pas désiré la guerre; il était le premier à déclarer qu'il n'avait rien omis de ce qui pouvait être fait honorablement pour la prévenir. Elle était devenue nécessaire, il n'omettait rien pour qu'elle fût faite résolûment et avec succès. Les paroles par lesquelles le président du conseil termina furent graves et belles; on y reconnaît l'accent d'une conscience en paix avec elle-même et cette mâle tristesse de l'homme de bien qui se console des injustices du présent par la perspective des justices de l'avenir :

« Jamais dans mes fonctions, soit de ministre, soit de député, dit-il, je n'obéirai qu'à la direction de ma conscience, sans m'inquiéter des appuis que je pourrai trouver ou des personnes qui seront en contradiction avec moi. Trouver des adversaires parmi ceux qu'on estime, c'est un sacrifice auquel doit se résigner tout homme parvenu à la direction des affaires publiques. Dans ce poste difficile, on peut quelquefois avoir la douleur de se voir mal jugé; mais tôt ou tard la vérité et la justice se font jour, et tôt ou tard on reçoit de ses concitoyens la seule récompense que l'on doit ambitionner comme le dédommagement de tant de sacrifices. »

Des marques chaleureuses d'approbation et de sympathie, parties de presque tous les bancs, saluèrent ces dernières paroles, et la chambre fut à peu près unanime à réclamer la clôture qui fut prononcée, toutefois après que M. de Lalot eut essayé en vain de rouvrir le débat pour un fait personnel. Dans les séances suivantes, la contre-opposition renouvela ses attaques; nous n'y reviendrons pas. Elles ne furent ni plus motivées ni plus heureuses. Mais, si leur effet fut nul dans la chambre, elles exerçaient une fâcheuse influence au dehors. Ces violences d'une opposition formée d'hommes de droite contre un ministère de droite qui comptait MM. de Villèle, de Chateaubriand et de Corbière dans son sein, autorisaient les violences de la gauche. Ceux-là mêmes qui s'étaient plaints si amèrement de ce que le respect disparaissait du monde travaillaient à détruire le respect. Le parti royaliste, sans s'en apercevoir, se démolissait ainsi de ses propres mains devant le pays. Quand les deux chefs qui l'avaient conduit si longtemps dans l'opposition étaient signalés comme des incapables, des prodigues, presque des traîtres, par leurs anciens compagnons, que veut-on que pensât le gros du public ?

Les journaux de la droite, troublés par ces luttes intestines entre des hommes qu'ils avaient été accoutumés à honorer et à louer également, ressemblaient à des navires qui ont perdu leur boussole et qui naviguent au hasard. Les uns, avec ce penchant inné de la presse qui incline toujours à l'attaque et à l'épigramme, parce que ce sont là ses deux grands moyens de succès auprès de la malignité publique, faisaient cause commune avec la contre-opposition de droite et attaquaient MM. de Villèle, de Corbière et de Chateaubriand : c'était là le parti qu'avait pris le *Drapeau blanc*. M. de Martainville, accusé pour la première fois de sa vie de modérantisme, quittait le journal fondé par lui, parce qu'il n'avait pas voulu tourner sa plume contre un ministère royaliste qui avait à la fois pour lui le Roi et Monsieur. C'était le motif qu'il donnait; mais il laissait derrière lui des hommes plus résolus à une opposition à outrance, qui, transférant dans la presse les récriminations de l'assemblée, l'accusaient de céder à d'autres amorces et déclaraient qu'à son défaut ils sauraient remplir leurs devoirs contre le ministère. C'était donc partout un échange de reproches et d'injures. Le *Journal des Débats* embarrassé se réfugiait dans le silence, et la *Quotidienne* cherchait à donner le change au public et à cacher les plaies intérieures de son parti en feignant de croire que l'émulation du bien public animait seule l'un contre l'autre le ministère et la contre-opposition de droite, qui « rivalisaient, disait-elle, dans cette espèce de lutte, de modération, d'indépendance et de loyauté. » On pouvait se consoler avec ces explications optimistes, mais on ne persuadait personne, parce qu'on n'était pas soi-même convaincu.

La session se traîna ainsi jusqu'au vote du budget, et la discussion ne se releva que lorsque la présentation d'une loi, qui appelait par anticipation sous les drapeaux la classe de 1823, remit la guerre d'Espagne à l'ordre du jour. Une circonstance donna une grande vivacité à ce nouveau débat : c'est que le ministère anglais, après les vacances de Pâques, avait déposé, le 14 avril, tous les documents relatifs au congrès de Vérone sur le bureau du parlement, avec un exposé de la situation. Une discussion solennelle s'ouvrit donc dans la chambre haute et dans la chambre basse. Rien ne peut donner une idée de la violence que déployèrent les orateurs de l'opposition et même les ministres contre le gouvernement français et contre la France. Il devait arriver et il arriva que les tribunes des deux côtés du détroit se répondirent.

Les succès qu'obtenait notre armée en Espagne et dont le télégraphe portait journellement la nouvelle à Londres poussaient à bout la vanité britannique. Quoique résolu à maintenir la stricte neutralité de l'Angleterre, comme il s'y était engagé dans sa dépêche du 31 mars, M. Canning ne s'était pas pressé d'accepter le débat dans le parlement, parce qu'il voulait laisser à la voix des intérêts, toujours si puissante en Angleterre, le temps de se faire entendre. Mais, tout en comptant sur les intérêts pour l'aider à maintenir la paix, M. Canning, passionné lui-même, croyait devoir compter avec les passions de son pays. Il donna donc une satisfaction morale à l'opposition, et mérita les louanges de M. Brougham en disant à la fin de son exposé qu' « il éprouvait une horreur mêlée de dégoût pour le monstrueux principe que le ministère français avait mis dans la bouche du Roi, et qu'il faisait les vœux les plus ardents pour que l'Espagne sortît victorieuse de la lutte. »

On comprend l'effet que de telles paroles prononcées en plein parlement par le premier ministre de l'Angleterre produisirent en France. M. de Chateaubriand, malgré le stoïcisme politique dont il s'était promis de s'armer contre toutes les attaques de M. Canning, ne put s'empêcher d'en être ému, et il dit à sir Charles Stuart « que des vœux contre la France en pleine paix, exprimés par un ministre anglais, en gardant la neutralité, étaient chose toute nouvelle dans l'histoire des nations. » — « Je vous recommande, écrivit-il à M. de Marcellus, de le dire vous-même et de ma part à M. Canning et de vous montrer désormais froid et réservé avec lui [1]. » Un peu plus tard (le 26 avril 1823), M. de Chateaubriand écrivait encore à notre jeune envoyé : « Je ne vais répondre aux Anglais jeudi que par des politesses ; mais leurs lâches insultes m'ont donné la mesure de la capacité et de l'honneur de ces hommes, et j'en ai fini avec eux [2]. »

---

1. Lettre de M. de Chateaubriand à M. de Marcellus, à la date du 17 avril. *Politique de la Restauration*, page 202.

2. Nous retrouvons la même recommandation dans la lettre particulière écrite par M. de Chateaubriand à la date du 21 avril : « Je vous recommande

Cependant M. de Chateaubriand ne se méprenait pas sur la cause réelle de ces injures, où il entrait au moins autant de tactique que de passion, et il écrivait à M. de Marcellus :

« L'Angleterre sent que cette guerre nous rend notre influence sur l'Espagne et nous replace à notre rang en Europe; elle doit être irritée et malveillante. L'amour-propre de M. Canning est compromis : de là sa violence et son humeur. »

Rien de plus juste que cette appréciation, et l'on peut étendre la même explication à tout ce qui suivit.

A la vue du mauvais vouloir de l'Angleterre et au bruit des injures qui retentissaient contre nous et les souverains de l'Europe, dans le parlement, l'empereur Alexandre s'émut. Il était le seul qui prît, on l'a vu, la Sainte-Alliance au sérieux, et qui y attachât une pensée généreuse et désintéressée. Il fit avertir le cabinet des Tuileries, comme ses autres alliés, qu'il réunissait sur ses frontières méridionales une armée de 80,000 hommes sous le nom d'armée de la Sainte-Alliance ; mais il ajoutait que cette armée ne franchirait ses frontières que dans le cas où ses alliés réclameraient son secours. En même temps, il chargeait son ambassadeur à Londres d'exprimer sa surprise de voir l'Angleterre « trouver alarmant, dans la bouche du Roi de France, le principe qu'elle avait implicitement admis dans toutes les transactions qui avaient eu la France pour objet. » Ainsi apparaissait l'alliance éventuelle que nous nous étions ménagée pour le cas où l'Angleterre sortirait de sa neutralité malveillante et deviendrait ouvertement hostile. Mais M. Canning n'y songeait pas. L'opposition de la chambre des

---

une chose fortement, lui dit-il, n'allez chez M. Canning que pour des visites courtes et froides, et ne lui parlez plus de l'Espagne sans y être provoqué. Un homme qui a fait des vœux contre la France doit n'avoir plus que des rapports indispensables avec le représentant de la France. » *Politique de la Restauration*, page 207.

communes elle-même couvrait sa retraite par de nouvelles salves d'injures contre la France, et l'un des chefs du parti tory s'écria que « le gouvernement français était arrivé à un degré de folie et de perversité dont jamais aucun gouvernement sur la terre n'avait approché. » L'orgueil britannique pansait ses plaies avec ces paroles insultantes jetées à la France. Lorsque M. Canning, après avoir sympathisé avec toutes ces violences, posa la question entre le ministère et l'opposition, en demandant à celle-ci si elle voulait la paix ou la guerre, il devint évident que personne dans les communes, ni dans la chambre des lords, n'était d'avis de s'opposer par la force des armes à l'action de la France. Mais alors, comme le fit remarquer M. Canning, le blâme jeté sur le ministère à l'occasion de la conduite qu'il avait tenue à Vérone n'avait plus de sens. Si l'on avait été déterminé à faire la guerre, à la bonne heure, il eût été possible de tenir une autre conduite; mais il n'y en avait qu'une à tenir si l'on voulait maintenir la paix, c'était celle que le cabinet anglais avait tenue. Le ministre n'eut plus qu'à ajouter une éloquente péroraison sur les bienfaits de la paix et sur la convenance qu'il y avait pour l'Angleterre à garder la neutralité entre le fanatisme du pouvoir absolu et le fanatisme révolutionnaire, pour achever la déroute de l'opposition. Elle n'osa pas même accepter le vote sur la motion qui avait été le terrain de ce grand débat.

C'était une défaillance de l'opposition. Mais on peut ajouter que cette défaillance lui était commune avec le ministère; car si la première se retirait devant la mise en demeure de M. Canning, M. Canning s'effaçait devant l'action de la France. On mettait dans son langage la force qu'on n'osait pas mettre dans sa conduite, et l'on reculait en menaçant.

Quand la loi qui avançait l'appel du contingent de 1823 fut portée devant la chambre des députés en France, M. Duvergier de Hauranne, sortant du silence systématique où le centre gauche s'était renfermé depuis l'incident de M. Manuel, essaya, à l'aide des documents anglais, de raviver la discussion sur la question espagnole. Il emprunta l'argumentation anglaise en l'adaptant à la tribune française ; mais le ministère, qui ne trouvait rien de nouveau dans ces arguments, et qui avait hâte d'ailleurs d'arriver à la clôture de la session, pour ne pas avoir à mener concurremment la guerre de la tribune et la guerre de l'épée [1], ne releva pas le gant qui lui était jeté dans une chambre où l'opposition de gauche avait déserté ses bancs. Il savait qu'il retrouverait ce débat dans la chambre haute où l'opposition était nombreuse, et où elle était résolue à disputer pied à pied le terrain. Ce fut là que M. de Chateaubriand se réserva de répondre à la tribune anglaise.

M. Molé, si récemment encore ministre dans le cabinet du duc de Richelieu, se montra un des opposants les plus ardents et les plus amers. Il porta contre le gouvernement, avec quelle injustice, la production des documents du congrès l'a depuis prouvé, l'accusation formelle d'avoir signé à Vérone une convention secrète avec les puissances du Nord pour ouvrir le territoire français à leurs armées. M. de Barante, qui ne fut guère moins vif, s'arma d'une proclamation de la junte espagnole qui déclarait d'avance nuls et non avenus tous les engagements financiers pris par le gouvernement actuel de l'Espagne, et demanda au gouvernement français ce qu'il en pensait. Les succès de notre armée qui, après avoir passé la Bidassoa, marchait en avant sans rencontrer devant elle d'obstacles sérieux, ne permettaient plus d'évoquer les fantômes des désastres de l'Empire dans la Péninsule. M. de Barante eut donc le bon goût de convenir qu'on irait à Madrid. Mais qu'y ferait-on ? Les cortès nous y attendraient-elles avec Ferdinand ? Si elles ne nous y attendaient pas, réussirions-nous à leur

---

1. Carnet de M. de Villèle.

arracher le Roi? Et si elles ne revenaient pas avec lui à Madrid, n'y reviendrait-il pas avec un parti affamé de vengeance et avec le pouvoir absolu?

Ce fut le duc de Montmorency qui répondit le premier aux attaques de l'opposition et à celles de la tribune anglaise. Il parla avec respect des souverains réunis à Vérone, et qui avaient été si outrageusement traités dans le parlement, avec exactitude de ce qui s'était passé dans le congrès, et il repoussa à cette occasion avec beaucoup de netteté et les allégations inexactes de M. Canning, qui avait affirmé que personne ne songeait, excepté la France, aux affaires d'Espagne, et les insinuations injurieuses de M. Molé; il s'exprima avec une parfaite convenance sur sa propre conduite sans l'ombre d'une récrimination contre M. de Villèle, ou d'un reproche contre M. de Chateaubriand.

Voici la partie la plus importante de ce discours :

« Qui a pu concevoir l'ignorance du gouvernement anglais sur la place que devaient prendre au congrès les affaires d'Espagne? Ne semblerait-il pas qu'à peine a-t-il pu prévoir qu'on en parlerait? Comment espérer persuader qu'un cabinet aussi vigilant que celui de Londres ait pu mettre en doute ce qui était connu de tous les cabinets européens? Je ne songe à justifier ni la France qui n'en a pas besoin, ni moi-même qui regarderai toujours comme un titre d'honneur d'avoir concouru à ces grandes transactions de Vérone, mais je dois proclamer ce qui est vrai : la France n'a eu ni à désirer, ni à demander, ni à provoquer la discussion des affaires d'Espagne au congrès; ce qui l'a amenée, c'est la force même des choses, c'est le sentiment universel d'intérêt et d'inquiétude qui dominait alors les cabinets des souverains. Du moment qu'il fut question d'Espagne, il était naturel qu'on désirât connaître l'opinion de la France, la première menacée par des contagions de tous genres, et que des souvenirs peu anciens devaient lui rendre redoutables. La France répondit avec toute la franchise qui convient à sa politique et à sa véritable dignité, que son désir sincère était de conserver la paix; mais elle exprima ses craintes trop fondées que sa sûreté, son honneur, tous ses intérêts essentiels, ne lui en laissassent pas le choix. La France n'a fait à Vérone que des propositions défensives, conditionnelles et hypothétiques; les ministres anglais l'ont solennellement déclaré. Nous pouvons donc le dire à tous les désapprobateurs de la guerre, le proclamer à la face de l'Europe : oui, c'est l'atteinte portée à nos intérêts, c'est notre sûreté directement menacée, ce sont des actes contraires à notre salut et à celui de l'Europe qui nous ont obligés de faire le sacrifice momentané de toutes les sources de prospérité que, chaque jour, la paix nous ouvrait, pour défendre la cause la plus juste. »

Ce discours d'un galant homme et d'un vrai gentilhomme, à qui le rôle de premier plan qu'il avait joué à Vérone donnait une si grande autorité dans cette occasion, fit une vive impression sur la chambre et sur le public. Il est digne de remarque que, pour défendre la politique du gouvernement royal, M. de Montmorency se plaçait sur le terrain qu'avait toujours indiqué M. de Villèle : le droit qu'avait la France de suivre la politique de ses intérêts, et de repousser un péril dont elle était personnellement menacée. Sur ce terrain, on était inattaquable, et M. de Chateaubriand succédant à M. de Montmorency, qui ne lui avait pas laissé grand'chose à dire sur le congrès de Vérone, s'y plaça à son tour. Ce fut là l'argument décisif de sa péroraison :

« La question, dit-il, n'a jamais été pour nous de savoir ce que nous avions à gagner en prenant les armes, mais ce que nous avions à perdre en ne les prenant pas. Il y allait de notre existence : c'était la révolution qui, chassée de France par la légitimité, voulait y rentrer. Que de tentatives faites sur nos troupes! Que de complots sans cesse renaissants! On employait jusqu'au souvenir de la victoire pour ébranler la fidélité. De là cette fatale opinion qu'il nous serait impossible de réunir dix mille hommes sans nous exposer à une révolution. On ne nous parlait, on ne nous menaçait que de la cocarde tricolore, et l'on affirmait qu'à ce signe aucun soldat ne resterait sous le drapeau blanc... Eh bien, l'expérience a été faite. Le coup de canon tiré à la Bidassoa a fait évanouir bien des prestiges, a dissipé bien des fantômes, a renversé bien des espérances! Huit années de paix avaient moins affermi le trône légitime sur ses bases que ne l'ont fait ces huit jours de guerre. »

La guerre était donc doublement motivée, au dire de M. de Chateaubriand, par une situation extérieure que compliquait la situation intérieure, et par la complicité des ferments révolutionnaires du dedans avec cette révolution, qui, du dehors, s'était mise en relation avec eux, comme ces volcans qui communiquent par des canaux souterrains où coule la lave. Le ministre des affaires étrangères fut moins heureux dans les explications incidentes qu'il donna sur le défaut de communications diplomatiques faites aux chambres françaises, et dont l'abondance des documents transmis au parlement d'Angleterre faisait encore ressortir l'insuffisance. Il y avait alors une sorte de crainte superstitieuse des ministres alarmés sur la prérogative royale, qui les empêchait de soumettre aux chambres toutes les pièces qui leur étaient nécessaires pour former un jugement sur la politique extérieure, dont la direction appartenait exclusivement au Roi. A ce sujet, M. de Chateaubriand dit des choses très-sensées sur les différences radicales qui existaient entre la société anglaise, si profondément empreinte d'aristocratie, et la société française, dont toute l'organisation était démocratique. Rien de moins contestable. Mais ce raisonnement avait une bien autre portée que celle qu'on lui donnait. Ou il ne fallait pas accepter de discussions sur les affaires extérieures devant les chambres, et alors c'était la suppression du gouvernement représentatif; ou, si l'on acceptait cette discussion parce que le gouvernement représentatif la rend inévitable devant des corps politiques qui votent les subsides et les contingents, il fallait mettre les assemblées en état d'asseoir un jugement sérieux et motivé en leur faisant les communications nécessaires. On ne gagnait qu'une chose à ne point les faire ; c'était d'autoriser les plaintes de l'opposition, qui trouvait dans les documents anglais toutes les lumières nécessaires pour attaquer la politique du gouvernement.

Dans la partie de son discours où il répondit aux invectives de la tribune anglaise, M. de Chateaubriand montra une modération pleine de dignité :

« Les récriminations, dit-il, auront bientôt changé l'Europe en un champ de bataille. C'est à nous à donner l'exemple de la modération parlementaire. On a fait des vœux contre nous : souhaitons la prospérité à toute puissance avec laquelle nous conservons des relations amicales. On a osé élever la voix contre le plus sage des Rois et son auguste famille : qu'avons-nous à dire du Roi d'Angleterre, sinon qu'il n'y a point de prince dont la politique soit plus droite et le caractère plus généreux ; point de prince qui, par ses sentiments, ses manières et son langage, donne une plus juste idée du monarque et du gentilhomme. On a traité avec rigueur les ministres français : je connais les ministres qui gouvernent aujourd'hui l'Angleterre : ces personnages éminents sont dignes de l'estime et de la considération dont ils jouissent. J'ai été l'objet particulier des insultes : qu'importe si vous trouvez, messieurs, que je ne les ai méritées que pour avoir bien servi mon pays? Ne craignez pas que ma vanité blessée puisse me faire oublier ce que je dois à ma patrie ; et quand il s'agira de maintenir l'harmonie entre deux nations puissantes, je ne me souviendrai jamais d'avoir été offensé. »

L'effet de ce discours fut grand en France, et peut-être plus grand encore de l'autre côté du détroit. Il établit naturellement une comparaison entre la politique française, qui, mettant sa force dans l'action, pouvait se montrer modérée dans son langage, et la politique anglaise, qui, réduite à l'inaction, dépensait toute son ardeur dans ses paroles. Le *Morning Chronicle* lui-même fit l'éloge du discours de M. de Chateaubriand, et le duc de Wellington se montra ravi de cette manière si digne de répondre à des invectives et à des injures : « C'est ainsi, dit-il, qu'il fallait répondre ; c'est là le discours que j'aurais voulu dicter si j'en avais eu le talent. » Puis, se tournant vers lord Harrowby, avec une franchise toute militaire : « Voilà comment parle un vrai gentilhomme ; noblesse, loyauté, absence de ressentiment, bon sens, tout est là ; depuis deux mois, nous n'avons rien dit ni rien entendu de ce genre [1]. »

M. de Marcellus, en donnant ces détails à M. de Chateaubriand, à la date du 3 mai, ajoutait que le duc de Wellington avait conservé, dans cette épreuve difficile, l'inflexible loyauté de son caractère. Traduit devant l'opinion, calomnié à Westminster, accusé d'incapacité, de faiblesse d'esprit, abandonné par celui de ses collègues qui était son défenseur naturel, M. Canning, il brava les injures, les sarcasmes, et pas une parole équivoque ne sortit de sa bouche contre les alliés, la France, le Roi et ses ministres. M. de Marcellus, après avoir rendu ce témoignage, dans sa correspondance, au duc de Wellington, ajoutait que, tandis que des vœux hostiles retentissaient en plein parlement contre la France, le noble duc le cherchait avec amitié, le rassurait en secret contre l'issue de ces tristes débats, et présageait nos succès en Espagne. Notre jeune envoyé reçut un témoignage plus élevé encore. Le roi d'Angleterre, qui n'avait pas oublié les liens de l'ancienne amitié qui l'unissait à Louis XVIII, et qui était loin de partager les sympathies de son ministre, M. Canning, pour la révolution espagnole, avait vu avec peine, en parfait gentilhomme qu'il était, les vœux exprimés en plein parlement par le ministère anglais contre la France. Comme roi constitutionnel, George IV avait gardé le silence, mais ce silence avait quelque chose de si désapprobateur qu'un journal anglais, le *Times*, attribua au roi un entretien avec M. de Marcellus, auquel il aurait exprimé hautement les vœux qu'il faisait pour nous [2]. Cet article fit une grande sensation à Londres :

1. Lettre de M. de Marcellus à M. de Chateaubriand.
2. Voici un passage de cet article : « On dit que M. de Marcellus n'a pas été seulement accueilli, au lever de lundi dernier, avec une déférence particulière, mais encore que les vœux les plus sincères lui ont été exprimés en faveur de l'entreprise *Bourbon* contre l'Espagne. — « Dites à votre maître que « je désire ses succès de tout mon cœur, qu'il a mes meilleurs souhaits ; » — ou

dans le parlement, où l'opposition s'apprêtait à interpeller le ministère à ce sujet; dans le ministère, qui se demandait s'il ne devait pas intenter des poursuites contre le journal qui avait publié sur le Roi un article aussi injurieux. Une lettre adressée à M. Canning par M. de Marcellus, qui s'inspira, dans cette démarche, de la générosité et de la noblesse qu'avait montrées le gouvernement français depuis l'ouverture de cette affaire, mit fin à ces perplexités. Voici cette lettre :

« Portland-Place, 3 mai 1823.

« Monsieur,

« Vous avez quelquefois écouté mes plaintes et j'ai souvent reçu les vôtres contre les témérités des journaux. Mais, aujourd'hui, je ne saurais trop tôt vous exprimer le dégoût que je ressens en lisant l'article du *Times*. Je proteste entre vos mains contre les paroles qu'on ose mettre ainsi dans une bouche auguste, et comme si j'avais besoin de vous prouver à vous-même leur inexactitude, je joins à ma lettre un extrait de la dépêche dans laquelle je rends compte à ma cour de l'audience publique dont il s'agit. Je ne puis mieux déposer mon ressentiment que dans votre sein, monsieur, puisque par une suite des bontés auxquelles vous m'avez accoutumé, vous étant placé près de moi pendant que le Roi me parlait, vous avez, comme moi, entendu notre entretien. Je suis, vous le savez, monsieur, d'un sang royaliste; et vous me pardonnerez s'il s'est ému quand j'ai vu s'élever d'un écrit public des soupçons qui pouvaient mêler mon nom à une insulte envers Sa Majesté Britannique. Vous avez bien voulu, en quelques circonstances, placer sous les yeux du Roi certaines de mes communications : je vous demande la même faveur pour ces lignes où Sa Majesté lira mon démenti formel, ma juste indignation et mon profond respect pour sa personne.

« Vicomte DE MARCELLUS. »

quelque chose d'approchant. Nous ne croyons pas à cette histoire; mais, si elle était vraie, nous dirions que l'esprit de celui qui parle ainsi est dans un état à donner bien plus de chagrin et d'inquiétude au peuple anglais que la goutte ou toute autre souffrance physique même violente, du même personnage. Car il faut remarquer que le vœu exprimé ici est opposé directement, non-seulement au vœu des ministres que le Roi garde à son service, apparemment parce qu'il partage leurs opinions, mais encore au vœu de tout autre habitant du royaume, doué d'un jugement sain.... Sans doute, un homme dans ce rang élevé aurait caché des vœux aussi inutiles, » etc.

En présence de cette lettre de M. de Marcellus, accompagnée d'un extrait de sa dépêche à son gouvernement sur sa conversation avec George IV, la haute opposition de la chambre des communes, qui en reçut la communication confidentielle, renonça aux interpellations projetées; le ministère, de son côté, renonça aux poursuites contre le *Times*, dont l'article était décrédité par ce démenti. Le roi d'Angleterre se montra très-touché d'un si honorable procédé, il fit remercier M. de Marcellus par le gentilhomme de sa chambre de service, et on rapporta à notre envoyé ces paroles du roi d'Angleterre, qu'il transmit à M. de Chateaubriand, dans une note confidentielle : « Je n'ai point tenu à M. de Marcellus le langage qu'on me prête, avait dit George IV ; mais ces vœux pour la cause de la France sont au fond de ma pensée, et je devais, en bonne justice, au chargé d'affaires français l'accueil qu'il a trouvé près de moi. Quoi! pendant qu'il lutte contre la malveillance, exposé aux conspirateurs de tous les pays, je l'abandonnerais aussi, et le duc de Lorenzo sera porté en triomphe par la populace! il sera invité, caressé par mes ministres, et ces ministres viendront, en plein parlement, lancer des vœux contre la France avec laquelle nous sommes en pleine paix! Est-ce là la neutralité et une honnête neutralité? J'ai souffert de cette conduite, dont l'Europe aurait pu accuser mes principes politiques, et j'ai cherché à rétablir la balance, en montrant à M. de Marcellus tout l'intérêt qu'on a témoigné exclusivement jusqu'ici aux agents des cortès [1]. »

Tandis que la politique française en Espagne était comprise et appréciée à Londres par le duc de Wellington et le roi d'Angleterre lui-même, elle était attaquée violemment, en France, à la chambre des pairs par le duc de Broglie, qui

---

1. En transmettant ces paroles de George IV à M. de Chateaubriand, M. de Marcellus ajouta : « Ces paroles du Roi m'ont été révélées par le cœur discret qui les a recueillies : *You may rely upon it.* »

cédait aux mirages de son imagination éprise du beau nom de liberté, sous lequel s'abritent trop souvent le despotisme et l'arbitraire des révolutions. Répondant à M. de Chateaubriand, dans la discussion soulevée par l'appel du contingent de 1823, M. de Broglie déclara refuser le contingent pour rendre la guerre impossible et renverser le ministère, qui, par sa conduite à Vérone, avait fait de la France la place d'armes de la Sainte-Alliance.

C'était toujours la même accusation qui revenait, accusation injuste à laquelle la correspondance de M. de Villèle avec M. de Montmorency, si elle avait été déposée sur le bureau, aurait donné un sanglant démenti, renouvelé, on le verra, par la correspondance du duc d'Angoulême avec le président du conseil. De ces prémisses, directement contraires aux faits, le duc de Broglie, politique peu pratique, tirait de fausses conclusions ; il déroulait devant la chambre le tableau des utopies pessimistes, que lui suggérait son esprit engagé dans une opposition systématique, et noircissait de ses horoscopes un avenir assombri par les nuages sortis de son imagination. Le gouvernement français, il consentait maintenant à l'admettre, prévaudrait en Espagne contre les cortès, mais ce gouvernement voudrait suivre et vaincre aussi la révolution en Portugal ; alors la guerre s'allumerait entre nous et l'Angleterre. Cette guerre serait le signal d'une explosion révolutionnaire en France, et les armées de la coalition entreraient sur notre sol, et viendraient étouffer la presse et renverser la tribune. Les vérités qui jaillissent de la langue universelle de l'Europe, voilà en effet, disait l'orateur, les vrais ennemis de la Sainte-Alliance, voilà les ennemis qu'il lui fallait exterminer. Le duc de Broglie ne s'arrêta pas en si beau chemin, et, après avoir accablé la France sous le poids de l'invasion de l'Europe, il soulevait contre la coalition européenne des millions d'hommes, dont plus de quatre cent mille avaient porté les armes, et rejetait ainsi les étrangers hors de notre territoire.

« Avant d'en venir à cette extrémité, disait-il en terminant avec un stoïcisme dédaigneux, il faudra bien des souffrances, il faudra des misères effroyables; il en coûtera beaucoup de sang et beaucoup de larmes; il en résultera peut-être une anarchie affreuse et des maux incalculables, mais n'importe, ce qu'il faudra faire, on le fera. »

Ceux qui comparent aujourd'hui les réalités historiques qui suivirent, aux sombres chimères que l'imagination échauffée du duc de Broglie voyait dans un avenir qui est devenu le passé, ne s'étonneront pas que les ministres de Louis XVIII n'aient pas répondu à ce roman malveillant et sinistre. On laissa rentrer dans la nuit les fantômes évoqués par M. de Broglie, et l'on provoqua le vote de la loi qui fut adoptée par 93 voix contre 33.

On était arrivé au 9 mai 1823, le budget était voté, la session fut déclarée close. Il faut dire où en était la campagne d'Espagne au moment où la session finissait, ou plutôt la conduire quelques jours plus tard, jusqu'au 25 mai. Cela achèvera d'expliquer pourquoi les membres de l'opposition la plus avancée, n'osant plus annoncer un échec direct et prochain à nos armes, prorogeaient à une échéance plus éloignée les catastrophes sous le poids desquelles ils voulaient accabler la monarchie.

V

PREMIÈRE PHASE DE LA CAMPAGNE D'ESPAGNE. — DE BAYONNE A MADRID.

On a vu que l'armée française, après le coup de canon tiré par les ordres du général Valin sur le drapeau tricolore, avait passé la Bidassoa le 7 avril, et que le duc d'Angoulême était entré à Irun, au bruit des cloches sonnant à toutes volées. Il ne rencontrait pas sur sa route de forces militaires capables de lui disputer le passage. La seule précaution à prendre, dans sa marche sur Madrid, c'était de ne s'éloigner des frontières de France que lorsque le corps d'armée du maréchal Moncey, destiné à combiner ses opérations avec celles du prince, aurait poussé devant lui les corps espagnols de Mina et de Ballasteros, qui pouvaient tenter d'intercepter nos communications, et les aurait obligés, soit à chercher un asile dans les places fortes, qu'on ferait assiéger ou bloquer par le général Molitor, soit à effectuer leur retraite vers les provinces du sud-est de l'Espagne. Mais, si les obstacles militaires, dans cette première partie de la campagne qui devait se terminer à Madrid, n'étaient pas considérables, il y avait à vaincre des difficultés d'un autre genre.

D'abord le prince généralissime, avant même de mettre le pied sur le sol espagnol, avait rencontré un grave embarras dans le défaut de subsistances et de moyens de transports qu'il avait constaté en présence du duc de Bellune lui-même; et la mesure prise d'urgence par le prince, devait, toute nécessaire qu'elle fût, devenir plus tard une source de difficultés, parce que l'administration de la guerre, tardivement prête, mais prête à la fin, entra en concurrence avec M. Ouvrard, le munitionnaire général. Cette question devint l'occasion d'une correspondance active entre le prince et M. de Martignac, d'un côté, et M. de Villèle de l'autre. Le prince et son conseil insistaient naturellement sur les besoins de l'armée et la nécessité de lui assurer les ressources indispensables pour marcher en avant. Le président du conseil, tout en fournissant avec une ponctualité remarquable les fonds nécessaires, sans jamais marchander une dépense utile, insistait pour qu'on évitât avec sollicitude tout ce qui ressemblerait au double emploi, afin de ne pas prêter flanc aux critiques des chambres par lesquelles toutes ces dépenses seraient contrôlées.

On allait rencontrer une seconde source de difficultés dans l'ancienne régence d'Urgel, dont il avait été impossible de faire un moyen à cause de ses prétentions inadmissibles, et dont l'ambition trompée et l'amour-propre blessé devenaient un obstacle. Enfin, la junte espagnole que le prince avait nommée, quelque soin que l'on eût mis dans le choix de ses membres, devait aussi avoir la prétention, le désir d'appeler à elle l'influence, le prestige et l'autorité; elle devait avoir ses entrainements vers les passions des royalistes espagnols qui, ayant éprouvé beaucoup de vexations et d'avanies, étaient toujours tentés de se jeter dans une réaction sanglante. Or, si nous étions venus pour protéger les vies des royalistes espagnols, leurs intérêts, leurs droits, nous n'étions pas venus pour leur livrer les vies, les droits, les intérêts de leurs adversaires; à aucun prix notre amitié ne pouvait devenir une complicité, et le noble drapeau de la France ne devait abriter ni vengeances ni représailles.

Ajoutez à cela la jalousie de nos alliés eux-mêmes qui, tout en appréhendant nos revers, surveillaient nos succès et cherchaient l'occasion de substituer leur influence à la nôtre, en exploitant les éléments multiples et disparates de la situation [1]; le choc naturel des caractères, le tiraillement des vanités et des intérêts, et les dangers que pouvaient susciter dans un gouvernement où la presse et la tribune jouissaient d'une entière liberté, les esprits d'audace, d'aventure ou d'intrigues,

---

1. M. de Villèle entretient souvent le duc d'Angoulême des difficultés que suscite le cabinet de Vienne au gouvernement français, tantôt au moyen du prince de Lucques, tantôt au moyen du roi de Naples, qui réclame la régence de l'Espagne comme son droit, proteste contre la création de la junte, et fait armer une escadrille pour croiser devant Cadix. « C'est bien avoir envie, dit M. de Villèle, dans sa lettre du 28 avril, de laisser de côté ses affaires pour se mêler de celles des autres. »

toujours prêts à s'abattre sur une situation difficile, comme ces riverains de la mer qui s'enrichissent du bris des navires et récoltent les épaves des naufrages.

Cet aperçu, si sommaire qu'il soit, donne une idée suffisante des difficultés au milieu desquelles cheminaient en Espagne le duc d'Angoulême, en France le gouvernement. Quelques extraits de la correspondance du président du conseil avec le duc d'Angoulême achèveront de mettre la situation en lumière.

En apprenant le coup de canon tiré sur le drapeau tricolore et le passage de la Bidassoa, M. de Villèle écrivit à M. le duc d'Angoulême, à la date du 12 avril 1823 :

« Au dehors, le premier engagement de notre armée avec le drapeau tricolore tend à justifier la guerre et à détruire les préventions qu'on pouvait conserver sur les dispositions de notre armée. Au dedans, nos révolutionnaires sont déçus dans les espérances qu'ils avaient fondées sur la défection de nos soldats. Les fonds (5 p. 100) ont monté de 5 à 6 fr., ils sont à 84. Nous attendons l'arrivée du maréchal de Bellune, il n'est que trop évident qu'il a été horriblement trompé par ses agents. Nous sentons que vous êtes obligé, par la pénurie où l'on vous a laissé, de prendre des moyens extraordinaires pour les subsistances et les transports. Mais je ne saurais trop vous prémunir contre les pièges. Je dois même vous avouer que j'ai l'opinion que le marché fait avec Ouvrard est de ce genre. Les prix et les conditions sont tels qu'il est peu probable qu'on puisse les ratifier sans s'exposer ici aux plus graves reproches. »

Voilà la première impression de M. de Villèle sur les marchés Ouvrard. L'imprévoyance de l'administration de la guerre les a rendus nécessaires, mais ils sont onéreux; de là l'idée sans cesse exprimée qu'il faut faire les derniers efforts pour les alléger.

Cette nécessité, reconnue par M. de Villèle, est le grand et décisif argument que le duc d'Angoulême et M. de Martignac emploient pour justifier les marchés Ouvrard. La seule nuance entre eux, c'est que le prince et son conseiller trouvent le marché moins défavorble à nos intérêts que ne le croit le président du conseil. Le prince, qui marche toujours en avant et qui a successivement occupé Tolosa, Mondragon, Vittoria, écrit, de cette dernière ville, au président du conseil :

« Si tous nos approvisionnements avaient été prêts comme ceux d'argent, nous n'aurions pas été réduits à traiter avec M. Ouvrard. Ce n'est pas que je croie que nous avons fait une si mauvaise affaire. A l'exception de quelques articles vagues que nous rectifierons, d'un cautionnement considérable en 5 p. 100 que nous exigerons et que nous obtiendrons, du tarif de l'armée que nous ferons reconnaître au moyen d'un léger sacrifice au moment du règlement mensuel, ce traité peut soutenir la comparaison avec ceux approuvés par le ministre de la guerre et qui n'ont pas été exécutés. Il me semble donc que le meilleur parti à prendre est de réviser et de ratifier ce que nous avons fait. »

Puis le duc d'Angoulême se félicitait de la manière admirable dont se conduisaient les troupes et de la discipline exacte qu'elles observaient. Afin de pouvoir prononcer le mouvement de son corps d'armée sur Madrid, il avait prescrit au comte Molitor, écrivait-il le 16 avril, de se porter sur Saragosse, et au maréchal Moncey, qui était un peu en retard, de commencer les opérations ; c'était le meilleur moyen de contraindre Mina, menacé sur ses derrières, de repasser l'Èbre. Il avertissait en même temps le président du conseil des menées de l'ancienne régence d'Urgel. Le marquis de Mataflorida et l'archevêque de Tarragone, demeurés sur la frontière franco-hispanique avec plusieurs de leurs collègues, agissaient dans un sens hostile à la politique française. Peut-être deviendrait-il nécessaire de les éloigner du théâtre de l'action. Une question plus grave se présentait. Comment agirait-on avec l'armée de la Foi qu'on venait de réorganiser ? Lui allouerait-on une solde, ou la laisserait-on vivre sur le pays ? Dans le premier cas, ce serait une grosse charge pour les finances de la France; dans le second, nos auxiliaires espagnols soulèveraient, par leurs exactions et leurs pilleries, un mécontentement qui pourrait tourner contre notre expédition. C'est ainsi qu'à mesure qu'on avançait, de nouveaux problèmes se levaient.

Dans ses lettres des 17, 18 et 20 avril, le président du conseil répondait à la plupart de ces questions. Il avertissait le prince qu'aux 10 millions qu'il mettait mensuellement à sa disposition, à Bayonne et à Perpignan, pour les dépenses de l'armée française, il ajouterait 2 millions pour les subsides à fournir à l'armée de la Foi; seulement il était inutile que la junte connût le chiffre de la somme allouée, ce qui pourrait exciter les convoitises. En outre la justice et la nature de notre gouvernement exigeaient que la subvention faite aux royalistes espagnols prît la forme d'une avance faite par le gouvernement français au gouvernement espagnol.

Dans sa lettre du 20 avril, M. de Villèle s'exprimait ainsi, en montrant que le sens politique dominait chez lui les considérations d'économie, qui, tout importantes qu'elles fussent, ne devaient venir dans cette affaire qu'en seconde ligne :

« Nous sommes aux anges de la belle conduite de notre armée et des dispositions satisfaisantes dans lesquelles vous trouvez la population espagnole. La noble mission de notre armée va ainsi être accomplie, et cela servira de réponse à la mauvaise disposition de l'Angleterre et à la méfiance des puissances continentales. Il faut conserver jusqu'au bout ces deux avantages. Je sens combien il importe que notre armée paye tout et puisse toujours tout payer. Aussi je prends toutes mes mesures pour que Votre Altesse Royale ait sans cesse à sa disposition toutes les sommes dont elle a besoin. Je sais plus qu'un autre que le succès, c'est-à-dire notre existence elle-même, tient en grande partie à cette dépense, à l'ordre qu'elle garantit dans l'armée, à l'appât dont elle doit être pour la population, et, tout grognon que doive être un ministre des finances à pareille fête, Votre Altesse Royale peut être certaine que, sauf les abus qui partout sont un mal, loin de me plaindre des dépenses utiles que vous ordonnerez, je serais désolé de voir un résultat utile reculé d'un jour par une dispendieuse économie. »

Il était impossible de parler un langage plus sensé et de tenir une plus sage conduite. Dans la même lettre, M. de Villèle annonçait au duc d'Angoulême que, lorsque le prince serait à Madrid, tous les ministres des puissances s'y rendraient. Il ne voyait aucun mal à cela. Ce qui eût été honteux, ajoutait-il, ce qu'on eût bien voulu et ce qu'on n'a pas osé nous proposer, parce qu'on avait prévu que le Roi refuserait, c'était d'avoir des ministres comme commissaires de la Sainte-Alliance auprès du généralissime pendant la campagne.

M. de Villèle, avec sa prudence et sa prévoyance financière accoutumées, se prononça dans sa lettre suivante (21 avril) contre l'idée d'un emprunt, que la junte songeait à conclure par l'intermédiaire de M. Tourton, associé de M. Ouvrard. Ferdinand VII, une fois libre, ne pourrait aviser au triste état des finances espagnoles qu'en recourant au crédit, et pour obtenir ce crédit, il serait obligé de reconnaître les emprunts antérieurs faits en son nom. Or celui dont il était question serait souscrit à des conditions déplorables, et le taux servirait de précédent. En outre, le gouvernement espagnol se trouverait, sans concurrence possible, livré aux prêteurs d'aujourd'hui. Les hommes d'argent, ajoutait le ministre des finances, ont un honneur à leur manière, qui les empêcherait de figurer dans des opérations de ce genre avec ou même après tels ou tels financiers. C'était ce qui avait déterminé le président du conseil à fournir aux dépenses urgentes des royalistes espagnols.

Outre ces difficultés inhérentes à l'expédition, s'ouvrait le chapitre de l'imprévu. Un incident grave vint, avant la fin du mois d'avril, compliquer la situation. On a vu que le Portugal s'était ému à la nouvelle de l'intervention française, et qu'il avait mis l'Angleterre en demeure de protéger le régime constitutionnel établi dans la monarchie portugaise. Le cabinet de Londres, tout en déclinant une intervention dans les affaires intérieures du Portugal, s'était engagé à le protéger contre toute attaque venue du dehors. Or on apprit tout à coup que le comte d'Amaranthe, qui avait levé le drapeau contre la forme nouvelle de gouvernement établi en Portugal, venait d'effectuer sa retraite devant les forces constitutionnelles envoyées de Lisbonne contre lui, et qu'arrivé sur le territoire espagnol, à la tête de 800 chevaux et de 2,000 hommes d'infanterie, il proposait ses services à la junte et au duc d'Angoulême. Le président du conseil transmit aussitôt au duc d'Angoulême les instructions du gouvernement (24 avril 1823), au sujet de cette nouvelle complication :

« Le danger de fournir un sujet de rupture à l'Angleterre, lui écrivit-il, est de beaucoup supérieur à l'utilité dont nous pourrait être ce petit corps de Portugais. Votre Altesse Royale doit éviter toute relation directe avec Sylveira, et lui faire donner l'avis indirect de se maintenir dans son pays et d'y profiter de l'effet moral de notre expédition. S'il persiste à combattre en Espagne les ennemis que Votre Altesse Royale va y chercher, on ne peut l'en empêcher, mais on ne doit concerter aucune opération avec lui. »

Ce fut la ligne qu'adopta le duc d'Angoulême, et il répondit dans ce sens à la junte, qui le pressait d'entrer en pourparlers avec le comte d'Amaranthe. Ce n'était pas le seul souci qu'elle lui donna. Elle voulait se faire reconnaître par les puissances étrangères, et le gouvernement français vit, dans l'insistance qu'elle montrait à ce sujet, l'indice d'une partie liée avec M. de Metternich, qui avait d'abord mis en avant la régence du roi de Naples, puis qui suscitait celle du prince de Lucques, pour substituer, sous le masque de cette ingérence italienne, l'influence de l'Autriche à celle de la France. « Nous sommes, depuis six mois, en butte à toutes les difficultés, écrivait à ce sujet le président du conseil au duc d'Angoulême :

Dieu aidant, nous les surmonterons. » M. de Villèle faisait savoir au prince, par la même lettre, que M. Ramon d'Alvarado, émissaire secret de Ferdinand VII, s'était présenté au Roi avec un pouvoir signé du prince, qui l'accréditait et demandait créance pour ce qu'il dirait de sa part. Or Ferdinand faisait savoir à Louis XVIII qu'il était certain d'être bientôt conduit à Cadix par les constitutionnels ; mais ils seraient obligés de le remettre aux mains du duc d'Angoulême, si celui-ci, après avoir établi un gouvernement provisoire à Madrid, se portait rapidement sur Séville et sur Cadix avec une partie de son armée, pendant que les forces navales menaçaient cette ville du côté de la mer. Les deux étapes de la campagne étaient clairement indiquées : de Bayonne à Madrid, de Madrid à Cadix. Le roi Ferdinand faisait parvenir cet avis de Séville, où il était arrivé dès le 10 avril avec la famille royale, entraînée comme lui par les constitutionnels, dans leur retraite, qui pouvait passer pour une fuite.

Le duc d'Angoulême, séjournant encore à Vittoria, répondait au président du conseil, à la date du 24 avril, en le tenant au courant des opérations militaires, des contrariétés qu'il éprouvait de la part de la junte, de ses espérances, de ses idées sur l'Espagne, et de ses projets :

« Si rien ne dérange mes projets, disait-il, je compte être vers le 25 mai à Madrid. J'ai dit à M. de Martignac de prévenir la Junte du mauvais effet de sa proclamation et de l'engager à en donner une autre pour inviter tous ceux qui sont partis à retourner chez eux sans inquiétude. J'espère l'obtenir en ne fournissant de l'argent qu'à cette condition. Depuis que je suis en Espagne, il y a bien eu quelques menaces, mais, jusqu'à présent, je ne sache pas qu'il y ait eu une seule vengeance d'exercée. Après avoir consulté mes généraux de génie et d'artillerie, je me décide à ne pas faire les sièges de Saint-Sébastien et de Pampelune. Ces deux places tomberont d'elles-mêmes devant les événements, et ce sera une grande économie de temps et d'argent. Je me contenterai de les bloquer.....

« Si j'avais occasion d'écrire au Roi d'Espagne, je le ferais d'une manière ferme sur ces deux points : 1° donner une amnistie générale ; 2° accorder à son peuple, n'importe à quel titre, des institutions ayant pour base une représentation nationale et une autorité suffisante laissée au souverain. »

Deux jours plus tard, le duc d'Angoulême, toujours à Vittoria, avertissait le président du conseil qu'il venait de prescrire au préfet des Basses-Pyrénées, M. Dessolles, de séparer les membres de l'ancienne régence, qui renouaient contre la France des intrigues dont il avait saisi les fils [1]. M. de Villèle, dans sa réponse du 28 avril, approuvait tout ce qu'avait fait le prince. Il pensait, comme lui, que, pour atteindre rapidement le but de l'expédition, il fallait, de deux choses l'une : ou le soulèvement de la population, ou la défection des chefs militaires du parti constitutionnel. Le premier moyen entraînait de graves inconvénients, la réaction peut-être et des massacres; et d'ailleurs, disait M. de Villèle, il semblait que l'Espagne préférât le rôle de spectatrice satisfaite à celui d'actrice intervenant activement dans le drame [2]. Quant au second moyen, il était douteux qu'on réussît auprès de Mina; il y avait plus d'espoir du côté de l'Abisbal. C'était cet espoir motivé qui pouvait seul faire renoncer à l'avantage moral qu'on obtiendrait en France et en Europe si l'on entrait dix jours plus tôt à Madrid.

Dès le 21 avril, les autorités constitutionnelles de Saragosse, inquiètes des dispositions de la population, appelèrent les Français, reçus en libérateurs par l'immense majorité, en protecteurs par les constitutionnels effrayés de l'exaspération

---

1. M. de Villèle écrivait à ce sujet à M. de Martignac : « Il est déplorable de voir les prétentions et les intérêts personnels mettre obstacle à une entreprise semblable, mais les hommes sont hommes; notre condition est de faire leur bien en dépit d'eux-mêmes. » (*Correspondance inédite.*)

2. Il disait dans une autre lettre : « Ce pays semble atteint de la gangrène; partout où l'on peut appliquer la pierre infernale, la vie reparaît. Mais vous ne pouvez toucher tous les points avec vos cent mille hommes. »

populaire. L'armée française occupait un tiers de l'Espagne, et pas un acte de représailles n'avait été commis [1]. Le prince, qui avait été obligé de maintenir quelques jours son quartier général à Vittoria, en attendant que les corps du maréchal Moncey et du général Molitor fussent en position de refouler Mina et Ballesteros dans les provinces du Nord-Est, put continuer son mouvement en avant. Le 4 mai, il était à Miranda, dont la population courut à plusieurs lieues de distance au-devant de l'armée française qu'elle salua de ses acclamations. Le 7 mai, il porta son quartier général à Briviesca, sur l'Oca, dans la direction et un peu en avant de Burgos. Les communications de l'armée française étaient assurées. Le général Bourk, demeuré dans les environs de Burgos avec une division, couvrait notre flanc droit contre toute attaque qui pouvait venir du royaume de Léon; Santona était bloqué par un régiment français et plusieurs bataillons espagnols; le huitième corps occupait Bilbao, et, chargé du blocus de Pampelune et de Saint-Sébastien, il assurait les communications entre Burgos et la frontière de France. Le duc d'Angoulême gardait encore 25,000 hommes disponibles, avec lesquels il marcha sur Madrid sans rencontrer d'obstacle. Le 12 mars, il était à Burgos; le 16 mai, à Aranda. A mesure qu'il avançait, les forces des cortès battaient en retraite ou se repliaient sur les provinces méridionales. Le 16 mai, il y eut, comme l'avait prévu M. de Villèle, une tentative de transaction faite par le général de l'Abisbal, qui commandait à Madrid. Ce jour-là, en effet, les papiers publics de cette ville publièrent une lettre du comte de l'Abisbal au comte de Montijo, et une proclamation dans laquelle il disait qu'un seul moyen de salut restait pour

---

[1]. M. de Martignac, en constatant cet heureux résultat obtenu, laissait échapper un cri d'admiration. « Pour juger combien cette modération est étonnante, disait-il, il faudrait voir de près l'état d'exaspération où le despotisme barbare des révolutionnaires a jeté les habitants. »

Hist. de la Restaur. — T. VI.

l'Espagne : mettre le Roi en liberté, faire de concert avec lui les changements nécessaires à la constitution, renvoyer les ministres, convoquer de nouvelles cortès, décréter une amnistie générale. L'Abisbal annonçait, en terminant, qu'il adressait copie de sa lettre aux généraux Ballesteros, Morillo et Mina, pour les engager à agir de concert avec lui. On apprit plus tard que les deux premiers et plusieurs autres généraux constitutionnels avaient adhéré d'avance à ce mouvement. L'Angleterre, comme l'établit une communication faite par sir Charles Stuart au cabinet des Tuileries, se prêtait à cette transaction. Une lettre de M. de Villèle, datée du 25 mai 1823, doit être citée, parce qu'elle éclaire d'une vive lumière le jeu des intérêts politiques, les tendances des divers cabinets, les intentions et les vues du gouvernement français. Voici cette lettre, adressée au duc d'Angoulême :

« Nous n'avons pas mal d'affaires ici. Nos bons alliés continentaux voient avec joie la facilité du succès de notre armée sur les révolutionnaires, parce qu'ils craignent et haïssent les révolutions, mais ils jalousent la position dans laquelle ces succès vont placer la France. Ils vont peut-être jusqu'à redouter la force que votre maison va puiser dans cette campagne. Peut-être a-t-on aussi dans certains cabinets une telle crainte des formes représentatives, qu'on ne voudrait point se fier à nous du rétablissement de l'ordre en Espagne, de crainte d'y voir fonder quelque chose qui y ressemblât.....

« D'un autre côté, sir Charles Stuart vient de nous confier que son gouvernement pourrait bien abandonner les cortès dont la cause est perdue, mais qu'il ne comprendrait pas comment son cabinet pourrait intervenir dans tout cela, sans obtenir de nous des garanties pour les personnes compromises par la révolution et des institutions propres à rassurer contre le retour de l'absolutisme à Madrid. Le conseil s'est décidé à profiter de cette espèce d'ouverture de l'Angleterre et de votre entrée à Madrid pour sonder les ambassadeurs de Russie, de Prusse et d'Autriche, afin de savoir s'ils seraient disposés à traiter avec nous et sir Charles Stuart des meilleurs moyens politiques pour consolider en Espagne l'ordre et la paix que Votre Altesse Royale est au moment d'y rétablir. Si ces ouvertures sont accueillies, notre intention est de chercher à faire adopter par les autres gouvernements ces trois points :

cessation des hostilités aussitôt après la délivrance de Ferdinand ; secours et protection accordés à son gouvernement pourvu qu'il consente à une amnistie convenable et à l'établissement de garanties suffisantes à la sécurité de ses peuples. Il sera difficile sans doute d'amener promptement les ambassadeurs à se réunir, plus difficile de les amener à s'entendre sur certains points de la conclusion ; mais comme il faudra toujours finir par s'expliquer sur ces objets délicats, comme il importe de ne pas réduire au désespoir les généraux constitutionnels par un refus trop tranchant de bonnes propositions, et qu'il est surtout politique de ne pas refuser tout concours de l'Angleterre à la délivrance de Ferdinand, nous allons entrer dans cette voie. Votre Altesse Royale nous aidera à y marcher par ses succès. »

C'est ainsi que le gouvernement français cherchait à éviter une solution trop absolue et trop exclusive, qui, par cela même qu'elle heurterait beaucoup d'intérêts et de sentiments, aurait peu de chance de durée. Il aurait voulu amener une transaction, et il avait l'oreille ouverte à toutes les propositions de nature à conduire à ce but. Cependant M. de Villèle, avec son sens pratique, avait peu d'espérance de voir les choses aboutir à cette issue, au milieu des passions déchaînées qui se heurtaient en Espagne et des intrigues intéressées qui se croisaient en Europe. Le 6 mai, en rendant compte au duc d'Angoulême d'une première ouverture de sir Charles Stuart, qui proposait de faire conduire le Roi à Badajos, sur la frontière hispano-portugaise, ou à Gibraltar, d'où il traiterait avec la France, le président du conseil ajoutait : « Nous lui avons proposé de faire embarquer Ferdinand VII sur le *Centaure*, à Cadix, afin de l'amener à Paris, où, d'accord avec les ambassadeurs de toutes les puissances, on réglerait les affaires. Vaines paroles. Ce n'est pas ainsi que les choses finissent [1]. »

1. M. de Villèle en donnait lui-même les motifs dans une remarquable lettre écrite au duc d'Angoulême, le 24 mai, le jour même où un courrier de M. Rothschild avait apporté à Paris la proclamation du général l'Abisbal. « Dieu veuille inspirer Votre Altesse Royale dans les circonstances délicates et décisives où elle va se trouver ! disait-il. Les événements vont se précipiter

Ce n'était pas ainsi qu'elles devaient finir en effet. On le vit bien par le peu de succès qu'obtint la démarche de l'Abisbal. Elle ne contenta personne, ni les royalistes espagnols, qui voulaient le Roi *netto*, ni les révolutionnaires qui voulaient un Roi à leur merci. Le général de l'armée du centre désolé de son échec, chercha à retirer sa première lettre en l'expliquant. Il n'y réussit pas.

Après avoir traité de la reddition de Madrid, il fut obligé de quitter clandestinement son armée avec un sauf-conduit français, et ce ne fut qu'avec peine qu'il parvint à notre frontière, après avoir failli être fusillé par des guérillas constitutionnelles. La transaction avait échoué. Le duc d'Angoulême, comme l'indiquent les lignes précédentes, avait continué sa marche en avant, précédé par une colonne espagnole de douze à quinze cents hommes que commandait Bessières, un des chefs de l'armée de la Foi. Celui-ci, ayant tenté d'entrer de vive force dans Madrid, le 20 mai, aux cris de : *Vive le Roi absolu! Meure la Constitution!* fut repoussé avec perte par le général Zuyas. Le même jour, deux officiers français, s'étant présentés en parlementaires, furent reçus aux cris de : *Vive le Roi! Vivent les Français!* On commença à traiter de la reddition de Madrid. Il fut convenu que, pour éviter tout désordre, les postes constitutionnels seraient remplacés par des postes français, et que la retraite des premiers serait protégée. Le 23 mai, le général Latour-Foissac, à la tête d'une avant-garde, prenait possession de la ville; le lendemain, 24 mai, le duc d'Angoulême y faisait son entrée solennelle à

---

autour d'elle. La facilité même de l'opération militaire va rendre notre situation politique plus difficile. Je vois d'ici les exigences et la déraison de ceux qui auront vaincu par nous. La jalousie des autres gouvernements s'armera de ces difficultés pour diminuer ou compromettre les résultats que nous avons obtenus. L'obstination de nos ennemis en complétant leur perte va rendre encore plus difficile la solidité de ce qu'il faut établir en ôtant un contre-poids utile à la construction. » (*Correspondance inédite*.)

la tête de tout son corps d'armée, au milieu des acclamations unanimes des populations : car, si les royalistes saluaient en lui un libérateur, les constitutionnels le recevaient comme un protecteur contre les persécutés de la veille, qui pouvaient devenir les persécuteurs du lendemain.

Le premier acte de la campagne avait réussi, on était à Madrid. Mais, ainsi que M. de Villèle n'avait cessé de l'annoncer au duc d'Angoulême pendant tout le mois d'avril, de nouvelles difficultés l'y attendaient, et c'était là que les grandes affaires allaient commencer.

LIVRE QUATORZIÈME

SUCCÈS EN ESPAGNE. — ÉLECTIONS GÉNÉRALES.

I

NOMINATION DE LA RÉGENCE PAR LES GRANDS CONSEILS. — PREMIÈRES DIFFICULTÉS AVEC LA RÉGENCE. — MISSION DE M. DE JONVILLE AU SUJET DES MARCHÉS OUVRARD. — EMPRUNT DE VINGT-TROIS MILLIONS DE RENTES. — NÉCESSITÉ ET INCONVÉNIENTS DE L'INTERVENTION.

Le gouvernement français s'était assuré, en fermant de bonne heure la session, le temps et la liberté d'action nécessaires pour pousser avec énergie jusqu'à son dénoûment celle de toutes les parties qu'il avait le plus d'intérêt à gagner, l'expédition d'Espagne. Il était convenu d'avance qu'il y aurait un temps d'arrêt à Madrid. C'était là qu'on réglerait plusieurs affaires importantes dont le président du conseil n'avait cessé d'entretenir le duc d'Angoulême dans sa correspondance presque journalière.

D'abord on procéderait à l'installation d'une régence espagnole destinée à gouverner l'Espagne pendant la captivité de Ferdinand VII, et à remplacer la junte devenue insuffisante depuis que nous occupions la moitié de la Péninsule. En second lieu, on tâcherait de rectifier et de régulariser l'affaire Ouvrard, qui devenait un des soucis financiers de M. de Villèle, et M. de Jonville, regardé comme un des membres les plus distingués de l'intendance, se rendrait à Madrid dès que le prince y serait entré, pour entreprendre de résoudre ce litige à la satisfaction commune [1]. Enfin on prendrait les dernières mesures pour suivre les cortès jusqu'à Cadix, si, comme cela paraissait inévitable, elles y emmenaient avec elles le Roi prisonnier.

Les vues du conseil sur l'organisation d'un pouvoir national, communiquées au prince dans une suite de lettres qui devenaient plus pressantes à mesure qu'il approchait de Madrid, peuvent être ainsi résumées : La France avait un in-

1. Dès le 23 mai, M. de Villèle écrivait au duc d'Angoulême une lettre dans laquelle il lui exposait ainsi la gravité de cette affaire fiscale, au point de vue de la responsabilité ministérielle : « J'ai eu hier une longue conversation avec le ministre de la guerre. Il est fort disposé à ne plus rien contester de ce qui paraîtra raisonnable à Votre Altesse Royale. Mais il est resté fortement préoccupé et sincèrement affecté du surcroît de dépenses que vont causer les doubles dispositions faites pour le même service, par suite des achats souscrits par lui et des obligations contractées avec M. Ouvrard. Je crois du devoir et de l'intérêt de Votre Altesse Royale de se prêter à tout ce qui pourra éviter à l'État des dépenses inutiles. Le maréchal prétend avoir à sa disposition des subsistances pour six mois. Il me semble très-raisonnable que cet approvisionnement serve à la fourniture de l'armée et soit déduit des fonds à faire au munitionnaire général. Le maréchal assure que, dès le 1ᵉʳ juin, il aura, à Bayonne, deux mille quatre cents mulets de bât, deux cent quatre-vingt-dix-neuf caissons attelés de quatre chevaux, deux cents voitures auxiliaires de quatre colliers, et, à Perpignan, douze cents mulets, cent cinquante caissons et cent voitures auxiliaires. Si ces arrivages se réalisent, il me semble que monseigneur doit les utiliser pour le service de son armée, et exiger dans les moyens de transport de M. Ouvrard une réduction proportionnelle. Un double emploi dans ce genre serait intolérable, et il n'est pas possible que Votre Altesse Royale, avertie que plus tard tout ce qui lui manquait au moment de son départ lui arriverait, puisque l'administration de la guerre en avait fait la commande, ne se soit pas réservé, vis-à-vis de M. Ouvrard, le moyen d'éviter un double emploi. »

M. de Villèle terminait sa lettre en communiquant confidentiellement au prince une note du duc de Bellune d'après laquelle la différence des prix des fournitures, d'après les tarifs comparés de l'administration et du munitionnaire, constituait un excédant de dépenses de 2,600,000 fr. par mois au préjudice de l'État.

térêt considérable à constituer, pendant la captivité du Roi, un centre de gouvernement qui par son origine, sa composition, son autorité morale, inspirât une confiance assez grande à la nation espagnole pour faciliter l'œuvre de l'armée française et pour mettre en même temps un terme aux intrigues des anciens membres de la régence d'Urgel, à ses rivalités avec la junte établie au début de la campagne, et aux menées des ambitieux qui cherchaient à nouer des relations avec les cabinets étrangers, comme aux visées de l'Autriche qui avait plusieurs fois tenté de substituer son influence à la nôtre sous le nom du roi de Naples et du prince de Lucques. On serait affranchi de tous ces inconvénients si l'on parvenait à faire élire par les grands Conseils de l'Espagne, réunis aussitôt après l'occupation de la capitale, une régence composée d'hommes assez considérables et, en même temps, assez raisonnables et assez dévoués à leur pays pour inspirer toute confiance à l'Espagne, aider nos efforts, faciliter nos succès, et obtenir la reconnaissance immédiate des puissances européennes. Sans doute la réunion des Conseils, après une longue interruption, présentait des difficultés; mais si cette réunion pouvait être opérée, quel que fût le nombre des assistants, la France était tellement intéressée à rendre toute protestation espagnole ou européenne impossible par l'origine nationale qu'elle donnerait à la régence, et l'autorité que lui prêterait sa nomination par les conseils, que ce plan avait une supériorité marquée sur tous les plans. Il ne fallait pas, en effet, se dissimuler que de grands intérêts étaient liés au retour de la régence d'Urgel, qui reparaîtrait avec des vues hostiles à la politique française. Déjà les anciens régents d'Urgel entretenaient des relations avec les journaux de la contre-opposition de droite et créaient des difficultés au gouvernement[1]. M. Ouvrard se remuait pour

---

1. « Le Roi et Monsieur, écrivait M. de Villèle au duc d'Angoulême, sont indignés de la conduite des deux régents et des articles qu'ils ont fait mettre

lui procurer un emprunt, et il savait intéresser bien des gens à ses projets. Les cabinets européens, qui nous soupçonnaient de vouloir établir des institutions libérales en Espagne, avaient l'oreille ouverte de ce côté. On coupait court à tout cela par la mesure indiquée. Rien de plus motivé. Il était tout naturel, en effet, qu'en entrant à Madrid, après avoir délivré la moitié du royaume du joug révolutionnaire, le duc d'Angoulême, en l'absence du Roi emmené prisonnier à l'autre extrémité de ses États, ne voulant lui-même exercer aucun droit de conquête sur le pays, pourvût à l'établissement d'une régence issue régulièrement des pouvoirs nationaux qui administrât les parties délivrées et les fît concourir à la délivrance du reste. Quant au mode d'exécution, le prince ferait réunir tous les Conseils, s'il était possible ; dans le cas contraire, une partie seulement, mais tous devaient être nommés dans l'ordre de convocation ; l'élection de la régence se ferait par les membres présents. Le duc d'Angoulême ne devait paraître dans aucun de ces actes, mais il devait les diriger et les provoquer au besoin[1].

Sans méconnaître la sagesse de ces instructions, le duc d'Angoulême désespéra un moment de pouvoir les suivre, et crut qu'il serait obligé de nommer lui-même une régence. Il rencontrait dans le caractère des Espagnols avec lesquels il se trouvait appelé à traiter je ne sais quoi de méticuleux, de roide, d'excessif, de hautain et de difficile, et il lui paraissait plus commode et plus court de trancher le nœud que de le délier.

ces jours derniers dans le *Drapeau blanc*. » (*Lettre de M. de Villèle* à la date du 16 mai. — *Documents inédits*.)

1. M. de Villèle, dont nous résumons les instructions, ajoutait : « Le rôle de libérateur de l'Espagne que remplit monseigneur doit être, pendant le temps que notre armée passera à Madrid pour prendre quelque repos, de n'en prendre aucun lui-même, de s'occuper de l'organisation et de la marche de la régence, de la réunion d'une armée espagnole, enfin de la soumission successive de toutes les parties de l'Espagne sur lesquelles nous pouvons agir par le fer ou l'argent. » (Lettre du 18 mai 1823.)

M. de Villèle remontrait avec sa patience ordinaire que, « dans la position du prince, il fallait voir les hommes tels qu'ils sont pour éviter leurs piéges, et cependant les utiliser en les prenant comme ils étaient, et en les conduisant, nonobstant les difficultés, vers le but qu'il s'agissait d'atteindre. » Le duc d'Angoulême, goûtant ces sages avis, réunit le 25 mai 1822, c'était le lendemain de son entrée à Madrid, les Conseils de Castille et des Indes, qui désignèrent, pour faire partie de la régence, le duc de l'Infantado, le duc de Montemart, le baron d'Eroles, l'évêque d'Osma et don Gomez Calderon. L'évêque d'Osma avait été élu en remplacement de l'évêque de Valence, qui avait refusé de se séparer de M. de Mataflorida et de l'archevêque de Tarragone, ses collègues de la régence d'Urgel. Il n'avait pas été possible de faire admettre dans la nouvelle régence les ducs de Fernando et de San Carlos que le gouvernement français aurait aimé à y voir. N'importe, le président du Conseil se tint pour satisfait. L'origine de la régence était espagnole ; les hommes dont elle se composait étaient des personnages considérables ; ils étaient aussi raisonnables que pouvaient l'être des Espagnols engagés dans un des deux partis extrêmes, pendant un temps de révolution. On avait le principal, il n'y avait pas à s'occuper de l'accessoire. C'est dans ce sens qu'écrivit M. de Villèle au duc d'Angoulême, et il ajoutait, éclairé par les démarches de la junte dont les fonctions venaient d'expirer et par celles de la régence d'Urgel :

« Puisque c'est pour trouver de l'argent que toutes ces juntes ou régences cherchaient un appui hors de nous, il conviendra peut-être que Votre Altesse Royale se montre plus facile et plus large avec la nouvelle régence. »

La régence à peine installée, le duc d'Angoulême demanda à avoir le moins de rapports possible avec elle : il pressa l'arrivée du marquis de Talaru, notre ambassadeur, envoyé à Madrid pour y attirer ceux des puissances du Nord, et combattre ainsi l'effet produit par la présence de sir William A'Court auprès de Ferdinand, prisonnier des Cortès à Séville. Il voulait abdiquer entre ses mains le rôle politique qui lui pesait, et s'occuper exclusivement des opérations militaires qui devaient amener la délivrance de Ferdinand. La conversation qu'il avait eue le 30 mai avec le duc de l'Infantado, président de la nouvelle régence, avait achevé de le dégoûter de ses rapports avec les Espagnols. Le duc d'Angoulême lui ayant parlé de l'oubli du passé et de l'avantage qu'il y aurait à donner à l'Espagne un gouvernement représentatif composé de deux Chambres, le duc de l'Infantado s'était montré fort éloigné des idées du prince sur ces deux points, et comme celui-ci lui citait l'exemple d'oubli du passé donné par Louis XVIII à sa rentrée dans ses États, l'inexorable Espagnol avait répondu que la punition des coupables eût mieux assuré sa tranquillité. Quant au second point, il déclara l'existence de deux Chambres impossible, et ajouta que le mieux serait de rétablir les anciennes Cortès [1].

Malgré cette répugnance du duc d'Angoulême à s'occuper d'affaires politiques, il était indiqué que le fardeau continuerait à peser sur lui. Celui qui tenait en Espagne l'épée, et on peut ajouter, après la lettre plus haut citée de M. de Villèle, la bourse de la France, avait seul qualité pour discuter avec la régence, transiger avec elle et lui résister au besoin.

Quelques jours après, le prince lui-même dut en demeurer convaincu. Le 12 juin, les membres des Cortès qui avaient emmené avec eux Ferdinand VII prisonnier à Séville, ainsi que la famille royale, proclamèrent la déchéance du Roi et nommèrent un conseil de régence. En même temps ils dé-

---

[1]. Lettre du duc d'Angoulême à M. de Villèle. — Madrid, 31 mai 1823. (*Documents inédits.*)

crétèrent que le roi déchu serait transféré à Cadix, où ils établiraient le siége du gouvernement. C'était un otage que les hommes les plus compromis de la révolution se ménageaient. Ils avaient avec eux une force d'environ cinq mille hommes, qui protégea leur sortie et leur marche sur Cadix. Il y eut contre eux une émotion populaire dans les rues de Séville, avec des cris de : *Vive le Roi absolu!* Mais ils réprimèrent ce mouvement à coups de fusil. La régence, nouvellement établie à Madrid, voulut répondre à ces mesures extrêmes par des mesures à outrance. Le 20 juin, le duc de l'Infantado, son président, accompagné de M. Calderon, communiqua au duc d'Angoulême un projet de proclamation et de décret qui excita à la fois la surprise et l'indignation du prince par la violence du langage et la rigueur implacable des mesures adoptées.

« Je lui ai dit, écrivait-il à ce sujet à M. de Villèle, qu'étant chargé de maintenir la tranquillité dans le pays, je ne souffrirais pas de mesures aussi arbitraires, que leur projet de prendre des otages était digne de la Convention, que je ne tolérerais pas davantage les confiscations. S'il y avait des coupables depuis qu'ils étaient installés en régence, qu'ils les fissent arrêter et juger par les tribunaux; mais je m'opposerai à toutes les mesures arbitraires de nature à exciter les passions et à animer les partis. Leur sévérité envers les miliciens augmentait le nombre de nos ennemis. J'exigeais qu'ils agissent de concert avec moi; qu'ils ne prissent aucune mesure, ne publiassent aucun décret sans me l'avoir communiqué deux jours auparavant. S'ils voulaient agir d'eux-mêmes, sans me consulter, j'évacuerai Madrid, je rappellerai mes troupes et je me retirerai vingt-cinq lieues en arrière.

« Ils m'ont supplié de n'en rien faire.

« Voilà le fond d'une conférence qui a duré plus d'une heure. J'ai ajouté que je vous rendrais compte de tout et que j'attendrais de nouvelles instructions.

« M. de Martignac m'a apporté aujourd'hui de leur part un nouveau projet de décret où il n'est question que de menaces contre ceux qui vont à Cadix, et de mettre leurs biens sous un séquestre provisoire. Comme je n'y ai pas trouvé grand inconvénient, j'y ai consenti[1]. »

1. Lettre du duc d'Angoulême à M. de Villèle, à la date du 22 juin 1823.

La leçon était sévère et la forme en était rude, brutale même. Mais au fond le prince était dans son droit et dans son dessein. Si l'Espagne était en grande partie délivrée, si Ferdinand devait l'être, s'il y avait une régence royaliste à Madrid, tout cela ne s'était accompli ou ne pouvait s'accomplir que par l'épée de la France. Or la noble épée de la France ne pouvait être un instrument aveugle au service des passions des royalistes espagnols violemment surexcitées. La France qui, avec la puissance, avait la responsabilité, devait être consultée. La conduite du duc d'Angoulême fut partout et toujours au niveau de cette générosité de sentiments.

Malgré ces différends, on avait atteint le but désiré. La régence espagnole était établie à Madrid. Le duc d'Angoulême, avec l'autorisation du gouvernement français, lui avait alloué deux millions par mois pour les dépenses administratives et militaires, au lieu des quinze cent mille francs mensuels accordés à la junte. M. de Talaru et les ambassadeurs des puissances européennes arrivaient à Madrid accrédités auprès du nouveau centre du gouvernement [1], sauf l'envoyé napolitain, qui mettait pour condition à sa résidence à Madrid la déclaration que la régence reconnaissait avoir reçu l'investiture de son pouvoir du Roi de Naples, déclaration qui ne fut pas faite, parce que le duc d'Angoulême signifia qu'il la regarderait comme une offense envers notre pays. La régence, ainsi constituée, nomma un ministère chargé de l'organisation des forces militaires et de l'administration des provinces replacées sous l'autorité royale, et des ambassadeurs auprès des diverses cours. Sans doute on rencontrerait encore bien des difficultés, on se trouverait surtout en dissidence avec les passions espagnoles qui pénétraient dans le conseil de la régence ; le mécanisme politique qu'on avait établi deman-

---

1. C'étaient MM. Royez, par la Prusse, Oubril, par la Russie, Brunetti, par l'Autriche.

dait à être touché à la fois avec fermeté et ménagement ; mais le résultat principal n'en était pas moins acquis : il y avait à Madrid un gouvernement espagnol.

L'affaire des marchés Ouvrard offrit plus de difficultés. La mission de M. de Jonville, par laquelle M. de Villèle espérait arriver à une solution, demeura sans résultat. Cet intendant militaire, qui partit le 3 juin de Paris, avait pour instruction de reprendre à Madrid son service, si la chose était possible ; si elle ne l'était pas, et s'il demeurait convaincu que l'on compromettrait le sort de l'expédition en rompant les marchés conclus avec M. Ouvrard, il devait au moins les rectifier[1]. Après avoir séjourné deux mois à Madrid auprès du duc d'Angoulême, M. de Jonville finit par adopter les vues de l'état-major général. Il déclara, au commencement de juillet 1823, « qu'il était impossible de casser les marchés conclus avec M. Ouvrard, et qu'il n'oserait se charger de l'administration de l'armée avec les éléments que le ministère de la guerre avait mis à sa disposition[2]. » Cette déclaration de M. de Jonville confirmait les plaintes exprimées par le duc d'Angoulême. C'était le représentant même de l'intendance, l'homme réputé le plus capable de l'administration militaire, qui donnait tort au ministère de la guerre, à l'exemple de tous ceux qui étaient venus sur les lieux, à l'exemple du duc de Bellune lui-même qui, dans son voyage à Bayonne, avait reconnu que ses ordres étaient demeurés inexécutés. Le mois suivant, M. de Jonville que le ministre de la guerre rappelait à Paris par des lettres impératives, et que le prince retenait à Madrid jusqu'à ce qu'il eût achevé son travail, présenta une rectification des marchés Ouvrard. M. de Villèle, en recevant ce travail, y vit une aggravation des marchés qu'il trouvait déjà

---

1. Carnet de M. de Villèle.

2. Je reproduis les termes mêmes d'une lettre écrite par le duc d'Angoulême à M. de Villèle.

onéreux, et sans s'étonner que le prince et l'intendant n'eussent pas cru devoir, au milieu d'une campagne et avec une armée disséminée sur tant de points, tenter une réorganisation des services, il blâma des stipulations additionnelles qui, loin de restreindre les marchés, les étendaient et les prolongeaient. Plus on allait, plus la lutte, d'abord sourde, des bureaux de la guerre contre l'état-major général s'accentuait. Les bureaux qui se sentaient en faute animaient le ministre contre l'état-major général, qui excitait à son tour le prince contre le ministre et le ministère. Pendant toute la phase qui suivit l'entrée de l'armée française à Madrid, les plaintes du duc d'Angoulême contre le maréchal de Bellune deviennent de plus en plus vives. Il demande sans cesse que le gouvernement mette un terme à l'opposition constante qu'il rencontre dans le ministre de la guerre; plusieurs fois il en appelle au Roi lui-même, et menace de quitter le commandement si l'on ne fait pas droit à ses réclamations. Les préventions qui existaient déjà chez le prince, au début de la campagne, deviennent une véritable antipathie. On peut déjà prévoir que si le duc d'Angoulême revient vainqueur à Paris, après une heureuse campagne, le duc de Bellune, mal servi par ses bureaux qui ont ajouté aux fautes commises au début

1. On lit sur le carnet : « Reçu la prétendue rectification du traité Ouvrard faite par M. de Jonville, qui, loin de nous être favorable, aggrave notre position. Le traité des vivres-viandes avait été souscrit à un taux très-onéreux avec un prête-nom de M. Ouvrard ; M. de Jonville le comprend dans le traité général de celui-ci. On peut s'expliquer que monseigneur et M. de Jonville n'aient pas cru prudent, avec une armée disséminée sur tous les points de l'Espagne, de changer subitement et partout le système et les employés du service général des vivres, surtout pour le livrer, avec le sort de l'armée, à une administration aussi incapable que paraît l'être celle de la guerre. Mais il est difficile de s'expliquer comment M. de Jonville, qui passe pour un administrateur intelligent et probe, peut avoir empiré la situation au lieu de l'améliorer en ajoutant à la durée de la campagne le temps de l'occupation qui la suivrait, quand il s'agit d'un traité aussi onéreux que celui signé avec M. Ouvrard à Bayonne. » (Carnet de M. de Villèle à la date du 9 août 1823.)

les torts qu'ils se sont donnés en entravant, par des difficultés continuelles, l'exécution des traités qu'ils ont rendus nécessaires, deviendra un ministre impossible en face du prince à qui son succès même aura donné un ascendant naturel sur les affaires militaires.

Pendant que l'on poussait les opérations dans la Catalogne, afin d'avoir raison de Mina et des forces des généraux constitutionnels qui avaient pris l'offensive contre nos troupes, réduites vers la fin de mars à la défensive dans cette province, et que l'on préparait une expédition contre Cadix qu'une flotte sortie de nos ports allait bloquer, M. de Villèle accomplissait une opération financière aussi sage que hardie. Il profita de notre entrée à Madrid et du succès de la première partie de la campagne, pour livrer à la concurrence l'adjudication d'un emprunt de vingt-trois millions de rentes. Il voyait à cela un double avantage. D'abord, quoiqu'il n'eût qu'à se louer de la manière dont M. Rothschild avait fait le service des fonds, il trouvait le moment bien choisi pour affranchir les finances de l'État du concours jusque-là obligé que leur avait prêté cette grande maison de banque. Il préparait en outre ainsi les voies à Ferdinand qui, rendu à la liberté, serait certainement obligé de recourir au crédit, et qui trouverait le terrain déblayé d'une formidable concurrence. Une ordonnance du Roi, datée du 4 juin 1823, autorisa dans le même temps le ministre des finances à procéder, selon les conditions imposées par la loi, à la vente des vingt-trois millions cent quatorze mille cinq cent seize francs de rentes 5 p. 100, émis pour la consolidation de divers engagements du Trésor spécifiés dans les lois de créations de ces rentes, adjudication fixée au 10 juillet suivant. Il suffit de cette nouvelle insérée au *Moniteur*, pour faire monter les fonds à 89 fr. 15 cent. La veille du jour de l'adjudication, M. de Villèle reçut deux visites : celle de M. Laffitte, qui venait demander quelques renseignements pour la compagnie d'emprunt qui s'était formée autour de lui, et celle des frères Rothschild. Ces derniers lui dirent, avec une franchise qui devient une haute habileté dans les grandes affaires, que la présence simultanée, à Paris, de tous les représentants de leur maison, disait assez qu'ils étaient résolus à prendre l'emprunt, et ils discutèrent devant lui le taux auquel il pouvait avoir l'espoir de le placer, sans essayer de le faire sortir d'un silence qui était pour lui un devoir [1].

« Le lendemain 10 juillet, continue M. de Villèle, au carnet duquel nous empruntons textuellement ces détails, averti que dans une circonstance semblable, sous le ministère du duc de Richelieu, on avait prétendu que le secret du maximum avait été violé par des membres mêmes du Conseil, j'avais fait ouvrir une porte de mon cabinet jusque-là condamnée donnant, sans avoir à traverser l'assemblée, sur le bureau même où nous devions procéder à l'ouverture des soumissions et à l'adjudication. Je ne mis la fixation *du minimum* en délibération qu'un moment avant l'heure fixée pour l'entrée dans la salle. Je proposai le taux de 89, qui fut adopté comme le plus favorable qu'on pût espérer. Je refusai à M. de Chateaubriand de sonner un huissier pour faire remettre un billet écrit sur la cheminée, et nous passâmes dans la salle d'adjudication. »

Ces scrupuleuses précautions d'un ministre qui, non content d'être par sa probité au-dessus du soupçon, voulait

---

1. Voici comment M. de Villèle raconte cette scène dans son carnet : « Les frères Rothschild se sont conduits avec le plus grand abandon, et ont semblé être venus pour me faire connaître leur ferme volonté d'obtenir l'emprunt plutôt que pour deviner ou influencer mes idées sur le taux du minimum. Ils m'ont dit, sans hésiter, que leur présence simultanée à Paris était la preuve de leur résolution de prendre l'emprunt. Ils ont débattu devant moi le taux auquel je pouvais espérer le négocier, me laissant garder ainsi que je le devais, dans ce curieux débat, le plus profond silence, et ne faisant rien pour m'induire à le rompre. Le plus jeune ayant argué du taux de la Bourse du jour, celui de Londres, l'aîné et le plus habile de la famille, l'interrompit par ces paroles profondes : « Que nous importe le cours d'aujourd'hui ? Est-ce que ce ne sera pas le taux auquel nous porterons nos offres qui fera le cours de demain. » (*Carnet de M. de Villèle. — Documents inédits.*)

rendre le soupçon impossible, furent couronnées d'un plein succès. Quatre compagnies s'étaient présentées à l'adjudication, trois françaises et celle de MM. Rothschild. Les soumissions des compagnies françaises ne dépassèrent pas le taux de 87,75 ; la maison Rothschild offrit 89,55, presque 2 fr. de plus que les autres compagnies, et l'emprunt lui fut adjugé. L'événement justifia l'intelligente hardiesse de cette maison ; à la Bourse du 15 juin, le 5 p. 100 était coté à 91 fr. 15 c. Ainsi se vérifia l'observation d'une sagacité prophétique de l'aîné des Rothschild : « Qu'importe le cours d'aujourd'hui ? C'est nous qui ferons celui de demain. »

C'était pour le gouvernement royal un résultat important que d'avoir conclu à un taux avantageux, malgré la guerre, une opération financière de plus de 400 millions, en débarrassant la France d'une dette exigible qui paraissait exorbitante dans ce temps. L'imminence de cet emprunt, tant qu'il n'était pas réalisé, pesait sur la rente et en paralysait l'essor. Dans les prévisions de M. de Villèle, cette opération financière se rattachait à une autre que, dès lors, il préparait : c'était la réduction de l'intérêt de la rente qu'on ne pourrait accomplir que lorsque l'élévation de la rente au pair permettrait d'offrir aux rentiers l'option entre la réduction de l'intérêt et le remboursement du capital. La guerre d'Espagne, qui avait un moment ébranlé le crédit, le raffermissait et le mettait dans des conditions meilleures par suite des succès toujours croissants de nos armes.

La lettre qu'avait écrite le général l'Abisbal, de concert au fond avec les généraux Ballesteros et Morillo, et la nécessité où il s'était trouvé de quitter son armée et son commandement en fugitif, et de chercher un asile en France, était un trait de lumière jeté sur la situation. Il y avait, au début de la guerre, deux solutions possibles en Espagne. Si, parmi les constitutionnels qui avaient encore la personne du Roi entre leurs mains, les plus modérés l'avaient emporté et avaient transigé avec la France, en stipulant des garanties raisonnables pour la liberté politique et une amnistie pour les personnes compromises, on serait arrivé à la conclusion la plus désirable et la meilleure. Mais il est rare que, dans les révolutions qui s'appuient surtout sur les passions, l'ascendant ne demeure pas aux plus violents. Ce fut ce qui arriva. L'Abisbal échoua; les exaltés entraînèrent Ferdinand à Cadix après avoir proclamé sa déchéance. Les généraux Ballesteros et Morillo qui, s'ils avaient pu combiner leur action avec celle de l'Abisbal et engager dans leur mouvement l'ensemble du parti constitutionnel, auraient été parfaitement posés pour intervenir à la transaction et demander à la France, à laquelle ils eussent apporté un dénoûment plus prompt, moins sanglant et moins coûteux, des conditions équitables, furent réduits à ne traiter que pour eux-mêmes. La carte qui était nécessaire à la France pour jouer la partie de la manière la plus sage, et la plus utile à la fois à l'Espagne et à la grande expédition que nous avions entreprise, manqua au jeu. Il ne resta plus que l'autre solution, la solution par la force des armes. La défaite du parti constitutionnel, dès lors éliminé de la scène, ne devait laisser que le parti du Roi *netto*, du Roi absolu, parti dont les passions, par une espèce d'équilibre moral, croissaient en même temps que celles du parti rival, et Ferdinand VII naturellement exaspéré contre ceux qui avaient prolongé jusqu'au dernier moment sa captivité et ses humiliations.

C'était le véritable écueil de l'intervention en Espagne. Si le parti constitutionnel ne se décidait pas à temps à transiger, il arriverait infailliblement que, contre notre gré, malgré tous nos efforts, par la fatalité logique de la situation, notre expédition aboutirait à substituer l'arbitraire du parti de l'absolutisme royal à l'arbitraire du parti de l'absolutisme révolutionnaire. C'était là le résultat de l'état intérieur de l'Espagne sur lequel nous n'avions aucune prise, et ceux qui ont accusé le gouvernement royal de ne pas avoir résolu ce problème n'ont pas assez remarqué qu'il était de sa nature insoluble, parce qu'il tenait aux passions qui ont empêché depuis l'Espagne d'arriver à un état stable et régulier.

Comme on pourra demander pourquoi, nonobstant cette chance fâcheuse que nous devions rencontrer et que nous pouvions prévoir, le gouvernement royal persista à intervenir, je poserai, avant d'entrer dans le récit de la seconde partie de la lutte, quelques axiomes politiques qui dominent toute la question, et qui établissent que, malgré les inconvénients possibles de notre expédition, malgré même notre impuissance à résoudre tous les problèmes prévus, le gouvernement royal exerçait un droit politique et remplissait un devoir national en intervenant.

Quel que soit le gouvernement qui régisse la France, l'intérêt vital de notre pays exige que l'œuvre de Henri IV, Richelieu, Mazarin, Louis XIV soit maintenue, c'est-à-dire que nous ayons de l'autre côté des Pyrénées un peuple ami et un gouvernement allié. La raison en est simple : si notre alliance avec l'Espagne cesse d'exister, ou si elle est équivoque et précaire, nous avons cent mille hommes de moins à porter sur le Rhin en temps de guerre, et, dans les transactions diplomatiques, nous avons de moins la force morale que donne à un peuple une frontière assurée par une alliance inébranlable et la faculté de concentrer son attention sur un seul point. Nous sommes sûrs en outre de rencontrer l'Angleterre derrière les Pyrénées, dès que l'Espagne cesse de nous être sympathique ; car, pour ce dernier pays, il n'y a que deux alliances possibles, celle de l'Angleterre et celle de la France[1].

---

[1] C'est ce que Burke exposait dès 1792 : « L'Espagne, disait-il, n'est pas une puissance qui se soutienne par elle-même ; il faut qu'elle s'appuie sur l'An-

A côté de ce premier axiome, il faut en poser un second : le devoir d'un gouvernement est de conserver ou d'acquérir assez de force à l'intérieur pour être en état de faire les affaires extérieures du pays. Ce n'est pas seulement un acte de faiblesse, c'est un crime pour un pouvoir que d'accepter une situation qui l'affaiblit et le déconsidère à tel point qu'il ne peut plus avoir la voix haute ni la main ferme au dehors.

Enfin, de même que dans la société civile la liberté de chaque individu est limitée par la liberté des individus qui l'entourent, et que l'intérêt de chacun ne peut s'étendre jusqu'à blesser les intérêts des autres membres de l'association, de même dans la société politique des peuples, la liberté de chaque nation est limitée par celle des nations voisines, et, comme le disait le duc de Wellington au congrès de Vérone, le droit d'intervention existe pour les parties lésées. Dans ce cas, en effet, ce ne sont plus les affaires d'une nation voisine dans lesquelles on intervient, ce sont ses propres affaires dont on s'occupe ; ce n'est pas l'intérêt d'autrui que l'on juge, ce sont ses propres intérêts que l'on défend.

On ne saurait sérieusement contester ces principes. Hors de là, on tombe dans des déclamations puériles : quand une puissance se sentira lésée ou menacée par ce qui se passe chez une nation voisine, au point qu'une guerre franche et ouverte est préférable pour elle aux périls et aux embûches d'une paix hypocrite, ce n'est pas avec de vaines et d'injustes théories qu'on l'arrêtera.

Ces trois axiomes éclairent, expliquent et motivent toute la conduite de la Restauration dans l'affaire d'Espagne.

C'était d'abord pour elle un devoir que de maintenir entre la monarchie française et la monarchie espagnole ces rapports

---

gleterre ou sur la France. Il importe autant à la Grande-Bretagne d'empêcher la prépondérance des Français en Espagne que si ce royaume était une province de l'Angleterre. »

d'alliance et d'amitié, disons plus, cette fusion d'intérêts que quatre des plus grands génies qui aient illustré notre histoire ont travaillé à réaliser. Or toute alliance devenait impossible entre les cortès révolutionnaires et la monarchie française. Si la révolution parvenait à s'établir dans la Péninsule, l'union du pacte de famille était dissoute, la fusion d'intérêts n'existait plus; l'œuvre de deux grands règnes et de deux grands ministères était anéantie.

Pour empêcher ce résultat de se produire, il fallait de deux choses l'une : ou que l'Espagne devînt analogue à la France, ou que la France devînt analogue à l'Espagne ; c'est-à-dire qu'il fallait ou que l'Espagne retournât à la monarchie ou que la France allât à la Révolution. Or, s'il est facile de concevoir que l'on soit contraire à un gouvernement et à son principe, comment comprendre qu'on puisse demander à un gouvernement autre chose que de faire tout ce qui est compatible avec sa nature et son principe, pour rendre le pays dont il dirige les intérêts tranquille et prospère au dedans, fort et influent au dehors? C'était une puérilité de la part de l'opposition de gauche que de reprocher à la monarchie de servir monarchiquement la France. Qu'attendait-elle donc et que voulait-elle? Que la Restauration travaillât contre elle-même, qu'elle accréditât en France les théories, les maximes qui se manifestaient de l'autre côté des Pyrénées par les révoltes militaires et populaires et la captivité d'un Roi, qu'elle se prêtât à tout ce qui pouvait assimiler la France monarchique à l'Espagne révolutionnaire ? C'était imposer au gouvernement royal un suicide.

Dira-t-on qu'on pouvait au moins demeurer en France dans la situation où l'on se trouvait, et ne pas s'opposer aux événements, qui s'accomplissaient dans la Péninsule? Mais ces événements, outre qu'ils menaçaient l'existence de la maison de Bourbon en France, replaçaient la monarchie française dans la situation critique d'où elle était sortie avec tant de peine, au prix d'un siècle et demi de luttes et de sacrifices, et par l'ascendant des plus grands génies qui aient dirigé nos affaires. Proposer une pareille ligne de conduite, c'était proposer l'abaissement et la diminution de la France, et l'appui intéressé que le cabinet anglais prêtait à la révolution espagnole aurait dû ouvrir à cet égard tous les yeux.

Puisqu'il était également impossible d'exiger que la Restauration introduisît la révolution en France, et qu'elle souffrît que les Pyrénées, abaissées entre les deux peuples, se relevassent entre deux principes contraires, il ne restait qu'une politique à adopter, politique inévitable, nécessaire, impérieusement tracée par l'intérêt du pays : c'était de s'opposer par tous les moyens, par les influences diplomatiques si elles suffisaient, et, dans le cas contraire, par les armes, à ce que l'Espagne continuât à subir le joug d'une faction et un principe qui la séparaient de la France, livraient la Péninsule à la Grande-Bretagne, et mettaient la frontière de l'Angleterre sur les Pyrénées, dans un temps où la frontière de la Prusse avait franchi le Rhin.

Ces considérations avaient une importance tellement capitale qu'elles dominaient toutes les autres. Sans doute il était de la sagesse du gouvernement français de faire tous ses efforts pour ménager un denoûment qui, en donnant des garanties à tous les intérêts légitimes et en s'éloignant de la politique à outrance des partis extrêmes, mît un terme à la crise dans laquelle se débattait l'Espagne, et prévînt, par sa modération même, les réactions dans l'avenir. Mais si le gouvernement français ne trouvait pas dans les partis qui s'entrechoquaient en Espagne les éléments de cette solution si désirable ; si le parti constitutionnel, en prolongeant la lutte et en refusant de prêter les mains à une transaction alors qu'elle était encore possible, laissait arriver les choses à l'extrême; si Ferdinand et le parti de l'absolutisme royal ne se montraient pas moins exclusifs, cela ne devait pas nous empêcher de poursuivre et d'atteindre le résultat essentiel pour la France, en nous bornant, si nous ne pouvions mieux faire, à n'accepter la responsabilité d'aucune violence, et à empêcher les excès partout où flottait notre drapeau.

Quand on envisage ainsi à distance cette grande question, en dehors des préoccupations de l'intérêt de parti, on demeure surpris que l'évidence de cette conclusion n'ait pas frappé toutes les intelligences. La gauche parlait beaucoup, dans ce temps-là, de reconquérir la frontière du Rhin; mais qui ne voit que, pour que la France fût libre d'agir du côté du Rhin, il fallait qu'elle fût adossée contre les Pyrénées amies? Cette intervention en Espagne, attaquée à l'une et à l'autre tribune par l'opposition, comme antinationale, était donc l'acte le plus national que le gouvernement de la Restauration pût accomplir. Il allait chercher de l'autre côté des Pyrénées sa liberté d'action sur le Rhin, et la faculté de regarder en face l'Angleterre. Tant que cette question n'était pas tranchée, la France était à la merci de l'Europe; elle ne pouvait ni élever la voix dans aucune question, ni mettre la main sur la garde de son épée [1].

Ces considérations acquéraient une nouvelle force quand on

---

1. Cela est si vrai que M. de la Ferronnays, notre ambassadeur à Saint-Pétersbourg, écrivait le 19 juin 1823 à M. de Chateaubriand, ministre des affaires étrangères : « Le fait est qu'on nous aimait bien mieux dans l'état où nous étions, lorsqu'on pouvait mettre en doute la fidélité de notre armée, et qu'il était possible de la supposer prête à se rallier aux factieux contre le gouvernement. Alors les inquiétudes semblaient avoir quelque chose de fondé qui semblait donner aux autres le droit de s'entendre pour nous surveiller. On nous tenait ainsi dans une sorte de tutelle dont on n'aime point nous voir sortir. Si on ne peut nous empêcher de devenir une nation, on veut au moins autant que possible nous isoler du reste de l'Europe. On y était parvenu en effrayant tout le monde sur la faiblesse du gouvernement et sur la force des révolutionnaires. » (*Congrès de Vérone*, par Chateaubriand, tome II.)

venait à jeter les yeux sur les affaires de l'intérieur. Dans l'époque où nous vivons, on s'est souvent fait d'étranges idées sur les intérêts des nations; il semble qu'il leur importe de vivre sous des gouvernements chancelants et précaires, et que tout ce qui affaiblit le pouvoir ajoute à la force du pays. C'est précisément dans la proposition contraire qu'il faut chercher la vérité. Comment ne voit-on pas que ces gouvernements si faibles au dedans ne sauraient déployer ni force ni fermeté au dehors, et que, toujours occupés du soin de conserver leur débile existence, ils ne peuvent rien faire d'important et de suivi dans les affaires extérieures? La première condition pour qu'un gouvernement s'occupe de l'avenir d'une société, c'est qu'il puisse croire à son propre avenir. Lorsqu'il en est autrement, il vit au jour le jour, sans songer à un lendemain jusqu'auquel ne doit pas se prolonger sa vie éphémère. Il ne faut pas oublier la position précaire et critique dans laquelle la royauté française se trouvait avant l'expédition d'Espagne. Quoiqu'on eût rétabli les cadres de l'armée, tant que les soldats n'avaient point paru sur un champ de bataille avec le drapeau blanc, la question de savoir si la monarchie française avait une armée n'était point tranchée. Des associations secrètes l'entouraient d'un invisible réseau. Dans le cours de l'année 1821, trente-cinq préfets dénoncèrent l'existence des carbonari dans leurs départements, et les troubles qui avaient éclaté à Paris, à Béfort, à Saumur, à la Rochelle, révélaient une conspiration permanente. C'était dans la révolution espagnole que les sociétés secrètes avaient mis leurs dernières espérances, et, parmi les adversaires armés que nous avions rencontrés de l'autre côté des Pyrénées, il y avait un bataillon fourni par les sociétés secrètes de France; il fallait donc que la Restauration passât les Pyrénées pour conquérir cette certitude d'un lendemain, sans laquelle tout lui était impossible au dehors.

II

DE MADRID A CADIX. — SUITE DES OPÉRATIONS MILITAIRES. CAPITULATION DE MORILLO ET DE BALLESTEROS. — CONTRE-RÉVOLUTION EN PORTUGAL. — DIFFICULTÉS POLITIQUES. — ORDONNANCE D'ANDUJAR.

C'est à la lumière de ces principes qu'il faut étudier la politique du gouvernement royal, et en particulier sa conduite pendant toute la seconde phase de la campagne. Une fois à Madrid et les cortès à Cadix, il perd tout espoir d'arriver à une transaction et ne songe plus qu'à pousser vigoureusement ses adversaires. Tout se prépare pour une action énergique et décisive. Le prince, qui doit quitter Madrid le 1ᵉʳ avril, organise ainsi les grands commandements. Le duc de Reggio est à la tête du premier corps ; il a sous sa direction supérieure la Nouvelle-Castille, l'Estramadure, Ségovie, Léon, y compris Salamanque et Valladolid, la Galice et les Asturies ; il établit son quartier général à Madrid. Le prince de Hohenlohe commande en chef le troisième corps, et il a sous sa direction les provinces de Santander, Burgos, Soria, Santo-Domingo, Alava ; son quartier général est à Vittoria. M. de Lauriston, élevé récemment au maréchalat par la volonté expresse du Roi, et au grand déplaisir du duc d'Angoulême, qui, désirant faire honorer de cette dignité militaire un des généraux qui venaient de rendre des services actifs, avait indiqué le général Molitor comme digne de cette récompense, est investi du commandement du cinquième corps et des provinces de Guipuscoa, Navarre, d'Aragon et de l'Èbre inférieur, où il y a des sièges importants à faire, afin qu'il puisse justifier la faveur dont il vient d'être l'objet. Le général

Molitor commande en chef le deuxième corps et les royaumes de Valence, Madrid et Grenade. Le général Latour-Foissac commande une colonne d'opération, et Cordoue et Jaen sont dans sa circonscription. Le général Bordessoulle commande en chef le premier corps de réserve et le royaume de Séville; son quartier général est à *Puerto de Santa-Maria*. C'est lui qui est chargé des opérations en face de Cadix.

Il restait, pour mener à bonne fin la campagne, quatre opérations militaires à conduire; les trois premières préparaient et facilitaient la dernière. Morillo, qui avait conquis son renom d'homme de guerre dans sa lutte contre Bolivar pour maintenir, en Amérique, l'autorité de la mère-patrie, occupait, au nom des Cortès, la Galice, à proximité du golfe de Gascogne, et pouvait, si nous le laissions en arrière, inquiéter notre flanc droit, quand nous marcherions sur Cadix. Ballesteros commandait pour les Cortès un autre corps d'armée dans les provinces du Sud, et pouvait se porter sur notre flanc gauche si nous marchions à Cadix sans l'avoir réduit. Mina, plus à gauche encore, disputait la Catalogne au maréchal Moncey, et, s'appuyant sur Barcelone, Figuières, la Seu d'Urgel, Tarragone et Lérida, il prolongeait par la prestesse de ses mouvements et la rapidité de ses opérations sur un terrain dont il connaissait parfaitement les accidents, une résistance qui devenait une diversion.

Morillo fut le premier hors de combat. A mesure que les révolutionnaires espagnols s'enfonçaient plus avant dans les voies de la violence, il sentait grandir son éloignement pour eux. Il ne put supporter la déchéance prononcée contre le Roi au moment du départ des cortès de Séville pour Cadix. A partir de ce jour, il se déclara contre cette assemblée, mais sans reconnaître la Régence; il avait établi une junte pour l'administration de la Galice et des Asturies, sorte de gouvernement provisoire qui, dans sa pensée, devait pourvoir aux affaires jusqu'au moment où le Roi, délivré des mains de ses geôliers, pourrait s'entendre avec la nation sur les institutions à donner à l'Espagne. C'était le plan concerté avec l'Abisbal et Ballesteros. Mais, au lieu d'être exécuté avec ensemble, il allait être partagé en trois actes successifs, ce qui devait le faire inévitablement échouer. Rien de plus dangereux dans les situations extrêmes que les partis moyens pour ceux qui les prennent; le terrain manque sous leurs pieds et ils tombent dans le vide. Ce fut ce qui arriva au général Morillo. Il ne voulait plus être avec les cortès, et il ne voulait pas être avec la régence; il n'était donc avec personne, et il glissait sur la pente au bas de laquelle l'Abisbal avait roulé. Le principal de ses lieutenants, Quiroga, refusa dès lors de reconnaître son autorité, il appela à lui les troupes dont une partie le suivit, et il se dirigea vers la Corogne. Il en sortit pour livrer bataille au corps du général Bourk qui le suivait de près; dans ce combat, qui dura cinq heures, on déploya des deux côtés beaucoup de courage, mais Quiroga éprouva de si grosses pertes, qu'il fut obligé de rentrer en toute hâte dans la place. Puis bientôt, apercevant un vaisseau français qui stationnait devant le port et commençait le blocus, il craignit, s'il attendait, de ne pouvoir sortir de la Corogne, et, s'échappant en toute hâte, il alla rejoindre les défenseurs de Cadix. Ce fut le coup de mort du parti dans ces provinces. Les troupes qui n'avaient pas suivi Quiroga flottaient indécises; elles n'obéissaient qu'en partie à Morillo, et sir Robert Nelson, cet Anglais qui s'était généreusement compromis en favorisant la sortie de France de Lavalette, et qui, passionné pour ses idées, était venu chercher sa part de péril, ne put réussir à les entraîner avec lui à la Corogne. En présence de cette désorganisation et de cette résistance passive de son armée, Morillo fut obligé, le 12 juillet 1823, de capituler à Lugo et de reconnaître l'autorité de la régence.

Le duc d'Angoulême, autorisé par les instructions du Roi, lui conserva le commandement de son armée et le gouvernement de sa province. La Corogne se soumit le 21 juillet aux mêmes conditions qu'avait acceptées Morillo ; elle contenait quatre mille hommes de garnison et beaucoup de munitions de guerre et de provisions.

Le 1er août, le corps d'armée du général Molitor atteignait les troupes du général Ballesteros, qui occupaient les royaumes de Madrid et de Grenade. La lutte sur ce point fut plus vive ; mais le résultat n'en fut pas un moment douteux. Le général Bonnemains, qui commandait l'avant-garde française, eut des combats brillants avec l'avant-garde de Ballesteros ; enfin le général Molitor en personne, à la tête du gros de ses troupes, força Ballesteros à accepter une action générale dans laquelle, après une lutte vigoureuse, les Espagnols furent complétement défaits. Il ne resta plus à Ballesteros qu'à faire sa soumission en reconnaissant la régence, après avoir signé, le 4 août 1823, une capitulation militaire qui le maintenait à la tête de ses troupes[1].

Or, à partir de ce moment, l'armée française était maîtresse de la presque totalité de l'Espagne ; Algésiras avait reçu une garnison française après une forte canonnade dirigée contre la place, le 15 août, par deux de nos frégates, la *Guerrière* et la *Galathée*. Quelques places fortes seulement restaient encore au pouvoir des révolutionnaires, mais elles étaient investies. Dès le 24 juillet, le blocus de Cadix, de Barcelone, Santona, Saint-Sébastien avait été signifié aux puissances maritimes.

1. Le duc d'Angoulême appréciait ainsi les services rendus par le général Molitor : « Je regarde tout ce qu'a fait le général Molitor comme si important que j'attache le plus grand prix à ce que le Roi veuille bien le faire maréchal. Je vous prie de le lui demander de ma part avec instance. Tout ce qu'a fait le 2e corps est à lui seul une admirable campagne. Il n'a cessé de marcher pendant quatre mois et par de bien fortes chaleurs. » (*Lettre à M. de Villèle.* — Baylen, le 7 août. — *Documents inédits.*)

Restait Mina qui luttait encore en Catalogne : mais cette lutte, qui honorait son habileté militaire, n'était plus qu'un épisode qui n'entravait en rien le dénoûment, et que le dénoûment devait emporter avec lui. Ce dénoûment était à Cadix. Le duc d'Angoulême s'était mis en marche dès le 3 août vers cette ville pour aller l'y chercher. Mais si ses opérations militaires réussissaient à souhait, il rencontrait les plus graves difficultés dans la situation intérieure de l'Espagne et dans les passions de plus en plus ardentes du parti qui était à la fois pour lui un auxiliaire et un obstacle.

Tout contribuait à surexciter les esprits : les dernières violences des constitutionnels en quittant Séville, les succès croissants de nos armes, l'imminence du dénoûment, la confiance que le désarroi des constitutionnels donnait au parti longtemps opprimé, impatient de devenir oppresseur à son tour, cette terrible soif de vengeance et de représailles qui est une des maladies du caractère espagnol ; les susceptibilités à la fois ambitieuses et jalouses de la régence de Madrid, qui, sentant le souffle de la passion royaliste dans ses voiles et s'appuyant en outre sur les cabinets de Saint-Pétersbourg et de Vienne, empressés d'opposer leur ascendant au nôtre, et dont les préférences pour le pouvoir absolu s'accordaient mieux avec la pente naturelle des membres du conseil gouvernemental de Madrid, aspirait à n'accepter que nos services militaires, en déclinant désormais notre direction politique. Pour secouer une tutelle qui lui pesait, la régence cherchait à faire négocier sous main un emprunt, moyen efficace de renoncer au subside qui était un des liens avec lesquels nous contenions des velléités de complète indépendance. Le duc d'Angoulême étant averti que le marquis de Jouffroy, que nous avons rencontré l'année précédente à Vérone, où il gênait l'action diplomatique de notre plénipotentiaire, suivait en Espagne des négociations relatives à cet emprunt, et servait d'intermédiaire aux rapports de la presse de la contre-opposition de droite avec les exaltés de l'Espagne, lui fit signifier à Burgos, où il se trouvait, l'ordre de rentrer immédiatement en France.

Des événements imprévus, qui, au commencement du mois de juin précédent, avaient éclaté en Portugal, augmentaient la confiance du parti exalté, et portaient un dernier coup aux espérances des révolutionnaires. On se rappelle la levée de boucliers qu'avait faite, au moment de notre entrée dans la péninsule, le comte d'Amaranthe contre les cortès portugaises et la constitution de 1812 importée à Lisbonne par un mouvement militaire analogue à celui de l'île de Léon, la nécessité où il s'était vu de chercher un refuge à la tête de quatre mille hommes sur le territoire espagnol, où sa présence avait été un embarras pour la politique française. Cette levée de boucliers prématurée était le symptôme de mécontentements secrets dans la nation et dans l'armée, et lorsque la défaite des constitutionnels espagnols eut rendu confiance à ceux qui, en Portugal, partageaient les opinions politiques du comte d'Amaranthe, l'infant don Miguel, qui habitait le palais de son père plutôt en prisonnier qu'en prince, s'échappa avec un petit nombre de gardes, et vint prendre le commandement d'un régiment levé par le brigadier Sampayo. Toutes les troupes que les cortès portugaises envoyèrent contre lui passèrent sous son drapeau. Ce fut en vain que l'Assemblée imposa au Roi de Portugal des décrets pleins de menaces contre don Miguel [1], et qu'elle investit de la dictature militaire le général Sepulveda, qui avait pris naguère l'initiative de l'établissement de la constitution de 1812 en Portugal. Ce chef militaire, comprenant qu'un mouvement irrésistible em-

---

1. Il disait dans un de ses écrits : « Comme père, je pardonne à mon fils ; comme Roi, je saurai le punir. »

portait ses troupes, les harangua lui-même pour les exhorter à se réunir à don Miguel. Dès le 5 juin, le Roi, qui était allé rejoindre son fils, rentra à Lisbonne au milieu des acclamations populaires ; la contre-révolution était accomplie, et la constitution de 1812, semblable à la tente qu'on pose pour abriter le sommeil d'une nuit, était emportée par le souffle des événements. Le roi de Portugal, par un décret daté du Palais de Bemposta, le 18 juin 1823, nomma une junte de quatorze membres, chargée de préparer le plan des formes de gouvernement convenables pour la monarchie portugaise, et don Miguel envoya complimenter le duc d'Angoulême et lui fit offrir le concours des forces portugaises pour hâter la délivrance de Ferdinand.

Il est facile de se faire une idée de l'impulsion que cette nouvelle donna aux exigences des royalistes espagnols. Ils sentaient que tout leur venait, la puissance comme la fortune. Enivrés à la fois d'espoir et de colère, soutenus par la faveur et la haute sympathie que la Russie et l'Autriche témoignaient à la Régence de Madrid, à peine nous pardonnaient-ils l'obstacle que nous mettions à leurs passions, en considération des services que nous rendions à leurs intérêts. La tâche des puissances européennes, représentées à Madrid, était facile ; elles n'avaient ni action directe à exercer ni responsabilité à encourir. Nous avions à conduire au but une grande entreprise dont les violences de nos auxiliaires espagnols aggravaient les difficultés, car si les constitutionnels étaient réduits au désespoir, c'était avec du sang français qu'il faudrait triompher de leur résistance acharnée. Nous encourrions la responsabilité morale des excès commis à la portée de notre bras, car nous ne pouvons nous le dissimuler, bien que la grande majorité de la nation espagnole fût contraire au gouvernement des cortès, ce gouvernement subsistait dans toutes les villes devant lesquelles nos troupes ne se présentaient pas[1]. C'étaient donc nous et nous seuls qui déterminions le triomphe des royalistes espagnols. Cette considération, sans cesse présente à l'esprit du duc d'Angoulême, inquiétait cette âme honnête et empoisonnait la satisfaction que lui donnaient nos succès :

« Là où sont nos troupes, écrivait-il dans la note à laquelle j'ai déjà fait un emprunt, nous maintenons, quoique avec difficulté, la paix. Là où nous ne sommes pas, on se massacre, on brûle, on vole. Aussi me demande-t-on partout des garnisons françaises. Il faudrait cinq cent mille hommes, je ne puis. Les corps espagnols, se disant royalistes, pillent et redoutent tout ordre régulier. Les gardes espagnoles, tant bien que mal réorganisées, ne valent pas mieux. »

Sans doute les chefs des royalistes espagnols pouvaient dire et disaient, en effet, qu'ils ne faisaient qu'user de représailles; c'était vrai. Mais le duc d'Angoulême, qui délivrait la population des excès des révolutionnaires par le succès de nos armes, s'indignait à la pensée de voir ce succès frayer la voie aux excès des royalistes. Ses représentations à la régence étaient incessantes ; ses protestations, de plus en plus sévères, revenaient chaque jour. Il demandait à son gouvernement des instructions qui le missent à même de réprimer les violences qui le désolaient. Malheureusement il y avait dans l'expédition que nous avions dû entreprendre, on l'a vu, des nécessités presque contradictoires. Il fallait à la fois maintenir notre droit d'initiative et de direction, et conserver nos bons rapports avec les gouvernements européens qui faisaient échec

---

1. Le duc d'Angoulême en faisait la remarque dans une note adressée à son gouvernement : « Le 1er août, écrivait-il, nos troupes auront occupé toute l'Espagne, sauf quelques places. Le gouvernement des cortès aura été détruit partout. Il l'est par la population dès que nos troupes arrivent, presque nulle part sans cela. Le moindre détachement constitutionnel contient les plus fortes populations. »
Extrait d'une note contenue dans les papiers de M. de Villèle. (*Documents inédits.*)

à l'Angleterre ; réduire les constitutionnels par la force, et les protéger de notre mieux contre les réactions; servir les intérêts des royalistes espagnols, respecter les droits de leur indépendance nationale, et ne pas asservir la régence, tout en nous opposant aux folies et aux excès de l'esprit de parti. Comment tracer une ligne de conduite toujours applicable au milieu de circonstances compliquées par une variété infinie d'incidents, et où il fallait mesurer le moyen à l'obstacle de chaque jour? Le gouvernement français laissait donc un pouvoir à peu près discrétionnaire au duc d'Angoulême, en lui marquant plutôt les buts divers et multiples à atteindre que les moyens à employer pour y parvenir.

Au moment où le duc d'Angoulême partait pour se rendre devant Cadix, il consigna dans une note adressée au Roi et écrite à Mançanarès, à la date du 3 août 1823, les réflexions que lui inspirait l'état de l'Espagne, ses embarras dans le présent, ses tristesses prophétiques pour l'avenir de ce pays. Cette note, d'un intérêt historique, doit être citée :

« Plus j'examine l'Espagne, disait le prince, plus je vois l'impossibilité d'y faire le bien. Quoi que nous fassions, quelques conseils que nous donnions à Ferdinand, l'absolutisme prévaudra. Les partis sont trop acharnés et trop haineux pour qu'il en soit autrement. Le Roi a pour lui le clergé et le bas peuple; tout ce qui est seigneur, propriétaire et bourgeois est contre lui et s'en défie, à peu d'exceptions près. Nous resterions dix ans en Espagne, que les partis se massacreraient comme ils le feraient aujourd'hui s'ils le pouvaient. Cette campagne n'aura que cela d'avantageux pour nous d'avoir assuré au Roi une bonne armée et d'avoir rendu à la France la considération qu'elle doit avoir en Europe. Tout le reste est inconvénient. Si je n'ai pu empêcher la régence de faire toutes les sottises imaginables, quelle plus grande influence pourrais-je avoir sur le Roi ? Tenez pour certain qu'il n'y a rien de bon à faire ici, que ce pays-ci se déchirera pendant bien des années, mais, je crois, sans aucun danger pour nous. »

Le prince qui écrivait ces lignes, le 3 août 1823, ne se faisait pas illusion, on le voit, sur le résultat de sa campagne quant à l'Espagne ; mais il se consolait par la pensée du service rendu à la France. La disposition d'esprit où il était en sortant de Madrid explique un acte très-controversé à cette époque, et qui devint, en Espagne comme en France, le sujet d'une ardente polémique, sous le nom d'*Ordonnance générale du 8 août*, ou d'*Ordonnance d'Andujar*.

Dès que le duc d'Angoulême eut quitté Madrid, il y eut une recrudescence de violence parmi les juntes royalistes qui gouvernaient les provinces sous la direction plus ou moins suivie de la régence de Madrid. Les dernières capitulations signées avec les généraux Morillo et Ballesteros avaient ramené dans leurs foyers un grand nombre de miliciens couverts par les termes de ces capitulations ; à Burgos, à Saragosse, dans la Navarre, les chefs militaires et les juntes avaient donné des ordres en désaccord avec les termes des capitulations à l'égard des miliciens poursuivis, obligés, sous peine de confiscation, « d'abjurer leurs erreurs, de prêter serment à la religion et au Roi. » Des amendes avaient été prononcées contre quiconque « avait fait un don pour l'habillement des miliciens, avait exercé des fonctions rétribuées ou même avait chanté la *Tragala*. » La régence de Madrid, entraînée dans ce mouvement qui inaugurait une réaction contre le passé, publiait un décret pour déclarer « déchu et privé de toute solde, de toute décoration, de toute pension, tout Espagnol, employé ou non employé du gouvernement, qui avait servi dans la milice volontaire ou appartenu aux sociétés secrètes. »

Évidemment de pareils actes sortaient des attributions de la régence de Madrid et des autorités espagnoles placées sous sa direction. Elle avait été établie comme une commission de gouvernement pour le présent, en attendant l'avenir, et non comme un comité réactionnaire contre le passé. Des conflits inévitables éclataient. A Burgos notamment le commandant des troupes françaises, protecteur obligé des miliciens couverts par la capitulation, fit élargir les détenus qui n'avaient pas été arrêtés en vertu d'ordres émanés des tribunaux[1]. M. Saez, ministre, écrivit, au nom de la régence, à M. de Talaru, notre ambassadeur, pour réclamer « une prompte réparation. » Dans le moment même, le gouvernement français exprimait son vif mécontentement du langage acerbe et des mesures violentes de la régence de Madrid, et, chose qui n'arrivait pas toujours, le corps diplomatique se ralliait au même sentiment. Dans sa correspondance avec le marquis de Talaru, qui avait transmis au cabinet français la plainte de la régence, M. de Chateaubriand disait : « Vous avez entendu les cris des royalistes espagnols, mais vous n'avez pas vu, comme nous, les réponses de tous les gouverneurs de places qui disaient tous qu'ils se rendraient, mais qu'ils ne le feront pas, parce qu'en posant les armes ils seraient emprisonnés et massacrés par les ordres de la régence. »

Il est facile de le comprendre, si ces plaintes inquiétaient et irritaient notre cabinet, elles produisaient une irritation bien plus vive encore chez le duc d'Angoulême, lorsqu'au milieu de l'action décisive où il entrait contre Cadix, il recevait de tout côté les rapports indignés de ses lieutenants, et les réclamations des Espagnols constitutionnels invoquant les capitulations qui auraient dû les couvrir. Il avait été obligé, au moment de

---

1. J'emprunte ces détails à une lettre adressée par M. de Chateaubriand au comte de la Ferronays, à la date du 23 août 1823 : « On avait fait à Burgos, et dans plusieurs autres villes d'Espagne, des arrestations nombreuses. Les moindres inconvénients de ces arrestations étaient de susciter des ennemis sans cesse renaissants à nos armes ; car les soldats miliciens qui rentraient chez eux en vertu de capitulations militaires, signées avec nos généraux, étant incarcérés en rentrant dans leurs foyers, reprenaient les armes et allaient grossir les garnisons des places ou former des guérillas. »
On trouvera cette dépêche intéressante publiée *in extenso* dans le second volume du *Congrès de Vérone*, p. 15.

son départ de Madrid, d'opposer un *veto* absolu à la prétention qu'avait manifestée la régence, par la bouche du duc de l'Infantado, de le suivre à son quartier général devant Cadix. Le prince ne voulait pas se donner des surveillants incommodes, des opposants inexorables à toute transaction qu'il pourrait tenter ; enfin il ne lui convenait pas de rapprocher de l'oreille de Ferdinand, le jour où celui-ci serait libre, et avant qu'on pût lui faire entendre la parole de la France, des hommes sur la sagesse et la modération desquels il avait des raisons de ne pas compter. Ce fut dans ces dispositions qu'il arriva à Andujar, ville située sur le Guadalquivir, dans la capitainerie générale d'Andalousie, et qu'assailli par les plaintes toujours incessantes qui lui venaient de tout côté, il rendit *ab irato* la célèbre ordonnance datée de cette ville [1].

Voici ce document :

« Nous, Louis-Antoine D'ARTOIS, fils de France, commandant en chef l'armée des Pyrénées,

« Considérant que l'occupation de l'Espagne par l'armée française, sous nos ordres, nous met dans l'indispensable obligation de pourvoir à la tranquillité de ce royaume et à la sûreté de nos troupes,

« Avons ordonné et ordonnons ce qui suit :

« Article 1er. — Les autorités espagnoles ne pourront faire aucune arrestation sans l'autorisation du commandant de nos troupes, dans l'arrondissement duquel elles se trouveront.

Art. 2. — Les commandants en chef des corps de notre armée feront élargir tous ceux qui ont été arrêtés arbitrairement et pour des motifs politiques, notamment les miliciens rentrant chez eux.

« Sont toutefois exceptés ceux qui depuis leur rentrée dans leurs foyers ont donné de justes motifs de plaintes.

« Art. 3. — Les commandants en chef des corps sont autorisés à faire arrêter ceux qui contreviendraient au présent ordre.

---

1. Le prince écrivait d'Andujar à M. de Villèle : « Les plaintes que je recevais de tout côté sur les arrestations arbitraires des autorités locales avouées ou tolérées par la régence, m'ont mis dans la nécessité de rendre l'ordonnance que je joins ici. » (*Documents inédits.*)

« Art. 4. — Tous les journaux et journalistes sont placés sous la surveillance des commandants de nos troupes.

« Art. 5. — La présente ordonnance sera imprimée et affichée partout.

« Fait à notre quartier général d'Andujar, le 8 août 1823.

« Louis-Antoine.

« Par Son Altesse Royale le prince, général en chef :

« *Le major général,*

« Comte Guilleminot. »

Certes la pensée qui avait dicté l'ordonnance d'Andujar était aussi élevée qu'honorable. Empêcher qu'on ajoutât aux difficultés déjà si grandes de notre entreprise des difficultés nouvelles en soulevant contre nous des haines, en condamnant nos adversaires à une résistance désespérée, c'était notre droit; maintenir l'inviolabilité de notre signature au bas des capitulations que nous avions signées, protéger ceux qui avaient eu foi dans notre parole, c'était notre devoir. Mais, dans la position où nous étions, la politique nous prescrivait de parler le moins possible et d'agir, car nos paroles livraient le secret d'une situation fâcheuse, irritaient nos auxiliaires, et réjouissaient nos ennemis. L'action exercée par le duc d'Angoulême était honorable et nécessaire, et la proclamation qu'il avait lancée était impolitique. Elle dénonçait le mal sans le guérir, quand il aurait fallu plutôt le guérir que le dénoncer [1].

---

1. M. de Chateaubriand exprime dans le *Congrès de Vérone* cette opinion qui sera, nous le croyons, celle de la postérité : « L'ordonnance, philosophiquement parlant, dit-il, fut une mesure infiniment honorable ; politiquement parlant, une faute dangereuse. On porta le décret d'Andujar aux nues : les esprits rêvassiers y trouvaient leur philanthropie et les progrès du siècle ; les ennemis, plus madrés, y voyaient notre ruine : de là, toute l'admiration. Notre devoir était sans doute d'empêcher les réactions, d'ouvrir sans bruit les portes des prisons aux hommes détenus pour opinions politiques, mais faire de cette mesure humaine un ordre ostensible, déclarer aux *Reales* que l'on favorisait les *Liberales*, c'était armer contre nous le clergé, les moines, la population entière, cette population qui nous ouvrait les portes, qui ôtait à notre invasion

La publication de cette ordonnance fut le signal d'un soulèvement général d'opinion parmi les royalistes espagnols. La régence prit l'initiative et porta ses doléances et ses protestations devant les ministres étrangers, en se plaignant, dans une note, de cet acte attentatoire, selon elle, à la souveraineté de Ferdinand, et qui annulait virtuellement l'autorité dont elle était elle-même investie. Les ambassadeurs d'Autriche et de Russie firent une démarche auprès du duc de Reggio, qui commandait à Madrid, pour obtenir que la publication de l'ordonnance fût suspendue [1]. Mais, après avoir été au moment d'approuver la protestation de la régence, ils comprirent et lui firent comprendre qu'il était impossible de rompre avec le neveu de Louis XVIII, généralissime de l'armée française, qui les avait délivrés et allait délivrer le Roi. On prit alors un terme moyen. La régence s'appropria, dans un décret à la date du 16 août, les mesures prescrites par le duc d'Angoulême ; elle rappela à cet effet et remit en vigueur un ancien décret de Ferdinand contre les arrestations et les détentions arbitraires, et le *Journal des Débats* put alors publier un article, reproduit le lendemain dans le *Moniteur*, pour célébrer le merveilleux accord qui régnait entre les vues du prince et celles de la régence. Cet accord ne s'était pas établi sans peine, et dans plusieurs villes espagnoles, et notamment à Burgos et à Vittoria, il y eut des manifestations publiques contre l'ordonnance d'Andujar ; les volontaires de l'armée de

---

ses périls, qui nous faisait marcher sur un sol brûlant l'arme au bras, là où Bonaparte n'avait pu pénétrer avec son nom, trois cents millions et trois cent mille hommes. » (Tome Ier, page 388.)

1. « MM. Bulgari et Brunetti, qui sont bien jeunes pour la besogne dont ils sont chargés, écrit M. de Chateaubriand au comte de la Ferronays, s'emportèrent d'abord, mais ils revinrent ensuite à un sentiment plus juste de la situation des choses. M. Royez fut constamment bien, et aperçut dès le premier moment l'inconvénient immense qu'il y aurait à montrer la moindre division entre les représentants de l'alliance. » (*Congrès de Vérone*, tome II, page 154.)

la Navarre allèrent jusqu'à rédiger une adresse dans laquelle ils qualifiaient l'ordonnance du 9 août d'attentat, en ajoutant : « Que l'Espagne soit couverte des cadavres de ses enfants plutôt que de vivre avilie par le déshonneur et de subir le joug de l'étranger ! » La régence avait fait imprimer cette adresse comme venant à l'appui de son mécontentement et de ses doléances, et un nouveau brandon de discorde allait être jeté dans la situation ; mais le duc de Reggio la fit saisir à l'imprimerie et en interdit la publication. Déjà la presse, en France, se jetait sur ce nouvel incident comme sur une proie. Les journaux de gauche exaltaient l'ordonnance d'Andujar, afin de s'en faire une arme contre les royalistes espagnols et contre la régence de Madrid, et accablaient le duc d'Angoulême d'éloges outrés, qui devenaient un embarras pour le gouvernement. Les journaux de droite, sauf les *Débats*, qui s'efforçaient de créer une erreur d'optique en transformant en entente préalable la transaction intervenue, blâmaient, d'une manière plus ou moins vive, la mesure. Le *Drapeau blanc*, dans son ardente polémique, allait jusqu'à dire que cet acte « ne tendait à rien moins qu'à aliéner un peuple idolâtre de son roi, de son culte et de sa patrie, » et il l'attaquait comme une transaction avec les hommes de la révolution et avec les principes constitutionnels.

Le gouvernement français, sans blâmer la direction des idées du duc d'Angoulême, envisagea l'ordonnance comme un embarras, et le président du conseil lui adressa immédiatement une lettre pour le blâmer « de cette infraction à ses instructions et à ses propres engagements envers les Espagnols de ne pas se mêler des affaires de leur pays. » La régence avait fait le premier pas en rendant le décret qui remettait en vigueur les dispositions d'une ordonnance de Ferdinand contre les détentions et les arrestations arbitraires. Le gouvernement français prescrivit au duc d'Angoulême de ne pas repousser cette avance, et de faire à son tour un pas sur ce terrain en ordonnant au général Guilleminot d'écrire aux commandants militaires une lettre conciliante. Il y était dit « que le duc d'Angoulême, tout en désirant faire cesser toutes les mesures arbitraires, et en prescrivant par l'ordre du 8 août des mesures destinées à assurer l'accomplissement des promesses du prince envers ceux qui se séparaient des rangs de l'ennemi, reconnaissait l'utilité d'assurer les pouvoirs des autorités espagnoles, tant municipales que judiciaires, pour réprimer les délits de ceux qui, à l'avenir, seraient coupables de désordre et de désobéissance aux lois. »

Ce fut ainsi qu'on rétablit, au moins ostensiblement, entre le pouvoir civil espagnol et le quartier général de l'armée française, un accord nécessaire pour arriver au dénoûment de la campagne [1].

Mais, au fond, le dissentiment n'en demeura pas moins profond, la correspondance du duc d'Angoulême en fait foi. Il écrivait à la date du 27 août 1823, et quand son quartier général était déjà à Santa-Maria, en annonçant la fin de non-recevoir qu'il avait opposée aux membres de la régence qui voulaient le suivre jusque devant Cadix :

« Il est possible que j'aie eu tort de rendre l'ordonnance du 8 août ; je l'ai cru nécessaire. Tout le monde peut se tromper, je ne me crois pas plus infaillible qu'un autre, mais je puis vous certifier qu'il n'existe pas une position plus difficile que la mienne. La régence, soutenue par la Russie, se croit très-forte et indépendante de la France ; mais

1. M. de Chateaubriand écrivait, le 31 août, au général Guilleminot : « Adoucissez, autant que vous le pourrez, l'exécution de l'ordonnance d'Andujar ; nous ne pouvons rien faire sans notre union avec la population royaliste, toute violente qu'elle est ; c'est un mal qu'il faut supporter. » (*Congrès de Vérone*, t. II, p. 141.) Le général Guillemenot répondait, à la date du 11 septembre : « Vos désirs ont été prévenus ; deux circulaires aux généraux ont modifié l'ordonnance d'Andujar. La circonspection très-recommandée dans l'application achèvera d'en atténuer l'effet. Mais, au nom de Dieu, faites que la régence ait une conduite à la fois plus sage et plus ferme. » (Id., p. 162.)

étant en Espagne avec l'armée française, je saurai toujours soutenir la dignité du Roi et celle de mon pays. Malgré ce que je leur ai représenté à mon départ de Madrid [1], le duc de l'Infantado et M. Saëz sont partis pour l'Andalousie. J'ai envoyé un de mes aides de camp à Séville pour les engager très-poliment à retourner à Madrid. Comme je crains les intrigues de ces messieurs, et que mon quartier général attire nécessairement beaucoup de monde, je ne laisse pas arriver ici les Espagnols étrangers à la ville. Le but de ces messieurs, en arrivant ici, est de s'emparer du Roi aussitôt qu'il sera libre pour lui persuader de rétablir l'absolutisme, ce qui ne sera pas difficile. »

III

LE DUC D'ANGOULÊME DEVANT CADIX. — LETTRE A FERDINAND. SOMMATION AUX RÉVOLUTIONNAIRES. — DERNIERS EFFORTS DE L'ANGLETERRE. — SIÉGE DE CADIX. — PRISE DU TROCADÉRO. — DÉLIVRANCE DE FERDINAND. — FIN DE LA GUERRE.

Le 16 août 1823, le duc d'Angoulême se trouvait devant Cadix, et les dernières opérations de la campagne allaient s'ouvrir. Il fallait, dans la prévision d'un prochain dénoûment, être fixé d'avance sur l'attitude que prendrait la France à l'égard de Ferdinand et de l'Espagne ; on délibéra donc en conseil sur un projet de lettre que le duc d'Angoulême adresserait à Ferdinand.

Les constitutionnels avaient laissé passer l'heure où ils pouvaient traiter en stipulant des conditions et des garanties. Ce qu'on leur aurait accordé quand leurs forces étaient entières, ils ne pouvaient espérer l'obtenir, on ne pouvait le leur accorder, maintenant que, de proche en proche, il avaient vu leurs généraux vaincus, obligés de capituler, et qu'il ne leur restait plus qu'un faible corps

---

1. Dès cette époque, on l'a vu, la régence voulait suivre le prince devant Cadix.

de troupes, de sept ou huit mille hommes, enfermés dans la place forte qui servait de prison à Ferdinand, et un seul point dans la Péninsule, Cadix. Ils avaient voulu jouer leur partie, ils l'avaient perdue[1]. La lettre dont la rédaction avait été arrêtée en conseil, et que le duc d'Angoulême dut envoyer à Ferdinand par un aide de camp, se ressentait de cette situation. Le duc d'Angoulême disait seulement que « le Roi son oncle avait pensé et pensait encore que Ferdinand, rendu à la liberté et usant de clémence, trouverait bon d'accorder une amnistie nécessaire après tant de troubles, et de donner à ses peuples, par la convocation des anciennes cortès du royaume, des garanties d'ordre, de justice et de bonne administration. » Il y avait loin de là, il est vrai, à cette insinuation qu'avait faite le discours de la couronne sur la possibilité de transférer les institutions de la France en Espagne ; mais si les idées avaient marché, elles n'avaient fait que suivre les événements, et il y avait loin aussi de la situation où se trouvait l'Espagne au moment du discours d'ouverture, en janvier 1823, à celle où elle se trouvait à la fin du mois d'août de la même année. Les constitutionnels, qui avaient augmenté leurs torts, avaient vu diminuer leurs forces ; les royalistes, au lieu d'être vaincus et dispersés, étaient partout organisés, la répulsion du gros de la nation pour l'introduction de formes de gouvernement exotiques, avait éclaté avec beaucoup d'ensemble. Dans de telles circonstances, le gouvernement français, qui se serait jeté dans d'inextricables embarras s'il avait essayé de gouverner l'Espagne au rebours de ses idées, ne crut pas

---

1. Dès le 4 août, M. de Chateaubriand, qui tenait tous nos ambassadeurs près les grandes cours au courant du progrès de nos troupes et des résolutions du conseil, écrivait à M. de la Ferronays, notre ambassadeur à Saint-Pétersbourg, à la date du 4 août 1823 : « Nous n'avons pas pris les armes contre les cortès pour traiter avec elles. Jamais nous ne les reconnaîtrons désormais comme corps politique. Tout ce que *les individus voudront pour nous livrer le Roi*, nous l'accorderons. »

pouvoir faire autre chose qu'exprimer publiquement son avis sur la conduite que Ferdinand VII avait à tenir. Il lui donna donc deux excellents conseils : l'octroi d'une amnistie nécessaire après tant de troubles, le retour aux anciennes cortès qui étaient, en Espagne, la forme nationale de contrôle des actes du gouvernement. M. de Villèle qui, dès le commencement de cette entreprise, avait prévu que ce serait dans le succès surtout qu'on rencontrerait les principales difficultés, ne se faisait pas plus d'illusion que le duc d'Angoulême sur le fond qu'il y avait à faire dans l'avenir de l'Espagne. Mais il disait qu'il appartenait à la France d'émettre publiquement sa pensée, et qu'en indiquant ainsi d'avance ce qui était sage, « elle préparait l'excuse des inconvénients et peut-être des malheurs qui résulteraient pour l'Espagne de la mauvaise voie dans laquelle il la voyait près de retomber. » Quand on va au fond des choses, on est obligé de reconnaître que la France ne pouvait hasarder un pas au delà sans entrer dans la voie où avait échoué Napoléon. Elle avait pu détruire en Espagne une force qui lui était hostile et un état de choses révolutionnaire, plein de menaces pour sa propre sécurité, mais il ne dépendait pas d'elle de changer ni l'Espagne ni Ferdinand. On voit cette conviction venir s'affirmer dans les dépêches de M. de Chateaubriand comme dans celles de M. de Villèle; le premier écrivait, le 5 septembre 1823, au général Guilleminot :

« Placés entre deux partis violents qui ne respirent que la vengeance, nous ne pouvons ni changer leurs passions ni éclairer leur esprit..... Délivrons le Roi et quittons à jamais cette Espagne où nous aurons retrouvé notre indépendance comme nation, notre gloire comme guerriers, et notre sécurité comme société politique [1]. »

Le colonel de la Hitte, l'un des aides de camp du prince, porta sa lettre, le 17 août, à Cadix, où il fut reçu en parlemen-

---

1. *Congrès de Vérone*, t. II, p. 158.

taire : le duc d'Angoulême était arrivé la veille à Sainte-Marie. La lettre se terminait par une sommation politique à bref délai : si dans le délai de cinq jours[1], disait-elle, Ferdinand n'était pas libre, l'armée française le délivrerait les armes à la main. La réponse de Ferdinand, dictée par ses ministres, montra une fois de plus sous quel joug il était courbé. « Il n'avait jamais été privé, répondit-il, d'une autre liberté que celle dont il était dépouillé par l'armée française... Rétablir après trois siècles d'oubli une institution aussi variée, aussi changeante, aussi monstrueuse que les anciennes cortès du royaume, c'est ce qu'il croyait aussi incompatible avec la dignité de sa couronne qu'avec les droits, les usages, et le bien-être de la nation espagnole. Il terminait en ajoutant que la médiation anglaise pourrait seule amener une paix désirable pour tous[2]. »

Les révolutionnaires espagnols, qui parlaient par la bouche du Roi prisonnier, mettaient leur dernier espoir dans cette médiation de l'Angleterre, que sir William A'Court, établi à Gibraltar, depuis que le Roi avait été déclaré en état d'incapacité par les cortès, au sortir de Séville, continuait à proposer. Mais le cabinet français était moins que jamais disposé à accepter cette médiation, et il avait les raisons politiques les plus fortes pour la décliner. S'il l'eût acceptée, non-seulement il eût introduit en Espagne l'influence de l'Angleterre qui, depuis l'ouverture

---

[1]. Le conseil avait indiqué un délai de deux jours seulement. « Je leur ai donné cinq jours au lieu de deux, écrivait le duc d'Angoulême le 17 août, c'est le seul changement. »

[2]. Cette lettre était écrite tout entière de la main de Ferdinand. En l'envoyant au prince de Polignac, notre ambassadeur à Londres, M. de Chateaubriand disait à ce dernier : « Cette copie est uniquement pour vous. Nous ne devons faire connaître que malgré nous, et le plus tard possible, ce monument de la honte et de la servitude du roi d'Espagne. La lettre originale est *de la main même* de ce malheureux monarque ; ainsi il déclare qu'il est libre, six semaines après avoir protesté, à Séville, contre la violence qu'on lui faisait et avoir été déclaré fou et dépouillé de la royauté. » (*Congrès de Vérone*, t. II, p. 145.)

de cette affaire, n'avait cessé de montrer son mauvais vouloir à la France ; mais il eût consenti à ce que l'Angleterre fût la caution de la France envers les constitutionnels, tandis que la France se serait rendue la caution de Ferdinand auprès de l'Angleterre, deux sources d'embarras inextricables et peut-être d'incidents dangereux pour l'avenir. Ainsi s'explique la lettre de M. de Villèle, écrivant au prince « d'éviter surtout une proposition de sir William A'Court assez raisonnable pour être embarrassante, » et la fin de non-recevoir que le duc d'Angoulême opposa à M. Elliot, le 28 août, quand celui-ci vint lui dire de la part de son gouvernement « que les Espagnols, pour conclure la paix, demandaient une constitution, n'importe laquelle, pourvu qu'elle fût représentative et que le prince la garantît. »

La médiation écartée, restait la voie des armes. Cadix est une ville très-forte par sa position péninsulaire. Située à l'extrémité occidentale d'une langue de terre formée par l'île de Léon, avec laquelle elle communique par une chaussée en pierre, elle est environnée de presque tous les côtés par la mer, et protégée par de bonnes murailles flanquées de bastions ; son port sûr et commode s'ouvre sur une des plus vastes baies du globe protégée par plusieurs forts. Pour assiéger Cadix avec quelques chances de succès, il faut être à la fois maître de la terre et de la mer. Cette ville avait presque conquis le renom d'imprenable : il fallait remonter jusqu'en 1596 pour trouver un démenti à ce surnom ; à cette époque, en effet, les Anglais la prirent et la pillèrent. Mais en 1626 et en 1702 ils l'assiégèrent sans succès. Pendant la guerre de l'indépendance contre Napoléon, Cadix avait été le siége de la junte centrale et des cortès, le maréchal Soult l'avait en vain sommée de se rendre ; comme la mer appartenait aux Anglais, il avait dû se borner à la bloquer, ce blocus avait duré jusqu'en 1812.

Le siége de Cadix mit en mouvement toutes les têtes. Chacun sentait que le moment décisif était venu, et s'empressait d'apporter ses idées pour aider le chef de l'expédition à frapper les derniers coups. M. de Chateaubriand avait ouvert une correspondance avec le général Guilleminot et suggérait le plan d'attaque qui lui semblait devoir amener le plus promptement la reddition de la place. M. de Villèle, qui n'avait pas oublié qu'il n'y a pas de place imprenable, quand un mulet d'or peut y pénétrer, mettait à la disposition de M. le duc d'Angoulême la somme nécessaire pour acheter la reddition de Cadix, s'il se trouvait dans la ville un général assez puissant et assez résolu pour la vendre. M. Hyde de Neuville, qu'on avait nommé ambassadeur à Lisbonne, afin de l'enlever à la contre-opposition de droite, écrivait pour annoncer qu'il faisait fabriquer des rames nécessaires à la manœuvre des barques et des canonnières [1], et pour offrir le concours de la marine portugaise qui fut accepté seulement pour le blocus auquel elle ne put envoyer que trois bâtiments légers, car « ce pays, comme l'écrivait le général Guilleminot, était totalement épuisé en ressources maritimes. »

Dès le commencement de juillet 1823, les mesures prescrites pour que Cadix fût bloquée par terre et par mer avaient été exécutées, et l'on équipait à Séville une flottille de chaloupes canonnières et de bombardes, tandis qu'une escadre de quatre vaisseaux de ligne et de plusieurs frégates tenait la ville en respect. Un peu plus tard, et après la reddition de la Corogne, qui eut lieu le 21 août, la flottille qui bloquait cette place rallia l'escadre de Cadix.

[1]. « Dès demain, je fais travailler au sciage des rames et elles partiront au fur et à mesure pour Cadix. Vous verrez par une lettre du major général, que M. Gros me remet à l'instant, combien l'envoi de ces rames est urgent. » M. Hyde de Neuville à M. de Chateaubriand. — Lisbonne, 14 septembre. — (*Congrès de Vérone*, t. II, p. 165.)

Le 16 juillet, les assiégés, protégés par le feu de toutes leurs batteries, avaient fait une sortie par le Trocadéro et l'île de Léon, pour attaquer nos lignes ; mais le général Bordessoulle leur avait tué quinze cents hommes et les avait repoussés sans éprouver de pertes sérieuses. Depuis cette attaque infructueuse jusqu'au jour où le duc d'Angoulême porta son quartier général devant Cadix, un seul incident s'était produit : une frégate anglaise était entrée dans le port et s'était mise en communication avec les assiégés, sans qu'aucun bâtiment de notre escadre, parvînt même « à la héler, » selon l'expression de M. de Villèle. Ce fait éveilla l'attention du gouvernement français sur l'état de notre marine, que nos désastres, sous l'empire, avaient singulièrement affaiblie ; les officiers généraux de mer, tout en ayant cette résolution de cœur, qu'on appelle la bravoure, manquaient de cette résolution d'esprit, si nécessaire au commandement. L'amiral Hamelin et l'amiral des Rotours, résignèrent successivement la tâche qu'ils avaient acceptée, et l'on se décida à envoyer de Paris l'amiral Duperré, qui, après une longue conversation avec M. de Villèle, convint qu'il était facile de réduire en peu d'heures le fort de Santi-Petri : « Il a été plus difficile, écrit le président du conseil sur son carnet, de lui faire reconnaître qu'avec ses quatre vaisseaux il pouvait prêter collet au fort de Portalès, pendant que les forts du Trocadéro le seconderaient et que nos troupes effectueraient un débarquement. Quand il y sera, j'espère qu'il le tentera. »

Dans le conseil de guerre que tint le duc d'Angoulême le 17 août, et où il avait appelé les généraux Guilleminot, Bordessoulle, Tirlet, Dode de la Brunerie et l'amiral Hamelin, on avait arrêté le plan d'attaque, et il avait été reconnu que, préalablement à tout, il fallait être maître du Trocadéro, l'un des forts avancés de la place. Le 19 août, la tranchée fut ouverte devant le Trocadéro. Le 30 on était au pied de la coupure [1]. Le 31, le duc d'Angoulême, qui commandait cette affaire dans laquelle il ne se ménagea pas, donna le signal de l'attaque. Toute la ligne était en armes ; quatorze bataillons, sous les ordres des généraux Obert, Goujon et des Cars, entrèrent résolûment dans la coupure, dont la largeur était de soixante-dix mètres et la profondeur d'un mètre et demi dans les plus basses eaux ; ils la passèrent en ayant de l'eau jusqu'aux épaules ; le prince de Carignan, qui servait comme volontaire sous l'uniforme de grenadier de la garde royale, se distingua dans cette action militaire, qui fut très-brillante. Ces troupes électrisées passèrent le canal sous un feu très-vif dirigé contre elles par une batterie de cinquante canons, et, montant à l'assaut, elles tuèrent les canonniers ennemis sur leurs pièces. Elles enlevèrent, avec le même entrain, le fort Saint-Louis. En moins d'une heure, tous les obstacles étaient surmontés. Les Espagnols avaient eu quatre cents hommes tués ou blessés ; ils laissèrent neuf cents prisonniers entre nos mains ; nous eûmes deux cents hommes mis hors de combat. Les soldats de la compagnie de la garde royale où servait le prince de Carignan, témoins de sa vaillance, lui offrirent le soir des épaulettes de grenadier : « Je reçois, leur dit-il, ce présent avec reconnaissance. J'en connais tout le prix ; je le conserverai toute ma vie [2]. » Il le conserva, en effet, et lorsque la couronne lui glissa du front, le prince de Carignan, devenu roi sous le nom de Charles-Albert, prouva du moins à Novare qu'il n'avait pas oublié le

---

1. Le duc d'Angoulême écrivait le 25 : « Nous allons être au pied de la coupure du Trocadéro sans savoir s'il est possible de la passer. Par mer, c'est impossible ; tout bâtiment qui s'en approcherait serait coulé. Le pauvre amiral Hamelin en a pour ainsi dire perdu la tête ; avec ma permission, il a remis son commandement à l'amiral des Rotours. » Nous avons entendu le duc des Cars raconter qu'au passage de la coupure du Trocadéro, sa montre qu'il avait mise dans sa cravate fut mouillée.

2. Je transcris ces paroles sur le carnet de M. de Villèle.

noble métier de soldat, appris sous le drapeau de la France. Ce premier succès obtenu, on résolut d'attaquer le fort Santi-Petri, afin d'exécuter ensuite un débarquement dans l'île de Léon dont la possession était jugée nécessaire pour réduire Cadix [1]. Le 20 septembre, le fort Santi-Petri, canonné pendant deux heures par l'amiral des Rotours que l'arrivée de son successeur, l'amiral Duperré, avait enfin décidé à tenter l'aventure, se rendit sans avoir mis un seul homme hors de combat à bord du *Centaure*[2]. Le 23, nos vaisseaux, sous le commandement de l'amiral Duperré, ouvrirent le bombardement de Cadix : l'amiral écrivait à Paris que, de 8 heures à 10 heures du matin, il avait lancé 200 bombes dans la ville. Le 28 du même mois, le duc d'Angoulême visita la ligne d'attaque contre l'île de Léon; il parcourut un espace de plus de deux kilomètres sous le feu des batteries espagnoles. Un boulet, qui vint tomber très-près du prince, le couvrit de terre, et comme les officiers de son état-major s'empressaient autour de lui : « Eh bien ! messieurs, leur dit-il, si je suis tué,

[1]. Le général Guilleminot écrivait le 11 septembre du port Sainte-Marie à M. de Chateaubriand : « Devenus maîtres du Trocadéro, j'ai pensé aussi comme Votre Excellence que nous devions attaquer par le Pontales. En nous établissant dans le faubourg qui est derrière et dans la Cortadura, nous empêcherions d'une part les sorties de la place, et contraindrions de l'autre tous les défenseurs de l'île de Léon de capituler. Cette opération nous mènerait plus directement et plus promptement au but. Notre marine est mieux d'accord avec nous sur la possibilité d'un débarquement sur la plage de la grande mer, entre Santi-Petri et la Torregada. Mais un préalable nécessaire, c'est la réduction du fort de Santi-Petri qui croise ses feux avec les batteries de terre, sur le point jugé le plus propre à la descente. Demain nous canonnerons ce fort par terre et par mer, et, suivant toute probabilité, nous le réduirons promptement. La première de ces opérations repose en grande partie sur la marine. Une fois à terre, nos troupes pleines d'ardeur se chargent du reste. » (*Congrès de Vérone*, t. II, p. 162.)

[2]. C'est une preuve de plus de cette timidité d'esprit que les désastres maritimes de l'Empire avaient laissée aux officiers généraux de mer. M. de Villèle, en consignant ce fait sur son carnet, ajoute que les soldats de terre, avec cet esprit français qu'on retrouve toujours dans nos camps, avaient donné à l'amiral des Rotours un sobriquet : ils l'appelaient l'*amiral Tourne-autour*.

je finirai en bonne compagnie et à la française. » La fortune, qui devait avoir pour le duc d'Angoulême peu de sourires, lui montrait, sans le lui accorder, la beauté héroïque d'un trépas militaire et lui inspirait un mot à la Henri IV.

On se préparait à donner l'assaut à Cadix. Mais les cortès, effrayées des dispositions de la population, comprirent que leur dernière heure était arrivée et voulurent au moins se ménager la ressource de passer à l'étranger. Leur drapeau était en ce moment abattu dans toute la péninsule. Non-seulement l'Abisbal, Morillo et Ballesteros, qui commandaient leurs trois principaux corps d'armée, avaient capitulé; mais Quiroga, qui avait essayé d'appeler à lui une partie de l'armée de Morillo, avait échoué, et, après avoir essuyé une défaite, avait dû s'enfuir en toute hâte de la Corogne où il craignait d'être bloqué. Riégo, qui, à la nouvelle de la capitulation de Ballesteros, s'était échappé de Cadix pour tenter de rallier les troupes de ce général et de continuer la guerre, n'avait pas été plus heureux. Un moment maître de Malaga, il avait déshonoré son pouvoir éphémère par des exécutions sanglantes, et, pressé par les Français, il avait été obligé de quitter cette ville sur un bâtiment et s'était fait jeter sur un point du littoral; mais, au moment où il gagnait les montagnes, il avait été arrêté par les paysans et livré aux troupes du général Latour-Foissac. Dès le 17 septembre, Pampelune, après avoir été battu par notre artillerie qui avait écrasé sa citadelle et éteint son feu, s'était rendu. Saint-Sébastien avait capitulé le 28. Le maréchal Moncey, de son côté, avait eu enfin raison de la longue résistance de Mina en Catalogne, et, dès la fin d'août, il était en mesure, après avoir battu et refoulé tous les corps ennemis qui défendaient les abords de Tarragone, de faire le siège de cette ville. Dans la Galice, la division du général Bourck avait mis hors de combat les corps des généraux constitutionnels Rosello, Vigo et Palavia.

Enfin le maréchal Lauriston, après s'être emparé des deux faubourgs de la Madeleine et de Riochiappia, serrait de près Barcelone, et une colonne, sortie de cette place et débarquée sur le littoral, avait été détruite ou prise dans les journées des 15 et 16 septembre par le baron de Damas [1]. Cet ensemble de faits ne laissait aucun espoir au parti des cortès. La médiation anglaise, une dernière fois offerte par sir William A'Court, avait été encore une fois repoussée par le gouvernement français. Le général Alava, qui s'était présenté en parlementaire le 3 septembre avec une nouvelle lettre de Ferdinand, n'avait pas été reçu par le duc d'Angoulême, qui avait envoyé le lendemain le duc de Guiche à Cadix, pour avertir qu'il ne consentirait à traiter qu'avec Ferdinand rendu à la liberté et hors des mains des cortès. On savait à Cadix que tous les préparatifs étaient faits pour une attaque générale, et que les bâtiments nécessaires pour le transport des troupes étaient réunis. Les cortès se rassemblèrent le 28 septembre, et, à la majorité de soixante voix contre trente, elles décrétèrent que l'autorité absolue serait rendue au Roi, et qu'il serait libre de se présenter au quartier général et de traiter avec le duc d'Angoulême aux meilleures conditions possibles; en même temps elles se déclarèrent dissoutes [2], après avoir envoyé demander au généralissime de l'armée française où il désirait que Ferdinand VII se rendît; le prince indiqua le port de Sainte-Marie. Le drapeau blanc flottait sur Cadix et dans la rade. Tout semblait terminé.

Comme il arrive dans presque toutes les crises de ce genre, il y eut, au moment du dénoûment, des incertitudes et des

---

1. « Le baron de Damas dirigea les prisonniers sur Perpignan. Parmi eux se trouvaient cent vingt transfuges français auxquels, pour éviter une trop grande effusion de sang, le baron de Damas promit la vie sauve, mais la vie seulement. (Notes du carnet de M. de Villèle.) » Armand Carrel, qui avait servi dans la division du baron de Damas, était un de ces prisonniers.

2. Carnet de M. de Villèle.

tiraillements [1]. Le parti militaire pensa que l'on n'avait pas obtenu du Roi des garanties suffisantes, et les miliciens, plus ardents parce qu'ils étaient plus compromis que les autres, déclarèrent que si ces garanties ne leur étaient pas données, ils s'opposeraient au départ de Ferdinand. Comme on ne déféra pas à leur désir, ils dépavèrent les rues, construisirent des barricades, et préparèrent tout pour une résistance désespérée. La révolution, qui avait commencé par une révolte militaire, menaçait d'expirer dans le sang et l'anarchie. Ferdinand céda encore une fois, et prit les engagements les plus explicites envers ces hommes furieux qui, avec cette contradiction, qui est le propre de la passion politique, mesuraient les promesses qu'ils exigeaient de lui à la défiance qu'il leur inspirait, sans s'apercevoir que ces engagements, contractés sous la pression de la violence, qui n'avaient d'autre sanction qu'une parole sur laquelle ils ne comptaient pas, étaient une garantie illusoire. Par une proclamation royale, le roi d'Espagne promit donc, « de sa libre volonté et sous la foi de sa parole royale : » 1° un oubli général complet et absolu du passé ; 2° des institutions garantissant la sûreté personnelle, la propriété et la sûreté civile des Espagnols ; 3° la reconnaissance de toutes les dettes et obligations contractées sous le gouvernement constitutionnel ; 4° le maintien de tous les grades, titres, emplois civils et militaires ; 5° la faculté à tous les miliciens de retourner librement dans leurs foyers, sans y être exposés à aucunes poursuites. Alors les miliciens cessèrent de s'opposer au départ de Ferdinand.

« Le 1er octobre 1823, dit Chateaubriand dans le *Congrès*

---

[1]. Dans une première dépêche télégraphique du 28 juin, le duc d'Angoulême disait au président du conseil : « Le Roi me mande qu'il est libre et qu'il se rendra, quand je voudrai, au port Sainte-Marie. J'espère qu'il y sera demain. » Dans une seconde dépêche datée du 29, il disait : « Les négociations sont rompues, les hostilités recommenceront demain à la pointe du jour. »

de Vérone, Ferdinand, accompagné de la Reine, des princes et des princesses de sa famille, mit à la voile ses prames dorées, au bruit des salves d'artillerie de la place et de toute la côte ; au milieu des nuages de fumée, on eût dit un vainqueur qui sort triomphant d'une grande bataille. Le ciel était magnifique. A onze heures et demie, Ferdinand aborda le port de Sainte-Marie ; il y fut reçu par monseigneur le duc d'Angoulême. Le petit-fils de Louis XIV mit un genou en terre et présenta son épée à l'autre petit-fils du grand roi ; beau spectacle à l'extrémité de l'Europe, au bord de cette mer, la couche du soleil : *Solisque cubilia Cades!* »

Beau spectacle, il est vrai, splendidement décrit par cette plume de poëte, demeurée au service du politique qui avait eu sa part dans ce grand événement. Mais il y eut quelque chose au-dessus de toute cette pompe, c'est le cri du cœur qui échappa à la fille de Louis XVI, quand elle apprit la délivrance de Ferdinand [1] ; sa pensée se reporta sur le Temple et elle dit : « Il est donc possible de sauver un roi malheureux ! »

IV

JOIE AUX TUILERIES ET PARMI LES ROYALISTES DE FRANCE. — DERNIERS ACTES DU DUC D'ANGOULÊME EN ESPAGNE. — SES PRÉVISIONS SUR L'AVENIR DE CE PAYS. — SA CORRESPONDANCE AVEC M. DE VILLÈLE.

Il y eut une explosion de joie aux Tuileries, parmi les membres du ministère et chez tous les royalistes de France,

---

1. La duchesse d'Angoulême était restée à Bordeaux pendant la première partie de la campagne pour être plus près des nouvelles d'Espagne, et aussi peut-être pour exercer une action sur le Midi où elle était très-populaire, dans le cas où un mouvement révolutionnaire tenté de ce côté-ci des Pyrénées coïnciderait avec la guerre qui avait lieu de l'autre côté.

lorsqu'on apprit que cette grande entreprise, sur laquelle l'Europe entière avait les yeux, que l'Angleterre aurait voulu empêcher, et au sujet de laquelle les ennemis de la maison de Bourbon avaient fait les plus sinistres pronostics, était arrivée à un heureux dénoûment. Le 3 octobre, en effet, surlendemain de l'arrivée de Ferdinand au Port-Sainte-Marie, Cadix avait ouvert ses portes à l'armée française. Le canon des Invalides annonça, le 8 octobre, cette heureuse nouvelle à Paris. Le soir, il y eut des illuminations générales, et le Roi décida, par une ordonnance du 9 octobre, que l'arc de triomphe de l'Étoile serait terminé pour perpétuer le souvenir du courage et de la discipline de l'armée française en Espagne[1]. Une autre ordonnance élevait le général Molitor à la dignité de maréchal. Les généraux Guilleminot, Bordessoulle, Bourck, baron de Damas, étaient nommés pairs de France. Le maréchal Moncey recevait la grande croix de Saint-Louis et le maréchal de Lauriston, le cordon bleu. L'amiral Duperré, sur la demande du duc d'Angoulême, obtenait le grade de vice-amiral.

Ce qui ravissait les esprits élevés et les cœurs bien placés, c'était la situation que ce succès rendait à la France en Europe, et en France au gouvernement royal. C'était là le véritable profit de la campagne. M. le duc d'Angoulême l'avait écrit depuis plusieurs semaines au président du conseil, et M. de Villèle, comme M. de Chateaubriand, partageait complétement cet avis. M. de Chateaubriand célébrait, avec son grand style, la France reprenant son rang et reconquérant son action en Europe[2]. M. de Villèle jouissait plus modestement de ce succès, mais il en jouissait aussi vivement.

1. Pendant toute la campagne, pas un seul soldat n'avait été puni comme maraudeur. Ce fait remarquable est consigné sur le carnet de M. de Villèle.
2. «Cette brèche et les cent coups de canon qui annoncèrent la délivrance de Ferdinand pensèrent nous faire trouver mal de joie ; non certes que nous atta-

La guerre pouvait être considérée comme finie, car une des premières mesures prises par Ferdinand avait été de prescrire à tous les commandants de places, qui tenaient encore, de les remettre à la force militaire la plus voisine, qu'elle fût française ou espagnole. Mais si la guerre était terminée, les affaires continuaient et l'on pouvait prévoir de nouvelles difficultés. Les premières de toutes allaient résulter de la conduite de Ferdinand.

Une lettre écrite par le duc d'Angoulême à M. de Villèle, le lendemain même de la délivrance du roi d'Espagne, c'est-à-dire le 2 octobre, et dont la seconde partie avait d'autant plus d'autorité que le prince venait d'avoir avec le monarque qui lui devait son salut une longue conférence, éclaira le gouvernement français sur ce qu'on pouvait attendre des tendances ultérieures de la politique espagnole :

« Nous possédons le grand but de l'expédition, disait le prince, mais souvenez-vous de ce que je vous ai mandé il y a quelque temps : ce pays-ci va retomber dans l'absolutisme. Je m'en lave les mains. M. de Talaru est chargé de toute la partie politique; il est en fonctions d'ambassadeur. Je ne me mêle plus de rien, grâce à Dieu! Le Roi repart à quatre heures pour Xérès. Je n'ai pu encore lui dire un mot. Je vais cependant le voir tout à l'heure. Il me recevra bien, dira que j'ai raison, mais il n'en sera ni plus ni moins. Le Roi a confirmé les ministres de la régence ; c'est M. Saez qui fait tout. Le Roi doit passer deux jours à Xérès, huit ou dix à Séville. J'ai demandé au duc de l'Infantado si le Roi avait besoin d'argent. Il m'a répondu qu'il ne le croyait pas, que M. Ouvrard avait avancé deux millions. Le duc de l'Infantado a été fait commandant des gardes, je crois qu'il n'a aucun pouvoir et qu'il ne s'en soucie pas..... Je ne fermerai ma lettre qu'après le départ du Roi.....

« ..... Ce que j'avais prévu est arrivé. Je suis allé chez le Roi avant son départ. Je lui ai parlé d'étendre l'amnistie le plus possible, d'an-

chions un intérêt personnel à la rescousse d'un monarque haïssable, non que nous crussions tout fini; mais nous étions dans un véritable transport à l'idée que la France pouvait renaître puissante et redoutable, et que nous avions contribué à lui remettre l'épée à la main. »

noncer quelque chose qui tranquillisât tout le monde et donnât des sécurités pour l'avenir. Il m'a répondu à tout qu'il verrait, et comme quatre pelés et un tondu lui ont crié : *Vive le Roi absolu!* il m'a dit que je voyais bien que c'était la volonté du peuple. Je lui ai répondu qu'il fallait se mettre en position de ne pas voir se renouveler les scènes de 1820 et trouver moyen d'avoir du crédit. Maintenant j'ai la conscience déchargée, je ne dirai plus rien; mais je certifie que toutes les sottises qui peuvent être faites le seront. J'ai prévenu de tout M. de Talaru, c'est maintenant à lui de s'en tirer. »

Le prince, qui se faisait peu d'illusion, prenait toutes ses mesures avec une honnête prévoyance et une généreuse fermeté, pour qu'au moins le nom de la France ne fût pas compromis dans les torts et dans les fautes où le gouvernement espagnol allait se jeter. Sa correspondance avec M. de Villèle en fournit la preuve. Le prince avait donné au général de Bourmont le commandement de l'armée d'occupation, de 38,000 hommes, qui, d'après les arrangements pris entre le gouvernement espagnol et le gouvernement français, devait demeurer dans la Péninsule pour affermir l'établissement que nous venions de relever. Voici en quels termes il exposait au président du conseil les instructions laissées au général de Bourmont et aux autres chefs militaires :

« J'ai prescrit à M. de Bourmont, disait-il dans une lettre écrite à Fuente-del-Condé, à la date du 12 octobre 1823, et aux autres commandants militaires des places fortes espagnoles occupées par nos troupes, d'y maintenir le bon ordre et de ne pas servir d'instruments aux vengeances. D'après votre autorisation, j'ai fait recevoir sur nos vaisseaux Valdès, Alava et quelques autres compromis. Tant que je commanderai l'armée française, j'agirai d'après le même principe. Jusqu'à ce que le traité soit fait, et il ne pourra l'être qu'à Madrid, nos commandants doivent être absolus dans les endroits occupés par nos troupes; sans cela la France perdrait sa considération. Si le gouvernement du Roi devait adopter une autre ligne de conduite, je le prierais de charger une autre personne du commandement. »

Dans une autre lettre datée d'Ecija, 14 octobre 1823, le duc d'Angoulême annonçait que le Roi d'Espagne avait voulu lui donner le palais de Buendvista et le titre de prince de Trocadero :

« Je lui ai répondu très-poliment, ajoutait-il, mais par un refus positif. Un fils de France est au-dessus de cela, et jamais je n'accepterai rien d'aucun souverain étranger. »

Le jour même où le duc d'Angoulême écrivait cette lettre à M. de Villèle, il en adressait une à Ferdinand pour caractériser la conduite de celui-ci dans les termes les plus sévères :

« C'est avec regret, disait-il, que je me vois obligé de représenter à Votre Majesté que tous les efforts de la France pour délivrer et vous soumettre l'Espagne deviendraient inutiles, si elle continuait à suivre le pernicieux système de gouvernement qui a amené les malheurs de 1820. Depuis quatorze jours que Votre Majesté a recouvré son autorité, on ne connaît d'elle que des arrestations et des exils arbitraires. Aussi le mécontentement, l'inquiétude et la terreur commencent-ils à se répandre partout. J'avais demandé à Votre Majesté de donner une amnistie et d'accorder à vos peuples quelque chose de rassurant pour l'avenir, elle n'a encore fait ni l'un ni l'autre... Les efforts coûteux que la France a faits ne peuvent être indéfiniment prolongés, il faut donc que Votre Majesté établisse son autorité sur des bases solides. »

Le roi d'Espagne, ainsi mis en demeure, se dérobait à ces instances par des atermoiements et des fins de non recevoir. Il était très-désireux de donner à l'Espagne ce que le duc d'Angoulême demandait pour elle, disait-il; mais, dans une entreprise de cette importance, il fallait agir avec une sage lenteur et une grave maturité[1]. Dans cette réponse, où perçait une pointe d'ironie, car Ferdinand parlait au prince « de la franchise, de l'agitation et de la véhémence qui régnaient

---

1. Ce sont les propres termes employés par Ferdinand dans sa réponse du 22 octobre : « Si plusieurs mois s'écoulent pour l'adoption d'une loi ordinaire, ajoutait-il, combien à plus forte raison faut-il un temps plus long pour donner la plus intéressante des lois. » (*Documents inédits.* — Papiers de M. de Villèle.)

dans sa lettre, » il était facile d'apercevoir le parti pris de ne rien faire de ce que le duc d'Angoulême et la France demandaient. Aussi le prince se montrait-il de plus en plus pressé de quitter l'Espagne, pour ne pas encourir la responsabilité d'une politique qu'il réprouvait [1]. Il avait appelé à Madrid le général de Bourmont, investi du commandement en chef de l'armée d'occupation, et l'avait remplacé à Cadix par le général de Latour-Foissac, et il avait chargé le marquis de Talaru, comme ambassadeur du Roi à Madrid, de discuter et de signer avec le gouvernement espagnol le traité d'occupation, en se concertant avec l'intendant en chef et M. de Bricogne. Il avait fallu proroger, d'abord jusqu'à la fin d'octobre, ensuite jusqu'à la fin de novembre, le subside mensuel que nous faisions à l'Espagne pour entretenir son armée.

Tout manquait à ce gouvernement en désarroi, et la sagesse lui manquait plus que tout le reste. Les trois cours du Nord, qui lui donnaient des conseils plus en harmonie que les nôtres avec ses tendances naturelles, prenaient de plus en plus l'ascendant sur sa politique [2]. Aussitôt après être sorti de Cadix, Ferdinand avait révoqué par un décret toutes les promesses contenues dans sa proclamation du 30 septembre, et donné force de loi à toutes les ordonnances de la junte provisoire et de la régence. Par un décret daté de Xérès, il avait prescrit au députés des cortès, aux ministres, aux conseillers

1. « Je suis plus décidé que jamais à partir avec l'armée le 4 novembre, écrivait-il à la date du 27 octobre, et à ne pas attendre l'arrivée du Roi d'Espagne à Madrid. Je lui ai dit tout ce que je pouvais lui dire. Je ne veux plus m'occuper des affaires d'Espagne. » (Correspondance du duc d'Angoulême. — *Documents inédits.*)

2. Cette remarque est de M. de Villèle : « On voit déjà percer dans cette note, dit-il, l'action des trois cabinets russe, autrichien, prussien, poursuivant leurs idées du congrès de Vérone, et allant se servir des dispositions du Roi, des passions de l'esprit de parti, de l'aveuglement de tous pour enlever à la France la confiance du cabinet espagnol et recommencer pour ce malheureux pays le régime d'absurde despotisme qui devait bientôt le replonger dans l'anarchie. » (Notes de M. de Villèle.)

d'État, aux membres des tribunaux suprêmes de justice, aux commandants généraux, aux chefs et aux officiers de la milice nationale du même régime, de se tenir à plus de cinq lieues de la route marquée pour l'itinéraire royal. Par un décret du 23 octobre, il déclarait ajourner la publication de son amnistie jusqu'à son arrivée à Madrid :

« Là, ajoutait-il, entouré des lumières de mes conseils, je ferai publier ma volonté en conciliant ma clémence naturelle avec la dignité de mon trône, ma sollicitude pour la tranquillité de mes peuples et mes relations avec mes puissants alliés. »

Il fallait vivre avec ce gouvernement dont on ne pouvait changer les dispositions, avec ce peuple dont il était impossible de modifier le caractère et de tempérer les passions. Le cabinet des Tuileries accepta cette tâche difficile, en maintenant sa liberté d'action à côté de celle du gouvernement espagnol, et en séparant soigneusement la conduite tenue par les autorités militaires françaises de celle tenue par les autorités du pays. Il avait favorisé, avant d'entrer à Cadix, le départ des hommes les plus compromis, et notre escadre laissa passer des barques qui portaient cent cinquante fugitifs à Gibraltar. Nos vaisseaux reçurent sur leur propre bord Alava, Valdez, et plusieurs autres des principaux chefs. Quant aux prisonniers, il fut convenu que ceux qui s'étaient rendus directement aux Français ne pourraient, sous aucun prétexte, être réclamés par les autorités espagnoles qui ne disposeraient que des prisonniers faits par les nationaux. Cette convention fit la perte de Riégo qui avait été arrêté dans les montagnes, on s'en souvient, par des paysans espagnols, et le salut de Vigo qui était le prisonnier de nos soldats. Le conseil des ministres, consulté à Paris, décida que Riégo devait être remis dans les mains des Espagnols ; il fut envoyé devant le tribunal compétent qui le condamna au dernier supplice, en motivant en partie son arrêt sur les exécutions sanglantes ordonnées à Malaga par l'accusé qui avait fait fusiller sans jugement huit des citoyens les plus notables de cette ville [1]. En revanche, le général Mendez Vigo, qui était notre prisonnier, fut préservé, par le déploiement d'une grande énergie, contre les ressentiments des royalistes espagnols. Il était accusé d'avoir favorisé le massacre des prisonniers politiques dans les forts de la Corogne dont il était gouverneur; quand il passa à Vittoria, il y eut contre lui une manifestation si violente, que le commandant français dut faire braquer des canons contre la multitude pour la contenir [2].

Avant de quitter l'Espagne, le duc d'Angoulême avait à cœur de terminer une dernière affaire, celle qui avait été l'occasion d'une lutte continuelle entre l'état-major général et le ministère de la guerre, et qui avait laissé au prince une antipathie invincible pour le duc de Bellune. Un des membres les plus distingués de l'intendance militaire, M. de Jonville, était venu, on s'en souvient, à Madrid pour étudier la question sur les lieux, et il avait signé une transaction pour mettre fin au différend. Mais cette transaction, qui étendait le traité Ouvrard, avec quelques modifications, à toute la durée de l'occupation, n'avait été ni approuvée par M. de Villèle, qui trouva qu'elle aggravait la situation en prolongeant les marchés Ouvrard, ni sanctionnée par le conseil des ministres. Cette décision avait été très-pénible pour le duc d'Angoulême, qui croyait avoir

---

[1]. « La *Gazette de Madrid*, du 14 décembre 1823, publia un écrit de Riégo contenant un aveu de ses erreurs, de ses crimes et l'expression de son profond repentir. Cet écrit a été fait et signé par lui dans la prison, la veille de sa mort. » (Carnet de M. de Villèle.) Le carnet rapporte aussi que Riégo fut assisté le jour de sa mort par des moines dominicains.

[2]. « Le duc d'Angoulême écrivait à M. de Villèle à ce sujet : « Si j'ai fait « rendre Riégo parce qu'il n'était pas mon prisonnier, j'ai donné les ordres les « plus précis pour qu'on me remît Vigo, qui s'est rendu prisonnier de guerre « aux troupes françaises. » (Lettre du duc d'Angoulême à M. de Villèle, 12 octobre 1823. — *Documents inédits.*)

terminé une affaire qui n'avait pas un moment cessé d'être pour lui une source de désagréments. Il avait la conscience d'avoir fait une chose indispensable en signant d'urgence, le jour de son entrée en campagne, ces marchés qui assuraient les approvisionnements de son armée laissée au dépourvu. Il ne concevait pas qu'on pût mettre en balance avec une question d'argent les résultats politiques si importants qu'on avait obtenus. M. de Villèle était entré dans ces raisons tant que cette dépense supplémentaire lui avait paru nécessaire au succès de la campagne ; mais, depuis qu'on avait réussi, il lui paraissait qu'on ne pouvait, sans encourir les justes reproches des chambres, retarder d'un jour le rétablissement de l'ordre normal, en mettant à profit les vivres et les moyens de transports tardivement réunis par l'administration militaire. Enfin il obtint par sa ferme insistance la promesse que le duc d'Angoulême ferait comprendre à M. Ouvrard la nécessité de renoncer à se prévaloir de la transaction Jonville, qui n'avait pas été approuvée par le gouvernement français, et de revenir au traité primitif. Dans ses lettres du 4 et 10 novembre 1823, le prince avertissait le président du conseil que la question était terminée à sa satisfaction, et que M. Ouvrard consentait à abandonner le service au 1er janvier 1824 [1].

---

1. « Je vous envoie, écrivait-il le 4 novembre, une proposition de M. Ouvrard que je lui ai fait demander. Il consent à abandonner le service de l'armée d'occupation en entrant dans votre idée de revenir au premier traité qui prendrait fin avec le service de l'armée active au 1er janvier. Je désirerais qu'il fût possible de terminer cette affaire avant ma sortie d'Espagne, car je tiens à annuler par une dernière signature mes signatures précédentes. » Dans une lettre, écrite le 19 novembre et datée de Montdragon, le prince ajoutait : « J'espère que ce que je joins ici remplira vos intentions. Deux remarques seulement : 1° Le considérant qui a été mis en tête a pour objet de démontrer que si j'altère en quelque sorte ma promesse, c'est que j'ai été contraint par la force des événements, par le traité d'occupation qui ne permet pas de conserver un munitionnaire général du service qui ne doit plus être à la charge de la France ; 2° M. Ouvrard, après avoir adhéré aux conditions du traité du 14 novembre, se recommande à ma bienveillance pour obtenir une augmentation sur son service *vivres-viandes*. Cette supplique n'atténue en rien

Tout était ainsi réglé. Les dernières places qui tenaient encore en Espagne pour les constitutionnels se rendaient les unes après les autres, si bien qu'à la fin du mois de septembre, et après la soumission des garnisons de Carthagène et d'Alicante, l'autorité du Roi était rétablie sur tous les points de la Péninsule. Le prince généralissime fit à cheval, et par journée d'étapes, la route du Port-Sainte-Marie au pont de la Bidassoa. La duchesse d'Angoulême alla au-devant de lui jusqu'Chartres, Monsieur, comte d'Artois, jusqu'à Versailles. Le 2 décembre, le duc d'Angoulême fit son entrée triomphale à Paris à la tête de plusieurs corps de troupes arrivant d'Espagne. Puis, dans le courant du mois, commencèrent les fêtes données par la ville de Paris au prince et à l'armée, et ce fut à l'occasion de ces fêtes que les hauteurs de Chaillot, où l'on tira un grand feu d'artifice en l'honneur de l'armée, prirent le nom du Trocadéro.

V

SITUATION INTÉRIEURE DE LA FRANCE ET ÉTAT GÉNÉRAL
DE L'EUROPE APRÈS LA GUERRE D'ESPAGNE.

Le moment est venu d'exposer la situation où le prince, à son arrivée à Paris, trouva le pays, le gouvernement et le ministère. Certes, le succès de l'expédition d'Espagne avait été une cause d'affermissement et de force pour la royauté, soit au dedans, soit au dehors; mais, en même temps, et par un

l'effet de son acte d'adhésion. Mais comme c'est au marché passé avec lui que je dois mon entrée en Espagne le 7 avril, et que le succès de mon expédition doit être en grande partie attribué à la discipline de l'armée qui n'aurait pu exister si elle n'avait pas été exactement fournie de tout, il est de mon devoir de recommander la supplique de M. Ouvrard. » (Correspondance du duc d'Angoulême avec le président du conseil. — *Documents inédits.*)

concours de circonstances qu'il est nécessaire d'exposer, il devint une cause indirecte d'ébranlement pour le cabinet qui venait de conduire heureusement cette grande entreprise, et de graves dangers pour l'opinion à laquelle appartenait ce cabinet.

Le duc d'Angoulême avait eu d'excellents rapports avec le président du conseil pendant toute la campagne; il avait apprécié la ponctuelle exactitude de M. de Villèle, attentif à mettre à sa disposition tous les fonds nécessaires, et il lui écrivait le 2 novembre, en terminant une de ses dernières lettres : « Je serai très-heureux de vous voir dans un mois et de vous témoigner combien je suis sensible à la manière dont vous avez coopéré au succès de l'entreprise. » Mais le prince revenait avec des impressions toutes différentes à l'égard du ministre de la guerre. On n'a pas oublié les plaintes continuelles reproduites dans toutes ses lettres contre le duc de Bellune, d'abord à cause de l'incurie de l'administration militaire qui n'avait pas su réunir les approvisionnements en temps utile pour l'entrée en campagne, ensuite à cause de la lutte sourde que le ministère de la guerre n'avait cessé de faire aux marchés souscrits par le prince avec M. Ouvrard, sous le coup de la nécessité. La lutte entre l'état-major général et le ministère avait été continuelle, et il en était résulté une véritable antipathie du prince contre le maréchal. Il ne cacha pas à Monsieur, comte d'Artois, son père, qu'à son arrivée à Paris, il refuserait de recevoir le ministre. Le dissentiment ayant pris ces proportions, il devenait impossible de conserver le portefeuille au duc de Bellune que ses bureaux avaient mis réellement en faute. Le duc d'Angoulême acquérait par le fait même du succès de la campagne, sur l'armée et sur toutes les affaires qui la concernaient, une influence inévitable et qui avait, en même temps, son côté utile. Comment l'exposer à avoir des rapports journaliers avec un homme avec lequel il lui était désormais impossible de s'entendre? M. de Chateaubriand dit, il est vrai, dans sa correspondance diplomatique avec le prince de Polignac, que si le président du conseil avait voulu l'aider, il eût été possible de refuser cette concession à M. le duc d'Angoulême [1]. Mais quand on a soigneusement étudié les faits et qu'on a lu les correspondances du temps, il est impossible de ne pas reconnaître que M. de Chateaubriand s'exagère ici son influence et s'attribue un crédit qu'il n'avait pas sur le prince généralissime [2]. Dès la seconde moitié du mois d'octobre, le Roi et MONSIEUR comte d'Artois, dont l'influence grandissait à mesure que la santé de Louis XVIII déclinait, avaient entretenu M. de Villèle de

---

1. M. de Chateaubriand écrivait à la date du 27 novembre 1823 au prince de Polignac, ambassadeur à Londres : « Si M. de Villèle eût mieux senti l'importance du renvoi du maréchal qui est une des plus lourdes fautes qui aient jamais été commises, et s'il m'eût appuyé, j'aurais sauvé le maréchal..... On aurait pu satisfaire le duc d'Angoulême à un moindre prix, et c'est un exemple funeste dans le gouvernement représentatif qu'on puisse exiger le renvoi d'un ministre porté par l'opinion de la majorité. » (*Documents inédits*, communiqués par M. le duc de Polignac.)

2. Le duc d'Angoulême, pendant toute la campagne, n'avait voulu entretenir de correspondance qu'avec M. le comte d'Artois et le président du conseil, et M. de Chateaubriand lui ayant écrit, il s'en plaignit à M. de Villèle, le 27 octobre : « J'ai reçu depuis peu, dit-il, trois lettres de M. de Chateaubriand, avec lequel je ne suis pas en correspondance, ne l'étant qu'avec vous seul des ministres du Roi, ne rendant compte qu'à vous ou à mon père et ne recevant que par vous les instructions du Roi. Par la première, il m'envoyait un numéro du *Journal des Débats* contenant un article de lui. Par la seconde, il m'offrait l'ambassade de Constantinople pour un de mes généraux. Par la dernière, il m'annonçait l'arrivée à Paris de M. Pozzo di Borgo, m'engageait à le bien traiter et à regarder la Russie comme notre meilleure alliée. J'ai répondu pour la seconde que je ne me permettrais pas de désigner une personne au Roi pour l'ambassade de Constantinople, mais que je citerai les généraux Guilleminot, Bordesoulle et Dode la Brunerie, comme m'ayant parfaitement secondé. A l'égard de la troisième, concernant M. Pozzo, je le recevrai poliment, je ne lui parlerai de rien, et s'il me parle de politique, je lui répondrai que cela ne le regarde pas. La France est maîtresse de faire ce qu'elle veut, et n'a de compte à rendre à personne. » (*Correspondance du duc d'Angoulême avec M. de Villèle. — Documents inédits* communiqués par M. le comte de Villèle et par M. le comte de Neuville.)

l'impossibilité de maintenir le duc de Bellune au ministère de la guerre. Certes la loyauté du noble maréchal était au-dessus du soupçon ; mais il était impossible de ne pas reconnaître, il avait reconnu lui-même que ses bureaux avaient failli compromettre le sort de la campagne, et, comme chef de service, il encourait la responsabilité d'une faute commise par ses subordonnés.

Il n'y avait donc pas d'objection possible à la volonté fortement exprimée par le Roi de pourvoir à son remplacement[1]. Mais ce n'en était pas moins un ébranlement fâcheux pour le ministère. Le duc de Bellune jouissait à la fois d'une popularité héroïque, conquise sur les champs de bataille de l'Empire, et de la faveur et de la confiance de l'opinion royaliste, qui le savait loyalement dévoué à la maison de Bourbon, et qui lui savait gré d'avoir éliminé de l'armée les éléments douteux au moment où la guerre allait éclater. Comme une pierre qui tombe et ébranle l'édifice tout entier, un ministre qui faisait partie d'un cabinet homogène lui imprime, quand il s'en détache, une secousse dangereuse. En outre, jusqu'à ce qu'il soit remplacé, c'est une brèche ouverte par laquelle regardent les ambitions impatientes d'entrer dans la place. L'idée vient à tous que ce ministère est vulnérable, puisqu'il a perdu un de ses membres ; quand ce membre est remplacé, il l'est rarement de manière que le cabinet retrouve l'équivalent de ce qu'il a perdu.

Tous ces inconvénients se rencontrèrent dans la retraite forcée du maréchal de Bellune. Après avoir hésité entre le

---

1. Je trouve, à la date du 16 octobre 1823, les lignes suivantes sur le carnet de M. de Villèle : « Vu Monsieur et le Roi, tous deux décidés au remplacement de M. le duc de Bellune. Le 17 et le 18, conseil sur ce sujet embarrassant. Le maréchal s'est décidé à envoyer sa démission. Le 19, journée fort agitée. Je suis allé trois fois chez le Roi, trois fois chez Monsieur, une fois chez le maréchal. Enfin, à quatre heures du soir, écrit l'ordonnance du remplacement. »

général Guilleminot et le maréchal Lauriston, qu'on écarta tous les deux, le premier, parce que son entrée au ministère de la guerre eût été une victoire trop complète, assurée à l'état-major général sur le ministère, et une mortelle injure faite au duc de Bellune, le second, parce qu'il avait déjà fallu faire une espèce de violence au duc d'Angoulême pour le décider à accepter, comme coopérateur tardif dans la campagne d'Espagne, ce nouveau maréchal nommé en dehors de son armée, on se rabattit sur le baron de Damas. Le baron de Damas était un loyal militaire ; il avait montré de la vigueur dans la dernière campagne, et c'était lui qui avait accordé au bataillon franco-italien, battu en rase campagne, la capitulation de Figueiras. Mais ce n'était ni une capacité administrative, ni un homme de premier rang dans l'armée ; en outre, il ne venait pas des grandes luttes militaires, il venait de l'émigration. Il ne rendait donc au cabinet rien de ce que lui enlevait l'éloignement du duc de Bellune, et le duc d'Angoulême lui-même, étonné de voir le maréchal ainsi remplacé, écrivit une lettre peu obligeante à son successeur [1]. Quant à la presse royaliste, sa colère éclata dans la *Quotidienne*, la *Gazette*, le *Drapeau blanc* et l'*Oriflamme*, avec une violence extraordinaire. On ne pouvait dire la véritable cause du remplacement de M. de Bellune. Les journaux de la droite en rendirent M. de Villèle responsable devant la France, devant l'Europe et devant l'armée. La *Quotidienne* fit en même

---

1. Je trouve ce fait mentionné dans les notes politiques de M. de Villèle : « Le duc d'Angoulême, dit-il, a écrit une lettre peu obligeante au baron de Damas au sujet de sa nomination. » Dans la correspondance du prince je rencontre un autre passage qui indique que ce ne fut pas sans quelque étonnement qu'il vit arriver M. de Damas au ministère de la guerre : « Il faut que vous me répondiez franchement, écrit-il à M. de Villèle à la date du 4 octobre 1823 : Est-ce vous qui avez porté le baron de Damas au ministère de la guerre, et, si ce n'est pas vous, qui est-ce qui l'a fait arriver ? » (*Correspondance du duc d'Angoulême. — Documents inédits.*)

temps allusion à l'intrigue ourdie dans le salon d'une personne puissante à la Cour.

Sans se dissimuler ce qu'il pouvait y avoir d'affaiblissement pour le cabinet dans le remplacement du maréchal par le baron de Damas, M. de Villèle se hâtait de boucher la voie ouverte dans la quille du navire, parce que sa sollicitude était éveillée sur le danger que courait le cabinet, menacé par cette influence secrète qui n'avait cessé de grandir, je l'ai dit, dans ces derniers temps, et qui l'avait aidé à son début.

La pente naturelle de l'esprit humain porte les honnêtes gens eux-mêmes à croire qu'ils sont nécessaires aux fonctions qui leur plaisent. Plus que jamais le salon de madame du Cayla redoublait ses efforts et élevait ses visées, depuis que des craquements intérieurs s'étaient fait sentir dans le ministère. Le vicomte Sosthènes de la Rochefoucauld surtout, dans l'ardeur de sa vive jeunesse, se croyait appelé à un grand avenir politique, et s'attribuait des aptitudes égales à son zèle et à son ambition. Doué de ces avantages extérieurs qui contribuent aux succès dans les salons, actif, hardi, entreprenant, maniant avec facilité la parole et la plume, sûr de lui-même, comme ceux qui n'ont pas eu à lutter avec les obstacles de la vie, dédaigneux des autres, il croyait emporter tout de haute lutte avec son dévouement incontestable, ses bonnes intentions, ses grandes manières, soutenues de son grand nom, de ses grandes alliances, — il était le gendre du duc Mathieu de Montmorency — et de sa grande fortune, — sa femme était la petite-fille du duc de Luynes, du chef de sa mère, madame la duchesse de Montmorency. Quoiqu'il conservât de bons rapports avec M. de Villèle, il ne négligeait aucun moyen, non pas pour renverser le ministère dont cet homme d'État était le président, — il le regardait comme son œuvre, — mais pour le modifier, de manière à y trouver place, ainsi que son père, le duc de Doudeauville. Madame du Cayla, pour qui le roi Louis XVIII avait conçu une de ces affections douces et profondes, semblables à ces lampes à la lumière un peu pâle qu'on allume au chevet des malades ou des mourants, agissait auprès du Roi, d'après les instructions du petit cénacle politique dont elle était entourée. Le plan secret des confédérés était de faire entrer M. le duc de Doudeauville au ministère de la maison du Roi à la place de M. de Lauriston, et M. Sosthènes de la Rochefoucauld au ministère de l'intérieur, où il aurait remplacé M. de Corbière. On accueillit, de ce côté, comme un coup de fortune, le dissentiment soulevé entre le duc d'Angoulême et le maréchal de Bellune, dissentiment qui amena la retraite de ce dernier. Ce fut de là que vint la combinaison qui, en portant le maréchal de Lauriston au ministère de la guerre, aurait fait une vacance au ministère de la maison du Roi, ce qui aurait ouvert les voies à l'avènement du duc de Doudeauville. On n'omettait rien en même temps pour ébranler d'autres positions ministérielles, celles surtout de M. de Corbière et du ministre de la marine, M. de Clermont-Tonnerre. M. le vicomte Sosthènes de la Rochefoucauld se croyait prédestiné à sauver le pays, et on conçoit qu'avec cette conviction il n'hésita pas à mettre la cognée dans le ministère de droite : « Je veux, écrivait-il à cette époque, conquérir le monde entier dans les mains du Roi..... Si Villèle ne décide rien, j'irai de désespoir en Espagne [1]. »

M. de Villèle, déjà en butte aux attaques parlementaires de l'extrême droite et de la presse de la même nuance, sentait qu'il se formait aussi un nuage noir d'un autre côté, nuage de cour qui commençait à peser sur l'atmosphère du château des Tuileries, quand le président du conseil s'y rendait pour travailler avec le Roi. Il avait été obligé de céder

---

1. *Mémoires de M. de la Rochefoucauld*, t. VIII, p. 202 et 217.

pour le duc de Bellune ; mais, quand Louis XVIII lui montra du mécontentement contre M. de Corbière, il défendit énergiquement son ami. Le ministère, il le comprenait, était compromis s'il éprouvait un nouvel ébranlement. Il le dit au Roi, à qui l'on avait aussi parlé du renvoi du ministre de la marine [1], et lui fit comprendre que ces changements à vue, dans le ministère, n'étaient propres qu'à diminuer la stabilité de l'autorité royale.

Le succès de la guerre d'Espagne, en éloignant les dangers immédiats, avait ajouté aux séductions du pouvoir, dont il rendait l'exercice plus facile, et, à ce point de vue, il avait créé pour les royalistes un péril d'une nouvelle espèce. Il leur avait enlevé, en effet, ce besoin de demeurer unis et de serrer leurs rangs, que la gravité des circonstances leur avait fait comprendre. L'épreuve et l'obstacle leur avaient donné cette union qui fait la force, et tant qu'ils avaient eu pour point objectif la révolution qui grondait en France, qui éclatait en Espagne, ils avaient évité de prêter le flanc. La prospérité et la victoire relâchaient leurs liens. Il semblait qu'il ne devait plus être question que de tendre la voile au souffle de la fortune, et depuis qu'on naviguait dans des eaux plus tranquilles, tout le monde voulait mettre la main au gouvernail.

---

1. C'est au carnet de M. de Villèle que j'emprunte ces détails intimes : « J'ai eu avec Sa Majesté, dit-il, une conversation dans laquelle elle m'a montré du mécontentement contre mon ami Corbière, que j'ai défendu d'abord par conviction, ensuite parce que je devinais bien qu'on l'attaquait pour arriver jusqu'à moi. On agit, depuis la délivrance de Ferdinand, pour faire remplacer au conseil le ministre de la maison du Roi et celui de l'intérieur. On a aussi essayé d'expulser celui de la marine. On n'a réussi encore que pour celui de la guerre, à cause de l'antipathie bien prononcée de Monseigneur qui a déclaré qu'il ne le recevrait même pas à son retour. Les difficultés étant surmontées, on voudrait bien faire dans le conseil des places vides, pour recueillir ce que d'autres ont semé, et par malheur on a accès auprès de Sa Majesté. J'espère pourtant parvenir à lui faire sentir le danger qu'il y aurait pour son propre pouvoir et pour l'intérêt du pays à faire, en ce moment, de nouveaux changements dans son ministère. »

M. de Villèle, en faisant une visite à madame la comtesse du Cayla, reconnut bien d'où venait l'action qu'il avait rencontrée aux Tuileries, et, après avoir dissuadé cette dame de persister dans cette fâcheuse voie, il lui déclara qu'il la combattrait de tout son pouvoir [1].

Ce n'était pas le seul souci du président du conseil. M. de Chateaubriand, qui commençait dès lors à s'emparer de tout l'honneur de la guerre d'Espagne, à laquelle il avait contribué, mais qu'il n'avait pas faite à lui seul, avait aussi des visées sur la direction du ministère, et il entretenait souvent M. de Villèle de la nécessité d'y introduire M. de la Bourdonnaye et M. de Lalot, avec lequel il avait des liens politiques très-étroits. Il se passa, trois mois après la prise de Cadix, un fait qui permit de voir combien cette tendance à s'attribuer le principal rôle dans le ministère dominait de plus en plus l'esprit de M. de Chateaubriand. C'est au carnet de M. de Villèle que j'emprunte le récit qu'on va lire :

« Le 27 décembre, allant chez le Roi comme à l'ordinaire, vers une heure, dit-il, j'en vis sortir M. de Chateaubriand tout ému, et n'ayant que le temps de me dire : « Mon cher Villèle, calmez le Roi, calmez le Roi ! » Introduit dans le cabinet, je trouve le Roi lui-même un peu ému. — Vous avez dû trouver, me dit-il, un homme assez mal à son aise, et qui le mérite bien. Croiriez-vous qu'entre lui, M. Pozzo et M. de la Ferronnays, ils viennent de me faire donner un soufflet sur votre joue par l'empereur Alexandre. Mais je saurais lui donner chasse en honorant d'abord celui qu'il excepte. Il vient d'envoyer une décoration de ses ordres à M. de Chateaubriand et à M. de Montmorency, et à

---

1. Ce fut alors que M. de la Rochefoucauld écrivit à M. de Villèle la lettre fort dure qu'il cite dans ses mémoires : « Je vous somme, au nom du Roi, disait-il, de tenir votre parole... Vous voilà comme au premier abord de votre ministère, redoutant qu'on reconnaisse la moindre trace d'une influence qui vous a fait ministre et qui fait toute votre force. » M. de la Rochefoucauld s'exagérait singulièrement l'influence de madame du Cayla. Elle avait pu contribuer à déterminer le Roi à accepter plus volontiers et plus vite M. de Villèle des mains de la situation comme ministre ; mais madame du Cayla n'avait fait ni la situation ni M. de Villèle.

vous rien. Mais je vais le payer de son affront en une monnaie de meilleur aloi.

« Le Roi sonne alors, et donne l'ordre qu'on envoie chercher le ministre de sa maison : — Mon cher Villèle, continua-t-il alors, je vous nomme chevalier de mes ordres, ils valent mieux que les siens. Allez chez vous et attendez Lauriston. »

Cette nouvelle s'étant répandue, M. de Villèle eut une affluence énorme de visiteurs à sa réception du soir. Il est facile de comprendre que le roi Louis XVIII ait été blessé du blâme infligé à sa politique dans la personne du président de son conseil, et qu'il ait soupçonné une intrigue entre son ministre des affaires étrangères, son ambassadeur à Saint-Pétersbourg et l'ambassadeur de Russie à Paris. La manière embarrassée et en partie inexacte dont M. de Chateaubriand raconte cet incident dans ses mémoires n'a rien qui éloigne une supposition de ce genre [1]. Mais ce fait suffisait pour annoncer un

---

1. « Ces cordons, dit-il, firent éclater des jalousies. M. de Villèle était pourtant fort au-dessus de ces lacets de cour. La Russie fit passer l'ordre de Saint-André à M. de Montmorency, ainsi qu'elle chargea son ambassadeur de nous le remettre à nous même. Louis XVIII prit cette grâce étrangère comme un reproche fait à sa personne. Le Roi déclara qu'il voulait témoigner sa satisfaction des succès de la guerre d'Espagne en créant M. de Villèle chevalier de ses ordres. M. de Villèle avait tous les droits à cette distinction. Mais le dessein du Roi était de nous blesser ; il nous comptait pour trop peu..... Il ne nous convenait pas d'être un mannequin dans le conseil. L'achèvement de notre entreprise nous a fait nous résoudre à rester ; nous oubliions tout à coup le puissant motif de notre présence au ministère et nous nous en allions parce qu'on voulait nous humilier ; tel nous sommes..... Huit jours après notre déclaration, le Roi nous gratifia du cordon bleu. » Après ce récit que j'emprunte aux *Mémoires d'outre-tombe*, M. de Chateaubriand reproduit la lettre qu'il écrivit à M. de la Ferronays à l'issue de cette affaire : « Tout est arrangé et beaucoup mieux que je ne l'espérais. Le Roi, blessé de la nomination du duc Mathieu, et Villèle, oublié dans la promotion, ont été au moment d'amener un grand orage ; nous nous serions brisés contre un ruban après avoir échappé à de si grands écueils : telle est la nature humaine. J'ai été obligé de parler et l'on a bientôt reconnu qu'aller sans moi était impossible, et la tempête s'est apaisée. Il en résultera un bien, c'est qu'on sera convaincu qu'il faut rester unis si nous voulons achever l'ouvrage que nous avons si bien commencé. Il n'y a plus qu'une chose à faire, c'est que vous demandiez à l'Empereur, en mon nom et pour m'obliger, le cordon de Saint-André pour Villèle. Ne craignez

désaccord secret ou plutôt une lutte d'influence entre le président du conseil, qui tenait la première place par son sens politique et la confiance du Roi et des chambres, et le grand écrivain à qui son prestigieux talent, son ascendant sur l'opinion, et son crédit dans la presse, dont il était la gloire, et dans les salons royalistes, ne permettaient plus d'accepter la seconde. Le cabinet de droite était évidemment menacé d'un déchirement, et les propos qu'on tenait dans les salons, où M. de Chateaubriand était l'objet d'une sorte d'idolâtrie, n'étaient pas de nature à faire tomber les ombrages : « C'est à tort, avait dit madame la duchesse de Duras, dont les paroles firent le tour de Paris, qu'on accuse M. de Chateaubriand d'avoir des préventions contre M. de Villèle. Comme le cardinal de Richelieu, il reconnaît qu'il a besoin de son père Joseph. »

C'était ainsi qu'au milieu et par suite même du grand succès que le cabinet de droite venait d'obtenir, on commençait à apercevoir d'une manière plus claire les inconvénients de sa situation. Sa base trop étroite, circonscrite dans la droite, ne lui laissait pas une force de résistance suffisante contre les passions et les idées extrêmes de son parti, une force aussi efficace que si cette base s'était élargie jusqu'à recevoir, comme c'était au début le désir et la pensée de M. de Villèle, M. de Serre et le comte Roy. De ce que le cabinet se composait de membres appartenant exclusivement à la même couleur, il résultait que cette couleur se subdivisait en nuances, qui tendaient de plus en plus à devenir rivales. M. de Chateaubriand, on vient de le voir, reconnaissait à peine la présidence de

---

pas, je ne serai pas blessé, et c'est moi qui joue ici le beau rôle. Il faut être juste, d'ailleurs, Villèle est en tout un homme d'un mérite supérieur, et comme désormais il faut bien qu'il m'abandonne entièrement la direction de la politique étrangère, nous ne pouvons plus avoir de rivalité. » (*Congrès de Vérone*, t. II, p. 218.)

M. de Villèle, et voulait marcher dans son indépendance. Les compétitions de puissance ou d'amour-propre se développaient sous l'influence de cette situation. En dehors du cabinet, il y avait des intrigues qui travaillaient à le supplanter, un mouvement impétueux d'opinion qui cherchait à l'entraîner sur le terrain de la passion royaliste, ou à le renverser. MM. de la Bourdonnaye et de Lalot conduisaient ce mouvement dans la chambre. Au dehors, il était plus violent encore ; la presse, qui est une des nécessités et qui, dans l'état où se trouvait la France, était une des difficultés du gouvernement représentatif, est presque toujours plutôt dans la passion que dans la raison, parce que la passion donne plus d'éclat à la polémique, plus de mouvement au style, et plus de puissance au journal, qui, affranchi du frein salutaire de la pratique, vogue à pleine voile sur l'océan sans bornes de la théorie. Or il y avait à cette époque de redoutables journalistes. M. de la Mennais, esprit véhément et impérieux, qui allait par sa pente naturelle à l'extrême, et qui devait étonner notre temps par ses emportements dans l'un et l'autre sens et le scandale de ses palinodies, se signalait par des attaques d'une violence sans mesure contre Mgr d'Hermopolis, grand maître de l'Université, et prétendait qu'à l'abri de ce nom respecté « les enfants étaient élevés dans un athéisme pratique, » en alléguant à l'appui de son dire le récit d'une communion sacrilége faite au collége Louis-le-Grand par trente élèves, récit poursuivi comme calomnieux et qui amena le *Drapeau blanc* devant les tribunaux. Ce fut à l'occasion de ce procès que M. de la Mennais s'écria : « Ils ne savent donc pas ce que c'est qu'un prêtre? Ils l'apprendront. » Loin de l'apprendre aux autres, le célèbre et malheureux écrivain devait lui-même l'oublier.

D'autres publicistes de la même nuance travaillaient, dans des brochures et des articles de journaux, à préparer pour la société une nouvelle organisation, de nature à inquiéter les classes moyennes, étonnées d'entendre révoquer en doute l'inviolabilité de la Charte donnée par Louis XVIII dont le pouvoir constituant, prétendaient les auteurs de ces écrits, n'avait pas été épuisé par ce premier acte et subsistait toujours.

En même temps l'espoir allumé par ce souffle de fortune, qui revenait à l'ancienne royauté après tant d'épreuves, excitait des esprits honnêtes, mais ardents, à lui demander pour le catholicisme plus qu'elle ne pouvait donner. Ce fut ainsi que M. de Clermont-Tonnerre, archevêque de Toulouse, fit paraître, au moment des élections, une lettre pastorale qui devint l'objet d'une violente polémique dans les journaux et d'embarras sérieux pour le gouvernement. Non-seulement l'archevêque de Toulouse revendiquait les anciennes libertés de l'Église de France, la reconstitution des synodes diocésains et des conciles provinciaux, chose si désirable; mais il exigeait la complète indépendance du clergé catholique, la restitution de toutes les anciennes fêtes solennelles abolies par le concordat, le retour à l'ancien droit ecclésiastique et à l'ancienne discipline, le rétablissement de plusieurs ordres religieux, la modification du texte du Code relatif au mariage; le retour des registres de l'état civil dans les mains du clergé; une loi sévère et des aggravations de pénalité relativement aux vols commis dans les églises. « Il fallait, disait-il, remettre la loi française en harmonie avec l'esprit de la monarchie. » C'était demander à la Restauration beaucoup plus qu'elle ne pouvait donner, et oublier cette sage maxime : que les gouvernements humains ne sont obligés qu'au possible. Ce n'était point avec les tendances gallicanes qui dominaient alors dans le clergé, avec les dispositions malveillantes de la magistrature, héritière des préventions parlementaires, qu'on pouvait songer à improviser de tels changements. Le gouvernement fit au conseil d'État un appel comme d'abus contre cette lettre pastorale : arme dangereuse qui blesse ordinairement la main qui l'emploie plus que celui contre lequel elle est dirigée [1]. La suppression fut prononcée, et les journaux religieux protestèrent. En vain M. de Villèle se plaignait de ce qu'on voulait mettre la cérémonie avant l'idée, c'est-à-dire écrire dans les lois ce qui n'était ni dans les mœurs ni dans les esprits ; les passions contraires, armées de la liberté de la presse, s'en servaient à outrance et se souciaient peu des embarras inextricables dans lesquels elles jetaient le gouvernement.

En face de l'école qui poussait les droits du Roi jusqu'à l'absolu pour lui demander l'impossible, se dressait l'école révolutionnaire, qui ne poussait pas moins loin les droits du peuple, et ces camps ennemis s'aidaient en se combattant. Ils se fournissaient en effet l'un à l'autre des arguments pour passionner les deux partis, et pour acclimater une sorte de terreur panique en France. Le spectre de l'ancien régime, évoqué d'un côté avec son cortége d'inégalités et de priviléges, et le spectre de la révolution, évoqué de l'autre avec ses hor-

---

[1]. Le Roi fit écrire au cardinal de Clermont-Tonnerre par le neveu de celui-ci, le ministre de la marine, que, malgré cet acte de sévérité, il lui continuait les mêmes sentiments de haute estime et de bienveillance. Le cardinal-archevêque le remercia dans une lettre dont j'ai le texte sous les yeux : « Le cœur royal de Votre Majesté, disait l'archevêque, a approuvé la pureté de mes intentions..... A l'époque où je fis à Rome ma lettre pastorale et où je l'envoyai à Toulouse pour la faire imprimer, j'ignorais l'ordonnance de Votre Majesté pour la cassation de la chambre des députés; elle n'a même paru qu'à mon retour de Rome. Cette circonstance imprévue peut seule me rendre coupable, mais coupable bien innocemment, car, sire, ce qui m'inspira l'idée de faire cette lettre pastorale, ce furent les succès glorieux de vos armées en Espagne, l'enthousiasme que produisit à Rome ce triomphe de la religion. Je me laissai aller à croire que c'était le moment favorable de déposer aux pieds de Votre Majesté les vœux de son clergé, ceux de toute la France, et j'ose le dire, d'après les ambassadeurs qui étaient à Rome, ceux de tous les princes chrétiens. » (*Documents inédits.*)

On voit si nous avons raison de dire que le succès de notre expédition en Espagne avait excité d'irréalisables espérances.

reurs et ses crimes, ne laissaient à personne le sang-froid nécessaire pour apprécier exactement les principes et les choses. Ceux qui travaillaient à pacifier les idées et à rapprocher les intérêts pour asseoir le régime nouveau sur des bases larges et solides risquaient de succomber à l'œuvre, et d'être écrasés entre ces deux marées de laves qui montaient. Il y avait d'autant plus à redouter ces deux actions également passionnées, quoique en sens contraire, que la France, nouvellement entrée dans le gouvernement représentatif, au sortir de ses bouleversements, n'était pas préparée à cette épreuve, comme les pays qui, façonnés de longue main à ce régime de luttes, et jouissant d'institutions cimentées par les siècles, et qui divisent à la fois l'initiative et la responsabilité, voient s'écouler les flots des agitations passionnées de la tribune et de la presse entre des rives de granit. Il était à craindre que les bases manquassent à ce régime de contrôle et de libre discussion, posé sur la surface du sol, et qu'il finît par s'écrouler. On pouvait le craindre d'autant plus que tous les partis s'en servaient à outrance. Pendant que les anciens journaux de la gauche, intimidés ou découragés par les derniers succès du gouvernement, se taisaient ou ne dirigeaient plus contre lui qu'une opposition timide, un nouveau journal, fondé par un homme peu connu, mais qui avait beaucoup de savoir-faire et de dextérité politique, essayait de réaliser contre la droite au pouvoir ce que celle-ci avait fait contre M. Decazes quand elle fonda le *Conservateur;* je veux parler des *Tablettes* de M. Coste.

L'ambition avouée de M. Coste était d'établir une chaîne qui, par une suite d'anneaux intermédiaires, réunirait M. Manuel au prince de Talleyrand, qui, depuis la guerre d'Espagne, avait singulièrement élevé la note de son opposition. MM. Benjamin Constant, Guizot, le duc de Broglie, Delessert, Ternaux, de Laborde, Kératry, le comte Molé, le baron de Barante, le duc Dalberg, le maréchal Gouvion Saint-Cyr, le duc de Choiseul, le duc de la Rochefoucauld, étaient les anneaux intermédiaires de cette chaîne.

Ce dernier, destitué de plusieurs places gratuites [1], à la suite d'une lettre adressée par lui au préfet de police et dans laquelle il accusait le gouvernement d'avoir mis obstacle par des pratiques souterraines et clandestines à la surveillance salutaire du conseil général des prisons, et au bien qu'il faisait, était un de ces grands seigneurs venus de 1789, qui se plaisaient à cumuler les honneurs des fonctions officielles avec la popularité de l'opposition, et à s'autoriser pour faire la guerre au pouvoir des marques de confiance qu'il leur donnait. Caractère élevé et honorable du reste, mais dans lequel la fronde avait laissé son coin avec son esprit vif et piquant, et son impertinence de haut goût. Ce fut ainsi qu'en recevant l'ordonnance qui le destituait de toutes ses fonctions, il écrivit à M. de Corbière pour lui faire observer que par oubli sans doute, sa bienveillance avait omis de lui retirer la place d'inspecteur de la vaccine.

C'était beaucoup, c'était trop que d'avoir contre soi toutes les nuances que représentaient ces noms. Tous les personnages dont je viens de parler n'écrivaient pas sans doute dans les *Tablettes*, mais ils avaient autorisé le fondateur à se parer de leur patronage. A l'ombre de ce patronage imposant, la rédaction ordinaire se composait de quelques jeunes gens dans toute la verve de leur talent, surexcitée par l'ardeur d'un âge qui incline naturellement à l'opposition : c'étaient M. de Rémusat, esprit fin, ingénieux et lettré, railleur élégant et incisif, expert

---

1. C'était M. Decazes qui lui avait conféré ces fonctions dont voici la liste : Inspecteur général du Conservatoire des arts et métiers, membre du Conseil général des prisons, membre du Conseil général d'agriculture, membre du Conseil général des hospices de Paris, membre du Conseil général du département de l'Oise.

dans l'art si français de la moquerie, et qui apportait à la presse les grâces piquantes des salons; M. Thiers, qui, à cette époque, en rapport habituel avec le prince de Talleyrand, connaissait par lui tous les bruits et tous les secrets du monde politique et les condensait dans une chronique d'un intérêt piquant, en se chargeant de l'assaisonnement; M. Rabbe, esprit d'une trempe moins fine et d'un caractère plus violent, qui arrivait facilement à la déclamation passionnée et à l'invective. Le point de vue de ce journal était celui que j'ai indiqué tout à l'heure. Suivant lui le litige était entre l'opinion représentée par le *Drapeau blanc*, seul interprète sincère du parti royaliste, prétendait-il, et la société moderne qui ne voulait pas rétrograder jusqu'au moyen âge. C'est ainsi que, des deux côtés, pour justifier une politique à outrance on évoquait des fantômes. Les *Tablettes*, dans leur opposition irrévérencieuse, n'épargnaient personne. Louis XVIII, qui aurait dû se contenter de son métier de Roi, avait toujours eu une secrète faiblesse pour le métier d'auteur; il fit paraître à cette époque un écrit anonyme, où il racontait son évasion de France avec M. d'Avaray, à l'époque du voyage de Varennes. Il était facile de reconnaître l'auteur, il fut reconnu, et, dans un piquant article, les *Tablettes* persiflèrent l'écrivain couronné : la loi, qui défendait le Roi contre les insulteurs, ne défendait pas contre la critique l'homme de lettres couronné, qui avait eu le tort de se placer sous sa juridiction; il dut la subir. En même temps Paul-Louis Courier, dont nous avons déjà eu occasion de parler, et qui avait fait du pamphlet une puissance, aiguisait contre le gouvernement royal ses traits les plus acérés [1]. Dans ses derniers pamphlets, il s'attachait à distinguer, c'est-à-dire à séparer la branche cadette de la branche aînée, et à louer le duc d'Orléans au détriment de

---

1. Nous lui avons consacré un chapitre spécial dans l'*Histoire de la littérature sous la Restauration*, t. Ier, p. 404.

Louis XVIII, en déclarant qu'il aimerait à être habitant de la commune où le duc serait maire, parce que « de prince, il s'était fait homme pendant l'émigration, et n'avait jamais mendié le pain de l'étranger. »

Le duc d'Orléans, devenu le point de mire des éloges de l'opposition, était, pour les esprits perspicaces, un des périls de la situation. Il continuait, avec mesure mais avec persévérance, le rôle équivoque qu'il avait joué à la fin de la première Restauration et dans les Cent-Jours. Sans aller jusqu'à rompre avec la branche aînée, à laquelle il témoignait dans l'occasion un respect obséquieux, il se ménageait avec l'opposition. Ainsi il envoyait son fils aîné au lycée comme pour insinuer qu'il restait fidèle à ces idées d'égalité qui avaient fourni, à l'époque de la première révolution, un triste sobriquet à sa maison. Au moment de la destitution du duc de la Rochefoucauld, il était allé le visiter sous prétexte d'une ancienne amitié. Enfin les salons du Palais-Royal étaient le rendez-vous de tous ceux qui tenaient une grande place dans l'opposition, à commencer par le général Foy et M. Laffitte, et le prince les recevait dans des salles décorées, par Horace Vernet, des grandes batailles du drapeau tricolore. Louis XVIII, avec sa sagacité ordinaire, surveillait, d'un œil inquiet pour l'avenir de sa race, cette attitude peu rassurante du premier prince du sang, obséquieux au château sans cesser d'être caressant pour la rue. Deux ans auparavant, en 1821, le Roi avait crayonné, d'une main prophétique, le portrait de son cousin : « Depuis sa rentrée, le duc d'Orléans est chef de parti et n'en fait mine. Son nom est un drapeau de menaces ; son palais un point de ralliement. Il ne se remue pas et, pourtant, je m'aperçois qu'il chemine. Cette activité sans mouvement m'inquiète. Comment s'y prendre pour empêcher de marcher un homme qui ne fait aucun pas ? »

Pascal a dit : « Les fleuves, ces routes qui marchent. » Les courants politiques aussi sont des routes qui marchent et qui portent ceux qui s'abandonnent à leur action, sans qu'ils aient besoin de faire, par eux-mêmes, aucun mouvement.

Quand on étudie ainsi l'ensemble de la situation, on découvre que si le succès de l'expédition d'Espagne avait singulièrement affaibli toutes les nuances de la gauche, dans ce qu'on appelait alors le pays légal, celle-ci demeurait puissante encore dans la presse et dans l'opinion, et que s'il avait rendu la droite maîtresse dans la chambre des députés et dans les régions du pouvoir, il avait jeté une pierre d'achoppement sous la roue de son char de triomphe, en excitant des espérances irréalisables, des rivalités d'ambitions et des luttes intestines qui devaient, si l'on n'y prenait pas garde, dissoudre, par la victoire, le parti que ses épreuves avaient uni.

La santé du Roi, dont le déclin était marqué et rapide, ne laissait pas d'exercer aussi une influence fâcheuse sur la situation. Certes, dans d'autres temps, Louis XVIII qui pratiquait, avec tant de scrupule, la vertu d'un roi constitutionnel, qui est de ne tolérer aucune action en dehors de celle de son ministère, n'aurait pas permis au petit centre politique qui s'était formé autour de Mme du Cayla de tenter ce qu'on est convenu d'appeler l'opération de l'amortissement des journaux.

M. de Villèle blâmait des tentatives dont il présageait l'insuccès, dont il craignait le scandale, et dont la réussite aurait mis la presse dans les mains d'une de ces influences de cour qu'il trouvait sur son chemin. Mais, déterminé comme il l'était, à ne pas sacrifier M. de Corbière à M. Sosthènes de la Rochefoucauld, et à ne pas introduire celui-ci au ministère de l'intérieur, il était obligé de laisser cet aliment à l'activité dévorante de ce dernier, et il ne pouvait l'empêcher de tenter, soit avec sa fortune personnelle, soit avec les fonds de la liste civile mis à sa disposition, ce brocantage des journaux de gauche et même des journaux de droite. C'est dans des moments pareils que le président du conseil écrivait sur le carnet, confident de ses tristesses comme de ses joies bien rares — le pouvoir apporte plus de soucis que de consolations — ces lignes douloureuses :

« Le 12 décembre au soir, j'ai eu la preuve qu'on avait travaillé auprès de Sa Majesté pour faire remplacer Corbière en dépit de moi, espérant que, lorsque le Roi l'aurait décidé, je ne tiendrais pas à me retirer moi-même, ce en quoi on se serait trompé. Ces intrigues de cour sont intolérables pour ceux qui ont le poids des affaires et ne les trouvent pas assez attrayantes pour user de l'utilité dont ils sont afin d'imposer au maître l'obligation d'éloigner de sa familiarité ceux qui en abusent. »

Trois jours après, le 15 décembre 1823, je trouve encore ces lignes écrites sur le carnet :

« J'ai eu une conférence avec Monsieur, que les mêmes moyens, employés probablement par la même intrigue, avaient indisposé contre le ministre de la marine. J'ai dit là ce que je pensais de ces ébranlements ministériels qui ne tendaient à rien moins qu'à ôter de la force au gouvernement au moment où il lui en fallait, au contraire, pour tirer tout le parti possible du succès d'Espagne. »

Au dehors, aucune affaire de quelque importance ne sollicitait l'attention du gouvernement, sauf la suite à donner à ce grave annexe de la question d'Espagne, celle de ses colonies de l'Amérique, qui préoccupait vivement M. de Villèle, dès le début du congrès de Vérone. Le problème à résoudre était toujours le même : il fallait, en agissant de concert avec les grandes puissances, amener l'Espagne à émanciper, à l'amiable, ses colonies d'Amérique, en lui assurant le plus d'avantages possibles comme conditions de cette émancipation ; tâcher d'organiser, dans ces colonies, des monarchies avec des infants, et empêcher l'Angleterre de s'attribuer, par une reconnaissance séparée, la plus grande part du commerce des colonies espagnoles. C'était donc une affaire à suivre à la fois à Londres et à Madrid, où M. de Talaru avait en même temps la mission difficile d'apporter le plus de tempérament possible à la politique de Ferdinand et de faire signer le traité d'occupation et la reconnaissance de nos créances sur l'Espagne. L'Angleterre s'était déjà résignée à l'idée de voir une armée française occuper la Péninsule, et son principal ministre et ses journaux avaient apporté, à l'appui de cette résignation, deux motifs, dont l'un était honorable pour la France, tandis que l'autre répondait aux sentiments jaloux dont les esprits sont ordinairement animés contre nous, par delà la Manche. M. Canning reconnut, dans le parlement, que le maintien d'une force française en Espagne était encore plus une question d'humanité que de politique [1]. Les journaux anglais consolèrent l'esprit national de leur pays de cette occupation en alléguant qu'elle serait plus onéreuse pour nos intérêts financiers qu'avantageuse pour nos intérêts politiques.

Dans le reste de l'Europe, dont notre attention s'est naturellement écartée pour ne pas perdre la suite des événements en Espagne, aucun grand changement n'était intervenu. Le pape Pie VII avait achevé, le 20 août 1823, son laborieux pontificat, éprouvé par les persécutions et l'exil, mais couronné par sa rentrée triomphale dans sa ville de Rome, longtemps veuve du Pontife-Roi. Le 27 septembre, le cardinal della Genga avait été élu sous le nom de Léon XII. Le Roi de Naples, on l'a vu, était enfin rentré dans ses États, et les Autrichiens avaient évacué les places fortes du Piémont. Le roi de Prusse, qui s'empressait peu de tenir les promesses libérales de 1814 et de 1815, continuait à graviter dans l'orbite de la Russie, qu'il

---

1. Au mois de février 1824, M. Canning, après avoir fait dans la chambre des communes le plus grand éloge de la discipline de l'armée française et des sentiments du prince généralissime, s'exprima ainsi : « Si on me demandait : « L'armée française doit-elle évacuer l'Espagne demain ? » je serais obligé de répondre, comme ami de l'humanité : Non. »

craignait, et de l'Autriche qu'il n'aimait pas. Les Grecs poursuivaient contre les Turcs leur lutte courageuse, sans avoir pu encore affranchir complétement leur pays, quoiqu'ils eussent repoussé, au mois d'octobre 1823, la flotte turque du littoral de la Morée en lui faisant subir des pertes énormes, et en défendant victorieusement Missolonghi, dont le siége rappelle le nom glorieux de Marc Botzaris. Aux difficultés de cette lutte inégale venait s'ajouter la difficulté de créer un gouvernement national au milieu de cette crise. La rivalité des anciens archontes, qui voulaient continuer à gouverner, avec les capitaines, qui prétendaient avoir part au gouvernement, s'était terminée par une transaction. Le prince de Metternich, d'accord avec l'Angleterre sur la politique orientale, malgré les divergences qui s'étaient élevées entre les deux pays sur la question espagnole, continuait à exercer le même ascendant sur l'empereur Alexandre. Vers les commencements de la campagne d'Espagne, le 19 mai 1823, M. de Nesselrode, ministre des affaires étrangères de Russie, avait passé une note à lord Strangford, ambassadeur d'Angleterre à Constantinople, afin de mettre un terme, par l'entremise de ce dernier, au différend entre le cabinet de Pétersbourg et la Porte ottomane, différend qui menaçait depuis longtemps d'amener une rupture entre les deux gouvernements. Le prince de Metternich, continuant à suivre la tactique qui lui avait si bien réussi, enlaçait de plus en plus l'empereur Alexandre dans le réseau de ses habiles flatteries. Il invoquait sans cesse le grand rôle rempli par le czar dans les transactions européennes qui avaient suivi la chute de Napoléon, et lui représentait qu'il était le restaurateur et le préservateur de l'ordre légitime dans l'Occident : qu'il cédât au vœu égoïste de ses peuples et de son armée, qui le poussaient à se jeter sur l'Orient comme sur une proie, les révolutionnaires, affranchis de la crainte qui les avait jusqu'ici contenus, entreprendraient la destruction de l'édifice social et politique dont Alexandre avait été le grand architecte, de sorte qu'il tomberait du rôle de bienfaiteur de l'humanité à celui d'un ambitieux vulgaire.

Au fond, les cabinets de Londres et de Vienne, moins préoccupés des théories que des faits, sans s'inquiéter des tendances contradictoires qui portaient le premier à être le patron banal des gouvernements constitutionnels, le second, des gouvernements absolutistes, s'entendaient pour mettre à la fois obstacle à l'agrandissement de la Russie et aux reprises que pourrait exercer la France, si la question d'Orient venait à s'ouvrir. Ils atteignaient ce double but en maintenant les débris de l'empire ottoman[1]. Le comte de Nesselrode et lord Strangford se rencontrèrent à Czernowitz, et, plus tard, du 6 au 12 octobre 1823, les empereurs d'Autriche et de Russie eurent, dans la même ville, une suite de conférences et se mirent d'accord sur les mesures à prendre en Orient. La guerre était donc encore une fois ajournée, et le gouvernement français restait ainsi maître de tourner principalement son attention vers les affaires de l'intérieur.

1. Je trouve à la fois cette remarque consignée dans les notes de M. de Villèle et dans la correspondance diplomatique de M. de Chateaubriand : « Vienne et Londres, dit simplement le premier, suivent les habitudes traditionnelles de leur politique en travaillant à l'affaiblissement de la France, dont les succès sous Louis XIV et Napoléon les troublent encore, et au maintien de l'empire ottoman, obstacle à l'agrandissement de la Russie. »
M. de Chateaubriand écrivait au comte de Talaru, dans sa dépêche du 29 novembre 1823 : « Dans votre politique, soyez Russe. Notre ennemie naturelle, l'Autriche, est très-malveillante dans ce moment. L'Angleterre voudrait nous brouiller avec la Russie surtout, et nous caresse à présent. »

VI

PROJETS DU GOUVERNEMENT FRANÇAIS A L'INTÉRIEUR. — DÉBATS DANS LE CONSEIL. — DISSOLUTION ET ÉLECTIONS GÉNÉRALES. — LOIS RÉSOLUES. — PROMOTION DE PAIRS. — TRIOMPHE COMPLET DE LA DROITE DANS LES ÉLECTIONS. — ALARMES SUR LA SANTÉ DU ROI. — APPROCHES DE LA SESSION.

La première pensée qui se présenta aux hommes qui gouvernaient la France, à cette époque, fut celle de changer la durée de l'existence de la chambre des députés et la manière dont elle se renouvelait. C'était une ancienne idée soutenue par la droite, qu'une chambre assurée d'une vie plus longue serait plus apte à s'occuper utilement des affaires du pays, et que le renouvellement intégral, venant après une période déterminée, était préférable au renouvellement partiel, qui, chaque année, remplaçait un cinquième de la chambre. Outre l'agitation perpétuelle que les élections du cinquième entretenaient dans le pays, les promoteurs de cette idée alléguaient qu'une chambre ayant devant elle le temps et la sécurité, une chambre produite par le même souffle d'opinion et animée du même esprit, serait mieux préparée à l'étude des grandes lois qui allaient être soumises à l'examen des pouvoirs délibérants.

Cette question, outre son importance intrinsèque, était grave à deux points de vue. Il s'agissait de toucher, avec le concours des trois branches du pouvoir souverain, à la Charte, qui s'était prononcée, dans son article 37, pour le renouvellement par cinquième, et par conséquent pour la durée quinquennale de chaque législature; la dissolution de la chambre existante et de nouvelles élections étaient la préface obligée de la présentation d'une loi destinée à remplacer le renouvellement partiel par le renouvellement intégral, et la durée quinquennale de la chambre par la septennalité.

La dissolution de la chambre et les élections générales n'inspiraient aucune inquiétude au gouvernement; elles ne pouvaient être faites dans des circonstances plus favorables, et le ministre avait le juste espoir de voir les électeurs écarter de la chambre plusieurs des hommes de gauche qui avaient fait à la guerre d'Espagne une opposition presque factieuse, accompagnée de pronostics sinistres démentis par l'événement. Le nombre de gens qui se rallient au succès est toujours considérable. Le gouvernement avait vaincu derrière les Pyrénées la révolution qui l'attaquait en France. Il n'y avait donc pas de doute sur l'intérêt politique du gouvernement à faire des élections générales. Mais il rencontrait sur son chemin l'intérêt des dissidents de la droite, qui appréhendaient que M. de Villèle, si violemment attaqué par eux, ne fût défavorable à leur candidature, et qui récriminaient à la fois contre la mesure de la dissolution et le renouvellement intégral[1]. Le ministère fut unanime à persister dans cette double mesure, et l'on était convenu d'avance qu'on ne s'aventurerait pas dans cette grave entreprise, si elle ne réunissait pas l'unanimité dans le conseil. Cette unanimité fut au moment de manquer sur deux points. M. de Chateaubriand, dont l'antagonisme contre M. de Villèle se dessinait de jour en jour d'une manière plus marquée, mit en avant deux prétentions : celle de substituer la quinquennalité à la septennalité, et celle de faire admettre sur la liste de présidents de colléges MM. de Lalot et de la Bourdonnaye, c'est-à-dire les

---

1. M. de Chateaubriand écrivait, le 10 novembre 1823, au prince de Polignac, ambassadeur à Londres : « Nous sommes ici dans un grand combat sur la dissolution de la chambre et le renouvellement intégral. Nos amis les royalistes ont pris la chose de travers, en haine de M. de Villèle; mais, comme la mesure est bonne, nous ne reculerons pas, et le succès fera tomber tout ce bruit. » (*Documents inédits*, communiqués par M. le duc de Polignac.)

deux chefs de la contre-opposition de droite avec lesquels il avait conservé des liens. M. de Villèle opposa un refus absolu à ces deux prétentions. Tout en se montrant facile sur la composition de la liste des présidents de collége, qui équivalait à une liste de candidatures officielles, et en reconnaissant qu'en principe il devait suffire d'être royaliste pour y être admis quand les conditions de notoriété et d'influence se trouvaient réunies par les candidats, il déclara qu'il y aurait une exception pour les noms de MM. de Lalot et de la Bourdonnaye, en qui se personnifiait une opposition violente et systématique. Le ministère ne pourrait en effet, sans une inconséquence qui nuirait à son crédit moral, indiquer au choix des électeurs des hommes qui n'avaient pas cessé de le décrier, comme le président du conseil ne pouvait, sans abdiquer toute dignité personnelle, appeler le choix des électeurs sur deux hommes qui l'avaient personnellement insulté. Sauf ces deux exceptions, qu'il maintint avec beaucoup de fermeté, M. de Villèle se montra très-facile, et consentit à laisser écrire sur la liste des présidents les noms de MM. de Vaublanc, Dudon et Donnadieu.

Le débat devint plus vif encore dans le conseil quand la question fut posée entre la quinquennalité et la septennalité. M. de Chateaubriand s'était prononcé pour la première de ces deux combinaisons; M. de Villèle et le reste du conseil persistèrent à soutenir la seconde. Comme il fallait arriver à une conclusion pratique, ils déclarèrent à l'unanimité des voix, moins une, qu'ils donneraient leur démission si le Roi n'adoptait pas leur avis, mais en ajoutant que, si le Roi sanctionnait leurs idées par son approbation, ils exigeraient la retraite du ministre dissident. Ce fut seulement alors que M. de Chateaubriand, mis en demeure de se retirer ou d'adopter le système de la septennalité proposée par tous ses collègues et approuvée par le Roi, se rangea à l'avis général, et rétablit ainsi dans le conseil l'unanimité jugée nécessaire pour mener à bien cette loi difficile [1].

Il était évident que l'union du ministère était sérieusement menacée, et que ces dissentiments, qui au fond résultaient moins de la divergence des vues que d'une rivalité d'influence, amèneraient ainsi, avant qu'il fût peu, une rupture.

La difficulté de l'entente à établir reparut quand il s'agit d'arrêter la liste de vingt-huit nouveaux pairs, que le gouvernement avait résolu de nommer en dissolvant la chambre des députés, tant pour fortifier la droite dans la chambre haute, dont la majorité était douteuse, que pour récompenser des services politiques. M. de Chateaubriand tenait à faire écrire sur la liste les noms des généraux Donnadieu et Canuel, et celui de M. de Vitrolles; M. de Villèle s'y refusa d'une manière absolue, et fit prévaloir son avis. Deux évêques [2], et treize anciens députés firent partie de la promotion. On remarquait, parmi ces derniers, MM. de Bonald, Florian de Kergorlay, de Marcellus, de Béthisy, Chabrol de Crousol, de Villefranche, de Vogüé, de Chastellux, d'Ambrugeac; presque tous tenaient une place considérable dans leur opinion et à la chambre des députés. M. Lainé entrait aussi à la chambre haute; évidemment c'était une grande influence du centre droit qu'on tenait à faire disparaître de la chambre des députés, où la droite voulait et allait dominer seule. Ce fut le même motif

---

1. J'emprunte ces détails au carnet de M. de Villèle. Ils sont confirmés par le passage suivant d'une lettre adressée à la date du 16 mars 1824, par M. de Chateaubriand à M. de Serre, et dont on trouvera le texte *in extenso* dans le *Congrès de Vérone*, p. 350, t. II : « Ce que vous dites du renouvellement septennal est excellent. La loi ne sera pas présentée comme je le désirais. J'aurais voulu le renouvellement quinquennal d'abord, pour la chambre actuelle, élue en vertu de la Charte, et le septennal pour les chambres qui suivront. J'ai proposé aussi le changement d'âge ; j'ai été battu sur ces deux points, et on proposera le septennal pur et simple... Je préférerais mon projet comme plus légal et plus complet. Quoi qu'il en soit, ce sera un grand bien que cette loi. »

2. C'étaient MM. de Villefrancon, archevêque de Besançon, et M. de Vichy, évêque d'Autun.

qui détermina le ministère à ne pas inscrire le nom de M. de Serre sur la liste des présidents de collège ; on appréhenda ce caractère et cette éloquence aux mouvements imprévus, qui pouvaient devenir un obstacle [1]. La droite, et c'était un tort, car elle n'était pas seule dans le pays, voulait être seule à la chambre, et M. de Villèle, qui avait refusé d'admettre MM. de la Bourdonnaye et de Lalot sur la liste des présidents, eût soulevé des tempêtes s'il y avait écrit le nom de M. de Serre.

Le baron de Glandèves, le comte de Puységur, le vicomte d'Agoult, le comte de Mesnard représentaient l'apport de la cour dans la promotion des pairs ; c'étaient les candidats de Monsieur, de Madame la duchesse d'Angoulême et de Madame la duchesse de Berry. MM. de Breteuil et de Tournon représentaient les services administratifs dans les préfectures ; les noms de MM. Dubouchage et de Charette donnaient satisfaction, comme ceux de plusieurs des membres de la chambre des députés cités plus haut, à la fraction ardente de la droite, et les provinces de l'Ouest devaient voir avec joie une des renommées les plus éclatantes des armées catholiques et royales de la Vendée représentée à la chambre haute par un héritier de Charette.

Avec quelque soin qu'on eût composé cette liste des nou-

---

1. M. de Serre désirait passionnément entrer à la chambre, comme le prouve la lettre suivante, adressée de Naples à un ami, à la date du 19 janvier 1824 : « Vous avez trop d'activité dans l'esprit pour ne pas comprendre que cette activité longtemps exercée devient un besoin, et que constamment appliquée au bien de son pays, elle devient un sentiment énergique. Dans cette disposition une inaction forcée devient un état de résignation, bientôt un état de souffrance si le cœur saigne de plus d'une plaie..... Que désiré-je donc ? Aller passer trois mois à la Chambre, m'y entendre avec le gouvernement sur ce qu'il peut y avoir de grand et d'utile à faire..... J'ai en partie complété ce qui me manquait, la connaissance de nos intérêts au dehors, et de leur influence sur les mesures intérieures. Personne ne sait mieux que vous que la force des choses nous a conduits au système actuel, qu'on ne peut faire de bien que dans ce système. J'aurai au moins cette habileté d'intelligence et de probité qui subordonne tout à une idée principale, qui est aussi un premier devoir. »
(L'original de cette lettre m'a été communiqué par M. Genty de Bussy.)

veaux pairs, elle fit beaucoup de mécontents. Le nombre des personnes qui se trouvaient à peu près dans les mêmes conditions de naissance et de notoriété que la plupart de ceux qu'on venait de choisir était assez considérable, et elles se demandaient naturellement pourquoi cette faveur accordée à d'autres n'était pas venue les chercher :

« J'ai eu beaucoup de réclamations pour la pairie, écrit M. de Villèle sur son carnet, comme il arrive pour les faveurs arbitraires auxquelles beaucoup de personnes peuvent prétendre : elles nuisent à ceux qui les accordent plus qu'elles ne les servent. »

M. de Chateaubriand se chargea de ramener les dissidents de la droite à l'idée de la dissolution de la chambre et des élections générales. Le 21 novembre, un écrit en faveur de la septennalité parut sans nom d'auteur ; mais le *Journal des Débats* et le *Moniteur*, en le reproduisant intégralement, eussent suffi pour édifier le public sur son caractère semi-officiel, s'il en avait été besoin, et le talent de M. de Chateaubriand, éclatant à chaque page du livre, trahissait l'incognito qu'il avait gardé sur la couverture. Le principal argument de ce manifeste, presque exclusivement adressé aux hommes de la droite, c'est qu'il fallait une chambre à la hauteur du grand labeur législatif qui allait lui incomber, et que cette combinaison de la septennalité pouvait seule préparer une chambre au niveau de cette tâche.

Quelles étaient donc ces lois que préparait le ministère ? Elles étaient au nombre de quatre : d'abord la septennalité, dont l'objet a été indiqué ; en second lieu, l'indemnité à accorder aux émigrés spoliés par la confiscation révolutionnaire ; cette mesure, qu'au début même de la Restauration le maréchal Macdonald avait proposée, pouvait être envisagée à un double point de vue : c'était une réparation équitable envers les spoliés, et cet acte d'équité avait un avantage économique immense, en ce qu'il faisait cesser cette distinction entre la propriété patrimoniale et la propriété nationale, qui dépréciait une partie du sol, et perpétuait les divisions politiques en les enracinant dans la terre.

Il y avait enfin une mesure financière qui se liait étroitement à cette mesure de réparation politique et sociale qu'elle rendait possible sans faire peser une charge trop lourde sur le budget : c'était celle de la conversion des rentes. Il s'agissait de réduire à 4 p. 100 l'intérêt de 5 p. 100 que l'on payait aux rentiers de l'État, en émettant des rentes au capital de 75 francs, portant 3 p. 100 d'intérêt. Mais, pour faire avec honneur et probité cette opération, deux choses étaient nécessaires : d'abord que la rente fût au pair, ensuite que le gouvernement eût les ressources nécessaires pour offrir le remboursement intégral du capital en espèces aux rentiers qui ne voudraient pas accepter les nouveaux titres. M. de Villèle avait fait des ouvertures aux principaux banquiers français et à deux maisons étrangères, celle de MM. Rothschild et celle de M. Baring, et après d'assez longues négociations, il avait fini, à la veille de l'ouverture des chambres, par obtenir la réunion de toutes les compagnies qui se chargeaient de fournir, contre la livraison de titres de rentes 3 p. 100, les sommes nécessaires pour désintéresser les rentiers qui opteraient pour le remboursement de leur capital. Sous le coup de la mesure financière qui se préparait, la rente poursuivait son mouvement ascensionnel; le 30 janvier elle atteignait le taux de 96 francs ; le 17 février elle arrivait au pair.

La quatrième loi était relative aux crimes et délits commis dans les églises ; elle avait pour objet unique d'élever le degré de pénalité des vols commis dans les églises, et de terminer ainsi le conflit qui s'était élevé entre les Cours royales et la Cour de cassation, celle-ci considérant les églises comme des lieux habités, celles-là comme des lieux inhabités. La nouvelle loi donnait raison à la Cour de cassation, en assimilant les églises aux lieux habités, et en punissant de peines spéciales le vol des vases sacrés et la mutilation des statues et des objets consacrés à la religion.

Une fois d'accord sur les lois qui devaient, avec le budget, occuper la session, il restait trois choses à faire : dissoudre la chambre des députés, faire des élections générales, et arrêter les termes du discours de la Couronne. Une ordonnance royale, insérée au *Moniteur* du 24 décembre 1823, déclara la chambre des députés dissoute et convoqua les colléges électoraux chargés de procéder aux élections générales, les colléges d'arrondissement, pour le 26 février 1824, ceux des départements pour le 6 mars. L'ouverture de la session devait avoir lieu le 23 mars 1824.

Quoique le mouvement général des faits fût favorable aux idées de la droite, le ministère n'omit aucune démarche pour assurer le succès de ces élections, qu'il regardait comme décisives, en raison de la durée que la septennalité donnerait à la nouvelle législature et de l'importance des lois qu'il comptait lui soumettre. Il choisit d'abord avec soin les présidents de collége, la présidence équivalant presque toujours à une candidature officielle ; les présidents de collége étaient tous des hommes de droite très-prononcés, sauf de bien rares exceptions. En outre, le gouvernement se servit largement des moyens que la centralisation administrative mettait dans ses mains. Tous les hommes et tous les partis qui, en France, se sont succédé dans l'opposition, ont tour à tour accusé les hommes et les partis en possession du pouvoir d'avoir abusé, dans les luttes électorales, de la centralisation administrative, ce qui ne les a pas empêchés, une fois au pouvoir, de tomber dans le défaut dont ils avaient accusé les autres. Dans un pays organisé, comme on l'a dit, pour être administré et non pour être représenté, et où les agrégations politiques et sociales, qui sont en même temps une garantie pour l'ordre et la liberté, manquent d'une manière absolue, la tentation est trop forte. Il faudrait une vertu surhumaine pour ne pas employer cette puissance avec laquelle on administre le pays à se donner une chambre qui vous donnera tout le reste; or les hommes n'ont pas de vertu surhumaine. Le ministère de droite fit donc une partie des choses qu'il avait accusé le ministère de M. Decazes d'avoir faites. Des journaux de gauche purent attaquer les circulaires de M. de Peyronnet, qui non-seulement annonçait aux fonctionnaires proprement dits que le gouvernement comptait sur leurs voix pour le candidat officiel, en ajoutant que toute infraction à ce mot d'ordre serait regardée comme un déni de justice envers le gouvernement, et que le retrait de leur emploi en serait la conséquence inévitable; mais il étendait cet avertissement aux officiers ministériels, c'est-à-dire aux notaires, aux avoués, aux greffiers et aux huissiers [1]. Il y eut des circulaires analogues émanées du ministère de la guerre et adressées à l'armée. Chose remarquable, les hommes de droite, qui avaient accusé le ministère de M. Decazes, agissaient comme lui, et ceux qui attaquaient le plus vivement, à cette époque, les ministres de la droite, devaient agir plus tard comme eux; preuve évidente que cet inconvénient tenait moins aux hommes qu'à la situation plus haut indiquée.

---

1. Voici un extrait de cette circulaire : « Si le fonctionnaire refuse au gouvernement les services qu'il attend de lui, il trahit sa foi, il rompt volontairement le pacte dont l'emploi qu'il exerce avait été l'objet et la condition. C'est la plus certaine et la plus irrévocable des abdications. Le gouvernement ne doit rien à celui qui ne lui rend pas ce qu'il lui doit. Hâtez-vous, monsieur, de rappeler ces vérités à vos substituts, aux officiers de police judiciaire et aux officiers ministériels de votre ressort, en un mot à tous ceux dont la loi vous fait le surveillant et le guide. » Des circulaires analogues partaient des autres ministères, en particulier du ministère de la guerre : « Il serait absurde, disait une de ces circulaires, de prétendre servir le Roi de son épée, et d'agir d'une manière opposée en votant dans un sens contraire à ses intérêts. »

Certainement ce ne furent pas les influences administratives employées qui donnèrent la majorité aux opinions de droite dans la chambre des députés, elles l'auraient obtenue sans cela, et cette majorité eût toujours été très-forte ; ces opinions avaient le vent du succès en poupe, et la masse énorme d'opinions incertaines et flottantes qui se rallient volontiers à la fortune et à la victoire se fût, dans tous les cas, rangée de leur côté. Mais les moyens employés purent contribuer à l'exclusion presque complète des hommes de gauche et à la diminution sensible du nombre des hommes du centre droit dans la chambre.

En cédant à cet entraînement, le gouvernement et la droite elle-même (ils ne tardèrent pas à s'en apercevoir) avaient été mal inspirés. La présence de la gauche était nécessaire pour maintenir l'union de la droite en l'avertissant qu'il y avait d'autres forces que les siennes dans le pays, et que son union pouvait seule préserver le trône. En même temps, par cela seul que la droite était exclusivement maîtresse à la chambre, le gouvernement perdait les points d'appui nécessaires pour tempérer sa marche, et résister à ses passions, comme elle perdait elle-même cette prudence que les partis ne conservent jamais dans l'enivrement du succès. On vit ces divisions éclater dans les élections mêmes. Quelques jours avant l'ouverture des comices électoraux des colléges de départements, la *Quotidienne* porta, pour Paris, en opposition avec le *Moniteur*, une liste de candidats où de nouveaux noms, parmi lesquels se trouvait celui de M. de Vitrolles, faisaient concurrence aux candidats qui avaient été jusque-là portés par la droite et le gouvernement. Ces candidats étaient MM. Olivier, Breton, Ferdinand de Berthier et Bonnet. Le journal se fondait pour justifier sa conduite sur ce dilemme : de deux choses l'une : ou la droite avait la majorité des voix et, en réunissant les suffrages au second tour du scrutin sur le candidat de droite qui aurait eu le plus de voix, on était sûr du succès ; ou la gauche avait la moitié plus une des voix, et alors, dans aucun cas, la droite ne pouvait empêcher le candidat de gauche de passer. Ce raisonnement, spécieux en apparence, péchait sur un point : qui pourrait dire quel effet ce second tour produirait sur les électeurs faibles et les indécis, qui ne se ralliaient à la droite que parce qu'ils la croyaient forte. On remarqua que M. Delessert, candidat de l'opposition, n'avait été distancé que de cinquante et une voix par M. Ferdinand de Berthier, celui des candidats élus de la liste de droite qui obtint le moins de suffrages.

La gauche, quoique placée dans de mauvaises conditions par ses compromissions avec les sociétés secrètes, par son attitude équivoque, malveillante, presque factieuse, pendant la guerre d'Espagne et par l'éclatant démenti que l'événement venait de donner à ses augures pessimistes, accepta résolûment la lutte. Elle avait des journaux et la liberté de la presse pour s'en servir ; le droit d'association en matière électorale était incontestable et incontesté ; ce fut surtout sur ces deux leviers, dont elle usa avec une pleine indépendance, qu'elle s'appuya pour combattre. On a vu qu'il s'était fait une fusion entre les différents éléments de la gauche et que cette coalition, réunissant les extrêmes et traversant les intermédiaires, allait du prince de Talleyrand à M. Manuel. Les directeurs de cette coalition avaient eu d'abord l'intention de placer leur grand comité électoral dans le bureau des *Tablettes universelles*, dont le directeur, M. Coste, avait été l'agent le plus zélé du rapprochement de toutes les nuances de la gauche. Mais, avant que les élections s'ouvrissent, une révolution s'était opérée dans le bureau des *Tablettes universelles* : M. le vicomte Sosthènes de la Rochefoucauld, auxiliaire indépendant, indocile, et souvent incommode du ministère, poursuivait, avec les fonds de la liste civile, sa campagne d'amortissement des journaux ; il jeta ses vues sur les *Tablettes*[1] dont le directeur, obéré par les frais de son journal et des amendes subies, et d'ailleurs récemment condamné à un an de prison, ne résista pas à l'amorce d'une grosse somme d'argent. Au mois de janvier 1824, M. de la Rochefoucauld était propriétaire des *Tablettes*.

Outre ce qu'il y a de peu justifiable dans ces marchés clandestins, il est rare qu'ils profitent à ceux qui y ont recours. Le scandale dont ils sont l'occasion nuit plus au gouvernement que l'amortissement d'un organe d'opposition ne saurait le servir. M. Sosthènes de la Rochefoucauld, qui poussait toujours très-loin la confiance, avait espéré pouvoir garder une partie de la rédaction des *Tablettes*, et par suite maintenir le journal, en faisant illusion à ses lecteurs. Le contraire arriva. La rédaction des *Tablettes*, récemment fortifiée, se composait de jeunes gens d'un caractère indépendant, d'une opinion arrêtée et d'un talent réel : MM. Thiers, Mignet, de Rémusat, Rabbe, auxquels l'Université avait envoyé de puissantes recrues dans la personne de MM. Dubois, Théodore Jouffroy, Damiron et Trognon. Ces écrivains abandonnèrent en masse le journal, qui demeura sans rédacteur, et une lettre fort dure de M. Rabbe, adressée à M. Coste et insérée dans le *Courrier français*, ayant amené un duel entre les deux écrivains, le public se trouva mis dans la confidence de la négociation par les explications échangées, de sorte que M. de la Rochefoucauld n'eut plus dans les mains qu'une feuille de papier blanc, sans lecteurs comme sans rédacteurs, ce qui le décida à liquider les *Tablettes*.

1. C'est le vicomte Sosthènes de la Rochefoucauld qui, en publiant ses mémoires et ses correspondances, a jugé à propos d'initier le public à cette négociation secrète. Voici le passage d'une de ses lettres à madame la comtesse du Cayla : « Je ne sais comment cela s'arrange, mais je réussis toujours quand je n'emploie pas de tiers. Aussi me trotte-t-il par la tête d'entreprendre moi-même les *Tablettes*. »

L'opposition de toutes les nuances de la gauche coalisée, se trouvant chassée du bureau des *Tablettes*, tint une grande séance dans le salon de M. Laffitte. Là on institua une commission permanente où figuraient MM. Benjamin Constant, le général Foy, M. de Tracy, le général Thiars. A cette commission permanente était adjoint un comité de rédaction dont faisaient partie MM. Étienne, de Rémusat, Larreguy, Mahul, Bert. Il y avait en outre un comité central d'élections, où M. Manuel avait fait entrer comme secrétaires MM. de Rémusat, Mahul et Bourgeois, appartenant tous trois à l'ancienne opposition doctrinaire, tant il avait à cœur de maintenir, même par des concessions, la coalition de la gauche. Il fut convenu que le bureau de ce comité serait établi, ainsi que la caisse des souscriptions recueillies pour les frais électoraux, dans un grand appartement occupé, rue d'Anjou, par M. Bourgeois.

Ainsi, tandis que des symptômes de division paraissaient dans la droite enivrée de sa victoire, la gauche, sous le coup de ses échecs, serrait ses rangs. Des articles, délibérés au comité et rédigés principalement par MM. de Rémusat et Larreguy, paraissaient dans ses journaux et allaient tous avec la même tactique au même but. Ils cherchaient à exciter les passions politiques contre la droite et à éveiller les alarmes des intérêts privés, menacés, répétaient-ils, par l'arbitraire administratif, qui laissait voir déjà ses projets contre les notaires, les autres officiers ministériels et les imprimeurs. Le commerce, l'industrie, toutes les professions libérales, n'avaient qu'une ressource : envoyer les candidats de l'opposition à la chambre. Afin d'ôter, s'il était possible, aux candidats de la droite le prestige du concours royal dont on ne se dissimulait pas l'influence sur les électeurs, les journaux de gauche ne se refusèrent pas un mensonge qu'ils crurent utile à leur cause : ils insinuèrent donc que les candidats portés sur les listes officielles n'étaient que les candidats du ministère, mais que le Roi, dont la sagesse avait dicté l'ordonnance du 5 septembre, demandait au contraire un point d'appui pour résister aux passions de la droite. Certes les journaux de gauche ne croyaient pas à l'allégation pour laquelle ils réclamaient la créance des électeurs ; mais dans la fièvre électorale on ne se refuse aucune parole qui peut servir, fût-elle fausse et invraisemblable, comme on ne se refuse guère aucun acte, fût-il injuste, pourvu qu'il conduise au but.

Les jeunes gens qui avaient été introduits dans le comité électoral et qui se précipitaient dans l'action avec l'ardeur de leurs idées et la fougue de leur âge, espéraient trouver, dans leur parti, autre chose que des journaux et des comités improvisés dans les départements pour la circonstance. Ils cherchaient partout la trace d'une organisation politique, qui leur permît de lutter contre l'organisation administrative. Mais la gauche porta, en 1824, la peine de la confusion qu'elle avait laissé établir entre l'opposition légale et l'opposition révolutionnaire. Dans les deux dernières années, c'était celle-ci qui avait pris la tête du mouvement, en substituant l'organisation des sociétés secrètes à toutes les combinaisons légales. Les succès du gouvernement royal en Espagne, et la dispersion des ventes du carbonarisme devant les poursuites qui avaient conduit plusieurs des conspirateurs au supplice, laissaient la gauche presque partout désorganisée, de sorte qu'il fallut improviser des centres d'action électorale et fourbir les armes au moment de s'en servir.

Pendant que les membres du comité de gauche s'employaient ardemment à cette tâche, un des plus honorables publicistes du libéralisme, M. Charles Dunoyer, jeta, dans la polémique provoquée par les élections, une brochure dans laquelle il disait de sévères vérités, à droite, à gauche, à ses amis comme à ses adversaires. Il voyait la source des abus dans les lois de l'empire dont le gouvernement se servait, et dans l'absence des mœurs politiques et constitutionnelles en France.

« Le courage légal manque dans notre pays, disait-il. Le caractère de nos mœurs politiques est d'être à la fois factieuses et serviles, de ne pouvoir rien souffrir et de n'oser rien empêcher. Des hommes qui ne passent pas avec tranquillité devant une caserne, et que la vue d'un gendarme effraye, roulent toujours dans leur tête quelque pensée de révolution. On déclame beaucoup à huis clos, on s'échauffe, on s'exalte, on forme des projets séditieux, et l'on recule ensuite devant le moindre acte de courage légal. »

Coup d'œil profond jeté sur les difficultés véritables du gouvernement représentatif en France, où il était entravé à la fois par des lois d'une centralisation excessive, legs de l'empire, et par une complète inexpérience des devoirs et des pratiques de la vie constitutionnelle. On ne rencontrait que des gens déclamant pour l'égalité et toujours prêts à profiter d'un privilége :

« Combien y en aurait-il parmi les juges les plus sévères de la guerre d'Espagne, s'écriait-il, qui eussent refusé de prendre part aux emprunts émis par M. de Villèle pour la faire, s'il y avait eu de l'argent à gagner ? »

Ainsi parlait M. Dunoyer, toujours austère et stoïque, indiquant le mal plutôt que le remède ; car il ne faut pas attendre que les vertus politiques germent d'elles-mêmes chez un peuple. Elles peuvent exister exceptionnellement chez quelques hommes d'élite ; mais, chez le grand nombre, ce sont les institutions et une longue pratique qui les créent.

Le ministère à son tour essuya le feu de quelques brochures de l'extrême droite. Il n'avait pas voulu accepter M. de Vitrolles à Paris, il combattait l'élection de M. de la Bourdonnaye et de M. de Lalot : cela suffisait pour provoquer ces attaques. Mais les journaux de cette couleur, sauf l'exception faite en faveur de la candidature de M. de Vitrolles par la *Quotidienne*, n'engagèrent pas le feu contre lui dans cette campagne électorale.

On attendait avec une certaine curiosité la liste des candidatures de la gauche, aux colléges d'arrondissement de Paris. M. Manuel, on s'en souvient, avait été envoyé à la dernière chambre par cette ville, en même temps que par le département de la Vendée. Personne n'avait oublié l'exclusion temporaire dont il avait été frappé par la majorité, et la manifestation dont cette exclusion avait été le signal de la part de la gauche, qui s'était tout entière retirée avec lui. Après cette démonstration, la gauche ne pouvait abandonner M. Manuel sans inconséquence ; mais elle ne pouvait le soutenir sans commettre une faute politique. M. Manuel, en effet, devenait un embarras pour la gauche, si celle-ci voulait se placer sur le terrain de la légalité. Il représentait l'opposition à outrance, extra-légale, factieuse ; or la partie de cette opposition était finie, et, pour le moment, perdue. Il est à croire que ce fut là la principale raison qui détermina le comité de gauche à ne pas inscrire le nom de M. Manuel sur la liste des candidats à la députation des colléges d'arrondissement de Paris. Il y a des choses dont les partis ont l'instinct alors même qu'ils n'en ont pas la notion claire : M. Manuel n'était plus un député ni un orateur en situation. On a dit qu'à ce motif principal s'ajoutèrent des motifs accessoires. Rien de moins impossible, de moins improbable même ; il est rare, en effet, qu'une chose arrive par une seule raison. Plusieurs des candidats de gauche, assure-t-on, ne se souciaient pas d'être portés sur la même liste que M. Manuel, dans la crainte que son nom ne devînt un épouvantail pour les électeurs d'un caractère timide ou d'un esprit modéré. Ce motif touche de bien près au motif principal que j'ai indiqué. M. Benjamin Constant, ce vieux routier des luttes électorales, comme des campagnes parlementaires, désirait être porté sur la liste de Paris, parce que, dans cette grande capitale, la lutte est toujours plus facile à l'opposition contre l'administration. L'intérêt général de l'opposition se rencontrait avec l'intérêt particulier de ses candidats à Paris et avec les calculs personnels de M. Benjamin Constant, mieux posé pour exercer une action dans la prochaine législature parce que, malgré ses vivacités de parole, il n'avait pas pris part aux complots des sociétés secrètes. M. Manuel ne fut proposé au comité général par aucun comité d'arrondissement, et son nom se trouva par là même exclu de la liste. D'après des renseignements donnés par un ami politique et personnel de Manuel, activement mêlé, dans ce temps, aux affaires du libéralisme [1], le candidat exclu eut à se plaindre de plus d'une noirceur de la part de ses anciens amis qui l'abandonnaient. « Ses collègues allèrent jusqu'à écrire dans la Vendée que Manuel serait certainement élu à Paris, et montrèrent aux électeurs parisiens des lettres qu'ils s'étaient fait écrire de Vendée, et dans lesquelles on affirmait que ce département revendiquait l'honneur d'envoyer Manuel à la chambre [2]. » Machiavel, on le voit, n'a pas écrit seulement pour les rois, il a aussi écrit pour les partis politiques.

Quand la liste de gauche, qui portait pour candidats aux colléges d'arrondissement de Paris les noms de MM. Foy, Laffitte, Casimir Périer, Benjamin Constant, Delessert, Delaborde, Salleron, Ternaux, fut connue, il y eut un long cri de triomphe parmi les journaux de la droite, qui signalèrent l'abandon de la candidature de M. Manuel par la gauche comme une amende honorable de la conduite qu'elle avait tenue et comme un aveu de sa faiblesse. La partie la plus jeune et la plus ardente de l'opinion libérale fut péniblement surprise ; mais le général La Fayette, qui demeurait la haute

---

1. Le poëte Béranger.
2. Ces paroles sont de Béranger.

influence dans la portion révolutionnaire et conspiratrice de la gauche, n'aimait pas M. Manuel, avec lequel il s'était trouvé en compétition d'influence et de direction ; il ne fit aucun effort pour le soutenir. Ce fut ainsi que la gauche se présenta au scrutin en vaincue. Elle excluait de ses propres mains le candidat le plus antipathique à la droite et au gouvernement, donnant ainsi la mesure de sa faiblesse dont elle avait le sentiment, et indiquait à tous ce qu'elle avait perdu sous le coup des derniers événements. On a souvent parlé de l'ingratitude des princes ; les partis politiques ne sont pas moins ingrats : ils quittent qui les gêne après les avoir servis et suivent qui les sert. Manuel, ainsi abandonné pendant sa vie, retrouvera, quelques années après, la gauche groupée autour de son cercueil, quand elle pourra faire de ce cercueil un drapeau d'opposition.

Le résultat de la bataille électorale engagée dans les colléges des arrondissements ne fut pas un moment douteux. Presque partout les candidats du gouvernement prévalurent, et un grand nombre des membres les plus influents de l'ancienne gauche et de l'ancien centre gauche ne furent pas réélus. A Meaux, à Bernay et à Pont-Audemer, à Brest, à Bar-le-Duc, à Poitiers, à Moulins, à Nancy, à Lons-le-Saulnier, à Beaune, à Vesoul, à Béfort, à Altkirch, au Puy, à Saint-Hippolyte, MM. le général La Fayette, Dupont (de l'Eure), Kératry, Étienne, le général Demarçay, de Tracy, le baron Louis, Jobez, Chauvelin, de Grammont, Voyer d'Argenson, Kœchlin, Georges de La Fayette, de Saint-Aulaire échouèrent. Paris, sur lequel la gauche avait fondé beaucoup d'espérances, nomma trois de ses candidats seulement, MM. Casimir Périer, Benjamin Constant et le général Foy, contre cinq candidats du gouvernement, MM. Héricart de Thury, de Lapanouse, Cochin, Leroy et Sanlot-Baguenault. Les deux cent cinquante-huit élections de colléges d'arrondissement se trouvèrent ainsi partagées : deux cent quarante et une en faveur de la droite ; dix-sept seulement en faveur de la gauche : c'était pour cette dernière plus qu'une défaite, c'était une déroute. M. de Chateaubriand annonçait ces résultats à nos ambassadeurs près les cours étrangères, et il ajoutait, dans sa dépêche au prince de Polignac, notre représentant à Londres :

« Vous avez vu l'immense succès de nos élections, elles s'achèvent demain, et nous serons triomphants aux grands colléges comme aux petits. Il n'y aura pas vingt libéraux dans la chambre. Cela doit faire un grand effet pour nous en Angleterre, pays de constitution et de crédit. »

Les prévisions de M. de Chateaubriand furent justifiées. Les élections des colléges de département furent encore plus favorables à la droite, comme on pouvait s'y attendre, que celles des colléges d'arrondissement. A Paris, le comité électoral départemental de gauche voulait, comme les colléges d'arrondissement, exclure le nom de M. Manuel de sa liste, qui se serait composée des noms de MM. Laffitte, Benjamin Delessert, Ternaux et de Laborde. Mais il y eut une explosion d'indignation dans les journaux de la gauche, surtout dans le *Constitutionnel*, dirigé par M. Thiers : le nom de M. Manuel fut donc substitué à celui de M. de Laborde. Ces tergiversations mêmes, ce nom abandonné, puis rétabli après coup, suffisaient pour ôter toute chance à ce candidat imposé *in extremis* au comité électoral de la gauche par une minorité ardente, qui déclara que si satisfaction ne lui était pas donnée, elle s'abstiendrait de prendre part au scrutin. Du reste, aucun membre de la liste de gauche ne fut élu. M. Ferdinand de Berthier, qui passa le dernier, eut 1,160 voix. M. Laffitte, qui venait après, en eut 1,122. On remarqua que M. Ferdinand de Berthier n'avait obtenu que 11 voix de plus que la majorité absolue et que la *Quotidienne* avait fait perdre 71 voix sur le nom de M. de Vitrolles.

Les colléges de département n'ajoutèrent que deux députés, M. Kœchlin et M. de Turkheim, élus à Colmar et à Strasbourg, aux dix-sept députés de gauche, envoyés par les colléges d'arrondissement. Ainsi, sur les 110 députés que comptait la gauche dans l'ancienne Chambre, 19 seulement urent réélus, et 91 restèrent sur le carreau. La défaite de la gauche dépassait ses craintes, comme la victoire de la droite dépassait ses espérances. Cependant il importe de faire remarquer que ces 19 députés de gauche composaient un admirable personnel de tribune : c'étaient le général Foy, avec son éloquence qui savait remuer la fibre militaire et patriotique, sa passion qui devenait contagieuse, et cet accent de probité qui donne de l'autorité à l'orateur ; Casimir Périer, avec sa parole impétueuse et hardie qui s'imposait, et ses connaissances profondes en finances ; Benjamin Constant, cet orateur toujours prêt, avec les détours captieux d'une dialectique qui enlaçait ses adversaires dans des nœuds savamment ourdis, la merveilleuse souplesse d'une intelligence qui s'appliquait à tout, et les ressources d'une expérience politique éclairée par les révolutions qu'elle avait traversées ; Royer-Collard, enfin, dont l'autorité morale, la vieille fidélité aux Bourbons, exerçaient une action même sur ses adversaires, et dont l'éloquence magistrale semblait buriner des sentences et des arrêts. Encore pourrait-on nommer M. de Girardin, vaillant et spirituel escarmoucheur de tribune, habile à charger en flanc ses adversaires ; M. Humann, qui avait sa valeur dans les questions industrielles, financières et économiques.

Ajoutez à cela que les revers rapprochent les hommes qui sentent, après une défaite, le besoin de s'appuyer les uns sur les autres ; tandis que souvent la victoire divise, parce que les vainqueurs s'en disputent les fruits. La droite avait une immense majorité, sans doute ; mais cette majorité était loin d'être homogène. Elle comptait dans ses rangs un assez grand nombre de membres venus de l'ancien centre droit, soixante-cinq environ, que les violences de la gauche, pendant les dernières années, avaient rejetés dans le côté droit. La droite pure, celle qui avait constamment appuyé le ministère était beaucoup plus nombreuse; on pouvait l'évaluer à une force de 250 voix; mais cette droite même contenait des nuances. Une de ces nuances appartenait aux opinions ardemment religieuses, et elle aspirait à obtenir d'amples satisfactions pour le catholicisme et pour l'Église; MM. de Bonald, de la Mennais avaient exercé par leurs écrits une puissante influence sur un grand nombre d'hommes de leur génération, qui croyaient avec raison que la religion est la base de toute chose; ils oubliaient seulement que ce n'est point par des lois impératives qu'on la fait entrer dans les esprits et dans les cœurs, mais par les esprits et les cœurs qu'on peut la faire entrer dans les lois. Par contre, une autre nuance de la droite, quoique aussi dévouée à la monarchie et aussi disposée à soutenir le ministère, avait hérité des méfiances de la société française de l'ancien régime, contre ce qu'on appelait les empiétements du clergé[1]. Il en résultait que le ministère ne pourrait satisfaire la première nuance sans mécontenter la seconde, à laquelle se rallierait certainement dans cette occasion l'ancien centre droit. Enfin la contre-opposition de droite avait conservé sa place à la chambre. Le ministère, qui avait combattu trop vivement les candidatures de MM. de Lalot et de la Bourdonnaye, car, ayant dans la question un intérêt personnel, il aurait dû se contenter de ne

---

1. « J'ai entendu souvent raconter, par MM. de Genoude et de Lourdoueix, une anecdote qu'ils tenaient de M. de Villèle, et qui vient à l'appui de cette remarque : « Il y avait dans la droite, devant M. de Villèle, des membres qui étaient venus nous dire, à Corbière et à moi, au début de la session : « *Nous voulons faire tout ce qui est utile au trône; mais quand il s'agira du clergé, c'est autre chose. Quand on discutera une loi de ce genre, avertissez-nous pour que nous votions contre.* » — Plus d'une fois, ajoutait en souriant M. de Villèle, il m'est arrivé de pousser du coude le bras de Corbière, en lui disant : « N'est-ce pas le moment d'avertir nos amis ? »

pas les désigner comme candidats officiels sur les listes des présidences, avait réussi à écarter M. de Lalot de l'assemblée; mais M. de la Bourdonnaye y rentrait d'autant plus implacable dans son opposition, que le ministère avait fait plus d'efforts pour l'empêcher de revenir.

Ce simple exposé suffit pour faire entrevoir que la position du gouvernement était loin d'être sans difficultés. Les collèges électoraux ne lui envoyaient pas une majorité purement et simplement ministérielle; c'était une majorité où se reflétaient les idées et les aspirations diverses sur quelques points contradictoires qui régnaient dans la droite, composée d'opinions souvent exigeantes, impérieuses bien plutôt que dociles. Pour les conduire, il fallait marcher dans leur sens, et elles ne marchaient pas toutes du même pas, ni dans le même sens[1]. Le public, qui ne discerne pas les nuances, ne voyait qu'une chose, c'est que la victoire de la droite avait été complète; et, mesurant sa responsabilité à la puissance qu'il lui supposait,

---

[1]. On vit percer ces dissidences dans une polémique qui s'éleva entre la *Quotidienne* et le *Journal des Débats*, au sujet d'un acte ministériel qui fit grand bruit au moment des élections. M. Ferlus, directeur de l'école de Sorrèze, fut suspendu de ses fonctions et invité à traiter avec un sujet approuvé par le grand maître. L'arrêté ministériel motivait cette mesure en alléguant « que l'éducation de la jeunesse élevée à Sorrèze n'était pas dirigée d'après les principes religieux et monarchiques qui doivent être la base de tout enseignement, et que la presque totalité des maîtres vivaient dans une indifférence publique et marquée pour les pratiques les plus indispensables de la religion. » M. Ferlus protesta contre la mesure dans deux lettres adressées au *Journal des Débats*, qui prit chaudement sa défense, en ajoutant : « Rien n'est plus propre que cet acte à accréditer certains bruits répandus sur des vues secrètes et des projets cachés, relatifs à l'instruction publique. » Le *Mémorial catholique* et la *Quotidienne* répondirent très-vivement. Une nouvelle polémique, non moins ardente, s'éleva entre les *Débats* et les mêmes journaux, au sujet d'une ordonnance qui supprimait le rectorat de l'académie de Paris, et réunissait les fonctions du recteur à celle du grand maître. Il faut dire que le recteur était M. l'abbé Nicole, esprit modéré, ami particulier du duc de Richelieu, depuis Odessa, et qui avait des liens étroits de camaraderie avec les frères Bertin depuis leur commune jeunesse, car ils avaient été élevés ensemble à Sainte-Barbe.

il attendait d'elle de grandes choses, et la rendait responsable de tout ce qui se faisait comme de tout ce qui ne se faisait pas. La droite elle-même, se voyant à peu près seule dans l'Assemblée, avait le sentiment instinctif de l'étendue de la tâche qui lui était imposée. Les plus ardents de ses membres, se croyant maîtres de la situation, accueillaient l'idée d'une sorte de refonte sociale qui ne se présentait pas à leur esprit avec des formes bien déterminées. On voyait percer cette pensée dans la *Quotidienne*, qui s'écriait : « Voilà donc la France déblayée, le gouvernement représentatif purgé d'une opposition contre nature... L'œuvre des royalistes n'est pas finie, elle commence. »

Il y avait dans cette disposition du public et dans celle d'une partie de la droite un double péril; car si les obstacles avaient disparu sur les bancs de la gauche déserte, ils subsistaient dans la société, qui, après comme avant les élections de 1824, contenait des intérêts anciens et des intérêts nouveaux, des aspirations contraires, des passions rivales, et qui portait les cicatrices des blessures qu'elle avait reçues pendant la Révolution, et les marques des régimes qu'elle avait traversés. Le triomphe absolu d'un parti n'était pas possible dans un pays qui ne vivait que de transactions, où les intérêts étaient si nombreux et si compliqués, et dans lequel le gouvernement n'était lui-même que le résultat d'une transaction entre le présent et le passé. Dans l'organisation même des pouvoirs parlementaires on devait trouver, si l'on s'engageait sur le terrain de la droite extrême, une pierre d'achoppement dans la chambre des pairs, qui appartenait plutôt, par sa composition, au centre droit nuancé du centre gauche qu'à la droite, depuis la promotion de M. Decazes, après le 5 septembre. Enfin, outre ces obstacles que la droite devait trouver en dehors de ses rangs, elle allait, on vient de le voir, en rencontrer aussi dans son propre sein. Il était donc à craindre que son attente fût trompée et qu'elle trompât celle du pays. Immobile, elle était unie ; mais dès qu'elle voudrait marcher, il y avait de grandes chances pour qu'elle se divisât. Dans la première quinzaine du mois de mars 1824, toutes les affaires arrivaient à point pour qu'on pût arrêter les termes du discours de la Couronne. On a vu que M. de Villèle était parvenu à signer avec les banquiers réunis le traité qui lui permettait d'annoncer la conversion des rentes; le seul dissident, M. Sartoris, devait apporter son adhésion tardive le matin même de l'ouverture des chambres [1]. M. de Chateaubriand, de son côté, n'avait cessé de presser M. de Talaru de peser sur le gouvernement espagnol pour obtenir cinq choses : la reconnaissance des avances de 34 millions que nous avions faites ; le traité d'occupation ; le décret ouvrant les colonies espagnoles aux pavillons étrangers, terme moyen qui, sans reconnaître l'indépendance de ces colonies, faisait sortir le cabinet de Madrid de la situation fausse où il était placé vis-à-vis des autres cabinets, et dégageait la question de l'émancipation des Amériques espagnoles de son plus puissant intérêt pour les colons eux-mêmes et les États commerçants; l'envoi d'une note diplomatique réclamant la médiation de toutes les grandes puissances européennes, y compris l'Angleterre, pour arriver à un arrangement entre la métropole et ses anciennes provinces américaines, que le cabinet des Tuileries avait encore l'espoir d'organiser en monarchies indépendantes sous le gouvernement des infants; enfin une amnistie.

Le cabinet de Madrid opposa aux instances de l'ambassadeur de France sa lenteur proverbiale, qui, cette fois, n'était pas

---

[1]. Je trouve à ce sujet sur le carnet de M. de Villèle, à la date du 13 mars 1824, la note suivante qui indique combien les ombrages avaient grandi entre M. de Villèle et M. de Chateaubriand : « J'ai reçu un mot de M. de Chateaubriand qui me presse d'en finir à cause du discours du Roi. Il craint que je ne balance à m'engager dans la question où la défection et lui ont résolu de me renverser. »

de l'habileté, car le temps courait contre l'Espagne. On désespéra même un moment de rien obtenir et le marquis de Talaru fut averti qu'il serait rappelé et que le vicomte de Marcellus irait le remplacer, comme simple chargé d'affaires ; blessé de cette annonce d'un rappel, il donna sa démission, qui ne fut pas acceptée. M. de Chateaubriand se montrait d'autant plus affligé de la lenteur impolitique du cabinet de Madrid, qu'il appréhendait que M. Canning ne prît sa revanche de nos succès dans la Péninsule, en reconnaissant l'indépendance des Amériques espagnoles : c'était sa préoccupation continuelle dans la correspondance presque journalière avec le prince de Polignac [1]. Il adjurait M. de Talaru d'agir comme s'il était roi d'Espagne, d'emporter l'affaire de haute lutte, et de se faire accompagner, s'il le fallait, à l'Escurial, par le général de Bourmont, commandant en chef de l'armée d'occupation, en annonçant que le roi Louis XVIII retirerait son ambassadeur et son armée, si dans un temps donné il n'obtenait pas satisfaction.

Tandis qu'il mandait à M. de Talaru de presser le gouvernement espagnol, il recommandait à M. de Polignac de retenir le gouvernement anglais en lui offrant d'entrer dans une conférence européenne où la question des Amériques espagnoles serait étudiée et résolue. Le prince de Polignac, dans une lettre confidentielle du 3 février 1824, exposait avec une lucidité remarquable l'état où se trouvait la négociation et les motifs qui l'empêchaient d'aboutir. Voici cette dépêche :

« L'idée d'avoir des conférences provoquées par l'Espagne réclamant les conseils de ses alliés était bonne; mais les représentations de la France n'ont pu obtenir du cabinet de Madrid ce qui les aurait rendues possibles et fructueuses. Il aurait fallu qu'elles précédassent

---

1. Nous avons sous les yeux cette correspondance que M. le duc de Polignac fils du prince) a eu l'obligeance de nous communiquer, et dont M. de Chateaubriand a cité quelques fragments très-courts dans son *Congrès de Vérone*.

de deux mois la session du Parlement ; l'Espagne n'en a fait la demande officielle à l'Angleterre que quinze jours avant la session. Elles auraient dû être précédées d'une déclaration du gouvernement espagnol annonçant la liberté du commerce entre toutes les nations amies et ses colonies ; cette déclaration sollicitée par nous a été refusée. Il aurait fallu témoigner une modération salutaire contre des sujets égarés dans les deux hémisphères ; les décrets successifs rendus à Madrid n'annoncent que destitutions et ne promettent que vengeances. Il aurait fallu qu'il y eût un ambassadeur espagnol à Londres, il n'y en a point. Il n'y a plus aucun espoir de faire consentir l'Angleterre à des conférences communes. Elle ne veut pas travailler à une réconciliation. Elle travaille à une séparation complète. Cela est évident depuis qu'elle a envoyé des consuls. Que vont faire les puissances ? Ou elles se croient assez fortes pour agir sans l'Angleterre et même contre l'Angleterre ; alors qu'elles se hâtent. Ou elles n'agiront pas ; alors la France ne doit songer qu'aux intérêts de son commerce, et entrer en rapports avec les nouveaux États. Ou l'Espagne, se réveillant de sa léthargie, peut, moitié par les armes, moitié par négociation, conquérir une partie de ses anciennes possessions, et y fonder, avec des princes espagnols, de nouvelles dynasties ; alors qu'elle le montre. »

En face de cette situation dont le prince de Polignac exposait si clairement les diverses alternatives, le gouvernement français obtint au moins une chose : il empêcha le cabinet anglais de reconnaître les nouveaux États espagnols avant l'ouverture de la session française. Si le gouvernement français appréhendait que le cabinet de Saint-James reconnût les colonies espagnoles comme États indépendants en se faisant assurer des avantages particuliers, le cabinet de Saint-James éprouvait une autre crainte : il appréhendait que le gouvernement français ne se fît assurer des avantages particuliers en profitant de la clause du traité d'occupation qui, bien qu'indiquant la date du 1er juillet 1824 comme celle de l'évacuation, réservait aux deux puissances la faculté de renouveler ce traité. Une conférence secrète, qu'eut le prince de Polignac avec M. Rush, ministre des États-Unis, jette un grand jour sur le sujet de ces appréhensions de l'Angleterre : elle craignait de nous voir occuper indéfiniment Cadix en faisant ainsi échec à la position si importante qu'elle occupe elle-même à Gibraltar[1]. M. Canning, au moment où le parlement allait

---

1. Voici la dépêche du 12 mars 1824, où le prince de Polignac raconte cette entrevue. Elle a un double intérêt : elle explique pourquoi M. Canning, avant d'aborder le parlement, demanda au cabinet des Tuileries l'assurance que, par l'occupation de la Péninsule, il ne cherchait pas des avantages particuliers; en second lieu, elle permet d'apprécier l'état des rapports de la France et des États-Unis. Le prince de Polignac le constate au début de sa dépêche, c'est le ministre des États-Unis, à Londres, qui lui a demandé cet entretien, qui n'a pas duré moins de trois heures :

« Je pourrais classer en peu de mots les sentiments que la position respective des diverses puissances de l'Europe inspire aux États-Unis : *sentiments d'un véritable intérêt* envers la France; *sentiments d'indifférence* à l'égard des autres puissances du continent; *sentiments de jalousie et d'inquiétude* vis-à-vis l'Angleterre. L'énorme accroissement de force et de richesse de cette puissance portait M. Rush à croire que l'Angleterre, dominatrice des mers, exerçant une grande prépondérance sur les nouveaux États d'Amérique dont les ports ne seraient ouverts qu'à ses vaisseaux, aurait le monopole du monde entier si la France et les États-Unis ne s'opposaient pas conjointement à ses vues ambitieuses. Le ministre des États-Unis ajouta que « son gouvernement, « quelque opposé qu'il fût au principe sur lequel reposait la guerre faite avec « l'Espagne, a appris avec une secrète joie les triomphes obtenus par l'armée « française, tant il était persuadé que l'intérêt des deux nations était identique. » — « S'il m'était permis, ajouta-t-il, de former un vœu personnel, ce serait de « voir, si rien ne s'y opposait, Cadix rester au pouvoir des Français et devenir « un nouveau Gibraltar pour la France ainsi mise en état de disputer l'influence « politique et commerciale dans ces mers. »

« Je lui répondis que le premier devoir d'un gouvernement était de remplir scrupuleusement ses engagements. La bonne foi, ajoutai-je, est une vertu politique qui peut quelquefois être en opposition avec un intérêt particulier, mais qui, à la longue, présente toujours d'heureux résultats pour le gouvernement qui lui reste fidèle par la confiance et l'estime universelle qu'il inspire. Je lui représentai, à cette occasion, que le discours prononcé récemment par le président des États-Unis n'avait pas été accueilli favorablement en France. Sa nation ne trouverait jamais notre amitié trop exigeante. Faisant la part de ce que le soin d'intérêts si éloignés de la scène politique de l'Europe et le besoin de protéger des institutions naissantes imposaient d'obligations particulières au gouvernement de son pays, la France ne demanderait pas de son allié, les États-Unis, qu'ils se soumissent strictement aux principes généraux qui réglaient la conduite des cabinets de l'Europe. Ils tenaient plus à établir des relations commerciales qu'à former des liens politiques avec les autres nations. Il s'ensuivait que le *fait* et *le droit* pouvaient être placés par eux sur la même échelle. Mais ils agiraient plus prudemment en se contentant de jouir du privilége résultant de leur position spéciale, sans chercher à ériger en principe ce qu'ils étaient, jusqu'à un certain point, autorisés à mettre en pras'ouvrir, demanda au prince de Polignac et fit demander par sir Charles Stuart à M. de Chateaubriand des déclarations sur les desseins de la France relativement à l'occupation de l'Espagne, de nature à armer le ministère anglais contre les interpellations de l'opposition à ce sujet. Ces déclarations furent faites; M. Canning, complétement satisfait, s'exprima au parlement dans les termes les plus honorables pour la France, en ajoutant que l'occupation du territoire espagnol n'avait pas été résolue avec des vues d'intérêt personnel, et « que l'assurance verbale qui lui en avait été donnée par le gouvernement français équivalait, à ses yeux, à une parole écrite. »

Le traité d'occupation, signé à la mi-février 1824, stipulait que nous laisserions en Espagne quarante-cinq mille hommes à notre solde, et que l'Espagne ne nous payerait que la différence du pied de paix au pied de guerre, évaluée à deux millions, y compris les frais de notre marine à Cadix, entretenue aussi sur le pied de guerre. A la même époque, l'Espagne signa la reconnaissance des trente-quatre millions que nous lui avions avancés pendant la lutte. Elle consentit de plus à adresser aux puissances une demande en médiation. Enfin Ferdinand VII rendit le décret qui ouvrait les portes des colonies espagnoles au commerce de toutes les puissances amies, ce qui ôtait toute raison d'être à une reconnaissance prématurée de l'Angleterre. L'amnistie seule se faisait encore attendre; de toutes les politiques, la plus difficile à faire accueillir en Espagne, c'est celle du pardon. Cependant il y avait une négociation activement poursuivie [1] et qu'on avait espoir

---

tique. Ce que je lui disais était dicté par le vif désir de voir se perpétuer entre sa nation et la mienne les sentiments d'amitié qu'elles ont toujours professés l'une pour l'autre. M. Rush convint de la justesse de mes observations. J'ajoutai que le principe de légitimité que nous professons s'appliquait aux républiques légalement établies comme aux monarchies. » (*Documents inédits.*)

1. Le 19 février 1824, M. de Chateaubriand écrivait à M. de Talaru : « Vous ne devez jamais consentir à ce qu'on ne publie pas l'amnistie. Le Roi

de voir prochainement aboutir comme elle aboutit, en effet, au mois de mai suivant. On pouvait donc ouvrir la session.

Peu de jours avant la séance, une préoccupation nouvelle vint assaillir le ministère. La santé du Roi déclinait de plus en plus. Il avait lui-même la conscience de son affaiblissement. Il ne se sentit pas la force d'apprendre son discours par cœur, comme les années précédentes; il préféra le lire, et, craignant en outre de se tromper dans cette lecture, il voulut que la copie qu'on lui remettrait fût tracée en gros caractères et d'une écriture à lui connue. Louis XVIII indiqua à M. de Villèle la personne par laquelle il fallait faire faire cette copie; elle demeurait au Palais-Bourbon, et le président du conseil se rendit immédiatement à l'adresse indiquée. L'état de santé du Roi compliquait singulièrement la situation générale; on allait entrer dans une session où les mesures les plus importantes, la septennalité, la conversion des rentes, l'indemnité des émigrés, devaient être discutées. Louis XVIII vivrait-il jusqu'au terme de cette session, et tandis qu'on cherchait la stabilité dans l'institution parlementaire par la septennalité, l'instabilité des choses humaines ne se manifesterait-elle pas par un changement de règne ?

et le prince généralissime regardent leur parole engagée, et Sa Majesté tient à en parler dans son discours à l'ouverture des chambres. » *Congrès de Vérone*, t. II, p. 849.

LIVRE QUINZIÈME

SESSION DE 1824. — MORT DE LOUIS XVIII.

I

OUVERTURE DE LA SESSION. — DISCOURS DU ROI. — PREMIÈRES OPÉRATIONS DE LA CHAMBRE.

Le 23 mars 1824, la séance royale s'ouvrit au Louvre devant les deux chambres et une assistance nombreuse et brillante ; le corps diplomatique était au grand complet, et la droite, sous le charme de sa victoire électorale et du succès de l'expédition d'Espagne, rayonnait de joie. Le Roi parut; il se traîna péniblement vers le trône qui lui avait été préparé, en dissimulant de son mieux la décroissance de plus en plus marquée de ses forces; l'âme soutenait le corps, qui chancelait sous le poids des infirmités. Le président du conseil suivait d'un œil anxieux les efforts du monarque, dont mieux que personne il connaissait l'état [1]. Le Roi triompha de sa fai-

---

1. « J'ai été sur des charbons ardents, écrivait-il sur son carnet, en revenant de la séance royale, pendant que le Roi a prononcé son discours d'ouverture, tant je savais combien il était affaibli, combien il avait eu de peine à le bien lire et s'était trouvé dans l'impossibilité de l'apprendre par cœur, comme il le faisait les précédentes années. Je sentais combien eût jeté d'alarmes

blesse et prononça très-bien son discours, dont l'effet fut immense.

Le premier paragraphe était ainsi conçu :

« La France n'a plus rien à redouter de l'état de la Péninsule désormais rendue à son roi et réconciliée avec l'Europe. Ce triomphe de la plus juste entreprise est dû à la bravoure et à la discipline de l'armée française, si dignement commandée par un prince de la maison royale. Une partie de cette armée est rentrée en France, l'autre ne doit rester en Espagne que pour consolider la paix intérieure du pays. »

Ce paragraphe, sur la guerre d'Espagne, fut salué d'une immense acclamation; les cris de *Vive le Roi! Vive le duc d'Angoulême! Vivent les Bourbons!* retentirent avec une telle intensité, que Louis XVIII fut obligé de s'interrompre. Quand il put reprendre la lecture de son discours, il poursuivit en ces termes :

« Un projet de loi sera présenté pour substituer le renouvellement septennal au mode actuel de renouvellement de la chambre des députés. Des mesures seront prises également pour assurer le remboursement du capital des rentes créées par l'État dans des temps peu favorables, ou pour obtenir leur conversion en des titres dont l'intérêt sera plus d'accord avec celui des autres transactions. Cette opération terminée permettra de réduire les impôts et de fermer les dernières plaies de la révolution. »

A ces paroles, qui annonçaient la loi d'indemnité, les acclamations se renouvelèrent. Le Roi termina son discours en annonçant qu'il n'y aurait ni nouveaux impôts ni nouvel emprunt, que l'union qui existait entre lui et ses alliés, et ses

---

et de désordre dans les esprits la crainte d'un changement de règne dans de telles circonstances et dans une session si chargée de questions graves. Le courage et l'empire que le Roi avait sur lui-même l'aidèrent à surmonter ces difficultés. On ne s'aperçut guère du déclin qu'éprouvaient ses forces physiques ; ses forces morales étaient entières. » (*Carnet de M. de Villèle. — Documents inédits.*)

relations amicales avec les autres États assuraient une paix de longue durée, et qu'il avait l'espérance que les affaires d'Orient, celles des colonies portugaises et espagnoles, seraient réglées de manière à donner un vaste développement aux relations commerciales du monde.

Jamais, depuis le rétablissement de la monarchie, le discours de la couronne n'avait annoncé un état de choses aussi prospère et aussi solide à l'intérieur, aussi glorieux au dehors. Les trames clandestines, qui n'avaient pas cessé d'être tendues aux premières années de la Restauration, étaient tranchées par l'épée victorieuse de nos soldats. Non-seulement le nid de conspirateurs qui, embusqués dans les institutions parlementaires, étaient de complicité avec les Ventes du carbonarisme, disparaissait de la chambre avec MM. Manuel et le général La Fayette; mais la gauche parlementaire, qui avait plus ou moins pactisé avec cette action factieuse, subissait sa peine; le vote des électeurs lui infligeait l'ostracisme, et un faible groupe de dix-neuf députés demeurait à la chambre pour porter son drapeau. La droite, qui avait le nombre, allait se donner le temps par la septennalité; si elle demeurait unie, si elle savait distinguer ce qui était possible, dans les conditions nouvelles où se trouvait le pays, de ce qu'elle regrettait ou de ce qu'elle désirait, elle voyait se rouvrir devant elle la mission de la chambre de 1815. J'ai déjà indiqué les obstacles qu'elle devait rencontrer à l'accomplissement de cette mission dans l'état de la société française et dans sa propre composition.

Au dehors, la France, par le succès que venaient d'obtenir ses armes dans une entreprise difficile, et par la consolidation intérieure du gouvernement royal, retrouvait son ascendant et son prestige. Les gouvernements avec lesquels nous avions traité les affaires d'Espagne au congrès de Vérone montraient bien quelque mauvaise humeur de ne pas avoir été mis plus en relief dans le discours de la Couronne ; mais ce n'était qu'un moment de dépit et l'expression d'un sentiment de jalousie qui attestait l'influence croissante de la France.

« L'effet du discours du Roi a été immense, écrivait M. de Chateaubriand au prince de Polignac, à la date du 25 mars 1824, l'ALLIANCE seule a trouvé que nous n'avions pas assez parlé d'elle en l'appelant *les alliés*. Nous ne pouvions aller plus loin, sans faire hommage de nos succès à l'Autriche et à la Russie, et sans choquer l'Angleterre. Sir Charles Stuart m'a demandé si, par cette phrase : « J'ai l'espoir que les affaires d'Orient et des Amériques espagnoles, etc..... » nous entendions des négociations particulières. Je lui ai dit que cette phrase ne s'appliquait, comme cela est la vérité, qu'à l'espoir général que nous avions de voir les choses s'arranger le mieux possible. Il a été pleinement satisfait. Nous excitons une grande jalousie en Europe. Plus l'Angleterre nous loue, plus nous devenons suspects à Saint-Pétersbourg et à Vienne. C'est la difficulté de notre situation [1]. »

Cette difficulté n'était rien auprès de celles qu'on allait rencontrer tout d'abord à l'intérieur. Quand la chambre des députés, le lendemain du jour de la séance royale, se retrouva dans la salle du Palais-Bourbon, la majorité dut être comme enivrée de sa puissance ; ses anciens bancs ne lui suffisaient plus : elle était tout ; elle était partout. Ses 410 membres avaient envahi les bancs de la gauche, où le faible groupe qui tenait le drapeau de l'ancienne opposition libérale, 19 députés, n'occupait qu'une bien petite place. MM. de Sallabery, de Castelbajac, de Boisbertrand et plusieurs de leurs amis politiques s'étaient assis sur les premiers bancs de la gauche ; le général Foy, M. Casimir Périer et leur faible bataillon s'étaient, à trois ou quatre exceptions près, concentrés à l'extrême gauche. C'était un îlot perdu au milieu des grandes eaux de la majorité.

---

1. Lettre du vicomte de Chateaubriand au prince de Polignac. (*Documents inédits* communiqués par M. le duc de Polignac.)

Les majorités ne résistent guère plus que les individus aux entraînements de la bonne fortune et aux tentations de la toute-puissance. S'arrêter quand rien ne vous arrête, s'imposer des limites que rien ne vous impose, effort difficile et rare ! On allait voir se dessiner, dans trois opérations préliminaires, les tendances de la nouvelle chambre : la nomination du président et du bureau ; la nomination de la commission du projet d'adresse et la rédaction de ce projet, enfin la vérification des pouvoirs.

Dans le scrutin de la présidence, M. Ravez, candidat du ministère, obtint 248 voix, M. de la Bourdonnaye 68. Dans le scrutin des vice-présidents, MM. de Martignac, de Vaublanc et de Bouville, portés sur la liste ministérielle, avaient passé les premiers. Mais M. de la Bourdonnaye, élu le dernier, l'emporta sur M. Chifflet, candidat du ministère.

La commission d'adresse fut composée de MM. de Vaublanc, Chifflet, de Bouville, de Frenilly, Bonnet, de Martignac, Sallaberry, Clausel de Coussergues et Josse de Beauvoir.

Ces scrutins suffisaient pour indiquer que, si l'immense majorité de la chambre était royaliste, elle était loin d'appartenir tout entière aux idées ministérielles.

La vérification des pouvoirs, qui fut très-vive, acheva de montrer qu'il y avait dans la majorité trois courants dont il n'était pas difficile de distinguer la pente, quand on remontait à leur source. Le premier et le plus fort de ces courants était celui qui coulait dans le sens de la politique du ministère, non sans condition certainement, mais pourvu que le ministère donnât satisfaction à certains intérêts religieux et politiques. Le second courant venait de l'ancien centre droit qui, sous la pression des événements menaçants pour la monarchie et des violences de la gauche, avait mêlé ses eaux à celles de la droite pure, mais qui, cette pression ayant cessé, devait maintenant aspirer à reprendre son mouvement particulier. Le troisième courant était celui de la contre-opposition de la droite extrême qui, depuis plusieurs années, s'était séparée de M. de Villèle. Les éléments dont se composait cette portion de l'assemblée ne différaient pas d'une manière sensible des éléments de la portion qui marchait avec le ministère. C'était plutôt une antipathie personnelle et une rivalité de pouvoir qu'une opposition de principes qui les séparait.

Dans les vérifications de pouvoir, il y a d'ordinaire deux opinions extrêmes qui se produisent : selon l'une, toutes les élections ont été viciées par l'arbitraire et la corruption; selon l'autre, toutes les élections ont été marquées par le respect des droits et la plus irréprochable impartialité. Il est rare que l'une et l'autre de ces deux assertions ne soient pas entachées d'exagération. M. Casimir Périer, avec sa véhémence ordinaire, se rendit l'interprète de la première opinion. Selon lui, le vote électoral avait été partout comprimé et anéanti par la fraude, la corruption et l'arbitraire :

« Avec des fonctionnaires, s'écria-t-il, le ministère fait des électeurs; avec des électeurs et des fonctionnaires, il fait des députés; avec des députés, en grande partie fonctionnaires, il fait des lois; avec des lois ainsi faites, il renverse de fond en comble le pacte fondamental..... Oui, comme homme de conscience, je déclare à mes commettants et à la France que la presque totalité des élections des départements et de la capitale ont été, non l'expression du vote libre des électeurs, mais l'œuvre du ministère et de ses subordonnés. »

M. de Corbière répondit que de telles accusations n'avaient pas d'autre valeur que celle d'une vague et vaine déclamation, et demanda qu'on produisît les faits. C'était à des causes plus hautes et plus générales, on l'a vu, qu'il fallait attribuer la défaite de la gauche et le triomphe de la droite. La protestation de M. Casimir Périer était la malédiction d'un vaincu contre le vainqueur. M. Bourdeau, alors procureur général, fit un tout autre effet, quand, à l'occasion des élections de la Creuse, il cita les noms de onze électeurs qui avaient frauduleusement voté, et demanda le renvoi au ministre de l'intérieur. M. Bourdeau était un des députés de la minorité de 1815, que les violences de la gauche avaient rapproché de la droite pure, et qui, en présence de la défaite de la gauche et de la victoire décisive de la droite, reprenait la liberté de ses allures.

Il y avait un indice dans cette opposition qui surgissait sur les bancs de la droite même; mais la majorité était trop enivrée de son triomphe et de sa puissance, pour trouver un avertissement dans ce symptôme. La discussion provoquée par la vérification des pouvoirs établit que le ministère avait usé des moyens que mettait dans ses mains la centralisation administrative pour soutenir ses candidats; qu'il y avait eu des promesses faites à certaines localités par les préfets et les sous-préfets, afin de déterminer les votes des électeurs. C'étaient les mêmes plaintes qu'après l'ordonnance du 5 septembre 1816, et les élections générales qui la suivirent, la droite avait portées contre le ministère Decazes, qui se servait alors de la centralisation administrative au profit du centre droit, du centre gauche et même de la gauche. Les minorités devenues majorités ne se souviennent guère des abus dont elles se sont plaintes que pour les imiter. La majorité de 1824 ne se montra pas beaucoup plus sévère que la majorité de 1816 contre les moyens qui, sur quelques points, avaient contribué à faire prévaloir ses membres. Il y eut quelques élections douteuses validées; mais ce furent des exceptions qui ne pouvaient pas exercer une influence réelle sur les forces respectives des diverses opinions dans la chambre. On vit ce qu'on a toujours vu, dans les pays du gouvernement représentatif, une majorité indulgente pour elle-même et disposée à se donner raison quand elle n'a pas deux fois tort, sévère pour l'opposition et disposée à lui donner tort quand celle-ci n'a pas deux fois raison. On vit ce qu'on a toujours vu en France depuis un demi-siècle : un gouvernement se servant des cadres administratifs pour les luttes électorales dans un pays où les institutions n'ont pas créé ces cadres politiques où les opinions s'organisent, — mais agissant néanmoins en présence de la liberté des réunions électorales qui, dans une certaine mesure, servaient de contre-poids à l'action administrative.

Le débat le plus vif soulevé par la vérification des pouvoirs fut celui qui eut pour objet l'élection de M. Benjamin Constant. Quelques membres de la droite, au nombre desquels il faut nommer M. Dudon, qui montra dans toute cette affaire une animosité et une violence particulières, soulevèrent contre le député de la gauche un motif d'incapacité imprévu : M. Benjamin Constant, disaient-ils, n'était pas Français. Ils ne pouvaient nier que la possession d'état fut pour lui. Non-seulement M. Benjamin Constant avait été membre de plusieurs des législatures précédentes, mais, pendant les Cent-Jours, il avait siégé au Conseil d'État ; pendant le Consulat, il avait été membre du Tribunat. Comment aurait-il pu remplir toutes ces fonctions auxquelles n'étaient admis que des nationaux, si sa nationalité était douteuse? M. Dudon répondait que depuis 1685 les Constant de Rebecque résidaient à Genève ; que M. Benjamin Constant et son père avaient, il est vrai, demandé au conseil des Cinq-Cents à être admis aux droits de citoyens français, mais qu'une ordonnance du roi, datée du 4 juin 1814, déclarait nulles toutes les naturalisations accordées pendant l'interrègne. Il en concluait que M. Benjamin Constant n'était ni Français, ni même d'origine française ; qu'il était Suisse, et demandait que son élection fût annulée.

Il était à craindre que la majorité ne cédât à la tentation d'éloigner un contradicteur habile et malveillant. M. Benjamin Constant, inquiet des dispositions de l'assemblée, fit demander à M. de Villèle de garder la neutralité. Le président du conseil répondit que la résolution du gouvernement avait précédé sur ce point la requête du député de la gauche, et qu'il n'interviendrait point dans le débat [1]. C'était beaucoup. M. de Martignac, rapporteur de la commission qui avait à se prononcer sur l'élection, fit quelque chose de plus : appartenant à la droite modérée, et d'accord certainement avec le gouvernement dont il avait été le représentant civil en Espagne, et qui l'avait choisi comme un de ses candidats à la vice-présidence de la chambre des députés, il déclara que sa religion n'était pas assez éclairée, demanda que la question fût renvoyée à une commission spéciale qui réclamerait de M. Benjamin Constant les documents nécessaires pour former sa conviction.

C'était donner au candidat de la gauche le temps de réunir toutes ses preuves et aux passions de la droite le temps de se calmer. M. de Martignac, nommé membre de la commission spéciale, eut d'abord à défendre devant elle les droits de M. Benjamin Constant qui était allé en Suisse réunir toutes les lettres et tous les documents nécessaires pour établir sa nationalité. Puis, après avoir ramené la commission à son avis, M. de Martignac, nommé rapporteur, fut chargé de défendre devant la chambre les conclusions adoptées. Il trouva de véhéments contradicteurs dans MM. Dudon, de Salaberry et Piet, et des auxiliaires dans MM. Bourdeau, Bonnet, enfin dans M. de la Bourdonnaye qui prit la parole en faveur de l'admission. Je ne parle pas du général Foy, dont l'intervention ardente pouvait être plus préjudiciable qu'utile à son collègue de gauche. Enfin, après un débat très-vif, dans lequel MM. Benjamin Constant et Dudon échangèrent les personnalités les plus injurieuses, les conclusions de M. de Martignac prévalurent. Il avait très-fortement établi que les ancêtres de

---

1. Carnet de M. de Villèle.

M. Benjamin Constant ayant quitté la France en 1685 pour cause de religion, ce dernier et son père avaient profité de la loi de 1790, qui reconnaissait la qualité de Français à toute personne descendant, à quelque degré que ce fût, d'un Français et d'une Française expatriés pour cause de religion. Il y avait donc trente-trois ans que M. Benjamin Constant était rentré en jouissance de ses droits civils et politiques; c'était sous le règne du roi Louis XVI, et l'ordonnance de Louis XVIII qui annulait les naturalisations accordées pendant l'interrègne ne pouvait le concerner. M. Benjamin Constant en appela lui-même aux lumières et à la conscience de la chambre, et lui demanda s'il lui appartenait d'abolir la force des choses jugées et de restreindre rétroactivement les réparations accordées par Louis XVI aux religionnaires dont les aïeux avaient été contraints de s'expatrier. Il crut devoir ajouter une profession de foi qui pouvait passer pour une sorte de satisfaction donnée à la majorité, souvent offensée par ses discours, et qui fit une profonde sensation :

« Si les uns, dit-il, ont jadis rêvé la république, d'autres n'ont-ils pas pensé que le gouvernement représentatif ne nous convenait pas? Et, cependant, qui ne sent aujourd'hui que, dans notre état de civilisation, le système représentatif est le plus désirable; et qui ne sent de même que, dans les mœurs de la vieille Europe, la république serait une chimère et un mal? Ainsi les uns ont appris que la liberté était nécessaire au trône, les autres que le trône n'était pas moins nécessaire à la liberté. »

Une majorité de 214 voix vota l'admission de M. Benjamin Constant contre une minorité de 168. Le chiffre de cette minorité dit assez combien les passions étaient vives dans l'assemblée.

L'adresse ne fut guère qu'une paraphrase du discours de la couronne. Cependant on y remarquait deux paragraphes qui semblaient une mise en demeure adressée au ministère, adjuré de faire quelque chose de plus direct et de plus immédiat en faveur de la religion et du clergé que la loi soumise aux délibérations de la chambre des pairs, au sujet de vols commis dans les églises.

« La religion, disait l'adresse, réclame pour le culte des lois protectrices ; pour ses ministres une existence plus digne d'eux. L'éducation publique réclame un appui nécessaire. »

Il était évident qu'il y avait dans la majorité des membres impatients de voir le gouvernement se servir de la force que lui apportait la nouvelle chambre, pour faire entrer profondément la religion dans les lois, et pour lui rendre tout son ascendant sur l'éducation de la jeunesse. Les personnes qui cherchaient à exercer une pression dans ce sens sur le ministère avaient-elles une idée bien nette de la manière dont la religion pouvait être servie dans la société après les révolutions intervenues ? Leur zèle était-il aussi éclairé que sincère ? Il est permis d'en douter. A cette époque, on n'avait pas encore l'idée que l'Église a surtout besoin de ses libertés essentielles pour remplir sa grande mission dans le monde ; on cherchait à établir une solidarité étroite qui peut, dans certaines époques, devenir une gêne et une compromission pour les deux puissances. En outre, la session était trop chargée de lois importantes pour qu'on y pût rien ajouter. Le gouvernement, peu de jours après la séance royale, c'est-à-dire le 5 avril 1824, présentait la loi sur la septennalité et la loi sur les vols dans les églises à la chambre des pairs, et la loi de la conversion des rentes à la chambre des députés. En même temps, il présentait à cette dernière le projet de loi sur les comptes de 1823, l'aperçu des dépenses et des recettes de 1824, et le projet du budget de 1825.

II

SITUATION FINANCIÈRE DE LA FRANCE AU DÉBUT DE LA SESSION. — UNE VIVE OPPOSITION SE MANIFESTE CONTRE LA LOI DE CONVERSION DES RENTES.

Comme deux des principales lois de la session, la conversion des rentes, dont le projet était déposé, et la loi d'indemnité aux émigrés, qui était en préparation, avaient un caractère financier, il importe d'exposer ici la situation de nos finances au moment où la session s'ouvrait.

Il résultait du projet de loi présenté par M. de Villèle sur les comptes de 1823 qu'après une campagne qui, en services extraordinaires de guerre, y compris 34 millions avancés à l'Espagne, nous avait coûté 208 millions, les dépenses de l'année 1823 n'excédaient les reliquats de recettes des années antérieures et de celles de cet exercice que de 33 millions, qui, joints au passif des caisses de 1814, aux 8 millions de déficit de la même époque sur le capital des cautionnements, formaient une dette flottante de 148 millions seulement, tout arriéré, toute dépense ordinaire et extraordinaire soldés. Telle était la situation financière, satisfaisante pour le présent, remplie de promesses pour l'avenir, sur laquelle, en présence de la hausse constante des fonds que le mouvement naturel de la prospérité publique allait faire parvenir au pair, M. de Villèle se fondait pour proposer la réduction de l'intérêt des rentes. Il avait pensé qu'il était impossible de trouver un meilleur cadre, pour placer cette mesure, que celui de la session qui venait immédiatement après notre succès en Espagne; jamais en effet la sécurité n'avait été plus grande au dehors comme à l'intérieur. En outre, il fallait se hâter d'opérer la conversion avant que les fonds publics eussent dépassé le pair; sans cela on commettrait une injustice au préjudice des porteurs de rentes, auxquels on offrirait le remboursement d'un capital inférieur à celui qu'ils pourraient toucher à la Bourse en vendant leurs titres. C'était là ce qu'on pouvait appeler le caractère d'opportunité de la loi. Son utilité était d'avance démontrée par une économie annuelle d'environ 30 millions, réalisée au profit des contribuables; sa justice, par le droit qu'a un débiteur de rembourser ses créanciers quand il trouve des prêteurs qui lui fournissent de l'argent à un intérêt plus bas, à cause de la confiance qu'il inspire.

Le président du conseil se sentait affermi dans sa résolution par l'accueil qu'elle avait reçue des hommes les plus compétents dans ces matières. Dès les premiers jours de mars, il avait consulté le comte Roy et le comte Mollien sur cette mesure. L'un et l'autre en avaient reconnu la justice et l'immense avantage. Le premier n'avait exprimé de doute que sur son opportunité immédiate; le second avait élevé une objection sur la difficulté du remboursement du capital aux rentiers qui ne voudraient pas accepter l'échange des titres anciens contre les titres nouveaux. M. de Villèle, qui ne doutait pas de l'opportunité à cause des motifs exposés plus haut, se hâta de se mettre en mesure de parer à la difficulté signalée par M. Mollien. Après avoir consulté ces deux grandes autorités financières, il convoqua dans son cabinet les principaux banquiers de Paris, s'ouvrit à eux des intentions du gouvernement, leur expliqua jusqu'au mode d'exécution qui avait paru le plus convenable au ministère, leur demanda leurs observations, et réclama leur concours pour l'opération qu'il allait réaliser[1].

---

[1]. J'emprunte textuellement ces détails au carnet et aux notes politiques de M. de Villèle. (*Documents inédits.*)

Ce fut M. Laffitte qui prit le premier la parole : « Monsieur le ministre, dit-il, non-seulement je suis de l'avis du projet, mais encore j'eusse demandé votre mise en accusation, dès l'ouverture de la session, si vous aviez négligé d'en faire la proposition. » Sans s'offenser de l'apostrophe, le président du conseil inscrivit le vote favorable de M. Laffitte, et passa au banquier suivant. Tous approuvèrent la mesure et promirent de s'occuper à former des compagnies aussi nombreuses que puissantes par le capital dont elles disposeraient. M. de Villèle les avertit plus tard que, pour assurer le succès d'une opération aussi colossale, il adresserait le même appel aux banquiers étrangers, et que son intention était de provoquer une fusion entre les diverses compagnies.

Le 17 mars, la Compagnie française adressa au président du conseil une lettre contenant l'acceptation des conditions qu'il avait offertes. Le 22 mars, les banquiers étrangers donnèrent leur assentiment avec ces seules modifications propres à faciliter l'opération : 1° qu'il serait délivré aux compagnies 15 millions de rentes 3 p. 100 en échange de pareille valeur en rentes 5 p. 100, dès que la loi aurait eu l'assentiment des chambres ; 2° que, dans le cas de besoins accidentels, pendant le cours de l'opération, il serait accordé aux banquiers le secours de l'émission de bons du Trésor dans une certaine limite, et avec la même garantie que pour la délivrance du 3 p. 100 [1].

---

1. « Le jour même où nous assistâmes à la messe du Saint-Esprit, écrit M. de Villèle sur son journal, je reçus la lettre suivante, qui nous permit d'ajouter au discours du Roi la phrase qui annonçait la loi de la conversion.

« *A S. E. le Président du Conseil :*

« Monseigneur,

« D'après la conférence que nous avons eue hier soir avec Votre Excellence, et dont le motif était la conversion de la dette en 3 p. 100, nous avons l'honneur de lui offrir 1° tous les fonds qui lui sont nécessaires pour rembourser ceux des créanciers de l'État qui ne consentiraient pas à recevoir en échange

Le gouvernement s'assurait les fonds nécessaires à toutes les éventualités de l'opération, en abandonnant aux banquiers qui lui garantissaient ces fonds la jouissance d'une année des bénéfices obtenus par l'État par suite de la conversion. M. de Villèle s'était maintenu avec fermeté sur son terrain, et n'avait voulu accepter aucune dérogation à cette condition posée par lui dès le début. Elle avait à ses yeux l'avantage de fixer d'une manière simple, nette et précise le prix du service rendu à l'État sans permettre aux banquiers aucune ingérence dans l'affaire, sans autoriser aucune commission ni retenue au détriment des rentiers qui accepteraient du 3 p. 100, au taux de 75, en échange de leurs rentes 5 p. 100 ; aucune diminution du capital de 100 francs par chaque 5 francs de rente pour ceux qui préféreraient le remboursement. Ce fut ce qui décida M. de Villèle à repousser les propositions faites par MM. Sartoris et Greffulh, qui avaient débuté par demander 2 1/2 de commission sur le capital de 140 millions de rentes à convertir, et qui, le jour même de l'ouverture des chambres, avaient, il est vrai, réduit leurs exigences à 1 pour 100, chiffre accepté, on l'a vu, par les autres banquiers, mais sans parvenir à s'entendre, ni avec ces derniers sur la part de la compagnie Sartoris et Greffulh dans l'affaire, ni avec M. de Villèle sur des combinaisons de détail qui auraient sacrifié les intérêts des rentiers à ceux de la compagnie.

Malheureusement, le président du conseil ne crut pas pou-

de leurs titres du 3 p. 100 au taux de 75. Il nous sera accordé, à titre d'indemnité pour nos risques et frais de toute nature, la jouissance pendant un an du bénéfice que cette grande opération procurera au gouvernement.

« Dès ce moment nous sommes prêts à signer un traité libellé d'après les bases ci-dessus, et nous nous plaisons à répéter que nous ne mettons pas en doute la réussite de l'opération en ajoutant que cette confiance intime dans le succès sera justifiée aux yeux de Votre Excellence, lorsqu'elle connaîtra les moyens immenses qui viendront s'unir à ceux de notre compagnie.

« 17 mars 1824.

« J. LAFFITTE, CÉSAR DE LA PANOUSE, J. CLAGERMAN, J. BLANC, COLIN. »

voir faire connaître publiquement ces arrangements. Il craignit que si les conditions faites aux banquiers étaient rendues publiques pendant la discussion, les adversaires de la loi ne s'en servissent pour se livrer à des attaques et émettre des suppositions nuisibles au crédit de ces banquiers et de nature à compromettre la réussite de l'opération [1]. Deux graves inconvénients résultèrent de la réserve qu'on se crut obligé de garder sur ce point. Les opposants s'armèrent du silence du gouvernement pour exagérer les avantages assurés aux banquiers et trouvèrent crédit chez les hommes peu instruits dans ces matières. Les ennemis personnels du président du conseil, supposant qu'un dédommagement avait été stipulé en faveur des banquiers en cas de rejet de la loi, n'en devinrent que plus ardents à la faire échouer dans l'espoir que cet échec entraînerait la chute de M. de Villèle.

On put prévoir, quand M. Casimir Périer prit la parole après l'exposé de la situation financière, jusqu'où irait la vivacité de l'opposition contre la loi des rentes. C'était le jour même où le projet de loi avait été déposé, et après la lecture de l'exposé des motifs qui établissait le droit de remboursement de l'État, l'opportunité de la mesure, ses avantages, qui consistaient dans une économie annuelle de 30 millions; M. Casimir Périer monta à la tribune pour demander la communication du traité signé avec les banquiers réunis. Le président du conseil répondit qu'il ne croyait pas pouvoir faire cette communication, parce que le projet était éventuel.

« Ainsi, s'écria M. Casimir Périer, on refuse à la chambre la connaissance d'un traité dont on a donné communication à un membre du parlement anglais et à un consul d'Autriche. »

Cette antithèse oratoire, répétée par la presse, produisit une

---

1. C'est l'explication donnée par M. de Villèle.

vive impression au dehors ; elle n'avait cependant au fond aucune valeur ni même aucun sens : en effet, ce que ne disait pas M. Périer, c'est que le membre du parlement d'Angleterre dont il avait parlé était M. Baring, et le consul d'Autriche M. Rothschild, et qu'il eût été étrange que, partie intervenante au traité des banquiers réunis, ils n'eussent pas eu communication d'un traité qu'ils avaient signé et qui engageait leurs maisons dans une si grande affaire. Mais trop souvent le public se paye de mots, et il se manifestait d'ailleurs contre la loi un soulèvement qui prenait chaque jour de plus redoutables proportions.

Avant de raconter les débats, il convient d'indiquer les principales causes de ce déchaînement. D'abord, sur cette question de la conversion des rentes, l'esprit lucide et perspicace de M. de Villèle était en avant des idées de son temps. Sauf pour un petit nombre d'hommes compétents sur ces matières, le droit de remboursement réclamé par l'État, qui n'est aujourd'hui l'objet d'un doute pour personne, paraissait contestable. Dans notre pays, où l'on n'avait guère touché, depuis deux siècles, aux rentes que pour faire des banqueroutes complètes ou partielles, c'était une si grande nouveauté que cette opération à la fois hardie et loyale de l'État, disant à ses créanciers : « Je vous propose de deux choses l'une, ou de vous rembourser au pair le capital de la rente que vous touchez sur moi, ou de vous payer la rente de ce capital sur le pied de 3 fr. pour 75 fr., sûr que je suis de trouver des prêteurs à ces conditions, » que l'on ne voulait pas y croire. On cherchait derrière cette mesure à la fois honnête et habile une banqueroute déguisée, et l'on donnait à un remboursement le nom de spoliation. M. de Villèle, avec son grand sens financier, n'avait pas prévu ce manque de bon sens. Au lieu de se mettre à la portée du gros du public, il avait espéré mettre à sa portée le vulgaire des esprits qui s'étend si loin et qui remonte si haut. Il n'avait pas fait l'éducation de l'opinion. C'était un grave inconvénient, et ce fut là sa véritable faute, sa seule faute dans cette affaire.

Cet inconvénient était d'autant plus grave que la conversion des rentes, utile à l'intérêt général, lésait, surtout à Paris, un grand nombre d'intérêts particuliers : je veux parler des intérêts des rentiers. Les rentiers étaient partout, dans les chambres, dans les administrations publiques, dans la grande et petite bourgeoisie, dans le peuple lui-même et dans l'antichambre comme dans le salon. Or par cela même que l'opération était avantageuse à l'État qui allait payer 1 p. 100 de moins d'intérêt sur sa dette, elle était défavorable aux rentiers qui ne recevraient plus que 4 p. 100 sur leur capital, au lieu de 5 ; les rentiers perdaient évidemment ce que l'État gagnait. L'État était dans son droit en proposant le remboursement du capital, mais la plupart des rentiers ne croyaient pas pouvoir trouver ailleurs un intérêt aussi élevé que le 5 p. 100 que l'État leur avait donné et un placement aussi sûr.

Il y avait donc une classe nombreuse de mécontents : les rentiers. Or les adversaires politiques du ministère n'omettaient rien pour cultiver ces dispositions hostiles. Au premier rang de ces adversaires il fallait placer la gauche, peu nombreuse sans doute à la chambre, mais beaucoup plus nombreuse dans le pays, et qui, par ses orateurs et ses journaux, exerçait encore une grande influence, surtout à Paris. La gauche avait trouvé tout d'abord un moyen de passionner les rentiers de la petite bourgeoisie, c'était d'établir une solidarité étroite entre la conversion des rentes et l'indemnité des émigrés. C'était, disaient ses journaux, pour enrichir les nobles qu'on dépouillait les petits rentiers. La contre-opposition de droite, avec ses journaux, s'était jetée à corps perdu dans la même voie, et aucun journal, au début, n'attaqua plus vivement la conversion des rentes que la *Quotidienne*, qui avait des rapports avec M. de la Bourdonnaye et les principaux membres de l'extrême droite. A côté de cette opposition qui marchait au renversement de M. de Villèle, il y avait des groupes de mécontents politiques qui saisissaient l'occasion d'exercer contre ce ministère, dont ils croyaient avoir à se plaindre, des représailles légitimes à leurs yeux : un de ces groupes se réunissait autour du duc Mathieu de Montmorency, l'autre autour du duc de Bellune, ministres sortants. Enfin les membres des ministères précédents, la nuance du duc de Richelieu, de MM. Roy et Lainé, celles de MM. Decazes et Pasquier, de M. de Talleyrand, saisissaient cette occasion d'ébranler, et, si la chose était possible, de renverser le ministère de droite qui les avait remplacés.

C'était surtout dans la chambre des pairs que cette coalition de rancunes et d'ambitions avait son quartier général. Rien de plus facile à comprendre : la plupart des ministres, en quittant le pouvoir, entraient à la chambre des pairs, et ils y trouvaient les membres qu'ils avaient nommés pendant leur administration et qui formaient, autour de chacun d'eux, une sorte de clientèle politique.

A ces combinaisons parlementaires, il faut ajouter les intrigues de cour plus vives que jamais en ce moment par deux raisons : la victoire électorale de la droite, si complète et si décisive, donnait aux ambitions de cour la confiance que le gouvernement devenait facile; la santé du Roi, qui s'affaiblissait de jour en jour, diminuait la forte discipline que Louis XVIII avait exercée jusque-là sur tout ce monde brillant, qui avait droit aux entrées et qui entrevoyait, dans un avenir prochain, un nouveau règne. Il était à craindre que, dans le ministère même où il y avait des rivalités d'influences, cette situation, en se dessinant d'une manière plus marquée, ne poussât M. de Chateaubriand à séparer sa position de celle de M. de Villèle.

Toutes ces circonstances réunies donnaient un entrain de jour en jour plus vif à l'opposition qui se manifestait contre la loi. M. de Villèle, même avant le dépôt du rapport à la chambre des députés, prévit la violence de l'orage qui se formait, et il eut à rassurer MM. Baring et Rothschild, effrayés du soulèvement des esprits. Nous trouvons dans ses notes politiques un tableau de ce mouvement d'opinions : rien ne saurait égaler l'exactitude, le mouvement et l'intérêt de cette description faite, au milieu même de la mêlée, par l'homme le mieux placé pour tout voir et le plus intéressé à bien voir les efforts des assiégeants, puisqu'il avait à se défendre contre eux.

« On ne s'occupe plus dans le public que de la loi des rentes, écrit M. de Villèle. Tous les intrigants et les jaloux se coalisent pour renverser le ministère sur cette question. On parvient à monter les esprits à un degré incroyable, en répétant que c'est faire tort à ceux qui, presque tous, ont acquis la rente entre 50 et 80 fr., de la leur rembourser à 100 fr. Au lieu de songer à cela, les rentiers, habitant la plupart Paris, car c'est là qu'on paye les huit dixièmes des intérêts de la dette, ne voient qu'une chose : c'est une horreur, un vol, de leur enlever le cinquième de leur revenu. Il n'a pas moins fallu que la force acquise par le gouvernement dans l'année précédente pour avoir pu discuter sans troubles, pendant six semaines, dans la chambre, des questions irritantes et mal comprises. Les femmes surtout étaient outrées. Celles du haut parage voyaient comme conséquences de la loi, l'une la suppression de l'une des deux voitures du ménage, l'autre la réduction de la pension de la toilette ; les cuisinières, les servantes, la rente de leurs économies diminuée. Quel horrible homme devait être celui qui avait inventé cette mesure! Auprès des hommes politiques les plus dévoués, on déplorait l'aveuglement avec lequel un ministre si royaliste et si dévoué avait exposé le gouvernement au mécontentement général. Aux émigrés, on signalait comme une maladresse ou une perfidie la liaison établie, disait-on, par le discours de la couronne et l'exposé des motifs, entre ce qu'on appelait la spoliation des rentiers et l'indemnité des victimes de la Révolution, dépouillées de leurs propriétés foncières. Aux calculateurs superficiels, on représentait la perte du milliard de capital imaginaire que coûterait aux contribuables la conversion du 5 p. 100 au pair, en 3 p. 100 à 75 que l'État, disait-on faussement, serait obligé de racheter à 100..... On contestait la réalité de la baisse de l'intérêt public à 4 p. 100, puisque, disait-on, le ministère ne proposait pas aux rentiers, encore moins aux capitalistes chargés du remboursement des rentes 4 p. 100 au pair, mais du 3 p. 100 à 75. Enfin on signalait la vanité, l'illusion de l'offre d'un remboursement simultané de trois milliards de capitaux, faite, il est vrai, par la coalition des maisons de banque les plus accréditées de l'Europe, que le ministre des finances avait habilement préparée; malgré leurs capitaux et leur crédit, ajoutait-on, elles étaient loin de pouvoir rendre disponibles à Paris, dans les délais voulus, la somme énorme nécessaire au remboursement de la masse énorme de rentes sur laquelle il fallait opérer. »

Après avoir ainsi résumé avec sa clarté ordinaire les arguments et les prétextes dont on se servait pour passionner les esprits, M. de Villèle expose, sous une forme également animée, les raisons de premier ordre qui militaient en faveur de cette opération financière. Ce tableau doit être placé en face du premier. Si, en effet, il n'y a rien dans les objections résumées par M. de Villèle qui puisse faire révoquer en doute l'équité de la conversion des rentes et son utilité financière, on pourrait, au moins, douter de l'opportunité politique d'une mesure, même d'une mesure équitable et utile, à laquelle les esprits étaient si mal préparés. Voici comment cet homme d'État, en répondant à l'ensemble des attaques dont il était l'objet, expose les motifs de sa conduite :

« Le public ne voyait pas que, quand bien même la caisse d'amortissement rachèterait à 100 fr. le 3 p. 100 nouveau, supposition impossible à admettre, il n'y aurait pas une perte sèche d'un milliard, attendu que l'économie annuelle des intérêts aurait fourni à l'État les moyens de ce rachat, et qu'il lui serait resté ce résultat immense d'avoir accru des deux cinquièmes la puissance de son crédit, puisque au lieu d'emprunter à 5 p. 100, il serait arrivé à emprunter à 3 p. 100. On ne disait pas au public que si le ministère substituait du 3 p. 100, c'est qu'on ne pouvait, sans tomber dans l'inconvénient d'un fonds rendu à son pair, substituer au 5 du 4 qui, avant quelques mois, serait arrivé aussi au pair en paralysant la faculté d'emprunter de nouveau, et en ôtant à l'amortissement journalier la liberté non moins importante de fonctionner conformément au but de son institution. On induisait en erreur les financiers plus exercés en leur dissimulant la position fausse et exceptionnelle créée au crédit national en raison des circonstances fatales qui, en moins de dix ans, avaient imposé une dette de 4 milliards à la France, par suite des invasions, des frais de guerre, du rachat de notre territoire, et des arriérés révolutionnaires de toute nature. Cette somme énorme avait été demandée au crédit à tout prix, sous la forme d'un seul fonds, la rente à 5 p. 100. C'est ainsi qu'avaient été créés ces cent cinquante millions de rentes compactes, massives, sur lesquelles on était obligé d'opérer instantanément et simultanément. Comment, en effet, laisser dépasser le pair à un fonds qu'il y avait tant d'utilité à convertir, et qu'il était nécessaire de convertir avant qu'il se fût élevé plus haut? Comment diviser avec justice et sans tomber dans des complications inextricables cette masse de rentiers au même titre? Comment diviser et ajourner en partie une opération que la moindre oscillation des cours pouvait rendre impraticable pour les uns, après avoir été subie par les autres? La démonstration des avantages de la mesure était à la portée de tous, mais les passions qui régnaient dans le public pénétraient dans les chambres et jusque dans le gouvernement. »

Ainsi, le motif déterminant M. de Villèle pour présenter immédiatement, au commencement de la session, la loi sur la conversion de la rente, c'était l'impossibilité d'attendre sans risquer de rendre l'opération dommageable pour l'État, ou injuste envers les rentiers. D'un moment à l'autre, les fonds publics devaient, en effet, dépasser le pair; alors l'État serait obligé ou de rembourser plus de 100 francs pour chaque 5 francs de rentes, ou de frustrer les rentiers de la plus-value. C'était le même sentiment qui dictait à M. Laffitte, autre grande autorité financière, les paroles qu'il avait adressées au président du conseil. L'État avait un droit qui, pour être fructueusement revendiqué, devait l'être en temps utile; défenseur intègre et scrupuleux des intérêts publics, M. de Villèle crut qu'il était de son devoir de revendiquer le droit de l'État, malgré les obstacles politiques qu'il rencontrerait et les clameurs des intérêts particuliers.

Ces obstacles, le président du conseil eut à les vaincre jusque dans le sein de la commission nommée par la chambre des députés, commission où il fut obligé de se rendre plusieurs fois pour donner des explications. Enfin, le 17 avril, M. Masson, rapporteur de la loi, vint déposer sur le bureau de la chambre des conclusions favorables à son adoption. Il constatait, au début de son rapport, la vivacité du mouvement d'opinion qui se déclarait contre le projet, en annonçant que la commission avait cru devoir hâter son travail pour mettre un terme à l'agitation des esprits, entretenue par les journaux, les brochures, les conversations des salons :

« La loi, disait-il, conçue dans l'intérêt général de l'État, froissait une multitude d'intérêts qui, en réagissant contre elle, exerçaient depuis quelques jours une fâcheuse influence sur le crédit public. La décision de la chambre, en intervenant, mettrait un terme à ce fâcheux état de choses. La loi était juste en principe, car l'État a le droit de rembourser sa dette; utile, car elle diminuerait d'une manière notable les charges publiques; opportune et exécutable, la commission, après en avoir douté, s'était rendue aux explications satisfaisantes données par le président du conseil qui lui avait annoncé la formation d'une compagnie de banquiers qui s'était engagée à fournir les capitaux nécessaires au remboursement de toute la dette, dans le cas plus qu'improbable où l'universalité des rentiers préférerait le remboursement à la conversion. Restait à connaître les frais de l'opération. La commission aurait désiré avoir communication du traité, mais M. de Villèle avait exprimé la crainte que cette communication ne nuisît au succès de l'opération, et s'était borné à en faire connaître les clauses principales. »

Après le dépôt du rapport, M. de Villèle, s'appuyant sur les motifs développés par le rapporteur, demanda à la chambre de fixer le débat au jour le plus prochain. Mais sur la demande de MM. Casimir Périer, de Girardin, fortement soutenue par M. de la Bourdonnaye, il fut renvoyé à huitaine. Ce vote était d'un mauvais augure; il annonçait la coalition formée contre la loi, et il donnait du temps à la passion politique qui ne devait pas manquer de l'employer.

III

LA LOI DES RENTES A LA CHAMBRE DES DÉPUTÉS.

Ce fut M. de la Bourdonnaye qui, le 24 avril, ouvrit la discussion. Jamais il n'avait été plus vif et plus amer. Suivant lui, la religion du roi avait été surprise, et en aucun temps un projet aussi injuste et aussi désastreux n'avait été présenté à la chambre. Le ministère avait voulu emporter, par la force de la loi, la réduction de l'intérêt qu'il eût dû attendre de la force des choses. Le projet était un aliment jeté à l'agiotage, au moyen d'une prime de 25 p. 100. Il compromettait le crédit; il était ruineux pour le rentier auquel il arrachait les fruits de ses économies; il augmentait de près d'un milliard le capital de la dette publique; il frustrait cent mille pères de famille du quart de leur revenu. Il n'était pas exact de dire que l'État avait le droit de rembourser sa dette; les emprunts de l'État ne tombaient pas sous la règle du droit civil. Il n'était pas vrai que les rentiers eussent la faculté de se faire rembourser intégralement leur capital; ils n'avaient pas cette faculté, parce qu'isolés ils ne pouvaient s'entendre pour exiger à la fois le remboursement du gouvernement à la merci duquel ils se trouvaient, et s'ils pouvaient se réunir et s'entendre, ce serait le gouvernement qui tremblerait, car l'opération deviendrait impossible. Plût à Dieu que les choses se passassent ainsi, le ministère tomberait, et le trône de saint Louis échapperait ainsi à une des crises les plus redoutables qu'il eût jamais rencontrées.

Puis poursuivant jusqu'à ses dernières conséquences son argumentation, à la fois véhémente et subtile, M. de la Bourdonnaye entreprenait d'établir qu'alors même que le ministère aurait remboursé intégralement aux rentiers le capital de leurs rentes, il ne leur ferait pas moins banqueroute d'un cinquième, attendu que ce capital ne leur produirait plus que les quatre cinquièmes de leur ancien revenu. L'orateur de l'extrême droite, acceptant cette assertion arbitraire comme une démonstration, rappelait qu'en 1815 et en 1816, la chambre avait cru devoir reconnaître les dettes de la Révolution et de l'Empire, et il affectait de s'étonner qu'on osât proposer de ne pas acquitter intégralement des rentes vendues pour racheter le trône des Bourbons et l'indépendance de la France. Enfin venait une allusion à l'indemnité au sujet de laquelle M. de la Bourdonnaye disait :

« Repoussons un projet qui tend bien plus à ouvrir de nouvelles plaies qu'à fermer les anciennes; la fidélité malheureuse préférera supporter longtemps encore sa noble infortune plutôt que d'avoir à rougir d'une indemnité obtenue aux dépens d'une classe de la nation. »

La droite avait plusieurs fois témoigné sa désapprobation par des murmures, pendant cette violente et injurieuse philippique dans laquelle l'orateur avait à peu près résumé toutes les préventions, toutes les haines, toutes les protestations intéressées, tous les arguments spécieux ou dénués de toute apparence de raison, passionnés ou injustes qu'on faisait valoir depuis quelques jours contre la conversion des rentes. Mais la gauche et l'extrême droite avaient donné à l'orateur des marques d'assentiment. Il n'y avait pas grand'chose à ajouter aux attaques de M. de la Bourdonnaye, il avait épuisé la thèse de l'opposition. Cependant M. Sanlot-Bagueneau, M. Ferdinand de Berthier, protégé du comte d'Artois[1], et enfin M. de Beaulieu, de la même nuance, parlèrent dans le même sens. M. Bourdeau, député venu du centre droit à la

---

1. Je trouve cette annotation sur le carnet de M. de Villèle.

droite, sans nier d'une manière absolue le droit qu'avait le gouvernement de rembourser ses créanciers, attaqua la mesure comme inopportune, dépourvue de motifs réels, et propre à surexciter l'esprit d'agiotage : elle ôterait, selon lui, la confiance aux petits rentiers dans la parole de l'État. Il signalait comme suspecte et impolitique une mesure qui consistait, disait-il, à prendre aux rentiers le quart de leurs revenus, pour indemniser les émigrés. Cet argument devait revenir souvent dans le débat, parce que c'était celui qui était le plus propre à irriter les intéressés et à passionner le public. Le député qui s'exprimait ainsi, en ajoutant que, si l'on rencontrait des circonstances difficiles qui obligeassent l'État à recourir au crédit, les prêteurs n'oublieraient pas cette leçon, était procureur général. Cette circonstance suffit pour indiquer jusqu'à quel point arrivait la surexcitation des esprits.

Ces violences de langage, fâcheuses dans la bouche des députés de la droite et de l'extrême droite, avaient un autre inconvénient : celui de relever le drapeau de la gauche presque abattu dans la chambre, en autorisant les excès de parole auxquels elle allait se livrer. Cette opposition à outrance, ce langage injurieux, cet appel aux passions, donnaient pour ainsi dire la tonique du débat, et M. de Girardin et surtout M. Casimir Périer se crurent dès lors tout permis contre un ministère que ses anciens amis leur livraient.

M. Casimir Périer monta à l'assaut de la loi avec cette impétuosité de caractère et d'éloquence qu'il devait déployer plus tard au pouvoir, en se montrant homme d'offensive jusque dans la défense, et qu'il employait alors à l'attaque. Cet athlète de tribune frappait à coups redoublés, souvent plus fort que juste, et les arguments qui remuaient le plus vivement l'opinion au dehors lui arrivaient naturellement aux lèvres. M. Humann, comme la plupart des financiers habiles de ce temps, avait loué le projet, symptôme de la prospérité des finances, et, tout en présentant un contre-projet, il avait dit que si la chambre votait la loi, « elle prendrait place parmi les faits illustres de la monarchie. » L'un des contrastes les plus étranges qu'on rencontre dans les luttes de cette époque, c'est cette guerre à outrance faite par un grand nombre d'hommes de droite à un projet que plusieurs des financiers les plus éminents de la gauche signalaient comme un des plus beaux titres de la Restauration devant la postétérité. M. Casimir Périer, homme d'opposition avant tout, n'était pas alors au nombre de ces financiers. Sa préoccupation visible était le désir de passionner le débat, comme celle de M. de Villèle, toutes les fois qu'il prit la parole dans cette grande lutte, fut de le refroidir pour obliger ses adversaires à discuter la mesure, au point de vue de la raison et de l'utilité financière. M. Casimir Périer plaça toute son argumentation sous la protection de deux de ces considérations passionnées, éminemment propres à troubler le jugement : c'était, suivant lui, une chose grave que le sort de la propriété mobilière fût livré à la décision d'une assemblée composée presque exclusivement de propriétaires fonciers; une chose plus grave encore que l'économie qu'il s'agissait de réaliser par la réduction de la rente ne dût pas profiter à l'État, mais à une classe de Français malheureux, dont un grand nombre siégeaient sur les bancs de cette Assemblée. De nombreux murmures interrompirent l'orateur; mais le trait était lancé : il avait rendu l'aréopage suspect et réduit une mesure d'intérêt public aux proportions d'un intérêt particulier.

A ces deux reproches il en ajouta d'autres, puisés dans le même ordre de sentiments et d'idées. Le ministère était coupable, suivant lui, envers les rentiers auxquels il avait caché cette mesure, qui aurait pu faire monter les fonds publics jusqu'à 115, tandis qu'il l'avait fait connaître à des banquiers autrichiens et anglais. Quant aux malheureux rentiers, tenus dans l'ignorance, le ministre n'avait laissé entre l'éveil qu'il leur avait donné et l'opération dont ils allaient être victimes, que l'intervalle entre l'éclair qui éblouit et la foudre qui écrase. Au lieu de s'adresser aux capitaux nationaux, il s'était adressé aux capitaux et aux capitalistes étrangers, ce qui était un affront pour la France. M. de Villèle ne pouvait ni ne voulait rembourser le capital, c'était purement et simplement une embuscade que, de concert avec l'étranger, il tendait aux rentiers nationaux : au point de vue purement financier, le fougueux orateur ne trouva pas de nouveaux arguments en dehors de ceux que M. de la Bourdonnaye avait fait valoir. Au moment de conclure il revint à sa rhétorique passionnée :

« Cessez, s'écria-t-il, de nous parler d'édits et de codes. Votre droit, c'est la force; vos moyens, c'est la déception; vos auxiliaires, c'est l'étranger; le résultat du projet, c'est l'appauvrissement de l'État et de ses créanciers; votre but, la consolidation entre vos mains du despotisme ministériel. A tous vos moyens légaux ou illégaux d'influence, vous voulez joindre la disposition arbitraire de 4 à 500 millions, pour mettre à votre merci la seule classe de Français qui pouvait vous offrir aujourd'hui le danger d'une lutte personnelle. Et cependant, la conscience et l'honneur de cette classe repoussent cette indemnité tout imprégnée encore des larmes de ceux que vous voulez dépouiller. »

Certes, ce langage était violent, amer, aussi injuste que violent, mais il n'avait rien qui pût surprendre, après le langage tenu par M. de la Bourdonnaye. M. Périer n'avait fait que marcher dans la voie ouverte. Pour lui, le ministère de droite était un ennemi, et il faisait de l'opposition systématique, sans avoir à se demander, comme M. de la Bourdonnaye, candidat au gouvernement, s'il ne rendait point, par cette opposition à outrance, qu'il rencontrerait à son tour quand il arriverait au pouvoir, le gouvernement impossible.

Quelques députés de la droite avaient pris la parole en faveur du projet, mais le poids de la discussion devait naturellement retomber sur M. de Villèle. Il ne s'y épargna point, soutenu seulement par son ami M. de Corbière, qui se chargea de démontrer que la mesure était fondée en droit. Il parla deux fois dans la discussion générale, après les discours de MM. la Bourdonnaye et Humann, et après ceux de MM. Casimir Périer et Crignon d'Auzouer, ancien député de la droite de 1815, dont l'opinion, fortement accentuée contre le ministère, causa une vive surprise à la chambre.

M. de Villèle, dans ses deux discours, établit de la manière la plus forte les points suivants : En principe, le gouvernement, qui représentait la France, ne pouvait être condamné à payer l'intérêt de sa dette à un taux plus élevé que celui qu'obtenaient les simples particuliers; s'il le faisait, il manquerait à ses devoirs envers le pays. La seule chose à laquelle il fût astreint, en conscience, envers les rentiers, c'était à leur donner l'option entre le remboursement de leur capital au pair et le payement d'un intérêt moins élevé, c'est ce qu'il faisait. Il le faisait d'une manière sérieuse et loyale, car il avait pris des dispositions en vertu desquelles aucun rentier ne demanderait le remboursement de son capital sans l'obtenir aussitôt. Ce n'était point arbitrairement qu'il avait choisi l'époque de la présentation de cette loi : le cours élevé du 5 p. 100 et le déclassement qui en résultait rendaient nécessaire une mesure financière. Le but du gouvernement, en prenant cette mesure, avait été double : réduire l'intérêt de la dette publique, substituer à un effet arrivé au pair un effet dégagé de la crainte du remboursement et qui présentât l'élasticité désirable. Pour opérer la conversion, il avait fallu se ménager les moyens d'un remboursement, et, pour cela, assurer le placement du nouvel effet, destiné à remplacer l'ancien. Or il avait été reconnu impossible de conclure un arrangement avec aucune compagnie financière, si l'on offrait du 4 p. 100 au cours de 100 francs ou du 3 et demi p. 100 au cours de 87 1/2 p. 100. Comment avait-on pu prétendre que le projet était injuste envers les rentiers? Le gouvernement proposait un capital de 100 francs pour un titre qui leur avait coûté 70 francs en moyenne, et à un grand nombre d'entre eux beaucoup moins [1]. Il était inexact de dire que les rentiers eussent été surpris par la proposition de la mesure : sans leur communiquer le projet de loi que le gouvernement devait présenter aux chambres, on n'avait laissé ignorer à personne, et les polémiques des journaux antérieurs à la session étaient là pour le prouver, que le gouvernement songeait à la conversion des rentes. Le ministère espérait sans doute que le plus grand nombre des rentiers accepterait la conversion. Mais la plus complète liberté leur était laissée à ce sujet, et le gouvernement s'était assuré du concours de compagnies financières qui disposaient de ressources assez puissantes pour effectuer tous les remboursements demandés. C'était à tort qu'on avait accusé le gouvernement d'avoir négligé, en s'adressant à ces compagnies, d'appliquer le principe fécond de la concurrence, et de n'avoir fait appel qu'à des capitaux et à des banquiers étrangers. Quatre grandes compagnies financières s'étaient formées, et, sur ces quatre, trois étaient françaises; il n'y en avait qu'une seule d'étrangère. Après les avoir entendues séparément, le ministre avait réussi, avec des peines infinies, à leur faire accepter sa proposition primitive, et dont il n'avait pas voulu se départir; elle con-

---

1. Je vois dans les notes de M. de Villèle qu'on attribua généralement l'hostilité d'un ancien membre de la droite au projet à ce qu'il possédait 80,000 livres de rentes sur le grand livre, rentes dont il avait fait l'acquisition en 1793 au cours de 7 fr. « Il renonça, pour faire échouer le projet qui aurait réduit son revenu, ajoute tristement M. de Villèle, à ses convictions, à ses amitiés, à sa ligne. » Dans un autre passage de ses notes politiques, M. de Villèle ajoute : « On parla beaucoup des petits rentiers dans cette discussion, les gros rentiers se cachaient derrière les petits. »

sistait dans l'engagement pris par ces compagnies de se charger de tous les frais, de toutes les éventualités des remboursements qui seraient demandés, en recevant, en échange, les bénéfices acquis au Trésor jusqu'au 1ᵉʳ janvier 1826.

M. de Villèle aborda ensuite la question de l'indemnité des émigrés sur laquelle M. Casimir Périer et plusieurs autres orateurs avaient si vivement insisté. Il nia qu'il y eût entre cette question et celle de la réduction de la rente une corrélation nécessaire ; la réduction de la rente était une mesure financière commandée par l'intérêt public, que la prospérité de la France rendait possible, et l'élévation des cours opportune. Qu'il fût avéré que le roi avait dit, dans un discours du trône, que les premiers fonds qui seraient disponibles sans charger ses peuples seraient consacrés à indemniser les propriétaires spoliés par la révolution, la chose était incontestable, et il ne pensait en aucune façon à le cacher. Quand le projet consacré à cette grande réparation serait soumis aux chambres, on verrait qu'il avait été dicté par le respect du principe de la propriété et par l'intérêt social. Mais ce qu'il tenait à établir, c'est que, indépendamment de toute considération de ce genre, la conversion des rentes devait avoir lieu.

Tel fut le fond de l'argumentation de M. de Villèle : elle ne demandait rien à la passion politique et donnait tout à la raison, détruisait les objections accumulées contre la loi, et ne laissait debout que le mauvais vouloir des intérêts particuliers que cette loi mécontentait, pour satisfaire l'intérêt public, et les passions politiques de diverses natures, habiles à exploiter à la fois et ce mécontentement, et les scrupules, et les préjugés plus forts que tous les arguments.

Après plusieurs jours de débats qui n'avaient rien ajouté aux arguments développés our ou contre la loi, la discussion générale fut fermée le 28 avril, et la séance du 29 fut consacrée à entendre le rapporteur et à fixer l'ordre de discussion sur les articles et sur une infinité d'amendements. Cette discussion fut encore plus vive que la discussion générale. M. de Villèle, constamment à la tribune, se multiplia pour repousser les coups portés de tous côtés à sa loi. Parmi les adversaires les plus ardents qui attaquèrent les deux premiers paragraphes, M. Dudon se distingua à côté de M. de la Bourdonnaye. M. de Villèle, qui suivait d'un œil soucieux les progrès de la bataille, se disait, non sans amertume, que, parmi ses collègues, un seul l'aidait à défendre la loi : c'était son ami, M. de Corbière. Le garde des sceaux, M. de Peyronnet, avait refusé de prendre la parole, et son intimité avec M. Dudon, l'un des antagonistes les plus violents du projet, commençait à le rendre suspect au président du conseil, qui sentait le vide se faire autour de lui. Malgré lui son esprit s'aigrissait, et il devenait soupçonneux. La popularité allait aux adversaires de la conversion des rentes, et la popularité est séduisante. Il remarquait surtout avec peine que M. de Chateaubriand, favorable à la loi de la conversion quand on l'agitait dans le conseil, se tenait à l'écart; qu'aucun de ses amis n'avait pris la parole en faveur de la proposition ministérielle, que plusieurs l'avaient combattue. La solidarité des divers membres dont se compose un cabinet fait sa force. Si le public soupçonne que la division est entrée dans ce cabinet, il est presque perdu. M. de Villèle, qui combattait vaillamment, croyait avoir le droit d'exiger que l'on combattît autour de lui.

Il serait sans intérêt, à l'époque où nous sommes, d'entrer dans le détail des séries diverses d'amendements successivement débattus et rejetés. Parmi ces amendements, il suffira de le dire, quelques-uns étaient destinés à étendre les rares exceptions que le ministère avait mises à la conversion des rentes, et, en particulier, aux 50 millions de rentes possédés par la caisse d'amortissement. Les députés de Paris demandaient le bénéfice de ces exceptions pour les petits rentiers, notamment pour ceux qui, dans l'origine, avaient été réduits au tiers consolidé. Comme il était presque impossible de limiter l'exception à ces derniers, les députés de Paris proposèrent que les rentiers possédant moins de 1,000 livres de rente ne fussent point obligés de convertir. M. de Villèle remarqua avec tristesse que, parmi les députés qui soutinrent cet amendement avec une vivacité qui dégénérait en attaques contre le ministère, figurait M. Clausel de Coussergues, l'ami intime, le commensal, pour ainsi dire, le secrétaire de M. de Chateaubriand. Il se demanda, plus sérieusement encore, pourquoi tous ceux qui approchaient du ministre des affaires étrangères se montraient hostiles à la loi? Le président du conseil avait cependant laissé passer sans intervenir aux débats les doléances des députés de Paris, c'est-à-dire du général Foy et de M. Casimir Périer, quelque exagérées qu'elles lui parussent ; il comprenait que ces députés avaient qualité pour parler en faveur des petits rentiers qui, la plupart, habitaient Paris. Mais lorsque M. Méchin, qui ne se trouvait pas dans ces conditions, montant à la tribune, eut soutenu cet amendement avec un redoublement de violence, en dépassant les attaques de M. Clausel de Coussergues, qui avait reproché au ministère de changer Paris en une immense table de jeu, le président du conseil prit de nouveau la parole, et, invoquant les principes de justice et d'égalité qui ne permettaient point d'inscrire une faveur dans un projet de loi, il fit rejeter l'amendement.

Au dedans et au dehors l'orage grossissait, et il arrivait des rapports alarmants sur les dispositions de la chambre des pairs. M. de Villèle aurait voulu trouver un terrain de transaction qui ramenât au projet de loi les voix des députés qui, en le combattant, cédaient à des scrupules honorables, quoique peu fondés en raison. On crut un moment que ce terrain de transaction se trouverait dans un amendement proposé par M. Leroy, député de Paris. Cet amendement tendait à ajouter à la faculté accordée par le projet aux porteurs de rentes 5 p. 100, de prendre du 3 p. 100, celle de prendre aussi du 4, avec prolongation de jouissance des 5 p. 100 jusqu'au 1er janvier 1826, en garantissant pour cinq ans cette nouvelle rente contre le remboursement. M. de Villèle, sans approuver cet amendement en principe, déclara que, s'il était adopté par la chambre, il n'y voyait pas assez d'inconvénient pour ne pas demander l'assentiment du Roi. De nombreuses voix s'élevèrent pour demander qu'on procédât au vote. Il semblait que la conciliation fût au moment de se faire. Ce fut encore M. Clausel de Coussergues qui prit la parole pour réclamer avec instance le renvoi de la proposition à la commission. Le lendemain, le même député reprit la parole, et attaqua avec une grande vivacité l'amendement, dans une opinion laborieusement, artistement travaillée entre les deux séances, et déclara qu'il voterait contre, parce que ce n'était qu'une variante du projet ministériel. Il fut fortement appuyé par MM. de la Bourdonnaye, Leclerc-Beaulieu, et enfin par M. Casimir Périer :

« Le ministère, s'écria ce dernier, s'est servi de l'amendement Leroy pour faire passer une loi fortement attaquée, comme, à une autre époque, on s'était servi de l'amendement Bouin ; mais l'option n'est pas sérieuse. Le rentier qui préférerait du 4 p. 100 au pair à du 3 p. 100 à 75 fr., même avec la garantie proposée, mériterait d'être mis à Charenton. »

La tentative de transaction échouait. Il fallut recommencer la lutte. M. de Villèle se trouva à la fin de la discussion en face d'une nouvelle série d'amendements totalement étrangers à la loi en discussion. Les uns tendaient à régler l'action future de l'amortissement; les autres, comme celui de M. de Berbis, à appliquer l'économie produite par la conversion des rentes au dégrèvement de la propriété foncière, parce que, disait M. de Berbis, on ne pourrait plus désormais accuser la loi d'avoir été faite pour rendre possible l'indemnité accordée aux propriétaires émigrés. Le ministère, considérant tous ces amendements comme un empiétement sur la prérogative royale, réclama la question préalable. M. de Peyronnet, qui n'avait parlé qu'une seule fois et assez malheureusement, car, dans la chaleur d'une improvisation, il avait appliqué aux rentiers l'épithète de spoliés, bien vite saisie et répétée par la malignité publique, ne crut pas pouvoir garder le silence en présence d'une discussion qui mettait en jeu, avec la prérogative royale, la question constitutionnelle. Il appuya fortement, et par de bonnes raisons, la demande du président du Conseil. Selon sa remarque, c'était au roi qu'il appartenait d'apprécier les besoins financiers de la France et de présenter aux chambres des projets qu'elles examineraient dans leur indépendance. M. Chifflet ajouta que, s'il s'agissait de propositions faites par la chambre, elles devaient être soumises aux formes ordinaires, être présentées au roi comme des adresses provoquant l'initiative royale, qui seule pouvait leur donner la valeur d'un projet de loi. La proposition du ministère et les observations présentées à l'appui soulevèrent un orage. MM. Casimir Périer, Foy, Méchin, Dudon, Donnadieu, interpellèrent avec la plus grande vivacité M. Ravez pour empêcher de mettre la question préalable aux voix en s'écriant qu'on établissait la tyrannie, qu'on violait les prérogatives de la chambre ; mais M. Ravez, dominant le tumulte, fit voter la clôture et la question préalable sur tous les amendements. Après quoi, on arriva au vote d'ensemble qui donna une majorité de 238 voix en faveur de la loi contre une minorité de 145.

Cette majorité de 93 voix était faible, trop faible, M. de Villèle le comprit, pour contenir le mauvais vouloir de la chambre des pairs. « Cent trente voix royalistes, écrit-il tristement sur son carnet, se déclaraient donc antiministérielles, et se coalisaient avec les quinze voix de la gauche, pour ne laisser que quatre-vingt-treize voix de majorité au ministère ; symptôme fâcheux, chiffre de mauvais augure! »

Symptôme fâcheux, en effet. Il était déjà douteux, je l'ai dit, qu'un ministère appartenant à la droite pure pût, même en se présentant avec le prestige d'une forte majorité obtenue dans la chambre élective, marcher avec la chambre des pairs, où l'élément du centre droit dominait, malgré la récente promotion de vingt-sept pairs. Qu'allait-il donc arriver maintenant qu'il avait cent trente voix de la droite contre lui au palais Bourbon ? Les chefs des fractions coalisées contre lui à la chambre haute ne seraient-ils pas encouragés à attaquer ce ministère déjà ébranlé, par l'espoir motivé de le renverser ? C'est ainsi que la droite, en affaiblissant le ministère sorti de son sein, s'affaiblissait elle-même, et ébranlait dans les mains de ce ministère le pouvoir si laborieusement conquis, au moment même où la septennalité allait lui donner les moyens de s'en servir, si elle ne perdait pas en débats stériles ces années fécondes.

IV

DÉBATS PARLEMENTAIRES A LA CHAMBRE DES PAIRS. — LOI SUR LES VOLS DANS LES ÉGLISES. — LOI SUR L'ORGANISATION MILITAIRE. — LA SEPTENNALITÉ. — LA CONVERSION DES RENTES.

Avant d'aborder la loi de la septennalité, la chambre des pairs discuta une loi présentée pour fixer la législation sur la pénalité des vols commis dans les édifices consacrés aux cultes chrétiens, législation sur laquelle existait un litige entre les cours royales et la cour de cassation ; celles-là édictant contre les vols de cette nature les peines portées contre les vols commis dans les lieux non habités, celle-ci pensant que la peine d'un degré supérieur, applicable aux voleurs quand les lieux étaient habités, devait être prononcée. La nouvelle loi consacrait la jurisprudence de la cour de cassation.

Il semblait que cette loi ne dût pas provoquer des débats très-vifs. Mais deux raisons contribuèrent à leur donner une gravité imprévue. En racontant la manière dont la Charte avait été rédigée, en 1814, j'ai signalé l'équivoque par laquelle la commission de rédaction s'était tirée des difficultés que présentait la question religieuse [1]. On avait commencé par déclarer en principe que « chacun professerait sa religion avec une égale liberté, et obtiendrait pour son culte la même protection; » et l'on avait fait passer en seconde ligne la déclaration qui, dans le projet primitif, occupait le premier plan : « le catholicisme est la religion de l'État. » De là une équivoque et le sujet d'une polémique perpétuelle et insoluble entre ceux qui invoquaient l'égalité des cultes devant la loi, et ceux qui revendiquaient la prééminence d'honneur due à la religion de l'État. Rien de plus fâcheux que ces textes à double entente, qui provoquent des commentaires en sens opposés et autorisent des prétentions contradictoires. Une circonstance particulière allait imprimer à la discussion un caractère de vivacité imprévue. Le gouvernement avait cru devoir donner satisfaction au sentiment catholique qui, par le triomphe de la droite aux élections, était devenu une force politique, en créant à la chambre des pairs un banc des évêques. Il était bien difficile que les évêques, nouvellement entrés dans la chambre haute, ne revendiquassent point en faveur des églises catholiques, auxquelles le dogme de la présence réelle donne

---

1. Voir au premier volume, page 401.

une sainteté particulière, une protection spéciale, en rappelant le texte de la Charte qui reconnaissait le catholicisme comme religion de l'État. Il n'était pas possible que le ministère déférât à leurs vœux; il aurait excité contre lui la clameur de tous les défenseurs du principe de la Charte qui promettait une protection égale à tous les cultes reconnus par l'État, et il aurait fourni un aliment aux préventions malveillantes de ceux qui accusaient déjà le gouvernement de vouloir rendre au catholicisme la situation dominante et exclusive qu'il avait occupée sous l'ancienne monarchie.

La commission de la chambre des pairs, composée de MM. Mathieu de Montmorency, de Rosambo, d'Aguesseau, Pelet (de la Lozère), Portalis, avait adopté un système mixte. Ce dernier, nommé rapporteur, exposa ce système. Contrairement à l'opinion de ceux qui pensaient que la loi n'a pas à intervenir contre les actes qui attaquent la religion sans en troubler publiquement l'exercice, la commission croyait qu'il était conforme à l'intérêt social de faire prévoir par la loi les crimes et les délits qui intéressent la religion. Seulement, en édictant la peine, il fallait tenir compte de la situation des esprits, des besoins de l'époque et de la différence qui existe entre la société nouvelle et l'ancienne société où les lois de l'Église étaient aussi les lois de l'État. M. Portalis s'abstenait donc d'introduire dans la loi les mots de *sacrilége* et de *profanation*, et exprimait même l'avis que le sacrilége simple ne devait pas être puni, mais que, lorsqu'il venait s'ajouter comme une circonstance aggravante au vol ou à la tentative de vol, la peine devait être plus sévère.

Les efforts laborieux du rapporteur, pour donner satisfaction aux deux idées en présence, trahissaient l'embarras d'une pensée peu sûre d'elle-même. D'un côté, il s'excusait d'avance devant les hommes religieux de ne pas avoir écrit dans la loi les mots de profanation et de sacrilége, et il faisait observer que la commission atteignait le crime sans effrayer les imaginations; de l'autre, il ajoutait que cette disposition s'appliquait, d'une manière particulière, à la religion de l'État, puisque, dans les autres cultes, la présence habituelle et l'usage journalier des vases sacrés n'étaient pas rigoureusement commandés.

Le banc des évêques ne trouva pas suffisante la protection accordée au culte catholique, et déclara inacceptable l'espèce d'égalité que la loi établissait entre la religion de l'État et les autres cultes. L'archevêque de Sens et l'évêque de Troyes demandaient donc que la loi édictât des peines sévères contre le sacrilége simple, en rendant ainsi hommage au dogme de la présence réelle, ce qu'on pouvait faire en « séparant dans tous les actes de notre législation religieuse ce qui concerne l'Église catholique de ce qui concerne les autres cultes, de manière qu'il y eût deux titres ou deux lois différentes, l'une affectée à la religion de l'État, l'autre aux cultes dissidents, ce qui permettrait de placer dans la première la répression contre le sacrilége, le sacrilége ne pouvant avoir lieu que dans les églises catholiques où réside le saint des saints. » L'archevêque de Paris appuya cette proposition en l'amendant. Le garde des sceaux vint la combattre avec M. de Broglie et M. de Bastard, comme contraire au texte même de la Charte, qui garantissait une égale protection aux cultes. Il combattit en même temps l'amendement de la commission qui en refusant le mot donnait, comme il le dit, la chose. On vit alors un singulier exemple de ce que peuvent dans les assemblées les combinaisons politiques et les intérêts d'opposition : MM. Pasquier et Decazes, qui, dans d'autres temps, auraient combattu à outrance les idées de M. Portalis, et à plus forte raison celles des évêques, déclarèrent qu'il leur semblait impossible qu'une assemblée catholique laissât impuni le plus odieux des crimes, la violation du tabernacle et la profanation des hosties consacrées. Voici les propres paroles de M. Pasquier : « On ne pouvait s'empêcher d'introduire dans le projet une disposition répressive du sacrilége, indépendant du vol qu'atteignait seul la disposition originaire. Tout en respectant les principes de notre loi pénale, on conviendra que, dans une loi qui a pour but la répression des crimes commis dans les églises, il est impossible de passer sous silence le plus odieux de tous les crimes, la violation des tabernacles et la profanation des hosties consacrées. »

M. de Peyronnet répondit que, « si on introduisait dans la loi des termes généraux et métaphysiques, on les introduisait nécessairement dans les questions posées au jury. Il arriverait alors que des jurés appartenant à des communions dissidentes pourraient être appelés à prononcer sur des questions qui ne peuvent se résoudre que par les croyances catholiques. »

C'était mettre le doigt sur la difficulté de la question, difficulté que le texte ambigu de la Charte avait déguisée sans la détruire. Dans un pays où le pacte fondamental garantissait une protection égale à tous les cultes légalement reconnus, et où la société avait pour base l'égalité de tous les Français devant la loi, quelle que fût d'ailleurs leur religion, il était illogique de proclamer en principe, impossible d'établir en fait une protection privilégiée en faveur de l'Église catholique. J'ajouterai qu'au point de vue politique il y avait là un danger considérable, car, précisément parce que les lois de l'Église avaient été dans notre pays les lois de l'État avant 89, on s'exposait à exciter les défiances et les appréhensions des dissidents qui regardaient la Charte comme une garantie contre le retour de cet état de choses.

On ne put se mettre d'accord dans cette séance, et les amendements présentés furent renvoyés à la commission, qui dut faire le lendemain un rapport. Elle persista dans ses idées, c'est-à-dire que, sans admettre que la loi pût édicter de peines contre le sacrilége simple, ce qui obligerait le législateur à introduire des expressions métaphysiques dans le texte, elle pensait que cette loi devait frapper la profanation matérielle des choses saintes « qui n'appartiennent, dit le rapporteur, qu'à la religion catholique. » La commission faisait droit à une remarque de l'archevêque de Paris : c'est que le catholicisme seul avait des vases sacrés; les dissidents n'avaient que « des vases consacrés à la célébration des cultes. » Elle proposait donc la condamnation aux travaux forcés à perpétuité pour l'individu coupable du vol de vases sacrés, avec ou sans effraction.

M. de Peyronnet ne s'opposa point à cet amendement, auquel la majorité était visiblement acquise; mais il reprit la parole lorsque l'archevêque de Sens demanda qu'une distinction fût établie entre les vases sacrés de la religion de l'État et les vases dont on se servait pour la célébration des autres cultes. Le garde des sceaux fit observer qu'une telle disposition, évidemment contraire au texte de la Charte, provoquerait les plaintes légitimes de ceux qui appartenaient à d'autres cultes. La proposition de l'archevêque de Sens fut rejetée, et l'on procéda au vote de l'ensemble de la loi qui fut adoptée par 136 voix contre 11. Un moment avant ce vote, l'archevêque de Paris demanda la parole, et exprima le regret que le mot de sacrilége n'eût pas été introduit dans le titre ou dans le dispositif de la loi. Il ajouta qu'il regardait cependant cette loi comme une amélioration notable dans la législation. Puis il réclama pour lui et pour les autres pairs ecclésiastiques la faculté de ne prendre aucune part au vote définitif d'une loi prononçant des peines à l'établissement desquelles leur caractère ne leur permettait pas de concourir. Il s'agissait de l'article où il était dit que « lorsque le vol des vases sacrés aurait eu lieu de nuit, en compagnie d'une ou plusieurs personnes, avec des armes apparentes ou cachées, avec violence ou menace, à l'aide d'effraction, de violence ou de fausses clefs, la peine prononcée serait la mort. »

Cette discussion produisit un effet fâcheux pour le ministère, qui se trouva obligé de combattre les idées mises en avant par cette portion de la droite à laquelle on commençait à donner le nom de parti religieux, ce qui relâcha ses liens avec l'administration. Elle produisit un effet non moins fâcheux dans le public, et devint un texte pour ceux qui accusaient la droite de vouloir faire rétrograder la société nouvelle vers l'ancien régime. Elle nuisit au clergé et surtout à l'archevêque de Paris, qu'elle rendit impopulaire, et la déclaration qu'il avait faite avant le vote de la loi, au nom des pairs ecclésiastiques, devint l'occasion des observations les plus malveillantes. On demanda en effet pourquoi les pairs ecclésiastiques avaient proposé des aggravations de peines que leur caractère ne leur permettait pas de voter, et les journaux opposés à l'Église ne manquèrent pas de faire ressortir le contraste qui existait entre la sévérité invoquée par les évêques dans la discussion, et la mansuétude évangélique dont ils avaient fait profession au moment du vote. M. de Villèle, en rapportant ces détails dans son journal, s'affligeait de ces résultats, et en tirait un mauvais augure sur les conséquences de l'introduction du clergé dans la pairie.

Le jour même où eut lieu le vote sur les vols commis dans les églises, la chambre des pairs commença la discussion d'une loi beaucoup plus importante, la septennalité. Le renouvellement intégral ou partiel des assemblées politiques est une de ces questions controversables sur lesquelles les vérités de principes peuvent devenir des erreurs d'applications, selon le milieu social et politique où l'on se trouve. Sans doute l'exposé des motifs, commenté par M. de Pastoret nommé rapporteur, présentait des observations judicieuses sur l'utilité pour un gouvernement, dont l'attention et tout le temps doivent être consacrés aux grands intérêts du pays, de n'avoir pas à se préoccuper tous les ans d'une crise électorale provoquée par le renouvellement partiel. Il n'était pas moins vrai que les pays auxquels on peut épargner cette agitation jouissent de plus de tranquillité. Enfin, comme le fit observer M. de Montalembert[1] dans la discussion, rien n'était plus propre à donner de la stabilité aux institutions politiques que la stabilité des assemblées, car un changement annuel de la chambre des députés, c'est-à-dire la mobilité perpétuelle d'une des branches de la puissance législative, détruisait tout espoir de fixité et paralysait les mesures nécessaires à l'État. Comment gouverner la France avec une chambre des députés qui se décomposait et se recomposait annuellement, et avec un ministère obligé, dans les six mois qui s'écoulent entre deux sessions, d'employer son attention et ses efforts à s'assurer une nouvelle majorité?

Rien de plus juste que ces remarques. Quant aux articles de la Charte qui établissaient le renouvellement annuel d'un cinquième de la chambre et la durée quinquennale de chaque législature, M. de Corbière répondait qu'il ne s'agissait là que d'articles réglementaires, que le Roi, d'accord avec les chambres, pouvait réviser. Mais il y avait contre la septennalité des objections plus solides : c'étaient celles qui étaient tirées de l'état même de la société, et celles qu'on aurait pu tirer de la situation morale du parti politique, en ce moment maître des affaires.

Deux pairs surtout, l'un appartenant à l'extrême droite, M. de Saint-Roman, l'autre à la gauche, M. de Ségur, ce qui prouve que la septennalité pouvait présenter des inconvénients aux esprits placés aux points de vue les plus différents, firent valoir ces objections. M. de Ségur fit observer qu'avec

---

1. M. de Montalembert était le père du célèbre orateur de ce nom, qui lui succéda dans la pairie en 1830.

le renouvellement partiel l'opinion s'insinuait comme la lumière, et qu'avec le renouvellement intégral elle éclatait comme l'incendie ; c'était la pensée que M. Boissy-d'Anglas avait déjà présentée sous la forme d'un doute, en disant qu'en comprimant l'opinion pendant sept années, on s'exposait à ce que la violence de l'explosion fût proportionnée à la durée de la compression. M. de Saint-Roman insistait sur les dangers de la loi avec une véhémence qui attestait la profondeur de sa conviction :

« Ne voyez-vous pas, disait-il, que par l'abolition du renouvellement partiel vous privez le gouvernement et la chambre d'une garantie certaine, la tranquillité du public? Lorsqu'une session s'écoule et qu'on juge ses intérêts mal défendus, on se flatte d'obtenir par des élections de plus zélés défenseurs. Mais présentez à un public mal disposé la tribune de la chambre élective occupée pendant sept ans par les mêmes orateurs, et la salle de l'assemblée remplie des mêmes députés, bientôt ils deviendront à charge, on les prendra en haine, et ne craignez-vous pas qu'une fois leurs fonctions terminées ils ne soient en butte à des outrages et même à des vengeances? »

A ces objections sérieuses, parce qu'elles étaient empruntées à la connaissance du milieu social et national au sein duquel la nouvelle loi allait fonctionner, on aurait pu ajouter des objections peut-être plus graves encore, empruntées à la connaissance du milieu parlementaire. Un des motifs les plus sérieux de la présentation de la loi était l'espoir de pouvoir fonder, avec le concours d'une forte majorité de droite, les institutions qui assureraient l'avenir de la monarchie représentative. Mais qu'adviendrait-il si l'assemblée actuelle, au lieu de montrer cet esprit politique sur lequel on avait compté, se divisait en nuances rivales, ardentes à se disputer le pouvoir? Ces sept années données à la droite et perdues par elle ne seraient-elles pas considérées comme une expérience décisive? Ne vaudrait-il pas mieux pour le gouvernement royal accepter l'agitation partielle du renouvellement annuel que de se trouver acculé à des élections générales avec un ministère ébranlé, affaibli, accusé à outrance par une partie de ses anciens amis, et avec une droite profondément séparée en deux camps ennemis, se jetant des accusations réciproques qui profitaient à la gauche? Certes, si la politique lisait dans l'avenir comme l'histoire lit dans le passé, le ministère eût éprouvé des doutes au moment d'insister sur le vote de la septennalité. Mais la loi, conforme aux idées constamment soutenues par la droite, avait été préparée et rédigée avant l'ouverture de la session, à l'époque où la nomination d'une assemblée si ardemment et si complétement royaliste remplissait le ministère de confiance. La confiance de M. de Villèle commençait à être ébranlée par le mouvement d'opposition qui s'était manifesté dans les chambres et hors des chambres contre la loi des rentes ; cependant elle n'était pas totalement détruite. Il espérait encore emporter le vote de la loi de la conversion des rentes à la chambre des pairs ; et la septennalité, la loi de la conversion des rentes et la loi d'indemnité remplissant la session, préparaient les travaux de l'avenir. La septennalité fut votée à une grande majorité.

Avant d'aborder la discussion de la conversion des rentes qui continuait à être l'objet de l'attention presque exclusive de l'opinion et des polémiques les plus vives, la chambre des pairs avait eu à se prononcer sur un projet de loi rectificatif de la loi de recrutement, instituée quelques années auparavant par le maréchal Gouvion Saint-Cyr. Comme l'établit le duc d'Albuféra, rapporteur de la loi nouvelle, ce n'était pas l'esprit des institutions militaires nouvellement établies qu'on voulait changer ; il s'agissait de remédier à des inconvénients récemment mis en lumière par la guerre d'Espagne. Ainsi, l'institution des vétérans n'avait pas procuré les avantages que l'auteur de la loi s'en était promis. On supprimerait donc cette institution, et, pour remplir le vide que cette suppression laisserait dans notre effectif, et en même temps pour mettre les forces de la France sur un pied respectable et plus en proportion avec les armées qu'entretenaient les grandes puissances et même le royaume des Pays-Bas, on demanderait au recrutement annuel 60,000 hommes au lieu de 40,000, et l'on prolongerait de deux ans la durée du service militaire, qui serait fixée en tout à huit années. M. de Chateaubriand écrivait à ce sujet au prince de Polignac, notre ambassadeur à Londres, que l'on s'était convaincu, pendant la guerre d'Espagne, de l'insuffisance de notre effectif; car, avec 100,000 hommes employés au dehors, c'était à peine s'il nous restait quelques régiments disponibles au dedans.

Le maréchal de Gouvion Saint-Cyr défendit sa loi ; il alla même jusqu'à accuser le ministère de vouloir en détruire toute l'économie, en ouvrant, par ce premier projet, une brèche qui serait plus tard élargie. Ce qui indique qu'il y avait là une question militaire et non une question politique, c'est que le rapporteur de la loi, le duc d'Albuféra (maréchal Suchet) appartenait, comme le maréchal Gouvion Saint-Cyr, non-seulement aux anciennes armées impériales, mais à la même nuance d'opinion, ce qui ne les empêcha pas d'être en dissentiment complet sur la loi. Quelques pairs de la droite, entre autres MM. de Rougé et de Chatellux, profitèrent, il est vrai, de cette discussion, pour reproduire leurs idées sur le titre de l'avancement auquel le nouveau projet ne touchait pas, mais aucun amendement ne fut proposé sur ce point, et le projet présenté par le ministère fut adopté par 110 voix contre 28.

La commission de la chambre des pairs, à laquelle le projet de loi de la conversion des rentes avait été renvoyé, se composait de MM. Roy, Mollien, de Lévis, d'Aligre, de la Forêt, de Fitz-James et de Narbonne. Les deux premiers avaient été naturellement indiqués par l'autorité qui s'attachait à leurs noms en matière financière; M. Roy avait été le prédécesseur de M. de Villèle aux finances, et M. Mollien devait sa réputation à de grands et utiles services qu'il avait rendus, comme ministre du Trésor, sous l'Empire. Le duc de Lévis avait fait une longue étude des questions fiscales, et jouissait à ce sujet d'une juste renommée à la chambre des pairs, où, toutes les fois qu'une question de ce genre était soulevée, il était nommé de droit rapporteur. M. d'Aligre avait été obligé d'acquérir les connaissances d'un habile administrateur, ne fût-ce que pour gérer son immense fortune. M. de la Forêt, qui venait de l'Empire, était un esprit judicieux, un diplomate de la grande école, formé par l'expérience des affaires. MM. les ducs de Fitz-James et de Narbonne, moins compétents, représentaient, avec le duc de Lévis, la part donnée dans la commission aux opinions de droite. Si l'on s'arrêtait aux dehors, cette commission de la chambre des pairs n'avait rien d'hostile à M. de Villèle. Il se rassurait lui-même à demi en se rappelant qu'il avait consulté les deux membres les plus éminents de la commission, comme financiers, sur la mesure de la conversion des rentes, et qu'ils l'avaient approuvée en principe, en ne faisant que des objections de détail.

Il y avait cependant dans la composition de cette commission des sujets légitimes de crainte pour le président du conseil; la majorité y appartenait au centre droit, et la loi offrait à cette nuance d'opinion une occasion de renverser le ministère de droite, occasion qu'elle pouvait être tentée de saisir avec d'autant plus d'empressement que M. Roy faisait partie du cabinet que le ministère de droite avait remplacé; or il est toujours doux de succéder à son successeur. Aux yeux de ceux qui jugent les choses humaines avec une pleine connaissance du cœur humain, il y avait un autre danger pour le président du conseil dans la composition de la commission. Pour MM. Roy,

Mollien, et même pour le duc de Lévis, M. de Villèle était un nouveau venu dans les grandes questions financières, et ceux qui se regardaient comme ses anciens s'habituaient avec peine à l'idée de voir ce nouveau venu trancher d'une manière si hardie une question qui paraissait litigieuse à cette époque, et attacher son nom à une œuvre si considérable et qui devait lui donner un ascendant irrésistible si elle réussissait. Pour ne rien taire, il faut ajouter qu'appartenant à cette noblesse de province plus solide que brillante, M. de Villèle n'était pas agréable à la noblesse de cour qui siégeait surtout à la chambre des pairs. En outre, bien des influences s'agitaient contre lui dans cette chambre. Les débris des ministères précédents se coalisaient contre le ministère nouveau [1]. Les amis du duc de Montmorency ne lui étaient pas sympathiques, à cause de récents souvenirs et peut-être d'espérances prochaines, car les meilleurs ne renoncent pas facilement au pouvoir, une fois qu'ils y ont touché. Les amis de M. de Chateaubriand, qui s'étaient tus à la chambre des députés ou qui avaient pris parti contre la loi, comme M. Clausel de Coussergues [2], ne devaient pas être plus favorables à M. de Villèle sur les bancs de la chambre haute.

1. M. de Barante, alors membre de la chambre des pairs et qui était fort au courant de tout ce qui se passait dans les différents groupes de l'opposition, dit à ce sujet : « Ce qui décida le sort de la loi, ce fut le vote de la plupart des courtisans qui n'aimaient pas M. de Villèle, et des amis des anciens ministres ; ils ne lui pardonnaient point la retraite de M. le duc de Richelieu, ni la démission de M. de Montmorency. » *Vie de Royer-Collard*, t. II, p. 213.

2. Nous trouvons à ce sujet, dans les papiers politiques de M. de Villèle, une lettre écrite par M. Clausel de Coussergues au président du Conseil, trois mois après le vote sur la loi : « Je suis persuadé, lui disait-il, que vous avez cru que j'avais influencé l'opinion de M. de Chateaubriand sur la loi des rentes. Pas le moins du monde. Je n'y voyais que le danger de désaffectionner Paris et la crainte de nuire à la manifestation d'amour du peuple, lors de l'avénement prochain de Charles X. M. de Chateaubriand n'y voyait que M. Canning, saisissant le moment critique de la conversion des rentes, pour faire baisser nos fonds par quelque démonstration hostile. » (*Papiers politiques de M. de Villèle.*)

Les débats se prolongèrent dans la commission. M. de Villèle, qui voyait, chaque jour, la passion publique redoubler contre son projet, commençait à croire que ces délais étaient calculés et qu'ils avaient pour objet d'augmenter la clameur générale contre la conversion, afin de faciliter son rejet. Il avait su d'ailleurs par un des membres de la commission, M. de la Forêt, que le comte Roy, qui à l'époque où le président du conseil l'avait consulté s'était montré favorable à la conversion, avait été très-hostile à l'adoption dans le sein de la commission, et que même il avait présenté un contre-projet[1]. Il recevait des renseignements analogues sur la conduite tenue par le comte Mollien. Appelé plusieurs fois dans le sein de la commission, M. de Villèle se sentit confirmé dans ses craintes et ses soupçons par les questions et les objections qu'on lui fit. Dans un dîner que donna M. de Sémonville, qui réunit le ministre des finances avec M. Mollien et plusieurs autres membres de la commission, l'attitude gênée des convives le frappa, et de retour chez lui, il écrivait sur son carnet cette ligne caractéristique : « Ces hommes-là me paraissent des gens mal disposés qui se préparent à me jouer un mauvais tour en se ménageant. »

Ces fâcheux symptômes se multiplièrent tellement, qu'il en conféra avec son ami M. de Corbière, le confident ordinaire de ses inquiétudes politiques, et par le jugement duquel il aimait à contrôler son propre jugement. Les mauvaises dispositions de la chambre des pairs commençaient à devenir manifestes pour tout le monde, et M. de Villèle, étant allé chez le roi et

---

1. M. de Villèle explique ainsi, dans ses notes politiques, l'opposition que fit le comte Roy à la conversion des rentes : « Il avait, dit-il, 500,000 livres de rentes sur le grand livre. C'était 100,000 livres de rentes qu'il perdait, il y tenait. Par sa position politique, ses analogies, ses habitudes, ses relations, il tenait au précédent ministère que nous avions remplacé, tort difficile à pardonner. Il tenait par ses opinions à l'opposition sénatoriale et il avait été député pendant les Cent-Jours. » (*Documents inédits.*)

chez Monsieur le 13 mai, les trouva comme lui fort tristes de voir la loi compromise et l'arène ouverte aux ambitions qui s'agitaient de tous côtés. Le 16 mai, le président du conseil eut peu de monde à sa réception ; il en tira un mauvais pronostic pour le sort de la loi.

Le 21 mai, le duc de Lévis donna la lecture de son rapport. Il concluait à l'adoption de la loi et tranchait en faveur du ministère les questions qu'on ne pouvait raisonnablement décider contre lui : celle du droit de l'État de se libérer envers ses créanciers dès qu'il pouvait le faire, celle de l'utilité qu'il trouverait à payer 1 0/0 de moins d'intérêt aux prêteurs. En revanche, le rapport insistait d'une manière pressante sur un adoucissement en faveur des petits rentiers, dont il évaluait le nombre à 46,000 possédant pour toute fortune de 300 à 600, et de 600 à 1,000 livres de rente [1]. « Nous savons que cette classe n'a pas un droit rigoureux à cette préférence, disait le rapporteur, mais quand l'humanité réclame, les principes peuvent fléchir. » M. de Lévis mentionnait à ce sujet un sacrifice de plusieurs millions que les banquiers signataires du traité pourraient, d'après une communication faite à la commission en leur nom, c'était du moins ce que disait le rapporteur, être amenés à faire, pour continuer pendant cinq ans l'intérêt à 5 p. 100 « aux moindres rentiers, moyennant certaines conditions. »

C'était, au fond, mettre en suspicion le ministre des finances et l'accuser d'avoir sacrifié les intérêts de l'État et ceux des rentiers à l'intérêt des banquiers, puisque ceux-ci étaient censés offrir de renoncer à une partie de leur bénéfice pour conserver le reste ; M. de Lévis disait même formellement : « Les dépenses faites par les banquiers nous paraissent hors

---

1. D'après les états publiés par le gouvernement, le nombre total des rentiers était de 145,000, ce qui, en comptant par famille, faisait environ 500,000 individus.

de proportion avec les frais de commission qui leur sont alloués. »

M. de Villèle sentit le coup. Il le sentit d'autant plus que le rapporteur appuyait fortement sur le refus du ministre de donner connaissance à la chambre des pairs des détails du traité, qu'il exprimait en outre le regret qu'on eût adopté un plan qui, en réunissant les banquiers en une seule compagnie, « excluait nécessairement la concurrence et jusqu'à un certain point la publicité. Cependant, vous le savez, continuait le rapporteur, la concurrence et la publicité en matière d'emprunt sont la véritable sauvegarde de la fortune publique. »

Le rapport se terminait par ces paroles qui jetaient une grande défaveur sur le projet de loi et contenaient presque sa condamnation implicite, en insinuant que la commission dans ses débats avait entendu le développement d'idées qui auraient conduit d'une manière plus avantageuse au but.

« Nous n'avons pas à examiner si par d'autres combinaisons on pouvait arriver au même but avec plus d'avantages, c'est sur le projet de loi, tel qu'il nous est présenté, qu'il s'agit de statuer, nous vous en proposons l'adoption. »

En entendant les conclusions de la commission, le président du conseil pensa que c'était une proposition de rejet déguisée. La commission prenait l'initiative de l'opposition sans vouloir en accepter la responsabilité. Ces conclusions du rapport émurent d'autant plus M. de Villèle que l'intimité du rapporteur avec M. de Chateaubriand était connue, et que le duc de Fitz-James était aide de camp de Monsieur et admis à sa familiarité la plus intime, de sorte que la part que ce loyal et dévoué gentilhomme avait prise à la proposition incidente dont le rapporteur avait fait mention au nom des banquiers, en leur attribuant la pensée de faire un sacrifice de plusieurs millions en faveur des petits rentiers, semblait confirmer le bruit répandu « que Monsieur était décidément défavorable à la loi. »

M. de Villèle, avant que la discussion générale s'ouvrît, monta à la tribune pour écarter l'incident qu'on avait jeté au travers du débat en alléguant une proposition nouvelle faite par les banquiers réunis. Il lut une lettre collective des trois chefs des compagnies réunies, MM. Laffitte, Rothschild, Baring, qui démentaient hautement la démarche faite sans leur consentement. Il expliqua que cette démarche venait d'être tentée directement auprès de la commission et à l'insu du ministère par les banquiers avec lesquels il n'avait pas été possible de s'entendre en temps utile, précisément parce que leurs prétentions étaient excessives[1]. C'étaient MM. Sartoris et Greyffull, qui ne s'étaient décidés que le jour de l'ouverture de la session à se contenter des conditions faites aux trois compagnies réunies et acceptées par elles. Mais alors même ils n'avaient pu être admis dans la direction de l'affaire à laquelle on leur avait réservé cependant une participation ; « des obstacles pris dans le rapport des banquiers, s'opposant à ce qu'on pût attendre d'une plus grande réunion l'accord nécessaire à la conduite d'une semblable affaire. » On ne pouvait donc considérer comme sérieuse la proposition faite *in extremis* par des banquiers dont le crédit ne donnait pas des garanties équivalentes à celles des trois grandes compagnies unies avec lesquelles on avait traité, et qui, après avoir trouvé les avantages dont ces compagnies s'étaient contentées insuffisants, venaient souterrainement offrir, quand la loi était déjà votée à la

---

1. « La compagnie Greyffull et Sartoris, dit M. de Villèle dans ses notes politiques, avait commencé par demander 2 1/2 de commission sur le capital de 140 millions de rentes à convertir ; elle avait proposé, au dernier moment, de réduire ses prétentions à 1 p. 100, c'est-à-dire au taux accepté par les compagnies avec lesquelles le ministre venait de conclure, mais elle n'avait pu s'entendre avec elles sur sa part dans l'affaire, et elle s'était ainsi volontairement exclue du traité. » (*Documents inédits*.)

chambre des députés, un rabais, pour faire manquer l'affaire et rejeter la loi.

Ces éclaircissements étaient nets et complets. Mais avec la disposition naturelle des assemblées et du public à la méfiance et au soupçon, il n'en resta pas moins dans les esprits une ombre sur ce traité qui n'avait pas été communiqué aux chambres, et les esprits légers, toujours si nombreux, ne manquèrent pas de conclure de cet incident que si l'on avait attendu, on aurait obtenu de meilleures conditions.

M. de Villèle, en réponse au reproche qu'avait fait le rapporteur au gouvernement, d'avoir négligé les garanties de concurrence et de publicité, donna à la chambre des détails pour établir qu'il avait, au contraire, réuni dans cette importante affaire toutes les garanties compatibles avec l'union des forces financières de toutes les compagnies, union qu'il jugeait nécessaire au succès de l'affaire.

« Il avait, en effet, d'abord laissé former quatre grandes compagnies financières, et les avait engagées à lui faire des propositions écrites sur le prix qu'elles mettraient au remboursement, en recevant à 75 fr. les 3 p. 100 refusés. Les soumissions écrites de ces compagnies qui croyaient chacune être chargées de la totalité de l'opération, lui avaient été remises les 12, 14, 16 et 17 mars.

« La première demandait 1 1/2 p. 100 sur la totalité de 140 millions de rentes converties ;

« La deuxième, la jouissance des bénéfices jusqu'au 22 mars 1826 ;

« La troisième, offrait de se contenter de la jouissance jusqu'au 22 septembre 1825 ;

« Enfin, la quatrième remit, le 16 mars, une première proposition, portant demande d'une commission de 2 1/2 p. 100, sur la totalité des 140 millions de rentes converties ou remboursées : elle imposait encore l'engagement de la conservation de l'amortissement avec sa dotation, ses rentes et l'aliénation de ses bois.

« Quand on eut ainsi pu apprécier le prix auquel cette opération pourrait être faite, ces compagnies reçurent l'avis qu'aucune d'elles ne paraissant réunir les moyens suffisants pour faire une si grande opération, elle ne serait entreprise qu'autant qu'elles se réuniraient toutes dans un prix commun et sous une direction commune, et restreinte à un petit nombre d'hommes, auxquels seuls le gouvernement aurait affaire.

« En recevant cette communication, la compagnie numéro 4 reçut l'avertissement que ses offres étaient tellement disproportionnées avec celles des autres que, si elle voulait avoir part à l'opération, elle devait diminuer ses demandes. Elle s'empressa sur cet avis de remettre une seconde soumission sous la date du 18 mars, de se charger de l'opération, moyennant 1 p. 100 de commission, et toujours avec la réserve de la conservation de l'amortissement, réserve qui n'était faite par aucune autre.

« De nouvelles négociations s'ouvrirent entre le ministre et les compagnies, afin de s'accorder sur le prix des frais de l'opération : il fut fixé à l'abandon de la jouissance des bénéfices jusqu'au 1er janvier 1826, les deux compagnies numéros 1 et 2 n'ayant pu être ramenées à de meilleures conditions, et leur concours dans l'opération ayant paru préférable aux trois mois de jouissance qu'on eût pu gagner en tentant l'affaire sans elles.

« La direction fut confiée aux trois chefs des compagnies 1, 2, 3. Une participation dans l'affaire étant assurée au numéro 4, sans part dans la direction, des obstacles pris dans les relations des banquiers s'opposant à ce qu'on pût attendre d'une plus grande réunion l'accord nécessaire à la conduite d'une semblable affaire.

« Dès le lendemain, me parvint l'offre de la compagnie numéro 4, de se charger de l'opération sans aucune commission. C'était la même qui, lorsque la concurrence était entière et réelle, avait fait la demande la plus exagérée, et qui depuis la réduisit sur mon avertissement que les autres compagnies n'avaient pas voulu l'admettre dans la direction, et qui, blessée de cette exclusion, quoiqu'elle acceptât la participation qui lui était accordée, faisait après coup, et quand elle savait le traité signé, l'offre de n'exiger aucune commission.

« C'est cette même compagnie 4 qui a conçu le plan dont parle le rapport de votre commission ; c'est encore elle qui, sans doute, aura fait mettre sous ses yeux, au moment où la commission allait terminer son travail, la note que celle-ci a cru venir des banquiers réunis. »

Ce fut le comte Roy qui prit le premier la parole. Les adversaires du ministère attachaient une grande importance à ce qu'il ouvrît la discussion. Son opinion faisait autorité, et il était membre de la commission. Le comte Roy se trouvait dans une position difficile : consulté par M. de Villèle avant l'ouverture de la session, il avait approuvé la conversion des rentes, on l'a vu. Pour sortir d'embarras, il écrivit, avant de prendre la parole, à M. de Villèle, afin de retirer l'approbation donnée au projet en se fondant sur l'inopportunité. Il convint, au début de son discours, que le droit du gouvernement de réduire l'intérêt de la dette en offrant le remboursement du capital aux rentiers était incontestable, mais il objecta qu'il était peut-être rigoureux d'user de ce droit. Il ajouta que la réduction du taux de l'intérêt des rentes de l'État cessait d'être juste, si l'intérêt général de l'argent dans le pays n'était pas au même taux où l'on voulait abaisser celui de la rente. Il nia que l'intérêt à 4 p. 100 fût assez généralement répandu pour autoriser une réduction de la rente à ce taux. Il contesta la réalité de l'offre faite par le gouvernement de rembourser le capital en alléguant l'impossibilité où serait le gouvernement de réaliser 2 milliards 800 millions si on les lui demandait. Il s'apitoya sur le sort des petits rentiers qui, à cause de la modicité de leur pécule, ne sauraient trouver d'autres placements que la rente. Il prétendit que, si l'augmentation du capital était un avantage pour les rentiers auxquels on la concédait, afin de les indemniser de la réduction de l'intérêt, elle constituait une perte pour l'État. Il établit longuement qu'en procédant comme procédait le ministère, c'est-à-dire en réduisant immédiatement la rente de 5 à 3 p. 100 au capital de 75 p. 100, l'État renonçait au gain qu'il aurait fait en réduisant d'abord l'intérêt de 5 à 4 p. 100, puis, par une seconde opération, de 4 p. 100 à 3 p. 100.

Le comte Roy ne considérait pas assez que cet avantage, par son évidence même, n'avait pu échapper à un financier aussi expérimenté que M. de Villèle, et qu'il avait dû avoir une bonne raison pour ne pas appliquer le plan indiqué par M. Roy. Cette bonne raison, le ministre ne tarda pas à la donner : il existait en France une masse énorme et compacte de 200 millions de rentes, en une seule espèce de fonds, le

5 p. 100 ; on ne pouvait donc procéder comme en Angleterre dont la dette est divisée en fonds différents et dont le taux n'est pas le même. C'était précisément pour sortir de cette situation financière, fâcheuse et difficile, que la France était obligée de faire un sacrifice, sous peine de renoncer à l'opération et de demeurer dans cette position si dommageable pour ses intérêts, en se condamnant à payer à perpétuité 200 millions de rente à 5 p. 100, tandis que dans toutes les transactions les particuliers emprunteraient à un taux bien inférieur.

Le comte Roy proposa de substituer le rachat progressif de la rente par l'amortissement à la conversion, en insistant sur ce que la première opération aurait d'inoffensif pour les rentiers si on la comparait au dommage qu'allait leur faire éprouver la seconde. Le comte Roy oubliait que c'était perpétuer le problème au lieu de le résoudre, car on demeurait toujours en face de cette dette compacte de 200 millions de rente en un seul fonds, lourd fardeau pour le présent, obstacle dangereux aux emprunts que serait obligé de faire l'avenir.

Telle fut la partie financière du discours du comte Roy. Il ne négligea point de fortifier son argumentation par des considérations politiques. Un des plus grands inconvénients du projet de loi, selon lui, était de désaffectionner les rentiers de la capitale, les petits rentiers surtout, et l'on ne devait pas mettre une économie, quelque désirable qu'elle fût, au-dessus de l'intérêt de la popularité de la dynastie. Il renouvela l'argument déjà présenté à la chambre des députés, sur le péril qu'il y avait à livrer le crédit de la France à des banquiers étrangers. Il remit aussi en lumière un autre reproche jeté à la loi dans la chambre élective : celui de provoquer une guerre entre les propriétaires de rentes et les propriétaires fonciers. En résumé, il nia tous les avantages de la mesure, il exagéra, multiplia, supposa même les dangers et les dommages possibles et impossibles, qui, selon lui, devaient en résulter.

Le comte Roy conclut en votant pour le rejet de la loi, à moins qu'elle ne reçût des modifications assez importantes pour changer toute son économie.

La séance fut levée après ce discours sur lequel on avait compté, et sous le poids duquel on voulait laisser le ministère pendant toute une journée. L'opinion de M. Roy fit un grand effet dans la chambre et hors de la chambre. Son nom avait beaucoup d'autorité ; l'art de grouper les chiffres et de leur faire dire à peu près ce qu'on veut, pour ceux qui ne sont pas versés dans ces matières, était, à cette époque, le privilège d'un très-petit nombre d'hommes. En outre, l'ancien ministre des finances avait mis sa parole au service d'une passion publique, d'autant plus vive qu'elle prenait sa source dans un intérêt matériel, l'intérêt des rentiers, et il avait servi la coalition politique formée dans la chambre des pairs pour renverser le ministère.

Il suffirait, à défaut d'autres renseignements plus précis, de suivre la discussion de la loi des rentes à la chambre des pairs et d'indiquer les noms de ceux qui vinrent la combattre pour saisir le flagrant délit de cette coalition. Le comte Mollien qui, comme le comte Roy, avait approuvé le projet quand M. de Villèle l'avait consulté avant de la présenter, se fit inscrire pour parler sur la loi, expédient imaginé pour entrer en matière et arriver à parler contre. La forme de son discours fut modérée et presque obséquieuse, mais le fond était hostile. Le comte Mollien opposait au projet de loi un contre-projet. Il voulait qu'on mît cinq ans pour convertir ou rembourser les 140 millions de rente de la dette publique. Il proposait de faire l'opération en deux fonds différents : du 4 0/0 à 90 et du 3 à 75. Pour la liquidation de chaque cinquième, on ferait, chaque année, un emprunt, soit en 4 p. 100

à 90, soit en 3 p. 100 à 75. Il ajoutait qu'avec ce mode de conversion, les capitalistes souscripteurs de ces cinq emprunts successifs pourraient être soumis à la publicité et à la concurrence. Son discours se terminait par ces paroles :

« Convaincu des avantages qu'aurait un pareil système sur celui du projet, j'ai rédigé un amendement dans ce sens et je le dépose sur le bureau. S'il n'est point adopté ou suppléé par une modification équivalente, je me verrai, à regret, obligé de rejeter la loi. »

Ainsi MM. Roy et Mollien, qui à l'origine avaient approuvé la loi, annonçaient tous deux à la chambre des pairs qu'ils la rejetteraient. Les explications qu'ils donnèrent de ce revirement d'opinions n'ont rien qui puisse satisfaire, et, selon toute vraisemblance, l'explication de cette contradiction se trouve dans ce fait, qu'au moment où ils furent consultés par M. de Villèle, ils jugèrent la loi en financiers, et que lorsqu'ils la combattirent à la chambre des pairs, ils cédèrent à l'intérêt politique qu'ils avaient à renverser le ministère de la droite, et à l'occasion favorable qu'ils trouvaient dans la disposition des esprits.

Après MM. Roy et Mollien, M. Pasquier vint à son tour attaquer la conversion des rentes, mais sans apporter de nouveaux arguments. Si la loi était fondée en droit strict, elle ne l'était pas selon lui en équité; la rente n'était pas véritablement au pair; c'était l'agiotage qui l'avait fait parvenir à ce taux exagéré; l'intérêt de 4. p. 100 n'était pas celui des transactions ordinaires, et l'offre du remboursement était illusoire. Il ne s'arrêta pas là, et, attaquant la loi au point de vue économique comme au point de vue politique, il prétendit qu'elle ne rendrait pas les capitaux disponibles pour l'agriculture et pour l'industrie, qu'elle affaiblirait le crédit en France, dans un moment où les complications qui pouvaient survenir en Europe obligeraient peut-être l'État de recourir au crédit.

Il ajouta que la conversion des rentes mécontenterait une classe nombreuse et puissante de la population, et qu'elle nuirait à une mesure de réparation équitable, en la liant à une loi financière impopulaire. C'était la négation absolue de la possibilité de la conversion des rentes. M. Pasquier, qui comme on s'en souvient avait fait partie du ministère Richelieu, répondait sans s'en apercevoir à sa propre pensée, en allant au-devant du reproche qu'on pouvait faire à la coalition; il alléguait que le rejet de la loi n'entraînerait pas la chute du ministère. M. de Corbière répliqua avec beaucoup de dignité que la seule question dont le ministère ne se fût pas occupé était celle de l'effet que le rejet de la loi pourrait avoir sur son existence. Le prince de Talleyrand reprocha au cabinet d'avoir apporté des changements sans motifs dans la constitution et dans les finances de la France, et insista, comme les orateurs précédents, sur les fâcheuses conditions faites aux rentiers, sur la désaffection qui en résulterait. Il conseilla donc au ministère de retirer une loi aussi funeste, selon lui, à la royauté qu'à la France.

A la chambre des pairs comme à la chambre des députés, on vit l'extrême droite s'unir aux adversaires de la loi, que combattait de son côté la gauche de la chambre des pairs, représentée par le duc de Choiseul et le duc de Broglie, antagonistes naturels du ministère de droite. M. de Choiseul, en particulier, s'éleva contre la loi avec la plus grande violence. Il insista sur la détresse des petits rentiers, déclara que 100,000 familles allaient être atteintes par une mesure qu'il flétrissait comme une spoliation, demanda qu'on fît une distinction entre les rentiers qui n'avaient que 1,000 livres de rentes et ceux qui avaient un capital plus considérable sur les fonds publics, et qu'il y eût en outre une exception en faveur des rentes du tiers consolidé : toutes propositions faciles à faire, difficiles à exécuter. Comment en effet vérifier la quotité des revenus des rentiers qu'on proposait d'excepter de la mesure générale lorsque, dans les pays où on a mis un impôt sur le revenu, on a été obligé d'accepter comme base la déclaration des contribuables, faite sous la foi du serment? Comment, depuis l'établissement du grand livre de la dette publique, retrouver l'origine des titres de rente, origine qui ne laissait aucune trace sur ce grand livre? Qu'importait? on ne songeait qu'à renverser le ministère.

J'ai dit que l'étendue de la coalition se manifestait chaque jour davantage. Le duc de Crillon, membre de l'extrême droite, se prononça très-vivement contre la loi, et ce qui produisit une impression plus vive encore dans le public, le duc de Brissac, qui exerçait une influence notable sur cette partie de l'assemblée, et qui passait pour être admis à la familiarité de Monsieur, manifesta de la manière la plus catégorique son opposition contre la loi, en disant qu'il était d'abord disposé à la repousser par un vote silencieux, mais que les débats l'avaient éclairé, qu'il était maintenant convaincu qu'il s'agissait d'une mesure qui pouvait devenir préjudiciable à la société. Il motivait donc son vote négatif, en disant qu'il lui semblait injuste de faire, au profit du Trésor, une économie de 28 millions prise sur le revenu des rentiers.

Cette déclaration fit un grand effet dans le public et porta au comble l'inquiétude du ministère. Si la loi était à la fois attaquée par le centre droit, si puissant à la chambre des pairs, par la gauche et le centre gauche, par l'extrême droite, et jusque par l'entourage de Monsieur, sans parler des ambitions naturellement disposées à attaquer tous les ministères pour y ouvrir une brèche, il était indiqué que la coalition de tous ces intérêts emporterait la majorité.

M. de Villèle et son ami M. de Corbière, aidés de quelques membres de la commission et surtout de M. de la Forêt, n'étaient pas embarrassés de répondre aux arguments des adversaires de la conversion des rentes. Mais il n'y a pas de raison qui puisse prévaloir contre un parti pris et contre une opposition systématique. Le parti pris devenait plus évident à chaque séance, et cette opposition s'étendait manifestement de la gauche à la droite extrême, en englobant la plus grande partie du centre droit, le groupe des amis du duc Mathieu de Montmorency, et, M. de Villèle commençait à ne plus en douter, le groupe des amis de M. de Chateaubriand, dont l'attitude dans le ministère devenait de plus en plus réservée, et qui laissait dire par ses confidents les plus intimes qu'il avait toujours été opposé à la conversion. Le 27 mai, M. de Villèle eut à ce sujet une vive explication avec le ministre des affaires étrangères. Il ne lui laissa pas ignorer sa conviction sur la part qu'il avait à l'action violente des journalistes contre la loi et aux attaques de plusieurs membres de la chambre des pairs. Il lui rappela que cependant cette loi, il l'avait approuvée dans le conseil, et qu'il avait même insisté pour qu'elle fût annoncée dans le discours de la couronne : « M. de Chateaubriand se défendit avec de belles phrases, continue M. de Villèle, mais il se garda bien de me proposer de prendre la parole, et je crus indigne de moi de le lui demander. Mon ami M. de Corbière vint me l'offrir, et j'acceptai sa proposition pour le lendemain [1]. »

[1]. L'impartialité nous oblige à placer au-dessous du récit de M. de Villèle, que nous empruntons à ses notes politiques, la version de M. de Chateaubriand : « Nous étions en général, dit-il dans le *Congrès de Vérone*, contre le principe de la conversion ou du remboursement. Cependant, bien qu'instruit en finances bien mieux que les trois quarts de nos collègues (ce qu'au reste M. de Villèle apercevait), nous aurions, faute de confiance en nos lumières, prêté le secours de notre voix à la majorité du conseil, n'eût un obstacle achevé de nous retenir. Nous ignorions les conditions du traité entre M. de Villèle et M. de Rothschild. M. de Villèle n'en communiqua les articles particuliers qu'à M. de Corbière. Comment aurions-nous pu parler en faveur d'une mesure sur laquelle nous ne pouvions avoir d'idée arrêtée? Nous commîmes alors une grande faute, la faute de ne pas insister sur des éclaircissements. Nous avons une invincible répugnance aux explications; nous restions barricadés dans un silence hébété

La loi était déjà profondément ébranlée, et le Roi et Monsieur, chez lesquels, à l'issue de chaque séance, M. de Villèle allait chercher des consolations, appréhendaient son rejet. L'intérêt que Louis XVIII attachait au vote de la loi des rentes se reliait en grande partie à un souvenir qui pesait sur sa conscience presque comme un remords. Il était rentré en France et il reposait sous le toit de ses pères, et une grande partie de cette population de proscrits et de spoliés qui l'avaient suivi sur la terre étrangère n'avaient retrouvé, en rentrant sur le territoire de la patrie, que l'indigence, en face de leurs anciens domaines, possédés par des propriétaires étrangers. L'âme royale de Louis XVIII souffrait d'avance du parallèle qui serait fait, il le prévoyait bien, par l'histoire entre la satisfaction obtenue par la royauté restaurée, et la satisfaction refusée aux propriétaires émigrés, condamnés à voir se perpétuer leur dénûment[1]. Il insistait donc, autant qu'il pouvait, auprès des pairs sur lesquels il exerçait une influence pour faire prévaloir une loi qui lui paraissait équitable et utile en elle-même, et à laquelle se rattachait l'idée d'une réparation si vivement désirée. Mais sa santé qui déclinait et l'imminence d'un nouveau règne diminuaient son influence.

Les choses en étaient là, lorsque l'intervention inattendue de Mgr de Quélen, archevêque de Paris, contre la loi, lui porta le coup mortel. Les adversaires de la conversion et du ministère ne négligeaient, on l'a vu, aucun moyen de faire échouer le projet. Ils avaient beaucoup insisté dans tous leurs discours sur le sort des petits rentiers. M. de Quélen fut entouré par un certain nombre de pairs, qui lui représentèrent que comme

---

ressemblant à une bouderie. D'un autre côté, nous craignions, en nous expliquant au conseil, de faire avorter la mesure dans le conseil même..... Nous en vînmes à la détermination qui semblait arranger tout, nos scrupules et notre confiance dans les lumières de notre collègue : ne point parler comme *homme*, voter affirmativement comme *ministre*. » (*Congrès de Vérone*, t. II, p. 381.)

1. C'est au journal de M. de Villèle que j'emprunte ces détails.

pasteur suprême de la ville de Paris il remplirait un devoir paternel en prenant la défense d'un grand nombre de ses diocésains, menacés dans leur existence même par la loi. L'opinion de M. de Quélen devait entraîner celle de beaucoup de pairs, dévoués aux idées religieuses. Dans son discours, il mit en doute la justice de la loi même, prise dans son principe, et il nia son équité dans l'application :

« La loi, quand elle serait juste dans son principe, s'écria-t-il, l'est-elle dans le mode qu'elle emploie. Une justice si rigoureuse ne peut-elle pas être appelée une injustice? Le rentier qui ne connaît ni la spéculation du commerce, ni les calculs de la Banque ou du Trésor, qui ne vit que de son revenu, sans s'occuper d'autres choses, ne verra-t-il pas dans cette réduction une révolution dans son existence et dans celle de sa famille? Oui, cette loi pèsera avec plus de sévérité et moins de dédommagements sur une classe dont il m'appartient de plaider la cause, c'est la cause du malheur. Ce malheur n'est nulle part plus étendu, plus rigoureusement senti que dans cette capitale, le théâtre et l'asile de tant de nobles infortunes : et qui ne les plaindrait ces malheureux rentiers? Avocat et tuteur des pauvres, je réclame à cette fin toutes les modifications possibles; j'invoque le bienfait de cette loi impérieuse du malheur, qui réclame toutes les exceptions ; et puis, s'il y a des malheureux qui sont frappés par la diminution de ce qu'ils possèdent, il en est d'autres qui vont souffrir du retranchement que vont subir les riches, superflu qui tournait au profit de la charité; et je demande si le cinquième des aumônes ne diminuera pas en proportion du cinquième des rentes. »

A partir de ce discours, M. de Villèle perdit tout espoir. Il ne cessa point de combattre, mais il combattit pour l'honneur de sa loi, et non pour son succès. Dans la séance du 31 mai, où la clôture de la discussion générale fut prononcée, il fit son résumé où il reproduisit avec beaucoup de force les arguments développés par lui et ses amis dans le cours de la discussion, et notamment à la séance du 25 mai précédent[1]. C'est ce

---

1. Je trouve sur le carnet de M. de Villèle, à la date du 25 mai, la note suivante : « Fait à la chambre des pairs un discours tellement clair et net

résumé que je vais reproduire, parce qu'il rappelle les objections des adversaires les plus compétents de la loi, entre autres MM. Roy et Mollien, et qu'en les résumant, il y répond :

« On a opposé à l'adoption du projet de loi, dit M. de Villèle, la latitude qu'il laissait au ministère. Nous avons répondu qu'il ne lui conférait aucun droit que d'agir dans l'intérêt général, conformément aux règles qui régissent les intérêts privés.

« On a prétendu que le projet blessait l'équité envers les rentiers. Nous avons répondu que rembourser intégralement une dette ne pourrait jamais être considéré comme manquer d'équité.

« On a prétendu que l'offre de ce remboursement était fictive, puisque si 2 milliards 600 millions que nous devons nous étaient demandés en totalité, il nous serait impossible de les fournir. Nous avons répondu qu'il serait aussi impossible à nos créanciers de les utiliser ailleurs qu'à nous de les leur payer, et qu'avant de s'engager ainsi dans des suppositions exagérées, il suffisait de se renfermer dans les bornes du probable, et que, dans cette limite, l'offre que nous faisions du remboursement étant sûre et facile à réaliser pour tous ceux qui le demanderaient, personne n'avait le droit d'arguer d'une impossibilité par laquelle il ne serait pas atteint.

« On nous a opposé la prétendue surcharge qu'imposerait aux contribuables l'accroissement de capital que nous inscrivions sur nos nouveaux titres. Nous avons répondu que nous recevions le prix de cette concession dans la diminution de l'intérêt de la dette. Nous avons dit que cette inscription nominale n'était en elle-même que la renonciation au droit de rembourser de nouveau, jusqu'à ce que nos effets publics aient atteint le nouveau cours, et qu'il arriverait de deux choses l'une : ou que notre crédit s'élèverait jusqu'à ce taux, et qu'alors nous serions dédommagés amplement des retards de l'amortissement de la dette par le cours avantageux auquel nous placerions nos emprunts, ou que nos fonds ne monteraient pas aussi rapidement qu'on le suppose, et, dans ce cas, la perte qu'on nous reproche ne se réaliserait pas.

« On a dit que les nouveaux fonds étaient plus susceptibles que les

sur les avantages de la loi, tellement fort d'arguments irrésistibles contre les mauvais prétextes auxquels on est réduit pour l'attaquer, tellement pénétré et pénétrant de conviction, que j'en ai été excessivement ému et par suite fatigué, en présence surtout d'auditeurs prévenus, mal disposés, et dont les honteux motifs, au moins pour quelques-uns, ne m'étaient que trop connus. Été chez le Roi avant, retourné après, comme il avait bien voulu m'y engager. Il a pris part aux pénibles impressions que j'ai reçues de l'attitude de la chambre. »
(*Documents inédits*.)

autres d'accroître et de provoquer le jeu et l'agiotage à la Bourse. Nous avons répondu que le 3. p. 100 à 75 ayant une longue carrière ouverte en hausse et en baisse, sans obstacle ni chance spéciale inhérente à eux, ils étaient peu soumis à l'action du jeu qui ne s'établit avec avantage que sur des combinaisons compliquées, et difficiles à apprécier par tout le monde.

« On nous a reproché d'avoir fait des traités occultes avec des banquiers étrangers, à la merci desquels nous avions livré la fortune publique et la fortune des particuliers. Nous avons prouvé par les limites posées dans le projet de loi et par le traité lui-même, fait avec des banquiers dont la plupart ne sont pas étrangers, qu'ils se sont chargés à forfait, et moyennant une part déterminée dans les bénéfices de l'opération, d'en prendre toutes les charges et d'en supporter tous les frais ; qu'ils n'ont en rien la préférence sur les rentiers actuels, qu'ils ne peuvent avoir des 3 p. 100 que sur le refus de ceux-ci et qu'au même taux où ces rentiers les auront refusés, tandis que, dans tous les emprunts faits jusqu'à ce jour, et d'après toutes les opérations qu'on nous propose comme meilleures que la nôtre, les rentiers français n'ont rien que des mains des banquiers et au taux qu'il plaît à ceux-ci d'y mettre.

« On a dit que le prix à forfait accordé à nos compagnies pour nous décharger de toutes les chances de l'énorme opération que nous faisons était exorbitant. Nous répondons que la part qui leur a été accordée dans le bénéfice ne peut excéder en aucun cas 35 millions, tandis qu'en ne remontant pas au delà des deux derniers emprunts faits, l'un sous le ministère précédent, l'autre sous le ministère actuel, le premier sur une négociation de 12,400,000 francs de rentes a pu produire un bénéfice de 30 millions aux banquiers qui l'ont souscrit, et le second portant sur 23 millions de rentes a pu produire plus de 75 millions de bénéfice. Que l'on compare ces deux opérations et que l'on juge.

« On a dit que cette mesure affecterait le crédit, et l'Angleterre fait depuis longtemps des opérations semblables. Elle en fait une en ce moment même, non-seulement sans affecter son crédit, mais encore comme une nécessité du maintien de son crédit. Ici je dois sortir de cette triste nomenclature d'objections pour passer à des considérations plus importantes.

« Prenez-y garde, messieurs, l'arrivée du cours de nos rentes au pair est un événement plus grave qu'il n'a paru aux orateurs qui nous ont reproché d'avoir troublé, par nos plans d'améliorations, une situation si bonne et si douce pour les rentiers qu'il fallait, nous ont-ils dit, se borner à en jouir.

« La rente parvenue au pair amenait la nécessité de délibérer sur ce que nous ferions avec l'amortissement.

« La rente parvenue au pair, arrivait le droit de rembourser et la possibilité d'en réduire l'intérêt.

« Personne ne s'en doutait, nous dit-on. Quand cela serait, le gouvernement n'est-il pas là pour veiller, et n'avait-il pas le droit d'en avertir? Personne ne s'en doutait. Et pourquoi donc a-t-on reproché au ministère, dans l'autre chambre, de ne pas avoir répondu, dès l'année dernière, à l'interpellation qui lui était faite pour connaître les intentions du gouvernement sur ce point?

« La rente des 5 p. 100 au pair, on est dans la nécessité de renoncer à la libération de l'État au moyen de l'amortissement, c'est-à-dire de rompre une des conditions essentielles du système de crédit dans lequel nous sommes, ou de renoncer formellement au droit de remboursement qui jette la perturbation dans les esprits, affecte notre crédit, et provoque l'agiotage, tant qu'on le laisse subsister sans en user, ou sans substituer, comme nous le proposons, à un effet qui a fourni sa carrière, un effet qui en ait une nouvelle ouverte devant lui, en compensant cette concession par une réduction dans le taux de l'intérêt.

« C'est ce dernier parti que nous avons pris. Il lève les difficultés de la position, il conserve et accroît le crédit public, il donne pour résultat immédiat une diminution de 28 millions dans les charges publiques.

« La France tout entière sait donc où en est cette grave question, et tout entière elle s'y intéresse, car tout entière elle a payé les frais de l'établissement du crédit, tout entière elle en supporte, chaque jour, les nécessités onéreuses, tout entière elle en attend le prix. Le prix, c'est la conservation du crédit, précieuse ressource dans les circonstances difficiles, et les conséquences du crédit, c'est la diminution de l'intérêt de l'argent dans les circonstances favorables. Refuseriez-vous d'accéder à ce vœu si juste, si légitime, si général, d'après des considérations d'intérêt?

« Qu'on ne s'abuse pas sur la situation, elle a beau paraître bonne et commode à ceux qui y trouvent sûreté du placement, exactitude dans le service des intérêts, accroissement du capital, faculté de le réaliser chaque jour, à sa volonté, avec d'immenses bénéfices; ce n'est là qu'un des côtés de la médaille; voyons le revers.

« Depuis huit ans, les contribuables sont soumis à des accroissements d'impôts dont les circonstances les plus graves ont pu seules déterminer l'adoption et dont le maintien contrasterait trop avec un crédit si florissant pour qu'on ne cherchât pas à faire tourner l'un au soulagement de l'autre. C'est ce que nous avons fait avec assez de bonheur, pour qu'on puisse nous dire que nous ruinerons les contribuables par le haut cours auquel notre amortissement sera forcé d'acheter le 3 p. 100. Les 933 millions dont on a tant parlé sont la meilleure réponse à ceux qui prétendraient que nous ne conservons pas notre crédit dans toute sa force. S'il devait recevoir la moindre atteinte de la mesure, ces 933 millions ne nous seraient pas opposés comme une charge possible par les financiers qui nous ont combattus.

« Nous sommes encore assez heureux pour qu'on nous dise qu'aucun rentier ne demandera son remboursement. Ainsi l'on reconnaît que la mesure ne peut avoir l'inconvénient de ces déplacements qu'on redoutait, et aussi celui du passage de nos rentes des mains des Français dans des mains étrangères.

« Enfin, dès le budget prochain, nous vous présenterons la répartition ou dégrèvement des fonds produits par la réduction d'intérêt sur les 140 millions de rentes, sans rien perdre des moyens du crédit ménagé pour fermer les dernières plaies de la révolution. Cet allégement dans la charge des peuples ne sera pas moins utile au crédit et à ceux qu'il intéresse plus particulièrement, qu'aux contribuables eux-mêmes, car je ne saurais trop en faire l'observation : la justice envers tous les intérêts est la meilleure, la seule garantie de conservation pour tous, et vouloir sacrifier celui des contribuables à celui des rentiers, ce serait exposer les derniers plutôt que de les servir. »

Pendant que ces grands débats avaient lieu à la chambre des pairs, et à mesure que le rejet de la loi des rentes, qui avait d'abord paru possible, devenait probable, puis inévitable, l'agitation redoublait autour du ministère. On le croyait menacé dans son existence par le rejet d'une loi aussi importante, et ceux qui étaient intéressés à profiter de sa mauvaise situation le faisaient pressentir sur les sacrifices auxquels il pouvait être disposé à se résigner pour retenir la majorité près de lui échapper. Le carnet de M. de Villèle, auquel nous devons tant de renseignements précieux, mentionne deux communications faites, à ce sujet, au président du conseil.

L'une venait des amis de M. le duc Mathieu de Montmorency. On offrait, en leur nom, à M. de Villèle, de faire passer la loi compromise, s'il acceptait une combinaison qui réintégrait M. de Montmorency dans le conseil :

« Je me souviens à merveille, écrit M. de Villèle dans une note politique relative à cette indication de son carnet, que M. de Courtavel, notre ami et ancien collègue, alors pair de France, fut un des intermédiaires. Je ne me rappelle pas quel fut l'autre, mais tous deux étaient dignes de ma confiance et incapables de s'avancer ainsi, s'ils n'y eussent été complétement autorisés. »

Peu de jours après, M. de Villèle recevait une lettre du baron de Damas, qui l'assurait de l'acceptation du duc Mathieu si un portefeuille lui était offert. Cette demande, faite en ce moment suprême où le vote de la chambre allait prononcer, a de l'importance, parce qu'elle établit que c'était moins une conviction contre la loi qu'un intérêt et un calcul politiques qui empêchaient, de ce côté, son adoption. La rentrée de M. le duc Mathieu de Montmorency au conseil n'aurait, en effet, rien changé à la valeur de la conversion des rentes. M. de Villèle répondit, et c'est lui qui nous a conservé le texte de sa réponse : « Qu'on s'adresse à celui qui fait les ministres et non à celui qui a été fait tel. » Il était difficile, pour ne pas dire impossible, qu'après l'éclat de la rupture qui avait précédé la campagne d'Espagne, M. de Montmorency rentrât au conseil sans que M. de Villèle en sortît. D'ailleurs, il n'aurait pu rentrer que pour remplacer M. de Chateaubriand, et l'éviction de celui-ci eût fait perdre autant de voix que le retour de M. de Montmorency en eût fait gagner.

L'autre proposition avait quelque chose de plus fâcheux. Ce fut M. de Sémonville, grand référendaire à la chambre des pairs, qui s'en fit l'interprète :

« Le grand référendaire, écrit M. de Villèle sur son carnet à la date du 30 mai, vient me voir, et son discours peut se réduire à ceci : « Votre loi est compromise; elle tient à sept ou huit voix. On pourrait « les avoir, du moins, je le crois, avec du 3 p. 100. » « Je ne balançai pas à répondre de suite, continue M. de Villèle : Votre chambre n'a donc pas lu la loi ? Elle aurait vu que le ministre des finances n'a pas le plus petit coupon de ces 3 p. 100 à sa disposition. Mais les banquiers soumissionnaires ont tous ceux des rentiers qui demanderont le remboursement. On s'est trompé de porte, c'est à celle-là qu'il fallait frapper. »

Après avoir cité ces souvenirs de son carnet, M. de Villèle ajoute dans une note écrite en 1843 :

« La démarche de M. de Sémonville était-elle fondée ou non? Je l'ignore. Tout ce que je puis dire après vingt ans de date, et le poids sur le cœur de 800 millions que ce rejet a coûtés à mon pays, c'est que, ce que je fis ce jour-là, je le ferais encore aujourd'hui. Je n'étais pas né pour être ministre, dira-t-on peut-être ; j'en conviens, aussi n'a-t-il pas moins fallu qu'une épouvantable révolution pour que je le fusse? »

Le président du conseil ayant repoussé les deux expédients au moyen desquels on lui proposait de faire passer la loi, il fallait en revenir à la lutte. Le 1ᵉʳ juin, le duc de Lévis fit son résumé. Il était conçu dans le même esprit que le rapport. Sans doute il concluait à l'adoption de la loi, mais il laissait comprendre, en même temps, que la majorité de la commission verrait avec plaisir le traité souscrit avec la grande compagnie financière, modifié par un accord entre cette compagnie et MM. Greffulhe et Sartoris, qui, depuis l'ouverture du débat à la chambre des pairs, avaient fait une proposition nouvelle. C'était ôter au gouvernement la base même sur laquelle il s'était appuyé pour présenter la loi, car s'il entrait en négociation avec les banquiers qui s'étaient montrés, à l'origine, les plus difficultueux, il remettait en doute son traité avec la grande compagnie financière qui s'était engagée, moyennant un bénéfice promis et accepté, à fournir tous les fonds nécessaires pour les remboursements demandés. Le rapporteur faisait comprendre, en outre, que si le gouvernement voulait accepter les amendements proposés par MM. Roy et Mollien, la commission souscrirait volontiers à cette modification du plan primitif ; nouvelle atteinte portée au projet du gouvernement recommandé par la majorité de la commission à titre de pis aller. M. de Villèle avait une conviction trop forte et un esprit trop ferme pour consentir ainsi à démolir sa loi de ses propres mains. Qu'elle pérît, si elle devait périr ! mais que les promoteurs du rejet en eussent la responsabilité. Il prit donc la parole pour combattre l'amendement de M. Roy, qui consistait à substituer les rentes 4 1/2 p. 100 aux rentes 3 p. 100 du projet de loi, et à diviser l'opération en cinq séries. M. de Villèle repoussa énergiquement cette proposition, qui constituait un contre-projet, en établissant que l'économie faite par l'État au moyen de cette combinaison serait presque nulle, que cette mesure incomplète ne rendrait pas au crédit l'élasticité qui lui était nécessaire, et qu'enfin, ce serait un acte d'imprévoyance et de témérité politique impardonnable, que de prendre un laps de cinq années, dans lesquelles pourraient surgir des obstacles imprévus, pour achever une opération financière qu'on avait la faculté de réaliser en quelques mois. L'amendement du comte Roy ne fut rejeté que par 114 voix contre 112, c'est-à-dire à 2 voix de majorité.

Il était évident que la loi était perdue. On ne discuta même pas, le lendemain, l'amendement du comte Mollien, qui n'était qu'un pâle reflet de celui du comte Roy. La coalition connaissait désormais sa force, et quand M. Mollien eut développé longuement son amendement, on alla au vote, sur la remarque du duc de Broglie que, le sort de la loi étant fixé par le scrutin de la veille, il était inutile de prolonger la discussion. L'amendement fut rejeté à une majorité de 16 voix, ce qui ne trompa personne, ajoute tristement M. de Villèle, sur le sort réservé au premier paragraphe.

« Pour satisfaire au désir du roi, continue-t-il, et ôter tout prétexte plausible au rejet qui allait être prononcé, je montai à la tribune et je déclarai au nom du gouvernement que, pour délivrer de tout scrupule ceux sur l'opinion desquels la considération du sort des petits rentiers pourrait exercer une influence, l'intention de Sa Majesté était, dans le cas d'adoption de la loi, de pourvoir, par une mesure administrative facile à lui, avec l'institution de la caisse des dépôts et consignations, et l'existence des caisses d'épargne, à ce que les rentiers peu fortunés trouvassent l'assurance de conserver le même intérêt de leur petit pécule. »

Cette transaction offerte ne fut pas acceptée. C'était le rejet de la loi qu'on voulait. M. le duc de Broglie, au nom de la gauche, M. de Saint-Roman, au nom de l'extrême droite, le déclarèrent sans hésiter. La chambre des pairs était au grand complet. Les sénateurs impériaux, que leur âge avancé empêchait d'y siéger ordinairement, s'étaient rendus à l'appel qui leur avait été adressé par les adversaires du cabinet, et ils étaient venus se joindre aux opposants. L'aspect de cette salle hostile avait laissé à M. de Villèle une impression profonde qui se retrouvait encore dans sa mémoire et sous sa plume, après vingt années écoulées :

« Le 3 juin, écrit-il, la chambre des pairs était au grand complet, comme toutes les fois qu'une mesure antigouvernementale devait être adoptée. On y trouvait de ces figures sénatoriales chargées d'années et de méfaits politiques, qui ne s'y rendaient que dans ces occasions. Le premier paragraphe, après un long et mortel scrutin de oui et non, fut rejeté à 15 voix de majorité. Comme dans une bande où vient d'être commis un gros méfait, il y eut un moment de stupeur. Le président semblait ne plus savoir ce qu'il restait à faire. Personne n'ouvrait un avis. Le ministre, pressé d'aller rendre compte au roi de ce qui venait de se passer, et ne pouvant se retirer convenablement tant que la séance resterait ouverte, monta à la tribune. Il fit observer que le rejet du premier paragraphe ayant rendu inutile les deux autres, il n'y avait plus de loi possible, mais qu'un vote d'ensemble étant nécessaire, il demandait qu'il y fût immédiatement procédé. L'ensemble de la loi fut rejeté à 34 voix de majorité. »

Ainsi fut repoussée la loi de la conversion des rentes. Elle succomba sous une coalition d'inquiétudes sincères, de préventions aveugles, de scrupules honorables, mais peu motivés, d'intrigues jalouses, de calculs hostiles, d'intérêts lésés, d'antipathies personnelles et de passions ambitieuses. La droite commit ce jour-là une grande faute : elle ne vit pas qu'elle s'affaiblissait elle-même en ébranlant le seul ministère de droite qui fût possible, ses nuances extrêmes étant trop éloignées du centre de gravité de la France pour se tenir en équilibre au pouvoir. La faute de M. de Villèle fut de ne pas avoir assez préparé les esprits à son projet. Comme le lui dit M. Laffitte après le rejet : « Il avait eu le grand tort de voir plus vite et plus loin que les autres, et on ne l'avait pas suivi. »

V

RENVOI DE M. DE CHATEAUBRIAND.

La joie fut grande à Paris le jour où eut lieu ce vote décisif. C'était là qu'était agglomérée la majorité des rentiers, surtout des petits rentiers. En outre, Paris, comme la plupart des villes capitales, a presque toujours été une ville d'opposition, il semble qu'il gagne tout ce que le gouvernement perd. Le roi, par les motifs que j'ai exposés plus haut, fut à la fois attristé et profondément irrité du rejet de la loi. L'état d'affaiblissement où il était ne lui laissait plus la force de contenir ses impressions, et les termes les plus violents et les plus durs lui vinrent à la bouche. Quand le président du conseil lui eut rendu compte des dernières circonstances du rejet depuis plusieurs jours prévu, le roi, qui attribuait à des vues ambitieuses et jalouses, coalisées avec des vues cupides ou désorganisatrices, le vote de la chambre des pairs, où sans cela la loi aurait triomphé de scrupules honorables et de convictions sincères quoique erronées, adressa avec émotion ces paroles au président du conseil : « Villèle, ne m'abandonnez point à ces brigands; restez avec moi. Je vous soutiendrai bien, comptez-y, soyez-en sûr. » M. de Villèle répondit qu'il était entièrement aux ordres du roi, soit pour se retirer à l'instant, soit pour tout ce qu'il jugerait d'utile à son service, et il demanda et obtint la permission d'aller rejoindre ses collègues à la chambre des députés, où ils soutenaient la loi de la septennalité.

Ainsi, le succès qu'avait espéré la coalition était moins complet qu'elle ne l'avait cru. La loi avait échoué, mais M. de Villèle n'était point renversé. Il est vraisemblable que, dès le jour même, la résolution du roi fut connue à la cour. M. de Villèle raconte, en effet, que le soir du rejet de la loi des rentes qui était son jour de réception, il eut plus de monde dans ses salons qu'il n'en avait encore eu jusque-là.

« J'eus un monde fou à ma réception, écrit-il dans ses notes, particulièrement la plus grande partie des pairs de cour qui, entrés dans le complot du rejet, arrivèrent en foule même avant que le dîner que nous donnions ce jour-là fût terminé, l'œil morne et la tête baissée, montrer leurs regrets de l'acte dont ils venaient se condouloir. J'étais fait à ce manége. Quand je trouvais un de ces courtisans plus prévenant que d'ordinaire dans mes apparitions chez le roi, je me demandais quel tour il m'avait joué, et souvent je le découvrais dans la conversation avec Sa Majesté. »

Le rejet de la loi des rentes, si grave qu'il fût en lui-même, devait entraîner des conséquences plus graves encore. On a vu l'attitude que M. de Chateaubriand avait gardée pendant toute la discussion. Ses amis, à la chambre des pairs comme à la chambre des députés, s'étaient montrés ouvertement hostiles, et dans les derniers moments du débat, M. de Nicolaï, sur lequel on connaissait son influence, avait parlé contre le projet. Il a expliqué depuis, dans le *Congrès de Vérone*, qu'il avait toujours été contraire en principe à la loi, mais que par suite de la confiance qu'il avait dans les lumières financières de M. de Villèle, il s'était décidé à la voter en silence, sans prendre la parole pour la défendre. Dans les conditions où l'on se trouvait placé, c'était voter pour, en assurant la majorité à ceux qui votaient contre.

J'ai curieusement recherché, dans les correspondances inédites de M. de Chateaubriand, que j'ai été à portée de consulter, les motifs de sa conduite dans cette circonstance. Il est difficile d'admettre qu'il ait été toujours contraire à la loi, car s'il en avait été ainsi, il n'aurait pas pressé M. de Villèle de terminer ses arrangements avec les banquiers, afin que le roi pût annoncer la conversion dans le discours de la couronne. Il est plus probable qu'en voyant la grande opposition qui s'organisait contre cette mesure, il commença à se mettre à l'écart pour réserver sa fortune politique dans le cas où M. de Villèle viendrait à échouer. Nous trouvons dans une lettre adressée dès le 7 avril 1824, au prince de Polignac, ambassadeur à Londres, le premier indice du mouvement qui se fait dans les idées de M. de Chateaubriand, relativement à la loi des rentes : « Je vous écris, dit-il, de la chambre des pairs où nous nommons la commission pour la septennalité. Elle a disparu au milieu du bruit que fait la réduction des rentes. » Dans la même correspondance[1] nous rencontrons, à la date du 15 avril, la même pensée qui vient s'accentuer plus vivement : « Nous ne parlons ici que de la rente dans laquelle nous sommes un peu *embabouinés* pour être allés trop vite. » Cette pensée préoccupe tellement l'esprit de M. de Chateaubriand qu'elle devient une obsession et que, quatre jours après, il écrit encore au prince de Polignac en parlant de M. Decazes : « Ce n'est ni un homme d'esprit, ni un homme de talent; c'est un Gascon étourdi et médiocre. Dans ce moment, il intrigue beaucoup à propos de la réduction des rentes qui rencontre une grande opposition. Nous avons été un peu trop vite. » Le 3 mai les préoccupations de M. de Chateaubriand s'aggravent :

1. Nous devons la communication de ces documents inédits à M. le duc de Polignac, fils aîné du prince.

« Le roi, écrit-il au prince de Polignac, est comme vous l'avez vu cent fois, ni mieux ni plus mal. Il a aujourd'hui soutenu à merveille les fatigues de la journée ; nous n'avons qu'une affaire ici, celle de la réduction des rentes. La loi passera aujourd'hui ou demain (à la chambre des députés) à une grande majorité, mais nous sommes devenus bien impopulaires. »
Le 10 mai, notre ambassadeur à Londres ayant demandé un congé, M. de Chateaubriand lui répond : « Ne songez pas, noble prince, à revenir. Quand je pourrais vous obtenir un congé, je ne le voudrais pas pour vous dans ce moment. Il ne fera bon ici que dans un mois. Croyez-moi, ni pour vous, ni pour moi, la demande d'un congé ne vaudrait rien. On nous le refuserait, et il resterait dans l'esprit du roi même une impression qu'il importe de ne pas faire naître. Dans un mois, ce sera tout autre chose. Le parlement sera fini, Talaru en route pour Paris, la loi des rentes passée ou rejetée. Les raisons ne nous manqueront pas. »

On le voit, dès le 10 mai, avant le dépôt du rapport du duc de Lévis, M. de Chateaubriand acceptait, avec une indifférence qu'il ne prenait point la peine de dissimuler et comme un homme désintéressé dans la question, l'alternative de l'adoption ou du rejet de la loi des rentes présentée par le cabinet dont il était membre. Ce fait est grave, et la persistance à refuser à M. de Polignac le congé que celui-ci demande est peut-être plus grave encore. « Pour rien au monde, écrivait-il le 13 mai, je ne pourrais vous autoriser à venir dans ce moment. Je suis désolé de cette contrariété, mais il y va de vous et de moi, et je ne puis jouer cette partie pour une affaire de famille, attendez une semaine [1]. »

---

1. Nous trouvons, en effet, dans les papiers politiques de M. de Villèle, la trace d'une lettre de M. de Laborie que M. de Villèle résume ainsi : « Je reçus, le 2 juin, d'un des intermédiaires du prince de Polignac (arrivé à Paris le 29 mai) une lettre où il me propose, comme la plus belle chose du monde et le

Ce ne fut que le 20 mai que M. de Chateaubriand écrivit au prince de Polignac que le roi consentait à ce qu'il vînt passer quinze jours à Paris, mais à partir de la fin du mois de mai seulement. Encore paraissait-il trouver sa présence prématurée. Comment ne pas voir dans cette préoccupation si vive au sujet de la présence de M. de Polignac, à Paris, pendant la discussion de la loi sur la conversion des rentes, le contrecoup de la crainte qu'éprouvait le ministre des affaires étrangères, de voir celui-ci s'engager dans quelque combinaison peu favorable à ses propres vues ?

Il était impossible que cette conduite plus qu'équivoque de M. de Chateaubriand pendant la discussion de la loi des rentes, cette volonté arrêtée de garder le silence qui avait résisté même aux insinuations caressantes du roi [1], cette sollicitude à refuser toute solidarité avec ses collègues sur ce point et à leur laisser le poids du débat et la responsabilité entière de l'échec, ne l'eussent pas rendu suspect au Roi et au président du conseil, avertis à la fois par son immobilité systématique et l'activité hostile de ses amis. Aussi, quand après le vote définitif, M. de Chateaubriand s'approcha de M. de Villèle et lui dit : « Si vous vous retirez, nous sommes prêts à vous suivre, » le président du conseil lui jeta pour

---

salut du ministère, d'en expulser le baron de Damas et de le faire remplacer à la guerre par M. de Clermont-Tonnerre, et de mettre à la marine M. de Polignac; établissant par ce mouvement Corbière et moi au fond du cœur du futur roi, Monsieur, et offrant, en qualité d'ami de M. de Chateaubriand, de porter un poids immense en faveur de la loi des rentes à la chambre des pairs. » (*Documents inédits.*)

1. « Louis XVIII (nous le vîmes le matin, avant d'aller au Luxembourg) nous fit d'une manière affectée l'éloge d'un discours prononcé en faveur de la réduction des rentes. Nous n'en persistâmes pas moins dans notre dessein de mutisme ; quelque chien sans doute nous avait mordu. Cela dut paraître d'autant plus mal au roi, qu'on assurait la retraite de M. de Villèle, certaine dans le cas où la loi serait repoussée. Nous savions le contraire, mais nous n'en avions pas moins l'air, en refusant notre parole, de travailler au renversement du président du conseil. » (*Congrès de Vérone*, t. II, p. 385.)

toute réponse un regard froid et sévère, où se peignait toute son incrédulité [1].

Quel que soit le prestige du génie, il faut reconnaître que M. de Chateaubriand n'avait pas la bonne position dans ce conflit. Il avait méconnu le principe de la solidarité ministérielle, en refusant au moins implicitement, lui membre du cabinet, de faire un effort personnel pour sauver la loi à laquelle l'existence de ce cabinet semblait attachée. Fit-il quelque chose de plus? Y eut-il, comme on l'a insinué, une partie liée entre lui et ceux qui voulaient amener un nouveau ministère dans lequel la contre-opposition de droite, un ou deux pairs de cour et quelques notabilités administratives de la chambre haute devaient trouver place? C'est ce que soupçonnèrent ses collègues, c'est ce que le roi crut avéré, comme on va le voir.

Pendant le peu d'instants que le président du conseil avait passés dans le cabinet de Louis XVIII, le jour même où il était allé lui annoncer le rejet de la conversion, le roi se montra très-prévenu contre M. de Chateaubriand. Il interrogea le président du conseil et lui demanda si, dans l'explication qu'il avait eue, quelques jours auparavant, avec le ministre des affaires étrangères, il n'avait rien aperçu de nature à démontrer ce que le roi appelait déjà la trahison de M. de Chateaubriand. M. de Villèle partageait les soupçons du roi; il ne doutait pas d'une malveillance systématique; il soupçonnait plus, mais les preuves lui manquaient. Il se contenta donc, en sortant des Tuileries, de faire part de ses soupçons à son ami M. de Corbière. Celui-ci partageait la méfiance du

---

1. M. de Chateaubriand parle avec dédain de ce regard. Cependant, quatorze ans après, il en conservait encore le souvenir. Je trouve, en effet, dans le *Congrès de Vérone*, publié en 1838, cette phrase : « M. de Villèle, pour toute réponse, nous honora d'un regard que nous voyons encore. Ce regard ne nous fit aucune impression ; il nous était tout un de rester avec nos collègues, de sortir avec eux ou de partir seul. »

président du conseil, mais sans avoir pu réunir plus de lumières que lui.

Pour ne rien taire, il faut rappeler que M. de Chateaubriand avait, auprès du roi, une puissante ennemie, dont la voix était favorablement écoutée et à laquelle la conduite équivoque du ministre des affaires étrangères fournissait des armes. En exposant les grandes causes qui agissent sur les événements, l'histoire, pour être exacte, ne saurait négliger les causes secondaires. Naturellement le salon de madame du Cayla continuait à être un centre d'action puissant. On a déjà vu M. de Villèle obligé de lutter opiniâtrément pour défendre l'intégrité de son ministère contre les empressements politiques des deux amis particuliers de madame du Cayla, qui voulaient arriver aux affaires; dans ses mémoires particuliers, M. le vicomte Sosthène de la Rochefoucauld s'est nommé lui-même ainsi que M. le duc de Doudeauville, son père. On avait d'abord fait une campagne contre M. de Corbière, que M. Sosthène de la Rochefoucauld voulait, on l'a vu, remplacer au ministère de l'intérieur, en introduisant son père, M. le duc de Doudeauville, à la maison du roi. Puis, comme M. de Villèle avait opposé à ces efforts une résistance inflexible, on avait continué à chercher sur quel point on pourrait faire brèche dans la place. Selon toutes les probabilités, ce fut de ce côté que vinrent au roi les preuves, ou, tout au moins, les accusations positives qu'il attendait, contre ce qu'il appelait la félonie de M. de Chateaubriand.

La défiance du ministère était déjà assez excitée pour que, dans la séance du 5 juin, où l'on discutait à la chambre des députés la loi sur la septennalité, M. de Chateaubriand ayant demandé la parole pour répondre à M. de la Bourdonnaye, M. de Corbière crût devoir l'empêcher de monter à la tribune, en réclamant la priorité comme chargé personnellement de la défense de la loi. M. de Corbière occupa la tribune pendant plus d'une heure, et la séance fut levée après un discours de M. de Girardin, sans que M. de Chateaubriand pût prendre la parole. Cet incident produisit une vive impression dans la chambre et au dehors. On devina que le ministère ne voulait pas laisser parler M. de Chateaubriand, parce que les soupçons et le mécontentement qu'il avait provoqués étaient assez vifs pour qu'on doutât s'il resterait au ministère [1].

Le lendemain, M. de Villèle trouva le Roi encore plus animé contre M. de Chateaubriand. Ses collègues partageaient de plus en plus les soupçons de Louis XVIII, à tel point que la question de savoir si l'on demanderait au Roi l'exclusion du ministre des affaires étrangères fut agitée. M. de Villèle, à qui nous empruntons ces détails, ajoute que M. de Corbière, soupçonné cependant par M. de Chateaubriand d'avoir pris la part principale à son renvoi, fut presque le seul à montrer quelque indécision sur la proposition faite par plusieurs membres du cabinet d'éloigner M. de Chateaubriand du conseil. Cependant aucune résolution ne fut prise. Cette discussion eut lieu le 5 juin, veille de la Pentecôte. Le bruit du renvoi de M. de Chateaubriand était assez accrédité pour qu'on commençât à en parler. M. de Rothschild, c'est M. de Chateaubriand qui le raconte, ayant rencontré sur le boulevard le secrétaire du ministre des affaires étrangères, lui demanda si

---

1. Ce fut l'impression de M. de Chateaubriand lui-même, comme on peut s'en convaincre par le récit que nous empruntons au *Congrès de Vérone* : « La septennalité, dit-il, fut débattue le samedi 5 à la chambre élective. M. de la Bourdonnaye parla contre la loi. Nous fîmes un signe au président, M. Ravez, dans le dessein de monter à la tribune. Il était probable que nous eussions eu quelque succès. Notre renvoi immédiat devenait alors impossible. M. de Corbière se leva, requit d'être entendu le premier sur une loi ressortissant de son ministère, il nous dit : « Vous parlerez après. » Nous trouvâmes cela tout simple; nous cédâmes notre rang. Il n'y a pas d'apprenti en politique qui ne nous jouât sous jambe. Nous ne sommes cependant pas de ces capacités supérieures, enfants et génies à la fois : bonhomme sans bonhomie, nous voyons qu'on nous attrape, et nous nous laissons attraper ; il est plus commode d'être dupe que de s'évertuer à ne pas l'être. » (*Congrès de Vérone*, t. II, p. 387.)

celui-ci comptait parler sur la septennalité. Le secrétaire répondit : « Sans doute. » M. de Rothschild repartit : « Il faut savoir si on lui en laissera le temps. » Plusieurs amis de M. de Chateaubriand vinrent le voir dans la soirée du jour où avait eu lieu entre lui et M. de Corbière l'incident relatif à la septennalité ; ils le grondèrent de n'avoir pas gardé la parole ; ils n'étaient pas sans inquiétude. « Nous renvoyer demain ? répondit M. de Chateaubriand à qui nous empruntons ces détails ; tout à l'heure, si l'on veut. »

Les choses en étaient là lorsque le 6 juin, jour de la Pentecôte, M. de Villèle, dont nous suivrons le récit, fut, contre l'ordinaire, mandé à dix heures du matin chez le Roi.

« Je m'y rendis, continue le ministre, et à peine la porte de son cabinet était-elle fermée, qu'il me dit : « Villèle, Chateaubriand nous
« a trahis... Je ne veux pas le voir ici à ma réception d'après la messe.
« Faites l'ordonnance de son renvoi. Qu'on le cherche partout, et
« qu'on la lui remette à temps. Je ne veux pas le voir à ma réception. »
Je représentai au Roi la brièveté du temps. Il me fit dresser l'ordonnance sur son propre bureau, ce qu'il n'aurait jamais fait dans une autre occasion. Il la signa, j'allai l'expédier. On ne trouva plus M. de Chateaubriand chez lui, il était déjà dans les appartements de S. A. R. Monsieur, attendant la sortie du prince pour lui présenter ses hommages. Ce fut là seulement qu'on put lui remettre l'ordre du roi qui le révoquait de ses fonctions. De cette circonstance fâcheuse sont sorties toutes les récriminations sur la forme. »

Nous compléterons le récit de M. de Villèle par celui de M. de Chateaubriand. Le premier servira à faire comprendre à quoi tient ce défaut de forme, qui fut si vivement ressenti par M. de Chateaubriand et si ardemment exploité par ses amis contre M. de Villèle.

« A dix heures et demie, dit M. de Chateaubriand, nous nous rendîmes au château. Nous voulûmes d'abord faire notre cour à Monsieur. Le premier salon du pavillon Marsan était à peu près vide : quelques personnes entrèrent successivement et semblaient embarrassées. Un

aide de camp de Monsieur nous dit : « Monsieur le vicomte, je n'es-
« pérais pas vous rencontrer ici, n'avez-vous rien reçu ? » Nous lui
répondîmes : « Non, que pouvions-nous recevoir ? » Il répliqua :
« J'ai peur que vous ne le sachiez bientôt... » Un huissier vint nous
dire qu'on nous demandait. Nous suivîmes l'huissier, il nous conduisit à
la salle des maréchaux. Nous y trouvons notre secrétaire Hyacinthe
Pilorge. Il nous remet cette lettre et cette ordonnance en nous disant :
« Monsieur n'est plus ministre. » M. le duc de Rauzan, directeur des
affaires politiques dans notre absence, n'avait pas osé nous l'apporter. »

« Monsieur le vicomte,

« J'obéis aux ordres du Roi, en transmettant de suite à Votre
Excellence une ordonnance que Sa Majesté vient de rendre.

« J'ai l'honneur d'être, etc.

« Signé : J. DE VILLÈLE. »

« LOUIS, par la grâce de Dieu, etc.

« Nous avons ordonné et ordonnons ce qui suit :

« Le sieur comte de Villèle, président de notre conseil des ministres
et ministre secrétaire d'État au département des finances, est chargé,
par *intérim*, du portefeuille des affaires étrangères, en remplacement
du sieur vicomte de Chateaubriand.

« Le président de notre conseil des ministres est chargé de l'exécution de la présente ordonnance, qui sera insérée au *Bulletin des lois*.

« Donné à Paris, en notre château des Tuileries, le 6 juin de l'an
de grâce 1824, et de notre règne le vingt-neuvième.

« Signé : LOUIS.

« Par le Roi :
« *Le président du conseil des ministres,*
« Signé : J. DE VILLÈLE. »

Deux heures après, M. de Chateaubriand avait quitté le ministère des affaires étrangères, et il écrivait à M. de Villèle le
billet suivant, qui devint aussitôt public :

« Paris, 6 juin 1824.

« Monsieur le comte,

« J'ai reçu la lettre que vous avez bien voulu m'écrire, contenant
l'ordonnance du Roi, datée de ce matin 6 juin, qui vous confie le
portefeuille des affaires étrangères. J'ai l'honneur de vous prévenir

que j'ai quitté l'hôtel du ministère et que le département est à vos ordres.

« Je suis avec une haute considération, etc.

« CHATEAUBRIAND. »

Voilà le récit exact du renvoi de M. de Chateaubriand, qui devait avoir de si graves conséquences. M. de Villèle s'est toujours défendu d'en avoir pris l'initiative, tout en convenant que les esprits étaient tellement animés contre le ministre des affaires étrangères dans le conseil, qu'une proposition aurait été faite à cet égard, si la détermination prise par le Roi ne l'avait pas prévenue [1]. La forme même, sujet de tant de plaintes et de si vives récriminations, donne aux détails si précis de la version de M. de Villèle une vraisemblance voisine de l'évidence. Si l'éviction de M. de Chateaubriand avait été décidée après une délibération en conseil des ministres, on aurait agi tout autrement : le temps n'aurait pas manqué pour faire connaître, dès la veille, au ministre révoqué, sa disgrâce, et l'on n'aurait pas attendu qu'il fût aux Tuileries pour lui signifier l'ordonnance. Tout sent ici la précipitation d'une mesure prise *ab irato* par le Roi sur des renseignements particuliers, parvenus par une autre voie que celle du ministère, tout jusqu'à cette appréhension de se trouver en face d'une personne qu'il venait de disgracier, trait bien connu du caractère de Louis XVIII.

L'initiative appartint donc au roi, le président du conseil n'eut que la responsabilité de l'acceptation et de l'exécution

---

1. « Après la signature de l'ordonnance du renvoi de M. de Chateaubriand, dit M. de Villèle, je dus assigner à mes collègues une réunion du conseil après la messe et la réception du Roi. Grande fut notre surprise d'entendre le baron de Damas se féliciter hautement de ce qui venait d'avoir lieu, en déclarant que si le Roi n'avait pas pris ce parti, il était bien résolu à signifier, à la première occasion, à M. de Chateaubriand, qu'il fallait que l'un des deux quittât le conseil. » (*Documents inédits.*)

C'est le propos que M. de Chateaubriand, mal renseigné, attribue à M. de Corbière.

passive et silencieuse de la mesure. Il y était préparé, il l'accepta sans faire d'autre objection que celle que lui inspira la difficulté de transmettre au destinataire l'ordonnance à bref délai; encore n'insista-t-il pas sur cette difficulté. Il sentait vraisemblablement que les rapports étaient devenus impossibles entre lui et M. de Chateaubriand : il crut que si celui-ci restait dans le ministère, ce serait pour continuer à conspirer son renversement; il aima mieux l'avoir pour adversaire déclaré au dehors que de l'avoir comme ennemi secret et intime au dedans. Peut-être aussi obéit-il à deux autres mobiles. M. de Villèle tenait passionnément à l'adoption de la loi des rentes, il y tenait avec toute la force de sa conviction de grand financier, et avec toute l'ardeur de son patriotisme sincère, car il était profondément dévoué au roi et au pays. Quand on relit après tant d'années, dans le journal intime, confident de sa pensée, l'expression de la douleur qu'il éprouva quand il vit cette loi, à laquelle il avait attaché son honneur et qui dégrevait le pays d'une somme annuelle de 28 millions, échouer misérablement devant une coalition de préjugés et d'ambitions, on ne peut refuser sa sympathie à cette tristesse patriotique et virile. C'était plus que de l'irritation, c'était de l'indignation qu'il ressentait contre ceux qui avaient concouru à ce qu'il regardait comme un méfait, suivant ses propres paroles. Dans cette disposition d'esprit, il accueillait la mesure prise par le Roi contre M. de Chateaubriand comme un acte de justice. A cette considération venait s'en ajouter une autre. M. de Villèle, dans les notes écrites plus tard sur cet événement, dit qu'il ne songea jamais à demander au roi d'où lui venaient les renseignements qui l'avaient déterminé à frapper si brusquement ce coup décisif. Peut-être ne le demanda-t-il point parce qu'il le devinait. Il savait quelle était l'influence qui cherchait depuis plusieurs mois à faire une brèche dans le ministère, pour y ouvrir une entrée au duc de Doudeauville, et il avait fermement défendu contre cette influence M. de Corbière, sur lequel il comptait comme sur lui-même pour la cause de la politique commune. Il ne défendit pas M. de Chateaubriand, sur lequel il avait cessé de compter. Affaibli du côté de la chambre des pairs par l'échec de sa loi, sourdement attaqué par des influences de cour, assailli à outrance à la chambre des députés par la contre-opposition de droite, il était contraint de compter les forces qui lui restaient et de compter avec ces forces. Le petit groupe d'hommes politiques qui avait son centre dans le salon de madame du Cayla avait ardemment travaillé au succès de la loi : le duc de Doudeauville l'avait défendue à la chambre des pairs dans un solide discours; le président du conseil, en ne faisant aucune objection au renvoi de M. de Chateaubriand, était probablement déjà décidé à donner à des alliés quelquefois gênants et compromettants, comme on le verra bientôt, mais cependant plus que jamais nécessaires, une satisfaction de nature à les attacher plus fortement à sa politique ébranlée.

Après avoir exposé les motifs qui, selon toutes les probabilités, déterminèrent M. de Villèle à accepter la responsabilité du renvoi de M. de Chateaubriand, il faut exposer les graves inconvénients qu'elle entraînait, et que M. de Villèle n'aperçut pas tout d'abord, ou auxquels, s'il les aperçut, il ne voulut pas s'arrêter. Cependant, avant la fin de la journée où l'ordonnance avait été rendue, il lui était venu un avertissement de nature à le faire réfléchir. Pour être plus sûr de raconter cet incident avec exactitude, je reproduirai le récit que M. de Villèle en a laissé :

« Le soir même de l'ordonnance du renvoi, dit-il, M. Bertin, propriétaire du *Journal des Débats*, vint me signifier que, dès le lendemain, il allait faire la guerre au ministère si je n'obtenais pas du Roi la nomination de M. de Chateaubriand à l'ambassade de Rome. Je lui répondis que je n'en ferais pas la tentative ; à cela il me fit observer que le *Journal des Débats* avait déjà renversé les ministères Decazes et Richelieu, et qu'il renverserait bien celui de M. de Villèle. Je me levai pour le reconduire en lui disant : « Vous avez renversé les premiers en faisant du royalisme, et pour renverser celui dont je fais partie, il faudra faire de la révolution. »

Sans doute un homme aussi considérable que M. de Villèle, le chef de la droite, pendant tant d'années, le président des conseils du Roi, dut être profondément blessé de l'arrogance d'un chef de journal, qui venait lui proposer la paix ou la guerre, et cela, non sur une question de principes, non sur une question d'intérêt public, mais à propos d'un intérêt personnel, celui de M. de Chateaubriand. Cependant dans la situation où étaient les choses, M. de Villèle commit une faute grave en n'accueillant pas cette ouverture. M. de Chateaubriand pouvait être agréable ou désagréable au roi, il pouvait avoir tenu une conduite blâmable pendant la discussion de la conversion des rentes ; mais sous un gouvernement représentatif, où la tribune était debout et la presse libre, ce n'était point là un motif déterminant. M. de Chateaubriand était une force, et en pareil cas il ne faut pas mettre les forces contre soi, quand leurs exigences peuvent être satisfaites à un prix médiocre et sans de graves inconvénients. Si M. de Villèle était la raison de la droite, M. de Chateaubriand en était l'imagination ; or, l'imagination n'est pas seulement en France la folle du logis, elle en est souvent la maîtresse. M. de Chateaubriand, avec le prestige de sa plume, exerçait une de ces influences d'opinion qui, dans les gouvernements libres, deviennent quelquefois irrésistibles. En outre, il se trouvait armé contre la Restauration par les services qu'il lui avait rendus.

S'il cautionnait l'opposition libérale, tous les esprits devaient se trouver rassurés ; bien peu de personnes croiraient qu'une opposition à la tête de laquelle marcheraient M. de Chateaubriand et le *Journal des Débats* pouvait aboutir à une révolution. Eux-mêmes ne le croyaient pas. L'événement prouva, il est vrai, que M. de Villèle avait raison quand il disait à M. Bertin : « Vous ne me renverserez qu'en faisant une révolution. » — Mais c'était là une triste consolation ; et mieux eût valu pour tout le monde que M. de Chateaubriand allât à Rome que d'aller à l'opposition.

Tout porte à penser que M. de Villèle ne comprit pas assez la perte que faisait le cabinet en se séparant ainsi de M. de Chateaubriand qui, après s'être vu refuser l'ambassade de Rome, devenait un ennemi mortel du ministère. M. de Villèle était un homme d'un sens profond, d'une sagacité merveilleuse en affaires ; mais il y avait des choses qui lui échappaient parce que ses études ne s'étaient jamais portées de ce côté. Il attachait en général peu d'importance à la presse, il l'estimait peu et ne la craignait pas ; sa conduite en fait foi, car pendant un ministère de sept ans en butte aux plus vives attaques, il ne suspendit la liberté de la presse que sept mois. Ces dispositions de M. de Villèle, et peut-être aussi l'irritation naturelle qu'avaient fait naître en lui les attaques passionnées auxquelles la loi des rentes avait été en butte, car les plus sages n'échappent pas aux faiblesses humaines, l'empêchèrent de prendre en assez sérieuse considération les conséquences qu'allait entraîner le refus absolu qu'il faisait de tenter une démarche auprès du roi, pour donner une satisfaction quelconque à M. de Chateaubriand.

Déjà le ministère avait fait plusieurs pertes sensibles. On a vu qu'à l'époque de sa formation M. de Villèle n'avait pas été maître de construire son cabinet comme il l'aurait voulu ; la nuance du centre droit, à laquelle il avait fait un appel, n'y avait pas répondu. A la suite du congrès de Vérone, il avait fallu renoncer à la force qu'apportait, du côté de la cour, de la chambre des pairs et des salons royalistes, le duc de Montmorency. Enfin, la guerre d'Espagne achevée, M. de Villèle avait été encore obligé d'accepter la démission du duc de Bellune, auquel un concours de circonstances fâcheuses avait aliéné l'esprit du duc d'Angoulême. La destitution de M. de Chateaubriand et sa rupture avec le ministère, par laquelle il se trouvait jeté dans l'opposition, étaient une perte nouvelle et plus grave, un nouvel et plus profond ébranlement pour le cabinet. Sans doute, cet événement n'ôtait à M. de Villèle qu'un bien petit nombre de voix dans sa majorité du Palais-Bourbon et changeait peu de choses à sa situation à la chambre des pairs, et ce fut là probablement ce qui causa son illusion; mais cet événement l'affaiblissait considérablement dans l'opinion, et lui enlevait dans la presse l'appui du journal le plus puissant de l'époque, lorsqu'il avait déjà contre lui dans la droite la *Quotidienne*, qui exerçait une grande influence à la cour et dans les châteaux. En un mot, la base du ministère allait en se rétrécissant et l'armée offensive de l'opposition recrutait de nouvelles forces.

Le lendemain du jour où M. de Villèle avait repoussé l'ouverture faite par M. Bertin, au nom de M. de Chateaubriand, on lut dans le *Journal des Débats* l'article suivant :

« C'est pour la seconde fois que M. de Chateaubriand subit l'épreuve d'une destitution solennelle. Il fut destitué en 1816 pour avoir attaqué, dans son immortel ouvrage de *la Monarchie selon la Charte*, la fameuse ordonnance du 5 septembre, qui prononçait la dissolution de la chambre introuvable de 1815. MM. de Villèle et de Corbière étaient alors de simples députés, chefs de l'opposition royaliste, et c'est pour avoir embrassé leur défense que M. de Chateaubriand devint la victime de la colère ministérielle.

« En 1824, M. de Chateaubriand est encore destitué, et c'est par MM. de Villèle et de Corbière, devenus ministres, qu'il est sacrifié. Chose singulière, en 1816, il fut puni d'avoir parlé ; en 1824, on le punit de s'être tu ; son crime est d'avoir gardé le silence dans la discussion sur la loi des rentes. Toutes les disgrâces ne sont pas des malheurs ; l'opinion publique, juge suprême, nous apprendra dans quelle classe il faut placer celle de M. de Chateaubriand, elle nous apprendra aussi à qui l'ordonnance de ce jour aura été le plus fatale ou du vainqueur ou du vaincu.

« Qui nous eût dit, à l'ouverture de la session, que nous gâterions ainsi tous les résultats de l'entreprise d'Espagne? Que nous fallait-il cette année? Rien que la loi de la septennalité (mais la loi complète) et le budget. Les affaires d'Espagne, de l'Orient et des Amériques, conduites comme elles l'étaient, prudemment et en silence, se seraient éclaircies ; le plus bel avenir était devant nous ; on a voulu cueillir un fruit vert, il n'est point tombé ; et on a cru remédier à de la précipitation par de la violence.

« La colère et l'envie sont de mauvais conseillers ; ce n'est pas avec les passions et en marchant par saccades que l'on conduit des États.

« P. S. La loi sur la septennalité a passé ce soir à la chambre des députés. On peut dire que les doctrines de M. de Chateaubriand triomphent après sa sortie du ministère. Cette loi, qu'il avait conçue depuis longtemps, comme complément de nos institutions, marquera à jamais avec la guerre d'Espagne son passage dans les affaires. On regrette bien vivement que M. de Corbière ait enlevé la parole, samedi, à celui qui était alors son illustre collègue. La chambre des députés aurait au moins entendu le chant du cygne.

« Quant à nous, c'est avec le plus vif regret que nous rentrons dans une carrière de combats dont nous espérions être à jamais sortis par l'union des royalistes ; mais l'honneur, la fidélité politique, le bien de la France, ne nous ont pas permis d'hésiter sur le parti que nous devions prendre. »

M. Bertin tenait sa parole, la guerre était déclarée ; bien plus, elle commençait.

VI

RAPPORTS DIPLOMATIQUES DE LA FRANCE AVEC L'EUROPE
AU COMMENCEMENT DU MOIS DE JUIN 1824.

Avant de suivre le mouvement des faits et des idées qui va se développer à l'intérieur, sous l'influence de ces nouvelles divisions, il importe de préciser le point où en étaient les affaires au dehors quand M. de Chateaubriand quitta le ministère des affaires étrangères.

En lisant sa correspondance avec le prince de Polignac, le marquis de Talaru et le comte de la Ferronnays, qui représentaient la France à Londres, à Madrid et à Saint-Pétersbourg, on voit que la préoccupation constante du gouvernement français portait principalement sur deux questions : la question espagnole et la question d'Orient. Celle-ci, en effet, menaçait à chaque instant de se rouvrir par le différend du cabinet de Saint-Pétersbourg et du Divan, persistant, malgré toutes les représentations, à prolonger contre la teneur des traités l'occupation de la Valachie et de la Moldavie. En outre, l'insurrection grecque et les moyens de répression atroces employés par la Turquie pour réduire un peuple dont le désespoir héroïque attirait tous les yeux, venaient s'ajouter comme une question annexe à l'affaire principale qui divisait les Russes et les Ottomans.

Quant à l'Espagne, M. de Chateaubriand, dans chacune de ses dépêches, continuait à insister pour que M. de Polignac s'efforçât de retarder, s'il ne pouvait l'empêcher, la reconnaissance officielle des colonies espagnoles par l'Angleterre. « Notre habileté, lui écrivait-il dès le mois de janvier 1824, consiste à gagner du temps et à empêcher que l'Angleterre reconnaisse trop tôt l'indépendance des colonies, de manière à ce que nous n'ayons pas encore adouci la Russie. J'ai fait un pas en avant. J'ai déclaré que la France ne pourrait pas avoir des conférences sur les colonies espagnoles, tant que l'Angleterre refuserait de prendre part à ces conférences. »

Le gouvernement français avait deux raisons pour agir ainsi : la première, qu'il disait ; la seconde, qu'il ne disait pas. Il disait à Pétersbourg, à Berlin et à Vienne, ce qui, du reste, était vrai, que si l'on ouvrait des conférences, malgré le refus de concours de l'Angleterre, on pousserait celle-ci à brusquer la reconnaissance des colonies espagnoles. Il ne disait pas qu'il refusait ces conférences continentales, parce qu'il appréhendait que l'Alliance demandât au cabinet des Tuileries de prendre l'engagement de ne pas reconnaître les colonies espagnoles, obligation que celui-ci était très-décidé à ne pas contracter. L'idéal poursuivi par M. de Chateaubriand eût été de décider l'Angleterre à s'entendre avec les autres grandes puissances, pour se porter médiatrices entre les colonies espagnoles et leur métropole. C'était pour arriver à ce but que, tandis qu'il pressait d'un côté l'Angleterre au nom du cabinet des Tuileries d'accepter une entente avec la France, il s'efforçait de faire prendre patience aux cours du Nord, et il cherchait, de l'autre, à agir à Madrid sur le gouvernement, pour le décider à sortir des voies de violence et de proscription où il s'acharnait à rester et à faire envers les colonies des sacrifices nécessaires, qui rendissent possible le succès de l'appel adressé à la politique anglaise. Quand on eut enfin décidé, dans les premiers jours du mois de mai 1824, Ferdinand, qu'on menaça de ne pas renouveler le traité d'occupation, à accorder une amnistie sollicitée par la France depuis longtemps, M. de Chateaubriand l'annonça au prince de Polignac, en ajoutant que cette mesure couronnait l'ouvrage de la France, que M. Paez partait comme ambassadeur pour Londres, et que c'était le moment de parler à M. Canning de la médiation des grandes puissances, réclamée par l'Espagne. Dans une note confidentielle adressée à notre ambassadeur vers les derniers temps de son ministère (13 mai 1824), M. de Chateaubriand s'exprimait ainsi au sujet d'une note écrite par M. Ofalia, en réponse à une note anglaise, en achevant d'exposer ses idées :

« La réponse de M. Ofalia à la note anglaise est foudroyante pour les faits. Toute la note anglaise qui porte sur l'état prospère du Mexique et sur son aptitude à recevoir l'indépendance est une insigne fausseté.

Il est probable que M. Canning s'irritera, comme il arrive toujours quand on a tort. S'il était raisonnable, ne négligez rien pour l'amener à l'idée de la médiation. Faites-lui remarquer que la note espagnole propose de faire garantir par toutes les puissances la liberté du commerce accordée par le décret de Ferdinand. Demandez à M. Canning si les intérêts de l'Angleterre ne se trouveraient pas beaucoup mieux de voir établir au Mexique et au Pérou des espèces d'assemblées provinciales entièrement composées de colons, mais administrant seulement le pays au nom du roi d'Espagne, et laissant le commerce libre à tous les peuples du monde, que de voir dans ces mêmes pays des républiques anarchiques, qui bientôt liées de principes démocratiques et d'intérêt avec les États-Unis, deviendraient les ennemis de l'Angleterre. Si M. Canning n'était pas aveuglé par des passions et engagé par ce qu'il a dit dans les chambres, je ne comprends pas comment il pourrait hésiter un moment. »

Telle était donc, dans les derniers temps de la présence de M. de Chateaubriand au ministère, la politique de la France vis-à-vis de l'Angleterre et ses rapports avec elle. Elle ne réussissait pas à faire entrer celle-ci dans une politique de médiation, mais elle réussissait à suspendre la reconnaissance de l'indépendance des colonies espagnoles.

Le prince de Polignac, qui suivait avec une intelligente activité ces négociations à Londres, exposait, de la manière la plus claire, dans une dépêche du 6 avril 1824, les raisons qui devaient empêcher l'Angleterre de souscrire à notre proposition de médiation. Voici cette dépêche :

« Je crains bien que mes nouveaux efforts pour amener M. Canning à accepter la médiation collective de l'Europe dans l'affaire des colonies espagnoles, soient infructueux. Il est trop engagé avec le parlement, qui a donné un vote unanime d'approbation au *memorandum* rendu public. Il craint en outre que l'examen de la question des colonies espagnoles dans des conférences entraîne des discussions de principe, dans lesquelles il ne veut pas que son gouvernement prenne part. Malheureusement, l'Espagne ne se décide pas à prendre un parti. Il faudrait qu'elle fît la part du possible et celle de l'impossible. Il faut qu'elle sache bien qu'elle peut encore, mais par un sacrifice seulement, conserver une partie de ses colonies; sous peu, toutes lui échapperont. Le plan qu'elle a à suivre me paraît simple : elle doit, pour satisfaire aux caprices intéressés de l'Angleterre, consentir à négocier avec celles de ses colonies qu'elle ne peut espérer soumettre, et agir résolûment contre les autres, par tous les moyens à sa disposition. Je crois pouvoir assurer qu'ici on ne mettra aucun obstacle à un pareil plan. Je n'ai cessé, dans mes conversations avec M. Canning, de faire expliquer le ministre sur l'impossibilité de placer toutes les colonies espagnoles dans la même catégorie. »

Les relations de la France avec l'Angleterrre continuaient donc à être assez tendues, et le prince de Polignac usait d'une politique mêlée de fermeté et de tempéraments pour empêcher les incidents qui surgissaient de temps à autre d'envenimer les sentiments de défiance et de jalousie régnant entre les deux pays. M. Canning, et surtout George IV, étaient disposés sans doute à contenir, autant qu'ils le pouvaient, dans de justes limites, l'effervescence de la passion britannique ; mais, pour la régler, ils étaient obligés de lui donner certaines satisfactions. M. Canning surtout, contraint de compter avec la susceptibilité du parlement, demanda plus d'une fois des arguments au gouvernement français pour répondre à l'opposition, qui accusait la politique ministérielle de faiblesse. Ainsi les filles de sir Robert Wilson, un de ces révolutionnaires cosmopolites qui enrôlaient leur zèle au service de toutes les insurrections du globe, ayant été arrêtées à Calais sous la prévention de transport de lettres clandestines, et sir Charles Stuart, ambassadeur d'Angleterre, ayant adressé à M. de Chateaubriand, au sujet de cette arrestation, une lettre singulièrement violente, M. Canning ne balança point à se montrer affligé de cette lettre. Mais, en exprimant ses regrets au prince de Polignac, il demanda à être armé contre sir Robert Wilson, qui devait prendre la parole au parlement, le 5 mars.

Pour cela, il fallait que le gouvernement français passât une note dans laquelle celui-ci dirait savoir :

« 1° Que des esprits turbulents entretenaient dans les pays étrangers une correspondance criminelle avec les factions de l'intérieur; 2° que des femmes étaient quelquefois employées à porter cette correspondance, quoiqu'elles pussent en ignorer le contenu; 3° que le gouvernement français avait eu lieu de croire que les filles de sir Robert Wilson avaient été (innocemment sans doute, vu leur âge) les intermédiaires de cette correspondance clandestine; 4° que les recherches faites sur elles l'avaient été avec tous les égards dus à leur sexe [1]. »

Le sentiment national, surexcité en Angleterre depuis le succès de notre intervention en Espagne, était devenu tellement ombrageux, et l'ambassadeur d'Angleterre, sir Charles Stuart, était si attentif à l'irriter encore, que l'incident le plus futile suffisait pour rendre les rapports des deux gouvernements difficiles. C'est ainsi que le prince de Polignac, ayant été invité à dîner, vers la fin de février, au château de Windsor, chez le Roi, celui-ci, après la sortie des dames, qui, selon la coutume anglaise, s'étaient levées de table au dessert, fit tomber la conversation sur l'heureuse issue de la guerre d'Espagne. Ce n'était qu'une introduction pour arriver à un autre sujet.

« Après avoir rappelé qu'il avait toujours fait des vœux pour le succès des armes de la France dans cette campagne et payé un juste tribut de louanges à la conduite du duc d'Angoulême, rappelé son affection pour la maison de Bourbon, affection dont il lui avait donné des preuves dans des temps difficiles, George IV ajouta : « J'ai donc eu
« lieu d'être étonné en apprenant que, dernièrement, on a essayé de
« tourner ma nation en ridicule, et qu'on a choisi pour le faire une
« occasion solennelle, ce qui ne peut qu'irriter les esprits dans un mo-
« ment où il serait si utile de chercher à les calmer. Prince de Poli-
« gnac, vous savez ce que je veux dire ? »

Le prince de Polignac croyait deviner la pensée du Roi, sans en être assez certain pour lui répondre. Mais George IV fit bientôt cesser son incertitude, en ajoutant :

[1]. Lettre confidentielle du prince de Polignac à M. de Chateaubriand. (*Documents inédits*.)

« On m'a assuré que Madame la duchesse de Berry n'aimait pas les Anglais. La prudence devrait au moins l'engager à renfermer ses sentiments. Je sais que, dans la circonstance à laquelle je fais allusion, le Roi a été fort aimable ; je n'ignore pas non plus que le vicomte de Chateaubriand s'est très-bien conduit. Cependant j'ai été vivement blessé. »

Il n'y avait plus de doute dans l'esprit du prince de Polignac: il s'agissait d'une représentation des *Anglaises pour rire*, que Madame la duchesse de Berry avait fait donner dans ses salons, aux Tuileries. Cette princesse n'aimait pas les Anglais, il est vrai, parce qu'elle se souvenait de leurs mauvais procédés, à une autre époque, envers sa grand'mère, la reine Caroline de Naples; mais, selon toutes les probabilités, elle avait plus songé, dans cette occasion, à divertir ses invités par une bouffonnerie, où Potier et Brunet étaient inimitables, qu'à molester l'Angleterre. Le prince de Polignac, qui ne connaissait la pièce que de nom, ne put que se répandre en protestations sur l'estime et l'attachement du roi de France pour le roi d'Angleterre, en y ajoutant l'expression des sentiments de gratitude des Français exilés de leur pays, et l'ambassadeur avait été de ce nombre, pour la généreuse hospitalité qui leur avait été offerte. George IV mit aussitôt la conversation sur un sujet d'intérêt général. En sortant de table, un des deux secrétaires d'État apprit au prince de Polignac que le Roi avait eu connaissance de la représentation à laquelle il avait fait allusion pendant le dîner, par une lettre confidentielle que sir Charles Stuart avait écrite à M. Canning. Ainsi les *Anglaises pour rire* avaient failli devenir une affaire sérieuse; mais, grâce au bon esprit de George IV et aux paroles pleines de courtoisie de notre ambassadeur, tout se bornait à une explication demandée et donnée, et un vaudeville n'était pas devenu un *casus belli*.

C'était quelquefois le tour du prince de Polignac de se

plaindre. Il suivit avec beaucoup de fermeté auprès du cabinet anglais l'affaire de la détention arbitraire du navire français *la Caroline*. Quand les journaux anglais, en rapportant un discours de M. Canning au parlement, sur la question de la traite des nègres, lui firent dire que « l'Angleterre et l'Amérique étaient les deux premières puissances maritimes du monde, » le prince de Polignac releva vivement cette parole dans une conversation avec M. Canning. Le ministre anglais répondit que ses expressions avaient été infidèlement rapportées et qu'il les ferait rectifier :

« Il n'avait pas dit que l'Angleterre et les États-Unis fussent les deux premières puissances maritimes du monde, » mais bien « les deux premières nations maritimes, » en faisant allusion à l'extension de leur commerce. — « En effet, poursuivit-il, les États-Unis ont, je crois, une fois plus de navires marchands en mer que vous, mais ils n'ont pas le quart de vos forces navales, vous et nous nous sommes les deux premières puissances maritimes. »

Le prince de Polignac terminait ainsi la dépêche à laquelle j'emprunte ces détails :

« Vous voyez que j'ai soin qu'aucune parole, dite en public par le ministère anglais, qui serait de nature à blesser notre honneur et notre dignité, ne passe sans être relevée par moi [1]. »

Il était vrai. Le prince de Polignac se montrait à Londres le digne interprète de la politique française. Il désirait passionnément la grandeur de son pays, et nous trouvons dans une dépêche postérieure à celle que nous venons de citer ces paroles qui font pressentir la fermeté que devait montrer plus tard, dans la question de l'expédition d'Alger, en face de la

[1]. Tous les détails qui précèdent sont puisés dans la correspondance confidentielle du prince de Polignac avec M. de Chateaubriand en 1823 et 1824. La dépêche à laquelle nous empruntons les dernières phrases citées est datée du 26 mars 1824. (*Documents inédits*.)

politique anglaise, l'ambassadeur de 1824, devenu, en 1829, ministre des affaires étrangères :

« J'ai su, écrivait le prince de Polignac, à la date du 16 avril 1824, que l'opposition anglaise représentait à M. Canning la France comme faisant construire en ce moment un grand nombre de vaisseaux et s'occupant de mettre sa marine sur un pied imposant. Si cela est vrai, mon cher vicomte, il ne faut pas que de semblables rapports y mettent empêchement. Soyons forts chez nous, et nous serons respectés au dehors ; le respect en politique engendre les alliances solides [1]. »

A la fin du mois d'avril, il s'était produit à Lisbonne un incident qui, dans les premiers moments, avait paru de nature à rendre plus difficiles les rapports entre les cabinets de Londres et de Paris, mais qui, par une démarche de M. Hyde de Neuville, notre ambassadeur en Portugal, que M. de Villèle caractérise dans son carnet en la signalant comme plus loyale que politique, avait au contraire établi, au moins sur un point, l'harmonie entre les deux gouvernements. On a vu que les événements qui résultaient de l'entrée de notre armée en Espagne avaient eu un contre-coup en Portugal, et que l'infant don Miguel s'était mis à la tête d'un mouvement dont l'objet était de fortifier l'autorité royale. Dans les pays qui traversent ces époques de transition pendant lesquelles un

---

1. M. de Chateaubriand ayant félicité M. de Polignac de la manière dont il soutenait les intérêts de la France, à Londres, et lui ayant exprimé le désir de lui voir signer un traité, afin que le Roi pût le traiter comme M. de Talaru qui venait de signer le traité avec l'Espagne, l'ambassadeur adressa au ministre ce billet modèle de bon sens et de bon goût :

« Je vous remercie, mon cher vicomte, du désir que vous m'exprimez de me voir signer un traité pour me mettre sur le même pied que le marquis de Talaru. Mais je n'ai rien à signer et n'aurai rien à signer, de ce côté de l'eau, qu'un traité de commerce, et je vous engage à n'en pas faire ; qu'un traité de paix, et j'espère vous éviter la guerre ; et mon tardif arrangement relatif aux huîtres de Granville, et, dans ce cas, je ne réclame qu'une mention honorable au rocher de Cancale (célèbre restaurant du temps). Au poste où je suis, il y a à acquérir plus de gloire que de profit, et plus d'honneur que d'honneurs. »
Cette lettre est datée du 20 février.

régime ancien se dissout sous le poids du temps, sans qu'un régime nouveau soit encore fondé, il ne faut pas prendre au mot les questions d'intérêt et de personnes, qui se présentent comme des questions de principes. Sous ces dehors, destinés à parler à l'imagination des peuples, il y a des partis et des influences qui se disputent le pouvoir au nom de l'autorité et de la liberté. Cela était vrai pour le Portugal comme pour l'Espagne. L'infant don Miguel, qui avait commencé une sorte de contre-révolution en Portugal, à la faveur du succès de notre expédition, jugea que le moment était venu de la compléter. Il avait le commandement des troupes; il déclara, dans un *pronunciamento,* qu'il se mettait à la tête de l'armée, non pour s'opposer aux droits royaux de son père, mais pour assurer à la monarchie la haute destinée qui lui était due. Il déclara que le Roi ne jouissait pas de son libre arbitre, qu'il était opprimé par ses ministres; qu'on laissait discuter dans les clubs maçonniques la destruction du Roi, de la famille royale et du Portugal; que les lois impuissantes devaient être révisées et fortifiées, l'administration de la justice devenir plus sévère. La commission chargée de juger les ennemis du Roi et de la nation, disait-il, ne fonctionnait pas. La position était terrible : il fallait agir. L'infant don Miguel agissait donc. Il mettait l'armée en mouvement, faisait investir le palais de Bemposta, habité par son père, auquel il envoyait la copie de sa proclamation, en ajoutant dans sa lettre :

« J'ai résolu, après avoir entendu les vœux sincères de tous les bons Portugais, d'appeler aux armes la brave armée portugaise, afin d'assurer avec son aide le triomphe de vos droits. Votre Majesté ne pourra qu'approuver ma résolution. Mon but est de préserver votre royale personne des tentatives de ceux qui l'entourent et qui l'ont conduite au bord du précipice. Vous jugerez mes nobles efforts, et si vous les approuvez, il faut que la nation en soit instruite et que Votre Majesté m'accorde l'autorisation d'agir. »

Au fond, ce mouvement de Lisbonne était tout à la fois une révolution de palais, un coup de parti et un *pronunciamento* militaire ; la reine en était l'âme et l'instigatrice, avec le patriarche de Lisbonne ; don Miguel, son fils, en était le bras. On voulait s'emparer du roi Jean VI, prince d'une incurable faiblesse, qui obéissait à l'influence de ceux qui l'entouraient, pour lui imposer un nouvel entourage et l'influence d'un autre parti. Le mouvement réussit d'abord. L'infant fit arrêter un assez grand nombre de personnes, au nombre desquelles étaient l'intendant général de la police, plusieurs ministres, le comte de Villaflora, le vicomte de Santa Martha, le marquis de Valenza, et des officiers de l'armée et de la milice soupçonnés de ne pas être favorables à ce coup d'État.

Il s'agissait de savoir ce que ferait le corps diplomatique, auquel quelques familiers de Jean VI lui donnèrent l'idée de recourir. Notre ambassadeur à Lisbonne, M. Hyde de Neuville, était un cœur ardent et chevaleresque ; il ne vit que la question de l'obéissance due par un fils à son père, par un sujet à son roi, dans cette affaire qui, pour un gouvernement étranger, pouvait être envisagée exclusivement au point de vue politique, car il ne s'agissait pas de savoir si le roi Jean VI régnerait, mais qui régnerait en son nom. M. Hyde de Neuville s'entendit donc avec l'ambassadeur d'Angleterre, et, pénétrant dans le palais du Roi en violant la consigne, il décida Jean VI à se rendre sur le *Windsor-Castle*, vaisseau anglais qui stationnait dans le Tage, où aucun navire français n'arborait en ce moment son pavillon. Docile à toutes les impulsions, Jean VI obtempéra à cette offre, et, suivi de ses deux filles, du marquis de Palmella, et accompagné du corps diplomatique, il vint se placer sous la protection du pavillon britannique, et établit à bord du *Windsor-Castle* le siège du gouvernement, pendant que M. Hyde de Neuville expédiait une dépêche à

Cadix pour que les forces françaises, stationnant dans la rade de cette ville, vinssent sur-le-champ prêter main forte aux résolutions que prendrait le roi Jean. Celui-ci, inspiré par le marquis de Palmella, manda à l'infant don Miguel de se rendre immédiatement à bord du *Windsor-Castle*, en lui déclarant préalablement qu'il le déchargeait du commandement de son armée. M. Hyde de Neuville compléta son œuvre; il peignit à l'infant, avec les plus vives couleurs, les dangers de sa position et la solidarité morale qu'il avait acceptée, et, aidé par l'attitude d'une partie de la population et de l'armée qui avait abandonné don Miguel, il persuada à celui-ci qu'il ne lui restait plus qu'à obéir aux ordres de son père. Don Miguel se rendit donc à bord du *Windsor-Castle*, convint qu'il avait cédé à de mauvais conseils, et reçut son pardon avec l'ordre de voyager au dehors. Cette contre-révolution, presque aussitôt réprimée qu'essayée, ne fut qu'une échauffourée politique. Pendant qu'un de nos vaisseaux emportait vers Brest don Miguel, qui vint visiter la France sous le nom de duc de Béja, la reine sa mère dut se retirer dans le château de Quélus, et l'archevêque de Lisbonne fut exilé à Bussaco; les autorités civiles et militaires, un moment emprisonnées, reprirent leurs fonctions.

Dans le premier moment, on ne se rendit pas bien compte au dehors de la nature de cette échauffourée. Chose étrange! pendant qu'en Angleterre on croyait voir la main de la France dans cette affaire, en France on se demandait s'il ne fallait pas y chercher la main de l'Angleterre [1]. En définitive c'était l'An-

---

[1]. Je trouve, en effet, dans la correspondance de M. de Chateaubriand avec le prince de Polignac, le passage suivant, à la date du 10 : « Voici une terrible affaire en Portugal. L'Angleterre a-t-elle oui ou non favorisé l'entreprise de l'infant don Miguel ? Hyde se plaint beaucoup du maréchal Beresford, avec lequel il a eu une vive altercation. »

Plus tard, à la date du 21 mai, M. de Chateaubriand, averti par le prince de Polignac que l'Angleterre, soupçonnée par nous, nous soupçonne à son tour,

gleterre qui devait en profiter, et ce fut elle qui en profita. Palmella, le conseiller du roi Jean, que l'on avait consulté le premier, était sous l'influence directe de l'Angleterre, et il ne fut pas difficile de lui persuader d'invoquer d'anciens traités et des déclarations récentes du cabinet de Londres, pour demander une force anglaise qui protégeât le Portugal contre les dangers qu'il courait, assura-t-il, du côté de l'Espagne. Un corps expéditionnaire de 6,000 hommes de troupes anglaises alla tenir garnison à Lisbonne. Cela ressemblait bien à une intervention, mais la politique anglaise a toujours trouvé des biais habiles pour accommoder les questions d'intérêt avec les questions de principes. M. Canning affecta de considérer ce corps de troupes anglaises comme une sentinelle exclusivement destinée à tenir en échec l'Espagne, sans prendre parti entre les factions intérieures du Portugal. Toujours est-il que le ministre donnait satisfaction au sentiment national de l'Angleterre par l'occupation anglaise du Portugal, mise en opposition avec l'occupation française de l'Espagne. Pendant ce temps-là, M. Hyde de Neuville, comblé d'honneurs par Jean VI, qui le nomma comte de Bemposta, c'était le nom du palais d'où l'ambassadeur de France l'avait fait sortir, revint à Paris, où il reçut la grande croix de la Légion d'honneur, sans que cependant M. de Villèle pût se décider à admirer l'habileté de sa conduite, qu'il persista à trouver plus loyale que politique.

Reste à exposer les progrès faits pendant les six premiers mois de 1824 par cette question d'Orient, problème permanent suspendu sur la paix de l'Europe, et qui ne se ferme quelquefois que pour se rouvrir aussitôt. C'était au fond la lutte de la Russie, qui montait les degrés de sa fortune, avec

répond à notre ambassadeur : « Nous sommes si loin de nous être mêlés des événements de Lisbonne, que c'est notre ambassadeur qui, dans le premier moment, a fait avorter le complot dit de la reine. » (*Documents inédits.*)

la Turquie, qui descendait les pentes de la sienne, lutte qui éclatait tantôt sur un point, tantôt sur un autre. Le litige qui occupait en ce moment la diplomatie avait pour théâtre la Moldavie et la Valachie, occupées par les troupes ottomanes contre la lettre et l'esprit des traités dont le cabinet de Saint-Pétersbourg réclamait l'exécution, en menaçant de l'imposer par les armes. L'Angleterre et l'Autriche, sympathiques à la Turquie, d'après leur politique traditionnelle et en raison même des appréhensions que leur causait la Russie, agissaient fortement sur le Divan pour le décider à retirer ses troupes. Celui-ci opposait des raisons dilatoires et traînait les choses en longueur. Il offrait d'évacuer le pays, mais en conservant la possession des places fortes; puis, lorsque l'empereur Alexandre, poussé par un grand mouvement d'opinion qui ne lui permettait pas d'abandonner complétement la Grèce, qui luttait avec une vaillance désespérée pour son indépendance, eut fait des ouvertures aux grandes puissances, en leur proposant d'avoir des conférences sur la question hellénique, à Saint-Pétersbourg, le Divan allégua que les concessions qu'il avait faites sur les principautés étaient subordonnées, dans son esprit, à l'espoir motivé que la Russie renoncerait à s'occuper des affaires de la Grèce. Du moment que cet espoir se trouvait trompé, le Divan retirait la concession.

A la date du 5 janvier 1824, M. de Chateaubriand exposait au prince de Polignac, pour le guider dans ses négociations avec M. Canning, la politique que la France devait suivre dans la question d'Orient:

« Dans les premières années de l'insurrection des Grecs, la France, disait cette dépêche, n'avait aucun intérêt à soutenir leur cause; elle devait ménager la puissance ottomane avec laquelle ses relations sont encore importantes. D'ailleurs, les différends qui s'étaient élevés entre la Porte et le cabinet de Saint-Pétersbourg occupaient toute l'Europe. Les trois cours de Londres, de Vienne et de Berlin s'efforçaient de prévenir une rupture entre les deux puissances. Alexandre restait indécis, il ne convenait pas à la France de précipiter une guerre que tous les autres pays redoutaient; elle a donc dû se borner à se joindre à ses alliés pour assurer la continuation de la paix. Dans cette négociation pacifique, elle n'a pas joué un premier rôle, et elle a pris une bien petite part à ce qui est arrivé. Cette conduite était prudente, car il était fort douteux que, dans le cas où la guerre eût amené un partage, elle eût obtenu une part capable de compenser l'agrandissement des autres États. Comme les Grecs se soutenaient avec succès, tandis que les Turcs ne faisaient pas des efforts suffisants pour les réduire, on pouvait, sans danger, laisser les événements se développer. Telle était la position au moment où l'on apprit le projet d'entrevue à Czernowitz. Nous pûmes craindre qu'il y eût entre Saint-Pétersbourg, Vienne et Berlin, un concert tendant à nous exclure de la décision de cette importante question, et, par conséquent, des partages qui pourraient en être la suite. Nous sommes à peu près rassurés sur ce point. Nous avons tout lieu d'être satisfaits des dispositions d'Alexandre. Si c'est lui qui a conçu l'idée des conférences de Saint-Pétersbourg, son but a été de rassurer l'opinion publique sur l'abandon des Grecs, de faire preuve de modération, et enfin, ce qu'il a paru toujours vivement désirer, de faire reconnaître par l'Alliance son droit d'entrer à main armée en Turquie. Il est de notre intérêt que la discussion de cette affaire ait lieu en commun entre les plénipotentiaires de toute l'Alliance. C'est la manière qui peut le mieux prévenir l'influence exclusive d'une seule puissance, et nous donner à nous-mêmes quelque chance d'en obtenir un peu, ce que nous pourrions difficilement faire dans l'état actuel des choses, car le gouvernement anglais, comme vous-même l'avez remarqué, a laissé voir que son opinion était que la protection de la Grèce devait être donnée à une ou deux puissances au nombre desquelles il ne nous comptait certainement pas. D'un autre côté, malgré l'aigreur des deux cours de Londres et de Saint-Pétersbourg, nous croyons que ni l'une ni l'autre ne cherche une rupture. Nous n'avons donc aucune raison de montrer de la mauvaise volonté au sujet des conférences de Saint-Pétersbourg, elles ne peuvent nous nuire. Jouer un rôle plus actif dans les affaires de Grèce nous procurerait peu d'avantages et nous brouillerait avec tous nos alliés. Vous répondrez donc à M. Canning que nous pensons que si les difficultés de la Turquie et de la Russie ne s'aplanissaient pas, il deviendrait nécessaire au repos de l'Europe que le sort de la Grèce fût décidé en commun, aucune puissance ne pourra, sans exciter la jalousie et les craintes des autres, intervenir dans une question pareille. Le gouvernement français sera donc toujours heureux de prendre part à une détermination qui ferait cesser les maux dont les Grecs sont menacés. »

La politique développée par M. de Chateaubriand était une politique de prudence et d'expectative. On cherchait plutôt à ralentir les événements qu'à les presser. Le gouvernement, on l'a vu, avait mis à l'essai son organisation militaire dans l'expédition d'Espagne, et il savait ce qui lui manquait. L'institution des vétérans, reconnue mauvaise, venait d'être supprimée, et l'on avait porté le recrutement annuel de 40,000 hommes à 60,000. La France avait besoin d'un peu de temps pour mettre son état militaire au niveau de celui des autres grandes puissances. Le prince de Polignac, en portant à la connaissance de M. Canning les vues de la France sur la question d'Orient, était chargé de chercher à connaître celles de M. Canning. On trouve dans sa correspondance de curieux renseignements sur ce point. Le cabinet anglais ne refusait pas d'une manière absolue, au commencement de l'année 1824, de prendre part aux conférences de Saint-Pétersbourg sur les affaires de Grèce ; mais il demandait préalablement que la mission russe fût rétablie à Constantinople, et il exprimait l'idée que le siége de ces conférences serait plus convenablement placé à Vienne. La question grecque lui paraissait hérissée de difficultés. Accorder purement et simplement aux Grecs insurgés une protection européenne aurait l'inconvénient de consacrer le principe qui leur avait mis les armes à la main. D'un autre côté, les abandonner au sort qui semblait les attendre serait peu compatible avec les sentiments que peut inspirer « une population coupable sans doute, mais menacée d'une entière extermination. » M. Canning ajoutait qu'il serait à désirer que les Grecs de la Morée pussent obtenir une existence politique à peu près semblable à celle des habitants de la Moldavie et de la Valachie, sous la garantie de deux ou trois puissances qu'il ne nomme pas au prince de Polignac, mais qu'il était facile de deviner : c'étaient l'Angleterre, l'Autriche et la Russie.

Le résumé des instructions de M. de Chateaubriand et des dépêches de notre ambassadeur à Londres laisse clairement voir où en étaient les cabinets européens à l'égard des affaires d'Orient, et permet de mesurer la distance immense qui séparait leur politique indécise de l'opinion publique, si fortement prononcée en Europe en faveur des Grecs, dont le malheur et le courage excitaient un enthousiasme presque universel, que Lamartine, Victor Hugo et Casimir Delavigne célébraient dans leurs chants, et auxquels lord Byron, Santa Rosa et Fabvier, suivis de généreux volontaires, allaient offrir leur épée et leur sang.

VII

LE MINISTÈRE AFFAIBLI DANS LA PRESSE. — ESSAI D'AMORTISSEMENT TENTÉ CONTRE LES JOURNAUX. — PROCÈS POLITIQUES.

Une conséquence du renvoi de M. de Chateaubriand avait été d'affaiblir singulièrement le gouvernement dans la presse de droite. En effet, en cessant d'être homme du pouvoir, M. de Chateaubriand redevenait écrivain d'opposition, et il allait prêter son puissant concours au *Journal des Débats*, qui désormais ne recevait que de lui ses inspirations. Or c'était surtout comme écrivain d'opposition que M. de Chateaubriand exerçait un ascendant redoutable. Dans le pouvoir, qui est le domaine du réel, il rencontrait les obstacles naturels qui se dressent devant ceux qui veulent agir ; l'opposition est le domaine du possible et souvent du chimérique ; c'est là que l'imagination, cette faculté maîtresse de M. de Chateaubriand, pouvait se mouvoir à l'aise ; c'est là que la presse, avec ses mirages, règne et gouverne.

Le *Journal des Débats*, aux bureaux duquel il établissait son quartier général, était, depuis les premières années du siècle, une puissance. Ses précédents déjà anciens, car il avait été fondé en 1800, le souvenir des luttes de Geoffroy dans son feuilleton, la valeur littéraire que lui donnait le concours d'Hoffman, de Féletz, de Dussault, de Nodier, de Malte-Brun, de Béquet, auxquels venait de se joindre un jeune et brillant écrivain, M. de Salvandy, ses tendances religieuses et monarchiques même sous l'empire, qui avaient attiré sur la tête de ses propriétaires les foudres impériales, lui assuraient une position à part, qui n'était pas sans analogie, dans le journalisme, avec celle qu'occupait M. de Chateaubriand, dans une sphère plus haute. Le *Journal des Débats* représentait dans la presse de droite le royalisme mêlé aux intérêts nouveaux, se nuançant des reflets des idées modernes, comme la *Quotidienne* représentait les souvenirs, les traditions du royalisme nobiliaire de la cour et des châteaux, et le royalisme religieux du clergé. C'était beaucoup d'avoir à la fois contre soi ces deux journaux. Or, le jour où l'ordonnance royale qui éliminait M. de Chateaubriand du conseil avait paru, la *Quotidienne* s'était rencontrée avec le *Journal des Débats*, dans l'expression des mêmes regrets et dans la même opposition. M. de Chateaubriand était le chef des lettrés en France, et M. Michaud, malgré les instances faites auprès de lui, avait persisté à lui donner, en ces termes, un témoignage de sa sympathie politique et de sa vieille amitié :

« L'ordonnance qui se trouve dans le *Moniteur*, avait dit la *Quotidienne*, semble annoncer à la France et à l'Europe une politique nouvelle, si inattendue, si fâcheuse, qu'il nous serait impossible de développer dès aujourd'hui toutes les pensées qui doivent affliger les amis de la monarchie. Est-ce la chambre des pairs que l'on a voulu punir de son indépendance? Est-ce l'opinion royaliste à qui l'on veut faire entendre que la liberté n'est pas un droit pour elle..... M. de Montmorency tombe le premier, puis le duc de Bellune, puis M. de

Chateaubriand, l'honneur du royalisme. Que veut donc le ministère et quelle confiance peut-il inspirer désormais? »

C'est ainsi que l'opposition commençait l'attaque sur presque toute la ligne de la droite contre le ministère, déjà battu en brèche par la gauche, et cette opposition d'abord par le *Journal des Débats* et M. de Chateaubriand, bientôt par la *Quotidienne* et M. Michaud, allait être menée à outrance. En sortant du ministère, M. de Chateaubriand n'avait qu'une pensée, l'abattre par tous les moyens, à tout prix [1]. L'amour-propre irrité ne calcule pas ses coups; quoi qu'il en résulte, il frappe. Le grand écrivain a exposé plus tard sa théorie en matière d'opposition, théorie composée, comme il arrive souvent, pour justifier après coup la conduite qu'il avait tenue :

« L'opposition systématique, dit-il, est la seule propre au gouvernement représentatif. L'opposition qu'on appelle de conscience est impuissante. Elle consiste à flotter entre les partis, à ronger son frein, à voter même selon l'occurrence pour le ministère, à se faire magnanime en enrageant, opposition d'imbécillité mutine chez les soldats, de capitulation ambitieuse parmi les chefs. Tant que l'Angleterre a été saine, elle n'a jamais eu qu'une opposition systématique : on entrait et on sortait avec ses amis; en quittant le portefeuille, on se plaçait sur le banc des attaquants. Comme on était censé s'être retiré pour n'avoir pas voulu adopter un système, ce système étant resté près de la couronne, devait nécessairement être combattu. Or, les hommes ne représentant que des principes, l'opposition systématique ne voulait emporter que les principes lorsqu'elle livrait l'assaut aux hommes. »

Dans cette apologie rétroactive, M. de Chateaubriand oublie deux choses : d'abord que le gouvernement représentatif, appuyé en Angleterre sur des agrégations puissantes d'intérêts, sur des institutions séculaires et des mœurs politiques,

1. Écrivant quatorze années après l'événement, l'auteur du *Congrès de Vérone* ne déguise pas cette pensée : « Plusieurs années, dit-il, furent nécessaires pour abattre M. de Villèle, mais enfin il tomba. » (*Congrès de Vérone*, t. II, p. 397.)

pouvait supporter cette opposition systématique, à laquelle il ne devait pas résister en France ; ensuite, que la règle qu'il invoque pour la justifier en Angleterre n'était en aucune façon applicable à sa propre conduite. M. de Chateaubriand ne quittait pas le pouvoir avec ses amis et avec ses idées ; en sortant du ministère, il quittait, au contraire, les amis avec lesquels il avait fait une longue opposition, et qui l'avaient introduit au pouvoir. Il y laissait les idées qu'ils avaient défendues en commun. Rien n'était changé dans la politique intérieure, ni dans la politique étrangère. Toutes les lois présentées aux chambres et celles qui devaient être présentées, la septennalité, l'indemnité des émigrés, et même la conversion des rentes, avaient été élaborées en commun. M. de Chateaubriand quittait uniquement le pouvoir parce que le Roi était convaincu qu'après avoir voté pour la conversion des rentes dans le conseil, il n'avait rien omis pour la faire échouer à la chambre des pairs. Il n'est pas exact de dire que depuis que M. de Chateaubriand n'était plus avec M. de Villèle, l'ultracisme avait débordé ce dernier, comme l'assure l'auteur du *Congrès de Vérone*. L'extrême droite, qu'on désignait alors par ce nom dans la langue politique, était au contraire une des ailes de l'armée de la contre-opposition de droite, qui reconnaissait M. de Chateaubriand pour le plus illustre de ses chefs. Pour dire la vérité, ce n'était point à cause des idées que M. de Chateaubriand attaquait les hommes ; c'était au contraire à cause des hommes qu'il attaquait des idées que, naguère encore, il avait défendues avec eux.

Cette opposition à outrance de M. de Chateaubriand et du *Journal des Débats* ne laissa pas au début de surprendre l'opinion publique, qui n'y était pas préparée. Mais bientôt on s'y fit. L'opposition de gauche, qui avait exprimé quelque défiance, ne tarda point à accueillir ce secours inespéré. L'opposition est naturellement disposée à recevoir les auxiliaires, peu lui importe leur origine et leurs précédents, pourvu qu'ils attaquent ce qu'elle veut renverser. Or le *Journal des Débats*, qui avait approuvé au mois de février 1824 les moyens employés par le ministère dans les élections, sans s'inquiéter de cette approbation passée, les attaquait vivement dans le mois de juin de la même année. Après avoir persiflé la gauche dans les premiers mois de 1824, au sujet de l'achat des *Tablettes universelles*, il s'élevait avec indignation au mois de juin de la même année contre « la *Bande noire*, qui s'était formée pour acheter les journaux, démolir la liberté de la presse et niveler toutes les opinions. »

Nous avons déjà parlé de cette caisse d'amortissement des journaux, dont M. Sosthène de la Rochefoucauld était le directeur le plus actif, et qui avait trouvé en dehors du ministère et grâce à une influence toute puissante sur le Roi, dans la caisse de la liste civile, les fonds nécessaires à ses opérations. Moins que jamais, depuis que le ministère était affaibli par le rejet de la conversion des rentes, par l'éviction de M. de Chateaubriand du cabinet et par la violente opposition du *Journal des Débats*, jointe à celle de la *Quotidienne*, il pouvait empêcher cette action irrégulière et fâcheuse, qui compromettait le gouvernement en voulant le servir. C'était comme un aliment donné à une activité fiévreuse qui, sans cela, aurait pu s'exercer contre le ministère lui-même, qu'elle aspirait, elle ne le cachait pas, à modifier. La caisse d'amortissement des journaux trouvait, dans le déchaînement de plus en plus marqué de la presse contre le ministère, un argument en faveur de ses négociations, et elle s'autorisait de cet état de choses pour les multiplier et les agrandir. Les indiscrétions commises de propos délibéré, dans des mémoires publiés depuis [1], ne laissent aucun doute sur l'existence,

---

1. *Mémoires de M. le vicomte de la Rochefoucauld*, t. VIII, où l'on trouve un rapport du secrétaire du comité, M. Jules Maréchal.

l'origine et les opérations de cette caisse, comme sur les moyens dont elle disposait. Après avoir acheté les *Tablettes*, elle avait acquis la propriété de la majeure partie des actions du *Drapeau Blanc*, de la *Foudre*, de l'*Étoile*, de la *Gazette de France*, du *Journal de Paris*, des *Lettres Champenoises* et de l'*Oriflamme*. Parmi les journaux, elle avait fait un tri. Plusieurs avaient été purement et simplement supprimés. Ceux qui avaient été conservés avaient reçu la mission de représenter chacun une nuance particulière dans la couleur générale : la *Gazette de France*, la nuance ouvertement ministérielle; le *Journal de Paris*, la nuance semi-libérale. Quant au *Drapeau Blanc*, M. Jules Maréchal, dans le rapport qu'il fit au comité qui présidait à ces opérations, s'exprimait ainsi : « Nous irons presque jusqu'à penser que le *Drapeau Blanc* pourrait se permettre parfois d'outrer la critique. On empêcherait ainsi l'opposition royaliste de chercher un autre organe. »

Le comité de la caisse d'amortissement des journaux aspirait donc à détruire la véritable presse, celle qui répondait aux opinions, par une pseudo-presse organisée de manière à tromper ces opinions, en leur donnant des satisfactions illusoires. Entreprise équivoque, empreinte de cette hypocrisie particulièrement antipathique au caractère de notre pays et que je trouve notée de blâme dans plusieurs endroits du journal de M. de Villèle [1], mais à laquelle il ne se crut pas en mesure de s'opposer en présence de l'affaiblissement du mi-

---

1. Voici, en effet, la note que je trouve dans le journal de M. de Villèle, au sujet d'une vive attaque que M. de la Bourdonnaye avait dirigée le 12 juillet contre les fonds secrets. « Il profite des achats d'actions des journaux faits par M. Sosthène de la Rochefoucauld, sans autre résultat que de donner lieu à beaucoup de scandales et de dépenses, trois ou quatre millions qu'on dit qu'il avait puisés à la liste civile par trop de condescendance du Roi. Il attribue ces prodigalités et ces folies au ministère en se fondant sur quelques procès intervenus entre les nouveaux et les anciens actionnaires, et l'accuse d'avoir fait faire ces achats avec des fonds secrets. » (*Documents inédits*.)

nistère et des forces décroissantes du Roi, qui laissait sa liste civile sans défense, contre une influence à laquelle il ne refusait plus rien.

Dans la gauche, le comité d'amortissement ne réussit qu'auprès des propriétaires du *Pilote*, dont la situation commerciale était mauvaise. Il échoua complétement auprès de ceux du *Constitutionnel* et du *Courrier français*. Cela devait être. Il ne leur proposait pas, comme lorsqu'il s'agissait de la presse de droite, de changer seulement de nuance, mais de changer de couleur. C'étaient des hommes de parti, ils refusèrent. En outre, et c'était là une des raisons qui devaient faire échouer cette triste et malencontreuse entreprise, ceux qui s'en étaient chargés n'avaient pas assez considéré qu'à mesure que par leur amortissement ils diminuaient le nombre des journaux, ils augmentaient la valeur vénale des feuilles indépendantes qui restaient, de sorte que les propriétaires de ces feuilles trouvaient plus de profits à les conserver qu'à les vendre. L'indépendance de la presse clandestinement attaquée se trouvait donc à la fois défendue par l'intérêt et par l'opinion.

Ainsi déçu dans ses espérances du côté de la gauche, le comité se retourna vers la droite, et ne voyant aucun jour à s'emparer du *Journal des Débats*, il dirigea ses batteries du côté de la *Quotidienne*, dont l'opposition, fâcheuse pour le ministère, l'était aussi pour les visées ultérieures de la principale influence du comité, auxquelles le journal dirigé par M. Michaud était peu favorable.

Il importe de s'arrêter quelques instants sur cette affaire qui fit, à l'époque dont nous parlons, beaucoup de bruit et de scandale, provoqua un procès dans lequel plaida M. Berryer, occupa l'opinion tout entière et détermina l'échec définitif de la caisse d'amortissement des journaux. La *Quotidienne* était alors dirigée par M. Michaud, qui l'avait fondée avant le commencement du siècle, l'avait rédigée à ses risques et périls, pendant les plus mauvaises années du Directoire et n'avait échappé que par la fuite et un exil volontaire à l'arrêt de proscription prononcé contre lui après le coup d'État du 18 fructidor[1]. Nous avons rencontré M. Michaud à la chambre introuvable, dans la majorité de droite. C'était, on l'a vu, un royaliste de sentiment, disposé par la pente critique de son esprit fin et railleur à l'opposition. Hors des assemblées, il était redevenu journaliste, c'est-à-dire toujours plein de dévouement pour la royauté, mais plus porté à la critique qu'à la louange envers les ministres. En outre, M. Michaud avait une amitié littéraire avec M. de Chateaubriand et d'anciens rapports avec l'extrême droite : il y avait peu de sympathie entre cet Athénien de Paris, d'un esprit lettré, charmant, d'une malice spirituelle, mais d'un caractère un peu léger, et la régularité, le bon sens, la tenue, la sagesse austère de la province que représentait M. de Villèle.

En entreprenant de soustraire la *Quotidienne* à la direction de M. Michaud, M. Sosthène de la Rochefoucauld, il faut bien le nommer, puisqu'il était l'âme de toute cette affaire, et que, du reste, il s'est nommé lui-même dans ses Mémoires, tentait une œuvre difficile. M. Michaud n'était pas propriétaire unique de la *Quotidienne*, mais il y avait dans l'acte de société une clause qui ne permettait la vente des actions de ce journal, dont le nombre total s'élevait à douze, qu'à des acquéreurs agréés par les propriétaires, et M. Michaud avait sur les propriétaires de ces actions un empire souverain. Il fallait donc, pour établir l'ascendant du comité d'amortissement sur la *Quotidienne*, tromper la religion de M. Michaud qui voulait maintenir l'indépendance du journal, c'est-à-dire sa propre influence, et lui faire agréer comme indépendants des hommes de connivence avec le directeur du comité. C'est ainsi que

---

[1]. Ce fut alors que M. Michaud composa le *Printemps d'un proscrit*.

M. de la Rochefoucauld, après plusieurs tentatives infructueuses, était parvenu à faire agréer à M. Michaud, comme acquéreur de quatre actions [1], M. Bonneau, inspecteur des prisons.

Le désaccord entre les deux influences qui existaient au bureau de la *Quotidienne* n'avait pas tardé à se manifester, et c'était à l'occasion de la loi des rentes qu'il avait, pour la première fois, paru. M. Michaud voulait faire de l'opposition à cette loi impopulaire à Paris. Cette opposition formulée dans quelques numéros du journal cessa tout à coup par l'obstacle qu'y mit l'affidé de M. Sosthène de la Rochefoucauld, en alléguant le désir exprimé par Monsieur, que la *Quotidienne* cessât ses attaques. Cet état d'antagonisme ne pouvait pas durer longtemps : il fallait que l'un des deux camps l'emportât. M. Michaud disposait encore de la majorité des actions; sur douze, quatre étaient entre ses mains; quatre, celles qui avaient appartenu autrefois à M. Fiévée, étaient dans les mains de M. Laurentie. On ne pouvait raisonnablement espérer que M. Michaud se dessaisirait de ses actions; on pensa trouver plus d'accès auprès de M. Laurentie qui, récemment nommé inspecteur de l'Université, était plus vulnérable, puisqu'il était fonctionnaire révocable. On l'invita donc à vendre ses actions en lui objectant que sa position était fausse comme inspecteur général de l'Université et propriétaire d'un journal d'opposition.

Ces observations, quoique discrètement présentées, avaient un caractère sérieux, parce que ceux qui les transmirent à M. Laurentie parlaient au nom de monseigneur d'Hermopolis, ministre de l'instruction publique. M. de Laurentie fit part de ses craintes à M. Michaud, qui, de son côté, avait reçu des ouvertures à ce sujet. Ils étaient attachés l'un à l'autre par

---

[1]. Ces quatre actions appartenaient à Mme veuve de Rippert.

les liens d'une étroite affection, et M. Michaud savait bien que son fidèle collaborateur ne se séparerait pas de lui. Les instances devinrent plus vives, et ce fut alors que M. de Corbière, avec sa roideur bretonne, entra en ligne et poussa plus vivement les choses. Il y avait dans cette question deux principes engagés : d'abord l'autorité du ministère, qui ne faisait qu'appliquer une loi du gouvernement représentatif, et les règles du bon sens, en n'admettant pas qu'un fonctionnaire public d'un ordre élevé pût faire un journal d'opposition ; en second lieu, un principe de liberté individuelle et un sentiment d'honneur personnel, qui autorisaient M. Laurentie à ne pas accepter, des mains du ministre, un acquéreur qui livrerait la *Quotidienne* au comité d'amortissement des journaux. Le ministre épuisait son droit en offrant à M. Laurentie l'option entre sa position comme fonctionnaire de l'Université et sa position comme propriétaire et rédacteur d'un journal d'opposition ; il outrepassait ce droit s'il allait au delà et s'il lui imposait un acquéreur. M. Michaud et M. Laurentie avaient cherché un biais ; M. Laurentie vendit un tiers de sa propriété à M. Malitourne et lui remit une procuration pour gérer les deux tiers qu'il gardait. Le ministre n'accepta pas ce biais, qui était une manière d'éluder la question sans la résoudre ; il devint plus pressant. Pour la première fois, M. Laurentie fut appelé chez M. de Corbière. Dans la conversation qui s'engagea, M. Laurentie ayant dit au ministre que, lors même qu'il vendrait sa part de propriété comme on en exprimait le désir, les acquéreurs n'y gagneraient qu'une chose, ce serait d'avoir à plaider contre M. Michaud, qui défendrait son droit de directeur devant les tribunaux, M. de Corbière prononça cette parole qui devait être retenue et répétée : « Eh bien ! vendez-nous un procès ? »

M. Michaud se trouvait placé dans une situation pénible, obligé de compromettre l'avenir universitaire de M. Laurentie s'il acceptait son sacrifice, ou d'aliéner l'indépendance de son journal s'il le refusait. Alors il songea à prendre le seul parti qui pût trancher la difficulté, c'était la vente sérieuse des actions de M. Laurentie, et il proposa pour acquéreur M. Sanlot-Baguenault, membre de la chambre des députés, ou M. Berryer fils. M. de la Rochefoucauld, qui savait que M. Sanlot-Baguenault ne marchait pas avec le ministère, prescrivit à M. Bonneau d'user de son droit de copropriétaire et de mettre son *veto*. Pour sortir de cette difficulté, le baron Capelle, secrétaire général du ministre de l'intérieur, qui était l'homme de Monsieur, vint proposer à M. Michaud, comme acquéreur des quatre actions de M. Laurentie, le chevalier de Valdené, secrétaire de ce prince, dont on achevait de découvrir ainsi l'intervention. MM. Michaud et Laurentie ne crurent pas pouvoir prolonger leur résistance. Devant cette haute intervention, ils s'inclinèrent. M. de Valdené fut agréé, et M. Laurentie reçut l'ordre de partir pour faire une inspection dans le Nord.

Tous ces arrangements avaient été pris avant le renvoi de M. de Chateaubriand. On put croire un moment qu'on était d'accord; mais, quand il s'agit de prendre un parti sur cet événement, le différend reparut. M. Michaud protesta contre le renvoi dans l'article qu'on a lu plus haut; mais, dès le lendemain, la *Quotidienne* rentra dans le silence, et l'on apprit par un article de son rédacteur en chef, M. Soulié, inséré dans le numéro du 10 juin, que, la veille, M. Henri Simon, porteur de la procuration de la majorité des actionnaires, c'est-à-dire de celles que possédaient MM. Bonneau et de Valdené, réunies, était venu lui interdire de laisser paraître le nom de M. de Chateaubriand dans le journal. M. Bonneau s'était en même temps déclaré directeur du journal et avait nommé M. Henri Simon rédacteur en chef. Le lundi, 12 juin, deux *Quotidiennes* parurent à la fois, celle de M. Henri Simon, et celle de M. Michaud; on devine laquelle des deux fut accueillie par la curiosité et la sympathie publiques. M. Michaud, pour assurer la publication du numéro, avait passé la nuit dans le bureau du journal, entouré de ses collaborateurs. A une heure du matin, M. Simon s'y présenta accompagné du commissaire de police, et exigea la remise du matériel d'administration en sa qualité de chargé de pouvoirs de la majorité des actionnaires. M. Michaud déclara qu'il ne céderait qu'à la force. Alors M. Henri Simon sortit pour requérir l'intervention de la force armée, et cette œuvre de fraudes et de ruses se terminant, grâce aux subalternes qui poussent toujours les choses à l'extrême, par une violence odieuse, on vit le respectable fondateur de la *Quotidienne*, qui pouvait avoir le droit strict contre lui, mais qui avait l'équité en sa faveur, violemment expulsé du journal qu'il avait dirigé avec honneur et courage pendant tant d'années.

Ce fut la fin des entreprises de la caisse d'amortissement des journaux contre l'indépendance de la presse. Il y eut d'abord une explosion d'indignation dans les feuilles restées indépendantes. Le *Journal des Débats* surtout en prit occasion pour rendre à M. Michaud le témoignage donné par celui-ci à M. de Chateaubriand, sortant du ministère, et il s'étonna de cette agression nocturne, entreprise pour chasser un écrivain royaliste du journal où il avait défendu, avec autant de courage que de talent, la cause de la monarchie. Les choses n'en restèrent pas là. Une ordonnance de référé avait, il est vrai, maintenu M. Simon en possession du journal; mais, le 25 juin, l'appel que porta devant la cour royale, présidée par M. Séguier, M. Michaud, assisté de M. Laurentie, qui avait quitté son inspection pour venir appuyer son ami de sa présence et de son témoignage, amena des débats publics qui jetèrent de tristes clartés sur cette ténébreuse affaire. Ce fut M. Berryer qui plaida pour M. Michaud; il avait presque la qualité de témoin en même temps que celle d'avocat. Il témoigna donc et de la contrainte morale exercée sur M. Michaud, des insinuations menaçantes dont on s'était servi auprès de M. Laurentie, de la parole qu'avait adressée à celui-ci M. de Corbière, et des conversations qu'il avait eues lui-même à ce sujet avec M. Sosthène de la Rochefoucauld. Il restait évident, après ce plaidoyer, que l'objet qu'avaient eu en vue les directeurs de cette intrigue était d'enlever de fait la direction politique du journal à M. Michaud, en conservant, s'il était possible, son nom pour leurrer les lecteurs; que, ne pouvant y réussir, on avait exploité l'ingratitude d'un homme tiré par M. Michaud d'une situation malheureuse, M. Henri Simon, pour dépouiller le fondateur de la *Quotidienne* de sa propriété, et le chasser d'un journal où il avait servi les Bourbons au péril de sa vie. Dans ses conclusions, l'éloquent avocat argua de la non-validité d'une transmission arrachée, au moyen de promesses mensongères, au profit de MM. Bonneau et de Valdené, et demanda que, jusqu'au jugement au fond sur cette question, M. Michaud, seul propriétaire incontestable de la *Quotidienne*, fût maintenu dans la possession de ce journal : « Si ce qu'à Dieu ne plaise, s'écria en terminant M. Berryer avec son ardente parole, la révolution devenait triomphante, ce serait M. Michaud qui serait seul puni, comme ayant seul dirigé l'opinion de la *Quotidienne*. On ne s'adresserait qu'à lui et non à ceux qui achètent des opinions et qui ne savent pas les défendre. »

Les faits étaient tels que l'avocat général lui-même, tout en concluant à la confirmation du jugement rendu en première instance, ne crut pas pouvoir s'abstenir de jeter un blâme « sur les tristes négociations qui avaient dû, dit-il, surprendre et affliger tous les honnêtes gens. » La cour alla plus loin : elle écarta les conclusions de l'avocat général et sanctionna celles de M. Berryer, en déclarant, dans les considérants de son arrêt, qu'au milieu des obscurités des négociations clandestines destinées à faire passer les actions du journal des mains des propriétaires primitifs dans les mains de propriétaires fictifs, qui n'étaient que les prête-noms d'une vaste agence, un seul droit étant incontestable, celui du propriétaire fondateur, « M. Michaud serait rétabli dans la possession et l'exercice de sa qualité de directeur du journal *la Quotidienne*. »

Les acclamations de l'assistance saluèrent cet arrêt, plus fondé en équité qu'en droit strict, mais qui répondait au sentiment général; ces acclamations furent si bruyantes qu'on les entendit jusque dans la rue. Le public s'habituait à regarder comme un triomphe pour l'opinion tout échec du ministère. Le soir, M. Michaud, entouré du nombreux cortége de ses amis, alla, comme en triomphe, reprendre possession des bureaux de son journal. L'entreprise de la caisse d'amortissement des journaux avait échoué; il ne restait que l'odieux de la tentative qui rejaillissait sur le ministère, quoique le président du conseil y fût resté étranger [1]. A partir de ce moment, la *Quotidienne* entra dans une opposition à outrance et systématique, comme le *Journal des Débats*. Ce fut tout le profit que recueillit le gouvernement de la campagne faite par M. de la Rochefoucauld contre l'indépendance de la presse.

M. de Chateaubriand saisit l'à-propos de cette circonstance pour lancer dans les *Débats* contre le ministère un violent manifeste, divisé en deux articles, où il était facile de reconnaître la griffe royale du lion. Il accusait l'administration, dont si récemment encore il avait fait partie, d'être avide de pouvoir, rusée, timide et sans éclat; il n'y voyait qu'un des-

---

[1]. M. Laurentie, que j'ai naturellement consulté sur cette affaire, termine la lettre à laquelle j'ai emprunté la plupart de ces détails par ces mots : « Je ne parus plus dans les inspections, et comme j'étais dès lors partisan de la liberté d'enseignement, cela fut suffisant pour motiver ma destitution, qui eut lieu un an après. Je dois dire que M. de Villèle fut et voulut rester étranger à ces malheureuses intrigues, et je sais qu'il blâma ma destitution. »

potisme obscur qui prenait l'effronterie pour de la force, en annonçant tout haut son système de corruption ; il flétrissait les hôtels ministériels comme des bazars déshonorés par la mise à l'encan des consciences ; il déplorait la liberté des élections violée par de déplorables lettres ; il jetait le mépris à des lois mal conçues, disait-il, et mal préparées par d'obscurs commis ; il montrait « l'administration riant, derrière la toile, de la foule imbécile assemblée pour voir des baladins politiques jouant une parade de liberté sur des tréteaux. »

C'était à peine si M. de Chateaubriand avait été plus violent et plus amer contre le ministère Decazes. La contre-opposition de droite, habituée par ses luttes à la langue injurieuse de l'opposition, continuait à la parler contre un ministère sorti des rangs des royalistes, sans songer qu'elle démolissait la droite entière de ses propres mains. Elle ne pouvait empêcher en effet que les hommes flétris par M. de Chateaubriand eussent marché pendant de longues années à la tête du parti, et qu'ils fussent entrés au pouvoir comme les plus capables de leur opinion. S'ils avaient si peu de valeur morale et politique, que valait donc leur parti ? La gauche seule profitait de cette guerre intestine de la droite. Ses accusations intéressées se trouvaient confirmées par les accusations qu'on pouvait croire impartiales, puisqu'elles étaient articulées par des hommes appartenant au parti qui était au pouvoir. Au fond, c'était le gouvernement du Roi confié à un ministère de droite, qu'on attaquait et que l'on dénonçait au pays comme hypocrite, blessant le génie de la France, méconnaissant l'esprit de nos institutions, corrupteur, tyrannique, immoral et impuissant. Les indifférents se disaient que, si M. de la Bourdonnaye et ses amis de la contre-opposition de droite arrivaient au pouvoir, ils n'y feraient pas sans doute meilleure figure que M. de Villèle et M. de Corbière, qui auraient beau jeu à leur rendre leurs critiques et leurs injures. Les hommes de gauche englobaient le gouvernement royal et la droite tout entière dans le même blâme, et les hommes de sens et de prévoyance, qui sont toujours le petit nombre, commençaient à penser que la droite, livrée à des dissensions intestines, à des rivalités d'influence et de pouvoir, et mal préparée, comme l'étaient tous les partis en France, à la pratique du gouvernement représentatif, laisserait échapper l'occasion que les élections de 1824 lui avaient donnée en lui assurant une immense majorité, et se montrerait aussi incapable de gouvernement que le centre droit et le centre gauche sous les ministères Decazes et Richelieu.

Sans doute le ministère ne manquait point de journaux pour répliquer à M. de Chateaubriand, et ces journaux ne manquaient point d'arguments contre lui; la *Gazette de France* répondait au manifeste de l'ancien ministre des affaires étrangères, inséré au *Journal des Débats* : « Quoi ! vous avez vu toutes ces attaques portées à nos institutions, cette oppression du droit électoral, ce système de corruption et d'avilissement, cette haine et ce mépris des arts et des lettres, tant de fraudes odieuses, tant de séductions criminelles, la foi publique trompée, la barbarie, et vous, dépositaire du pouvoir, vous avez prêté à ces infamies l'autorité de votre nom ! » Certes ces récriminations étaient justes, mais elles ne changeaient rien à la situation, aux divisions de la droite, au discrédit moral qui en résultait pour le parti tout entier et au profit qu'en tirait la gauche.

Un nouveau danger commençait à se manifester. La dernière loi sur la presse renvoyait aux cours royales la connaissance des délits commis par les journaux. C'était s'exposer à faire entrer la politique dans la justice, car la magistrature devenait l'arbitre entre les journaux et le gouvernement, et elle pouvait être tentée par la popularité du rôle qui jadis avait séduit les anciens parlements. Déjà, dans le procès de la *Quotidienne*, l'arrêt rendu par la cour avait été l'objet d'une ovation publique. Un nouveau procès s'engagea au sujet de l'*Aristarque*, ancien journal de gauche, mort faute d'abonnés en 1818, et dont MM. de la Bourdonnaye, Sanlot-Baguenault et Lemoine-Desmares, trois députés de la contre-opposition de droite, avaient acheté le titre pour le ressusciter en 1824. La question était de savoir si l'*Aristarque* pouvait paraître sans obtenir l'autorisation exigée des nouveaux journaux. Les trois acquéreurs soutenaient, en vertu de la dernière loi, l'affirmative, en alléguant que l'*Aristarque*, ayant existé avant l'époque où cette loi avait été promulguée, bénéficiait de l'article qui dispensait de l'autorisation les journaux préalablement existants. L'administration soutenait la négative, en se fondant sur ce qu'une pareille interprétation détruisait complétement l'effet de la loi de 1822, attendu que les titres d'anciens journaux disparus depuis quelques années ne manquaient pas, et qu'il suffirait d'acheter un ancien titre pour fonder un nouveau journal en éludant la loi. La cause fut portée devant la justice, d'abord devant le tribunal de police correctionnelle, ensuite devant la cour royale, qui donna raison aux nouveaux propriétaires de l'*Aristarque*, en se fondant sur ce que ce journal n'ayant été ni éteint par une déclaration légale, ni supprimé par un arrêt judiciaire, avait conservé un droit moral à l'existence, quoique en 1822, époque de la promulgation de la loi, il eût cessé de paraître depuis quatre ans. Cette interprétation annulait de fait un article de la loi de 1822. La politique entrait évidemment dans la justice. Le contre-coup de l'impression qu'avaient produite dans l'opinion les machinations du comité de la caisse d'amortissement de la presse se faisait sentir dans la sphère judiciaire. On voyait dans ces machinations l'intention d'amortir la presse indépendante, et la magistrature prenait parti pour la presse, comme la chambre des pairs avait pris parti pour les rentiers. M. de Villèle ne s'y trompa point; on trouve sur son

carnet, à la date du 13 juillet 1824, la mention suivante :
« L'*Aristarque* gagne son procès en appel devant la cour royale de Paris ; l'amortissement des journaux tenté par M. Sosthène de la Rochefoucauld en a été certainement en partie la cause. »

Un procès de tendance, intenté au *Courrier français* en vertu de la loi de 1822, ne réussit pas mieux au gouvernement. M. Mérilhou, avocat renommé de cette époque, intenta à son tour, dans un plaidoyer qui remplit deux séances, un procès de tendance contre le ministère, qu'il accusa de conspirer l'anéantissement de la presse, et il se servit habilement des opérations de la caisse créée pour amortir les feuilles indépendantes. La cour royale de la Seine déclara qu'il y avait partage dans les voix ; c'était un acquittement. Une chose devenait plus que jamais manifeste : les moyens de répression que le ministère espérait trouver dans la loi de 1822 contre les écarts de la presse lui échappaient. Le nombre des journaux, circonscrit par la nécessité de l'autorisation, devenait illimité, du moment qu'il était loisible de fonder un nouveau journal en ressuscitant un ancien titre. Les procès de tendance motivés par l'habitude de dénigrement constatée dans la rédaction d'un journal, à l'aide de plusieurs articles consécutifs signalés dans plusieurs numéros (il y en avait 160 indiqués dans le réquisitoire contre le *Courrier français*), se trouvaient paralysés par l'attitude de la magistrature, qui cédait à la tentation de transformer le pouvoir judiciaire en pouvoir politique. La popularité, qui séduit les plus sages, saluait cette entreprise de ses acclamations. M. le premier président Séguier, naguère encore poursuivi par les refrains railleurs de Béranger, devenait un des hommes les plus populaires de France ; le vieil esprit parlementaire se retrouvait dans les cours de justice, avec ses préventions contre le clergé et ses rivalités d'influence contre le ministère. La Fronde, qui n'est jamais complètement morte en France, parce qu'elle est un des aspects de notre caractère national, semblait se mirer dans le drame contemporain avec ses passions, en y mêlant quelques-unes de ses scènes. M. de Villèle, sous le coup des impressions qu'il recevait de ces nouveaux symptômes de la situation, inscrivait tristement cette ligne sur son carnet: « Tous les corps inamovibles, pairs et juges, manquent au gouvernement. »

VIII

DERNIERS DÉBATS DE LA SESSION : LA SEPTENNALITÉ, LE BUDGET.

Tels étaient les auspices sous lesquels s'achevait la session. Le ministère avait encore à soutenir la discussion de la septennalité à la chambre des députés, et celle du budget avec les crédits supplémentaires nécessités par l'expédition d'Espagne, dans les deux chambres. La chambre des pairs ayant rejeté, à une majorité de 85 voix contre 83, une loi sur les communautés des femmes, qui donnait au gouvernement la faculté de reconnaître à l'avenir ces sociétés religieuses, et de régulariser leur existence par une ordonnance royale, le gouvernement n'eut pas à porter cette loi à la chambre des députés. Il renonça lui-même à y faire discuter la loi sur les vols commis dans les églises. La session avait été longue, l'époque de l'année était avancée ; mais surtout et avant tout le ministère appréhenda, d'après l'opinion connue des membres de la commission et le nom de son rapporteur, M. Clausel de Coussergues, de voir sa loi subir une transformation, et il aima mieux se réserver le droit de la modifier dans le sens des idées exprimées à la chambre haute par les évêques.

On a vu que la loi de septennalité était en voie de discussion à la chambre des députés quand M. de Chateaubriand sortit du ministère. Elle fut vivement attaquée et par le général Foy, au nom de la gauche, et par M. Royer-Collard, qui représentait presque à lui seul le centre gauche ; enfin par M. de la Bourdonnaye, au nom de la contre-opposition de droite.

Les arguments du général Foy et de M. de la Bourdonnaye furent, à peu de chose près, ceux qui avaient déjà été présentés à la chambre des pairs. Ils alléguèrent qu'on violait la Charte à deux points de vue : d'abord en remplaçant le renouvellement partiel par le renouvellement intégral ; en second lieu, en substituant la durée septennale à la durée quinquennale que la Charte avait instituée. C'était là ce qu'on pourrait appeler l'argument constitutionnel. Il se retrouva dans les discours des opposants de toutes les nuances. Le second argument était plus fort. Il était tiré des dangers que pouvait présenter pour la monarchie une loi dont on réclamait l'adoption comme une garantie de stabilité.

M. Royer-Collard surtout, qui à cette époque de sa vie s'éloignait de l'opposition active pour se recueillir dans le calme de sa pensée philosophique [1], fit ressortir avec beaucoup de force les dangers qu'on pouvait accumuler, sans le savoir, contre le trône, en immobilisant la représentation du pays pendant sept ans, dans un temps où les idées et les intérêts étaient si mobiles. Il fit plus. A propos de la septennalité, il sonda d'un regard profond la situation sociale et politique de

---

1. C'est peu de temps après ce discours que M. Royer-Collard, écrivant à un ami à l'occasion de la mort de M. de Serre, s'exprimait ainsi : « Jamais l'avenir ne m'a paru plus vague et plus insaisissable, et jamais aussi il ne me fut plus étranger. Si, comme je n'en doute pas, il reste encore quelques âmes supérieures qui, dégoûtées du présent, se replient sur elles-mêmes et nourrissent silencieusement leurs forces dans cette retraite, quels sont les événements prévus qui les en feront sortir ?... Depuis votre départ, j'ai vécu seul et presque sans autre commerce qu'avec Platon. » (*Vie politique de Royer-Collard*, par M. de Barante, t. II, p. 236.)

la France, et, en dehors des fautes des partis et des hommes, il signala la cause réelle et permanente du malaise du présent et du danger de l'avenir dans l'absence d'institutions propres à servir de bases au gouvernement représentatif, et dans la rencontre de la liberté politique avec l'individualisme créé par la révolution et la centralisation administrative venue de l'Empire. En outre, avec une singulière puissance d'intuition, il découvrit que le renouvellement intégral des assemblées et leur durée septennale devaient leur donner une constitution plus forte et par conséquent une influence plus décisive, au détriment de la royauté, qui ne pourrait plus résister à l'impulsion de la chambre élective. Il importe de reproduire ici les parties les plus importantes de ce discours vraiment magistral :

« Je demande à la théorie, dit M. Royer-Collard, lequel est préférable de renouveler en entier la chambre des députés ou de la renouveler partiellement. A cette question, comme à tant d'autres, la théorie n'a point de réponse générale et absolue. Elle-même demande avant tout quel est votre gouvernement, quelles fonctions la chambre élective y remplit, quels sont ses rapports avec le tout dont elle fait partie..... Comme il est inévitable que la pensée, la volonté première, qui est le principe de l'action, réside quelque part, celui des pouvoirs qui possède légitimement ce principe imprime au gouvernement tout entier son propre caractère, monarchique si c'est le pouvoir royal, républicain sous la dénomination de monarchie, si ce sont les chambres et particulièrement la chambre élective.

« Quel est, dans notre gouvernement, ce pouvoir régulateur qui marche avant les autres et les entraîne à sa suite ? Nul doute que ce ne soit le pouvoir royal. A ne le considérer que dans ses nouveaux attributs, sans égard à l'antiquité, à la majesté, à la mémoire d'une si longue et si intime alliance avec la nation, le roi de la Charte conserve une éclatante primauté entre les pouvoirs qui l'entourent. Seul, il représente l'unité morale de la société; seul, il agit; seul, il commande; seul, il est l'auteur de la loi dont l'initiative lui est exclusivement réservée. Cette dernière circonstance exprime qu'à son égard les autres pouvoirs ne sont proprement que des limites, mais ce sont des limites vivantes et capables de se mouvoir; si elles se déplacent, si elles avancent ou reculent, d'un côté l'on gagne et de l'autre on perd ; l'équilibre est rompu.

« Dans la nécessité constitutionnelle de maintenir l'équilibre établi par la Charte, se trouve la solution de la question du renouvellement intégral comparé au renouvellement partiel. D'où vient la force de la chambre élective ? De l'élection, son nom le dit. La chambre des députés n'a pas, et elle n'a pas besoin d'avoir une autre force, parce que celle-là est très-grande, et si grande qu'il faut la dissimuler par l'extrême infériorité du rang et l'absence de toute pompe extérieure. La force de l'élection consiste en ce que la chambre élue est l'organe légal des vœux et des intérêts présents du pays, prérogative immense et qui semble irrésistible. En effet, que sont tous les intérêts à côté de ceux du pays ? La force de l'élection décroît naturellement à mesure qu'elle s'éloigne de son origine, car les intérêts ou du moins les opinions qui les interprètent, peuvent avoir changé. Par conséquent, elle se produit tout entière dans le renouvellement intégral, et en partie seulement dans le renouvellement fractionnaire, proportionnellement à la fraction renouvelée ; la différence pourrait être déterminée arithmétiquement. Il y a donc dans le système du renouvellement intégral un jour fatal et inévitable où la chambre élective arrive au gouvernement beaucoup plus puissante qu'elle ne l'est jamais sous la loi du renouvellement partiel. Je dis un jour fatal, pour écarter l'analogie de la dissolution, parce que, dans ce cas, le jour, l'année, les temps, tout a été choisi. Or, le jour où la chambre élective est plus forte, la royauté est plus faible. La théorie décide donc que, toutes choses égales d'ailleurs, le renouvellement intégral appartient davantage au principe républicain, le renouvellement partiel au principe monarchique... Là où le renouvellement intégral serait introduit après coup à la place du renouvellement partiel, quel que fût le dessein et quelles que fussent les circonstances de cette innovation, elle aurait pour effet nécessaire d'incliner le gouvernement de la monarchie à la république ; elle pourrait aller, selon les conjonctures, jusqu'à faire d'un instrument de réforme un instrument de révolution. »

Il était impossible de discerner d'une manière plus nette les inconvénients attachés à la septennalité, ou plutôt encore, au renouvellement intégral, et de les indiquer avec plus de précision. Dans ses dernières paroles, la logique de l'orateur atteignait presque une intuition prophétique, en montrant la révolution comme une des conséquences qui pouvaient sortir de ce renouvellement intégral, s'il se rencontrait avec un mouvement d'opposition passionnée. Sans doute M. Royer-Collard était moins équitable, quand il attribuait la présentation de la loi à un intérêt exclusivement ministériel. La pensée qui ralliait la grande majorité de la droite au renouvellement intégral et à la septennalité, tenait à l'espoir qu'elle mettait dans une chambre profondément monarchique, pour appuyer sur des assises sociales un édifice politique, échafaudé en l'air, comme M. Royer-Collard devait le reconnaître lui-même dans la suite de son discours. Mais si cet espoir était déçu; si, par suite de la difficulté des circonstances, des divisions de la droite, de l'incohérence des idées qui y régnaient, des incompatibilités de caractères ou des rivalités d'ambition aggravées par l'inexpérience politique de tous, la majorité ne posait pas les grandes assises qu'on attendait d'elle, on demeurait en face des périls que M. Royer-Collard avait signalés.

L'orateur jeta de plus vives lumières encore sur la situation en indiquant les obstacles radicaux qui s'opposaient à ce que de la théorie du gouvernement représentatif on passât en France à la pratique sincère de ce gouvernement :

« Le temps fait les choses humaines, s'écria-t-il, et il les détruit. Le progrès des âges avait miné insensiblement le vieil édifice de la société, la révolution l'a renversé, et à cette grande catastrophe se rattache notre condition présente. C'est parce que les institutions se sont écroulées que vous avez la centralité; c'est parce que les magistratures ont péri avec elles que vous n'avez que des fonctionnaires. Le pouvoir a fait la conquête du droit; il s'est enrichi de toutes les dépouilles de la société. Le gouvernement représentatif a été placé en face de cette autorité monstrueuse, et c'est à elle que la garde de nos droits politiques est confiée.... »

Ici venait une description exagérée, quant au présent, de l'abus que le ministère avait fait de la centralisation, mais qui indiquait avec une sagacité surprenante l'abus qui pourrait en être fait dans l'avenir. Du reste, l'orateur qui avait la ferme volonté d'être impartial, reconnaissait que ce n'était pas l'intention des hommes, mais le vice de la situation qu'il fallait accuser.

« J'affaiblirais beaucoup l'accusation que j'élève en ce moment, s'écria-t-il, si je la tournais uniquement contre les ministres d'un temps ou d'un autre; elle est générale, et elle a son fondement dans la condition générale de l'humanité. C'est aux ministres de dire s'ils sont au-dessus de cette condition. Là où se rencontre la facilité de mal faire, avec profit et impunité, là se rencontrera tôt ou tard la volonté ; c'est sur cette vérité d'expérience que repose la nécessité des gouvernements; mais elle comprend les gouvernements eux-mêmes et elle est la raison de la limitation, de la division et de la balance des pouvoirs dans les constitutions libres. »

Après avoir signalé ainsi la cause du mal dans la centralisation administrative placée en face de la liberté politique, M. Royer-Collard poursuivait, en dénonçant l'action inévitable et fatale de cette centralisation :

« Le ministère a formé les colléges, qui votera dans ces colléges? Tous les électeurs admis sans doute? Non, ce sera, pour un très-grand nombre, le ministère. Ce n'est pas moi qui le dis, c'est lui ; c'est sa prétention publique, officielle, raisonnée. Le ministère vote par l'universalité des emplois et des salaires que l'État distribue, et qui directement ou indirectement sont le prix de la docilité prouvée; il vote par l'universalité des affaires ou des intérêts que la centralité lui soumet; il vote par tous les établissements religieux, civils, militaires, scientifiques, que les localités ont à perdre ou qu'elles sollicitent; il vote par les routes, les canaux, les ponts, les hôtels de ville ; car les besoins publics satisfaits sont des faveurs de l'administration, et pour les obtenir, les peuples, nouveaux courtisans, doivent plaire. En un mot, le ministère vote de tout le poids du gouvernement qu'il fait peser en entier sur chaque département, chaque commune, chaque profession, chaque particulier. »

M. Royer-Collard accusait hautement le gouvernement impérial d'avoir, non-seulement subverti, mais perverti le gouvernement représentatif, en le faisant agir contre sa nature.

Puis, il reconnaissait que, si le mal n'éclatait nulle part davantage que dans les élections, il ne venait pas des élections :

« Il vient, ajoutait-il, de la société dissoute et du pouvoir monstrueux et déréglé qui s'est élevé sur la ruine de toutes les institutions. Une société sans institutions ne peut être que la propriété de son gouvernement. En vain, on lui écrira quelque part des droits, elle ne saura pas les exercer et ne pourra pas les conserver. Peu d'années ont suffi pour divulguer ce fatal secret. Aussi longtemps que la société sera dépourvue d'institutions gardiennes de ses lois, et capables de rendre un long gémissement quand elle sera frappée, le gouvernement représentatif n'est qu'une ombre. »

Ainsi parla M. Royer-Collard, avec une puissance de bon sens et une hauteur de paroles qu'il n'avait pas atteintes jusque-là, et qu'il atteignit rarement depuis. C'était moins une attaque dirigée contre le ministère qu'un gémissement jeté sur la monarchie et sur la France. Spectateur de tant de ruines et de l'instabilité des hommes et des choses dans notre pays, c'était avec une dérision involontaire, et avec cette grave ironie qui débordait facilement de ses lèvres, qu'il s'exprimait sur cette septennalité qui voulait fixer le temps dans une époque et dans un pays où il échappait à tout le monde :

« Je prends les paroles des ministres à la lettre, disait-il, persuadé qu'elles sont sérieuses, et qu'en ce moment leur pensée ne va pas plus loin. Mais leur sincérité me touche peu quand ils s'engagent par delà leur pouvoir. Il y avait des ministres, il y a sept ans : où sont-ils ? Quelques-uns survivent; à Dieu ne plaise que j'insulte à leur honorable solitude ! Mais, qui songe à se souvenir des plans de gouvernement qu'ils avaient arrêtés, des paroles par lesquelles ils pensaient s'engager ? Y a-t-il, depuis un demi-siècle, un système qui ait été suivi, un ministère qui ait subsisté, une vérité ou une réputation politique qui ait duré sept ans ? Que fera-t-on dans sept ans ? C'est une question à laquelle personne en France n'est en état de répondre. On fera comme aujourd'hui : on prendra conseil des conjonctures, des ennuis, des terreurs ou des espérances dont on sera obsédé. »

En terminant, M. Royer-Collard revenait à son point de

départ. Si quelque chose pouvait sortir, suivant lui, de cette loi de septennalité, c'était la translation du gouvernement des mains du Roi dans celles des chambres. Eh bien! loin de croire ce déplacement désirable, il l'appréhendait pour le pays :

« Encore quelques années qui emporteront les derniers débris et jusqu'aux souvenirs des mœurs nationales, et sortira-t-il, pourra-t-il sortir d'une société réduite à l'individualité, interdite de sa propre administration et de plus en plus étrangère à elle-même, et d'une population tout entière attachée à la glèbe des intérêts privés, cette chambre qui serait préparée, par l'étude approfondie des intérêts généraux et par l'habitude des grandes pensées, à saisir d'une main ferme le gouvernement de l'État ? »

Pendant que l'orateur écrivait dans ce mémorable discours une des pages les plus éloquentes de l'histoire contemporaine, plusieurs pages s'étaient tournées d'elles-mêmes sous son doigt investigateur, et l'avenir du gouvernement représentatif lui était apparu, avenir plein d'incertitudes et de périls. Son regard pénétrant, au lieu de s'arrêter aux surfaces, était descendu jusqu'aux bases de l'édifice. Là, il avait vu la liberté politique placée entre le despotisme de la centralisation et l'anarchie de l'individualisme produit par la révolution qui avait détruit toutes les familles d'intérêts, toutes les agrégations d'influences, sans remplacer les cadres anciens par des cadres nouveaux, de sorte que la société française, réduite en poussière, se trouvait toujours placée entre la machine écrasante de la centralisation et une tempête révolutionnaire, et qu'elle ne pouvait échapper à l'une sans tomber sous le coup de l'autre. Situation fatale, qui diminue beaucoup la responsabilité humaine dans les malheurs et les renversements qui suivirent. On se débattait, en effet, dans un cercle vicieux : il aurait fallu créer des institutions pour que les institutions créassent des hommes, mais, pour ce double ouvrage, le temps était nécessaire, et qui pouvait répondre du temps¹ ?

Toutes les harangues pâlirent auprès de celle de M. Royer-Collard.

M. de la Bourdonnaye ajouta que la chambre élective, royaliste aujourd'hui, pourrait ne pas l'être demain. Le général Foy saisit cette occasion de récriminer contre les élections qui avaient exclu son parti de la chambre, et il affirma que le renouvellement total ou partiel de cette assemblée n'exciterait un intérêt véritable que lorsqu'il y aurait des élections sincères.

M. de Villèle répondit à cette dernière observation que partout où il y avait des réunions d'électeurs pour arriver à un résultat d'un intérêt public, chacun faisait ses efforts pour faire prévaloir les choix qui lui paraissaient les meilleurs. L'administration et l'opposition usaient de leur influence pour atteindre leur but, et il n'y avait là rien que de légitime. Quant au ministère, sa conduite avait été toute naturelle et elle n'était pas difficile à justifier. Dans presque tous les colléges, il avait invité les électeurs à renvoyer à la chambre des candidats déjà honorés dans les précédentes élections du suffrage de leurs concitoyens. Le ministère n'avait-il pas, en effet, désigné pour présider l'immense majorité des colléges les députés sortants? Le seul intérêt auquel il avait obéi, c'était de donner la stabilité et la fixité à l'assemblée élective pour imprimer à ses délibérations l'esprit d'unité et de suite, sans lequel il était impossible de fonder quelque chose de raisonnable et de solide.

Là était la question; la septennalité serait-elle employée à fonder ces institutions qui devaient servir d'assises au gouvernement représentatif, en substituant les agrégations d'intérêts à l'individualisme révolutionnaire? M. de Martignac,

1. On rapprochera avec intérêt ce discours de M. Royer-Collard, du livre de M. le Play, *la Réforme sociale*.

nommé rapporteur de la loi, avait écarté d'avance le motif tiré de la Charte. Il s'agissait, comme il l'avait fait observer, de modifier, non pas un principe fondamental, mais une disposition réglementaire, et, du moment que la mesure paraissait utile et opportune, une loi votée par les deux chambres et sanctionnée par le Roi pouvait incontestablement introduire cette modification.

C'était donc à la question d'opportunité et d'utilité qu'il fallait en revenir, et là on pouvait faire valoir de bons motifs en faveur de l'une et de l'autre thèses. Ceux qui se déclaraient pour la septennalité supposaient, en effet, qu'une chambre issue d'un grand mouvement monarchique profiterait de cette longue vie de sept ans pour organiser la société française sur des bases solides. Ils rappelaient que le temps est l'instrument de toutes choses et représentaient qu'une chambre monarchique, agissant de concert avec la royauté pendant ce laps de sept années, sans avoir sans cesse à appréhender l'agitation des élections partielles et les modifications qu'elles introduisaient dans la majorité, serait plus apte à accomplir la tâche importante que lui attribuait l'opinion. C'était l'argument du ministère, de M. de Martignac, rapporteur de la loi, de tous ceux qui, comme MM. de Vaublanc, de Castelbajac, la défendirent. Leur argument était juste, si leurs prévisions sur la conduite que tiendrait la chambre étaient justifiées par l'événement. Mais il cessait d'être juste, si la droite, au lieu de concentrer ses forces, les divisait, si les rivalités d'influence se substituaient aux vues d'intérêt général, si les nuances, au lieu de se fondre dans la couleur, se distinguaient de plus en plus les unes des autres, s'il s'établissait des intelligences entre des fractions parlementaires venues des points les plus opposés de l'horizon et qui, séparées par les idées et par les sentiments, ne pouvaient avoir qu'un but commun, la haine de certains noms et la guerre déclarée à certains hommes; si, en un mot, le renversement du ministère passait pour les mécontents de la droite avant l'affermissement de la monarchie. Alors c'était M. Royer-Collard qui avait raison. Il devait arriver en effet que, tandis que le ministère s'immobiliserait dans la chambre avec une majorité qui lui appartenait pour sept ans, les idées marcheraient au dehors ; de sorte que, lorsqu'on arriverait à l'échéance fatale de la septennalité, le renouvellement de la chambre amènerait un choc.

La septennalité fut votée à une grande majorité : 292 voix contre 87, et il était impossible qu'elle ne le fût pas. Elle avait toujours été dans les idées de la droite, et, malgré les symptômes de division qui s'étaient manifestés dans la majorité depuis l'ouverture de la session, les royalistes étaient encore pleins d'espérance quand ils se comptaient et qu'ils comparaient leur grand nombre au petit nombre de leurs adversaires. La plupart d'entre eux étaient sincèrement convaincus qu'elle était dans l'intérêt de la monarchie. Elle était en outre dans l'intérêt de la majorité, qui s'assurait par là sept années de vie, d'influence ; dans l'intérêt du ministère, qui se ménageait sept années de majorité. Son adoption ne fut donc pas un instant douteuse.

Quand la loi des comptes fut présentée aux chambres, l'intérêt se porta naturellement sur le chapitre des dépenses supplémentaires nécessitées par la campagne d'Espagne. Il y avait là un terrain tout préparé pour l'opposition, c'était la question des marchés Ouvrard. M. de Martignac, rapporteur de la loi des crédits supplémentaires, exposa que, l'armée étant sur le point d'entrer en Espagne, les approvisionnements s'étaient trouvés insuffisants et les moyens de transport avaient complètement manqué. Il avait fallu pourvoir. M. Ouvrard s'était alors présenté ; il avait offert de soumissionner l'entreprise des transports, des vivres et des fourrages. Ses conditions avaient été dures. Le munitionnaire avait profité, dans l'intérêt de sa fortune, de la position difficile où se trouvait l'armée française. A quelque prix qu'il eût mis les ressources dont il disposait, il y avait un avantage à l'employer, parce qu'un grand intérêt politique primait ici l'intérêt financier, et parce qu'en outre, même au point de vue de ce dernier intérêt, un hiver passé en vue de Cadix, dont il aurait fallu faire le blocus si la campagne avait été retardée, eût coûté encore plus cher que les services onéreux de M. Ouvrard.

C'est dans ces termes que la question, qui avait occupé tant de pages dans la correspondance de M. de Villèle avec M. le duc d'Angoulême, et qui avait fait passer de si mauvaises nuits au ministre des finances, arriva devant les chambres. Elle était exactement posée par le rapporteur. Le concours de M. Ouvrard avait été tout à la fois onéreux et nécessaire : le président du conseil qui, en reconnaissant cette nécessité, avait toujours pensé qu'on aurait pu la rendre moins onéreuse, devait naturellement se trouver en face de plusieurs nuances d'opposition, et sur un terrain difficile, parce qu'il voulait couvrir le duc d'Angoulême et ménager M. de Bellune. D'abord la gauche devait crier à la dilapidation des deniers publics, accuser tout à la fois l'imprévoyance du ministère de la guerre et la prodigalité de l'état-major général, et faire retomber la double responsabilité de cette prodigalité et de cette imprévoyance sur le ministère. Ce fut là le thème du général Foy, à qui la connaissance particulière qu'il avait du pays où il avait longtemps fait la guerre donnait de l'autorité. Il fit une vive et juste critique de la cherté des marchés Ouvrard ; mais il eut la mauvaise idée de comparer les frais des campagnes de la révolution avec ceux de la dernière intervention en Espagne, ce qui fournit à M. de Villèle d'excellents arguments, dont il se servit avec habileté pour échapper à un dilemme embarrassant, car il fallait, de toute nécessité, si l'on entrait dans les entrailles de la question, ou sacrifier le dernier ministre de la guerre, M. de Bellune, à l'état-major général, ou sacrifier l'état-major général et le duc d'Angoulême au ministère de la guerre, ce qui n'était ni juste ni possible.

Un militaire qui connaissait à fond la question, puisqu'il avait fait cette guerre, le général Montmarie, après avoir exposé, dans un discours spécial, tous les faits relatifs à l'affaire pendante devant la chambre, résuma en ces termes son opinion :

« Pour les transports, il y avait manque absolu ; pour les vivres, insuffisance. Ce n'est pas parce que l'administration n'avait rien, mais parce qu'elle n'avait pas assez, et que ce qu'elle avait n'était pas disponible pour faire vivre l'armée en Espagne, qu'il a été nécessaire de recourir à des mesures extraordinaires. »

Ces allégations amenaient naturellement à la tribune ceux qui prétendaient justifier l'administration de la guerre aux dépens de l'état-major général. Un député appartenant à cette administration présenta un amendement afin d'avoir occasion de le défendre. Il obligea ainsi M. de Villèle à remonter à la tribune pour établir que trois administrateurs appartenant au ministère de la guerre, MM. Sicard, Régnault, Jonville, mandés successivement au quartier général et mis en demeure de prendre l'entreprise des fournitures au nom de l'État, avaient reconnu leur impuissance à remplir leur mission, dont ils s'étaient déchargés sur M. Ouvrard. Du reste, le président du conseil ne s'attacha à prouver qu'une chose, la nécessité où le prince s'était trouvé d'accepter le concours du munitionnaire. Quant à la teneur des marchés qu'il avait toujours signalés dans sa correspondance comme attribuant des avantages excessifs à celui-ci, il évita de se prononcer sur ce point. En sortant de la séance, il réunit un conseil de ministres et il obtint du Roi l'autorisation de créer une commission spéciale d'enquête pour recueillir les faits et documents propres à faire apprécier les causes et l'urgence des crédits supplémentaires pour les frais de la campagne d'Espagne. Cette idée fut accueillie favorablement par l'opinion, d'autant plus que les noms des commissaires offraient toutes les garanties désirables. C'étaient le maréchal Macdonald, MM. de Vilmanzy, Daru, comte de Vaublanc, baron de la Bouillerie, l'amiral Halgan. Les crédits supplémentaires furent adoptés à une majorité de 204 voix contre 69 ; mais la question des comptes de la campagne d'Espagne demeurait réservée; elle devait reparaître et causer de graves soucis au gouvernement.

Quand les débats sur le budget du ministère de l'intérieur amenèrent le chapitre sur l'allocation des fonds secrets, M. de la Bourdonnaye en prit occasion pour porter la question de l'amortissement des journaux à la tribune. Il débuta par des généralités violentes sur la corruption électorale, dénonça l'existence d'une caisse des élections, sans articuler aucune preuve à l'appui, et déclara que tout était perdu « si l'on n'arrêtait point par des scarifications profondes une gangrène morale qui faisait chaque jour de nouveaux progrès. » Puis, se servant du retentissement que venaient d'avoir les procès de la *Quotidienne* et de l'*Aristarque*, il accusa ouvertement le ministère d'avoir, sur les fonds secrets, fourni les sommes nécessaires à ces tristes marchés. Il demanda en conséquence le rejet de l'allocation inscrite au budget sous cette désignation, en motivant cette proposition par les attaques les plus virulentes contre la probité et la loyauté du ministère. « Réduits, s'écria le fougueux orateur, à la violence pour faire taire l'opinion qui les repousse, à la corruption pour remplacer la confiance qui s'éloigne d'eux, les ministres se débattent en vain, et la chambre ne voudra pas rendre ce combat plus funeste à la monarchie en le prolongeant. »

M. de Corbière, mis ainsi en demeure, qualifia de calomnieuses les assertions du chef de la contre-opposition de droite, et remontra à l'accusation qu'il était dérisoire de prétendre qu'avec une somme de deux millions alloués au ministère de l'intérieur, comme fonds secrets, on eût pu faire face à toutes les dépenses de la police du royaume, et payer en même temps des actions de journaux dont le prix s'était, dit-on, élevé à quatre millions. Quand on arriva au vote, quatre voix seulement refusèrent les fonds secrets; mais ce n'était pas un vote que M. de la Bourdonnaye espérait remporter, c'était un scandale qu'il voulait produire. Son discours eut beaucoup plus de retentissement au dehors que dans la chambre. Les journaux exaltèrent son courage et son éloquence, et le public, qui s'était beaucoup occupé de la campagne clandestine suivie contre la presse, s'affermit dans la pensée que le ministère n'y était pas étranger.

Le chef de la contre-opposition de droite trouva encore un moyen de manifester son hostilité contre M. de Villèle. Il proposa à la chambre de supplier le Roi de faire présenter dans la semaine une loi d'indemnité. C'était un moyen d'enlever au ministère l'honneur de cette loi, annoncée dans le discours d'ouverture. Les ministres ne prirent point la parole, et MM. de Blangy, Syries de Mayrinhac et de Castelbajac répondirent seuls à MM. de la Bourdonnaye et à M. Clausel de Coussergues. La majorité, trouvant qu'il y avait aussi peu d'utilité que de justice à demander une loi annoncée et promise, et à priver le ministère d'une initiative qui lui appartenait, prononça presque à l'unanimité, en comité secret, le rejet de cette proposition, devant laquelle le petit groupe de la gauche était resté calme et impassible. C'est ainsi que la contre-opposition de droite suppléait, par une activité à la fois fébrile et stérile, au nombre qui lui manquait. Il ne s'agissait plus pour elle que de trouver le point vulnérable du ministère; le *Journal des Débats* l'avouait avec la candeur de la haine [1], et le *Constitutionnel* et le *Courrier* faisaient remarquer que la demande d'une loi d'indemnité de la part des députés qui avaient rejeté la conversion de la rente était d'une rare inconséquence; celle-ci devait en effet fournir le moyen de celle-là.

Il y eut une proposition faite par M. Jankowitz qui trouva plus d'accueil dans la droite, et obtint une forte minorité dans la chambre, 120 voix contre 177. Les reproches de corruption et de corruptibilité adressés par le général Foy aux royalistes, à l'occasion des nouvelles élections, avaient fait impression sur un grand nombre de membres de la majorité, et la proposition de M. Jankowitz leur plut par son caractère chevaleresque et désintéressé. Il s'agissait de soumettre à la réélection les députés qui seraient appelés à des fonctions publiques dans le cours de la législature. Le ministère était opposé à cette proposition; il se fondait, pour ne point l'accueillir, sur ce qu'on ne pouvait lui trouver qu'un fondement raisonnable, le mandat impératif donné par les électeurs aux députés. Or le mandat était inadmissible d'après la loi électorale en vigueur et dans une société complétement individualisée. Il n'ajoutait pas que, dans l'éparpillement des idées et l'anarchie des volontés, en face de laquelle il se débattait, tout ce qui pouvait affaiblir l'action du gouvernement lui paraissait funeste.

Un grave incident fut porté à la tribune, à l'occasion du budget de la marine; cette fois ce fut la gauche qui, par la voix de M. Benjamin Constant, interpella le ministère. Il s'agissait de poursuites intentées, de condamnations prononcées

---

1. « Si le ministère, disait le *Journal des Débats* du 13 juin, combat le projet, il achève de se perdre dans le parti qui l'a porté au pouvoir; s'il l'adopte, il en perd le mérite et n'est plus que l'exécuteur d'une mesure dont l'honneur appartient tout entier à l'opposition royaliste. »

et en voie d'exécution contre des hommes de couleur de la Martinique. Ces hommes de couleur avaient introduit et répandu dans la colonie une brochure publiée à Paris, et dans laquelle étaient rappelées, avec d'ardents commentaires, les ordonnances de Louis XIII et de Louis XIV en faveur des Français d'un sang mêlé. Les colons s'étaient d'autant plus vivement émus de ce fait, qu'il régnait dans l'île beaucoup d'effervescence parmi les hommes de couleur; ils remirent au gouverneur de la Martinique une adresse dans laquelle ils réclamaient avec insistance l'application des règlements coloniaux. Des recherches furent faites, de nombreuses arrestations ordonnées, et les prévenus comparurent devant les tribunaux coloniaux, non plus comme accusés de la distribution de brochures dangereuses, mais comme ayant pris part à un vaste complot, dont l'objet était le renversement du gouvernement colonial. Plusieurs furent condamnés, d'abord au bannissement, puis, sur un appel à *minima*, aux galères perpétuelles. Ils avaient allégué un défaut de formes et signifié un pourvoi en cassation; mais l'on avait refusé de recevoir ce pourvoi, et la peine de la marque, prononcée contre trois d'entre eux, avait été appliquée à la Martinique même. Les choses ne s'étaient pas arrêtées là; le gouverneur de la Martinique avait jugé la situation assez grave pour user du pouvoir discrétionnaire que lui attribuaient d'anciennes ordonnances, en vertu desquelles il avait décrété administrativement la déportation au Sénégal de quarante et un hommes de couleur, la plupart riches négociants. Le bâtiment qui les transportait toucha à Brest en juin 1824, et les déportés écrivirent aussitôt à Paris pour demander des passe-ports afin d'aller défendre leur cause devant qui de droit. M. Benjamin Constant, en exposant ces faits, s'appuyait du témoignage de plusieurs maisons de commerce respectables de Paris, entre autres les maisons Davilliers et Odier, et se plaignait de ce que, malgré les réclamations des déportés, malgré une requête adressée par M. Isambert, leur avocat, au président du conseil, l'ordre eût été donné de leur faire suivre immédiatement leur itinéraire vers le Sénégal, ordre exécuté le 24 juin 1824, avant l'ouverture du débat sur le ministère de la marine.

C'était pour le gouvernement une question fâcheuse. On fit valoir contre lui, d'abord à la tribune, ensuite dans la presse, où cette affaire, grâce au zèle de M. Isambert, eut un long retentissement, les principes du droit commun, l'équité naturelle, la cause imprescriptible de l'humanité, enfin les tendances de l'esprit moderne qui aspire à effacer les différences de races et à ramener toutes les branches de la grande famille humaine à l'égalité. Le gouvernement défendait, lui, le droit colonial, droit strict, rigoureux. Il est en effet dans la destinée de toutes les institutions violentes et arbitraires, et par conséquent de l'esclavage, de ne se préserver que par des moyens analogues à leur principe. Le droit colonial, destiné à maintenir l'inégalité des races et l'assujettissement du grand nombre au petit, nécessitait un pouvoir discrétionnaire dans les mains de l'autorité et des peines sévères et rapidement appliquées comme sanction de ce pouvoir. Défenseur obligé de l'ordre légal, le gouvernement, représenté par M. de Clermont-Tonnerre, alors encore ministre de la marine, se plaça sur ce terrain pour justifier les mesures prises par le gouverneur de la Martinique; elles étaient motivées, nécessitées par l'intérêt de la sécurité de la colonie; le gouvernement était resté dans les limites du droit colonial, voilà son argumentation. Le souvenir de Saint-Domingue, invoqué par M. Dudon, plaidait en faveur de cette thèse, en rappelant à quels cataclysmes pouvaient conduire les doctrines libérales imprudemment proclamées à propos des colonies. Une très-grande majorité approuva donc la conduite du ministère. N'importe. La question demeurait mauvaise pour le gouvernement. En dehors de la chambre, le mouvement général qui emportait les idées se prononçait hautement contre la thèse que le ministère avait été obligé d'adopter, et la presse devait tirer de cet incident de redoutables armes dans les temps qui suivirent.

Avant le vote du budget, qui réunit à la chambre des députés 343 voix contre 27, il y eut des discours dans lesquels se résumaient les vœux de la contre-opposition de droite et d'un certain nombre d'autres députés, qui trouvaient le ministère trop lent à marcher dans les voies où ils avaient l'intention de le pousser. C'est ainsi que M. de Berthier, développant tout un programme, demandait des peines sévères contre le sacrilège, la préséance donnée à l'acte religieux sur l'acte civil dans le mariage [1], une existence indépendante pour le clergé, doté au lieu d'être salarié, la révision des codes et leur mise en rapport avec les sentiments religieux et les institutions monarchiques, la transformation de 186 préfectures en 33 intendances. M. de Berbis et M. Bacot de Romans demandèrent une réforme analogue pour les provinces et la décentralisation administrative, mais sans que les interpellations de M. de Corbière pussent les faire sortir du vague où ils s'enfermaient; M. Chifflet, la réduction du nombre des tribunaux de première instance et une rétribution plus convenable pour les magistrats. M. de Foucauld protestait contre le titre de la loi d'organisation militaire du maréchal Gouvion Saint-Cyr, qui réglementait l'avancement dans l'armée en ôtant au Roi une prérogative qui, ajoutait-il, lui était nécessaire. Il réclamait en outre contre l'obligation imposée aux jeunes gens de familles nobles de passer par les écoles pour entrer au service avec l'épaulette.

---

1. M. Sauzet a indiqué, de nos jours, une solution pratique de ce difficile problème, solution de nature à satisfaire les justes réclamations de l'Église, sans

Sans doute, ce n'étaient que des voix isolées qui profitaient de la discussion du budget pour harceler le ministère de ces réclamations, dont plusieurs étaient inopportunes, quelques-unes injustes et inconciliables avec les lois constitutionnelles du pays, d'autres impraticables en présence des opinions régnantes. Mais ces voix qui retentissaient à la tribune étaient acceptées par les adversaires de la monarchie, comme les véritables interprètes de l'opinion royaliste. Ces paroles imprudentes étaient exploitées au dehors et elles donnaient à M. Casimir Périer la confiance de jeter à la tribune cette assertion, entre l'habileté parlementaire et la jactance : « Nous ne sommes que sept dans cette chambre, mais nous avons plusieurs millions d'hommes derrière nous. »

Quant au ministère, sa tactique était toujours de s'appuyer dans la chambre des députés sur la droite modérée, d'attirer à lui tout ce qu'il y avait d'hommes raisonnables dans le centre droit; et de conduire la majorité en faisant les concessions nécessaires aux groupes principaux dont elle se composait, sans se laisser néanmoins entraîner aux extrêmes. Mais on ne pouvait se le dissimuler, et s'il ne l'avait pas aperçu, il en aurait été averti par les journaux [1] : sa situation n'était plus ce qu'elle avait été au début de la session, elle était considérablement affaiblie. La chambre des pairs lui avait complètement échappé. Elle avait rejeté à la fois la loi de la conversion des rentes, œuvre propre du président du conseil, et la loi sur les communautés de femmes qu'il s'agissait de soustraire à la nécessité de l'autorisation législative que le

---

donner lieu à aucun des inconvénients signalés par les légistes. (Voir le troisième volume de cette *Histoire*, p. 639.)

1. « Le ministère, disait le *Journal des Débats*, n'est plus en état de faire passer ses projets de loi ni dans l'une ni dans l'autre chambre. » La *Quotidienne* faisait la même remarque en ajoutant que le ministère n'était pas moins battu au palais de Justice qu'au palais du Luxembourg et au palais Bourbon.

gouvernement voulait remplacer par l'autorisation royale [1] : c'était une première satisfaction donnée par le ministère à la nuance ardemment religieuse, dont l'appui lui devenait de plus en plus nécessaire dans la chambre haute et même dans la chambre élective, depuis que la contre-opposition de droite réunissait à la fois les amis de M. de la Bourdonnaye et ceux de M. de Chateaubriand. Enfin, la chambre des pairs, prenant goût à la popularité que lui attirait ce rôle d'opposition, avait, sur la proposition du duc Mathieu de Montmorency, et malgré le ministère, voté une mesure pour rendre plus prompte la publication des procès-verbaux de ses séances qui, dans l'origine, devaient demeurer secrètes. C'était un acheminement vers une complète publicité.

Sans doute, dans la chambre des députés le ministère avait encore une forte majorité. Mais ce n'était pas, quoi qu'on en ait dit, une majorité disposée à recevoir les idées du ministère; elle était bien plutôt résolue à lui imposer les siennes; or ces idées étaient loin d'être homogènes. M. de Villèle commençait à prévoir qu'il aurait à faire de graves concessions à la nuance la plus considérable de la chambre élective, qu'on appelait déjà le parti religieux, et qui se réunissait autour de M. de Rougé. Or les satisfactions qu'il donnerait de ce côté imprimeraient un mouvement plus vif à l'opposition de la magistrature, renouvelée des anciens parlements; de même que ce qu'il ferait pour satisfaire la magistrature lui aliénerait le parti religieux. Déjà M. de Montlosier s'écriait dans un de ses livres [2] : « Il s'agit de savoir si, dans un régime de liberté civile, il est convenable de présenter au corps social la perspective du joug du clergé, que dans aucun temps il n'a pu supporter. » Les vieilles querelles se ranimaient pour atti-

---

1. Le rejet de cette loi datait du courant du mois de juin 1824.
2. *De la Monarchie au 1ᵉʳ janvier 1824.*

ser les nouvelles. M. de Corbière, qui appartenait aux anciens parlements par les précédents de sa vie et les tendances de son esprit, ayant imprudemment réveillé la question des maximes gallicanes, en adressant une circulaire aux évêques pour les inviter à lui faire parvenir l'adhésion des directeurs et professeurs de séminaires aux quatre propositions de 1682, conformément à d'anciens édits tombés en désuétude sous l'ancienne monarchie et à la loi du 8 avril 1802, l'archevêque de Toulouse, M. de Clermont-Tonnerre, adressa à plusieurs de ses collègues une lettre où il refusait à l'autorité civile « le droit de fixer aux évêques ce qu'ils avaient à prescrire pour l'enseignement de leur séminaire. » Jusque-là l'évêque était dans son droit et dans son devoir épiscopal. Mais il ajoutait avec la morgue d'un grand seigneur, plutôt qu'avec la gravité d'un évêque « que la mesure ministérielle était inconvenante, inutile, impolitique et de plus ridicule, et qu'elle ne pouvait être que l'œuvre d'un esprit brouillon. » La lettre de l'archevêque de Toulouse, publiée dans la *Quotidienne* d'abord sans le nom de son auteur, qui ne fut que plus tard déclaré, amena un procès dans lequel le prélat demanda en vain à intervenir, et qui se termina par un résultat ridicule, la condamnation de M. Michaud, éditeur responsable, à 30 francs d'amende ; c'était là la peine dérisoire qu'avait réclamée le ministère public, le gouvernement ayant compris qu'il ne pouvait demander plus en mettant hors de cause l'auteur de la lettre, qu'il y aurait eu un plus grave inconvénient encore à faire asseoir sur le banc des prévenus. Pour achever de faire toucher du doigt les embarras de la situation et l'inextricable confusion d'idées qui se heurtaient dans la société française, et au milieu desquelles le ministère avait à frayer sa route, il faut ajouter que, quelques jours après ce procès, M. Bourdeau, député du centre droit, rallié au gouvernement et procureur général à Besançon, montant à la tribune pour répondre à M. de Berthier, qui avait développé le programme de la chambre *retrouvée* à laquelle, disait-il, il appartenait d'appliquer les idées de la chambre *introuvable*, jetait ces paroles à l'assemblée :

« Par une coïncidence remarquable, l'orateur à qui je réponds, réclamait pour le clergé une indépendance qu'il n'a cessé d'avoir depuis la Restauration, et, le jour même où cette réclamation était faite, un journal contenait la lettre d'un archevêque qui prouve jusqu'à quel point cette indépendance s'est élevée. Que conclure de tout cela? C'est qu'on veut tout l'ancien régime avec les jésuites de plus et les libertés gallicanes de moins. »

Si l'on vient en outre à se rappeler la situation de la presse dans laquelle le gouvernement était à la fois battu en brèche par les deux principaux journaux de la droite, les *Débats* et la *Quotidienne*, tandis qu'il était assailli par la presse de gauche, le *Constitutionnel* et le *Courrier français*, par MM. de Chateaubriand, Michaud et Benjamin Constant, on ne s'étonnera pas de l'affaiblissement du ministère. Tiraillé entre des exigences contraires, en butte à des impulsions opposées, poussé par les uns, retenu par les autres, accusé par la magistrature de trop faire pour l'esprit religieux, et, par une portion du parti religieux, de ne pas assez faire pour l'Église, par l'extrême droite de ne marcher ni assez vite ni assez résolûment dans les idées monarchiques, par la gauche, le centre gauche et même une partie du centre droit, de s'être précipité la tête baissée dans cette voie qui menait à l'ancien régime, devenu le point de mire des attaques de ceux qui aspiraient à gouverner comme de ceux qui aspiraient à renverser le gouvernement, souvent en minorité à la chambre des pairs et obligé de conquérir laborieusement sa majorité à la chambre élective, en attirant à lui des voix des différents groupes de la droite, il était la cible sur laquelle venaient se réunir les coups partis de tous les points de l'horizon.

Il n'y avait pas jusqu'aux Tuileries où il sentait sa base affaiblie. Le déplorable état de santé du Roi laissait un libre champ à l'esprit frondeur de la cour : M. de Villèle s'en était aperçu lors du débat de la loi des rentes à la chambre des pairs. En même temps, Louis XVIII, vaincu par la maladie, ne trouvait plus de résistance contre ces influences intimes qui devenaient un embarras politique. M. de Villèle en convint lui-même; il avait été obligé de supporter la campagne de l'amortissement des journaux faite sans lui, sans son consentement, mais à côté de lui, pour occuper une activité plus dévouée que bien inspirée, qui frappait à la porte du ministère [1], où le président du conseil ne voulait pas la recevoir. Or l'on se souvient de tout le mal que cette malencontreuse affaire fit au cabinet, qui ne pouvait ni la combattre, ni l'avouer, ni l'expliquer.

IX

DERNIERS MOMENTS ET MORT DE LOUIS XVIII.

Le ministère était arrivé à la fin de la session, sans qu'il eût été pourvu au remplacement de M. de Chateaubriand :

---

1. « Tant que Louis XVIII vécut, dit M. de Villèle dans son journal, je n'eus pas à me plaindre du favoritisme, la personne en faveur ne cherchant pas à se mêler de la haute direction politique, étant d'un très-pur royalisme, et usant de son influence pour ramener et maintenir l'harmonie entre les deux frères, qui, pour la première fois peut-être, ne fut pas troublée sous mon ministère. M. de Senonville, qui affectait la pénétration, me l'avait annoncé : « Monsieur le ministre, m'avait-il dit, vous êtes né coiffé. Il faut un favori et « celle qui l'est ne se mêlera pas de vos affaires. » Un autre s'en mêlait un peu par ricochet, et, avec la meilleure volonté du monde, il me suscita des difficultés par son incessante activité et le désir de se rendre utile. La tentative vaine d'amortir les journaux et celle souvent reproduite d'introduire dans le ministère des capacités supérieures à celles qui y étaient m'ont causé quelques embarras, et ont coûté beaucoup d'argent, je crois, à la liste civile. Mais je ne me suis jamais occupé de cette dernière. » (*Papiers politiques* de M. de Villèle.)

cela tenait aux prétentions rivales qui s'agitaient autour du portefeuille des affaires étrangères. Dans le salon de madame du Cayla on le réclamait hautement pour le duc de Doudeauville [1]; mais M. de Villèle, sachant qu'il y avait à côté un plan organisé pour évincer M. de Corbière du ministère de l'intérieur, résistait fermement à cette pression qui dégénérait en une sorte d'obsession systématique [2]. D'autres ouvertures lui avaient été faites pendant la discussion de la loi des rentes et elles avaient été renouvelées depuis : les noms mis en avant étaient, on s'en souvient, ceux du duc Mathieu de Montmorency, du prince de Polignac, auxquels était venu s'ajouter celui du duc de Fitz-James. Le baron de Damas se portait garant de l'acceptation du duc Mathieu, dont il était l'ami, et l'on remontrait à M. de Villèle qu'il y aurait dans un pareil choix l'avantage de prouver que le président du conseil ne gardait pas rancune à la chambre des pairs, puisqu'il était notoire que M. de Montmorency avait voté avec la majorité contre la loi des rentes. Ceux qui conseillaient la nomination du prince de Polignac, comme ceux qui agissaient pour celle du duc de Fitz-James, alléguaient également que l'un ou l'autre choix serait agréable à Monsieur, à l'intimité duquel MM. de Fitz-James et de Polignac appartenaient. Ces allégations faisaient pressentir l'avénement d'un nouveau règne.

Arrivé à la fin de la session, M. de Villèle prit son parti. Il

[1]. M. de la Rochefoucauld écrivait à cette dernière : « Je n'hésite plus, et, dans mon opinion, le Roi doit annoncer à son conseil qu'il prend le duc de Doudeauville pour ministre des affaires étrangères... Mais, si Corbière reste à l'intérieur, l'effet est manqué ; parce qu'on dira que ce n'est pas une affaire finie. » (*Mémoires* déjà cités.)

[2]. « Il faut ruser, l'emporter, écrivait madame du Cayla à M. de la Rochefoucauld. Ce sera le premier pas que le Chat..... par terre (M. de Chateaubriand). C'est après qu'il faut faire flèche de tous bois, abreuver C..... (M. de Corbière) de dégoûts et le faire partir pour Rennes. » D'un autre côté, on lit dans les *Notes politiques* de M. de Villèle : « Je n'ai laissé faire de mouvement ministériel que le moins et le plus tard que j'ai pu sans qu'on ait songé jamais à introduire dans le conseil qui je ne croyais pas utile au service public. »

comprit qu'il ne pouvait éviter plus longtemps de faire une concession au salon de madame du Cayla, mais il mesura lui-même cette concession de manière à ne pas lui donner une portée trop grande. Le ministère de la maison du Roi, d'après les traditions, n'était pas regardé comme un ministère politique, et il était convenu que le Roi y mettait un homme de son choix, sans consulter le cabinet [1]. Ce fut le ministère que M. de Villèle destina au duc de Doudeauville. On le rendit vacant en appelant M. de Lauriston, récemment nommé maréchal de France, à la charge de grand veneur. Le baron de Damas passa du ministère de la guerre au ministère des affaires étrangères, et remplaça ainsi M. de Chateaubriand après avoir remplacé le duc de Bellune. Le cabinet, on ne pouvait se le dissimuler, allait en s'amoindrissant.

Le calcul de M. de Villèle, en opérant cette mutation, était de faire passer le marquis de Clermont-Tonnerre, du ministère de la marine au ministère de la guerre, afin d'appeler M. de Chabrol, directeur de l'enregistrement, à la marine, et de fortifier ainsi dans le conseil l'élément de la droite modérée et le royalisme municipal, au lieu d'augmenter la part et l'influence du royalisme de cour. La même pensée le détermina à placer à la direction de l'enregistrement M. de Martignac, qui avait rendu de grands services au ministère dans la dernière session. Un peu plus tard (24 août 1824), pour compléter ces arrangements intérieurs, et donner aux hommes religieux, qui se plaignaient de ce que l'éducation n'était pas assez chrétienne, une de ces garanties qu'ils réclamaient avec instances, il fut décidé qu'un ministère des affaires ecclésiastiques et de l'instruction publique serait créé, et qu'un

---

1. On lit, à la date du 2 août, dans le carnet de M. de Villèle : « Tenu un conseil des ministres, dans lequel a été convenu le mouvement ministériel, sauf pour le ministère de la maison du Roi, sur lequel c'est à Sa Majesté seule de prononcer. » (*Documents inédits*.)

évêque, dont le nom se rattachait à la renaissance du mouvement religieux en France, M. Frayssinous, évêque d'Hermopolis, serait appelé à ce ministère de création nouvelle, dont les attributions se confondraient avec les fonctions de grand maître de l'Université. Une ordonnance spéciale nommait le baron Cuvier pour exercer à l'égard des facultés de théologie protestante les fonctions attribuées au grand maître de l'Université. En même temps, une autre ordonnance royale introduisait au conseil d'État, en vue des affaires ecclésiastiques, qui sont souvent discutées dans son sein, trois membres de l'épiscopat, MM. de Villefranche, archevêque de Besançon, de Latil, nouvellement nommé archevêque de Reims, de Viche, évêque d'Autun; une autre ordonnance conférait au cardinal la Fare, archevêque de Sens et d'Auxerre, les fonctions de ministre d'État. Pendant la session qui venait de finir, le ministère avait eu l'occasion d'étudier l'esprit de la chambre, et il avait remarqué que la contre-opposition de l'extrême droite cherchait un de ses terrains d'opposition contre lui dans la question religieuse; en donnant d'avance satisfaction aux intérêts catholiques, il avait voulu déjouer cette manœuvre.

Des directions générales, déjà établies ou de création nouvelle, furent distribuées de manière à récompenser les services rendus et à rattacher au ministère les influences politiques de la chambre. M. Siricys de Mayrinhac eut la direction générale de l'agriculture, du commerce et des haras; M. de Bois-Bertrand, celle des établissements d'utilité publique et des secours généraux; M. le marquis de Bouthilier obtint l'administration générale des forêts. Il y eut une organisation nouvelle du conseil d'État. MM. Bertin de Vaux, directeur du *Journal des Débats*, Ferdinand de Berthier, qui faisait partie de la contre-opposition de droite, M. de Mézy, qui avait été directeur général des postes sous M. Decazes, cessèrent de faire partie du service ordinaire. MM. de Saint-Géry et de Frénilly furent nommés conseillers d'État. Presque tous les choix nouveaux appartenaient à la droite modérée et au centre droit. C'était là évidemment que le ministère plantait plus que jamais son drapeau.

La nouvelle organisation du Conseil d'État doit être notée. Aux conseillers d'État et aux maîtres des requêtes, M. de Peyronnet avait ajouté des auditeurs. Les conseillers d'État en service ordinaire étaient au nombre de trente, et ne pouvaient avoir moins de trente ans accomplis; les maîtres des requêtes au nombre de quarante, et ne pouvaient être âgés de moins de vingt-sept ans. Pour entrer au conseil d'État il fallait avoir rempli, au moins pendant cinq ans, des fonctions publiques. Il y avait trente auditeurs, dix-huit de première classe, douze de seconde. Pour être auditeur, il fallait être licencié en droit, avoir vingt-deux ans au moins dans la seconde classe, vingt-quatre ans pour être auditeur de première classe. Les auditeurs ne recevaient pas de traitement. Ils devaient justifier de 6,000 livres de rente. C'était évidemment un noviciat administratif et politique, où les jeunes gens de familles riches, les fils de pairs et de députés, pouvaient se préparer aux affaires. On cherchait à créer une classe politique à l'avenir. Le conseil d'État demeurait partagé, comme par le passé, en cinq comités : le contentieux, la guerre, la marine, l'intérieur et les finances. A défaut de l'inamovibilité qu'on ne pouvait donner à ceux qui en faisaient partie, l'ordonnance d'organisation leur assurait une garantie qui avait sa valeur : les conseillers d'État, maîtres des requêtes et auditeurs, ne pouvaient être révoqués que par une ordonnance individuelle et spéciale. On ne pouvait être auditeur plus de six ans. Pour remédier aux inconvénients d'une société individualisée, le ministère cherchait à entourer de lumières les dépositaires de la puissance publique. C'est ainsi qu'à l'instar de l'Angleterre on institua un conseil de l'amirauté, investi du droit d'émettre un avis sur toutes les mesures qui se rattachaient à la marine, les colonies, les armements, les approvisionnements, les constructions, les travaux dans les ports, la législation maritime et coloniale. Le vice-amiral de Missiessy, le contre-amiral Roussin, le contre-amiral de Viella, MM. Jurieu, intendant des armées navales, et Desbassyns de Richemont, commissaire général de marine, firent partie de ce conseil.

On pourvut à un autre besoin, souvent signalé dans les chambres qui s'étaient plaintes du chaos du *Bulletin des lois*, où subsistaient les dispositions les plus anarchiques et les plus despotiques venues de la Révolution et de l'Empire et qu'on pouvait invoquer tour à tour, de manière à mettre en péril le pouvoir ou la liberté. Une commission fut nommée pour réviser l'arsenal des lois et décrets antérieurs au gouvernement des Bourbons. Cette commission fut formée d'hommes spéciaux et compétents, les plus propres à mener à bien cette grande et difficile entreprise : c'étaient MM. de Pastoret, Portalis, d'Herbouville, de Martignac, Dudon, Pardessus, Bonnet, Cuvier, Allent, Amy, de Cassini, de Vatimesnil.

Quelques révocations vinrent s'ajouter à celles qui avaient fait disparaître du conseil d'État les hommes ouvertement hostiles au ministère. M. Bourdeau, qui avait violemment attaqué le gouvernement à la chambre des députés, fut révoqué de ses fonctions de procureur général ; M. Fréteau de Pény, qui, dans le procès de l'*Aristarque*, avait suivi le mouvement d'opposition qui se manifestait dans la magistrature, fut destitué. Le ministère crut devoir répondre ainsi au mouvement d'opposition qu'il voyait naître contre lui dans le monde judiciaire, et il avertissait la magistrature debout qu'il ne tolérerait pas de sa part des attaques qu'il ne pouvait empêcher chez la magistrature assise.

Pendant que le ministère prenait ces dispositions, la santé du Roi déclinait de plus en plus. M. de Villèle le prévoyait, il faudrait bientôt pourvoir aux difficultés qui pouvaient naître d'un changement de règne. Louis XVIII qui, au commencement d'août, était encore à Saint-Cloud, resta plusieurs jours sans sortir, ce qui trahissait son état de souffrance, car son habitude invariable était de faire une promenade en carrosse tous les jours. Le président du conseil, après en avoir conféré avec ses collègues, et en prenant en considération la surexcitation que les violences de la presse jetaient dans l'opinion publique, crut le moment venu de se servir du droit de censure facultative que la dernière loi avait conféré au gouvernement dans l'intervalle des sessions. On ne pouvait dire au public le véritable motif de cette mesure, sans exciter des alarmes prématurées et sans porter un coup au Roi, qui devait connaître les considérants de l'ordonnance qui allait être rendue. Cette ordonnance portant la date du 15 août, et signée par les trois ministres députés, alléguait donc, pour motiver l'établissement de la censure, la nécessité de réprimer les violences de la presse, que la jurisprudence récemment adoptée par les cours ne permettait plus d'atteindre avec les lois existantes, puisqu'elle admettait pour les journaux une existence de droit indépendante de l'existence de fait, interprétation qui fournissait à ceux-ci l'occasion d'éluder, par un moyen aussi facile que sûr, la suspension et la suppression prononcées contre eux. On reprocha beaucoup au ministère d'avoir motivé ses résolutions, en témoignant ouvertement le mécontentement que lui avaient inspiré les derniers arrêts rendus. Ne voulant point donner son véritable motif, le ministère était obligé de le cacher derrière un prétexte. — « Le Roi, dit M. de Villèle, ne se méprit pas sur le véritable motif de cette mesure. Après avoir signé l'ordonnance, il dit au président du conseil : « Vous irez en sortant d'ici dire à mon frère ce que je « viens de faire. » Monsieur n'approuva pas l'ordonnance, et la première parole qui lui échappa, quand M. de Villèle la lui eut communiquée selon la recommandation du Roi, fut celle-ci : « O Villèle, quelle sottise ! » Puis, sa bonté naturelle le portant à adoucir ce que ses paroles pouvaient avoir d'amer pour M. de Villèle, il ajouta aussitôt : « N'importe, dites au Roi et croyez bien que je soutiendrai de mon mieux la mesure. »

Le Roi était revenu aux Tuileries, et, malgré son état de souffrance, il avait recommencé ses promenades habituelles en voiture. Mais il était tellement amoindri, faible et changé, que le peuple murmurait en le voyant passer dans cet état, et que les partis accusaient le ministère de lui imposer ces sorties pour tromper le public et conserver leurs places. Le Roi, avec son courage ordinaire, ne faisait que mettre en pratique la parole qu'il avait prononcée quelques semaines auparavant : « Il est permis à un roi d'être mort, mais il lui est toujours défendu d'être malade. » Son état continuait à empirer : il prescrivit au premier gentilhomme de sa chambre de fixer au lundi 23 août, au lieu du mercredi 25, la réception des dames à l'occasion de sa fête. Les journaux, placés sous le coup de la censure, ne pouvaient agiter le public en répandant des alarmes au sujet de la santé du Roi, et M. de Chateaubriand, pour continuer son ardente opposition, fut obligé de publier une brochure dans laquelle il attaqua la censure avec beaucoup de vivacité. Le 25 août, le Roi reçut, comme les années précédentes, les félicitations de tous les corps constitués. Les nombreux visiteurs admis en sa présence à cette occasion furent frappés de son affaiblissement et de l'altération de ses traits. Cependant, dominant par la force de son âme cet affaissement physique, il répondit à la harangue du préfet de la Seine avec autant de netteté et de bonne grâce que s'il avait été en parfaite santé. Il voulut, après cette longue et fatigante cérémonie, présider le conseil comme à l'ordinaire. Le 27 et le 28 août, il eut encore le courage d'aller faire une promenade en carrosse jusqu'à Choisy. Le 31, son état s'aggrava, ce qui autorisa Monsieur, chez qui M. de Villèle s'était rendu au sortir du cabinet du Roi, à dire au président du conseil « que s'il avait le malheur de perdre son frère, il ne changerait certainement rien à ce qu'il avait fait, et ne s'attacherait qu'à continuer son règne. »

Le 1er septembre il y eut un peu d'amélioration dans l'état du Roi, mais cependant sa faiblesse demeurait extrême, et il ne pouvait sortir. Le 2, M. de Villèle se présenta dans son cabinet et s'acquitta d'une commission dont il avait été chargé par le duc d'Orléans. Le premier prince du sang représentait que son fils aîné, le duc de Chartres, atteignait, le lendemain 5 septembre, sa quatorzième année ; or, d'après les usages de la monarchie, ajoutait-il, le cordon bleu était acquis ce jour-là au jeune prince, il le réclamait donc pour lui. Tous les jeunes princes placés dans la même position en avaient été décorés à cet âge, notamment le duc d'Enghien.

« J'ai trouvé le Roi ayant peine à soutenir sa tête, continue M. de Villèle, et j'ai été obligé de baisser la mienne au-dessous de son bureau pour ne rien perdre de sa réponse. Il m'a répondu sans hésiter :
« — Vous direz à M. le duc d'Orléans qu'il se trompe, que ce qu'il
« demande n'est dû qu'à quinze ans, et que je ne ferai jamais pour lui
« que ce qui lui est dû. L'exemple qu'il cite condamne sa prétention.
« Le duc d'Enghien, » — et il indiqua avec une étonnante précision le jour, le mois, l'année de sa naissance, — « n'eut le cordon bleu que le « jour de ses quinze ans révolus, » — et il cita encore cette date. — « M. le « duc de Chartres ne l'aura de moi que de demain dans un an. »
« Une telle mémoire, poursuit M. de Villèle, une telle présence d'esprit, une telle résolution avec un si grand accablement physique, sembleraient impossibles à qui n'en aurait pas été comme moi témoin. »

Dans les journées suivantes, l'état du Roi ne présenta point de modifications sensibles, et le 7 septembre il reçut encore le corps diplomatique. Le 10, M. de Villèle le trouva extrêmement faible et remarqua que sa respiration était très gênée.

« Le Roi, continue-t-il, n'a plus la force de soutenir sa tête, qui, en retombant sur le coupant de son bureau, s'est toute meurtrie. J'avais fait observer la veille, aux gens de son service, qu'un oreiller lui serait nécessaire ; ils l'avaient offert, mais avaient été rudement repoussés. Voyant le front du Roi meurtri et sa figure ensanglantée, je me hasardai à lui demander la permission de faire apporter un oreiller ; j'ajoutai que j'avais à l'entretenir d'une affaire importante pour laquelle il fallait qu'il eût la bonté de me donner des ordres, ce qui serait impossible, s'il n'avait la tête assez élevée pour que je pusse l'entendre. Il fit un signe approbatif, j'ouvris le cabinet, on porta l'oreiller, ce qui me permit d'entendre ce que le Roi voulut bien me dire avec une pleine liberté d'esprit. Au sortir de chez le Roi, je suis allé chez Monsieur et j'ai rassemblé le conseil pour conférer de cette pénible situation. »

Louis XVIII soutenait ainsi avec une impassible fermeté les approches de la mort. Esclave des devoirs de la suprême puissance et maître de lui-même, il siégeait jusqu'au bout; il mourait comme il avait vécu, en roi. A mesure que tout espoir de prolonger sa vie disparaissait, la famille royale et ceux qui approchaient de lui s'inquiétaient de ne l'entendre faire aucun appel aux secours de la religion. Louis XVIII, par la première phase de sa vie, appartenait au parti philosophique et à la société du dix-huitième siècle. Quelle impression avaient produite sur lui la révolution et ses terribles catastrophes? Nul ne le savait. Dieu seul lit dans les consciences, sous les apparences extérieures de croyance ou d'incrédulité, les sentiments véritables qui sont le fonds de l'homme. Monsieur, ainsi que le duc et la duchesse d'Angoulême, étaient ardemment chrétiens; de plus en plus alarmés de l'état de Louis XVIIII, ils sentaient la nécessité de prévenir une fin soudaine qui pourrait le priver du secours de l'Église; mais personne, dans la famille royale, ne se croyait en position de prendre une initiative à cet égard et de proposer au Roi d'appeler un confesseur. Malgré le déclin de ses forces physiques, Louis XVIII avait conservé, avec la plénitude de ses facultés intellectuelles, l'inflexibilité de sa volonté, et il avait habitué sa famille à une déférence craintive. La famille royale songea alors à madame du Cayla, que le Roi était habitué à recevoir une fois par semaine, et pour laquelle il se montrait plein de déférence et de bonté : cette dame ne pourrait-elle pas être utilement appelée à remplir cette mission délicate? Elle s'y résigna et vint, à son ordinaire, aux Tuileries le 11 septembre; le Roi consentit à la recevoir; elle passa trois quarts d'heure avec lui et obtint l'autorisation demandée [1]. Le confesseur du Roi fut immédiatement appelé. Il était temps, car, dès le soir, le Roi n'eut plus la force de donner lui-même le mot d'ordre, ce qu'il avait fait jusque-là. Il avait encore reçu, ce jour, dans l'après-midi, M. de Villèle et M. de Damas. Le 12, il était trop souffrant pour paraître à la réception générale du dimanche; on ferma les appartements. MONSIEUR reçut M. de Villèle, et lui communiqua le désir que M. le duc d'Angoulême eût entrée et rang après lui au conseil; M. de Villèle se chargea d'en faire part à ses collègues. Le 13, le Roi reçut les derniers sacrements de la main du grand aumônier, en présence de la famille royale, du grand chambellan, des grands officiers de la maison, du prince de Castelcicala, du président du conseil et de tout le service, et l'on publia deux premiers bulletins de sa maladie [2]. Le même jour, la Bourse et les théâtres furent fermés; la vie publique demeura comme suspendue en présence de cette vie royale qui allait finir.

1. *Mémoires* du duc de Doudeauville. — *Lettres* de Madame du Cayla. — *Journal politique* de M. de Villèle.
2. Ces deux bulletins sont datés du 12 septembre, le premier à 6 heures du matin, le second à 9 heures du soir, et ils parurent l'un et l'autre dans le *Moniteur* du 13. Le premier était ainsi conçu : « Les infirmités anciennes et permanentes du Roi ayant augmenté sensiblement depuis quelques jours, sa santé a paru profondément altérée et est devenue l'objet de consultations plus fréquentes. On ne peut se dissimuler aujourd'hui que ses forces aient considérablement diminué, et que l'espoir qu'on avait conçu ne doive aussi s'affaiblir.
« Signé : PORTAL, ALIBERT, DISTEL, THÉVENOT. »

A partir de ce moment, la cour et le jardin des Tuileries se remplirent dès le matin d'une foule inquiète et attendrie, dont l'empressement rappelait celui de la multitude qui séjournait sous les fenêtres des Tuileries dans les derniers jours de la Restauration de 1814, à la veille des Cent-Jours. Elle stationnait avec un religieux silence sous les croisées du Roi agonisant. Les nouvelles étaient attendues avec anxiété et répétées avec un douloureux empressement. Des prières publiques avaient été demandées, et les églises étaient pleines de chrétiens qui venaient prier pour la conservation du Roi. La popularité des premiers jours de la Restauration revenait à ce Bourbon mourant. En présence de sa mort, de plus en plus proche, le recueillement se faisait dans les âmes, et les passions de l'esprit de parti accordant la trêve de Dieu à cette agonie royale, la multitude comprenait instinctivement que ce règne qui avait fermé les plaies de la patrie, rendu le sang à ses veines, l'indépendance à son territoire, la liberté politique aux assemblées, la voix à la tribune, le crédit et la prospérité aux finances, n'avait pas été sans grandeur.

C'était, en outre, depuis la révolution française un spectacle nouveau que celui d'un souverain mourant sur son trône et aux Tuileries. L'échafaud avait dévoré Louis XVI, le Temple Louis XVII, le rocher de Sainte-Hélène Napoléon, la vertu, l'innocence et la gloire; Louis XVIII mourant dans son lit, malgré tant d'augures contraires, causait un étonnement admiratif à ce peuple habitué au naufrage des porteurs de couronne. On lui tenait compte du calme et tranquille dénoûment d'une vie agitée, et en le voyant conduire jusqu'au port un esquif sur lequel tant d'autres avaient sombré, on le reconnaissait pour un pilote sage et avisé, et, ce que la multitude admire presque autant, un pilote heureux.

Les bulletins se succédaient en annonçant chaque jour une aggravation dans l'état du Roi. Le bulletin du 14 septembre, dans l'après-midi, avertissait le public que le Roi avait éprouvé une défaillance plus forte, que sa respiration devenait pénible et entrecoupée, que le pouls s'affaiblissait et présentait des intermittences. Le premier gentilhomme ajoutait qu'on avait récité dans la chambre du Roi, en présence de la famille royale, les prières des agonisants et de la recommandation de l'âme, et que le roi avait entendu toutes ces prières avec toute sa connaissance. Les 11e, 12e et 13e bulletins, datés du 15 septembre à diverses heures de la journée, permettaient de suivre les progrès de cette agonie, qui fut lente et douloureuse : le dernier bulletin était ainsi conçu :

« Le Roi est mort à quatre heures précises ce matin.
« Ce 16 septembre 1824.
  « *Le premier gentilhomme de la Chambre,*
    « Signé : Comte de Damas. »

Selon les us de la monarchie, le premier gentilhomme de la chambre annonça aux Tuileries la mort du Roi. Aussitôt la maison civile et militaire se rendit au pavillon Marsan pour prendre les ordres de son successeur, Charles X. Ce prince était resté, jusqu'aux derniers moments, agenouillé au pied du lit de son frère. Quand il quitta la chambre mortuaire pour se rendre au pavillon Marsan, on entendit les paroles accoutumées répétées par les assistants : *Le Roi est mort ! le Roi est mort !* suivies du cri unanime de « *Vive le Roi !* » Le même jour, à dix heures du matin, conformément à l'avis affiché par les ordres du premier gentilhomme, le public fut admis à défiler dans les appartements du château, et à contempler le Roi défunt placé sur une estrade provisoire. Un religieux recueillement régnait au milieu de la foule immense accourue à cette triste solennité.

« Durant les jours de la maladie du Roi, continue M. de Villèle, à qui nous empruntons ces détails, parce qu'en qualité de président du conseil, il assista à toutes ces scènes et reçut tous les rapports, la population entière de Paris a tenu une conduite admirable. Dès le lundi, hors les barrières, les danses et les divertissements si fréquents ce jour-là ont cessé, les cabarets ont été déserts, et l'avis donné de la maladie du Roi a suffi pour arrêter toutes les fêtes préparées dans les lieux de réunions publiques. Dans l'intérieur, les chanteurs et les musiciens ont disparu spontanément. Paris a présenté le spectacle de l'inquiétude, de la douleur et du recueillement. Le jour de la mort du Roi, la plus grande partie des boutiques a été spontanément fermée.

« Le 16 septembre, à six heures, le nouveau Roi, accompagné de Monsieur le duc et de Madame la duchesse d'Angoulême, qui prirent le titre de Dauphin et de Dauphine, et de Madame la duchesse de Berry, partit pour Saint-Cloud. Dans la soirée même, il y eut un conseil. Charles X dit aux ministres de continuer à le servir avec le même zèle et la même fidélité qu'ils avaient montrés à son frère : « Mes premiers
« moments, ajouta-t-il, ont été donnés à ma douleur; maintenant, je
« suis tout à mon devoir. »

Nous ne saurions fermer cette page sans essayer d'apprécier Louis XVIII. Les principaux traits de son caractère sont venus se dessiner dans le cours de ce récit, et il suffira de les rapprocher et de les réunir en faisceau. Ceux qui l'ont représenté méditant, dans son cabinet d'Hartwel, la Charte constitutionnelle de 1814, ont substitué une page académique à un tableau d'histoire. Sous l'Empire, on ne songeait, pas plus à Hartwel qu'en France, à la Charte de 1814. Le fonds de cette Charte sortit, comme une transaction nécessaire entre les intérêts anciens et les intérêts nouveaux, de la situation créée par la chute de l'Empire et la mise en présence de l'ancienne royauté et de la société nouvelle. Sans doute plusieurs dispositions de cet acte constitutionnel auraient pu être avantageusement modifiées si le temps et la réflexion n'avaient pas manqué, et si l'empereur Alexandre n'avait pas exercé une pression sur la commission chargée de ce travail, pour le faire marcher vite, trop vite. Mais le fond eût toujours prévalu : l'égalité de tous devant la loi, l'admissibilité de tous aux fonctions publiques, le vote de l'impôt et de la loi par les représentants élus du pays, les deux chambres, la liberté de la tribune, celle d'exprimer ses opinions, par la presse, en se conformant aux lois, à côté du catholicisme qui est la religion traditionnelle et vraiment nationale de notre pays, l'existence assurée et la pleine sécurité des cultes qui avaient acquis en France le droit de cité, l'inamovibilité des juges, la liberté individuelle, l'oubli du passé.

La sagesse de Louis XVIII fut de comprendre que l'accord entre la royauté ancienne et la France transformée était sur ce terrain. Le frère de Louis XVI avait moins de bonté que son aîné, moins de bienveillance et de grâce que son frère puîné, qui allait le remplacer; mais c'était un homme d'un esprit sagace, d'un caractère prudent et modéré, sans passion politique et plus fait pour vivre avec les difficultés que pour les vaincre.

Sa dignité fut de ne pas accepter des mains du sénat impérial, sans qualité pour stipuler au nom du pays, la constitution que ce débris du régime précédent, auquel la chute de Napoléon ôtait sa raison d'être, prétendait lui imposer. Devant l'arrogance sénatoriale, comme devant l'insolence de la victoire européenne, il se redressa de toute la hauteur de sa race, et il agit en roi.

Sa faiblesse fut d'aspirer à établir cette fiction d'après laquelle il aurait octroyé à la France la Charte que, comme toutes les parties intervenant à cette transaction, il recevait des mains de la situation, mais qu'en sa qualité de représentant héréditaire de la société française il proclamait. On n'octroie pas les choses nécessaires, on les déclare.

Une fois les formes du nouveau gouvernement établies, il eut le mérite de le pratiquer loyalement. On a dit de lui qu'il semblait né pour être Roi constitutionnel, et qu'il avait le tempérament de ce rôle. Il y a de la vérité dans cette observation. Son état valétudinaire lui donnait une invincible paresse d'esprit pour les questions administratives, dont il n'avait jamais eu le goût, plus porté qu'il était vers les distractions littéraires. Il abandonnait volontiers à ses ministres le courant des affaires qui lui causaient un ennui mêlé de fatigue. Le témoignage de tous les hommes politiques qui ont travaillé avec lui, celui de M. Beugnot, comme celui de M. de Chateaubriand et celui de M. de Villèle, est unanime sur ce point. Le Roi tenait seulement à garder le décorum devant le public ; il recevait un ministre, ordinairement le président du conseil, une heure et demie chaque jour, afin qu'on lût le lendemain dans le *Moniteur :* « Le Roi a travaillé aujourd'hui, depuis midi jusqu'à une heure et demie, avec le président du conseil [1]. »

Cet ennui et ce dégoût que les affaires causaient au Roi allaient si loin, que, même avant le déclin de sa santé, il s'endormait quelquefois au conseil. M. de Villèle ajoute cependant que, malgré sa répugnance à parler d'affaires, Louis XVIII était loin d'être incapable ou indifférent : « Peut-être, ajoute-t-il, préférait-il en laisser le poids avec la responsabilité à ses ministres. Il trouvait sans doute cela juste, en raison des formes du gouvernement adopté par lui, et sentait la difficulté de concilier son intervention trop positive avec l'indépendance des ministres responsables et sa propre dignité. » A l'appui de cette opinion, M. de Villèle rappelle que, lorsque le Roi le voulait, et qu'un puissant mobile l'y portait, il parlait et concluait

---

[1]. « Quand j'allais travailler tous les jours une heure et demie dans son cabinet, comme le portait le *Moniteur*, dit M. de Villèle, à peine m'accordait-il quelques minutes pour lui indiquer les affaires en cours ou en discussion dans les chambres. Ne pouvant causer sciences ou lettres avec un ignorant comme moi, il racontait à merveille, tantôt sur un sujet, tantôt sur un autre, rarement sur des objets relatifs à la politique ou à des questions d'État. Ces causeries devenaient quelquefois assez oiseuses pour rouler sur notre fameux poëte Gondoulé, dont le Roi, qui savait notre patois, avait retenu et débitait parfaitement nombre de passages. » (*Documents inédits.*)

M. de Chateaubriand donne, dans le *Congrès de Vérone*, des détails complétement analogues à ceux que je viens de citer, et qui sont confirmés par M. Beugnot, dans ses *Mémoires*.

mieux qu'aucun membre de son conseil : « Dans la discussion sur l'envoi combiné des notes diplomatiques à Madrid, après Vérone, ajoute-t-il, tous les ministres, excepté moi, avaient voté cette mesure. Le Roi prit la parole avec fermeté, et après avoir résumé la discussion : « Louis XIV, dit-il, a détruit les Pyrénées, je ne les laisserai pas relever; il a placé ma maison sur le trône d'Espagne, je ne l'en laisserai pas tomber. Les autres souverains n'ont pas les mêmes devoirs à remplir à Madrid que moi. Mon ambassadeur ne doit quitter cette ville que le jour où cent mille Français s'avanceront pour le remplacer. »

C'étaient là de fières et intelligentes paroles, et l'on peut en conclure qu'à défaut de l'esprit des affaires, Louis XVIII avait le sens politique. Seulement il ne l'appliquait qu'aux grandes questions, et n'intervenait que dans les graves circonstances, quand il jugeait que le dénoûment était digne de cette intervention royale, selon le précepte d'Horace, son auteur favori, dont ce prince lettré lisait les poésies beaucoup plus que les traités politiques.

Il avait une autre qualité précieuse dans le gouvernement, la sûreté. Il le savait, et il le disait lui-même, à une époque où le ministère de droite était nouvellement entré aux affaires, et où ses membres laissaient percer des craintes sur un voyage que M. Decazes avait fait à Paris. Louis XVIII s'en aperçut, et il dit à M. de Villèle : « Vous ne me connaissez pas bien. Je n'ai jamais eu de cabinet vert, moi, entendez-vous [1] ; et je n'en aurai jamais, soyez-en sûr. Decazes le sait bien; aussi n'étant plus mon ministre, il ne se hasardera pas à me dire un mot sur la politique, car il n'ignore pas qu'à l'instant je

---

[1]. Le cabinet vert était une pièce des Tuileries dont les tentures et les ameublements étaient de cette couleur, et où l'on disait que, pendant la première révolution, la reine Marie-Antoinette recevait des personnes en dehors des affaires pour les consulter sur la politique.

sonnerais pour lui faire ouvrir la porte de mon cabinet, et qu'il s'en verrait à l'instant interdire l'entrée. »

Il est presque inutile de parler de sa fermeté d'âme. Il l'avait montrée d'une manière éclatante en exil. On se souvient de la fierté avec laquelle il demanda le livre d'or de Venise pour y effacer le nom de Henri IV, son aïeul, quand on lui signifia l'injonction de sortir du territoire de cette république; sa réponse pleine de dignité quand le premier consul Bonaparte voulut acheter son abdication; son attitude, son sang-froid quand une tentative de meurtre fut dirigée contre lui; enfin aux Tuileries, devant la coalition victorieuse. M. de Chateaubriand, qui n'avait aucune raison pour le flatter, a dit de lui : « Louis XVIII n'avait jamais perdu le souvenir de la prééminence de son berceau ; il était roi partout, comme Dieu est Dieu partout, dans une crèche ou dans un temple, sur un autel d'or ou d'argile. Jamais son infortune ne lui arracha la plus petite concession; sa hauteur croissait en raison de son abaissement; son diadème était son nom; il avait l'air de dire : Tuez-moi, vous ne tuerez pas les siècles écrits sur mon front, on ne tue pas les siècles... Les généraux même de Bonaparte le confessaient : ils étaient plus intimidés devant ce vieillard impotent que devant le maître terrible qui les avait commandés dans cent Arbelles. A Paris, quand Louis XVIII accordait aux monarques triomphants l'honneur de dîner à sa table, il passait sans façon le premier devant ces princes dont les soldats campaient dans la cour du Louvre; cette superbe du descendant de saint Louis envers les alliés plaisait à l'orgueil national. »

Chose étrange, ce monarque, si fier en public quand sa dignité et celle de son royaume se trouvaient en jeu, était, il le reconnaissait lui-même, d'une faiblesse insurmontable dans le tête-à-tête. Le grand défaut de son caractère était le besoin invincible d'avoir un favori. J'ai expliqué ailleurs ce besoin, par l'état valétudinaire du Roi, l'habitude qu'il avait depuis sa jeunesse d'un commerce d'esprit, et les fantaisies de la toute-puissance qui trouve son compte jusque dans les sacrifices qu'elle fait à ses propres créatures. M. d'Avaray, M. de Blacas, M. Decazes, enfin madame du Cayla, formèrent comme des dynasties successives dans la faveur royale. Ce qu'il y a de singulier, c'est que Louis XVIII oubliait assez facilement les favoris qu'il ne voyait plus. Leur place était prise ; le commerce journalier qui lui était nécessaire suivait son cours ; ses journées étaient remplies, cela suffisait. M. de Villèle rapporte qu'il entrait rarement dans le cabinet du Roi sans le voir cacher sous une main de papier la lettre qu'il écrivait, chaque jour, à la personne alors en faveur. Le dernier jour où il siégea devant son bureau, dans l'état où nous l'avons montré, c'est-à-dire ne pouvant plus soutenir sa tête meurtrie et ensanglantée, il avait commencé la lettre accoutumée. Elle était restée là. Le nouveau Roi, afin qu'elle ne figurât pas dans l'inventaire, ordonna au président du conseil et au chancelier de la cacheter et de l'envoyer à sa destination. J'emprunte ces détails aux notes de M. de Villèle.

C'étaient là les faiblesses de Louis XVIII, l'ombre de ses éminentes qualités. Son âme, je l'ai dit, ressentait avec vivacité les événements qui intéressaient l'honneur de la France et la grandeur de sa race. Il prescrivit deux choses seulement à M. de Talleyrand partant pour le congrès de Vienne : sauver le roi de Saxe et faire tout ce qu'il serait possible en faveur de la Pologne. Personne n'éprouva une joie aussi vive que la sienne à la nouvelle du traité d'Aix-la-Chapelle, qui affranchissait notre territoire de l'occupation étrangère, et qui replaçait la France au rang des grandes puissances. L'allégresse débordait de son cœur quand il annonça aux chambres et au pays que le drapeau blanc flottait seul désormais sur nos forteresses.

M. de Villèle ajoute, et son témoignage doit être enregistré, que Louis XVIII avait plus de sensibilité et de délicatesse de cœur qu'on ne lui en accorde généralement. On pourrait alléguer, à l'appui de cette opinion, l'abandon que fit Louis XVIII, pendant plusieurs années, de 10 millions de sa liste civile, aux départements qui avaient le plus souffert de la guerre. A ceux qui ne verraient là qu'un acte politique, il faut citer les paroles de M. de Villèle, sur une autre circonstance de la vie de Louis XVIII :

« J'ai acquis, dit-il, la certitude du prix que Louis XVIII mettait à réparer les injustices commises envers les émigrés spoliés, et à se laver de l'iniquité qu'il avait été obligé de sanctionner par raison d'État. Étonné de l'intérêt qu'il prenait à ma loi des rentes, je pus bientôt me convaincre que ce qui le touchait le plus, c'était la conséquence de cette mesure qui permettait, par l'économie résultant de la substitution du 3 au 5 p. 100, de rendre aux dépossédés, sans augmenter les charges de ses peuples, le montant intégral des revenus qu'ils avaient avant la dépossession. Il caressait cette idée avec une ardeur si peu ordinaire chez lui, qu'on eût dit qu'avant sa fin, qu'il sentait prochaine, il tenait à décharger sa conscience de la part involontaire qu'il avait dans cette spoliation. »

Si l'on examine les grandes lignes de son gouvernement qui doit être jugé par ses résultats, il est impossible de ne pas reconnaître, soit qu'on porte les yeux sur la politique intérieure, soit qu'on les dirige sur la politique étrangère, que son règne eut un caractère vraiment réparateur.

Au milieu des tentatives violentes dirigées contre son gouvernement de 1815 à 1823, par les débris des gouvernements précédents, qui exploitaient contre lui toutes les mauvaises passions et toutes les rancunes qui, après tant de renversements dans le pays, fermentaient en France, il conduisit de telle manière les affaires extérieures de la France, du congrès de Vienne au congrès de Troppau, du congrès de Troppau au congrès d'Aix-la-Chapelle, et de ce dernier au congrès de Vérone, que notre pays qui, en 1815, au moment du second retour des Bourbons, et après la bataille de Waterloo, était envahi, rançonné, occupé par les armées étrangères, réduit à une complète impuissance, se releva peu à peu, affranchit son territoire, reprit son rang parmi les peuples et se trouva enfin, en 1823, capable d'intervenir en Espagne malgré l'Angleterre, et d'y laisser une armée, après une campagne qui jeta un rayon de gloire sur la fin du règne du vieux monarque mourant.

A l'intérieur, au moment de son second retour, en 1815, la France est ruinée, les sources de la richesse nationale sont taries; l'industrie, le commerce, surtout le commerce maritime, sont anéantis; la propriété territoriale est écrasée, les impôts ne rentrent plus, les caisses de l'État sont vides, le déficit est énorme, les dettes exigibles effrayantes, le crédit est mort, le 5 p. 100 est à 46. Quand Louis XVIII finit en 1824, le 5 p. 100 est à 102, le crédit est relevé au point que la réduction de l'intérêt est possible, et que la conversion des rentes, différée par une intrigue politique, est inévitable. Les plaies de nos finances sont fermées ; l'ordre, la régularité, la probité sévère, ont rétabli la prospérité et la confiance. L'agriculture, l'industrie, le commerce, ont repris leur essor. En même temps, s'ouvre, à la faveur du principe de liberté qui a relevé la tribune et rendu leurs ailes aux intelligences, une époque littéraire qui sera comptée parmi les gloires de la France moderne. L'éloquence de MM. de Serre, Lainé, Royer-Collard, du général Foy, honore la tribune, et la parole moins littéraire de M. de Villèle, « cette grande lumière qui brillait à si peu de frais, » selon le mot de M. Canning, éclaire les questions. Le talent déjà admiré de M. de Chateaubriand et celui de M. de Bonald font faire un grand pas à la langue politique. M. de la Mennais fonde sa renommée. MM. Guizot, Cousin, Villemain, attirent autour de leurs chaires professorales d'histoire, de philosophie, de littérature, une foule immense d'auditeurs. MM. de Lamartine, Victor Hugo, donnent l'essor à la poésie lyrique, jusque-là captive, et trouvent un nouveau filon dans la poésie, cette mine qui semblait épuisée. Casimir Delavigne prête à l'élégie agrandie un accent à la fois héroïque et national [1]. La science et l'art ne demeurent pas en arrière. La vapeur, naissante encore, commence à être introduite dans notre marine. Une exposition industrielle, en 1823, révèle le perfectionnement de tous nos produits.

Certes il n'appartient à personne de nier que ce soient là de beaux résultats du principe d'ordre contenu dans la monarchie héréditaire, principe favorisé par la paix qu'elle rapportait à la France, et associé à la liberté politique.

Malheureusement, en mourant, Louis XVIII laissait un problème sans solution, et ce problème, c'était précisément celui qu'il aurait fallu résoudre pour assurer à la France la continuation des bienfaits que la Restauration lui avait apportés. Ce n'était pas assez d'avoir donné le gouvernement représentatif au pays, si on ne l'enracinait point dans le sol, en consommant l'alliance féconde du principe de durée et de stabilité, que contenait la monarchie héréditaire, avec le principe de la liberté politique. Louis XVIII, et ce fut là, je persiste à le croire, la faute principale de son règne, se lassa trop tôt, en 1815, d'essayer d'accomplir cette œuvre déjà bien difficile en elle-même, en s'appuyant sur la droite qu'il fallait façonner, discipliner, modérer, contenir en même temps, tandis qu'on appellerait à elle le centre droit, et peu à peu le centre gauche, enfin, tous les hommes de bonne volonté du pays, sans distinction de nuance. Sous la pression de M. Decazes, qui croyait perpétuer ainsi son ministère, Louis XVIII rejeta la droite. Il laissa les ministres la dénoncer en son nom au pays, et la repoussa dans l'opposition. Il essaya de lui

---

1. J'ai traité cette question *in extenso* dans l'*Histoire de la littérature sous la Restauration*.

substituer le centre droit appuyé sur le centre gauche et même dérivant jusqu'à la gauche, pour fonder le gouvernement représentatif.

Il s'aperçut en 1820 qu'il avait échoué dans cette tentative. La gauche, comme le loyal duc de Richelieu, M. Lainé, M. de Serre, M. Decazes lui-même, le reconnurent successivement, se souciait moins de fonder que de détruire. Elle transformait toutes les concessions qu'on lui faisait en armes offensives.

Alors Louis XVIII revint à la droite. Mais la droite avait été profondément troublée par une opposition de cinq ans, par la guerre qu'on lui avait faite et par celle qu'elle avait faite, par des divisions intestines, par ses luttes avec le centre droit, par ces habitudes d'exagération, de violence, d'indiscipline, et ce défaut d'esprit pratique que l'on contracte dans l'opposition. Louis XVIII fut donc obligé de tenter, avec moins de chances de succès, sur la fin de son règne, quand ses forces étaient affaiblies, et que les moyens qu'il voulait employer se roidissaient contre sa main paralysée par l'âge, l'œuvre qui était déjà difficile en 1815.

Il mourut à la tâche, sans avoir résolu le problème de la monarchie représentative. Il n'avait pas assis, en effet, cette monarchie sur les bases qui lui étaient propres, et il la laissait échafaudée sur la centralisation administrative de l'empire, sans qu'on vît apparaître un parti de gouvernement, comme le constatait M. Royer-Collard, avec une tristesse prophétique dans son mémorable discours sur la septennalité.

Louis XVIII n'avait réussi qu'à faire vivre le problème et à vivre avec lui.

Quand il mourut, le premier relai, je veux parler du centre droit, conduisant le centre gauche et cherchant à régler la gauche, était épuisé; le second, je veux parler de la droite, cherchant à attirer le centre droit et à régler l'extrême droite, avait fourni déjà une partie de sa course.

A voir ce qui se passait au sein de la droite, ses divisions, ses fautes, ses passions, qui surexcitaient celles de la gauche, qui n'avaient rien perdu de leur ardeur, il était à craindre que Charles X, moins préparé que son frère à résoudre le problème, et arrivé dans des circonstances plus difficiles, ne se brisât contre la difficulté que Louis XVIII avait fait durer.

FIN DU TOME SIXIÈME.

TABLE DES MATIÈRES

LIVRE ONZIÈME
MINISTÈRE DE M. DE VILLÈLE.

I. — Formation du nouveau ministère. 1
II. — Conspirations de Béfort, de Saumur, de La Rochelle. . . 16
III. — Premiers débats parlementaires. — Loi générale sur la presse et loi de police des journaux. 44
IV. — Suite de la session. — Loi sur l'effectif militaire. — Le cordon sanitaire. — Le budget. — Débats sur la politique étrangère. 85
V. — Ouverture de la seconde session de 1822. — Discours du Roi. — Débat sur les élections. — Lois de finances. — Liquidation de l'arriéré. — Progrès de la crise en Espagne. — Événements de Madrid. — Lois de douanes. 113
VI. — Suite de la seconde session. — Débats politiques à l'occasion du budget. — Question espagnole. — Contre-coup des procès politiques à la tribune. — Berton et Caron. — Violentes récriminations du général Foy. — Réquisitoire de M. Mangin. 136

LIVRE DOUZIÈME
CONGRÈS DE VÉRONE.

I. — État de l'Espagne dans les six derniers mois de 1822. . . 198
II. — Préparatifs du congrès de Vérone. — Choix des plénipotentiaires français. — Instructions. 226
III. — M. de Montmorency à Vienne. — Conférences préliminaires. 240
IV. — Ouverture du congrès de Vérone. 259
V. — Retour de M. de Montmorency à Paris. — Crise ministérielle. — Opposition de M. de Villèle à l'envoi des notes concertées. 301
VI. — Retraite de M. de Montmorency. — Il est remplacé par M. de Chateaubriand. 322

LIVRE TREIZIÈME
SESSION DE 1823 ET GUERRE D'ESPAGNE.

I. — Réponse du gouvernement espagnol aux notes européennes et à la note française. — Rappel de notre ambassadeur. — Ouverture de la session. — Discours du Roi. — Adresse des deux chambres. — Effet produit en France et en Angleterre. — M. Canning. 350
II. — Demande d'un crédit éventuel de quatre millions de rentes. — Loi sur les vétérans. — Débats parlementaires. — Exclusion de M. Manuel jusqu'à la fin de la session. . . 393
III. — La question diplomatique à Londres. 451
IV. — Réunion de l'armée. — Inquiétudes sur ses dispositions. — Grave incident. — Entrée en Espagne. — Derniers débats de la session. 458

V. — Première phase de la campagne d'Espagne. — De Bayonne à Madrid. 503

LIVRE QUATORZIÈME

SUCCÈS EN ESPAGNE. — ÉLECTIONS GÉNÉRALES.

I. — Nomination de la régence par les grands conseils. — Premières difficultés avec la régence. — Mission de M. de Jonville au sujet des marchés Ouvrard. — Emprunt de vingt-trois millions de rentes. — Nécessité et inconvénients de l'intervention. 518
II. — De Madrid à Cadix. — Suite des opérations militaires. — Capitulation de Morillo et de Ballesteros. — Contre-révolution en Portugal. — Difficultés politiques. — Ordonnance d'Andujar. 538
III. — Le duc d'Angoulême devant Cadix. — Lettre à Ferdinand. — Sommation aux révolutionnaires. — Derniers efforts de l'Angleterre. — Siége de Cadix. — Prise du Trocadéro. — Délivrance de Ferdinand. — Fin de la guerre. . . 554
IV. — Joie aux Tuileries et parmi les royalistes de France. — Derniers actes du duc d'Angoulême en Espagne. — Ses prévisions sur l'avenir de ce pays. — Sa correspondance avec M. de Villèle. 566
V. — Situation intérieure de la France et état général de l'Europe après la guerre d'Espagne. 575
VI. — Projets du gouvernement français à l'intérieur. — Débats dans le conseil. — Dissolution et élections générales. — Lois résolues. — Promotion de pairs. — Triomphe complet de la droite dans les élections. — Alarmes sur la santé du Roi. — Approches de la session. 598

LIVRE QUINZIÈME

SESSION DE 1824. — MORT DE LOUIS XVIII.

I. — Ouverture de la session. — Discours du Roi. — Premières opérations de la chambre. 627
II. — Situation financière de la France au début de la session. — Une vive opposition se manifeste contre la loi de conversion des rentes. 638
III. — La loi des rentes à la chambre des députés. 650
IV. — Débats parlementaires à la chambre des pairs. — Loi sur les vols dans les églises. — Loi sur l'organisation militaire. — La septennalité. — La conversion des rentes. . . 662
V. — Renvoi de M. de Chateaubriand. 698
VI. — Rapports diplomatiques de la France avec l'Europe au commencement du mois de juin 1824. 714
VII. — Le ministère affaibli dans la presse. — Essai d'amortissement tenté contre les journaux. — Procès politiques. . . . 730
VIII. — Derniers débats de la session : La septennalité, le budget. . 748
IX. — Derniers moments et mort de Louis XVIII. 771

Paris.—Imp. P.-A. BOURDIER, CAPIOMONT fils et Cie, rue des Poitevins, 6.

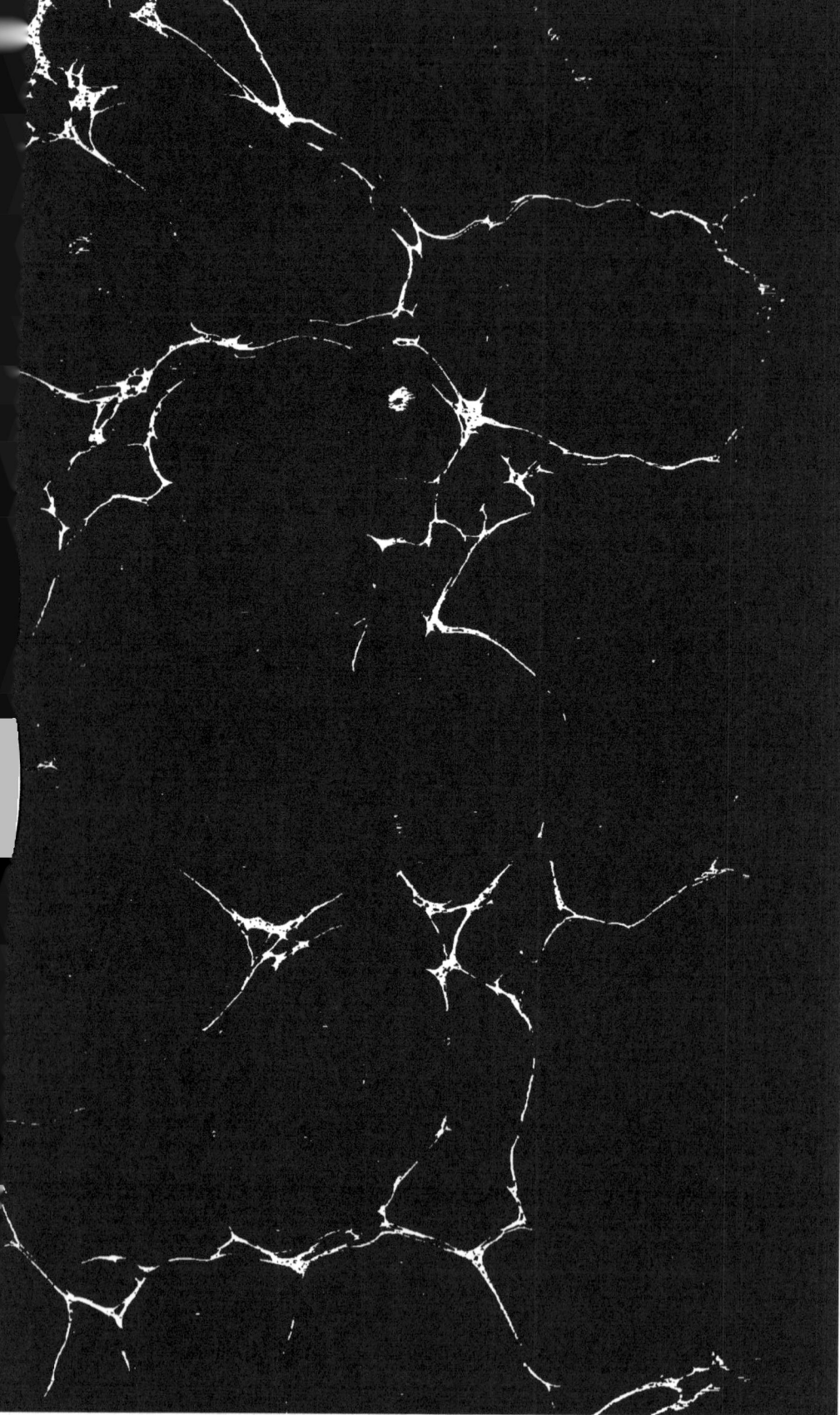

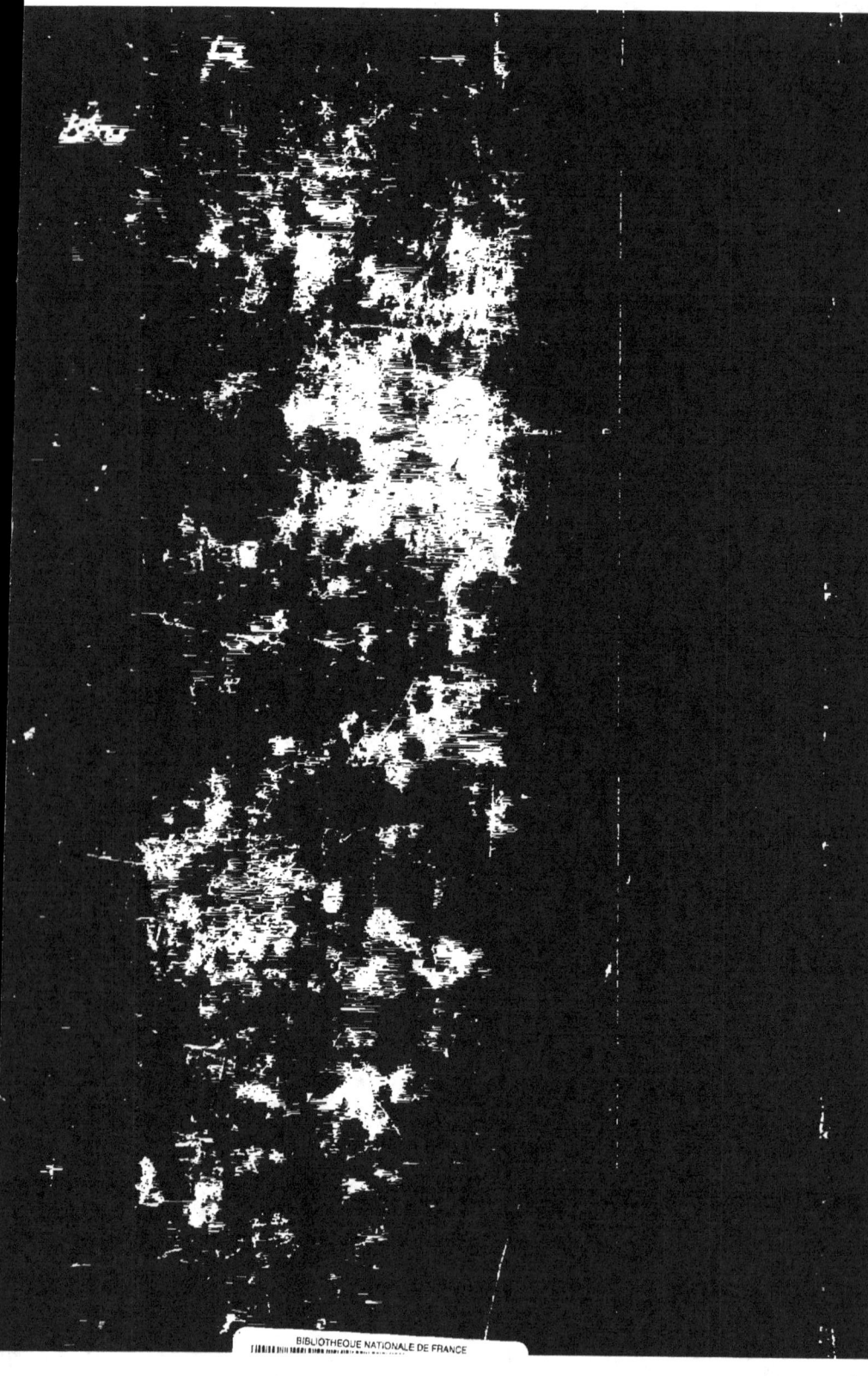

www.ingramcontent.com/pod-product-compliance
Lightning Source LLC
Chambersburg PA
CBHW061725300426
44115CB00009B/1109